対日協力者の政治構想

日中戦争とその前後

関 智英
Seki Tomohide

名古屋大学出版会

対日協力者の政治構想　目　次

凡例

一、中国語・日本語ともに漢字は常用漢字表によった。ただ、人名・地名、また複数の文字を一つの常用漢字が表す文字（弁など）はこの限りではない。
一、年月日は西暦を基準とし、一九四〇年一二月二五日のように表記する。
一、特記なき限り、引用文中の〔　〕は筆者によるものである。
一、引用文の仮名づかいは原文を尊重したが、読みやすさを考慮して、適宜ルビを加えた。

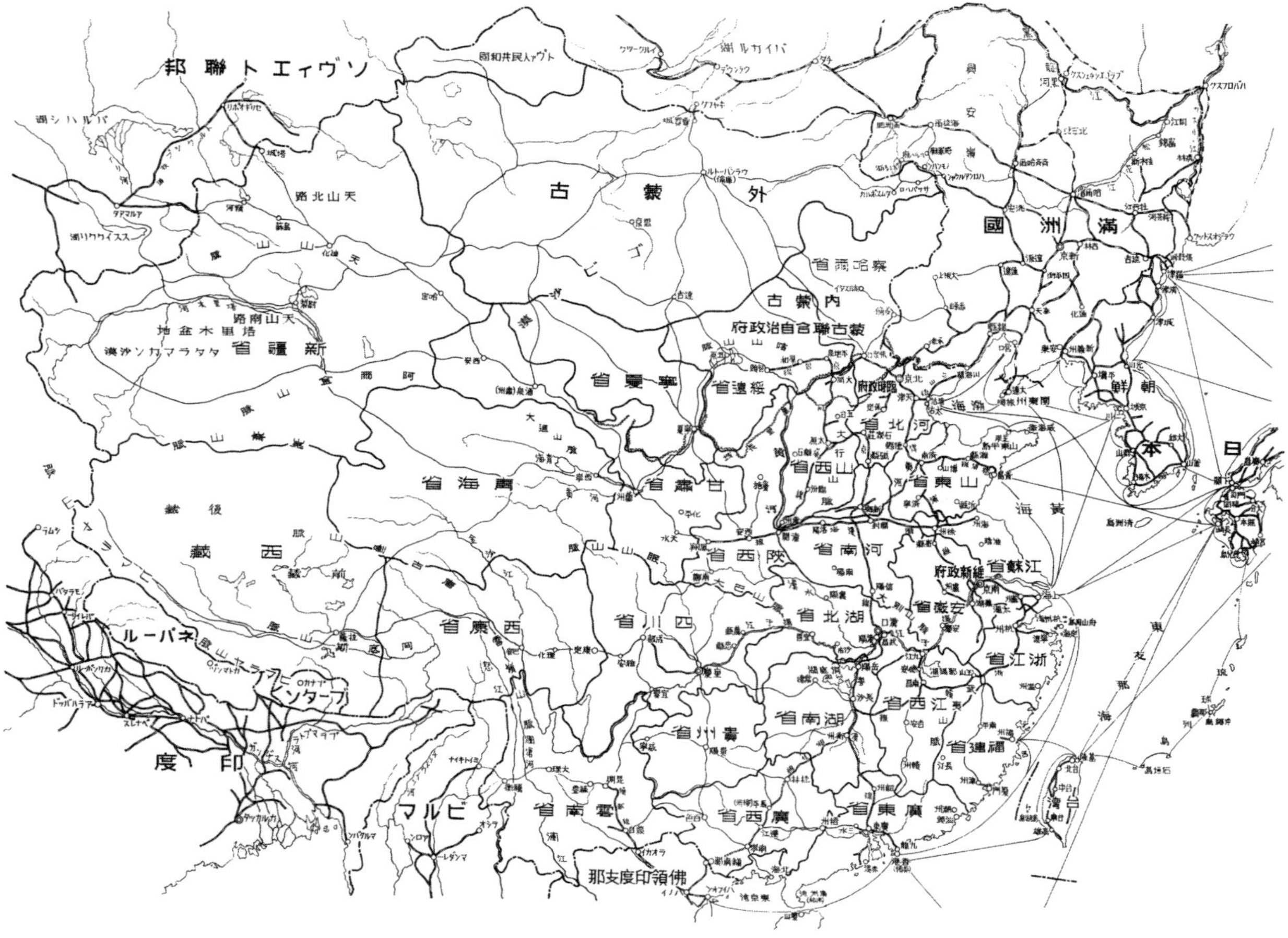

地図　1939 年頃の中国全図（田中香苗『東亜の開展——新支那の史観』ヘラルド雑誌社，1939 年）

緒　論

一　中国人亡命者夏文運の回想――はじめに

第二次世界大戦の敗戦から二〇年が過ぎ、戦後の混乱も過去のことになりつつあった一九六七年。日中戦争の引き金となった盧溝橋事件勃発から三十周年を記念して、一人の中国人の回想録が日本で上梓された。そこには、次のような彼の発言が載った。

今でこそ何とも思わないが、当時日本に協力した中国人が、中日事変中に日本が米、英と戦争を始めるというような無謀なことを〔すると〕知っていたなら、彼らはもとよりのこと、われわれに至るまで、誰一人として日本に協力するような中国人はいなかったであろうし、また誰も日本に近づかなかったであろう。日本の対米英開戦は、私たち中国人には夢想だにしないできごとであった[1]。

発言の主は夏文運。戦前、大連にあった日本の国策会社興中公司に勤め、その後日本占領下の山西省で建設庁庁長などを歴任した人物である。戦後、夏文運は日本に亡命し、興中公司で社長を務めた十河(そごう)信二などのつてを頼りに、国鉄総裁室嘱託などを経て、この回想録が上梓された当時は都内の百貨店で中華料理店を経営していた。

さてこの文章によって、日本の対米英宣戦布告が夏文運にとって予想外の事態だったことがわかるのだが、同時に我々は次のような夏の言外の主張も読み取ることができる。それは、日本が米英と戦争をしなければ、戦時中の対日協力には成算の可能性があった、ということであり、日本への協力はそれなりに合理的な判断に基づいた、決して無謀なものではなかった、ということである。

こうした夏文運の日中戦争観は、日中戦争のその後の展開と結果を知っている我々に、奇異の念を抱かせるかもしれない。当然ながら協力者の発言として留保も必要だろう。しかし現実として戦時期に多数の中国人が日本に協力し、さらにその中の一部が、連合国（実質的には米国）軍の占領を経験した戦後日本社会の中で暮らし、こうした発言を残している事実を、我々はどう考えればよいだろうか。本書の根本的な問いはここに始まる。

二　近代日中関係と日中戦争

近代の日本と中国の関係を、その二千年を超える交流の時間軸の中に置いてみると、それが前近代までと比べて極めて特異なものであったことがわかる。なぜなら、従来ほぼ一方的に中国の文化を受容する立場にあった日本が、問題を抱えつつも短期間に近代的な国民国家となったことで、今度は逆に中国人が、日本を通じて近代的な技術・知識を吸収するようになったからである。さらにこの過程で、日本人の多くが漠然と中国に対し優越した意識を持つようにもなった。

日中戦争は、こうした両国関係の中から生じた矛盾の帰結であった。日中戦争については、すでに豊富な研究蓄積があるが、本書は占領地で日本に協力した中国人という視角から、これに新たな一頁を加えんとするものである。

一九三七年七月の盧溝橋事件に端を発する日中戦争は、短期終熄という日本側の当初の目論見を超えて長期化し、四五年八月の日本の降伏をもって終結した。この戦争の主旋律は、日本の中国大陸への侵略と、それに対する中国側の抵抗、すなわち重慶の中華民国国民政府及び延安の中国共産党による徹底抗戦であったことは言うまでもない。

ただ事態をもう少し詳しく見てみると、話はそれほど単純ではなかったことに気付く。というのも前線で日中の戦闘が続きながらも、日本軍に占領された沿岸都市及びその周辺では一九三八年初頭には大規模な戦闘は終熄し、占領地政権が樹立され、少なくない中国人が日本に協力するようになっていたからである。日中戦争は、中国の日本に対する抵抗の側面と同時に、占領地においては中国人の日本への協力という側面を併せ持った戦争だったのである。

さらに複雑なのは日本に協力した中国人の事情である。一口に協力と言っても、その中身は一様ではなかった。協力者と日本との関係も様々で、例えば占領地政権で指導的立場にあった周仏海が、一方で重慶の国民政府と連絡を取っていたように、抵抗と協力の境が曖昧な人も少なくなかったのである。

では彼らは日本軍の占領という制限下、どのような成算を持って日本と協力したのであろうか。本書はこの周仏海や冒頭の夏文運のように日本占領地（以下、占領地）で日本に協力した中国人（以下、協力者）や占領地に樹立された政権（以下、占領地政権）[2]から、日中戦争、さらに近代日中関係を捉えなおす試みである。[3]

以下では、まず協力者が生まれる背景となった、一九世紀末から日中戦争勃発までの中国政治史を概観した後、先行研究に触れ、本書の課題設定と分析方法を述べる。

協力者たちが生きたのはどのような時代だったのだろうか。古今東西何人も自身の生きる時代とは無関係たり得ないが、協力者たちが活動した時期の中国、すなわち一九世紀末から二〇世紀にかけての中国は、とりわけ社会変動の大きな時代であった。本書が注目する人々も深浅の差はあれ、こうした時代の影響を受けており、それが様々な形で日中戦争期の彼らの行動や考え方に表れていたと考えられる。そこで本節では各章の議論の前提となる一九世紀末から日中戦争勃発前までの中国政治の動向を簡単に振り返る。(4) すでに中国近現代史の流れを知っている方はこの部分を飛ばして、直接第四節(一六頁)に移ってもらって構わない。

三 一九世紀末から二〇世紀前半にかけての中国

(1) 清朝の終焉と中華民国の成立

中国にとって一九世紀末から二〇世紀にかけての時期は、数千年を超えるその歴史の中でも、とりわけ政治体制が劇的に変化した時代であった。一九一一年の辛亥革命により王朝が倒れ共和国が成立し、さらに四九年には共和国の中身が社会主義体制へと変化したからである。

一九世紀末、この地域を支配していたのは、北方の狩猟民族を起源とする満洲族の清朝であった。数の上では圧倒的に少数の満洲族が漢人を支配していたのである(その意味では占領軍による政権と言えるかもしれない)。一八世紀に領土を最大に広げ最盛期を迎えた清朝だったが、一九世紀に入ると制度疲労が目立つようになった。アヘン戦争・アロー戦争など国外からの影響、白蓮教徒や太平天国の乱など国内社会の動揺もこれに拍車をかけた。もちろん清朝もこの事態を傍観していたわけではない。西洋技術の導入など、社会改革に向けて様々な体制内改革も試みられたのである。しかしそうした試みも清朝の権力強化には繋がらず、清朝は中央集権の力を徐々に弱めつつあった。

一方、清朝内で擡頭しつつあったのは、曾国藩・李鴻章に代表される漢人官僚であった。彼らは郷紳などと呼ばれる在地有力者と結びつきながら、地元出身者から構成される軍事力を蓄えた。曾国藩の湘軍、李鴻章の淮軍などが著名で、後の北洋軍へと変遷していくことになる。郷紳の中には地方の利益確保のため、政治参加を求める動きも起きつつあった。

こうした中、「滅満興漢」（満洲族の支配する清朝を滅ぼし、漢人による政権を興す）といったスローガンを掲げた蜂起が各地で起きるようになった。一九〇五年八月、東京に集まった革命諸団体は、中国同盟会を結成し、総理に孫中山（孫文）を選んだ。

中国同盟会はその綱領で、「駆除韃虜（満洲族の排除）」、恢復中華（中華の回復）」、「創立民国（共和国の創立）」、「平均治権（土地所有の均等）」を謳ったが、これは後に孫中山によって、それぞれ「民族主義」、「民権主義」、「民生主義」の三民主義として説明された。

当初清朝の鎮圧により失敗を繰り返していた革命派の武装蜂起だったが、やがて転機が訪れた。きっかけは一九一一年五月の鉄道国有化に反対する保路運動である。さらに同年一〇月には武昌で勃発した蜂起が全国に広がった。その結果、辺境を除く一八省のうち一四省が清朝からの独立を宣言した（辛亥革命）。

一九一二年元旦、南京に集まった革命派の代表は、アメリカから帰国したばかりの孫中山を臨時大総統に選び、中華民国臨時政府が成立した。ちなみに「民国」は republic（共和国）の中国語訳である。しかし革命派の軍事力は脆弱で、清朝を打倒する力はなかった。このため革命派は清朝の内閣総理大臣にして最大の実力者だった袁世凱と交渉し、革命成功の暁には、袁に臨時大総統の位を譲ることを提案した。これを受けて袁世凱は、革命派を抑えることはもはや不可能である旨を上奏した。幼い皇帝（宣統帝・溥儀）の後見役であった隆裕太后は退位の詔書を発布し、清朝は中国の統治者の座を中華民国に譲ったのである。

これは秦の始皇帝以来続いてきた皇帝制度の実質的な終焉でもあった。中華民国は清朝との間に「清室優待条件」を結び、北京紫禁城内廷内に限り、引き続き清朝の存続を認めた。中華民国大総統は各国元首と同様の礼を以て清朝皇帝を待遇することや、民国政府からの歳費支給等も決められた。

成立した中華民国は、清朝の領域を継承すべく、「五族共和」すなわち漢族・満洲族・モンゴル族・ウイグル系諸族・チベット族の五族の共和をスローガンとしたが、外モンゴルやチベットも辛亥革命の影響を受け、それぞれ独立を宣言していた。清朝の領域は分裂の方向に動いたのである。この背景には清朝が領域内の各地域と個別の論理で繋がっていたことがある。

清朝皇帝は、漢人にとっては中華の皇帝であったものの、満洲族やモンゴル族からはそれぞれ君主であるハーンとして推戴される存在であり、またチベットに対してはチベット仏教の大施主として臨んだ。このように清朝皇帝と領域内の各地は、個別の論理で結びついていた。中国本部とモンゴル・チベットは、清朝皇帝という媒介によって緩やかに繋がっていたに過ぎず、その媒介がなくなれば、理論上はその領域が統一される根拠も失われることになるのである。

結局、モンゴル・チベットの独立は、イギリス・ロシア・中華民国の思惑で国際的に認められることはなかった。中華民国政府はモンゴル王公に対し清朝以来の爵位を認定するなど、懐柔策を取った。しかし中華民国の政情が安定しなかったこともあり、民国期を通じて外モンゴル・チベット・新疆など周辺地域は中国政府の掣肘を受けない実質的には独立した状況が続いた。こうした事態は一九三〇年代に「五族解放」・「大漢国」建国といった主張が唱えられる背景となった（第二章）。

（2）北京政府

革命派との妥協の見返りに大総統に就任することになった袁世凱だったが、南京で着任するという革命派との約束を無視し、自身の本拠地である北京で臨時大総統に就任し、独裁への動きを見せた。政府を実質的に支える官僚層も清朝の官僚が多く民国政府に入った。これに対抗し革命派は参議院（南京にあった立法機関）で、憲法に相当する「中華民国臨時約法」を制定した。「臨時約法」は議会の多数派が内閣を組織する責任内閣制を採用しており、そこで規定された大総統権限は限定的であった。

一九一二年一二月から翌一三年二月にかけ、「臨時約法」に基づいて国会議員選挙が行われ、国民党（後年の中国国民党とは別組織）が国会の多数を占めた。ところが、まもなくして革命派の中心人物で国民党の実質的指導者だった宋教仁が暗殺された。首謀者は不明だが、最大の批判者が消えたことは、袁世凱にとって有利に働いた。六月、袁世凱は各省の都督（軍事長官）のうち、革命派の都督を一方的に罷免した。これに対して革命派は各地で蜂起したが鎮圧され、孫中山は日本に亡命した（第二革命）。

一〇月、国会が正式に袁世凱を大総統に選ぶと、まもなく袁は国民党解散命令を出し、国民党議員の議員資格を剝奪した。このため国会は定数を満たせなくなり、休会状態となった。

続いて袁世凱は国会を解散し、「中華民国臨時約法」を破棄し、新たに強力な大総統権限を規定した「中華民国約法」を公布した。さらに大総統の地位に飽き足らない袁世凱は、一九一六年元旦をもって皇帝に即位し、国号を中華帝国、年号を洪憲と定めることを公表した。

袁世凱の皇帝即位に対しては袁の部下たちも多くが反対し、全国で反袁の動きが巻き起こった（第三革命・護国戦争）。このため袁世凱は帝制の取り消しを発表したが、反袁の動きは収まらず、混乱のなか袁が逝去したことでようやく終熄した。

袁世凱の死後、政府内で名声・実力ともに袁を引き継ぐべき人物はいなかった。このため、都督・督軍・巡閲使といった役職で各地を支配していた袁世凱配下の軍人たちが、互いに覇を競い合う、政治的に不安定な状況が続いた。

彼らは馮国璋を中心とする直隷派、段祺瑞を中心とする安徽派、後には張作霖を中心とする奉天派に分かれ政争を繰り広げた。こうした軍人集団は、革命勢力など北京政府を批判的に見る人々からは時に批判の意味を込めて「軍閥」と呼ばれた。

一九一七年六月には長江巡閲使の張勲が北京に入城し、復辟（一度退位した皇帝が再び位に就くこと）を実施したが、一週間ほどで鎮圧された。

袁世凱の皇帝即位や張勲による復辟は、共和制に否定的な勢力がなおも中国に残存していることを示していた。これは大陸に影響力を拡大していた日本軍部の注目するところとなり、モンゴル王公と連携して「満蒙独立」が唱えられたり、後年満洲国が樹立されたりする遠因ともなった。

ただ確認しておかねばならないのは、帝制復活の動きに対して、その都度中国国内で反対運動が巻き起こり、いずれも失敗した点である。共和制の具体的な中身はさておき、総体として中国社会は皇帝制度よりも共和制を、より好ましい政体として受け入れていったと言える。一九二四年一〇月、馮玉祥の政変で溥儀が紫禁城を追われた際も、その拙速な方法に対する批判はあったものの、溥儀の退城そのものへの批判が大きな潮流となることはなかったのである。

（3）南方政府

袁世凱によって弾圧された革命派は、各地で活動を継続した。日本に亡命した孫中山は一九一四年七月東京で孫中山への絶対忠誠を綱領に掲げる中華革命党を結成し、これは一九年一〇月には中国国民党に改組された。

一九一七年七月、孫中山は国会の解散により失職していた元国会議員に、非常会議開催を呼びかけた。同年九月、広州で元国会議員約一三〇名が集まって国会非常会議が開かれ、内乱の平定と「臨時約法」の護持を標榜する中華民国軍政府（護法政府）の組織を決議し、孫中山は中華民国軍政府海陸軍大元帥に就任した。こうして北京と広州に中華民国の正統を標榜する二つの政府が並び立つことになった。

孫中山の権力基盤は中国国民党だったが、その軍事力は脆弱で、政権維持のために広西・広東の在地実力者との提携は不可欠だった。しかし中央集権を目指す孫中山と、地方分権を志向する在地の実力者との間には政権の将来像をめぐって相違があり、しばしば両者は衝突した。このため護法政府の内部も不安定で、列国が護法政府を中華民国の正統政府とみなすことはなかった。

（4）国共合作

孫中山がこうした局面を打開できたのは、ソビエトロシア及び世界各地の共産主義運動を指揮していたコミンテルンとの接近が大きい。コミンテルンは一九二一年七月に成立した中国共産党に対し、中国国民党との合作を指示し、それを受けて中国共産党の李大釗・コミンテルン代表のマーリンと孫中山が会談した。その結果、中国共産党員が個人の資格で中国国民党に入党し、ソビエトロシアやコミンテルンが中国国民党を支援するという「聯蘇（ソビエト）容共」の方針が決定されたのである（国共合作）。

国共合作によりソビエトの制度も多数国民党に導入された。例えば党や政府内部に様々な委員会が置かれたことや、党が国家を指導するという考え方もソビエトの影響を受けている。後年、国民党と共産党は対立することになるが、制度面を中心に両者には共通点も多いのである。

一九二四年一月、広州で中国国民党第一次全国代表大会が開催され、「国民政府建国大綱」が通過した。同大綱では国会と「臨時約法」の回復というこれまでの路線は放棄され、新たに三民主義と五権憲法に基づいた国民政府による中華民国の建設が謳われた。

「建国大綱」では、軍政・訓政・憲政の三段階で国家建設が進められることが明記されていた。軍政とは軍事力によって革命を進める段階、訓政とは「先知先覚」たる中国国民党の指導によって政治を行う段階、そして憲政は憲法に基づいて政治を行う段階である。また五権憲法とは、西欧由来の三権（立法・行政・司法）に、中国由来の考試権（官吏採用権）、監察権（弾劾権）を加えた五権分立に基づいた憲法のことである。このほか国民党の士官養成機関として黄埔軍官学校が設けられ、校長には蔣介石が就任した。以後、同校卒業生は国民党の軍隊である国民革命軍の中核を担い、国民党における蔣介石の権力基盤の一つとなった。

(5) 北伐

一九二四年九月、孫中山は北伐宣言を発して北京政府打倒を闡明した。しかしこの時、孫中山の身体は病に侵されており、翌二五年三月、滞在先の北京で死去した。孫中山の死後、国民党の第一人者となったのは、清末以来の革命運動の闘士で、孫中山の遺嘱も筆記した汪精衛（汪兆銘）である。汪精衛は、同年七月にそれまでの軍政府を改組した国民政府で常務委員会主席に就任し、軍事委員会主席を兼任した。しかし二六年三月、共産党員が艦長を務める中山艦が蔣介石の許可を得ることなく航行したことに端を発して、蔣介石が共産党への圧力を強めると（中山艦事件）、汪精衛は一時下野し、代わって蔣介石が擡頭した。

国民政府は北伐を再開し、蔣介石率いる国民革命軍は一九二六年一〇月に武漢を占領し、国民政府も広州から武漢に移った。各都市での大衆運動の盛り上がりもあり、国民革命軍は、南京・上海など主要都市を占領した。しかし、武漢など一部都市では共産党による急進的な運動が勃発し、支持基盤に資本家や地主層も抱える国民党内では、共産党に対する反発が高まった。

このため一九二七年四月、蔣介石らは上海でクーデタを起こし（四・一二クーデタ）、共産党員や共産党系団体を弾圧し、南京に武漢とは別個に国民政府を樹立した。まもなく汪精衛ら国共合作支持派も共産党排除を決定し、国共合作は解消した。武漢の国民政府も南京へ合流した。

国民革命軍はさらに北京を目指して軍を進めたが、国民革命の影響が、権益を持つ満洲にまで及ぶことを恐れた日本は、居留民保護を名目に山東に軍隊を派遣して国民革命軍の北上妨害を試み（山東出兵）、その過程で日中軍隊が衝突した（済南事件）。

一九二八年六月、国民革命軍は北京に入城し、北京政府は消滅した。この少し前、安国軍政府陸海軍大元帥と称して北京政府を代表していた張作霖は、北京から列車で根拠地の奉天に向かった。奉天到着の直前、張作霖の乗った列車が、満鉄線と京奉鉄路が交わる鉄橋に差し掛かった時、満鉄線に仕掛けられた爆薬が爆発した。列車は大破し、負傷した張作霖はまもなく死去した（張作霖爆殺事件）。この事件の首謀者は、張作霖が日本の意向に沿わなくなってきたことに危機感を持っていた日本の関東軍だった。しかし日本側は爆殺を国民革命軍の手によるものと発表し、事実を隠蔽した。

(6) 国民政府の全国統一

一九二八年一〇月、国民政府は訓政の開始を宣言した。国民党は、民衆の政治的諸権利を、民衆に代わって行使するという建前で政権を運営することになったのである。

国民政府は国民党員を中心に構成されたため、清朝から引き続き残っていた者も含め、北京政府の官僚の多くは一部の実務官僚を除いて政界を離れた。首都も南京に遷り、北京は北平と改称された。こうした中、北京政府の高官の中には、国民政府の逮捕令を避け、天津や上海の租界、また日本の租借地大連などに隠棲する者も少なくなかった。

租界など中国政府の権力が及ばない場所に政府経験者が多数存在したことは、国民革命後の中国社会の一つの特徴である。一九三〇年一二月に天津総領事館から日本外務省へ送られた報告では、天津租界の「中国要人は、最近時局の影響を受け著しく増加」したと伝えている[5]。日中戦争が始まると、その中から占領地政権に関わる者も出てくるのである。

一九二八年一二月、張作霖の地盤を継承し、東北を支配していた息子の張学良が東北三省の易幟（それまでの中華民国の幟（はた）である五色旗を、国民政府の青天白日満地紅旗に易（か）える）を宣言した。これにより中国全土が国民政府の下に統一された。

こうして国民政府は、中華民国を代表する政権となったが、必ずしも政府内が一枚岩だったわけではない。東北の張学良のほか、河南の馮玉祥や山西の閻錫山らは、依然として北京政府以来の地盤を保持しており、国民党内部にも、西山会議派など右派や、共産党との合作に最後までこだわった左派など、派閥が複数存在した。諸勢力は時に合従連衡して、中央政府から離反する動きを見せ、例えば一九三三年一一月には、反蔣介石の陳銘枢・李済深らが福建省福州に中華共和国人民革命政府を樹立した（福建事変、第二章）。

それでも国民政府は着実に国家建設を進めていった。政権当初の重要課題は財政基盤の確立であった。その第一歩として各国との交渉に基づいて、関税自主権の回復が進められ、一九三〇年五月には最後まで難色を示していた日本も国民政府との間に新たな関税協定を締結した。さらに塩税の徴収制度改革、統税（統一貨物税）の創設なども相まって、国民政府は安定した税収を確保できるようになった。

複雑な貨幣制度も改められた。国民政府は一九三三年三月に廃両改元（秤量銀貨を廃止して、全国統一の銀貨に替える）を断行して全国の通貨統一をはかり、さらに三五年一一月にはイギリスの後押しもあり銀の国有化を発表し（銀本位制廃止）、指定された政府系銀行の発行する紙幣を法定通貨（法幣）とする幣制改革を行った。

諸々の経済政策の実施に伴い、国民政府の財政基盤は安定し、鉄道・道路建設など国家主導の産業振興が積極的に進められた。この中心となったのは、政府と密接に結びついた浙江省出身者を基盤とする資本集団（浙江財閥）であった。国民革命軍を率いた蔣介石は、宋家の娘宋美齢との婚姻により、政治的には孫中山の義弟という立場を得るとともに、経済的には浙江の資本集団の後ろ盾を得て、名実ともに国民政府における第一人者となった。

（7）満洲事変と満洲国の成立

国民革命軍による全国統一と国民政府の成立は、満洲に多数の権益を持つ日本にとって潜在的脅威と映った。さらに易幟を断行した張学良の下で国権回収運動が高まったことや、日本の在満権益の主軸であった南満洲鉄道に並行する鉄道の建設が進められたことにより、既得権益への侵害は具体的なものと認識されるようになった。

このため満鉄の警備を担当していた関東軍や在満日本人の間には、満洲を中国本部から切り離し、日本が領有すべきとの考えが醸成された。おりから世界恐慌のあおりを受け、日本国内では社会不安を背景に対外強硬論が高まっていたことも、これを後押しした。

一九三一年九月、関東軍は瀋陽（奉天）郊外で南満洲鉄道線路を爆破し、これを張学良軍によるものと称して軍事行動を開始した。これに対し当時北平（北京）滞在中の張学良は不抵抗の姿勢をとり、関東軍は短期間のうちに満洲の主要都市を占領した（満洲事変）。

一九三二年三月、清朝最後の皇帝溥儀を執政とする満洲国が成立した。満洲国は、日本人・朝鮮人・満洲人・漢人・モンゴル人からなる「五族協和」と「王道楽土」をスローガンとし、中国とは別個の国家であるとの体裁をとった。

満洲国には清朝の復活を目指す遺臣、中国人の入植に不満を持っていたモンゴル人、東北三省における国民政府の影響力拡大を警戒する現地官僚層など、様々な思惑を持った人々も参加していた。しかし満洲国は政府中枢を日本人官僚が占めるなど、日本の傀儡国家に終始し、国民政府も満洲国を偽国家であるとして、正式に認めることはなかった。

満洲事変勃発当時、国民政府は南京と広州に分裂していたが、日本の侵略に対処するためまもなく合流した。蔣汪合作政権とも言われるこの新体制では、蔣介石が軍事、汪精衛が外交をそれぞれ担当して国政を運営した。

(8) 安内攘外

この時期の国民政府の方針は、「安内攘外」という言葉に象徴される。これはまず国内の安定化を図ったのちに外敵を駆逐するという意味で、具体的には国内の共産党を掃討した後に、日本の侵略に対抗する、ということであった。国民政府にとっては日本の侵略よりも国内の共産党の拡大の方が脅威だったのである。

国共合作の解消後、中国共産党は一九二七年七月に対時局宣言を発して、都市部で武装蜂起を繰り返したが、まもなく国民党に鎮圧された。その後農村部に拠点を移した共産党は、地主や富農の土地を貧農に分配するといった政策で農民の支持を広げ、三一年一一月には江西省瑞金に中華ソビエト共和国臨時政府を樹立した。共産党の農村部での勢力拡大は国民政府にとって脅威であった。

このため蔣介石は、一九三〇年一二月から囲剿(=囲んで滅ぼす)作戦を行い、三三年春の第五次囲剿では、百万を超える軍隊を動員し、共産党根拠地の首都瑞金に迫った。このため三四年一〇月、共産党は瑞金を放棄し、国民党軍を相手に戦いながら、一万キロ以上の距離を移動し、最終的に陝西省延安に根拠地を築いた(長征)。

(9) 華北分離工作

満洲国成立後も、万里の長城に接する熱河省の帰属は曖昧な部分があった。このため関東軍は一九三三年二月、熱河省内における反満抗日行為の中止と中国軍の即時撤退を要求して軍事行動を開始し、満洲国の国境として長城線の確保を図った。

これに対し国民政府は、日本との戦争を避ける方針を取った。交渉にあたったのは行政院院長(外交部部長兼任)汪精衛で、その外交姿勢は「一面抵抗、一面交渉(抵抗しながら、交渉する)」として知られている。

五月、中国側は停戦を求め、関東軍と中国軍との間に停戦協定が成立した(塘沽停戦協定)。これにより満洲国に接する冀東(河北省北東部)地区は非武装地帯とされ、中国軍は撤退した。非武装地帯の警備には、反日的でない中国人部隊によって組織された保安隊が当たったが、保安隊は実質的には日本軍の影響下にあった。このため非武装地帯では日本人による密貿易が黙認されるなど無法地帯化した。

華北の中国からの分離を目指す現地日本軍は、親日系新聞社社長の暗殺や日中間の衝突を理由に、河北・察哈爾(チャハル)両省からの国民党勢力の一掃を段階的に国民政府に要求した。共産党の囲剿を優先課題としていた国民政府もこれを認め、華北の政治・軍事の両面について日本側の影響力は拡大した。

一九三五年一一月、汪精衛の対日姿勢を融和的と見た国民党内の広東系左派の一部が、汪を狙撃する事件が起きた。負傷した汪精衛は行政院院長を辞し、翌年には外遊と称して欧州へ向かった。

後任の行政院院長には財政家の孔祥熙が就任した。就任早々、孔祥熙は銀の国有化（幣制改革）を発表したが、華北ではこうした国民政府による中央集権化に警戒感が高まった。

同月末、冀東の非武装地帯で行政を担当していた殷汝耕が、国民政府からの独立を宣言して、冀東防共自治委員会（翌月自治政府と改称）を組織した（第一章）。国民政府は殷汝耕の逮捕令を出すとともに、冀東防共自治委員会に対抗するために、行政院の傘下に冀察政務委員会を設けた。日本側の華北自治の要求に応えるため、中央政府からは独立した機関を設けながらも、それはあくまでも国民政府の下にある、との姿勢を見せたのである。

冀東防共自治委員会や冀察政務委員会成立の動きは、学生を中心に「華北自治」への警戒感を高め、一二月には北平を中心に一致抗日を主張する大規模な運動が勃発し（一二・九運動）、全国に広まった。

(10) 西安事件から一致抗日へ

満洲事変後、根拠地を失った張学良及び張配下の東北軍は、蔣介石に従って各地で共産党に対する囲剿作戦に従事していた。しかし作戦の中で多数の将校・兵を失った張学良は、共産党との戦いに疑問を持つようになっていた。

一九三六年一二月、陝西で囲剿作戦に当たっていた張学良と楊虎城（西安綏靖公署主任）は、作戦の視察のため西安を訪問した蔣介石を逮捕・監禁し、内戦の停止などを要求した。まもなく蔣介石は解放され、翌年一月中央軍は陝西省から撤兵し、国共の内戦は停止した。共産党も、国民党と国民政府の指導権を認め、それに従うことを表明し、一致抗日に向けた機運が醸成された。

一九三七年七月、北平郊外の盧溝橋で日中軍隊が衝突したのは、このような時期であった。現地ではまもなく停戦協定が結ばれ、成立間もない近衛文麿内閣も、当初は戦線不拡大の方針をとった。しかし中国軍が北上しているとの報を受けると、日本政府は一転して自衛権の発動という名目で派兵し、戦線は拡大した。この間、国民政府は、抗日運動に携わっていた廉で逮捕していた、沈鈞儒・章乃器・史良ら「抗日七君子」を釈放し、中国での抗日の機運は高まった（第一〇章）。

八月一三日、上海郊外でも日中の戦闘が勃発すると（第二次上海事変・淞滬会戦）、国民政府は、紅軍（共産党軍）を国民革命軍第八路軍として傘下に入れ、国共両党は一致して抗日に当たることとなった。

以後、八年間にわたり戦争が続いたが、その過程で占領地には様々な政権が誕生した。これについては続く第四節を参考にされたい。

四　占領地政権の変遷

そもそも中国の占領地政権はどのような経緯で登場したのだろうか。本書が注目する各政権の政治構想に関する部分を中心に、それぞれの概要を確認しておこう(6)。

（1）満洲国

厳密な意味では日中戦争時期の占領地政権ではないが、満洲国の性格は、日中戦争勃発後に樹立された占領地政権にも引き継がれた側面が少なくない。本書に関係する事項を中心に簡単に触れておきたい[7]。

満洲国樹立の直接のきっかけとなったのは、一九三一年九月一八日に勃発した柳条湖事件であった。関東軍は奉天郊外の満鉄線を爆破し、これを中国軍（東北軍）の仕業であるとして軍事力を発動したのである。これは明らかな日本側の謀略であったが、当時東北を勢力下においていた張学良が、事件勃発時には北平滞在中で、迅速な対応ができなかったこともあり、関東軍は短期間のうちに東北三省の主要都市を占領した。国民政府の蔣介石も安内攘外の方針をとっていたため、日本に対して積極的な抵抗をすることはなかった。むろん水面下では国民政府が複数のルートで、日本側と折衝もしていたが（第二章）、結局日本側との妥結には至らなかった。

関東軍当初のプランは、軍事行動により満蒙を占領・領有し、軍政を敷くというものであった。ただ実際には日本による直接占領案は採用されず、「東北四省および蒙古を領域とせる宣統帝（溥儀）を頭首とする」政権案に落ち着いた。

これには一九三〇年代の世界潮流が反映していた。第一次世界大戦の講和会議として知られる一九一九年のヴェルサイユ会議から一〇年を経た当時、民族自決（各民族集団は、その意志に基づいて、自身の帰属や政治組織を決定し、他民族・他国家の干渉を認めないとする考え方）は、世界的に尊重すべき理念として定着しつつあった。すでに植民地という形態で勢力圏を拡げる発想は一昔前のものとなっていたのである。

このために必要とされたのが、住民の意志によって政権が樹立された、という形式であった。関東軍は占領した各省を中華民国から独立させ、地方政権を樹立した。一九三一年九月二四日には奉天地方自治維持会（委員長袁金鎧〔東北政務委員会委員〕）、同月二六日には吉林に吉林省長官公署（長官熙洽〔東北講武堂教育長〕）、同月二七日には、ハルビンに東省特別区治安維持委員会（会長張景恵〔東省特別区行政長官〕）がそれぞれ成立し、中華民国からの独立を宣言した（〔 〕内は主な前歴）。

一九三二年二月、東北三省の要人が関東軍司令官を訪問し、新政権樹立構想が話し合われ、同月一六日、奉天に張景恵・臧式毅〔遼寧省政府主席〕・熙洽、馬占山が集まり、張景恵を委員長とする東北行政委員会が組織された。同委員会は、一八日には「党国政府と関係を脱離し東北省区は完全に独立せり」と、国民政府からの独立を改めて宣言し、三月一日には溥儀を執政とする満洲国の建国が宣言されたのである。このように地域レベルの地方政権をまず樹立し、それを統合して新政権を設立する構想は、日中戦争勃発後の占領地政権成立の先駆とも言えるものだった。

ただ溥儀の元首就任には、辛亥革命以来東三省の政治を担ってきた現地有力者の中から反対の声があがった。彼らが推したのは臧式毅で、政体も立憲共和制の採用を主張した。一方清朝の一族で旗人の熙洽らは、溥儀を元首とする帝制の採用にこだわった。溥儀自身も含め、彼らは満洲国建国と清朝復辟を重ね合わせていたのである。この両者の妥協の産物が、溥儀を執政に就任させることであった。関東軍は、民本主義に基づき元首は執政とし、執政が善政を行うこと数年にして人民が執政の徳を称えて皇帝に推戴すれば帝制に移行する、との妥協案を提出したのである。

執政という職名は字義から言えば、「政務を執る」という普通名詞であるが、すでに一九二四年一一月の臨時執政府で段祺瑞が臨時執政を名乗った前例があった。帝王ではないものの「大同」と年号を定めるなど、共和国の大統領とも異なる曖昧な立場であることが、この元首号に表れているのである。

満洲国の政治体制は、「政府組織法」（帝制実施後は「組織法」）に規定された。執政が一九一四年に制定された中華民国約法の大総統の規定に類似し、また三権分立ならぬ四権分立を標榜するなど（国民政府の五権のうち考試権がない）、その特徴は、中華民国の制度を意識しながらも、それを乗り越えようとした点にあった。しかし立法院が設けられることがなかったように、政府組織が有効に機能することはなく、国務院隷下の総務庁に集まった日本人官僚に権力は集中した。建国の二年後、満洲国は帝制を実施し溥儀が皇帝に即位したが（年号は康徳）、実際に政府を動かしたのは関東軍や日本人官僚たちであった。満洲国が傀儡政権と呼ばれる所以である。

議会のなかった満洲国にあって「民意の暢達」機関として期待されたのが、満洲国協和会である。協和会は満洲建国の本質を三千万民衆の民主革命であると唱える山口重次ら、在満日本人有志からなる満洲青年聯盟の流れを組む組織で、当初は在満三千万民衆の意識統一をはかる協和党として構想された。協和会は、資本主義・共産主義・三民主義を排撃し、「建国精神を遵守し、王道を主義とし、民族の協和を念とし、国家の基礎を強固ならしめ、王道政治の宣化を行う」ことを謳った。しかし関東軍や日本人官僚の影響力が徐々に拡大する中、協和会からは満洲青年聯盟以来の参加者が排除され、最終的には政府機関と一体化した。

協和会と同様の民衆団体は日中戦争勃発後の占領地政権でも、臨時政府の新民会、維新政府の大民会（第八章）などのように採用された。また日本の大政翼賛会も協和会をモデルにしたと考えられている。[8]

（2）冀東防共自治政府（冀東政府）

満洲国と国境を接することになった河北省には、日本の要請で非武装地帯が設けられ中国軍は撤退したが、日本はこの冀東地区へも勢力を伸ばし、一九三五年一〇月、通州に**冀東防共自治委員会**（のち自治政府、**冀東政府**）を樹立した。首班には一〇年代から革命運動に関わってきた知日派中国人の殷汝耕が就任した。

冀東政府は中華民国内部の自治政府であることを標榜していたこともあり、諸外国との正式な外交関係は存在しなかった。ただ長官の下に置かれた外交処を通じて、隣接する満洲国や蒙古軍政府とは修交関係にあり、満洲国とは相互に代表を派遣した。

冀東政府は、三民主義など国民党党義の色彩を帯びた国民政府の諸制度を廃止し、王道や孔孟の道に基づいた国家建設を標榜したが、これには同政府で秘書長を務めた池宗墨の志向が強く反映していたと考えられる。

後述するように冀東政府は政権の名称に「防共」を冠していたものの、実際に行われたのはパンフレットの作成などに過ぎず、防共政策と言えるような施策はなかった。一方「自治」については、冀東管内の道路・港湾・教育機関の整備、税制改革など、具体的な施策に着手していた。また満鉄が中心となって管内農村の実態把握が進められ、その成果は『冀東地区農村実態調査報告』にまとめられた。殷汝耕は一九二〇年代に繰り返し「聯省自治」を標榜していたが、「自治」に関してはそれなりの成果を挙げたと言える。

従来、冀東政府の施策では冀東密貿易（中国本土よりも安い関税〔査検料〕を設定したため、大量の日本製品が冀東を通じて中国に流入した）が注目され、否定的に説明されてきた。確かにこの施策は国民政府から見れば損害であった。しかし冀東政府の立場から見れば税制改革の一環であったとも言いうる。自治の実現主体としての冀東政府については、その他の政策も含めより客観的な検討の余地がある。冀東政府については第一章で詳しく取り上げる。

（3）蒙疆政権

盧溝橋事件勃発後、日中の戦線が拡大すると占領地政権も各地に樹立されたが、最初に動きがあったのは内モンゴル地域だった。すでに満洲国に隣接する西部内モンゴルでは、一九三〇年代から国民政府に対して高度自治を求める運動が高まりを見せていた。これには満洲国に編入された東部内モンゴルで旧来の慣習が維持され、モンゴル人の立場が制度的に認められつつあったことに触発された側面もあった。

この自治運動の中心となったのが西スニト旗の王公デムチュクドンロブ（徳王）である。徳王は、同じく内モンゴル王公で長老格であったユンタンワンチュク（雲王）やモンゴル人知識青年層と提携し、一九三六年五月には内モンゴルウランチャブ盟の百霊廟に**蒙古軍政府**を樹立した。これには関東軍も支援を与えていたが、蒙古軍政府と関東軍は傅作義との戦闘で敗北を喫した（綏遠事件、第二章）。

日中戦争が勃発すると、この蒙古軍政府を継承する組織として厚和（フフホト）に**蒙古聯盟自治政府**が成立し、雲王が主席に就き、徳王が総裁としてこれを補佐した（一九三七年一〇月二八日）。これに先立ち、関東軍の占領下に入った京包線（北京〜包頭）沿いには、察哈爾省南部の張家口に**察南自治政府**（同年九月四日）、山西省北部の大同に**晋北自治政府**（同年一〇月一五日）が成立していた。さらに互いに隣接する三自治政府の意思疎通を円滑ならしめるために、三自治政府を統合する機関として**蒙疆聯合委員会**が張家口に置かれた（蒙疆政権）。

この際採用された「蒙疆」は、当該地域がモンゴル人と漢人居住地域を包摂する地域との理由で採用されたと考えられる。しかし徳王はじめモンゴル人指導層は、「蒙疆」に「純粋のモンゴルではない」との含意を読み取り、再三にわたり不満を表明した。

一九三九年九月一日、蒙疆聯合委員会は徳王を主席とする**蒙古聯合自治政府**に改組され、「蒙疆」なる呼称は政府の名称からは消滅した。しかし、その後も地理的概念として「蒙疆」は残り、日本の敗戦までその影響が及んだ地域では使われた[9]。

蒙古聯合自治政府と中国の占領地政権との関係は曖昧であった。自治政府と称して名目的には中国政府の傘下にあるとの立場を表明しつつも、独自の発券銀行（蒙疆銀行）を持ち中国とは異なる旗幟を掲げ、紀年法として成紀（チンギスハン（成吉思汗）の即位した一二〇六年を元年とする紀年）を採用するなど、実質的には独立していたからである。

この問題が顕在化したのは、一九三九年に汪精衛を中心とする新中央政府樹立の構想が始まってからであった。新中央政府樹立について話し合われた青島会談には、臨時政府・維新政府に加え蒙古聯合自治政府の代表も参加した。汪派国民党側には徳王を辺疆委員会[10]委員として新政権に取り込もうとする考えもあった[11]。しかし、結局は蒙疆政権の高度自治は温存された。

一九四一年八月、蒙古聯合自治政府は、対内的との限定つきながら**蒙古自治邦政府**と改称し、管内に省制を施行し、察南地区は宣化省、晋北地区は大同省となった。蒙疆政権は中国からの独立傾向を一層強め、そのまま日本の敗戦を迎えることになる。

（4）中華民国臨時政府と中華民国維新政府

盧溝橋事件勃発後、それまで華北を管掌していた冀察政務委員会は事実上機能停止に陥った。このため北平では**北平市地方維持会**が発会式を挙行し、委員長に元歩軍統領（警察業務）の江朝宗が就任した（一九三七年七月三〇日）。天津では八月一日、**天津市治安維持会**が成立し、元内務部総長の高凌霨が委員長に就いた。九月二三日には、北平・天津両市の共通事項を処理するために両委員会より各二名の委員を派遣して、**平津地方治安維持会聯合会**が天津に置かれた。国民政府時期の北平の名称も北京に改称された（同年一〇月一二日）。

京津地方治安維持会聯合会は「北支民衆」を代表して、国民政府に対し「和平停戦勧告通電」（同年一〇月一三日）や「国民政府否認通電」（同年一二月一一日）を発し、新政権樹立への機運は高まった。

一九三七年一二月一四日、北支那方面軍指導のもと、北京に**中華民国臨時政府**が成立した。これにより京津地方治安維持会聯合会は解散し、冀東政府（三八年二月一日）、**河南省自治政府**（同年四月二〇日）、**山西省臨時政府**（同年六月二一日）など、華北各地に樹立されていた政権も順次臨時政府に合流した。

臨時政府の組織は三権分立として、主席の下に議政、行政、司法の三委員会が置かれ、「臨時政府成立宣言」では「民主国家を回復し汚穢なる党治を洗滌する」とし、「共産主義の排除、東亜の道義の発揚、世界友邦との敦睦」などが謳われた。また政府の根本方針として「農民本位の農村対策の確立」「資源産業の開発」などが示された。

政府中枢は北京政府時代の総長経験者で構成され（以下（ ）内は主な前歴）、行政委員会委員長兼行政部総長王克敏（財政部総長）、議政委員会委員長兼教育部総長湯爾和（財政部総長）、司法委員会委員長董康（司法部総長・財政部総長）、内政部兼賑済部総長王揖唐（内務部総長）、法部総長朱深（司法部総長）、治安部総長兼華北治安軍司令斉燮元（江蘇督軍）、実業部総長王蔭泰（外交部総長・司法部総長）、北京特別市市長江朝宗（歩軍統領）、天津特別市

市長高凌霨（内務部総長・代理国務総理）らが顔を揃えた。

臨時政府は国旗に北京政府時代の五色旗を採用し、北京政府以前の行政区画である道（省と県の間）も復活した。このため臨時政府は北京政府を継承する政府であると見られている。ただ臨時政府が北京政府そのままの復活ではなかった点にも注意を払う必要がある。臨時政府に置かれた議政・行政・司法の三委員会に冠された「委員会」という名称は北京政府の中枢機関の名称として用いられたことはなく、三委員会の上に置かれた主席も空位のままであった。

臨時政府と表裏一体となって施政に関わったのは民衆団体の中華民国新民会（以下、新民会）で、満洲国の協和会に相当する組織である。新民会は「明徳を明らかにし、民を親にする」という儒教の経典の一つ『大学』の示す倫理方針に基づき次の五ヶ条、㈠「新政権を護持し民意暢達を図る」、㈡「地産〔産業〕を開発し民生を安んず」、㈢「東方の文化道徳を宣揚光被す」、㈣「剿共滅党の大義の許に反共戦線に参加す」、㈤「友隣締盟の実現に邁進し人類平和に貢献す」を綱領に掲げた。新民会会長には王克敏が就任したが、実際の活動の理論的支柱は、新民会中央指揮部部長に就任した繆斌であった。新民会は日本軍とも提携し、後には宣撫工作を肩代わりする役割も果たした。

一方華中では、中支那方面軍（のち派遣軍）の指導により政権工作が進められ、一九三八年三月、南京に**中華民国維新政府**が成立した。しかし南京戦から三ヶ月しか経過しておらず、いまだ南京の治安は回復されたとは言い難かった。このため南京での政府成立式典の後、政府要人は上海に戻り、実質的な政務はしばらくの間上海で行われた。

維新政府中枢を構成したのは、行政院院長梁鴻志（段祺瑞臨時執政府秘書長）、立法院院長温宗堯（護法政府総裁）、内政部部長陳羣（国民政府内政部次長）、外交部部長陳籙（外交部次長・駐仏公使）、綏靖部部長任援道（冀察政務委員会外交委員）、財政部部長陳錦濤（財政部総長）、教育部部長陳則民（参議院議員）、実業部部長王子恵らであった。維新政府指導層の時局認識については第五章で扱う。

維新政府は「三権鼎立」の政体を標榜し、臨時政府と同様に、一党独裁と共産党を否定し、五色旗を掲げた。また「維新政府宣言」では、維新政府の性質は臨時のもので、北京の臨時政府と対立するものではなく、将来中央政府が所管する事項のうち不可分のものは臨時政府と協議して処理するとし、「津浦、隴海両鉄道の交通回復したる後は臨時政府と合併す」ることが謳われた。両政府は**中華民国政府聯合委員会**を組織して意志の疎通を図り、臨時政府の駐日大使館に相当する駐日辦事処は、維新政府の業務も兼務することになった。

維新政府の成立により、**南京市自治委員会・杭州治安維持会・上海市大道政府**など華中占領地の都市レベルの治安維持組織は順次これに合流した。

維新政府には大民会という民衆団体が置かれた。大民会は「政治団体でもなく、思想団体でもなく、唯民衆の指導、民心の収攬機関」とされ、維新政府と民衆との間に介在して、民衆を主体とした地方自治政治を具現化することを標榜していた。その綱領は、㈠民徳主義を振興実践し新中国国民精神を確立す、㈡政教を普及し民情を上達す、㈢生活を革新し民力を強化する、㈣中日提携し東亜の自主興隆を図る、であった。占領地の民衆運動の変遷や、民徳主義の由来についてはそれぞれ第六章、第八章でも触れる。

(5) 中華民国国民政府(汪精衛政権)

最終的に中国占領地の諸政権を統合し、日本の敗戦まで五年近くにわたって存在した汪精衛政権については、その重要性に鑑み、政権の成立から終焉までの動きと参加者について、ここでやや詳しく説明しておきたい[12]。

①汪政権の成立

すでに述べたように華北の臨時政府と華中の維新政府は将来的には合流し、新政権が樹立されることが予定されていた。しかし、両政府ともに重慶に遷都した国民政府に代わるだけの求心力を持たなかった。このため新中央政権樹立に際しては、より有力な政治家擁立が求められた。日本が注目したのは重慶国民政府内で蒋介石に次ぐ地位にあった汪精衛である。

一九三八年二月以降、汪精衛側と日本との間で秘密裏の交渉が始まった。一一月には汪の意を受けた梅思平・高宗武等と、日本の参謀本部支那班の影佐禎昭（かげささだあき）・今井武夫が会談し、満洲国の承認、租界返還、治安回復後二年以内の日本軍撤兵、賠償放棄などで合意し、「日華協議記録」を調印した。汪はこれを受けて一二月一八日に重慶を脱出し、昆明を経由してハノイ（フランス領インドシナ）に赴いた。

一二月二二日、近衛文麿が中国に領土・賠償を要求せず、租界返還・治外法権撤廃、共同防共・経済提携を呼びかけると、同月二九日、汪精衛もこれに応える声明を発表した（二九日を表す電報の文字から「艶電」と呼ばれる）。汪の狙いは、重慶を離れた自由な立場で和平運動を行うことで、国民政府に日本との和平を促すことにあった。そのため和平が実現した暁には自身は活動から手を引くと言明していた。龍雲など西南地域の実力者が汪に賛成・合流するという読みもあった。

しかし「日華協議記録」調印から十日後、東京の御前会議で決定された「日支新関係調整方針」からは撤兵期限の文言は消え、その内容も華北のみならず華中・華南にまで日本の権益を拡大し、中国に損害賠償まで要求する、過酷なものに変質していた。いわば汪精衛は梯子を外された形になったのである。

国民党副総裁、国民参政会議長の汪精衛が和平に乗り出したことに重慶の国民政府は動揺した。重慶国民党は汪を党籍から永久に除名し、一切の公職を剥奪する一方、水面下では汪の翻意を促した。しかし汪の決意は揺らがなかった。このため重慶側は汪暗殺を試み刺客を送り込んだ（汪側近の曾仲鳴が死去）。身の危険を感じた汪は日本占領下の上海に移り、新政府樹立へと舵を切った。活動資金には関税剰余金が充当された。

一九四〇年三月、汪精衛は重慶に遷都していた国民政府が南京に還る（還都と称した）という体裁で南京に政権を樹立した（汪政権）。汪政権は、国旗に国民政府の青天白日満地紅旗を復活させたが、戦闘の継続している重慶国民政府との区別が必要とする日本軍の要請から、旗の上に「和平・反共・建国」の文字を記した黄色三角布が付けられた。汪政権の成立により維新政府は解消したが、臨時政府は汪政権行政院傘下の華北政務委員会に改組され、実質的には中央政府から独立した存在として残った。

同年一一月、日本・満洲国・中華民国（汪政権）は「日満華共同宣言」を締結し、「道義に基く新秩序を建設する」という共同の理想のもとに、「緊密に相提携し以て東亜に於ける恒久的平和の枢軸を形成し〔中略〕世界全般の平和に貢献」することを宣言した。これは日本の敗戦まで占領地と日本との共通の前提となった。

汪政権は当初「各党各派、無党無派の聯合政府」を標榜し、多様な経歴を持った人が集まった。彼らの考えも一枚岩ではなかった。「和平・反共」、つまり日本との戦闘継続は中国の将来にとって不利益をもたらすという点や共産党の勢力拡大が中国を害するという点では一致していたものの、中国の将来像といった「建国」の具体的な中身についてはほとんど決められていなかった。しかし、徐々に汪派国民党中心の政権が志向されていった。

②寄り合い所帯——汪政権の人々

汪政権に参画した人々は大きく以下のような人々であった（汪政権での主な肩書は（　）内に示す）。

㈠ 汪精衛の血縁関係を中心に——公館派

公館派は汪精衛の血縁・地縁関係を基盤にした繋がりで、陳璧君（中央監察委員会常務委員）、その弟陳耀祖（広東省主席）・陳昌祖（航空署署長）、義弟褚民誼（外交部部長・駐日大使）・林柏生（宣伝部部長）・周隆庠（外交部次長）・陳君慧（僑務委員会委員長）らが該当する。陳璧君はマレー華僑の娘で、汪の革命運動を助けてきた糟糠の妻である。公館派は汪政権で序列第二位の陳公博（立法院院長）らと激しく対立していたという。

㈡ 周仏海を中心に——CC派

CC派は、国民党内で主に特務活動で蔣介石を支えた陳立夫・陳果夫を中心とするグループに起源を持つ。周仏海（財政部部長）・梅思平（工商部部長）・丁默邨（社会部部長）・羅君強（辺疆委員会委員長）らが該当し、基本的には周を中心とした人間関係である。周仏海は汪政権で税警団という直系部隊を持ち、陳公博を凌ぐ権勢を誇った。

以上二つの派閥は、一九三〇年以来の党内の改組派（中国国民党改組同志会）や、低調倶楽部（藝文研究会）といった緩やかな人的繋がりとも重なり合っていた。改組派は蔣介石の独裁に反対し、国民党の改革を主張した陳公博・陳璧君・周化人（鉄道部次長）らのグループである。一方の低調倶楽部は、満洲事変以後、日本に対して強く抵抗を唱えること（高調）から距離を取った人々の集まりで、周仏海・梅思平・羅君強の他、途中で汪精衛の和平運動から離脱した陶希聖・高宗武が関わっていた。

㈢ テロの実行部隊——特務系統

公館派・CC派とも人的には重なっていた特工総部（中国国民党中央執行委員会特務委員会特工総部）も、丁默邨・李士群（警政部次長）を中心に政権内で一派をなした。汪政権成立前後、特工総部は上海を舞台に重慶側の特務組織と熾烈な闘争を繰り広げた。映画「色・戒（ラスト、コーション）」（二〇〇七年）は丁默邨暗殺未遂事件をモデルにしており、汪派と重慶派の特務間の抗争がストーリーの通奏低音を成している。

㈣『中華日報』の周辺——若手知識人

汪精衛に従った人々の中で、これまであまり注目されてこなかったのは党内の若手知識人である。彼らの多くは、国民党汪派の機関紙として一九三二年に上海で創刊された『中華日報』（日中戦争で停刊の後、三九年に復刊）や汪政権の通信社である中央電訊社に編輯者・記者等として関わった。その起源は二〇年代、汪が国民党青年部長を担当していた時の青年部員たちで、広州の嶺南大学卒業生が多かった。林柏生・周化人・葉雪松（中華日報総経理）・郭秀峰（同総編輯）・趙慕儒（同代理社長）・馮節（宣伝部駐滬辦事処処長）・周応湘（広州市市長）・陳君慧・許錫慶（宣伝部参事）・譚覚真（中央電訊社東京分社社長）等がこれに該当し、人的には公館派と重なっている部分もある。宣伝部顧問として汪政権に参画した詩人の草野心平も、林柏生と嶺南大学の同窓で、月刊誌『東亜解放』の編輯に携わり汪政権の議論を支えた。

『中華日報』を論じる上では、胡蘭成の存在も忘れることはできない。胡蘭成は日中戦争直前に知人の紹介で

『中華日報』に関わり、その後同紙の系列新聞『南華日報』(香港)に載せた文章「戦難、和亦不易(戦争は難しいが、和平もまた簡単ではない)」が陳璧君に激賞されたことで、『中華日報』の復刊に際し総主筆に迎えられた人物である。胡蘭成については第一一章で詳しく取り上げる。

(五) 華僑ネットワークと実務官僚

この他、カナダで政治経済学を学び、日中戦争前から実業部国際貿易局局長として活躍した何炳賢(軍事委員会委員)や、ロンドンやウィーンで経済学を学び、汪精衛の秘書から汪政権の国際宣伝局局長に就任したジャワ島華僑出身の湯良礼も無視できない存在である。両人ともに中国大陸のみならず、欧米・香港・東南アジアとの結びつきの深い人物で、実務面で汪政権を支えた。このことは、陳璧君がマレー華僑の娘であったこととも関連し、汪政権の人的・経済的基盤の一翼を華僑ネットワークが担っていたことを示している。

以上、汪精衛とともに重慶から離脱した国民党員を中心に検討した。ここからわかるのは、彼らの多くがそれまでの国民政府では中堅以下の役職であった点である。汪政権参加者のうち、重慶時期に政府中枢とも言うべき国民党中央執行委員会に名を連ねていたのは、汪精衛・陳公博・周仏海の三名に過ぎなかった。これは汪派の動きがそれほど拡大しなかった要因の一つといえる。また周仏海が日記に「私は各同志に対して我々の間に小組織をつくってはいけないと諭すことに苦心してきた」と記すように、政権内部で派閥対立が激しかったことも汪政権にとっては不幸だった。

(六) 「和平」の先達——臨時政府・維新政府系の人々

汪政権の版図は先述の臨時政府と維新政府を継承したものだった。両政府を構成していたのは、国民党が北伐により中華民国の指導者となる一九二八年以前に中華民国を代表していた北京政府系の王克敏(華北政務委員会委員長)・梁鴻志(監察院院長)や、国民政府内部でも蔣介石とは距離のあった陳羣(内政部部長)・任援道(海軍部部長)といった人々であった。彼らは言わば遅れて日本との和平に参加した汪精衛らに対し、一歩先んじている意識を持っていた。一方、汪派国民党には、早くから日本と協力してきた彼らを漢奸視する意識があった。そのため両者の間には確執が存在していた。維新政府で行政院院長（実質的には政府首班）を務めた梁鴻志が、汪政権成立に際してそれまで自分が執務してきた維新政府行政院庁舎（旧国民政府庁舎）からの移動を拒み、このため汪精衛は別の場所（旧国民政府考試院）に国民政府を置かねばならなかったというエピソードも、確執の一端を伝えている。

汪政権成立により、北京の臨時政府は華北政務委員会に改組され、名目上は汪政権行政院の傘下に入った。しかし、華北は実質的には汪政権から独立した存在だった。北伐完成後も江南に比べて華北には国民党の力が及んでおらず、日中戦争直前も冀察政務委員会という事実上中央から独立した組織が置かれていた。こうした経緯もあり華北政務委員会委員長のポストには一貫して北京政府系の人物が就任した。

一方維新政府の版図は汪政権が直接引き継いだこともあり、徐々に国民党化が進んだ。維新政府の部長級の人物でも、陳羣や任援道は例外的に汪政権でも力を持ったが、これは彼らが戦前は国民政府に在籍しており、かつ警察や軍といった実力を掌握していたことが大きかった。陳羣は日中戦争前から内政部次長や首都警察庁長として辣腕を発揮し、任援道も維新政府で綏靖部部長として軍と関係を持っていたのである。

(七) 警察・幇の力――土着の勢力

これと関連して日本占領期を通じて権力を保ったのが盧英（軍事委員会上海市保安司令部保安副司令）である。盧英は北伐後、国民政府で浙滬警備司令部偵緝処処長（「偵緝」は捜索し逮捕する意）・上海市公安局偵緝総隊隊長を歴任し、上海の警察界で力を持った。

興味深いのは、盧英が日本軍の上海占領後も一貫して上海市政の中枢に在り続けた点である。盧英は日本占領直後に成立した上海市大道政府で参議に就任し、その後も督辦上海市政公署警察局局長、上海特別市政府警察局局長と上海警察の中枢に留まった。これも土着の人的繋がりがなくては力を発揮できない警察権力の性質によると考えられる（第四章）。同様の事例は他にも確認される。例えば日本占領下の北京市警察も、国民政府以来の人員を多数抱えていたのである。

土着という点では幇と呼ばれる結社や人的ネットワークも無視できない。一九二〇年代から三〇年代にかけて、上海の三大ボスとして知られた青幇の杜月笙・黄金栄・張嘯林のうち、後者二人は占領下の上海に残り汪政権と関係を築いた。

(八) 第三勢力──中国青年党の分党

汪政権には国共両党どちらにも属さない第三勢力(中国青年党・中国国家社会党等)の人々も参加した。このうち中国青年党は汪精衛の和平運動に関連して興味深い動きを見せた。中国青年党は一九二三年にパリで成立した政党で、反共と国家主義を党是としていた。ここでの国家主義とは、特定の政党ではなく全民衆が革命の主体となることを標榜するもので、民主制に近い考えである。同党は、中国共産党を否定し、国民党に対しては批判勢力たらんとしたが、満洲事変後は抗日を旗印に国民党と協調路線を取るようになっていた。

このような青年党が、汪精衛の重慶脱出という事態を受けて行ったのは分党であった。一九三九年一月、青年党は特別会議を開き、国民党が抗戦と和平という二つの政治路線に分かれた以上、青年党も二つの軌道を進むとの方針を決定した(ただ和平に参加しても抗日には決して反対しないとされた)。こうして曾琦と趙毓松(農礦部部長)が汪政権の下で和平問題に対処し、李璜と左舜生が重慶に留まって抗日問題に当たることになった。彼らの判断の根拠になったのは、汪精衛の重慶脱出には、蔣介石との間に何らかの黙契が存在している、という判断であった。

青年党は汪政権下でも批判勢力として活動した。例えば趙毓松が主宰した雑誌『民憲』(旬刊)は、汪政権が国民党独裁の政治を志向することに警鐘を鳴らし、あくまで諸派連合での政権運営を主張したのである(ちなみに重慶の青年党も後に同名の雑誌を刊行した)。

(九) 中国共産党との繫がり──興亜建国運動

汪精衛政権成立前夜の一九三九年に、汪の和平運動を側面支援することを標榜して組織された興亜建国運動(興建運動）も、上海を舞台に汪政権の一角を担った勢力である。同運動の中心となった袁殊（江蘇省教育庁庁長）は、二〇年代末からジャーナリストとして頭角を現す一方、国民党や共産党、さらに日本の上海総領事館とも水面下で情報をやり取りする関係にあった。興建運動には現地日本軍も関与していたが、一方で同運動は上海の労働組合や共産党地下党員とも密接に繋がっていた。この点で興建運動はそれまでの日本占領地に組織された御用組織とは一線を画していた。興建運動のメンバーはその後も新聞『新中国報』、月刊誌『雑誌』『政治月刊』などを刊行し、汪政権での影響力を維持した（第六章）。

この他、汪政権には維新政府の民衆組織である大民会や日本占領下の武漢に再建された共和党（民国初年の共和党の後継という体裁をとった）も加わっていたが、大きな勢力とはならなかった。以上の三団体は、汪政権が推進していた東亜聯盟運動（東アジア諸民族が政治的な独立性を確保した上で連携することを主張した運動）に合流する形で、一九四〇年一二月に解消された。

以上見てきたように、汪政権は諸勢力の連合政権であった。このため国民党以外の諸勢力を如何にまとめ上げるかも汪精衛らの課題であった。

③汪政権の課題

汪政権が実質的に統治したのは長江下流域の日本占領地で、中国全体の面積と比べれば決して広いものではなかった。しかしその中には上海・南京・杭州・武漢といった主要都市が含まれていた。特に上海は日中戦争直前期の数字で、輸出入総額で中国全体の五割以上、投下工業資本で同四割、機械制工場労働者数で同四三％、生産額で同五割を占めるなど、中国内で圧倒的な地位を占めていた。日中戦争勃発後は、公共租界の工場数は一九三七年の四四二から三八年末には四七〇七と十倍以上に増加し、人口も同一七〇万人以下だったものが一時四五〇万人にまで増加した。

この背景には租界が戦火の外にあり、相対的に安全であったこと、上海の対外貿易が依然閉ざされておらず、内陸へも工業製品を移出していたこと、さらに三九年九月の欧州戦争勃発により、東南アジア市場が上海に開かれたことなどがあった。こうした奇形的な上海の発展は「孤島の繁栄」と称され、上海は経済のみならず新聞・雑誌の出版など、社会・文化の方面でも依然重要な地位を保ち続けた。この上海も含め長江下流域を統治するにあたり、汪政権が直面したのは、主に次のような課題であった。

(一) 二つの国民政府——対重慶国民政府

汪政権は、重慶の国民政府が南京に「還都」するという体裁で成立した。このため南京で「和平建国」を標榜する汪派国民党と、「抗戦建国」を掲げる重慶国民党が、国民政府の正統性をめぐって対抗する事態を招来した。汪派国民党は、国民政府の正統性を標榜するため次のような動きを見せた。

一つは、国民政府の基本理念である三民主義を、孫中山の大アジア主義演説を根拠に解釈したことである（汪側はこれを純正三民主義と称した）。日本との提携を、孫中山の権威によって正当化したのである。

汪政権が中央銀行として一九四一年一月に開業にこぎつけた中央儲備銀行（ＣＲＢ）も、そもそも日中戦争前から国民政府の中央銀行として設立が議論されていたものだった。それを汪政権が開業したことは、経済上の意義もさることながら、国民政府の正統性を示す意味合いを強く持っていた。同銀行券（中儲券）の図案が、孫中山肖像と中山陵（孫中山の陵墓）で統一されていた点にも、汪政権の意識が読み取れる。

二つには、国民政府成立以来の課題であった憲政の実施を掲げたことである。汪精衛は一九三九年八月に上海で開催した（汪派）国民党第六次全国代表大会で憲政実施を公表し、汪政権成立後は憲政実施委員会（委員長汪精衛）を組織し、四一年一月一日に国民大会を召集することを決定した（第七章）。

汪派の動きに重慶側も対抗措置をとった。重慶では一九三九年一一月に、翌年一一月一二日に国民大会を召集し憲法を制定することを決議した。また孫中山についても、汪政権成立直前の四〇年三月に孫中山を国父に推戴し、孫中山の権威に頼る汪派の機先を制した（汪政権が孫中山を国父に推戴したのは四一年五月であった）。汪派と重慶の二つの国民党が三民主義や憲政実施をめぐって競合関係にあったのである（第七章）。

日本軍の影響下から相対的に自由だった上海の租界では、重慶国民党の諸機関も活動を継続することができた。このため汪派国民党と重慶国民党の対立は、熾烈なテロという形で顕在化した。汪派の新聞である『国民新聞』の社長に就任した作家の穆時英や劉吶鷗が、重慶側のテロで命を落としている。

こうした事情からうかがえるのは、汪政権の成立に対して当初重慶側がかなり危機感を持っていたということである。汪精衛の和平運動と政権樹立は、ナチ党に率いられたドイツが欧州戦線で破竹の勢いで勢力を拡大し、そのドイツと同盟関係にあった日本でも新秩序構想が喧伝された時期と重なった。枢軸陣営の躍進が汪の勢力拡大に棹差し、また汪政権が順調に実績を積むことができれば、重慶側の脅威となることは充分想定された。

汪精衛に期待する人も少なくなかった。とりわけ財界・実業界には、経済活動の安定や東南アジアとの貿易拡大、日本軍に接収された工場の返還などで汪政権に期待し、和平を待望する声は強かった。こうした中で樹立された汪政権はそれまでの臨時政府や維新政府とは異なり、明らかに大きなインパクトを重慶側に与えたのである。

(二) 国民党化の推進――対政権内諸勢力

上述したように汪政権中枢には国民党以外の諸勢力が参加していたが、地方行政機関もこの例外ではなかった。汪政権成立時の上海市長は維新政府時代に市長に就いた傅宗耀だった。傅は、上海総商会会長などを歴任した上海経済界の実力者だったが、北伐の際に国民政府から逮捕令が出されるなど、国民党とは相容れない人物であった。このため汪政権も当初は上海市政に深く介入することはできなかった。

転機は一九四〇年一〇月の傅宗耀の突然の死によってもたらされた。重慶側のテロに倒れた傅宗耀に代わり、立法院院長の陳公博が上海市長を兼任したのである。陳は総理紀念週（毎週孫中山の肖像の前に集まりその遺嘱を読み党の方針を確認する催し）の復活などの市政の国民党化を急速に進めた。上海市が戦争で破壊された市庁舎北側の孫中山銅像を、各界の募金により再建を試みたのも、国民党化の一環である。早くから日本人と協力してきた蘇錫文も更迭された。蘇は占領直後に上海市大道政府市長となり、その後も秘書長として市政の中枢に留まっていた。しかし、陳公博の就任に伴い中央市場場長に降格され、まもなくこの職も辞し完全に市政から離れたのである（第四章）。こうした国民党化は南京など上海以外の都市でも行われた。

(三) 支配者との矛盾——対日本

順調に政権を軌道に乗せ、日本との和平の成果を実現することができれば、汪政権はそれなりに自立した政府になり得たとも思われる。しかし、これを難しくしたのが日本であった。日本は汪精衛との和平工作を進める一方で重慶国民政府との直接交渉にもこだわり続けた。このため汪政権の成立は延期された。日華基本条約による日本の汪政権承認も、対重慶工作（桐工作）の失敗が明らかになった後の一九四〇年一一月三〇日にずれ込んだ。しかも日華基本条約には秘密協定及び秘密諒解事項が付属し、中国での日本軍の活動や日本に対する中国の損害賠償が認められていた。

汪政権に対する日本の軍事支配、経済統制・封鎖は汪政権の自主性を著しく阻害した。汪政権には日本人の軍事・経済顧問が置かれ、日本の省庁間の利害調整のため汪政権への資産返還も大幅に遅れた。このため和平の成果を具現化することで、重慶側から汪政権への参加を促すという当初の目論見はほとんど達せられなかったのである。

汪政権と日本との関係に変化が訪れたのは、一九四一年一二月の日本の米英に対する宣戦布告、さらに四三年から本格化する日本の「対華新政策」によってであった。「対華新政策」は汪政権の政治力強化を目指し、日本が汪政権に極力干渉しないことや租界の返還等を謳った。四三年一月九日、汪政権は英米に対し宣戦を布告した。汪精衛は参戦により、不平等な日華基本条約に代わる新たな条約締結を狙い、これにより政権の求心力を担保しようとしたと言われている。

汪政権は参戦と同時に、日本との間で租界還付・治外法権撤廃の協定を調印した。また在華日本人に対する中華民国の課税も認められた。同年一〇月、汪政権の「自主独立を尊重」することが明記された日華同盟条約が締結された。

経済面でも通貨が中儲券に一本化されたほか、日本軍が担っていた物資統制も、汪政権下に新たに設けられた全国商業統制総会に引き継がれた。同会には袁履登（上海市商会理事長）・林康侯（上海銀行公会理事長）・江上達（蘇浙皖区華商紗廠聯合会副理事長）など、上海経済界の実力者が参加した。これにより上海財界の人員・機構が、日本側と対等の立場で物資流通に関与できるようになった。また日本軍管理下に置かれていた工場の中国側への返還も順次進められた。

こうした背景には、対米戦争により日本軍が戦力を南方の戦線に振り向けなければならず、中国のことは中国人に任せたいという実質的な要求もあったが、一方で日本側の対華政策の方針が変化しつつあったことも無視できない。すでに支那派遣軍総司令部は一九四〇年四月に「派遣軍将兵に告ぐ」を発し、日本の法則を中国側に強制すること、日本に協力する中国人を傀儡視すること、中国の習俗を無視することなどを戒めていたが、それから三年を経て、漸くこれが具体的な形となって表れてきたのである。

④社会秩序の維持

政権基盤の弱い汪政権にできることは限られていた。汪政権の施策のうち、汪政権下の農村で一定区画を竹矢来などで囲み、外部との交流を管理下においた上で域内の建設を進める清郷工作は、政権支配の上で比較的成果のあった政策だが、一部地域に実施されたに止まった。

こうした汪政権にとって政治運動は大きな位置を占めた。汪政権はその成立前後、憲政実施を喧伝したが、それが延期された後も東亜聯盟運動・新国民運動（国民道徳の涵養・民心把握・総動員体制の構築を狙った運動）など政治的パフォーマンスを展開した。しかしこうした運動からは重慶側への対抗意識は薄れ、目的も政権内の秩序安定化を狙った内向きのものに変容していった（第七章）。

さらに日本の戦局が悪化すると、汪政権は、糧食を如何に供給するのかといった、より具体的な社会問題の解決に追われることになる。これは『中華日報』紙面にも顕著に表れた。記事ではすでに一九四一年一月頃から「糧食」や「民食」への言及が増加し始めるが、日本が租界への介入を強化したことや、原料の入手難などで「孤島の繁栄」が衰退したこともこれに拍車をかけた。新聞記事には繰り返し「囤積〔買い占めて値上がりを待つこと〕」を戒める記事が掲載され、上海から周辺農村地域への疎開が奨励された。

一九四四年頃から『中華日報』紙上では社長林柏生の主唱の下、編輯長の陶亢徳が中心になり「了解日本」運動が展開されたが、これも単に日本事情を知ることが目的であったとは考えにくい。むしろ、国民が質素倹約を厭わず、一致団結して戦争完遂に邁進する〔かに見えた〕戦時下の日本の事情を伝えることで、占領下の中国社会に戦時体制への心構えを伝えることに重きが置かれていたと考えられる。

⑤汪政権の終焉

一九四四年一一月、汪精衛は過去に狙撃された際に体に残った弾丸などを遠因とする多発性骨髄腫のため、名古屋帝国大学附属病院で逝去した。すでに日本の戦局悪化は誰の眼にも明らかであった。晩年の汪は次第に精神的な不安定さを見せるようになっており、政権内部にも頽廃的な空気が蔓延していった。内政部部長陳羣と邂逅した林房雄は、後に当時をふり返り、陳羣を「天をおそれぬ豪奢のかぎりをつくした」人物として描いている（林房雄「四つの文字」）。

もはや問題は「日本が何時、如何なる形で負けるのか」であり、汪政権の課題も、どのように自らの幕引きを図るかに移っていた。汪精衛の死は、関係者にそれをより切実な問題と意識させたに違いない。

こうした情勢下、周仏海のように重慶と水面下で連絡をとる動きが活発化した。この頃、重慶との和平交渉に関わっていた吉田東祐（とうすけ）は、上海の主要新聞『申報』紙上で積極的に戦後の重慶国民政府の動向を占う議論を展開し、重慶側からも注目された（第一〇章）。吉田が占領地で重慶政府について議論を展開した裏には、汪派との合流に対し重慶側がどのような反応を示すかを確認する、観測気球の意味合いもあったと考えられる。

一方、共産党はこの前から、上海で地下工作を担っていた潘漢年を秘密裏に汪精衛と会見させるなど、汪政権との提携を模索していた。すでに一九四一年一月の皖南事変を契機に重慶の国民党と共産党とは対立関係にあった。汪精衛と潘漢年の会見を取り持ったのは興建運動の中心人物袁殊である（第六章）。

一九四五年八月一〇日の黄昏時、上海では日本投降の消息が広まり、一一日付で日本の降伏を伝える『中華日報』号外が出された。戦争終結は、汪政権の存在理由の消滅を意味した。同月一六日、汪政権はその最高意思決定機関の中央政治委員会を南京臨時政務委員会に改組するという形式で消滅した。政務委員会に改組することで、重慶とのスムーズな合流を意図したと言える。国民政府はこれまでも、北伐時の武漢・南京の分裂、満洲事変直前の広州・南京の分裂など、分裂と統一を繰り返してきた。汪政権の動きはこうした経緯を意識したと考えられる。

実際蒋介石は、共産党軍が日本軍を武装解除することを認めず、任援道を先遣軍総司令、周仏海を軍事委員会京滬行動総指揮にそれぞれ任命して治安維持に当たらせた。戦後の共産党の擡頭に備え、汪政権の軍事力を速やかに糾合することが狙いであった。しかし、重慶・汪派の合流を警戒した共産党は盛んに反漢奸キャンペーンを繰り広げ、汪政権関係者の厳しい処罰を求めた。このため国民政府も彼らにより厳しく臨まざるを得なかった[13]。まもなく各地で汪政権関係者が逮捕され裁判が開廷し、高官を中心に多くが「漢奸」として処刑されたのである。

五　先行研究整理──「漢奸」評価の影響とその相対化

本書が対象とする占領地や協力者の事情については、歴史研究のレベルでは一九九〇年代以降研究が進んだ。ただ、戦後長らく注目されてこなかった分野であり、現在でも本書が取り上げるような占領地の事情が広く知られているわけではない。これには次のような理由が考えられる。

一点目は、協力者が中国では「漢奸」（漢民族の裏切り者）とみなされ、厳しく糾弾されてきたためである。これは戦後、国民党・共産党の双方が中国統治の主導権を競う中で、より厳しさを増した側面があるのは先述の通りである。[14]

共産党はその支持基盤拡大のために、戦後共産党の支配下に入った地域でも積極的に反漢奸運動を行い、対日協力者を指弾してその財産を没収し農民に分配した。[15]中華人民共和国成立後も、対日協力者の過去は、政治闘争が勃発するたびに蒸し返され、対日協力者は厳しい批判の対象となったのである。

国民党が統治した台湾とても事情は同じであった。台湾を統治する国民党政権の正統性を担保する上でも、対日協力者は「漢奸」、占領地政権は「偽政権」たらざるを得なかったのである。汪政権で宣伝部政務次長等を務めた胡蘭成が、一九七〇年代に台湾の大学で教壇に立ったものの、まもなく「漢奸」との批判を受け、台湾を追われたことは、その一例である（第一一章）。

二点目は、戦後の中国大陸はもちろん、日本社会でも中国共産党の立場からの歴史叙述が影響力を持ったためである。中国共産党が、一九四九年に中華人民共和国を樹立したことで、中国共産党そのものへの関心が高まったことはもちろん、中国近現代史を革命史の立場から理解することが広く受け入れられていったのである。当時の日本人中国研究者野村浩一による「真剣な研究を怠ったが故に、ついに無謀な戦争を試み、また中国革命の本質をとらえることができなかった[16]」との言葉には、戦前の中国研究が中国共産党の擡頭を予測し得なかったことへの反省の念が込められている。

同様の動きは、ジャーナリズムの世界にも見られた。戦後日本の主要論壇誌における中国関係記事を分析した研究成果によれば、戦後日本の中国論の担い手が、従来のシノロジスト、中国記者などの複数集団から、日本共産党の影響を受けた親中共系論者の優勢へとほぼ一本化されていったことが明らかになっている。[17]

「一億総白痴化」や「駅辨大学」といった造語で知られるジャーナリストの大宅壮一が、戦後、吉田茂を汪精衛に擬して「漢奸」ならぬ「日奸」と呼び[18]、日本がアメリカと締結した日米行政協定を、かつて満洲国と日本が締結した日満議定書になぞらえたことは[19]、こうした戦後の日本社会の雰囲気を象徴的に示している。ここでの「汪精衛」や「満洲国」は、もはやかつての日本の協力者ではなく、卑近な傀儡の事例に堕してしまっているのである。

もちろん、一方的に「漢奸」と決めつけてしまう方法に対しては疑問の目も向けられ、すでに欧米では一九七〇年代から「コラボレーター」「協力者」といった概念を使うことでより客観的に検討する動きが始まった九〇年代には抵抗と協力の狭間にある心理的状態を「グレーゾーン」と規定する研究も登場した。同時期には日本や台湾でも占領地の事情に即した研究が進み、近年では中国大陸においても、個々の事例については実証的な成果も増え、協力者や占領地政権の事情については、かなり明らかになってきている。

本書も、汪政権とフランスのヴィシー政権を比較した成果や、占領地の基層レベルの協力者に注目した研究など、多くの成果に負っている（本書では各章の冒頭で関連する先行研究には言及するが、占領地研究全体の傾向については緒論末尾の補論を参照されたい）。

六　課題の設定と分析の方法

（1）課題の設定──思想・構想への着目

このように占領地政権や協力者に関する研究内容は深化したものの、先行研究では協力者の主体性──彼らもまた政治思想や構想を持っていた──に着目することは稀であった。そのため、彼らが自らの立場をいかに説明したのか、それが中国史の文脈にいかに位置づけられるのか、またそうした彼らの思想が戦中・戦後を超えて連続していた、といった点の解明は依然として課題なのである。当然、こうした視点から協力者と日本との関係を捉えなおすことも必要である。

そこで本書では、占領地政権及び協力者の政治思想や構想、すなわち日本軍の占領という制限下にありながら、彼らがどのような中国の将来構想を持っていたのかについて、各政権の刊行物や、関係者の議論を主な材料に考察する。これにより従来ほとんど注目されてこなかった占領地政権の中国の政権としての側面に光を当てることができよう。

併せて本書が対象とする占領地政権についても説明しておきたい。第四節でも示したように、満洲国と蒙疆政権も占領地政権に含めることができる。しかし本書ではこの両政権については分析の対象外とした。というのも、両政権は自らを、(漢人を主体とした)中国(チャイナ)の政権ではない、と規定していたからである。満洲国や蒙疆政権を、中国の「偽政権」と説明することは、例えば中華人民共和国政府の立場としては当然ありうる。しかし少なくとも協力者の主体性に寄り添うことを意図する本書では、それらを中国の占領地政権と十把ひとからげに論じることはできないと考えるのである。

本書が対日協力者の政治思想や構想に着目するのは、次の二点の理由による。

一点目は、占領地政権や協力者が、「東亜新秩序建設」や「日華親善」といった日本に関連する議論とともに、実際には中国の将来像についてもかなり積極的に語っていたためである。

これは逆説的ながら、占領地に政権を組織することが、抗戦側からは売国的行為と指弾されていたこととも関係がある。「なぜ、敵の占領地で政権を樹立する必要があるのか」という当然予想される問いに答えるためにも、協力者は自らの見解・展望を積極的に明示する必要があったのである。また軍事や財政など政府の主要部分が日本の制限下に置かれていた占領地政権にとって、言論活動は、相対的に協力者が主体的に関われる分野でもあった。

もちろん、占領地政権の議論なのであるから、その主張は建前に過ぎず、彼らの本音ではない、という反論もあるだろう。しかし、そのことはそれほど重要ではない。むしろ本書で注目したいのは、彼らが自らの立場をどのように説明していたのかという点である。占領地での議論が、少なくとも自らへの共感や政権支持の拡大を狙ってなされたものであったことを考えれば、そこには人々を納得させるべく、それまでの中国社会の諸経験に裏打ちされた様々な根拠が示されている。[20]本書はそうした説明の仕方にこそ意味があると考えているのである。

二点目は、協力者の中には戦後も言論活動を中心に活動した者がおり、占領地での中国の将来構想が、形を変えながら戦後も継続したためである。周知の通り日本の敗戦により占領地政権は崩壊した。しかし占領地の知識人の中には、迫害を潜り抜け、戦後は香港や日本を舞台に言論活動を続けた者もいたのである。

戦後日本には百名を超える協力者が亡命していたが、その中には中国の将来について、共産党とも国民党とも異なる第三の路線を目指す胡蘭成のような人物も含まれていた。彼らは、日本国内では思想的には保守に分類される日本人と関わりを持つと同時に、香港・台湾の中国人知識人とも様々な繋がりを持っていた。協力者の思想・構想に着目することにより、これまで知られることのなかった戦後東アジアの緩やかな思想連関にも迫ることができるのである。

(2) 分析方法

対日協力者の政治思想や構想を考察するにあたり、本書では次の三点から検討を加える。

一点目は、各占領地政権の違いを意識したアプローチである。占領地は重慶の国民政府や延安の共産党から見れば敵地であり、協力者は「漢奸」として十把ひとからげに見られる存在であった。実際各占領地政権は、日本との停戦と即時和平を標榜している点では共通性を持っていた。

しかし、中国の現状をいかに見るのか、どのような政治体制を採用するのか、といった広い意味での彼らの政治思想や将来構想に関しては、占領地政権ごとに主張の違いが明確に存在していた。そして、その背景には政権を担った協力者の経歴が深く影響していたと考えられる。

従来の研究では、こうした点についてはほとんど関心が向けられてこなかった。しかし、協力者の主体性に即して理解しようとするならば、各占領地政権の主張の違いとその背景を整理する必要がある。

二点目は、占領地の事情が抗戦側に与えた影響についてである。抗戦側にとって、占領地政権や協力者は否定されるべき存在であり、占領地の事情が抗戦側の動向にも影響を与えていることが明言されることは基本的にはなかった。ただ実際には、重慶側が、占領地政権に参加しようとした要人暗殺を試みたことや、毛沢東が占領地研究の重要性を語っていたように[21]、抗戦側は占領地の動向や協力者の発言を意識していたのである。

このため少なくとも日本が対米英宣戦布告をする一九四一年頃までは、抗戦側が占領地の動向を意識し、時には両者が競合関係にあったという視角からの分析が必要なのである。本書では、憲政実施をめぐって重慶と南京の二つの国民政府が競合関係にあったことに注目して、この問題を検討する（第七章）。

三点目は、戦中・戦後の連続性である。占領地政権は日本の敗戦に伴い消滅し、協力者の多くも漢奸裁判にかけられた。このため、ほとんどの先行研究はここで叙述を止めている。しかしそこで全てが終わってしまったわけではない。協力者の中には、様々なつてを頼りに潜伏し、香港・台湾・東南アジアを舞台に、戦後を生き抜いた者も少なくなかった。先述の通り、戦後の日本社会にも、百名を超える協力者が潜伏・亡命し、その中には言論活動に従事した人物もいたのである。

これは従来知られることのなかった戦後日中交流の一側面を明らかにするという点で興味深いものだが、日本社会が戦後実質的にはアメリカの占領下に置かれたことを考えるとその意味はより広がりを持つ[22]。なぜなら戦時中の中国占領地と日本と同様の構図が、日本と米国との間に生じていたからである。事実、日本に亡命した胡蘭成は、米軍占領下にある日本人の身の処し方についても、自らの見解を披瀝している（第一一章）。

（3）同時代的視角

筆者も含め後世に生きる者は、日中戦争の顛末を知る立場にある。そのため協力者の発言や行動に対して、ともすると時代の潮流に逆らった無謀なもの、との思いを抱いてしまう。しかし当時の状況を踏まえれば、抗戦という選択肢が失敗の可能性を持っていたのと同様に、和平の立場にも成功の可能性は同じく開かれていたと考えるべきである[23]。

結局日中戦争は八年間で終結したものの、日本が対米英宣戦布告を行い太平洋戦争が勃発するまでは、その先行きを予想することは難しく、一般には日本が戦争に勝利する可能性も含めて、日中戦争がかなり長期間にわたると考えられていた点は看過できない。汪政権が成立した一九四〇年三月当時、この戦争がアメリカ・イギリスを巻き込み東南アジアにまで戦域が広がる大戦争に発展し、その結果戦争が日本の壊滅的な敗戦という形で終結することを、いったいどれだけの人間が予想し得たであろうか。我々は当時の事情を踏まえて考えておく必要がある。

一九三〇年代末から四〇年代は、世界的に既存の社会秩序の再編が盛んに唱えられた時期でもあった。三四年八月、ドイツではヒトラーが国家元首に就任し、三六年一一月、日独両国は防共協定を締結していた。その後も、三九年九月のドイツのポーランド侵入と欧州席巻、四〇年六月のフランスの降伏、近衛文麿による新体制運動の提唱など、世界的に時代の転換の到来を予感させる事件が続いた。

日中戦争の勃発とその後の占領地政権の登場は、こうした時代潮流を背景に進展したものだった。維新政府で内政部部長を務めた陳羣は一九三九年一月の段階で、占領地における日中両国の共同目的達成を「百年がゝりでやるのだね」と語っている[24]。言うまでもなく、この百年は具体的な時間ではない。しかし少なくとも陳羣が長期的な時間軸の中で日中戦争及び占領地の将来を考えていたことはわかる。

実際、日本の勝利の可能性も含めて、漠然と遠い将来に日中両国が停戦することを予想する者はいたものの、それが具体的にどのような形で訪れるのかについては様々な立場が存在した。特に日本占領地が相対的に安定期に入った一九三九年から汪政権成立前後にかけては、汪精衛への期待も相まって、日本占領地の将来に関しても楽観的な議論が多く見られた。

汪政権成立前夜の諸工作を、国民政府の基礎を築いた北伐以前の広東国民政府期の動きと比較し、その発展性を論じる議論や[25]、重慶の蔣介石政権をみくびることを戒めながらも、汪政権が中国の大都市及び商工業のおそらくは九〇％、中国貿易のうち輸出の八二％、輸入の九〇％を押さえている事を示し、汪政権の経済的な強さを指摘する議論は[26]、当時にあっては決して特殊なものではなかったのである。

汪政権が成立して一年を経た時期になると、楽観的な議論は少なくなったものの、それでも「支那事変はそれが本格化すればするほど長期建設の様相を明瞭にしてゐる[27]」と、日本軍が長期にわたり沿海部の主要都市を占領したまま戦線が膠着するとの見方が一般的であった。

日本が対米英戦争に突入し、さらにその戦果に陰りが見えてくる一九四二年から四三年にかけての時期になると、具体的な占領地の将来構想に関する議論は少なくなっていくものの、それまでは絵空事ではなく現実味を帯びた問題として議論が展開されたのである[28]。

こうした視角は、その後の顚末を知っている我々がともすれば見落としかねないものである。これは冒頭に紹介した夏文運の回想とも通じる。したがって本書では、「汪政権が当初から傀儡政権たらざる可能性はなかった[29]」といった前提は意識的に排除することを心掛けた。

本書で取り上げる議論の中には、例えば「大漢国を建国し、各民族の自主権を認めて各自の国を建設し、日本・シャム等と亜細亜国際聯盟を結成する」（第二章）、「世界各地に樹立された大道政府は、最終的に天皇の下に一つにまとまる」（第四章）といった、これまでの中国近現代史の記述に照らせば荒唐無稽とも思われる議論も登場する。しかしなぜ我々は「荒唐無稽」と感じてしまうのか。その後の歴史の展開を知っている我々は、無意識のうちに、その影響を受けてしまっているとも言える。

思想史家の松本健一は、思想は虚空に文字を刻む行為であるとした上で、「その虚空に刻まれた文字が現実を凍らせることができれば天才と呼ばれ、無残にも中空に散れば「山師」である」と語ったが[30]、本書が取り上げる人々もまさに、松本の言う「山師」に重なる存在かもしれない。

そのため本書では、従来正面から検討するに値しないと思われてきた議論であっても、できる限り先入観を排し、議論がなされた時代状況に即して、その背景や限界を明らかにする。もちろん「歴史のif」を安易に想定することには自制的でありたいが、協力者の当事者性に迫るためには、場合によってはこうした視角を意識的に設定することにも効果があると考える[31]。

これに関連して筆者が想起するのは、一九三〇年代から四〇年代にかけて日本の言論界で旋風を巻き起こした蓑田胸喜（みのだむねき）の議論である。周知の通り、蓑田は美濃部達吉の天皇機関説や自由主義的学者の議論に過激な批判を繰り広げ、自由主義的な知識人からは、蓑田「狂気」と蛇蝎のごとく嫌われ、また恐れられたことで知られている。蓑田の議論は、その議論の内容が優れていたわけではない。しかし、昭和戦前期の学術や言論界に衝戟を与えたという点では無視できない存在である。

蓑田は戦後まもなく自殺し、その議論の記憶も風化し、昭和言論史の中で簡単に言及される程度となった。しかし、同時代人にとってはある意味で自明であった蓑田による攻撃も、年月が経過する中で、そもそも蓑田が「なぜ恐れられたのか」という共通認識が失われていったことは想像に難くない。今世紀に入って『蓑田胸喜全集』[32]が出版された背景には、「ではそもそも蓑田は何を語ったのか」という、蓑田を知らない世代からの要請に応えた側面もあると言える。

同様な例は、一九二〇年代から三〇年代の日本のジャーナリズム界で一世を風靡した野依秀市（のよりひでいち）にも見出せる。野依も彼自身にジャーナリストとしての透徹した思想があったわけではない。その手法は「言論ギャング」[33]などと言われ、同時代的には知られた人物だったが、その後は忘れられていたのである[34]。しかし野依を無視しては、当時のジャーナリズム空間に肉薄することはできない。

蓑田や野依の事例は、清澤洌（きよし）『暗黒日記』[35]・桐生悠々『他山の石』[36]、あるいは正木ひろし『近きより』[37]とは、ちょうど対極の関係にある。清澤が戦時中に記し、戦後刊行された『暗黒日記』は、ファシズムへの抵抗の記録として戦後高く評価された。同じく『他山の石』や『近きより』もしばしばその内容が官憲の検閲を受け、桐生・正木の反骨の知識人としての地位は揺るぎない。筆者もそうした評価に異存はない。

しかし『他山の石』や『近きより』は頒布先の限られた個人誌で、『暗黒日記』に至っては一個人の日記に過ぎない。当時の社会に与えた影響力という点で言えば、蓑田や野依の議論に遠く及ばないのである。

この構図はそのまま本書が対象とする占領地の事情にも当てはまる。本書が取り上げる議論は、近代日本言論史における蓑田の議論と同様に、これまで検討するに値しないと考えられてきた。しかし、当時の占領地で氾濫していたのは、占領地政権や協力者の繰り出した議論であった。

本書は、単に占領地の事情を明らかにするだけではない。もし仮に抗戦側の主張が中国民衆の心を摑む魅力的なものだったとするならば、その真の魅力を理解するには、その議論だけを取り出して分析するのでは不十分である。占領地の議論との比較を通してこそ、抗戦側の主張もより正確にその位置を定め、評価することができるのである。

当時の状況に即して考えてみると、日本の占領地で日本との距離をはかりながら中国の将来を構想し、その中で政府を組織することは、それなりに合理的な判断のもとになされていたと言うべきである。そして占領地で発表された数々の議論も当時の中国社会のあり様を反映したものだったのであれば、それらを踏まえることなしに一九三〇年代から四〇年代にかけての中国社会を語ることはできないのである。

もちろん先行研究が明らかにしているように、協力者の行動は日本の動向とは無関係ではあり得ず、結果的に日本の傀儡となってしまった事例も多い。しかし、日本との即時和平と協力を選択した人々も抗戦を選択した人々と同じく、近代中国社会という空間で、自らの認識を育み、またあるべき中国の将来と現実との間隙に苦悩したのである。本書はこの意味で占領地の諸問題を中国史の文脈に戻す作業でもあるのだ。

七　本書の構成

本書は全体を三部に分かち、全一二章で構成される。各章は概ね時代順としたが、内容によっては多少前後する部分もある。

まず第Ⅰ部「様々な政治構想――日中戦争勃発前後」では、日中戦争勃発前後の政治構想を取り上げる。この時期の特徴は、「中華民国」の枠組みを否定し、新たな中国政府を模索した構想が複数登場した点にある。

第一章「「冀東」の構想――殷汝耕と池宗墨をめぐって」は、日中戦争勃発前夜の一九三五年一一月に通州に成立した冀東政府を率いた殷汝耕・池宗墨の議論を扱う。冀東政府は厳密には日中戦争後の占領地政権ではない。しかし、そこで展開された議論や、同政府が抱えたジレンマは、日中戦争後の占領地政権とも重なる部分が多い。この章では冀東政府を理論面で支えたのは、冀東政府長官として比較的よく知られている殷汝耕ではなく、二〇年代から企業家として知られていた秘書長の池宗墨であった点にも注目する。

第二章「張鳴の「五族解放」「大漢国」論」では、国民党右派の西山会議派や胡漢民派と関係を持っていた台湾出身の張鳴なる人物の活動と議論に着目する。張鳴は国民党のほかにも清朝遺臣、日本軍人などとも関係を持ち、福建・内モンゴル・上海などを舞台に政治活動に従事した。一九三〇年代以降、張鳴は「五族解放」を唱え、中華民国という枠組みを否定する「大漢国」の建国を主張した。こうした張鳴の議論は、日中戦争勃発直後に複数現れる、中国の政体の根本的変更を訴える主張とも共通するものであった。

第三章「呉佩孚擁立工作と日支民族会議」では、日中戦争勃発後、日本軍によって一時期占領地政権の首班に擬された呉佩孚と、その下に集まった人々によって組織された日支民族会議の構想を検討する。日支民族会議は、日本占領下の北京に成立していた中華民国臨時政府を、既存の政治家の集まりであると批判し、日中双方の民衆による議論（すなわち日支民族会議）に基づいて新たな政府を組織することを主張した。これまでも呉佩孚擁立工作については検討が加えられてきたが、日支民族会議の議論を分析することで、呉佩孚の周辺に存在した、日本軍の意向とは一線を画する形で存在した占領地における政権構想を明らかにする。

第四章「上海市大道政府と西村展蔵の大道思想」は、日中戦争勃発直後の上海に樹立された上海市大道政府の主張とその背景を検討する。同政府は「天下一家、万法帰一」等のスローガンを掲げ、世界各地に樹立された大道政府が、将来的には日本の天皇の下に統一することを標榜していた。大道政府の理論的支柱となったのは神道系の新興宗教を主宰し、上海で支持者を集めていた西村展蔵である。西村は冀東政府成立のきっかけとなった河北省香河の農民自治運動を裏で画策した人物でもあった。しかし大道政府の主張は日本当局にとっても極端なものであり、日本の占領地支配が安定するにつれて、上海市政から西村らの影響力は排除されていった。戦後も西村は熊本で活動し、日本に亡命した複数の協力者と交流のあった熊本の名士紫垣（しがき）隆と関係を持っていた。

第Ⅱ部「現実的な選択へ——日中戦争下の占領地政権」では、日中戦争が長期化の様相を見せる中、中華民国という枠組みは残しながらも、その中で議論された様々な構想を検討する。

第五章「中華民国維新政府指導層の時局観」は、華中占領地の行政を担うために南京に成立した維新政府で指導的立場にあった梁鴻志・陳羣・温宗堯・王子恵の四名の議論を検討する。その議論の特徴は、抗日を誤りとし、日中戦争で中国が敗けた責任は国民党及び国民政府にあるとした点にある。また維新政府では日本の優位を認めながら日本との提携をはかることが標榜された。四名の政治的背景は異なるが、とりわけ興味深いのは清末に駐蔵参賛大臣を務めた温宗堯の議論である。温宗堯は、一九〇〇年の義和団事件の際、東南地域の総督らが、統括する地方を戦禍から守るために、清朝朝廷の詔勅を義和団に唆された「乱命」であると拒絶し、列強と停戦した東南互保の例を引き、日本との和平を選択した維新政府の立場を正当化したのである。

第六章「袁殊と興亜建国運動――汪精衛政権成立前後の占領地の動向」では、汪政権成立前夜に汪政権樹立を側面から支援するという名目で日本陸軍の影佐禎昭らも関与して組織された興亜建国運動（興建運動）を検討する。興建運動の中心人物袁殊は、共産党員でありながら、国民党や上海総領事の岩井英一ら日本人とも関係を持ったジャーナリストであった。袁殊は上海の労働組合とも深い関係を持っていたため、興建運動は労働者の組織化にも成功し、その点で大民会など既存の親日民衆組織とは一線を画する存在であった。

興建運動の主張も占領地にあっては異彩を放っていた。興建運動は、第二次近衛声明で日本に中国侵略の意図がないことが明らかにされるまでの抗日は正しく、また日中戦争で中国は日本に負けたわけではないと主張した。さらに、もし日本が近衛声明の主張を違えることがあれば、再び抗戦陣営に戻ることも明言していた。こうした主張は、占領地においては日本に対して最も強硬なものであった。汪政権成立後、興建運動は東亜聯盟運動に合流したが、袁殊はその後も『新中国報』を刊行するなど、汪政権下の民衆運動に関わり続けたのである。

第七章「占領地と憲政――汪精衛政権の憲政実施構想」は、汪政権成立前夜の一九三九年から四一年にかけて、占領地でも盛んに議論された憲政実施について検討する。憲政実施は三〇年代以来、国民政府の課題であったが、日中戦争の勃発により、その実施は延期されていた。汪精衛は、日本との和平が回復されたとの立場から、憲政実施を表明したが、この動きは重慶国民政府にも影響を与えた。こうして、南京・重慶双方の国民政府が憲政実施をめぐって競い合う状況が生まれたのである。

第八章「忘れられた革命家伍澄宇と日中戦争」では、辛亥革命前後から中国同盟会の一員として、アメリカや東南アジアを舞台に革命運動に奔走し、孫中山からは女婿とも目されていた、伍澄宇という人物に注目する。伍澄宇は、孫中山死後は政界から離れ、上海で辯護士をしていたが、日中戦争勃発後は維新政府及び汪政権で県政訓練所教官を務めたほか、憲政実施に向けた動きでは実質的な中心人物であった。こうした伍澄宇にとって、維新政府や汪政権は占領地政権ではあったものの、一方で孫中山の提唱した政策を実現する舞台としての側面を持っていたことを明らかにする。

第III部「日本敗北の中で——日米開戦から戦後へ」では、日本の占領を前提とした将来構想が現実味を失う中、占領地で登場した諸議論を検討するとともに、その一部が戦後にも引き継がれた点も検討する。

第九章「日中道義問答——日米開戦後の占領地中国知識人」では、日本の総合雑誌『中央公論』で京都帝国大学助教授の高山岩男（こうやまいわお）が提唱した「道義的生命力」に関する議論に、呉玥ら複数の占領地の知識人が批判を加えた事件に注目する。日本の戦局が悪化する中、日本の占領を前提とした将来構想は減少していたが、「道義的生命力」のような抽象的な議論であれば、中国人も参画することができ、また「時代の転換点における戦争の意味」を語る京都学派の議論は占領地でも注目されたのである。では中国の知識人たちは高山の議論のどのような点を批判したのであろうか。同章では高山の議論に対する批判を読み解くことで、占領地で活動した知識人の中国人としての矜持とともに、当時の日本の知識人の中国認識の限界をもまた明らかにする。

第一〇章「日中戦争末期の〝中国人の代辯者〟吉田東祐」では、日中戦争末期の上海で、新聞『申報』を舞台に盛んに言論活動を展開した吉田東祐の議論を分析する。吉田は言論活動の一方で、現地陸軍の要請を受けて、秘密裏に対重慶和平工作の最前線で関わりを持った人物でもあった。日本人であったこと、またその議論が中国語で発表されたため、占領下の上海にありながら、吉田は比較的自由な議論を展開することができた。時に汪政権への批判を含んだ吉田の議論は、中国人の思いを代辯してくれるものとして、当時中国人から広く称賛された。本章ではこうした吉田の議論を通じて、戦争末期の中国人の意識に間接的に接近することを試みる。

第一一章「戦前戦後を越える思想——政論家としての胡蘭成」では、汪政権で宣伝部政務次長などを歴任し、戦後は亡命先の日本でも言論活動を展開した胡蘭成の議論を分析する。胡蘭成については、これまでも一時婚姻関係にあった作家張愛玲への関心の高まりに伴い注目され、その文学論や美学論が検討されてきた。しかし胡蘭成が戦後日本で展開した議論に注目すると、胡は戦前戦後を通じて第一義的には政論家であったことがわかる。こうした胡蘭成にとって戦前戦後は繋がっており、戦後の日本でも胡は大陸反攻や中国共産党崩壊後の中国の姿などを積極的に論じたのである。

第一二章「中国人対日協力者の戦後と日本——善隣友誼会設立への道」では、対日協力者のうち、戦後日本に亡命してきた人々の事情を、困窮する亡命者の生活支援を目的に設けられた善隣友誼会設立への動きを軸に検討する。中華人民共和国成立前後から対日協力者の一部は、個人的なつてを頼って日本に潜伏していたが、個人での支援には限界があった。このため旧軍人から外務省に対し支援の要請があったほか、国会でも亡命者の存在が問題となった。これを受け外務省は日本国内の亡命者の調査を実施し、総数で百名を超える協力者が日本国内に潜伏していることを確認した。さらに要支援者に対しては個別に対応するとともに、外務省の外郭団体として善隣友誼会を設けて対応したのである。

以上、やや前置きが長くなってしまったきらいもあるが、関心を持たれた諸兄姉は早速一九三〇年代半ばの冀東を扱った第一章から、知られざる日中交流の森へ足を踏み入れて欲しい。

補論　占領地政権及び対日協力者に関する研究動向

ここでは占領地政権及び対日協力者に関する欧米・台湾・中国・日本の研究動向を整理しておく。

①欧米での研究

欧米における協力者・占領地の研究は、汪精衛政権に対する関心から始まった。この背景には、第二次世界大戦中のフランスの対独協力政権であるヴィシー政権研究があった。東アジアにおけるヴィシー政権的存在として、汪政権に関心が集まったのである。さらにヴィシー政権研究の問題関心をさかのぼると、アメリカ南北戦争における南軍研究に行きつく。ヴィシー政権研究者のパックストンによれば、一九六〇年当時のフランスでは、ヴィシー政権研究の環境は整っておらず、その点でアメリカにおける南軍研究とは対照的であったという(38)。

こうしたヴィシー政権研究の問題関心を、中国近現代史の上に反映させたものが、汪政権に注目したボイルで、それまで「売国的行為」とされていた汪精衛らの一連の活動を、日本との協力という点から検討を加えた(39)。またほぼ同時期、バンカーも汪政権の成立過程についての研究を発表している(40)。

一九八〇年代に入ると、汪精衛以外へも関心は広がりを見せた。入江昭による華北占領地の民衆団体である新民会の研究(41)、マーシュの周仏海研究などは(42)、当事者の問題意識にまで迫ろうと試みた成果であり、本書も影響を受けた。

汪精衛やそのほか占領地の中国人を日本の〝コラボレーター(collaborator)〟と位置づけるこうした研究潮流は、その後の研究にも引き継がれた。それまで批判的に「漢奸」とされてきた人々を、政治的な判断を交えず、より中立的な立場で扱うことができるようになったのである。

こうした視角から、ポシェック・フーは占領下の上海文壇を分析し(43)、ウェイクマンは同じく上海の抗日派・和平派双方のテロ活動の実態を解明した(44)。特にポシェック・フーが、ユダヤ人強制収容所から生還したプリーモ・レーヴィの言葉を援用し、抵抗と協力の間にある心理的状態をグレーゾーンと定義づけたことは、その後の研究にも影響を与えた。またブルックは「占領国家／占領地国家(occupation state)」という概念を用い、上海市大道政府など都市レベルの地方政権も含めて、長江デルタ地域における基層社会の協力に注目した(45)。この他近年の成果として、サーファスが南京戦から汪政権に至るまでの事情を検討している(46)。

②台湾での研究

台湾でも戦後しばらくは国民党政権の下、中国大陸同様、占領地の事情は「忠奸二分論」の枠組みで論じられてきた。しかし台湾の民主化の進展や国民党の下野、さらに台湾の本土化の影響を受け、台湾における中国史の地位は、国家の歴史から外国史の一つに変わりつつある。

こうした傾向は日中戦争の見方にも影響し、協力者を「漢奸」とすることにとらわれない見方が一般化した。王克文は汪精衛を「漢奸」と断罪するのは一方的であるとし、汪が日中戦争を平和裏に解決する方法を模索した可能性に言及し、その政治的遍歴や汪政権の軍隊・経済について検討を加えた(47)。羅久蓉は、日中戦争当時から存在した、汪精衛の重慶脱出は蔣介石との間に合意があったという見方について、そうした言説が登場するに至った背景から考察を加えたほか(48)、中国共産党による漢奸裁判や(49)、鄭州治安維持会を例に「漢奸」が登場する背景を検討した(50)。

個別の研究では、劉熙明が満洲国や蒙疆政権をも含む占領地政権下の軍隊について検討を加え、[51]陳木杉が汪精衛の電報史料を積極的に利用し、汪政権下の広東省政府の実態及び汪と汪政権参加者との関係を分析した。[52]また汪政権による在外華人の取り込みを検討した李盈慧や、[53]汪政権管下の朝鮮半島における華人活動に注目した楊韻平のように、[54]中国大陸の外から汪政権の役割を検討する成果も登場した。このほか、文学方面でも成果があり、楊佳嫻が日米開戦後の上海占領地での文学活動について分析を加え、[55]巫仁恕が占領下蘇州の実態を明らかにし、[56]劉威志は、汪精衛や梁鴻志の詩作の分析を通して協力者の心理に迫った。[57]

③中国大陸での研究

中国大陸における当該分野の本格的な研究は一九八〇年代になってからで、中国近現代史研究全体の中で、協力者や占領地は、それなりに関心の持たれてきた分野である。ただ、上述の理由から、協力者は「漢奸」、占領地政権は「偽政府」と批判的に記述せざるを得ないという制約があり、これは現在でも続いている。

この時期の蔡徳金による先駆的成果では、汪精衛を筆頭に汪政権の人物研究、周仏海日記の編纂、年譜作成などが進められた。[58]同時期、南京大学を中心に汪政権に関する史料集が編まれ、[59]また復旦大学を中心に汪政権に関する論文集が上梓された。[60]

各地の檔案館（文書館）でも史料集の編纂が進められた。占領期の上海市政府に関する史料を集めた『日偽上海市政府』、[61]戦後の南京における漢奸裁判の記録である『審訊汪偽漢奸筆録』、[62]中央檔案館・中国第二歴史檔案館・吉林省社会科学院が共同で編纂した日本帝国主義侵華檔案資料選編は、[63]いまだに直接閲覧をすることが制限されている檔案も載せており、研究上依然として有用である。

二一世紀に入ってからは、「漢奸」「偽政府」といった枠組みは残しながらも、事実関係の解明に重点を置いた研究も登場している。華北占領地については、すでに複数の成果があるが、[64]一方で維新政府に関する研究は少なく、臨時政府との関係から維新政府を論じた研究や、[65]また『抗戦時期的上海文化』が維新政府から汪政権までの社会文化や経済政策を論じている程度である。[66]

政治分野では張殿興が汪精衛の対日協力を分析し、[67]史桂芳は汪政権下での大衆運動として期待された東亜聯盟運動を論じた。[68]また馮敏が汪政権の文官採用試験制度を検討するなど、[69]汪政権下の団体や制度への関心も深められた。

経済分野では、斉春風が日中戦争勃発から終焉までの密輸に注目して分析し、[70]戴建兵・王暁嵐は占領地政権の公債問題を検討した。[71]汪政権の財政については潘健が分析し、[72]汪政権の中央銀行である中央儲備銀行については朱佩禧が検討を加えた。[73]このほか、日本の占領と地域社会との関係に注目した研究も登場したが、[74]これには先述のブルックの研究なども影響を与えたと考えられる。

占領地全体を見通す通史は、すでに一九九〇年代に費正・李作民・張家驥によって概説が編まれたが、[75]二〇〇六年には、その後の研究成果に基づいた汪政権の通史『汪偽政権全史』が出版された[76]。一五年に上梓された中国・台湾・香港・マカオの両岸四地の研究者による共同研究の成果『中華民国専題史』（全一八巻）では、そのうち第一二巻が抗日戦争期の占領地と占領地政権に充てられている[77]。

大陸での研究の傾向として、地方の檔案史料を積極的に用いたものが増えていることは指摘しておきたい。例えば徐旭陽は、湖北の国民党統治区と日本占領地の関係を分析したが[78]、これなどは現地の檔案史料があってこその成果と言える。今後新たな史料の発掘と、研究テーマの細分化により、こうした檔案に依拠した研究は増えてくると予想される。ただ気がかりなことは、近年の中国での研究の中には、欧米や日本での豊富な研究蓄積をほぼ無視し、史料的にも中国語史料のみに頼った成果が少なくない点である。この問題と日本での研究動向については『中華民国専題史』（全一八巻）に対する拙文も参照されたい[79]。

④日本での研究

日本の敗戦後、日本社会の将来も見通せない中、一般の関心が占領地に向くことはなかった。しかし協力者の動向を気にかけていた人もいた。その一人が毎日新聞東京本社東亜部記者の益井康一である。益井は一九四八年に、『裁かれる汪政権――中国漢奸裁判秘録』をまとめ、協力者の事象を整理している。同書は「中国にたいする深い反省と正しい理解のあるところ、必ずしみじみとした新しい日華の友好関係が湧き上る」との益井の考えに基づき、「反省材料の一つとして中国の漢奸裁判を集録し」たものであった[80]。その内容は、中国の新聞報道に基づいて「史料的正確を期したもので、私は何ら想像的修飾の筆を加えて」いない、と益井も語るように、史料集としての価値も高く、回想録の類を除けば、戦後長らく協力者に関するほぼ唯一の文献であった。七七年には新史料を加えて再編集され[81]、二〇〇九年にはその新版が上梓されている。

一九七七年の再刊に際して益井は、「漢奸として処刑された人びとは、そのことごとくが、真の漢奸であったのか？」と、問題を提起したが[82]、これは現代にも引き継がれる論点の一つである。ただ、この益井の問題意識は、七七年当時必ずしも肯定的に受け入れられたわけではない。著名な歴史学者が「実態に迫る貴重な記録」としながらも、「侵略に抵抗したものと、妥協したものとの区別をとり去」ってしまうような歴史認識は問題であるとし、同書を「近来の奇書」として批判的に取り上げたことは、当時の日本の学術界における協力者に対する意識の一端を伝えている[83]。

日本史研究の中で占領地政権が取り上げられるようになったのは、一九六〇年代に入ってからであった。後述するように日中戦争史や外交史の分野から関心が持たれたのである。汪政権への関心もこれに続いた。

一九七〇年、汪政権の成立とその思想的背景を論じた利谷信義は、汪政権研究の意義について次の三点、①日中戦争そのものの性格を明らかにする、②近代日本の特質、とくに大陸政策の特質の研究を深化する、③「大東亜新秩序」「大東亜共栄圏」の思想的系譜の研究に資す、に整理している[84]。

ここに明示されたように、日本での汪政権研究（さらに中国占領地研究）は、日中戦争や日本の大陸政策の解明、そして日本の膨脹思想を解明する中で、補足的に始められた。戦後日本の植民地研究は、日本帝国主義の解明を目的に進められたが[85]、こうした意識の延長線上に満洲国研究、そして中国占領地研究が位置づけられてきたのである。このため、占領地政権や協力者の扱いも、日本帝国の拡大に対応する客体となりがちであった。

こうした研究視角からの成果に、中国占領地の経済状況を分析した浅田喬二編『日本帝国主義下の中国』[86]や、中村隆英による華北占領地の経済分析があるが[87]、立論の枠組みは、日本による中国大陸の経済的支配であり、協力者や占領地政権の主体性に対して関心が向けられることはなかった。

このほか、協力者や占領地政権に関連して研究が深められたのは、和平工作も含む日中戦争史及び外交史の分野であった。一九六二年から六三年にかけて刊行された、日本国際政治学会太平洋戦争原因研究部による『太平洋戦争への道』のうち、日中戦争を扱った第三巻・第四巻は先駆的な成果で、占領地の諸政権に関する基本的な事情が整理された[88]。また同書の編集にも参画した秦郁彦は、日本軍の華北分離政策を検討する中で、冀東防共自治政府・冀察政務委員会についても検討を加えた[89]。

こうした日中戦争期の日本の対中国政策を検討する系譜の上に、臼井勝美による日中戦争勃発直前期を対象とした日中外交の検討[90]、高橋久志による汪精衛にとってのアジア主義を論じた研究[91]、及び汪政権の対米英参戦をめぐる日中関係の分析[92]、戸部良一による日中戦争期和平工作の研究[93]、永井和による日本軍による華北占領地統治構想の研究[94]、中国側の檔案史料も用い、汪精衛工作も含めた日中戦争期の外交を検討した劉傑の研究が位置づけられる[95]。

劉傑は、日本による対汪精衛和平工作は、当初から新政権樹立を目指したものであったが、汪政権の実力不足により、日本側は交渉相手として汪政権よりも重慶国民政府を意識し、将来重慶国民政府と交渉する際に有利な立場を獲得するために汪精衛らとの和平条件が準備された事情を論じた[96]。劉傑は漢奸裁判についても検討し、汪精衛らが当初から「漢奸」と呼ばれることに強い抵抗を感じていた点等を明らかにした[97]。

同じく日本外交史の視角から、波多野澄雄が日本の汪政権に対する「対華新政策」や日華同盟条約を検討し、汪政権の自発性と自由を容認することにより、汪政権の強化と重慶政権が抗日を継続する名目を解消する期待が込められていたことなどを明らかにした[98]。

一九九〇年代には、占領地での教育・文化といった分野にも関心が広がり、例えば駒込武は、台湾・朝鮮とともに日本の植民地帝国を構成する要素として、満洲国及び華北占領地も視野に入れ、その教育・言語政策と皇民化の実態解明を試みた(99)。同様の関心に基づいた成果は、一九九〇年から出版された『岩波講座近代日本と植民地』(100)、及び二〇〇六年に出版された『岩波講座「帝国」日本の学知』にも複数収められた(101)。

次に中国史研究からは、日本占領地の問題を取り上げた安井三吉の先駆的な業績がある(102)。ただその論題が「日本帝国主義とカイライ政権」である点は、当時の中国近代史における問題関心の在所を示している。

同じく中国史研究の立場から占領地の問題を検討したのが、古厩忠夫である。古厩は一九八四年に発表した「日中戦争・上海・私」で、戦争においては敵と味方しかなく、一定の状況下においては一線を境にして愛国者と漢奸は厳しく区別されるものの、その中味に立ち入ってみると事態は複雑であると指摘し、日本占領地の問題を中国史の文脈に位置づけることを目指した(103)。一九八九年の「汪精衛政権はカイライではなかったか」で古厩は、「汪政権が傀儡政権たらざる可能性」は、その工作のはじめからなかったとし(104)、九三年の「「漢奸」の諸相——汪精衛政権をめぐって」では、汪政権は経済的にも日本軍の軍事優先政策をほとんど変更させることができず、日本の物資収奪政策に奉仕することになり、また政治的にも弱体で、「その弱体性はナショナリズムの磁場ヴェクトルに逆行していたことに帰結する」と指摘した(105)。さらに、戦後の漢奸問題について検討した「戦後地域社会の再編と対日協力者」では、漢奸裁判の背後では、戦後社会をどのように再建していくかという国共両党の構想の衝突があったことを論じた(106)。

古厩の研究と前後して、汪政権以外の諸政権を対象とした研究も登場した。

華北の政治状況については、安井三吉が柳条湖事件から盧溝橋事件までの動きを解明し(107)、内田尚孝が華北分離工作について検討した(108)。また光田剛は、北平政務整理委員会の動向を追った(109)。以上の研究は冀東防共自治政府についても論及している。広中一成は冀東政府の成立から通州事件に至るまでを追い、当該期の日中関係解明を試みた(110)。

華北占領地の民衆組織である新民会については、すでに一九七〇年代に八巻佳子の先駆的な成果が出ているが(111)、堀井弘一郎が新民会の成立から解体までの動向を明らかにし(112)、菊地俊介が複数の論考で新民会の青年政策・女性政策・宗教政策を検討している(113)。また寺尾周祐は河北省定県の青年訓練所を分析した(114)。華北占領地の教育工作については、小野美里が顧問制度や第三国教育機関との相剋を検討し(115)、川島真は華北における留日学生を扱った(116)。

華中占領地では、堀井弘一郎が中華民国維新政府の成立から解消(117)、また維新政府の民衆組織である大民会を検討した(118)。華中占領地初期の動向については筆者が別稿で、南京市自治委員会とその「復興」の内実を検討している(119)。

汪政権については、小林英夫が、その成立から崩潰までの全体像を整理し[120]、堀井弘一郎が汪政権下の民衆運動である東亜聯盟運動や新国民運動による民衆動員を検討した[121]。柴田哲雄は、汪政権下における大衆動員、また陳公博の思想を通して汪政権を検討するとともに、汪政権とヴィシー政権との比較を試みた[122]。土屋光芳も比較史的問題関心から、ブルックの「占領国家」論を取り上げて、汪精衛の大亜洲主義論・清郷工作・東亜聯盟運動・汪政権軍といった諸問題を検討し、汪政権とヴィシー政権の比較を行った[123]。また樋口秀実は湖北省占領地と汪政権の関係を論じた[124]。

経済分野では、久保亨が戦時期上海の商業経営を検討し[125]、今井就稔が汪政権下上海の中国人資本家の対日「合作」の実態に迫るとともに[126]、占領地経済を概観した[127]。また小笠原強は、淮河や蘇北新運河計画などから汪政権の水利政策を検討した[128]。汪政権を国外から支えた存在として華僑の動向は無視できないが、菊池一隆は汪政権と重慶国民政府の間での華僑をめぐる対抗関係に着目し[129]、川島真は中国南部における華僑送金の検討を通じて「傀儡」政権が存在した意味を論じた[130]。二〇〇〇年代以降は、占領地を対象とした共同研究の成果も盛んで、日中戦争の国際共同研究の成果など[131]、複数のグループが研究を深化させている[132]。

史料では、三好章が、汪政権の清郷工作を主導した清郷委員会発行の『清郷日報』の記事を目録化し[133]、東洋文庫研究班により東洋文庫所蔵の汪政権駐日大使館檔案が整理された[134]。このほか、筆者が別稿で汪政権機関紙『中華日報』の社評目録をまとめている[135]。

文学研究の中にも協力者や占領地を扱ったものは少なくない。先駆的な業績は、木山英雄による周作人研究である[136]。周作人は魯迅の弟として日本文化に造詣が深いことでも知られ、占領下の北京で華北政務委員会教育総署督辦に就任した。木山は、未公刊の史料・作品の分析を通じ、周作人が政治的な立場から自己を保とうとしたことで、結果的に対日協力に巻き込まれたと結論づけた。様々な方面の回想や「直話」を駆使して周作人の実態に迫ったその手法もさることながら、占領下の中国人の眼差しに寄り添おうとした姿勢は、本書執筆に際しても影響を受けた。

このほか、華北占領地の文壇状況を追ったものに杉野要吉らの成果があり[137]、同じく華北や満洲国を舞台に活躍した女性作家梅娘については、羽田朝子による一連の研究がある[138]。上海の戦前から戦中のモダニズム文学を追った鈴木将久は、路易士・穆時英・陶晶孫といった日本占領期上海の文学者の活動を検討し、近代モダニズム文学の系譜上に占領地文学を位置づけた[139]。占領地の作家については、周作人について劉岸偉が評伝を執筆しているほか[140]、周作人の弟子で同じく占領下の北京に残った銭稲孫については、鄒双双がその生涯をまとめた[141]。戦争末期に上海文壇に登場した張愛玲については、邵迎建・池上貞子の成果がある[142]。戦前の上海を舞台に編集者として頭角を現し、汪政権の中華日報社にも関わった陶亢徳については、山口早苗が分析を加えている[143]。

第Ⅰ部　様々な政治構想——日中戦争勃発前後

第一章　「冀東」の構想

――殷汝耕と池宗墨をめぐって

冀東政府は吾等冀東七百万住民の自治政体であつて、日本の理解と支援は受けてゐるのであるが、日本が建設したものではないのである。

――殷汝耕「冀東問題に対する吾等の信念」

日本は別に侵略の野心はない。日本は是れ先進国で兄である。中国は之に追随して行く弟である。彼此真誠でなければ提携することは出来ぬ。

――池宗墨「学生時代は一朶の鮮花の如し」

一　ある未亡人の帰国――はじめに

サンフランシスコ平和条約が発効し、日本が主権を回復して半年あまりが過ぎた一九五二年九月、一人の女性が香港を経由して中国から帰国した。彼女の名は井上民恵。新聞は「数奇の中国生活30年」の見出しで写真と共に次のように伝えた（図1-1）。

元冀東政府の主席であり戦後も日華合作をはかった罪で国民政府から処刑された故殷汝耕氏の夫人井上民恵さ

ん（六三）がこのほど英国船スーチョウ号で帰国した、夫人は中国名を殷民恵（イン・ミンフェイ）と言い、大正八年当時早大留学生だった夫君と上海に渡ってから卅年、すっかり中国人になりきっていたが戦争はこの元要人夫人から夫を漢奸として奪い去り、ついに二児を残してたった一人帰国させてしまった[1]〔後略〕

數奇の中国生活30年

愛児を残し殷汝耕未亡人帰国

元冀東政府の主席であり戦後も日華合作をはかった罪で国民政府から処刑された故殷汝耕氏の夫人井上民恵さん(六三)がこのほど英国船スーチョウ号で帰国した、夫人は中国名を殷民恵（イン・ミンフェイ）と言い、大正八年当時早大留学生だった夫君と上海に渡ってから卅年、すっかり中国人になりきっていたが戦争はこの元要人夫人から夫を漢奸として奪い去り、ついに二児を残してたった一人帰国させてしまった、世田谷区下馬町三の二六の実弟井上甫之氏(五四)方に身を寄せた民恵夫人は十日、戦後の中国の姿を次のように語ったが、古い中国から新しい中国への裏面史でもあり日華両国のクサビとなった一日本婦人の哀話でもある【写真は民恵さん、円内殷汝耕氏】

悲劇の始まり「終戦」

民恵夫人が中国に渡って間もなく殷氏は反張作霖の外交部長となり、一九三五年には冀北に冀東自治政府を樹立、終戦当時は日華合作の山西炭鉱に関係していた、この間十九年、一たん帰国した夫人は当時八歳の長男之光君と七歳の次男之成君を連れて中国に渡り北京市前圓音寺一六号に落ちついたが、戦争の悲劇はまず終戦の年の十二月五日に訪れた

要人達に"死の招宴"

汪政権に代って北京にのりこんできた国民政府はこの日、北京在住日華合作中国要人廿数名を連銀総裁王時璟家の宴会に招待したがこの招待状が漢奸への逮捕状だった

この死の招待をうけた人は華北委員長の王蔭泰氏ら大物ばかりで、殷氏も同夜九時ごろ自家用車で宴会に出席したが招待客は王家と同市内北新橋の元日本憲兵隊監獄にそれぞれ留置され翌年五月廿八日飛行機で南京の監獄に送られた

残された民恵夫人は持物を売ったり友人、親類の助けをうけ生活していたが殷氏らに死刑の宣告があった廿一年十一月廿日南京に飛び夫の無罪を上訴した、この上訴は結局いれられなかったが、この南京滞在中夫人は三回殷氏に面会することが出来た

獄中・日華親善説く

はじめの二回は比較的自由に面会が出来た、すでに刑の宣告をうけた身であったが殷氏はこのとき

『まさか殺しはしないだろう、そうそう、スシが食べたいな』などといっていた、最後の面会は場所も金網をへだてた厳重な監視のもとに許され殷氏はすでに死を覚悟したものか民恵夫人の顔を金網ごしにジッと見つめ

『よく忍耐してくれた、もし日本に行けたら友人によろしく言ってくれ、中国と日本は最後には一緒にならねばならない、それまでに日本語を知らぬ弟には日本語を教え、知っている兄には忘れぬように言ってくれ、僕の運命は終戦の時に終った』と語り差し入れのすき焼を喜んでいた

これが殷氏の遺言となり、翌廿二年十二月一日、新聞記者の訪問で夫人は殷氏の死を知ったが国民政府からは最後まで処刑通知はなかった

苦しい売食い生活

北京へ帰った夫人は知人や近所の人達からは同情されたが一般の民衆からは白眼視され、街を歩くと『漢奸だ』『日本鬼だ』と唾をかけられ、投石されることもしばしばだったが廿四年中共が国民政府に代るとこの迫害はようやくなくなった

しかしこんどは友人や親類たちが香港、台湾へ亡命したため生活は苦しくなり夫人は個人経営の工場に通いミシンや刺繍をして働いた

中共治下に入ってから物価は安定帰国する日本人も立寄って金品をわけて行くようになり二人の子供も昨年九月九日北京第五中学を揃って卒業、今は十八歳と十七歳になった二人は日本人の母があるということでいじめられることもなく元気に学校へ通い『いまに給料をとってお母さんを楽にさせる』と夫人を喜ばせた

新聞に帰国願掲載

ところが去る三月夫人は神経痛で働けなくなったため二人の子供の成長を祈りながら帰国を決意し去る三月北京公安局へ帰国願を提出同地の光明新聞に三日間帰国の広告を掲載して民衆に異議のないことを問うたうえ、香港の第三国人商社を保証人として帰国許可を獲得、去月十六日天津から香港へ向い、英国船を求め帰国した

夫人はそのおかれた地位の関係から在留邦人との接触はほとんどなかったため邦人の数はわからず高良女史が北京に来たこともラジオで聞いただけだったといっている

図 1-1　殷汝耕未亡人帰国新聞記事（『読売新聞』1952 年 9 月 11 日）

この記事に登場する冀東政府、すなわち冀東防共自治政府が本章のテーマである。満洲国成立後の一九三〇年代半ば、河北省の満洲国に接する両国の緩衝地帯に冀東防共自治政府（以下、当時の略称から冀東政府）[2]なる組織が樹立されたことについては、これまでも日中戦争に至る日中関係史を説明する文脈で言及されてきた。本章では、この冀東政府の中心を担った二人の人物、殷汝耕（同政府長官）及び池宗墨（同政府秘書長）の議論を通して、近代中国史上における冀東政府の性格について検討を加える。

冀東政府の研究は、日本の華北分離政策研究を嚆矢とする。すでに一九六〇年代に秦郁彦・島田俊彦は河北省香河での自治運動から冀東政府が成立した経緯を整理し[3]、九〇年代に入ってからは安井三吉が、冀東政府が中国人の「自主」的運動という形態をとった点を、日本の華北分離工作の頂点であると同時に、その限界を示したものと指摘した。[4]これに対する中国側の動きにも注目したものが内田尚孝や光田剛の研究で、冀東政府についても言及している。[5]

これらの論点を整理すると、㈠満洲国成立後の一九三三年五月に、日中両軍による停戦協定（塘沽停戦協定）の結果、河北省北東部に日中の非武装中立地帯が設けられ、㈡そこに南京の国民政府からの自治を標榜する冀東政府が成立し、それに対抗して国民政府行政院傘下には緩衝組織として冀察政務委員会が成立、㈢冀東政府が低関税政策を実施したことで、日本製品が冀東を通じて大量に中国に流入することになった（冀東特殊貿易）、とまとめられる。

続いて登場したのが冀東政府そのものを対象とした研究である。広中一成は冀東政府について、殷汝耕の経歴・対満洲国関係・防共政策などから検討を試み[6]、藤枝賢治は冀東特殊貿易に関連し、中国への関税引き下げ要求について検討した。[7]また吉井文美は、英国経営の開灤炭鉱と冀東政府及びその後の中華民国臨時政府との交渉過程を検討し、開灤炭鉱がそれぞれの政権と妥協していく過程を跡づけた。[8]この他、冀東政府成立のきっかけになった香河事件と、日中戦争勃発後上海に成立した上海市大道政府との人的、思想的繋がりを明らかにした研究（第四章）、殷汝耕のアジア主義言説を検討した古屋哲夫の研究[9]、池宗墨の『王道経綸論集』を分析した劉岳兵の論考がある[10]。
国外では、中国に冀東政府に関する研究が複数存在し[11]、冀東政府に関する史料集もまとめられた[12]。しかし、そのほとんどは冀東政府の概説にとどまり、個別の問題については李秉奎・付春瑞による冀東政府の警察組織に関する論考がある程度である[13]。

こうした研究により冀東政府の事実関係についてはかなり整理されたと言える。ただ、多くの先行研究が冀東政府を専ら「偽政府」「傀儡政権」といった観点から説明していることもあり、同政府関係者の意図やその思想的背景まで深く掘り下げた分析はなされていない。冀東政府がそもそもどのように自らの立場を説明し、いかなる将来構想を表明し、どのようにそれを実践しようとしていたのか、という点はほとんど明らかになっていないのである。これには政権中枢を担った殷汝耕や池宗墨の政治的知名度が相対的に低かったことや、当時彼らに対して中国側から「傀儡、漢奸は失意の軍閥・官僚・政客及び新興の恥を知らない知識分子の変節[14]」といった評価がなされたことも関係していよう。

しかし、殷汝耕や池宗墨の冀東政府を説明する言説は、日中戦争中に中国占領地に樹立された諸政権の議論とも符合する部分が多く、それは当時の中国社会の抱えていた諸問題とも無関係ではなかった。従って殷汝耕や池宗墨の議論を検討することは、近現代中国社会を理解する上でも必要な作業である。

本章では殷汝耕と池宗墨の議論の分析を通して、両者と冀東政府との関わりを明らかにし、同政府の性質を検討する。その際次の三点、㈠殷汝耕が辛亥革命に参加し一九一〇年代から知日派中国人として日本の媒体で多くの議論を発表した点、㈡冀東に来るまでの池宗墨が、政治家としてよりも教育者・実業家として活躍していた点、㈢冀東政府の成立後は、殷汝耕よりもむしろ秘書長の池宗墨が冀東政府を理論的にリードした点に留意する。

本章で用いる史料についても触れておきたい。本章では日本・中国で発行されていた新聞、雑誌の他、冀東政府刊行物、天津で発行されていた雑誌『北支那』（北支那社）、外交文書等を用いる。

以下、まず冀東政府の概要、続いて殷汝耕・池宗墨の経歴を整理した上で、その議論を検討する。

二　冀東政府と日本

冀東政府は一九三五年一一月二五日、河北省東部の二二県を領域（以下、冀東地区）に、通州を首都として成立した。[15] 面積は約一万五〇〇〇平方マイル（三万八八五〇平方キロメートル）で、[16] 日本の九州と同程度、人口は約六二五万人であった。[17] そもそも冀東地区は一九三三年五月に締結された停戦協定で決められた日中両軍の非武装中立地帯に由来する。国民政府はここに行政単位として灤楡区・薊密区を設け、殷汝耕を後者の責任者（行政督察専員）としたのである（図1-2）。

冀東政府成立のきっかけは、直接にはこの非武装地帯で起きた農民運動にあるとされている。一九三五年一〇月二〇日、香河県の有力者武宜亭らに率いられた数千人の民衆が、「負担軽減と民衆救済」を請願して香河県城に至り、㈠日本との経済合作、㈡地方自治制の改正、㈢苛捐の撤廃、㈣附加税反対、㈤納税無力者の救済、㈥県政の引渡し、を求めた。[18] さらに国民政府が一一月四日に幣制改革を実施し、銀国有化を実行したことは、都市民衆の国民党に対する反感をも増幅し、自治運動に拍車をかけた。[19]

しかし、現地に国民政府に対する反感があったことは否定できないものの、この動きには満洲国関係者や現地日本軍人が関与していた。冀東政府で稽査処長を務めた宮田天堂は、すでに冀東政府成立に先立つ一九三五年九月一九日の時点で、学生時代から面識のあった大橋忠一（満洲国外交部次長）から「殷汝耕と云ふ人が支那民族の自立と日満支提携と云ふ東洋平和の大使命から今度冀東に防共自治政権を樹立して死を賭してやることになつてゐる。就いては是非殷氏を扶けて働いてもらひたい」と言われて、殷汝耕の許に行ったとしており、[20] 農民自治運動勃発以前にすでに冀東政府の樹立計画があったことがわかる。また、この農民自治運動そのものにも日本人が関与していた（第四章）。

冀東政府成立の謀略的側面については当時から指摘があり、知日派の文人として知られた周作人（当時北京大学教授）も、冀東政府樹立に至る「汚いやり方には〔日本の〕軍官たちも反対している」と記している(21)。日本軍人からも冀東政府について批判があったとの証言である。

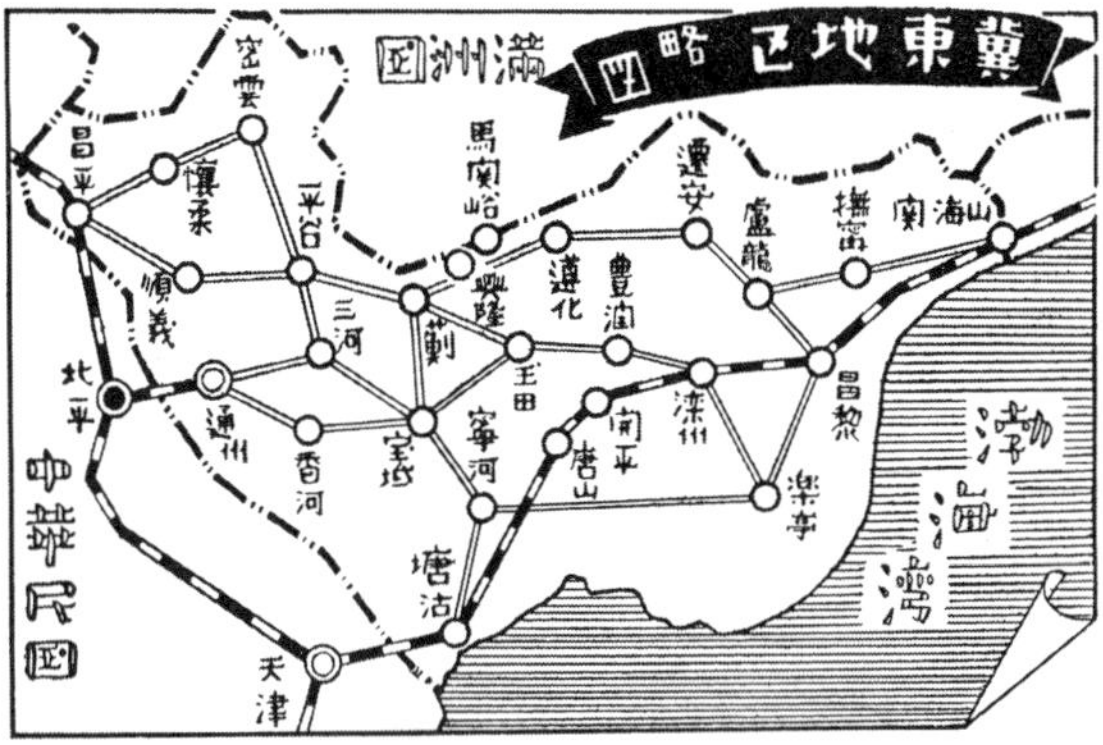

図 1-2　冀東地区略図

成立後の冀東政府は、後述するように国民政府を批判し、親日満を標榜した。早くも政府成立の翌日には満洲国奉天の東亜文化協会との間に教科書改訂について協定を結び、冀東地区の教科書から、排日色の強いものを削除する改訂事業を実施し(22)、玉田県だけでも三民主義等の書籍十余万冊を焼却した(23)。この東亜文化協会は「教科書編纂に偉大な足跡を有する」団体であったから(24)、その満洲国における教科書編纂のノウハウ、具体的には三民主義の排除など、が買われたのであろう。また秘書長兼外交処処長池宗墨を通じて満洲国との修交親善を図り(25)、相互に外交特派員・外交聯絡員を派遣した(26)（図1-3）。

ただ日本の外務省でも外相佐藤尚武(なおたけ)らが冀東政府に反対していたように、同政府には日本政府の全面的な後ろ盾があったわけではなかった。これが露呈したのは、一九三七年三月に国民政府外交部部長に就任した王寵恵が「冀東政府の解消が日中国交調整の前提」との含意を表明した時である。折しも外相佐藤が日華実業協会会長児玉謙次を団長とする経済視察団を南京に派遣し、児玉がこの国民政府側の提言に理解を示した

図 1-3　冀東政府（通州文廟）正門

ことも、冀東政府を苦境に陥れた。

これに対し殷汝耕は、冀東政府の存立は中国の内政問題に基づくもので、断じて日本政府の指図は受けないとの声明を発し、日本政府を非難した。同じ頃一九三七年四月に開かれた名古屋汎太平洋平和博覧会の「冀東デー」で、殷汝耕が通州からラジオ放送を行った際にも、その差し止めをはかる外務・陸軍両省と現地陸軍（関東軍・支那駐屯軍）との間に確執が生じた[27]。

盧溝橋事件勃発後の一九三七年七月二九日、冀東政府保安隊が叛乱を起こし、通州の日本特務機関が全滅したほか、多数の在留日本人が殺害された。この際、殷汝耕も叛乱軍に逮捕監禁され、失脚した（通州事件）。

これにより政府長官には秘書長の池宗墨が就任し、政府も通州から唐山に移った。その後、日中戦争の進展により日本の占領地が拡大すると、華北占領地の新政権樹立が模索され、一九三七年一二月、北京に中華民国臨時政府が成立した。このため冀東政府もこの臨時政府に合流することとなり、三八年二月、冀東政府は解消した。

冀東政府での議論は、殷汝耕・池宗墨を中心に展開された。他に殷汝耕の甥で実業庁庁長の殷体新や[28]、建設庁庁長王廈材の議論が確認されるが独自性はない[29]。殷汝耕及び池宗墨の議論を追うことで、冀東政府の議論はほぼ網羅することができる。

三　殷汝耕・池宗墨の経歴

もちろん殷汝耕・池宗墨の議論をそのまま彼らの本音とみなすには留意が必要である。ただ、本章では少なくとも彼らの議論は冀東政府への支持拡大を狙って行われた点を重視したい。彼らは冀東政府の立場をどのように説明したのか。その説明の仕方に冀東政府の性格が表れていると考えるのである。

殷汝耕・池宗墨の議論を分析するにあたり、彼らの経歴を簡単に整理しておく。両者は浙江省平陽出身で、ともに日本への留学経験を有している。殷汝耕（一八八五～一九四七）は上海震旦書院に学んだ後、一六歳で日本に渡り[30]、第一高等学校予科から第七高等学校造士館に進んだ（図1-4）。この時期に中国同盟会に参加し、辛亥革命後は黄興と共に湖北省で革命運動に従事した。一九一三年、第二革命が失敗すると再び日本に渡り、早稲田大学政治学科に入学した。早稲田大学の永井柳太郎の授業では口頭試験の際に永井と革命を論じること数時間に及び、他の学生の試験時間の大部分を独占したというエピソードが伝えられている[31]。

図1-4　殷汝耕

この時期の殷汝耕の政治的立場は、当時殷が欧事研究会に参加していたことが手掛かりになる。欧事研究会は、袁世凱帝制に反対した中国の革命派のうち、孫中山の独裁的傾向に反対する人々が黄興を精神的支柱として東京で組織した団体である。後年殷汝耕は孫中山の護法政府（「護法」は臨時約法を護持する意）に参加するが、その後も独裁的傾向には否定的であった（後述）。

一九一六年、殷汝耕は早稲田大学を卒業し、中華民国衆議院の書記官に就任した。同年秋には銀行制度調査を名目に来日し、革命運動に従事した(32)。その後二一年九月には東洋拓殖会社からの借款で江蘇省阜寧に新農墾植公司を設立して実業界に転じたが(33)、孫中山が護法政府を樹立すると、その駐日委員として再び日本に滞在した。

殷汝耕が郭松齢事件に関係したことも、その政治的立ち位置を考える際に参考となる。一九二五年一一月、当時東三省で覇を唱えていた張作霖に対し、部下の郭松齢が叛乱を起こした。郭松齢は中国同盟会会員として辛亥革命に関わり、孫中山の護法政府に参加した経歴を持つ軍人で、張作霖の麾下にあったとは言え、国民革命に理解ある人物であった。殷汝耕も郭松齢を支持して、当時北京で開催されていた関税会議を離れて郭陣営に参加した。殷汝耕が参加した背景の詳細は不明だが、殷は「奉天派が若内部から分解作用を行ひ一変して文治を擁護する勢力となるならば、之は支那の内政にとつては実に大なる影響を来す」と思い(34)、また自身が「日本の朝野人士と平素諒解を有しているから」、日本と東三省の間に「立つて努力し多少の効果をもたらすことができるなら非常に本望であると考へた」という(35)。当時の東三省では、外交部門の官僚の多くが浙江・江蘇出身者であったことも関係しているかもしれない(36)。

しかし満洲への国民革命の滲透を喜ばなかった日本が郭松齢の動きを牽制したこともあり、結局郭の試みは失敗し、殷汝耕も日本領事館に逃亡した。殷汝耕にとって郭松齢事件は特別な意味を持っていたようで、後年郭が反張作霖の旗を掲げた一一月二四日にちなんで冀東政府の独立を宣言したと証言している(37)。

一九二六年一一月、殷汝耕は国民革命軍総司令部通訳処処長兼参議として北伐に参加した。また一時下野していた蔣介石の日本語通訳も務めた。二七年四月の上海クーデター後は、上海市長黄郛(38)の下で秘書を務め、二八年三月に黄郛が外交部部長に就任すると、これに従い駐日外交特派員となった。

山東省済南で日本軍と国民革命軍が衝突したのは、殷汝耕が駐日外交特派員の時期であった。殷汝耕は日本と国民政府の交渉の最前線に立ち、次期駐日公使として名前が挙げられたりもした[39]。しかし一九二八年一二月、突然殷汝耕は通訳の資格を取り消され外交部を離れることとなる。これは一説によると南京を訪問した床次竹二郎（新党倶楽部代議士）が蒋介石ら要人と会談した内容を、殷汝耕が首相田中義一に漏らしたためとされている。

殷汝耕の田中への情報漏洩については、郭松齢事件で行動を共にした斉世英の証言や[40]、戦後開かれた殷の裁判で資料として提出された新聞記事（徳柏「老牌間諜殷汝耕」『救国日報』一九四六年六月七日）が詳しく伝えている。それによると殷汝耕からの情報漏洩は床次から梅屋庄吉（孫中山の支援者）・馬伯援（中華留日基督教青年会幹事）を経て中国政府に伝わり、殷は蒋介石通訳の資格を失ったという[41]。しかしこの事実は床次の伝記他、日本側の史料では確認できない。そもそも一九二八年一二月の床次の中国行は田中の了解の上で行われていた。帰国した床次は田中と二度にわたって会談したが、結局田中内閣の対中方針が変化することはなかった[42]。ただ床次の訪中後に殷汝耕が外交畑から離れているので、国民政府から通訳者として殷の資質に何らかの嫌疑をかけられたのは確かと考えられる。

この後、殷汝耕は交通部航空司司長に就き、しばらく外交の舞台から遠ざかっていたが、一九三二年一月に第一次上海事変が勃発すると、上海市長呉鉄城の要請を受け上海市政府参事として事変の処理交渉にあたった。さらに三四年五月、行政院駐平政務整理委員会委員長となっていた黄郛の招きで華北に赴き、同年一一月には薊密区行政督察専員に就任した。この際も殷汝耕は黄郛に招請されたわけだが、この華北行が冀東政府に関わる直接の契機となった。

殷汝耕は私生活では一九一七年九月に寺尾亨（東京帝国大学教授、孫中山を支援）の媒酌で井上宅輔の長女民恵と結婚した[43]。当時殷汝耕は日本では文明批評家として、また中国では日本通として知られていた[44]。冀東政府成立後殷汝耕と会見した尾崎秀実は、殷を「一世の風雲児」で「冀東の一角に叛旗をいち早く掲げたことはもとより周囲

図1-5　池宗墨

の事情にもよるがまたこの人の持つ一種の叛骨と情熱とを語るもの」と解説している。[45]

このように殷汝耕は中国と日本を行き来しながら、断続的に国民革命に関わり続け、堪能な日本語や日本人との関係を主な政治資源として活躍の場を広げた人物であった。また、中華革命党から距離を取ったように、政治的独裁に対しては一貫して批判的であった。

一方の池宗墨（一八九〇〜一九五二）は、東京高等師範学校・明治大学で学んだ（図1-5）。殷汝耕が革命に身を投じたのに対し、池宗墨は教育方面に進路を取り、帰国後は浙江省首席督学官・北京高等師範学校教授・尚志大学教授・北京中学校長・廈門師範学校校長などを歴任した。その後池は中国銀行に入り、さらに一九二三年一月に江蘇省常州で利民紡織副経理に就任し、二五年にはこれを通成紡織と改称した。[46]

通成紡織での池宗墨は、工場労働者の福祉向上を目指すなど、独自の施策をとったことでも知られていた（後述）。一九三五年、池宗墨は殷汝耕の招きで薊密区行政督察専員公署秘書長に就任し、同年一一月の冀東防共自治委員会の成立により、そのまま同委員会の秘書長となった。三七年七月、通州事件により殷汝耕が失脚すると、池宗墨は殷に替わって政務長官に就任した。

四　「民心の趨向」を重視——冀東政府成立以前の殷汝耕の議論

冀東政府成立以前の殷汝耕の議論は管見の限り三二篇確認できる（表1-1）。このうち中国語による論考は六篇

表 1-1　冀東政府成立以前の殷汝耕の論考

発行年月日	論　題	掲載紙／掲載誌
1917 年 6 月 16 日	日支親善に就て日本の朝野に訴ふ	『東京朝日新聞』
8 月 26 日	日支借款問題	『東京朝日新聞』
1918 年 8 月 6 日	借款是非	『東京日日新聞』
1919 年 1 月 19～20 日	日支関係の新紀元	『東京日日新聞』
11 月 5 日	新内閣の前途	『東京朝日新聞』
1921 年 1 月 2～7 日	偽らざる対日感情の告白——日本尊信から排日まで	『読売新聞』
8 月 23 日～ 9 月 4 日	目覚めたる支那より——親愛なる日本国民へ	『読売新聞』
8 月 23～24 日	大勢は聯省自治	『東京朝日新聞』
12 月 22～23 日	華盛頓会議と日支今後の関係	『読売新聞』
1922 年 5 月 2～7 日	動乱の支那を眺めつゝ	『読売新聞』
6 月 6 日	黎氏の出廬に多大の期待は無理	『読売新聞』
1923 年 8 月 20 日	支那の社会組織と経済界の将来	『東京工場懇話会会報』第 14 号
1924 年 4 月 23 日	日支提携して白人の圧迫を脱せよ	『東京朝日新聞』
4 月 24 日	人種的自衛の要——日支の徹底的覚悟の下に	『大阪朝日新聞』
6 月 30 日	米国排日の対策——日支両国の共存共栄	『読売新聞』
7 月	亜細亜に於ける日支両国の地位	『東洋』第 27 巻第 7 号
7 月 15 日	加藤内閣に対する支那国民の希望	『外交時報』第 40 巻第 2 号
9 月 15 日	蘇浙戦を中心とせる時局概観	『支那時報』第 1 巻第 1 号
10 月 5 日	大亜細亜主義とは何ぞや	『日本及日本人』秋季増刊号
11 月	支那といふ国	『女性改造』第 3 巻第 11 号
1925 年 11 月	関税自主権之真義及目前推移之形勢	『銀行月刊』第 5 巻第 11 号
1926 年 7 月 21 日～ 8 月 15 日	半載回顧録—重囲を逃れて	『大阪毎日新聞』
1927 年 7 月 13 日	民族民権民生 謂ゆる三民主義——それは一貫した精神を有する	『京城日報』
8 月 1 日	三民主義と共産主義——三民主義大綱の解説	『支那時報』第 7 巻第 2 号
8 月	自由平等と三民主義の高調	『東方公論』第 2 巻 8 月号
11 月	徹頭徹尾誠意の人	『中央公論』第 42 年第 11 号
1928 年 3 月 18 日	〔北京陥落も近き将来〕南京事件も解決して誤解を一掃したい	『東京朝日新聞』
4 月 16 日	日本人之衣食住及其礼節——在日本対我国留学士官生的演講詞	『知難週刊』第 55 期
4 月 28 日	日本之家庭制度及其文化之特点	『知難週刊』第 56 期
1929 年 9 月 17 日	収回航権之意見	『銀行週報』第 13 巻第 36 号
1930 年 1 月	日本之風俗人情談	『日本研究』第 1 巻第 1 期
1932 年 7 月	淞滬戦区之接管	『時事月報』第 7 巻第 1～2 期

で、他は全て日本語で日本の媒体に掲載された。殷は日本を舞台に政治・経済・文化など幅広く議論を展開したが、そこには殷の政治への立ち位置が表れている。一方、殷が中国語で発表した内容は、日本風俗の紹介や実務的な報告書に限られている。日本では「日支両国の最近の事情に最も精通した人」として広く紹介され、その「頗る正鵠を得」た連載をまとめた小冊子が「貴衆両院議員を始め、朝野の有力者間に配布」された殷だったが(47)、中国の言論界では日本事情の紹介者に過ぎず、さらにその知名度も限られていたことは、殷の行動を考える際に踏まえておくべき点である。

殷汝耕の議論は以下見るように、日中提携を前提としつつも、中国の民意尊重を日本に求め、是々非々で臨むべきというものであった。また当時日本で隆盛していたアジア主義にも一家言持っていた。以下、概ね時代順にその議論を確認していく。

（1）日中提携と民意の尊重

管見の限り最初の議論である「日支親善に就て日本の朝野に訴ふ」（一九一七年六月）において殷汝耕は、「日本は支那の何れの党派と提携すべきや」と問い、日本が「支那国民と提携」するためには「支那国民殊に其知識階級の意嚮を察し之に順応するを要す」と、知識階級を重視すべきと述べた。その上で、「所謂民党の主張は即ち此国民的思想を代表して起れるもの」なので、日本に対して「民党」との提携を訴えた。ちなみに「民党」は「吏党」（藩閥政府支持派）の対義語として明治期日本で使われた用語だが、ここでは北京政府に対抗した孫中山ら革命派を指していると考えてよいだろう。同時期に発表された「日支借款問題」（一九一七年八月）でも殷は、日本は「借款が支那国民の為に有益に利用さるゝや否や」を検討するべきと、民意の在処に注意べすきとの立場を繰り返した。

欧州大戦の終結を迎えて書かれた「日支関係の新紀元」（一九一九年一月）では、「支那と日本との提携は只両国のみの利害に非ず」、東洋平和・東洋文化の擁護発揚・世界人類永久の平和のために必要なものであると述べた。

その上で、中国を束縛する「政治的経済的軍国主義植民主義に基く対支方針」には断固として反対すると、日本の対応に釘を刺した。

殷汝耕は日中の提携を標榜したが、それは日本に対する要求と表裏の関係にあった。「偽らざる対日感情の告白」（一九二一年一月）では、中国人の対日観を振り返り、中国人は日清戦争から日露戦争まで、日本を尊敬し続けてきたにもかかわらず、日本の二十一ヶ条要求、段祺瑞政権への軍事援助、さらにパリ講和会議での山東のドイツ権益を獲得しようとする態度などから、中国人の対日感情が極端に悪化したと指摘した。その上で、中国に対しては侵略的でありながら、欧米に対しては弱腰の日本政府の態度を問題視した。そして、「日本国民が直接に支那国民に接触し胸襟を披きて談じたならば支那国民の希望の何たるかは立ろに諒解される」と、両国の国民レベルでの交流を提唱した。(48)

（2）中国の新人とその経済的側面への期待

殷汝耕は日中の提携の重要性を指摘しながらも、提携のためには日本人が独断的態度をあらためて、中国及び中国人を理解する必要があるとの立場にあった。日本人が旧式の官僚や軍人を相手に交渉したところで効果は少なく、むしろ「支那の利益を代表し」ている「民間の商人」や、その中心勢力たる「若い人達」の「潜勢力を支配する様でなければ真に支那を理解したと云ふ事は出来ない」と主張したのである。(49)

同文章では、「支那国民は決して政治的国民では無い、寧ろ経済的国民である」との主張も展開された。殷汝耕は「我等国民の求むる所は平安なる生活」で、「我等は救治の望みなき政治に見切を付け相率ゐて経済に奔った」と現状を語った。(50)そして、営利に強い関心を持つ中国人の国民性こそが中国の産業発展に棹差し、「自然の運命が国民を駆りて茲に至らしめた」ので、(51)「日支関係は自然の法則に従ひ純経済的に解決すべき」と述べた。(52)このような勃興しつつあった新興の産業界に注目した議論の背景には、当時殷が江蘇省阜寧で開墾事業に従事し、政治から離れていたことも関係していよう。[53]

（3）日本人の通弊への批判

日中両国の提携を主張した殷汝耕だが、それは時に日本に対する厳しい批判を伴うものであった。例えば「目覚めたる支那より――親愛なる日本国民へ」（一九二一年八～九月）では、中国で活動する日本人の中国理解について次のように批判した。

> 凡そ他国に住み其国の国民と伍して共に仕事をせんと〔する〕ならば其国を内外両面に亘つて克く研究しなければならぬ、研究して徹底的に理解しなければならぬ、尠く〔と〕も理解するに努力しなければならぬ、其れなのに支那に在る日本人には一向さう云ふ努力が見えない。[54]

そして日本人は「国家を離れ固有の文明を捨てゝ支那の風俗習慣文化」に同化順応すべきで、[55]「己を以て他を推し之れを強要する事」は日本の通弊であると批判した。[56]

（4）聯省自治の提唱と「軍閥」の自滅

殷汝耕が日本で積極的に議論を発表していた一九二〇年代、中国の内政に関して殷が提唱した二つの柱は、聯省自治の実現と軍事指導者（軍閥）の自滅であった。「大勢は聯省自治」（一九二一年八月）では、「支那は統一政府が有つても無くても大して問題としない」とし、外交や軍事を除いて、産業開発のように人民の生活に直接関係のある分野については、各省に自治権限を付与した方が、中央集権よりも開発の効率が良いと主張した。

北京政府や各地の軍事指導者、即ち「軍閥」に対しても、殷汝耕は一貫して厳しい姿勢を取り続けた。「靳内閣の前途」（一九一九年一一月）は、新しく成立する靳雲鵬内閣に期待を寄せる日本人に対し、「靳雲鵬は段祺瑞の一味であり、世間が期待するほどの成果が得られるかは疑問」と手厳しい。

張作霖と呉佩孚が干戈を交えた奉直戦争前夜には、「動乱の支那を眺めつゝ」（一九二二年五月）を発表し、「支那の病根」は「武人又は軍閥の跋扈」であるとし、「支那の武人と支那の国民とは固より別個の世界を有して居る」ため、「支那一般の国民は彼等〔＝軍閥〕の自滅を寧ろ大いに心から喜んで待ち望んで居る」とした。そして「張呉の争ひはつまり軍閥自滅の期を早める所以で支那の為めには喜ばしき事であるから争う者をして任意に争はしめよ」と結んだ。

結局奉直戦争は呉佩孚の勝利に終わり、旧国会が回復して黎元洪が大総統に就任した。この動きに対しても殷汝耕は「黎氏の出廬に多大の期待は無理」（一九二二年六月）を発表し、現状について次の四点、㈠「支那は今軍閥が倒れ掛けて民主々義の世の中となりつゝある」、㈡「凡そ民意を顧ずして成功した政治家は何処の国にも無い」、㈢「民論の力が支那に於ても大に伸びつゝある」、㈣「護法の声が天下に横溢した」、と分析した。その上で、「〔中国〕国民は此の程度の所に停まつては居」ないとし、廃督裁兵（各省の軍政長官である督軍を廃止し、軍隊を削減する）・憲法制定・聯省自治といった諸課題に関連して、「新政府は斯かる民論の趨向に対して如何なる政策を樹立せんとするか」と、あくまで民意の向かう方向に沿った施政の重要性を語った。

斉燮元と盧永祥による蘇浙戦争から中国の政治を論じたものが「蘇浙戦を中心とせる時局概観」（一九二四年九月）である。この中で殷汝耕は、この戦争は単に江蘇軍と浙江軍の戦争ではなく、直隷派と反直隷派の戦争であるが、さらに「主義思潮から論ずれば実に武力統一主義と聯省自治主義との大決戦」であると位置づけた。その上で、中国では歴史的に完全なる中央集権が行われたことがなく、「各省分権して各々其の内政を修め、夫等の省を聯合したる大なる権力のない中央政府を組織して外交其の他の共同の事務を処理する制」が、「今日では殆ど全国の輿論となつた」と述べた。そして「輿論の力、民心の趨向は常に最後の勝利を占めるので〔中略〕革命以来久しく安定を得なかつた支那の政局も〔中略〕聯省自治の実地現出に由りて始めて安定すべき運命を有する」と、聯省自治こそ中国にふさわしい制度と結論づけた。併せて日本に対しても「真の支那の民意を尊重することは両国親善の唯一の秘訣」と語った。

(5) ワシントン会議と日中の今後

一九二一年一一月から開かれたワシントン会議において、日本が山東権益の還付に対して譲歩的な態度をとったことは、殷汝耕を喜ばせた。「華盛頓会議と日支今後の関係」(一九二一年一二月)で、殷は「実に日本は支那に対し好き傾向を示し初めた」、「吾々は敬意と好感とを以て之を迎へねばならぬ」と述べ、「廿一箇条撤廃必ずしも望みなきに非ず」と期待を寄せた(57)。その上で、日中間の根本問題は腹蔵なく語れば「日支人の国民的結合」であるのだから、「日本人が私心を去り利己的態度を捨てゝ直接に支那の後立となり扶掖啓導〔助け導くの意〕の任に当つて貫ひたい」と述べた(58)。

この文章では所謂二十一ヶ条の撤廃への期待も語られたが、一九二四年六月、二十一ヶ条要求の際に外相だった加藤高明が組閣すると、殷汝耕の思いはたかまった。「加藤内閣に対する支那国民の希望」(一九二四年七月)では、冒頭で加藤内閣は「純然たる政党内閣」であり、「日本は初めて日本国民多数の意志に基く国策を樹て得る」と、日本人の対中感情が二十一ヶ条要求当時と比べて好転している時期の組閣に期待を表明した。その上で、「両国の関係を救ひ難き迄にメチヤ〳〵にして了つた」大隈内閣当時の外相加藤が、今度は二十一ヶ条を撤廃することで、中国側の感情を納得させることができるとし、この問題を解決できる加藤を「唯一の勇者」であると述べた(59)。

(6) アジア連携と大アジア主義に対して

殷汝耕が滞在した一九一〇年代から二〇年代にかけての日本は、いわゆるアジア主義的言説が隆盛した時期でもあった。とりわけ二四年に米国で排日移民法が成立することが伝わると、それへの対抗としてのアジア連携乃至は日中提携の議論が増加した。

米国の排日案を受けた殷汝耕は「日支提携して白人の圧迫を脱せよ」（一九二四年四月）で、「白人の物資独占の思想が其儘推移さるゝならば全世界に対しては白禍こそ憂慮」すべきと述べ、日中両国に対し「有色人種間殊に黄色人種間の差別観を根本的に除去する」こと、及び「西洋式の物資独占の思想と植民思想を棄てさせること」を求めた。

続く「米国排日の対策――日支両国の共存共栄」（一九二四年六月）では、米国の排日的態度を非難しながらも、米国への対抗としての「米国品排斥」や「日米戦争」は「何れの方面から見ても有効の手段」ではないとし、日本は米国に対し「静かに自重して其反省を待」ち、「拋つて置く方が得策」とした。そしてむしろこの時に当たって、「一、自ら三省して其実力養成に努め特に経済的方面の発展に力を注ぎ　二、外交政策を一新して他に新たなる友邦を求む可き」と述べた。

この文章で殷汝耕は当時日本で盛んに唱えられていた「アジア人聯盟」についても言及した。殷は日本でこうした議論が登場することは無理もないとしながらも、「白人の横暴に対し東洋人が結束して相拮抗するは即ち暴に報ゆるに暴を以てするもので」賛成できないと述べた。ここで注目されるのは、殷が議論で用いた「吾人は所謂アジア人聯盟の如き覇道的のものを却けて、精神主義の大旗を翳し王道をもって欧米に対す可き」との枠組みである。(60)

この「東洋＝王道」と「西洋＝覇道」という枠組みの議論ですぐに想起されるのは、一九二四年一一月末、孫中山が神戸で行った大アジア主義演説である。同演説で孫中山は「東方の文化は王道であり、西方の文化は覇道である」と述べた上で、「王道は仁義道徳を主張し、覇道は功利強権を主張する。仁義道徳は正義公道によって人を感化するものであり、功利強権は洋砲大砲を以て人を圧迫するもの(61)」と、東洋的なあり方を肯定したのである。大アジア主義演説があまりにも有名であるために、この議論の枠組みは孫中山の創出という印象が強いが、孫中山の演説よりも殷汝耕の議論が半年ほど先んじているのである。

すでに孫中山は一九一七年一月の「日支親善の根本義[62]」で、中国と日本との「道徳的結合精神的結合」を唱えており、殷汝耕もこうした孫中山の議論に影響された可能性はある。しかし少なくとも「東洋＝王道」と「西洋＝覇道」という議論の枠組みに関しては、実は殷の方が先んじており、さらにそれに先立つこと半年前には、当時日本に滞在していた王正廷も同様の議論を展開しているのである。

この三者の議論の相互関係については別稿で論じたが[63]、少なくとも孫中山の護法政府時期に殷汝耕が駐日委員として日本に滞在しており、一九一八年五月に孫中山が訪日した際にも両者は会っていること、また孫中山の神戸訪問の際も、殷が日本政府と孫中山（及び戴季陶他随員）との事前折衝にあたるなど密接に関わっていることを考えると[64]、孫中山の議論には殷汝耕の議論の枠組みが何らかの形で影響している蓋然性が高い。護法政府期の孫中山と日本の関係を探った兪辛焞も「孫文が訪日する前に、先ず殷汝耕・張継・李烈鈞が渡日した〔中略〕殷汝耕の在日は孫文の訪日と密接な関係があった」と指摘している[65]。

ただ殷汝耕のアジア主義に関する議論には、孫中山とは異なる独自性も見られる。それは先述のように殷が「暴に報ゆるに暴を以てする」大アジア主義には否定的であった点である。「大亜細亜主義とは何ぞや」（一九二四年一〇月）でも殷は、他民族と敵対することを目的とした大アジア主義を否定している。さらに殷は、アフリカの黒人や「米国インヂアン」を例に、「白人」に抑圧されているのは「アジア民族」に限らないとし、抑圧されている諸民族の同盟を主張した。そしてその前提こそが日中提携であるとし、「率直なれ、放胆なれ、謙虚なれ、真摯なれ。而して後アジアの経営は初められる」と日本に呼びかけたのである[66]。

（7）国民政府の成立と三民主義の擁護

孫中山の死後、護法政府は国民政府に改組され北伐を再開し、一九二六年一〇月には武漢を占領した。翌二七年四月には蔣介石が上海で反共産党のクーデターを起こし、国民党内から共産党を排除した。この時期、殷汝耕は上海市長黄郛の秘書や蔣介石の通訳を務めていたこともあり、その議論は国民政府の擁護に終始した感がある。「自由平等と三民主義の高潮」（一九二七年八月）で殷汝耕は、三民主義は共産党によって一時曲解されたが、「清党運動」（共産党の排除）によって「三民主義の真正なる意義」が闡明され、それは「中華民国の現代の急切な要求でその一つも欠くべからざるものであつて且一貫的精神を有するもの」と説明した。そして「国民党の同志はすべからく一致して三民主義を極力宣伝し勇往邁進して一厘一毫たりとも、一分秒たりとも三民主義の立脚点をはなれてはならぬ」と述べた。

さらに「三民主義と共産主義——三民主義大綱の解説」（一九二七年八月）では、「国民党員を以て〔共産党の〕組織を直したりする丈では徹底し得るのではない」と、共産党の根本からの壊滅の必要性を述べ、「思想上から中国の民衆に三民主義の基礎を堅く砌り真実の三民主義信徒に化して仕舞はなければ已まないのが国民党中興気分の意気込」と、三民主義を民衆に徹底させるべきと語った。

当時下野していた蔣介石については、「徹頭徹尾誠意の人」（一九二七年一一月）が詳しい。その中で殷汝耕は「同志の一人として常に〔蔣介石と〕交遊してゐる」とし、蔣介石の革命精神が「孫文氏の口にせられたと同じ様に博愛を基礎とし〔中略〕「愛」を金科玉条として尊び之に徹底して」いるので、「革命のリーダーとして最適」と絶賛した。

一九二八年三月、当時駐日特派員だった殷汝耕は、「われ等は日本の国民がわれ等の運動を正当に理解し同情と援助とを惜しまないことを切望してやまぬ」と、北伐への支持を訴え、「少くともわれ等の運動を防止するが如き出兵などはやつてもらひたくない」と述べた。しかし、この願いもむなしく日本は山東に出兵し、殷はその交渉に奔走することになる。

五　冀東政府長官として——冀東政府成立後の殷汝耕の議論

以上のように殷汝耕は、冀東政府成立前においては、日中の提携を主張しつつも、二十一ヶ条要求の撤廃を求めるなど、是々非々の態度で日本に臨み、「民心の趨向」を何よりも重視すべきとの議論を展開してきた。また国民政府時期には三民主義を讃え、蔣介石こそ中国のリーダーと絶賛していた。しかし冀東政府成立後の殷の議論はここから大きく変化することになる。その立場は、冀東政府成立宣言の内容を踏襲した「余が蹶起の理由」に詳しい(67)(以下、特記なき限り同文よりの引用)。

(1) 反国民党・反国民政府

殷汝耕は国民政府から離脱して冀東政府を樹立するに際して、国民党及び国民政府を痛烈に批判し、その罪として以下の六点を掲げた。

一点目は、第一革命(辛亥革命)・第二革命(反袁世凱運動)の失敗と挫折を経験した国民党員が必ずや反省悔悛して、国の利益と民の幸福を図ることを国民が期待したにもかかわらず、護法を掲げる国民政府が自らそれを破壊したこと、二点目は、国民党員がマルクスの邪説を伝え、ソビエトの虐政に心酔したこと、三点目は、中華民国立国の精神(＝孔子の道)は、東亜の各友邦も共に信奉しているにもかかわらず、孫中山の三民主義のみを金科玉条として国民に強いたこと、四点目は、治水費用を私にし、根本的救済を図らず、またアメリカに借款をなすなど、国民の負担を加重し、国力を傾け、農村を疲弊困憊させたこと、五点目は、「支那民族」は和平を尚(たっと)び善隣親仁を理念とするにもかかわらず、目的のために手段を択ばず、「夷を以て夷を制するの陋策」で国際信義を蔑視し、一切の帝国主義を打倒すると高唱して善隣友邦の怨みを買い、益々孤立し、国土を失い、外侮を招くに至ったこと、六点目は、徒らに欧米に心酔して奢侈を上下に瀰漫させ、勤労倹廉を一掃し公債を濫発し、無理に現銀を集めて私せんと謀り、強制して紙幣に代えたこと（＝国民政府による幣制改革）、である。

しかし、殷汝耕にとって国民政府の施策を批判することは、国民政府で活動してきた自身の経歴をも否定することになりかねなかった。またこの当時すでに共産党を排斥していた国民党への批判は正鵠を射たものとは言えず、三民主義に対する批判は、それまでの自身の主張と明らかに矛盾していた。

殷汝耕は「党国〔国民党が治める国家〕の要人たちはみな旧知の間柄」であるものの、内外の情勢を客観的に検討すれば他に道はなく、「多年に亘り〔殷自身が〕国事に参与してをりし故、先づ忠言を政府に進め翻然として秕政の改図更新」を願ったものの、その忠告が受け入れられず、「遂に忍ばんとして忍び難く〔中略〕あえて一身の成敗利鈍を顧みず〔中略〕、国民政府及び国民党の羈絆より完全に離脱し、自治を宣布して聯省の先声たるべく以て東亜の和平の確立につくすことに決心」したという。

国民政府に対する複雑な思いは、北平の日本公使館員に対し殷汝耕が語った以下の発言も参考になる。そこでは華北にあって日中の外交交渉の最前線で活動していた殷が、両国の板挟みになったと語られている。

御承知の如く自分は嘗て国民党に在り、日支国交改善の為、長年微力を致したるも、蔣介石及国民党は日支折衝の最後の或る重要なる一点に到るや、其の責任を回避するを常とし〔中略〕終に愛想を尽かして今日の防共自治政府を組織せる[68]〔後略〕。

このように殷汝耕は、自身が国民政府を離脱し、冀東政府を樹立した理由として、国民政府の失策や対日折衝の問題を挙げていた。ただ土肥原賢二と共に殷擁立工作に関わった専田盛寿は、行政督察専員就任後の殷が、関東軍から直接指導や援助を受け、非常に強い権力を持ち、日本側との関係を緊密にしていたこと、また土肥原による政権樹立の意向に対しても、「待ち受けていたとばかり、二つ返事」で応え、土肥原らの「予期以上に徹底した反南京〔国民政府〕態度であった」と、冀東政府樹立に殷が乗り気であったと回想している。[69]

殷汝耕が床次竹二郎訪中後（一九二九年頃）に何らかの失点により蔣介石との間に溝ができたこと、にもかかわらず国民政府内に残れた背景に黄郛の重用があった可能性はすでに述べた。しかしその黄郛は一九三五年春に対日交渉の失点を理由に政界を離れていた（翌年逝去）。こうした状況下で殷が政治の世界に残ろうとすれば、頼れるのは日本との繋がりしかなかったと言える。そのため殷は日本側に対し快諾を与えたのであり、その背景には殷の権力に対する執着もあったと考えられる。

もちろん政権欲だけでこの時期の殷汝耕のすべてを説明することはできない。冀東政府成立後に殷が強調した「日中提携」や「聯省自治」は、一九二〇年代半ばに殷が繰り返し主張してきたものだったからである。しかし一方で冀東政府樹立を含む「華北自治運動」に対しては、「一二・九運動」が起きるなど中国国内では反発する空気が高まっていた。これまでの殷の政見を見れば、輿論の動向を殷が摑めていなかったとは考えにくい。冀東政府の樹立は必ずしも「民意の趨向」に沿っているとは言い切れないことを殷は自覚していた筈である。

残念ながらこの主張の変化について殷汝耕の考えを知る術はない。しかし殷が、かつての自己の主張と自身の現状との間に何らかの矛盾を感じていた可能性はある。冀東政府成立宣言は、池宗墨が「新京より帰り北寧〔鉄〕路の汽車中」で作成したものを、最終的に殷が発表したに過ぎず、後述するように池の意向を強く反映したものであった。[70] 冀東政府の成立前は積極的に自らの政見を発表していた殷が、成立後は政府の重要宣言の起草を池に委ねているあたりに、殷の思いが図らずも表れたと考えられるのである。

（2）中華民国正統政府としての冀東政府

ただし断言できるのは、殷汝耕が冀東政府を中華民国の正統政府として位置づけることには強くこだわったことである。冀東政府は当初から「中華民国から独立した国を建設することを目的としたものではない、あくまでも地方自治体の確立を目的としてゐる」と表明していた。[71]しかしこれを誤解する者も少なくなかったようで、殷が冀東政府一周年に発表した文章からは、冀東と満洲国が同一視されることへの警戒感がうかがえる。

殷汝耕は、「冀東は中国を離脱し、冀東各県は失われたとする人もいるが、これは極端な侮蔑で、汚辱の意を持ったもの」と、あくまで冀東政府は中華民国であると述べた。そして中華民国の立場から、「外蒙古、東北四省及び共産党占拠の地で、土地の主権を放棄してしまったのは一体誰であったろうか」と、国民政府を非難した。そして冀東政府を「中国西欧の先哲が主張する聯省政治と、まさに同じであり、最も合理的な政治の変遷であり、また最適当の政治組織[72]」だと語った。

一九三七年一月、ラジオマイクの前に立った殷汝耕は、冀東政府の目的として三点、㈠内政の改革、㈡人民のために実際に福利を図る、㈢天道に順応して自治を実行する、を示すとともに、同政府の態度として三点、㈠中華民国を離脱するものでない、㈡身の独善を図ろうとするものでない、㈢政権を独占する意志はない、を挙げた。そして「冀東は錦繡の山河たるに愧ぢざるものであるから、外人の来つて開発を待つべきでなく、我等自身によつて当然開発すべきもの」と、冀東が台湾や満洲国とは異なり、中華民国であることを重ねて表明したのである。[73]

一九三七年四月の会見でも殷汝耕は「冀東政府こそ中華民国の正統を継承する機関[74]」であると繰り返した。当時話題となっていた冀東政府解消問題に対しても、「冀東政府は防共と民族平和の大精神から冀東住民が作ったもので、日本政府が作つたものでも、日本政府に頼まれて作つたものでもない。それを南京政府が日本に冀東政府の解消を要求するなどは見当違ひも甚だしいものであり、日本人が冀東政府の解消を論議することも凡そ、無意味極まる[75]」と国民政府と日本を批判し、冀東政府があくまでも中国の政権で、冀東問題が中国の内政問題であるとの立場を貫いた。こうした殷の姿勢は、冀東政府の旗として五色旗にこだわりを見せたことにも表れている（後述）。

六　教育者・実業家として——冀東政府参加以前の池宗墨の議論

冀東政府成立当初、池宗墨は殷汝耕との「竹馬の友たるの情誼」[76]により華北に招かれ、「殷氏のよい女房役」[77]と見られていた。しかし、政治の世界に身を置いてきた殷に対し、池は教育界での経歴が長く、その後銀行支店長・紡織工場経営者として実業界に転身したものの、政治に直接関わった経験はなかった。池と政治との関わりは、殷に招かれて華北に赴いてからのことである。こうした事情からか、池の議論には教育界や実業界での経験に基づいた理想郷建設の意識が強く表れている。その点で殷とは中国社会の将来について立場を異にしていたとも考えられ、後で触れるように冀東政府で両者の違いは顕在化することになる。

(1) 孫中山との論争

池宗墨の留学以前の議論は限られているが、一九一六年に雲南で蔡鍔が反袁世凱の兵を挙げた際のエピソードが伝えられている。それによると当時日本滞在中の池は、「若き革命の血を湧かせて同じく亡命中の孫文を青山の隠れ家に訪れ」議論したという。その際、いずれ自身(＝孫中山)が大統領になると語った孫中山に対し、池は「それはいけない。あなたは大統領になる為に革命をやるのか、そんな領袖慾からならば中国はメキシコになつて仕舞ふ」と言ったところ、孫中山が激怒したことから、以来池は「革命党とは絶縁」したという[78]。冀東政府成立後の談話ということで割り引いて考える必要はあるが、以下にも触れるように池が学生運動や国民革命に懐疑的だったことを考えれば、ありうる話ではある。

（2）『孔子論』

池宗墨が日本留学中に、世界の諸思想との比較で孔子を論じ、日本を模範とした国家形成を唱えた『孔子論』なる文章を著したことは、池の思考を考える上で注目される。

『孔子論』は冀東政府成立後の一九三六年に日本で刊行されたものだが、執筆時期は中国で反袁世凱運動が収まった一六年の少し後と考えられる。[79] 同論で池は、まず「野蛮から脱して文明の域に達するのは教化の力を受けなければ成らない」とし、中国と同じく古い歴史を持つインド、メキシコ、エジプト、メソポタミアが衰退したのに対し、「支那のみは猶ほ巍然として魯殿霊光の如く亜細亜の広漠の原野に存在する」のは、中国に「孔子の道」があったからとし、「孔道の興廃は実に支那存亡の門鍵」と述べた。[80]

続いて「愛は西洋倫理学者が最も細かに説いてゐるが、我が孔子も決して忽かにしてゐない」と、孔子もまた西洋の諸概念を体現した存在であったとした上で、[81] ルソーやペスタロッチの思想の他、[82] 釈迦、キリスト、ソクラテス、カント、ダーウィンといった古今東西の思想家・学者の生涯と孔子のそれを比較した。[83] そして「東西国情の相違によつて聖人の立説も違」っている点、また公徳などを除けば「我が東洋の精神の文明は十分立派である」点から、中国が「西洋に倣ふ必要はない」とした。[84]

では「孔子の道」によって立国された、池宗墨の考えたあるべき国の姿とはどのようなものだったのか。池の念頭にあったのは開国後、急速に近代化を遂げた日本の姿であった。池は「日本は絶東に在つて数千年来〔中略〕未だ一度も飛躍したことはなかつた」にもかかわらず、「米艦の砲撃と露西亜の侵略とにより一旦豁然大悟」し、「内は維新の偉業を成し、外は空前の膨脹を致し僅々数十年にして〔中略〕一躍して世界の強国の林に入れるやうになつた」とし、その理由として「偉大の国魂」すなわち「大和魂」の存在を挙げた。[85] そして「国は古今を問はず大小に関せず国魂あれば興る、国魂失へば亡ぶ」と述べ、中国の盛衰強弱は、中国の「国魂」である「孔子の道」の消長によると結論づけた。[86]

冀東政府時期、池宗墨は「支那古学に対する造詣深き篤学の君子」と紹介され、孔子廟の復興も「復古精神の顕現」と説明されたが[87]、少なくとも池の『孔子論』からは、池が孔子の議論を援用しながらも、その発想は極めて近代的で、理想とする国家像も国民国家に近いものであったことがわかる。また荻生徂徠の議論を引用したり[88]、西洋の思想家と孔子を比較したりしていることから、その議論には当時の日本の儒教理解が影響を与えていたこともうかがえる[89]。『孔子論』に序を寄せた神田隆介は、伊藤仁斎や荻生徂徠の儒教理解を指して「近代民族国家のイデオロギーとしての新しい儒学[90]」と指摘したが、池の議論もまたその例に洩れなかったのである。

(3) 通成紡織

池宗墨の通成紡織時代については、池自身による「利民通成紡織公司短繊維工業経営の経過と吾輩今後の覚悟」に詳しい[91]。それによると池は、奉天省遼源の中国銀行在職時に友人黄朔初の誘いで江蘇省常州で利民紡織の経営に関わり、後にこれを通成紡織廠と改め、その董事兼廠長となった。通成紡織は、四番手から一〇番手（数字が大きくなるほど細い糸であることを示す）の太い綿糸を原料に、「乞巧牌」「賢母牌」といったブランドで絨毯や軍用ブランケットなどを製造し、中国内地を主な販路とする企業であった[92]。

この時期の池宗墨に纏わる以下の二つのエピソードからは、彼が実業家としての理想や合理性を重視し、国民革命の流れからは距離を取っていたことがうかがえる。

一つは一九二五年の五・三〇運動に関するものである。同運動は、上海の日系紡績会社に対する労働者の抗議が引き金となり、反帝国主義の運動として広まったもので、まもなくこの動きは常州にも及んできた。ある日、常州の学生たちが通成紡織に押しかけ、同社が日本人を雇っていることを糾問した。集まった学生らに対応した池宗墨は、「国家がいまだ宣戦していないのに、外国人の雇用に異議を唱えることはできない。技術が良くないと思えば解雇するだけだ〔技術が良いのに解雇することはない〕。もし諸君が国を愛するならば、勉強に戻って欲しい」と述べ、毅然とした態度をとった。

もう一つは国民革命軍の北伐に際してのものである。一九二七年三月、北伐軍が常州を占領した。この風潮に合わせて中国共産党は工会（労働組合）を組織したが、池宗墨はこれに対抗して職工会を組織した。また国民政府成立後の一九三〇年末、中央の軍政部軍需署から突然ドイツ人顧問が派遣され、通成紡織の工場買い上げの話があったものの、結局協議は成立しなかったという。(93) 池が共産党に否定的で、国民政府とも是々非々の態度であったことがうかがえる。

通成紡織での池宗墨は従業員の福利厚生に尽力した。池は一〇年にわたって築き上げた通成紡織を自身の「ユートピア」であるとし、その経営を次のように振り返っている。

……幸いにして十年で、油花紡紗、織布織毯は相次いで完成した。廃物を利用するという目的が達せられたので、公務の余暇には花の種を播き、木を植え、竹を差し、魚を育てた。春夏の頃には、鳥がさえずり花が香り、工場の周りには川筋が縦横にわたり、そうした配置は自ずから一つの世界を成した。学校があり、公園があり、合作社がある。病院があり、大通りがあり、水道があり、電燈がある。十年前と比べると隔世の感である〔後略〕

続けて池宗墨は、中国にある千数百の各県それぞれが千人規模の工場を持ち、その指導者が労働者と甘苦を共にし、利益を図れば、中国は富強になるとした。また失敗を恐れなかった漢の高祖と、一五年にわたって太平天国と対峙し、不屈の心を持ち続けた曾国藩を自身の師であるとし、実業に携わる者が志を堅持し、不屈の心を以て勇猛邁進することを願った。(94)

（4）経営者として中国社会の将来を語る

同時期池宗墨は、中国社会についても自らの見解を披瀝した。そこでは中国が直面する三つの危機として、㈠百年来の列強の武力侵略、㈡百年来の列強の経済侵略、㈢百年来の国家の根本的破壊、を挙げ、文化程度が低く覆滅することができた匈奴や満洲族と異なり、列強の勢いは強いこと、また現在の「軍閥」の割拠は歴史上類を見ないほどひどいこと、等を述べた。そして青年に対し、身体・精神を鍛える必要性、すなわち身体面では運動及び早起きの二点、精神面では、安定・節約質素と読書の三点を求めた[95]。

池宗墨は講演会でもこうした理念を語った。一九三三年二月の中華国貨産銷合作協会での講演では、工場経営に必要なものとして六つの指摘をしている[96]。それは、㈠最初は必ず失敗するものなので、失敗後に必ず再度やってみること、㈡中国人の心理に往々にして存在する「差不多〔＝大体同じ〕」は成功の敵である、㈢工業を行うには、面倒を恐れてはならない、㈣工業を行うには「唐僧取経〔玄奘がインドに経典を取りに行った故事。転じて困難を乗り越えて物事を成し遂げる意味〕」の精神を持たねばならない、㈤「国貨〔＝国産品〕」事業に従事する者は、最大の決心をしなければならない、㈥現在外国人経営の事業は技術も優れ、管理も良く、その上資本もある。国貨事業従事者はこれと争わねばならない、というものであった。そして最後に「愚公山を移す」の故事を引き、たとえ自分自身が成功できなくとも、子々孫々にまで引き継いで、成功を目指すべきと語った[97]。

（5）通成紡織参観記

池宗墨の通成紡織での活動は、「池宗墨先生の忍耐力を以て熱心に国貨事業に努力奮門されるさまに佩服する」[98]といった記事や、次の参観記のように、新聞でも好意的に紹介された[99]。

この参観記の執筆者である蔣維喬[100]は北京政府期に江蘇省教育庁長などを務めた常州出身の教育者で、北伐後は政界を離れ上海の光華大学で仏教学を講じていた[101]。一九三三年六月二九日から七月九日にかけて通成紡織やその周辺をめぐった蔣維喬は、通成紡織について「優良環境」と好意的に記録している。[102] ちなみにこの参観記は池宗墨が持参した文章に蔣維喬が手を入れて完成したものであった。[103] その内容からは池が職場環境に関心を持っていたことがわかる。

……工場の内外にはアオギリ・イブキが植えられ、至る所濃緑の陰を作っており、そこに入ると工場であることを忘れてしまう。廃物を利用した工場は、塵ゴミが必ず多くなるので、この工場では総て機械の上は白い鉄管を装備し、電気扇風機で塵をダクトの中に送り込んでおり、そのため工場が清潔なことは他の工場の及ぶところではない。〔中略〕労働者は千人近くいるが、協力同心しない者はなく、〔みな〕工場を愛護している。〔中略〕職員は一律に黄色の制服を着て、あちこち指揮し、活力がみなぎり、そのため労働者の顔には喜びの色があり、仕事にも緊張感がある。工場長池宗墨君及び副工場長方少和君、工務処長章育文君ら〔の関係〕は、身内・子弟のようであり、そのため工場の仕事の進行は思いのままで、その効果は無形の中に表れている〔後略〕

以上見てきたように、冀東政府参加以前の池宗墨の議論や周囲の評価からは、実業界で成功を収めた企業家としての姿、中国の現状に対する危機意識、またそれを積極的に世に訴えようとした様子がうかがえる。こうした活動が、殷汝耕の目に留まり、華北への招聘に繫がったと考えられる。

七　冀東政府の理論的支柱——冀東政府以後の池宗墨の議論

(1) 政府の議論をリード

一九三五年春、殷汝耕は池宗墨の「少く可からざる人物たることを知り、書を馳せて其の北上を促がし」、池は

「通成紡織会社の事業を抛って北上し」た。(104)

池宗墨は少なくとも「冀東防共自治委員会成立宣言」（一九三五年一一月二四日）、「冀東政府の使命」（一九三六年三月）、「冀東防共自治政府一週年紀念に国人に告ぐる書」（同年一一月二五日）の起草に携わっており、(105)実質的に政府の議論をリードしていた。

冀東政府成立直後通州を訪問し、殷汝耕・池宗墨と会見した岡部巌夫は、池の「見てくれました、見てくれましたか。今朝のあの宣言を。ありゃ僕が書いたんですよ。国民政府の秕政六ヶ条をあげました。もう怺（こら）へきれませんよ」(106)という発言を記録している。

ただ当時華北の新聞界で活躍した武田南陽の戦後の回想では、武田が土肥原賢二（奉天特務機関長）より政府宣言の「大義名分」執筆の委嘱を受け、池宗墨がそれを持ち帰り、殷汝耕が記者会見で発表した、という。(107)この二つの事情を勘案すると、文章の起草には武田南陽と池が関わったものの、殷は宣言起草に直接は関与しなかったと考えられる。

冀東政府における池宗墨の発言は、「日本は別に侵略の野心はない。日本は是れ先進国で兄である。中国は之に追随して行く弟である。彼此真誠でなければ提携することは出来ぬ」(108)（一九三七年一〇月一七日）といった議論のように、日本の優位を前提とした日中提携論に象徴される。池は、「外夷の侵略を避け、而して安居楽業を謀った長城を一人一人の心の中に「造成して以て禍患を避けよ」と述べ、「現在東亜〔中略〕最大の長城」は「我が友邦日本である」(109)とも語っている。池はあくまで日本を中国の上位に置いたのである。

長官就任後の池宗墨は、こうした方針に「如（も）し服従せざるものあらば即ち是れ政策を破壊するものであるから、殺も亦惜まない」と強い態度を示し、「政府の政策、本長官の命令に対しては、真実に服従し以て大亜細亜主義の目的を達到（ママ）することを期したい」(110)と、政府の方針への服従を説いた。ちなみにここに登場する「大亜細亜主義」については、池の詳しい言及はないが、先述の孫中山との確執を考えれば、孫中山の大アジア主義の援用ではなく、漠然と日本を盟主としたアジア連帯を意味したものと考えられる。

当時の世界潮流について池宗墨は、「一は国民陣線〔＝戦線〕であり、一は人民陣線である」と分析し、「南京〔国民〕政府は誤つて人民陣線に入つた。さうして蘇俄〔＝ソビエトロシア〕の法を以てして中国に施し[111]」た、と非難した。そして「防共の後は必ず須らく自治すべきである。自治といふことは各々自ら政を為すのではありませぬ。乃ち聯省自治の謂である[112]」として、将来的な中国政治の形を「聯省自治」であるべきとした。

（2）「孔孟学徒」として

以上の政策論の基底をなしていたと考えられるのが、「孔孟学徒[113]」・「支那古学に対する造詣深き篤学の君子」（前述）などと紹介された、池宗墨の思考法であった。池の発言や行動は次のように喧伝された。

孔孟の教義を信条とする池氏は孔孟の教に背反する思想はすべて不倶戴天である。中国の復興はその国政の復活、即ち孔孟思想の復活に淵源すべきであるといふのがモツトーである。彼が説く冀東政権設立綱領は、王道政治の復興樹立であり、この信条に反する三民主義の信奉者中国々民党も、又マルクス主義の傀儡共産党もひとしく彼の仇敵である。然し東洋旧文化の復興、軍閥党匪政治の打倒に協力するものはいづれもその同志として握手するにやぶさかなるものではない[114]。

ただ以下に見るように、ここでの「孔孟学徒」は、厳格な意味でのそれとは異なっていた。池宗墨は指導的立場にある知識人として、社会に対する責任に自覚的で、そこには中国古典からの引用も見られるものの、その発想方法は近代的な感覚も反映していたのである。

例えば学生に対する講演で池宗墨は、「一、礼貌あれ〔中略〕、二、須らく清潔なるべし〔中略〕、三、須らく労に耐ゆべし〔中略〕、四、日記を記せ[115]」と発言しているが、少なくとも日記を記すことは、本来の「孔孟の道」とは直接関係ない。また師範学校学生に対する、「師範生は是れ未来小学生の父母であつて将来国民の模範であるから、其の責任は至つて重且大である〔中略〕学生の第一義とは人格あることを要する[116]」という発言の中に見られる「国民の模範」といった発想も、極めて近代的である。

池宗墨の発言や行動からは、池が実際に人々の生活態度にまで踏み込もうとしたこともわかる。例えば池は、官僚に対して「現在の公務員は三誠を守るにあらずんば不可である。一に髪を蓄へず、二に嫖賭せず、三に吸煙せず、能くかうした三誠を守り、僧家の清規を守るが如くすべき[117]」とし、「大家皆自愛するを知り、官規を恪守し、廉潔政府を造成し、人民の為に幸福を謀り、国家の為に模範を作さんことを[118]」求めた。

池宗墨に関して言えば、こうした議論は決して上辺だけに止まらなかった。池は長官就任後冀東各県をめぐり、官僚のあるべき姿について度々講演したが[119]、自身が目にした官僚の不真面目な態度に対し、次のように率直に怒りを表している。

> 連日、本長官が各辨公室を視察し、各公務員の精神毫も振作せず、散漫にして秩序なきを感覚さる。辨公室内に常に多勢聚談し、甚だしき〔は〕几に隠れて酣睡するに至る〔中略〕倘し再び以上の不規則行動あらば、一たび発覚せば決して寛恕せず〔後略〕

続けて池は「公務員が受くる所の国家の俸禄は、即ち是れ人民の脂膏」であること、また殷汝耕長官時代には「僚属と長官と」が出会った際も「相識らざるが若く尊卑長幼の序を隠失」していたが、今後はそうした態度は許されないことを厳命した[120]。

こうした池宗墨の方針は、政務長官就任後には政策として具体化された。池は通州事件後、冀東政府の制度改革を実施し、「民意暢達の機関」として自治参議会、「政府の会計を明朗化」するための審計処、「従来の閨閥中心を打破革新」する官吏登用機関として官吏甄録委員会（甄録は優劣を見分けて記す意味）、「綱紀粛正」のための官吏懲戒委員会を設け、「実務主義」を掲げたのである。[121]

中国人の習慣に対しても池宗墨は改善の余地が多いと見ており、先述のように中国人がよく口にする「差不多」を批判したほか、中国の兵隊が「金でヒックリ返るので此奴は困まつてゐます」と、兵隊の質の悪さを嘆いた。[122]この改善のため池は、中国人は「必ず須らく人の長とする所を採り、而して我れの短とする所を補ふべし」と語ったが[123]、そこで想定された「人の長〔他人の長所〕」は、先述の『孔子論』の内容を踏まえれば日本であったと考えられる。池にとって、中国と日本が提携することは自然なことであった。

池宗墨は『淮南子』を出典とする「澹泊明志　寧静致遠〔淡白でなければ志を明らかにすることができない　落ち着いてゆったりした気持ちでないと、遠大な境地に達することができない〕」を座右の銘としていた。[124]官僚はどうあるべきか、また組織・政府の指導者として官僚にいかに対処し、振る舞うべきか。池の議論からは、為政者のあり方に極めて自覚的であった池の姿が見えてくる。

こうした池宗墨の活動や意識は、一九三四年二月から国民政府で実施された新生活運動とも重なる部分がある。[125]ただ上述したような池の主張は、新生活運動が提唱される前から確認される。双方の直接の因果関係はなかったと考えられる。

このような池宗墨にとって、冀東政府での活動は、通成紡織での実践の延長線上に位置するものだった。後年、池は華北労工協会理事長に就任するが[126]、これも池の通成紡織での労働者管理や、指導者としての姿勢が評価されたものと考えられる。

八　「防共」と「聯省自治」

以上、殷汝耕と池宗墨の議論を概観してきたが、冀東政府が名称に冠している「防共」と成立宣言でも言及された「聯省自治」についても触れておきたい。冀東政府編纂の教科書でも「防共自治の冀東」という表題の文章で、「防共の国防を建設することは長城よりも更に堅固に、自治の国脈を開拓することは運河よりも更に長く遠大でなければならない」と象徴的に言及されている。[127]

まず「防共」についてである。「防共」は「共産党を防ぐ」あるいは「共産インターナショナルから防衛する」といった意味で、中国では一九二〇年代初頭から「防共産党」の表現が確認でき、[128]その後この省略形である「防共」も使われるようになった。[129]

一方、日本語で「防共」が登場したのは、管見の限り冀東政府成立直前の一九三五年一〇月の陝西の共産軍の動静を伝える文脈においてである。[130]その後冀東政府成立に至る華北自治政権樹立の報道が伝えられる中「防共」は急増した。[131]日本における「防共」は、まさに冀東政府の動静を含めた華北の事情が伝えられる中で浸透していったのである。

ただ皮肉なことに、冀東政府は熱心に「防共」に取り組んだわけではない。象徴的なのは、殷汝耕自身が冀東政府成立直後の一九三五年一一月二六日に「共産の危機は、目下最大とは思われない」と発言している点である。[132]政府の名称に「防共」を冠している以上、冀東政府が「防共」に全く触れないわけにはいかなかったと考えられるが、実際に冀東政府が「防共」に関して行ったのは教科書の編纂やパンフレット作製に限られ、池宗墨も具体的に踏み込んだ議論を展開していないのである。これには華北自治運動を推進する際に、当初の自治地帯設立に加えて思想的な目標も必要であるとして、「防共」が土肥原賢二・佐々木到一・板垣征四郎ら冀東政府樹立に関わった日本軍人によって後から付け加えられたスローガンであったことも関係しよう。[133]

むろん一九三六年一二月の西安事件勃発とそれによる国共両党の融和については、無視できなかったと思われ、例えば三七年四月の「冀東政府の防共使命」で殷汝耕は、共産党擡頭の危機を語っている。ただそこで防共対策として掲げられたものも、㈠全国に鞏固な防共政権を建てる、㈡民本政策の確立、㈢世界の反共国家との聯合（欧州ではドイツ、東洋では日本）、といったことに過ぎず、具体的な政策にまでその内容が練られることはなかったのである。[134]

次に「聯省自治」についてである。これも冀東政府の宣言の中ではしばしば言及されたが、冀東地区は河北省の一部に過ぎなかったこともあり、「聯省」実現への具体的な施策は確認できない。ただ「自治」については、冀東地区内の道路の整備修築、治水築港事業、税目の整理、冀東大学設立構想も含めた教育制度改革は推進された。冀東政府施政一周年の成果を誇る文献の内容も「民政・保安・財政・建設・教育・実業」で項目が立てられている。このように冀東政府の施策の重点が地区内の振興にあり、決して「防共」や「外交」でなかった点も、冀東政府の傾向を示しており、「自治」がそれなりに推進されたことがわかる。[135]

一九三七年一月のことだが、殷汝耕は次のように「自治」の充実に触れている。「……其他通商・工業等、民衆の福祉増進に関しては着手しないものは殆どないのである。その成績に就いて敢て自讃する訳ではないがこの方針によつて進めて行くなれば五年十年の後には必ずや冀東の面目を一新する事が出来るであらうことを確信するものである」と。[136]

以上から判断すれば、「防共」は中国共産党との、「自治」は中国国民党との違いを示す言葉で、両者を体現した「冀東政府こそ中華民国の正統を継承する機関」とも説明できるかもしれない。ただこれは結果論であり、当時殷汝耕や池宗墨が、「防共」は共産党との、「自治」は国民党との違いを示す言葉であると意識して議論を組み立てていたわけではないことは、すでに確認した通りである。

九　殷汝耕・池宗墨に対する議論

(1) 中国での議論

殷汝耕が冀東政府の成立宣言を発して間もない一九三五年一一月二六日、国民政府は殷を免職にするとともに、逮捕令を出した[137]。一二月には冀東政府を含めた華北の中国からの分離に反対する学生運動も起きた（一二・九運動）。こうした状況下、中国での論調は冀東政府に否定的なものが基調をなし、そうした媒体が殷汝耕・池宗墨の議論を肯定的な立場から詳細に解説することもほとんどなかった。

ただ中国でしばしば伝えられた冀東政府内部の派閥争いに関する報道は、冀東政府の性格を考える上での材料を提供してくれる。それによると冀東政府の中には、池宗墨派・殷体新派・王廈材派・張仁蠡（民政庁庁長）派の四つに加え、殷の妻民恵の弟である井上喬之と、民恵の妹の夫服部の派閥があった。このうち優勢だったのは池派だったが、残りが結託して池に対抗したため、殷の池に対する信用は徐々にゆらいだという[138]。

通州からは次のような情報も伝えられた。

最近、殷逆〔＝殷汝耕〕の地位は徐々にゆらいでいる。というのも彼の秘書長である池逆〔＝池宗墨〕は、殷に反対し、これに取って代わろうと思っているからだ。池の勢力は大きく、関東軍の中にも後ろ楯となる者があり、近いうちに民衆運動を利用して、殷汝耕打倒を実行するのだ[139]。

また別の報道は、自らの地位に不安を感じた殷汝耕が、銀行に現金を預け日本側から隠そうとしたところ、池宗墨は、殷の行為は、「偽財政」（＝冀東政府の財政）を破壊し、民衆を恐慌に陥れると批判し、この事を日本軍の田代（皖一郎）中将に告げた結果、殷と池が衝突したと伝えている[140]。

殷汝耕については、北京の邸宅に妾を七人抱え、[141] 馴染みのダンサーが殷の暗殺を試みるなど、[142] 女性に纏わる噂もつきまとった。[143] これに対し池宗墨にはそうした類の話は皆無である。むしろ池の「僧家の清規を守るが如くすべき」といった発言や周囲の評価からは、「孔孟学徒」や実直な理想主義者の姿が浮かぶ。

井上喬之の戦後の回想によれば、殷汝耕と懇意にしていた田中隆吉（中佐・関東軍参謀）に対抗するために、陸軍の専田盛寿は池宗墨に接近し、そのために池は殷に取って代わる野心を起こしたという。[144] 先述したように、長官就任後の池が閨閥打破を標榜したことを考えれば、冀東政府内に閨閥の問題も絡んで、[145] 何らかの路線対立があったと考えられる。

（2）日本での議論

冀東政府や殷汝耕については、外務省関係者を中心に否定的に見るものが多かった。上海総領事の石射猪太郎は、冀東政府から招かれていると就職相談に訪れた東亜同文書院生（石射にとっては後輩に当たる）に対し、「デスカレヂして置く〔思いとどまらせた〕」と日記に記しているほか、[146] モンゴルで高度自治を要求していたデムチュクドンロブの動静にも、「殷汝耕や徳王などと云ふ手合は東洋平和の敵なのだ」と、手厳しい。[147]

郭松齢事件の際に半年間にわたって殷汝耕を匿った経験を持つ外交官中田豊千代も戦後の回想ながら、殷は「環境の変化に動揺を隠せない小人物」であったと回想し、当時奉天総領事だった吉田茂もまた同様の評価であったとする。[148]

殷汝耕に対しては、次のような指摘もなされていた。

> 冀東政府長官となつてからの彼れ〔＝殷汝耕〕は、誰が見ても、やゝ心驕れるかの如くであつた。即ち、その本拠たる通州政庁をはなれて、北平に出づること多く、支那人通弊の麻雀や賭博や酒盃に親しむこと頻りであ

つた。婦女にもたはむれた。そこで、心ある日本の志士間には、早くも弛緩せる彼れの生活態度を唾棄し、「殷汝耕は、遂ひに淫女耕と堕せり」とまで、不名誉なかげ口を浴びせるほどであつたといふ。(149)

ただこうした辛口の評価の一方で、冀東政府の親日・王道主義等を高く評価する人もいた。京都帝国大学教授の矢野仁一（じんいち）もその一人である。

矢野は「殷君の理想の高遠なること、決心の鞏固なること、其の人民と疾苦を共にする考へで、生活振りの極めて質素倹約なることを聞いて、私は満洲国において実現の出来なかつた私の王道政治の理想が、殷君に依り冀東地方の小天地において実現が出来さうに考へ、非常に面白いと思つた」とし、(150)「冀東政府においては是非国務総理即文教大臣の制度を確立し、若し大学を設けるやうな時には国務総理は大学総長を兼ねることにして貰ひたい」と、冀東政府の将来に期待をかけた。(151)

ジャーナリストの川崎紫山（しざん）は池宗墨について、「其の講演は一として君の理想とする王道精神の発露にあらざる〔は〕なく、其の一章と雖も、一句と雖も、経国済民の教訓と為らざるものは無い」(152)と高く評価し、その議論を集めた『王道経綸論集』と題して上梓した。

『夕刊帝国新聞』を刊行していた渡辺剛も冀東政府を支援した一人である。(153)渡辺は『北支に暁鐘を撞く殷汝耕と冀東自治――我が大陸政策の方向』（夕刊帝国新聞社、一九三五年）、『我が大陸政策と武士道の拋棄か?!――孤立無援の冀東防共自治政府を断じて見殺しにするな！　北支特殊地域の本義を確認せよ』（夕刊帝国新聞社、一九三七年）といった一連の冊子で、冀東政府擁護の論陣を張った。

渡辺は東亜人文研究所なる名義でも活動し、冀東政府に関する新聞記事を集成した『冀東』（一九三七年）も出版した。東亜人文研究所と聞くと何やら権威ある機関のようだが、住所は夕刊帝国新聞社と同じで、どこまで実態があったのかは怪しい。当時話題になっていた冀東解消論への反論を、「研究所」を冠することで権威づけようとしたのであろう。冀東政府が総合雑誌『創造』に資金を提供していたことを踏まえれば[154]、渡辺の活動にも冀東政府から何らかの資金援助があったと考えられる。

一〇　小　結

以上、本章では殷汝耕・池宗墨の経歴とその議論から、冀東政府について考察してきた。以下、明らかになった点を整理しておこう。

一点目は、殷汝耕が日本社会との関係を足掛かりに中国政界に進出を図ったものの、結局日本との関係の中に終始した中国人政治家であったと考えられる点である。殷は日本に留学して日本人を妻に迎え、日本社会との接点も多く、近親者からも「精神的にもその他あらゆる意味で、日本的」と見られていた[155]。

しかし殷汝耕は単純に「親日」で括られる人間ではない。一九一〇年代から二〇年代にかけての殷汝耕は、日中提携を唱えながらも、一方では日本政府の問題点や日本人の欠点を忌憚なく指摘し、中国の民意の趨向を摑むべきと訴えていた。より正確には「知日派」の中国人と言うべきだろう。ただ中国語での政論はなく、中国で発表された文章は日本の紹介か形式的な報告に限られた。中国国内での殷は「日本通」の枠を超える存在ではなく、その政治的基盤も不安定なものであった。

そうした殷汝耕が政治の世界に残ろうとすれば、政治的資源は日本との関係しかなかった[156]。これは殷が冀東政府樹立に至った一つの原因と考えられる。ただ冀東政府は従来の殷の主張や行動とは矛盾する側面も持っていた。冀東政府の重要な宣言の起草を池宗墨に委ねた背景には、こうした殷の迷いが見え隠れする。

二点目は、冀東政府の構想には、実際には池宗墨の思想が色濃く反映されていた点である。その背景には、「孔孟学徒」という言葉に象徴される、知識人としての理想や通成紡織での実績があった。一方、政治の世界での池はいわば素人であった。その点で池は殷と比べると、一貫した自身の思いを政治に表現することに躊躇がなかったとも言える。殷の失脚後、冀東政府を率いることになった池は、政府の機構改革や管内の視察を積極的に進めたが、まさに冀東政府は、池にとってその思想や活動を発展させ、実現する舞台だったのである。

冀東政府解消後の池宗墨の行動にも、その志向の一端がうかがえる。池は臨時政府の議政委員に就任したものの、冀東政府解消の声明では、今後は「野に在って、社会事業に従事し、父老兄弟と、共に農業を語る」と述べた。[157] また臨時政府からのその功績に報いるために贈られた報奨金五〇万元に対しても、池はそれを冀東建設に当てて欲しいとして、㈠唐山文廟修理費一〇万元、㈡冀東二二県の模範監獄の建設に九万四千元、㈢寧河（天津附近の県）の朝鮮人農村に一〇万元、㈣寧河の運河開削工事に八万八千元、㈤唐山中学へ八万五千元、㈥唐山屠場の建設に四万元、と分配することを求めた。[158]

もちろん、こうした事情をもって池宗墨を清廉ないしは政治から距離を取った人物と決めつけることはできない。実際にはその後も池は、王道政治の実現を理想とする「聯邦政府」の樹立を唱え、[159] 日本国内に向けても運動を継続していたからである。[160] ただそうした水面下の政治活動も王道政治の実現を目指すものであったし、その体現者として自身の姿勢を積極的に示そうとした点が池の特徴だった。冀東政府における殷汝耕と池の対立には、こうした両者の気質や志向の違いも影響したと考えられる。

三点目は、冀東政府での議論が、その後日中戦争の過程で日本占領地に樹立された政権の先駆けとなった点である。反国民党・反国民政府を掲げたことはもちろん、五色旗を掲げることで国民政府との絶縁を示し、一方で中華民国の正統性を唱えるやり方は、図らずもその後の臨時政府・維新政府でも採用された。

ただ冀東政府は日本軍部の強い影響下に成立したものの、日本の意向を無限定に受け入れたわけではない。これは冀東政府の五色旗採用の事情にも表れている。冀東政府は、政府成立一周年を期して五色旗を掲げたが、その際満洲国旗を採用する案も存在していた。[161] 結局満洲国国旗が採用されることはなかったものの、これは冀東政府の選択肢として満洲国との合流、すなわち中華民国からの離脱があったことも伝えている。

一九三六年に華北から日本に戻ったある日本人は、「往時を追慕する帝政の還元の熱が、一時に擡頭して異常なる力を以て北支を風靡しつゝある」と、華北に帝制を目指す動きがあることに触れ、「願くば満洲帝国との併合を望む」と語っている。[162] 冀東政府は地理的に満洲国に隣接していたが、殷汝耕の姉が満洲国国務総理の鄭孝胥の息子に嫁いでいるなど、[163] 人的関係や心理的にも満洲国に近かったのである。

しかし、結局選ばれたのは中華民国という枠組みであった。殷汝耕も冀東政府は台湾や満洲国とは異なることを明言し、また日本政府の冀東問題への介入に警戒感を示したことは先述した。

冀東政府は広く日本の傀儡と理解されている。しかし、それは決して無制限の「親日」や「日本追従」ではなかった。冀東政府解消の後、日本人に対して「どうも日本の方と御交際をすると云ふことはどう信用して宜いか分らない。誠に危いと云ふ感じがする」[164] と語る殷汝耕の眼差しは冷めている。そして日本の影響下に成立したものの、日本からは独立した存在たらんとした冀東政府の抱えたジレンマは、形を変えながらその後の占領地政権でも課題であり続けることになる。

最後に、殷汝耕と池宗墨のその後について簡単に触れておく。通州事件で失脚した殷は日本軍当局より、㈠通州事件の真相を話すこと、㈡政治活動、㈢北京・天津を離れること、を禁止され、五年間にわたり蟄居した。その後、一九四二年二月に山西煤礦公司董事長、四三年二月に汪精衛政権で経済委員会委員、四四年一月に治理運河籌備処主任を歴任した。[165] 敗戦後漢奸として逮捕された殷は獄中で、冀東政府樹立は日本の華北侵略から中国を守る妥協策で、冀東政府は中国の「国体を崇奉した」等と語ったが、[166] 殷が五色旗を掲げて国民政府に対抗し、また日本政府の冀東政府解消論に抗議したことを考えれば、この説明に説得力はない。四七年一二月一日、殷は南京の首都監獄刑場で銃殺刑に処せられた。

池宗墨は冀東政府解消後、臨時政府行政委員会参議・新民印書館社長・冀東電業董事長などを歴任した[167]。その後華北労工協会理事長に就任するが、政治の中枢に関わることはなかった。日本の敗戦後、池も漢奸として逮捕され、人民共和国成立後の一九五一年五月二〇日に処刑された[168]。

第二章　張鳴の「五族解放」「大漢国」論

僕の一貫したるイデオロギーは五族解放、大漢民族国家の建設にあり、儒教をその精神とし、これに近代的思想から盛り上る血と肉とを通したものである。

――張鳴（木村英夫『敗戦前夜』）

一　嘉治隆一の台湾紀行――はじめに

敗戦直後復活した『朝日新聞』一面のコラム「天声人語」を担当し、その後も政治評論家として活躍した嘉治(かじ)隆一は、一九五二年五月、一三年ぶりに訪問した台湾で出会った萱野(かやの)華恵という女性について記している。萱野華恵は中国国民党の元老居正(1)の娘で、辛亥革命で孫中山を支援したことで知られる萱野長知(ながとも)の養女となった人物である。

……土佐萱野家の長知は、国民党の長老、居正の第五子、瀛玖という娘を赤ん坊の時から貰い受けて養い、東京で純日本娘として育て上げた。名も萱野華恵と呼ばれ、東京の第三高女を卒業してから芝の英語専門塾で仕上げをした。〔中略〕さてこの華恵は台湾出身の張鳴という青年と東京で結婚した時、初めて自分の中国生れであることを知ったというが、その後、多少の経緯を嘗めてから、台北に落着き、同市博愛路において、淡江女子英語専門学校を経営するに至った。不幸にして、父君も夫君も共に今は亡くなったが、華恵女士は校長として専ら育英に努力している。今でも突嗟に言葉を話そうとすると、最初に出て来るのは、中国語よりも日本語であるという位に日本化した婦人である。(2)

さてこの萱野華恵の夫、張鳴（別名張銘）が本章の主人公である。嘉治の筆では台湾生まれとして簡単に紹介されているだけだが、この張鳴こそは、一九三〇年代半ばから「五族解放」なるスローガンを掲げ、漢民族による大漢国の建国を主張し、その軌跡は台湾・中国・南洋・モンゴル・日本に及ぶ、実に興味深い人物なのである。張鳴は中国国民党の反蒋介石勢力として知られる西山会議派や胡漢民派と関係を持つ一方、清朝の遺臣・福建の現地有力者や日本の軍人・外交官とも関係を持ち、満洲事変以後は日本軍の活動に時に寄り添って活動した。(3)

張鳴は戦後まもなく台湾で逝去したこともあり、その活動は台湾においてもほとんど明らかにされてこなかった。これには張鳴の義父が中国国民党西山会議派の有力者で、国民政府の司法院院長など要職を歴任した居正であったこと、また張鳴の係累が戦後の台湾社会で教育界を中心に相応の地位を占め、影響力を有していたためと考えられる。戦前の張鳴の反蒋介石活動、また日本との協力は戦後の台湾で触れられることはなかったのである。

張鳴に関する研究はいくつか確認される。房建昌は、張鳴とエスペラントに関する文章でその略歴を紹介するが、日本との関係についてはほとんど言及がなく、誤りも散見される。(4) 淡江大学（張鳴が一九五〇年に台湾淡江に設立した英語専科学校の後継）が編纂した『淡江大学校史』（一九八七年）は、一九六〇年代に書かれた張鳴の略歴を転載するが、張鳴の戦前の活動、とりわけ日本との関係についてはほとんど言及がない。

日本でも張鳴に関する専論はない。ただ萱野長知が張鳴の義父（妻の養父）に当たることから、『萱野長知研究』の中で「張鳴は相当な侠気や民族的・革命的な気風の持主」と記述されているが、全体像は漠としている。(5)

張鳴自身による文章は複数確認でき、黄帝紀元四六三六年（一九三九年）の表示がある宣伝ビラ「今日国人応有之覚悟」、小冊子『復興社政綱』（以上、上海市檔案館所蔵）、日本語パンフレット『五族解放』（出版者不明、一九三八年）、「反蔣運動十五年の記」（上田健二郎編『東亜の風雲と人物』近代小説社、一九四三年）がある。また玉江恒平『中国現代史と張鳴君』（鳴々社、一九三九年）も、張鳴本人の聞き取りを元に記述していると思われ（あるいは張鳴自身が筆名で執筆したか）、張鳴の文章を豊富に引用している。[6]

以上の文献に登場する張鳴の活動は、日中の外交文書で裏付けの取れるものも多く、事実関係に関してはおおむね正確であると考えられる。この他、当時の新聞記事、張鳴の義父居正の書翰・文書類[7]、台湾に残された檔案にも張鳴の動静を伝えるものがある。以上の史料を相互に検討することで、張鳴の生涯をほぼ追うことができる。

本章は日中戦争開戦前後の張鳴の議論の検討を第一の目的とするが、これまで張鳴の経歴が明らかにされてこなかった事情に鑑み、まず諸史料から張鳴の日中戦争に至るまでの経歴を整理する。その上で張鳴の「五族解放」「大漢国」建国の議論について、開戦前後の行動とともに検討したい。

二　日中戦争勃発以前の張鳴

日中戦争開始までの張鳴については玉江恒平の『中国現代史と張鳴君』（以下、引用の際はA）及び張鳴「反蔣運動十五年の記」（以下、引用の際はB）が詳しい。以下、両書の記述を他の史料で検証しながらその経歴を明らかにする。

（1）台湾の出自を隠す

張鳴は一九〇六年一月、日本の植民地統治が始まって一〇年が過ぎた台湾宜蘭羅東に生まれた（章末の表2-2）。張家の原籍は福建漳浦で、祖父慶茂の代に台湾に移住した。その先祖は明末清初の学者張若仲であるという[8]。後年、張鳴は台湾の出自を秘して行動したようで、戦前発行の新聞・書籍等はもちろん、日本の外交文書でも一貫して福建省漳浦出身の中国人と紹介されている。この理由は不明だが、張鳴の活動拠点の一つであった廈門では「台湾籍民の内には善良でないものもありました為に、〔現地人と台湾人が〕お互い反感をもつて」おり[9]、また当時の中国大陸では「台湾籍民はやゝもすれば、支那側から日探〔日本のスパイ〕としての嫌疑を受け、不当な圧迫」を加えられる雰囲気があった[10]。台湾出身の事実を隠した方が、中国での活動に都合がよいという判断が働いたと考えられる。

張鳴は台湾羅東の小学校を卒業し、淡江中学で学んだ後、台湾の対岸福建省廈門に渡り英華書院に進学した。一九二三年秋には北京の世界語（エスペラント）専科学校（校長蔡元培、副校長景梅九）に入学した。後に張鳴は北ボルネオでエスペラントの教員として過ごすが、北京時代にエスペラントを学んだことが活かされたのである。世界語専科学校副校長の景梅九は、山西省安邑出身の中国同盟会会員であった。景梅九は自身が北京で主宰した『国風日報』で反袁世凱の論陣を張ったこと等で知られ、その活動は景の自伝『罪案』[11]に詳しい。景梅九との繋がりは、後に張鳴が国民党西山会議派に参加するきっかけとなる。

（2）復辟運動に関わる

張鳴の政治との関わりは、北京滞在時に始まる。当時張鳴の同級生に溥儀の側近陳宝琛[12]の孫がおり、そこから復辟、すなわち清朝復活への協力依頼が持ち込まれたのである。陳宝琛は張鳴に五〇万元の資金を元手に、武器の購入及び福建の有力者盧興邦を中心とした復辟運動を要請し、併せて北京の日本公使館附武官輔佐官板垣征四郎中佐を紹介した（B二四〇～二四一頁）。

張鳴は、上海駐在の岡村寧次中佐と会見した後、[13]一九二五年四月二七日、盧興邦の部下呉紘と共に板垣の紹介状を携えて台湾軍参謀渡辺金造を訪問した（A一六頁）。しかし台湾軍からの援助は断られた。[14]また陳宝琛が復辟の主力として期待した盧興邦も、張鳴に言わせると「眼中復辟もなければ革命もない」人物であった。結局張鳴は盧を司令とする福建独立を断念した（B二四三頁）。

さて、この経緯については、台湾軍参謀と張鳴の間に見解の相違がある。台湾軍参謀渡辺金造は陸軍中央に対する報告で、張鳴らの受け入れを拒否したとし、次のように報告している。「〔張鳴らが〕当軍司令部を訪問し、兵器購入方及軍事教官招聘二件につき希望を陳述する処ありしが、小官之に面会し右二件共に当軍に於て独断処置し得る所にあらざるのみならず、恐らく日本政府としても希望に応じ得ざるべき旨答解し帰還」させた、と。

ところが張鳴の回想のニュアンスはこれとは異なっている。張鳴は、渡辺から「夏頃になつたら代表を送らう。それまでに兵の訓練をしておくがよい」と言われたとする（B二四二頁）。また玉江の著作も「〔台湾軍〕当局は、北京へ打電して、張君の使命を確かめた上で云ふ。——こちらの手で、盧〔興邦〕の部下を訓練してから、武器を渡さう。君は、それまで北京に帰つて居たまへ——」とする（A一六頁）。

今となってはどちらが真実であったのかは知る由もない。ただ張鳴の回想が関係者の生前に公表されていることを考えると、その内容が全くのでたらめであったとは考えにくい。少なくとも日本側が張鳴たちを門前払いしたのではなく、かなり含みを持った対応をしていたというのが実情に近いと考えられる。

むしろ重要なのは張鳴が、一九二〇年代中葉からこのような形で日本軍人との関係を持ち、それが以後も続いた点にある。

（3）一九二〇年代から三〇年代の福建事情

さて張鳴が政治活動に足を踏み入れた時期の福建はどのような状況だったのであろうか。一九二一年に日本の外務省が発行した『福建省事情』によれば「管内の特長」として、「住民の他地方に出稼するもの多数なること」を挙げ、主な南洋の出稼地としてシンガポール、ペナン、ルソン、暹羅、安南、ジャワ、スマトラ、セレベス、ビルマ等の地域が挙げられている(15)。

台湾在住の江文鐘なる福建人が一九三三年一二月に上海総領事館に寄せた「日本の識者に愬ふ」という文章は、さらに詳しく福建の政治情勢にも言及し、福建省が「軍閥の搾取」を受け、「土匪的政治を発達」させ、「各地の実権は共に割拠状態の半ば土匪的な民国の手に帰してゐる」として、次のように説明する。

……民国以来、李厚基・周蔭人・洪兆麟・臧致平、等の北福建省を一つの金箱の如くに目して、出来得る限りの剝奪手段を講じて、大いに自己の懐裏を肥やして退去したものである。〔中略〕斯くの如き軍閥の搾取する方法は共に大同小異にして、恰も福建省を新開殖民地の様に考へ、南洋華僑の預金地の如くに目を大きくして渇望してゐる。

かゝる乱暴な政治は遂に福建民衆をして失望させ憤怒させて到頭土匪的政治を発達せしめて民国の如き不可思議な特種政治を見る。しかし斯る土匪的民国は北方軍閥の無法に起因してゐるが彼等の抱きたる思想は只「北方人に剝奪されるよりは福建人自身で剝奪する方が胸がすく」と言ふ様な下劣な考へからである。

民国十六年以来、為に中央政府の面子上の命令あるも省政府の設置あるも、有名無実な看板であつて、各地の実権は共に割拠状態の半ば土匪的な民国の手に帰してゐる。此の中に二三の北方小軍閥も介在してはゐるが、やはり民国の如き一区限地に割拠して共に同政策を行はねばならん状態にある。斯様な政治は最近十年来次第に発達して不完全ながら福建人は之に順応し適宜な生活法を講じて辛うじて生活してゐる(16)。

このように、東南アジア各地との繋がりや、心理的なものも含めた近さ、また中央の影響が現地に及ばず土着の勢力が割拠する当時の福建の環境は、張鳴の活動にも様々な形で影響することになる。

(4) 南洋での活動

復辟運動に関わったことで、張鳴・呉紘には福建軍務督辦周蔭人から逮捕令が出された。そのため張鳴は廈門で中華学生中学校の陳金芳が率いる学生軍、さらに汕頭附近では遠縁の張貞の主宰する新閩同志社に参加することで素性を隠した(A二二〜二三頁)[17]。まもなく張貞は陳炯明との戦闘のため福建に入った何応欽(黄埔軍官学校教導第一団団長)の麾下に入り、張鳴も宣伝隊長として張貞軍に参加した(B二四八頁)。

一九二六年、張鳴は福建省詔安に移った。その頃、駐北京のソ連大使カラハンから広東国民政府顧問のボロディンに対し、無政府主義者・反国民党・反共産党・復辟運動者が広東に潜入しているという情報が入った。このため張鳴には広東国民政府からも逮捕令が出され、張鳴は三月一五日、盧振柳・曾強・林先立らを頼って広東省饒平の柘林に移った。

柘林では、林先立・曾強らと南澳島(柘林・汕頭対岸の島で、かつて鄭成功も根拠地とした)占領を画策して四月一五日に同島へ上陸し、ユートピア建設を目指し太極旗を掲げた(A四七頁、B二五〇頁)。この時掲げた太極旗は、その後も綏遠事件(一九三六年)・廈門治安維持会(一九三八年)で、張鳴が自身の旗幟として採用することになる。しかしまもなく、何応欽麾下の兵が南澳島を占領し、張鳴らは四散した。六月二七日、張鳴はシンガポールに逃れた。

シンガポールでの張鳴はエスペラント・日本語・英語を現地華僑に教授するなどし、さらにインドのコルカタを経て(ガンディーに会見したという)、一一月に北ボルネオのミリに入った。ミリでは『新国民日報』社の謝文進の斡旋で[18]、民国華僑小学校で教鞭をとった。張鳴は滞在先に遠東社(エスペラント研究会)の分社を設けて、エスペ

図 2–1　ミリ遠東分社での張鳴（中央）及び同志

ラントを華僑青年に教えた（A六三〜六四頁）。この遠東社の同志は後年張鳴が組織した中国復興社に集うことになる（図2–1）。

(5) 国民党西山会議派に参加

一九二七年一月二九日、張鳴は北ボルネオを離れた。三月には福州に戻り、国民革命軍独立第四師幹部学校校長になっていた盧振柳の紹介で幹部学校の語学教師となった（A六五頁、七四頁）。しかし七月にこれを辞し、再度福建の独立を目指し、国民革命軍第四軍軍長張発奎[19]の麾下に入って活動したが、二八年一月、独立は失敗した（A九三〜九四頁）。

その後、張鳴は南京に赴き、国民政府常務委員李烈鈞[20]のもとに身を寄せ、一一月には李の命令を受けて資金調達のためシンガポールに、また翌一九二九年三月には中華民国駐京城総領事館敷地問題調査のため、朝鮮京城に赴いた（A一〇四〜一〇六頁）。

一九二九年夏、張鳴は李烈鈞・景梅九と共に江西省廬山に向かった。廬山は一九世紀末から欧米人により避暑地として開発が進んだが、南京から比較的近いこともあり、三〇年代には国民政府の政治拠点の一つとなっていた。そこで張鳴は田桐[21]・居正らを紹介され、国民党西山会議派に加わった（A一〇六頁）。

田桐は中国同盟会発起人の一人で、辛亥革命前後は景梅九と行動を共にし、その後も孫中山に従い、広東国民政府にも関わっていた。ただ田桐は思想的には反共を堅持し、一九二四年の孫中山の容共及び国民党改組には反対し、上海で章炳麟・居正・馮自由・馬君武ら一二名と、共産党の排除を求める「護党救国公函」を発表していた。一九二七年の四・一二クーデター後、田桐は蔣介石に不満を持ち、山西省五台山に逃れたが、二八年には上海で『太平雑誌』を主宰するなど、反蔣の理論的文柱と目されていた。[22] こうした田桐・居正等を中心とする西山会議派に加わったことで、以後張鳴は同派の意向にも影響されながら、活動を続けた。

一九三〇年一月六日、張鳴は福州で反蔣・福建独立を掲げ、盧興邦らと福建省首脳部を拉致・監禁した。[23] 張鳴が福建の独立を企てたのはこれで三度目となった。しかし、まもなく張鳴は逮捕され廈門で監視下に置かれた。二月、張鳴は廈門を脱出して上海へ向かい、以後田桐の下で、閻錫山を盟主とした反蔣工作に従事した（Ａ一二三頁）。

この頃、張鳴は国民党西山会議派の機関紙『江南晩報』に複数の記事を寄せた。『江南晩報』は居正が社長を務め（名義は山田純三郎）、反蔣介石の論調で知られていた。当時偽の『江南晩報』が作成されていたことからも、同紙の影響力はうかがえよう（Ａ一三九～一四二頁）。

同紙で張鳴は、「忍苦奮闘之聖雄甘地（ガンディー）」「印度之独立観」などの文章を寄せ、自身が私淑していたガンディーを中国の読者に紹介した。「印度之独立観」（一九三〇年六月一日）では、インドが一七〇〇年にわたりイギリスに抵抗する力がなかったのは、有為の民がいなかったからではなく、特出した指導者がいなかったためとした。そして、東方民族の特徴である「汎愛の心理」と「犠牲の精神」の双方を兼ね備えたガンディーがインド人を率いれば、英国もインドを侮ることはできない、とした。また張鳴は、インドを領有できなければ、イギリスはシンガポールも守ることはできないとして、インドの独立とシンガポールの英軍港廃止を唱えた（Ａ一三八頁）。

(6) 満洲問題に関わる

一九三〇年七月二日、田桐は上海で逝去した。以後張鳴は胡漢民派の人々とも関わりながら、引き続き西山会議派の一員として活動し、同月北平で開催された国民党拡大会議に鄒魯[24]・葉承明と共に西山会議派代表として出席した。当時反蔣派は閻錫山を主席に北平に国民政府を組織していたが、張鳴もこの動きに関わっていたのである。

一九三一年五月二七日、張鳴は広州で開催された国民党執監非常会議に孫科[25]・許崇智[26]・王寵恵[27]・陳友仁[28]らと参加し、陳中孚[29]・山田純三郎らと行動を共にした（張鳴と山田純三郎との関係は、山田の書翰からも確認される[30]）。

一九三一年五月二八日、国民党の反蔣介石人士が広州に国民政府を樹立した（南京の国民政府と区別するため広州国民政府と呼ばれる）。同政府には汪精衛・唐紹儀[31]・孫科・古応芬[32]・鄒魯ら反蔣各派が集まった。これにも張鳴は関与し、リーダーに陳済棠[33]を推し実権を握ろうとした汪精衛に対して、許崇智を推した。張鳴によれば、蔣介石を抑えるのに、その部下に過ぎない陳済棠と、実権は失ったとはいえ蔣介石の先輩に当たる許崇智とでは、「適不適を論ずるまでもないこと」であった（A一五四頁、一六四頁）。一九三一年九月の満洲事変勃発は、このように国民政府が南京と広州に分裂、拮抗している時のことであった。

満洲事変後、満洲をどのように扱うのかについては、当時いくつかの構想があった。南京国民政府は、総理大臣犬養毅の意向を受けて派遣されていた萱野長知[34]との折衝で、満洲接収のために委員会を組織し、「西山派、許崇智、居正、曹汝霖、陳中孚、周西成」等を満洲に派遣することを想定していた[35]。一方の広州国民政府にもこれと同様に、満洲に委員会を設け日中の緩衝地帯としようとする構想があり、広州国民政府の胡漢民が、犬養に対し、広東総領事代理須磨弥吉郎を仲介に働きかけていたことが明らかにされている[36]。

この時期、張鳴もまた広州国民政府の意を受けて水面下で動いていた。事変勃発後の一〇月初旬、満洲を特別行政区として日華の緩衝地としたい、という広州国民政府の意向を携えて、山田純三郎が張鳴を訪問した。これを受け張鳴は、陳中孚と共に奉天の板垣征四郎を訪問した。張鳴に白羽の矢が立ったのは、板垣との旧知の関係によろう。

しかし交渉もむなしく、事態は中国側の望む方向には進まず、一九三二年三月には満洲国の成立を迎えた（A一六七〜一六八頁、B二五六頁）。

（7）『阿含日報』創刊

一九三一年一〇月二七日、奉天から上海に戻った張鳴は、同地で開催されていた国民党の和平会議に参加した。この会議では日本の満洲侵略を受け、南京・広州両派の提携に向けて話が進められた。しかし、張鳴はそれを安易な妥協とみなし、自身は反蔣の立場を堅持した。そして一一月一五日には孫科の資金援助も受けて、『阿含日報』（題字は胡漢民による）を創刊した。

『阿含日報』はその発刊の目的として四ヶ条、㈠庶民が伝えたい苦しみと話題を発表し、健全な民衆輿論を打ち立てる、㈡庶民に真実のニュースを報告し、国民政治の観念を増進する、㈢道理を根拠に政治状況を批評し、民意に反する暴政を痛斥する、㈣積極的に独裁者の政府に反対するよう民衆を覚醒し、党国の和平統一を促成する、を掲げて反蔣の論陣を張った。

『阿含日報』の「阿含」は、阿含経を想起させるが、それは上座部仏教の教法である「小乗開治道」を意味し、社会の実践的、直接的、現実的、行動的な木鐸を以て任じたものという（A一八四頁）。そもそも阿含経が仏教の本来の姿を伝えた経典とされていることを考えれば、『阿含日報』の名称には、国民党や国民政府の本来あるべき姿、あるいはもっと広く政治の本来あるべき姿を希求する張鳴らの思いが込められていたと考えられる。

表2-1からもわかるように、張鳴は同紙社論で蔣介石に対する痛烈な批判を繰り返した。内容のあまりの過激さに、『阿含日報』の題字を書いた胡漢民は、「阿含」は仏教用語なので、まさかこのような時事問題を扱う新聞とは知らなかった、との声明を『申報』に発表するほどだった。[37] 結局『阿含日報』は孫科からの支援が打ち切られたこともあり一ヶ月で停刊した（A一七六〜二〇七頁）。

一九三二年一月、張鳴は旧『阿含日報』同人を集め、南京に鳴々通訊社を設立し、その醵出金で上海に『新亜洲

表 2-1　『阿含日報』社論概要（1931 年）

日付	社論題名	概　　要
11.16	和平会議之回顧与前瞻	政治の徹底的改革と，民治の確乎たる実現を要求し，「独夫」（蔣介石）が下野しなかった場合，広東で非常会議を開催し，広州国民政府が，行動を採ることを希望。
11.19	独夫之兵禍	蔣介石の四大罪状を列挙し，蔣を誅すべきを唱える。
11.26	還向独裁政府請願嗎	民意を蹂躙する独裁者にとって，救国請願は問題でなく，政権維持のためには，失地回復など考えてもいないはずである。
11.27	安内与攘外	独裁を消滅させ内を安んじ，外を攘（はら）う必要がある。
11.29	蔣介石北上之推測	蔣介石は四全大会で，北上し国難に赴くと口にしながら，未だ実行していない。
12.8	鉄血救国	鉄血によって蔣介石を打倒するべきである。
12.9	打倒蔣中正，為救国之一法	独裁政府を革命政府と美称し，羊頭狗肉を行うことは旧軍閥もしなかった。蔣という野蛮人を打倒するべきである。
12.15	所希望於今後之統一政府者	蔣介石は下野したものの，それを懲罰することが今後の統一政府の重大な責任である。
12.16	蔣介石此次下野之推測	蔣介石は下野したものの，その監督を怠ってはならない。
12.17	軍政問題之研討	〔蔣介石の下野宣言に関連して〕首都を離れなければ下野でなく，軍権を解除できなければ下野ではなく，一切の行政権を奪わねば下野ではない。
12.18	下野原来如是	〔蔣介石が〕武力を保持している以上，その復活は時間の問題であり，所詮は偽装的な下野である。また下野は財政問題の責任転嫁のためでもある。

出典：『阿含日報』原紙は確認できていないが，玉江恒平『中国現代史と張鳴君』（鳴々社，1939 年）の記事を参考に作成。

日報』を発刊した（図 2-2）。またこの時期、張鳴は居正が南京で主宰する東方被圧迫民族聯合会の事務も担い、居正に代わって「インド国民党党員（国民会議派のことか）」らと面会するなどした（A二一二〜二二〇頁）。

東方被圧迫民族聯合会については一九二〇年代中葉から広州・上海・漢口といった地域に同名の組織があったことが知られている[38]。居正主宰の会との関係は不明だが、これら組織と同様の活動を行っていたと考えられる。張鳴が以前からガンディーに私淑し、インド独立に関する文章を書いていたこと、また新たに創刊した新聞の名称が「新亜洲（アジア）」であったこと等を考え合わせると、張鳴の関心が中国国内のみならず、アジアにも向かっていたことがわかる。

同時期に張鳴は日本の外交官と居正

ら西山会議派との仲介となって、一九三三年二月には駐華公使有吉明（あきら）の意向を受けて、中国軍の熱河撤退を居正に進言している。[39] 満洲問題にも関与し続けていたのである。

一九三三年四月、胡漢民は陳中孚・劉承烈・任援道[40]・何世楨[41]らと反蔣を謀り、通電を発した。張鳴は、八月の馮玉祥[42]の下野によって失敗するまでこの運動に関わり、その後は再び香港の胡漢民の許へ戻った（A二三六〜二四八頁）。

図 2-2　阿含日報社同人

（8）中華共和国への関与

華北での反蔣の動きは頓挫したものの、張鳴はその後も胡漢民の命で、陳銘枢[43]を訪問したり、蔣光鼐[44]・蔡廷鍇[45]に福建独立・反蔣政府樹立工作について説いてまわったりした（A二五五頁）。一九三三年一一月、張鳴は胡漢民の代理として福州に赴き、中華共和国（福建人民政府）設立大会に参加した。蔣介石側も福建の動き（閩変）を注視し、張鳴が山田純三郎らと行動していることなどを把握していた。[46] 従来福建事変については、国民党内の反蔣介石派の動きとして理解されてきた。しかし、同政府が中華民国とは別個の政体である中華共和国を標榜し、民国紀元を排し、一九三三年をもって中華共和国元年と称した点についてはもう少し注目してもよいだろう。

福建独立の動きには、対岸の台湾を領有していた日本も注目していた。当時の日本の報道機関は福建独立運動の主体を次の三つ、㈠第一九軍（陳銘枢・蔣光鼐・蔡廷鍇）を主体とし、これに広西派並びに第三党が合体したもの、㈡張鳴氏の主唱にかかる胡漢民氏を中心とする福建自治運動（傍線は引用者）、㈢土民軍を中心とする福建人の福建運動、と分析していた(47)。

張鳴は、福建在住の台湾籍民保護を名目に日本の支援・介入の可能性も探っていた。これに対し福州総領事館の守屋和郎及び当地の駐在武官からは、独立勢力（＝中華共和国）が共産主義を容認しないとの条件を出されていたという（A二五九〜二六一頁、B二六一頁）。

しかし、中華共和国は長くは続かなかった。同政府の「赤化」を理由に胡漢民が手を引くと、張鳴も中華共和国から離れた。その後張鳴は廈門で国家社会党なる団体を組織するがこれも失敗し、まもなく福建から上海に移った。この際も、張鳴は駐華公使有吉明に情報を提供していたほか、広東駐在武官和知鷹二少佐とも連絡を取り合っていた(48)。

福建事変失敗後も張鳴は胡漢民の意向を受けて、熊克武・任援道・何世楨・陳中孚らと天津日本租界で、熊克武を主席とする軍事委員会設立を画策するが、これも失敗。以後張鳴は胡漢民の許を離れている（A二七八頁）。

⑼　東京滞在

一九三五年末、居正は張鳴を南京に招いた。もし張鳴に蔣政権に参加の意志があれば、相応の地位に就けるとの話もあった。しかし張鳴は蔣介石と組むことを潔しとせず、結局居正の斡旋で東京へ向かった（A二八二〜二八三頁）。この際、有吉明・須磨弥吉郎も同道した（B二六七頁）。本田一郎（外務省亜細亜局第一課長）による張鳴の紹介は、当時の日本人関係者の張鳴観を象徴していると考えられるので以下引用しておこう。

……張鳴君は小生数年来の老朋友にて、上村〔伸一南京〕領事、須磨総領事等に於て大に利用したる人物なり。胡漢民、陳中孚氏等と好く、多年反蔣工作に従事し来れる処、今般蔣介石より下野外遊を条件に月々金の仕送を受くることとなり、形式上は居正氏（張は居正氏（司法院長）と最も昵懇なり）の保証にて日本に法律司法制度の研究に来れるものなり〔中略〕仝人は年僅に二十九才なるも、実に真面目の人間にて青雲の志あり（此れは一寸我々日本人官僚にはよく理解出来さるも、従来仝人の政治工作及支那政情に鑑み大に野心を有するも尤なりとも思はる）。他日、大に利用出来る人物なり。(49)

こうして張鳴は「国民政府司法院派遣海外研究員」として、一九三五年二月より三ヶ月の研究室利用の許可（後に三ヶ月延長）を得て、東京帝国大学法学部の神川彦松研究室に在籍した。(50) 神川彦松（一八八九〜一九八八）は、国際聯盟の研究などで知られた国際政治学者である。(51)

日本滞在中の張鳴の具体的な活動は不明だが、神川の指導の下に国際法と世界外交史の研鑽に没頭したという（A二九三頁）。九州帝国大学教授今中次麿の『現代独裁政治論』『現代独裁政治学概論』『現代独裁政治史総説』などを参考に「独裁論」を訳述したのはこの頃のことである。(52)

このほかにも張鳴は、五月には『東方論叢』という雑誌発行助成の名目で、外務省文化事業部に補助金三五〇円を申請し、(53) 一一月には日本内地及び満洲国視察のため同部より五〇〇円が支給されている。(54) また明治大学新聞高等研究科との関係もあったようで、(55) 戦後書かれた略歴には明治大学留学とするものがある。(56)

張鳴は、東京滞在中に「中日外交調整並に中国内政改革意見書」を執筆した。これは居正に提出されたもので、張鳴による中国の内政改革の提言及び日本分析である。内容は多岐にわたるが、主な論点として三つ、㈠対日外交問題、㈡共匪（共産党）討伐問題、㈢財政経済問題を掲げた。そして知日に徹するには二点、㈠日本民族の理想は東洋の和平にある点、㈡最近の日本の思想の顕著な動向は東洋に還れの一言に尽きる点、を押さえるべきとした。

張鳴は日本の現状についても分析し、「元来日〔本〕人の性格は、単純にして、直截短気。されば、一面抵抗一面交渉の如き、乃至対日二重政策の如き曖昧なる態度に対し、最もその不誠実を責むる所以なり」とし、「現在、日本は、内に兵備充実し、外に貿易伸展し、国民皆自信を有し、これを往年の日本と同一視」すべきではないとした。その上で、「腹心を披き、淡白に、単刀直入する事こそ、日人の心機を把握する要訣。殊に軍人に於いて最も然りとなす。要は、唯だ我に於いて、和日親日の真意如何のみとなす」と日本との提携を訴えた。

中国の内政については、㈠全民政治に復すること、㈡全国的剿共陣を張ること、㈢財務に公明無私の人材を充てることなどを進言した（A二九三～二九七頁）。直接の言及はないものの、「全民政治」という用語を用いていることから、独裁には批判的であったことがわかる。

(10) 居正・萱野長知と閨閥で結ばれる

日本滞在は張鳴に新たな転機ももたらした。それは居正の娘で、萱野長知の養女になっていた萱野華恵（居瀛玖）との結婚である。(57) 両人の媒酌人は、中国革命を支援してきた玄洋社の頭山満が務めた。華恵は張鳴に会うまで自身が居正の娘であることを知らず、二人の結婚は日本国内で「中国人に還つても 心は大和撫子 廿年目に知る秘密」等といった見出しで盛んに報道された。(58) もっとも、張鳴自身はそうした報道には批判的で、「大したロマンスはない」としている（B二六八頁）。

張鳴と華恵の関係について、新聞報道では二人は恋愛結婚であると伝えており、当初華恵と義弟長雄の結婚を望んでいた萱野長知は激怒したという。(59) しかし、二人の出会いを偶然とするには、話ができ過ぎている。事の詳細は不明だが、居正は当初手許で育てていた次女（華恵の妹）を張鳴に嫁がせることを張鳴に仄めかしていたといい（A二八八頁）、張鳴も華恵の存在を以前から知っていたと考えられる。

いずれにせよ重要なことは、張鳴がこの婚姻によって、居正と萱野長知という中国の革命運動に関わった日中の

「大物」と閨閥で結ばれたことである（図2-3）。

(11) 綏遠事件への関与——王英軍への参加と大漢義軍

一九三六年一〇月、張鳴は北京に向かい、陳中孚（冀察政務委員会外交委員会主席）と会見した。この北京滞在中、張鳴は旧知の田中隆吉（中佐・徳化特務機関長）にも会い、その誘いでモンゴル独立運動に加わった（図2-4）。史上綏遠事件[60]と呼ばれるこの動きに関わった松井忠雄は、張鳴について「日本留学生上りで、南京政府の要人許正（ママ）の娘で日本の支那浪人萱野某の養女と結婚している果敢な反蔣の闘士というのが〔田中〕隆吉の紹介だった。しかし私は何か不透明なものを感じ警戒した。王英[61]軍の政治部長にしたのだが、彼の動きは、私のスパイ網に不思議な行動をしるさせた」と回想する。[62]

図 2-3　張鳴と萱野華恵

当時、内モンゴルではデムチュクドンロブ（徳王）が内モンゴルの高度自治を標榜して活動し[63]、すでにシリンゴール・チャハルの二盟とウランチャプ盟の大部分を勢力下に置き、一九三六年二月には蒙古軍政府を樹立し（百霊廟、後に徳化に移る）、満洲国や冀東政府とも協定を結んでいた。

張鳴は徳化に到着すると直ちにスニトの徳王府に向かった。当時ともに三〇歳代だった徳王と張鳴は意気投合した（A三一六～三一七頁）。この結果、張鳴は王英部隊の政治部長兼参謀となり、商都に赴いた。一一月五日、それまで「西北蒙漢防共自治軍」と称していた王英部隊は「大漢義軍」と改称した[64]。これは張鳴の主張を反映したものと判断

図 2-4　内モンゴルセラモニ廟にて

してよいだろう。一一月一四日、王英と張鳴は連名で「大漢義軍宣言」を発し、ホンゴルトを攻撃した。

「大漢義軍宣言」は、チベット・新疆などの国土喪失、苛斂誅求など七ヶ条にわたり蔣介石の罪状を掲げ、「蔣賊を打倒するに非ずんばこの危機を救ふ能はず。南京偽政府をくつがへすに非ずんば、民衆政治を起す能はず」とし、年号には民国紀元ではなく黄帝紀元四六三三年を採用した(65)。

張鳴が作詞したと考えられる「大漢義軍総政治部特務隊隊歌」には、「国賊蔣逆、竊国整十年」「右打国民賊、左打悪赤匪」といった歌詞が確認できる(66)。大漢義軍の伝単類は天津・北平等でも散布された(67)。

しかし大漢義軍は傅作義軍との戦闘で大敗し、王英は逃亡した。一二月九日、張鳴は王英の部下金憲章に逮捕され、綏遠の傅作義のもとに送られた(68)。張鳴は死刑判決を受けたものの、綏遠日報社長で旧知の王錫周から居正・陳中孚・宋哲元らに事情が伝えられた(69)。その後、彼らが閻錫山に対し救命運動をした結果、張鳴は二ヶ月余の牢獄生活を終え一九三七年初旬釈放された（A三一〇～三三二頁、B二七〇頁）。

三　日中開戦前後の張鳴の主張

(1) 大和魂と大漢魂

一九三七年三月、日本に戻った張鳴は、五月にパンフレット「冀東問題」を作成した。これは、当時成立から一年半が経過し、政府解消も含めて今後の動向に注目が集まっていた冀東防共自治政府に関するものであった。この中で張鳴は「東亜甦生の光明」は冀東から輝かねばならぬとし、その大目的を貫徹するために冀東の住民に大漢魂を持つことを提唱した。

では大漢魂とは何か。張鳴は日本の大和魂に相当するものとして大漢魂を想定していた。張鳴は「日本の躍進は、皇室を中心として大和魂が、しつかりと結合して居る為である。大和魂が、全国民の心髄となり、伝統的精神となつて居る為である」と、大和魂が日本国民の紐帯となっている点を高く評価した。そして孟子の王道精神こそが大漢魂にほかならず、王道精神に基づき合理的独裁政治を行い、大漢魂を持ち、この精神に基づく政策をとれば、王道に即した仁政が行われ、南京政府の何十分の一にしか当たらない冀東が、その輝きを全中華に及ぼしうる、としたのである[70]。このように日本の大和魂に対応するものを想定した点では、冀東政府に参画した池宗墨の「国魂」に関する議論とも共通する（第一章）。

ただ、このパンフレットは日本当局の禁忌に触れ発禁処分を受けた（A三三五〜三三七頁）。理由は明らかではないが、この直前、児玉謙次を代表とする経済使節団が南京を訪問し、帰国後、冀東政府解消論を表明するなど、日本と国民政府との間には融和の空気が見られつつあった。「冀東問題」発禁の背景には、張鳴の主張が日本政府の冀東政府解消の意向に反するとの判断があったと考えられる。

（2）中華民国の否定

一九三七年六月、張鳴は、大蔵公望・関屋貞三郎・下村宏らが組織していた国策研究会で「反蔣運動の失敗について」[71]と題する講演を行った。講演で張鳴は、中国の現状を語ったが、その議論の特徴は三〇年にわたる中華民国の動向を、辛亥革命の理念から分析し、説明した点にある。

張鳴によれば辛亥革命の主張は二つあった。一つは民族意識に基づく民族革命、二つには、不平等条約によって国土を失った悪政府への攻撃である。これにより革命は成し遂げられたのである。しかし、張鳴はこのどちらも未だ実現されていないとの立場を示した。

前者について張鳴は、現状として満洲族とモンゴル族が独立運動を行っている以上（満洲国と内モンゴルの動きを指す）、孫中山の唱えた各民族平等自由の主張は、その他の各民族にも及ぼされるべきであるとした。また後者についても、中国の大規模な産業は借金の抵当として各国の勢力下に入り、国土も回復どころか縮小の一歩を辿っているとの認識を示した。

孫中山へも痛烈な批判を展開した。張鳴は孫中山が各国政府と清朝との条約を引き継いだり、後に共産党を引き入れたりしたのは、自己一身の成功を急ぐ「英雄功名思想」によるものであり、「本当の革命家であるなら、決してそんな事はしなかつた」とした。そして「今日南京政府にある国民党の老先輩連」もおそらくは孫中山と同じ道徳観念を持つ人たちで、彼らの方針が変わりやすい点を問題視した。さらに汪精衛を例に挙げ「彼は非常に変わり易い白面書生」であるが、これは汪一人に限ったことではないと、国民政府の指導層を批判したのである。

では中華民国の現状を如何に打破するのか。張鳴は「民国創立以来、中心人物からして、道徳を持たぬのでありますから、今日我々は再び、亜細亜の為、正義の為、我等四千年来の東亜文化の再興並に百年の大計の為に義旗をたてねばならぬ」とし、そのために根拠地を設け、立派な政治家をもって義旗を挙げれば、各方面より志士が集まってくると主張した。

このような張鳴の主張は、中華民国の三〇年をその原点である辛亥革命に遡って再検討し、中華民国という政体を相対化し、それに否定的な見解を提示した点に特徴がある。張鳴の立場から見れば、国民党の元老はもちろん、孫中山さえ批判の対象であった。

こうした発想は、福建事変の際に「中華民国」という政体に替わって「中華共和国」という別個の政体が採用された経緯とも通じている。張鳴の主張は日中戦争が始まるとさらに具体化することになる。

残念ながら張鳴の講演に対する日本側の反響は確認できない。しかし、日本で指導的な立場にあった人々が集った国策研究会が張鳴に講演を依頼したということは、張鳴の議論がそれなりに傾聴に値するとの判断があったということで間違いない。

(3)「五族解放」と「大漢国建国」

一九三七年の盧溝橋事件勃発当時、張鳴は東京に滞在していたが、日中の戦線が拡大する中、同年一一月には上海へ渡った。その際、長崎で自らの主張を葉書大のリーフレットに印刷し携えた。そこには張鳴の主唱する「五族解放」と「大漢国建国」が明記されていた。

同リーフレットで張鳴は、現段階では五族解放をスローガンに、東洋新道徳に基づいた国民戦線を結成して中華民国北京中央政府を創立することを主張し、東洋の道徳精神を失った国民党並びに共産党、人民戦線の欺瞞政策、さらに五族を圧迫する「偽装政策」である五族共和の打倒を訴えた。

さらに将来南京国民政府が滅亡した後には、新たに成立した満洲・蒙古・大漢・回教・蔵民の五つの「新帝国」に、日本とシャムの二帝国が加わることで「亜細亜国際聯盟」を結成するべきとした。亜細亜国際聯盟の詳細は不明だが、リーフレットによれば海軍を日本が、陸軍を残りの六帝国が担い（日本陸軍が六帝国の陸軍創設を援助）、インドの独立を援助するとの構想が展開されている（A三四一頁、図2-5）。

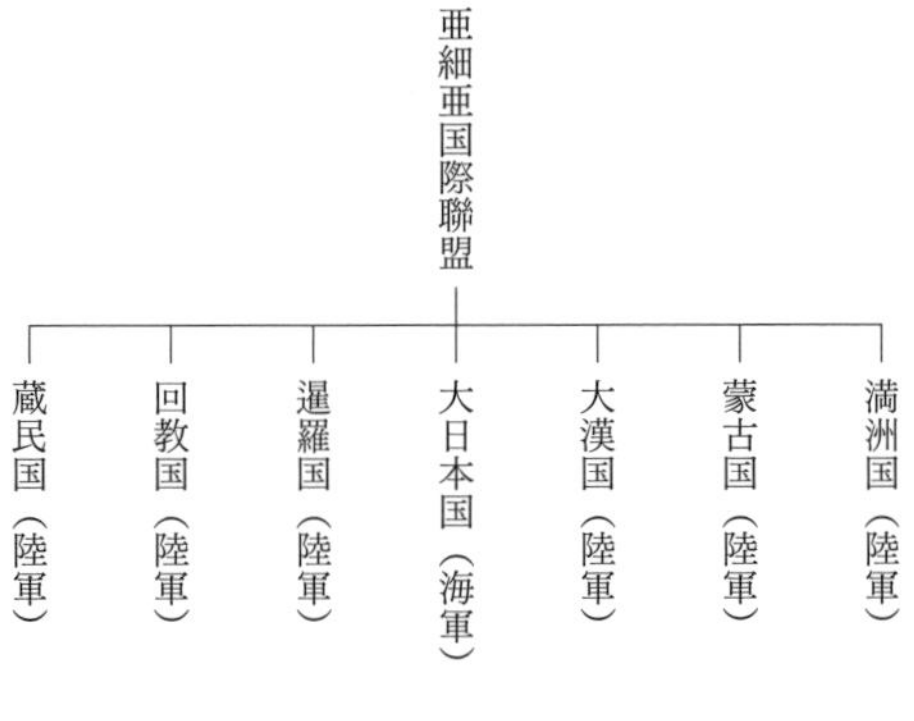

図 2-5　亜細亜国際聯盟組織図

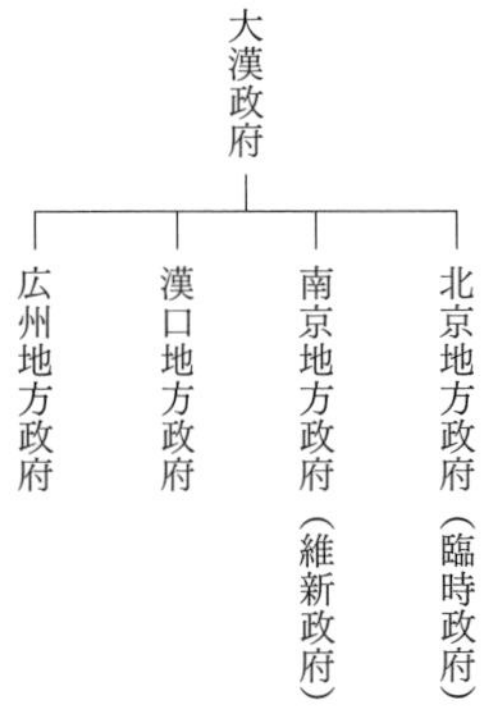

図 2-6　大漢国組織図

こうした張鳴の主張については日本の報道機関にも関心を持つものがあった。『読売新聞』は一面のコラム「風塵録」欄で「アジア聯盟を唱え〔中略〕五個の新帝国を建設し、国防は日本に委ねよとの意見を発表してゐる、時節柄一顧の価値なしとしない」と張鳴を好意的に評価・紹介した[72]。

一九三八年八月に発行されたパンフレット『五族解放』に収められた「五族解放と大漢国」という文章でも張鳴は、「孫文の革命に依って生れた国民政府は、その革命精神の不徹底を暴露して遂に失敗に終つた」とし、中華民国の実際は「漢民族が政府を独専(ママ)してをり、その諸民族に対する統治は実に無責任なもので〔中略〕満蒙の諸族は総べての文化的恩恵」を与えられず萎縮していたとした。そして不徹底な共和主義を廃し、各民族の自主権を認めて各自の国を建設し、日本・シャム等と亜細亜国際聯盟を結成し、アジアを知らない西欧国際聯盟の容喙を止めさせるべきであるとした。

大漢国については、「満洲国、蒙古自治聯盟(ママ)」は成立し、回族はすでに団結し、チベットも事実上一国を成している以上、「五族の中最後の漢民族に依つて形成さるべき大漢国の出現が待たれる」とし、広域に跨る漢民族を一つにまとめるために、日本占領地に成立した華北の臨時政府、華中の維新政府をそのまま地方政権とし、これに日本軍の占領下に入った漢口附近及び南方の地方政権を併せ、大漢国を樹立することを提案した[73]（図

2-6）。

日本占領地で、国民政府の青天白日満地紅旗に替わって掲げられていた北京政府時代の五色旗も、張鳴にとっては批判の対象であった。張鳴は五色旗が「民国時代に清朝の黄龍旗に代つて立てられ、五族が共和して中華民国をつくる事を意味して制定」されたものである以上、「今日満蒙の二独立国が〔日本に〕承認されながら、これに境を隔ててゐる華北華中の新政府が、今更五族を表示する五色旗を掲げることはまことに不合理である」とした。そして五色旗に替わるものとして、大漢政府の治下にあるところはすべて漢人を表徴する旗、即ち黄帝に由来する「黄色地に黒白の巴で陰陽即ち太極を現」した太極旗を掲げるべきであると主張した（図2-7）[74]。

こうした自身の主張について、張鳴は「過去十余年一路五族解放を叫んで来た」と説明している。ただ、管見の限りでは満洲国建国以前の張鳴の発言に、「五族解放」に類するものは確認できていない。もちろん、張鳴が胸底に「五族解放」「大漢国建国」の意識を持っていた可能性は否定できない。しかし、張鳴が五族解放・大漢国建国を具体的な行動に移していく過程には、満洲国建国や内モンゴルの独立運動の進展、中華共和国の樹立など、中華民国の分裂という現実世界での動きが影響を与えたと考えた方がよさそうである。

図2-7　大漢国旗（太極旗）

張鳴の主張には、日本留学中に師事した政治学者神川彦松の影響もうかがえる。当時、神川は国際聯盟の原理原則を根拠としながらも、その上で地方的区画の性質を持った極東聯盟を構想し、まず極東の六ヶ国（日本・満洲・支那・シャム・シベリヤ・フィリピン）が聯盟を建設し、「之がアジヤ共同の利益を進むる時、極東永遠の平和が確立する」等と主張していた[75]。「五族解放」が張鳴自身の発案によるものとしても、その上に「亜細亜国際聯盟」を置くという構想は、当時の日本の学術界の影響、より具体的には神川の上述の議論の枠組みの影響を受けていたと考えられるのである。

（4）廈門治安維持会

パンフレット『五族解放』発行の少し前、張鳴は日本軍占領直後の福建省廈門で治安維持会の設立に関わっていた。一九三八年五月、日本軍は廈門を占領し、澤重信ら日本人の指導の下[76]、廈門復興委員会が設けられ、六月二〇日には廈門治安維持会が成立した（翌年七月、廈門特別市へ改組）。これを裏面で支えたのが、五月に中国復興社なる団体を組織し、同社社長に就任していた張鳴であった（同社は翌年復興党に改組し、張鳴は総裁となる）。復興社はエスペラント団体遠東社の同志を再組織したものであった（A三五二頁）。

復興社は復帰団を組織し泉州・漳州を周り、戦争により廈門から避難した人々の帰郷に向けて宣伝を行ったほか[77]、『復興日報』という新聞を発行した[78]。

廈門治安維持会の成立を伝える日本の報道は、張鳴を「大亜細亜主義を実現すべく十数年前同志を糾合して復興社を組織〔中略〕今日では北は蒙古から南はインドに亘り二万余の同志を擁してゐる」と紹介した。張鳴は「打倒蔣介石こそはわれわれが多年叫んで来たところです。先般東洋平和の聖戦を起した日本軍は、蔣介石を対手とせずと声明された時こそは、痛快この上もありませんでした〔中略〕私は廈門に来ても絶対に表に立たない積りですが、常に太極旗の理想を忘れず楽土建設に務める決心です」等と述べている[79]。

福建の対岸台湾でも張鳴の活動は報じられた。『台湾日日新報』は、張鳴が廈門で僧侶の肉食妻帯を奨励していたことを伝えている。張鳴は「支那仏教は人間自然の理に反した戒律を何故墨守しなければならないか、日本の仏教は肉食妻帯を許して時代の進運と共に歩んでゐるではないか」と廈門南普陀寺の僧侶たちに説いた。その結果「四十五人の僧侶が結束して如何なる迫害も覚悟して新仏教提唱の運動に乗出し、来る十六日」に「僧侶の旧習慣改革の歴史的宣言」を発表することになったという。この動きは単に僧侶の妻帯肉食提唱だけでなく「仏教が時代と共に歩むべきことを提唱したもので〔中略〕支那宗教史上未曾有の時代を劃するべきもの」と伝えられた(80)。張鳴が新仏教を提唱した理由は明らかではないが、日本のそれと比べて一般に戒律の厳しい中国仏教の日本化は、中国仏教への深い理解があってのものとは考えにくい。実際中国の仏教界からは批判の声が上がった(81)。

このように占領下の廈門を舞台に活動を拡大していくかに見えた張鳴だが、思わぬところから批判を受けることになった。張鳴の唱える「大漢主義」が台湾総督府から問題視されたのである。台湾総督府は五〇〇万の漢民族が居住する台湾に「大漢主義」の影響が及ぶことを恐れ、台湾に革命が起これば誰が責任を負うのかと、復興社に対して厳重に抗議したのである(82)。おそらくこうしたことが背景にあったのであろう、張鳴はまもなく廈門を離れた。

張鳴は自身の活動についても常々「私の理想をこの島〔＝廈門〕に実現してみたいと思つてゐます」と語っていたものの、一方でもし「私の五族解放の理想が容れられなければ何時でも旗を捲いてお別れします」との心境であったという(83)。こうして張鳴は一九三八年一一月には廈門を離れ上海へ向かった。

(5)「十大政綱」発表と政治訓練所の設立

一九三九年一月、張鳴は東京に赴き、「某方面との交渉(84)」にあたったが、この時新聞記者に「今度復興社の同志が四川で、蔣〔介石〕の四川入りを喰止める為め暗躍してゐますが、之(これ)が成功すれば英国のビルマ、インドからの援蔣ルートが断たれる」等と語っている(85)。この東京滞在中、張鳴は大川周明を訪問して中国事情を伝えるとともに、日本占領下の漢口で新政府建設に従事するにあたり「新政府の名称は何がよいか」と問い、大川から「武漢革命政府とするがよからう」という返答を受けている(86)。このように張鳴は廈門を離れた後も、時に日本側の意向を受けて占領地で活動していた。

一月二〇日、張鳴は上海で中国復興社（五月に党に改組）を組織し、二月一九日に「今日国人応有之覚悟」というビラのほか、「復興社十大政綱」を発表した[87]。この中では従来の「復興大漢民族」「五族解放」に、「ファシスト独裁制の採用」「労資合作の調整」「仏教旧規の改革」「東亜新道徳の創造」といった主張が加えられた。「一切の大計は最高領袖の決裁による」という一条も注目される。

ここでの最高領袖には張鳴が想定されていたと思われるが、こうした意識は同年六月一日に上海閘北に開学した中国復興党政治訓練所に具体化した。同訓練所は一期一ヶ月間で三〇名から四〇名の学生を擁し、「復興革命、努力建設新経済、打倒白色人的政治陰謀、組織強有力合理化的独裁中央政府」などのスローガンを掲げて活動を行ったが、二期目が終わった時点で閉所している[88]。

上海の復興党政治訓練所の閉所理由は明らかではない。ただ同訓練所の閉所が、一九三九年八月に上海で開催された汪精衛派国民党の六全大会（同大会で国民政府の「還都」、すなわち汪政権樹立が決められた）の影響を受けた可能性はある。国民政府の還都を目指す汪精衛らと、「強い合理的独裁中央政府」の組織を掲げ、あくまで大漢国の樹立を標榜する張鳴とが一致点を見出すのは難しかったと考えられる。

汪政権成立（一九四〇年三月三〇日）の直前、張鳴は汪精衛に面会し、自らの大漢国建設の理想を説き、蔣政権の切り崩しのために汪が新政権を急いで組織することに反対し、政府の組織は暫く見合わせ、蔣政権の切り崩しに専念するよう直言した。これに対し汪精衛は「日本の国策」や「確固たる新政権を作ることは蔣政権を弱体にする唯一の方策であり、民衆の信頼も翕然（きゅうぜん）として集まる」といった理由を挙げて、一蹴したという[89]。こうした事情もあり、張鳴は汪政権に加わることはなかった。

汪政権成立から一年が過ぎた一九四一年七月、新聞記者の木村英夫は非公開を前提に張鳴にインタビューを行った。張鳴の肩書は「革新倶楽部総裁、復興社社長、大漢国建設主唱者」となっている。張鳴は「誕生した汪政権、実に嘆かわしい内容である」と述べ、三民主義も国民党も「本山は蔣政権であり」、「人物的にも経済的にもイデオロギー的にも汪政権と対比すれば恰（あたか）も横綱と褌かつぎとの相違があり、これでは全く相撲にはならない」とした。

そして「かくの如き弱小なる汪政権が茶碗のかけらをならべて和平救国を叫んで民衆に訴えたところが、ギャングの親方や名も知らぬ部長連に何らの希望も民衆は寄せないであろう」と汪政権を痛烈に批判した。

「東洋平和」や「東亜新秩序」といったスローガンについても、「支那人から見れば何らの魅力もない」もので、「東亜新秩序よりもまず第一支那自身の問題」が重要であり、「支那を無視して東洋の新秩序はあり得ない」との立場を繰り返した。そして「大漢国建設」というスローガンは「民衆の感激を捉ふるのみでなく、抗戦陣営に対しても致命的打撃であり、東亜新秩序建設の理想から言えばその基礎工事である」と結んだのである。(90)

その後、敗戦に至るまでの張鳴の動静は不明である。

四　小　結

張鳴は一九二〇年代半ばの復辟運動から政治に関わり、その後は国民党西山会議派・胡漢民派の活動家として、一貫して反蔣の立場で行動した。満洲事変後は福建の中華共和国樹立に関係し、さらにその後は五族解放に基づいた大漢国建国など、国民党や中華民国の枠組みにとらわれない独自の国家構想を語った。

このような張鳴の中華民国否定の主張は、太極旗を掲げた点も含めて、日本軍の上海占領直後に樹立された上海市大道政府の大道思想や、(91)後に中華民国維新政府実業部部長に収まる王子恵が、(92)同じく当初は中華民国を否定し独自の国旗を準備していた事情とも通じる（第四章・第五章）。

では張鳴の行動・主張から我々は何を読み取ることができようか。一つには、日本の中国侵略が、一部の人間にとっては、既存の社会体制を覆し新たな体制を模索する契機となったということである。日本によってもたらされた社会の激変に、将来の展望を見出した人々も少なからず存在していたのである。

張鳴の政治活動は主には反蒋という国内的な要因に発しているが、張鳴の発言を追っていくと、満洲事変やその後の情勢に合わせながら、主張の内容を展開していった様子もうかがえる。仮に張鳴が五族解放や大漢国建設の意向を十数年にわたって持ち続けていたとしても、満洲国の建国や、内モンゴル自治運動の進展がなければ、張鳴は自身の議論をこれほど展開することはなかったであろう。

二つには、日中戦争勃発後日本占領地に成立した各種政権に関わった人々が、必ずしも直ちに国民政府以前の北京政府の政治体制を標榜したわけではないということである。事態はより複雑で、当初は張鳴が大漢国建国を唱えたように、中華民国という政治体制をも改めることを標榜して動く人々がいたのである。こうした、誤解を恐れずに言えば雑多とも見られる議論は、日本の占領地支配が進展する過程で整理されていった。諸構想の中から占領地の政治体制もまた選択されていったのである。この事情を象徴的に言えば、日本占領地で中国国民党や国民政府を象徴する「青天白日満地紅旗」に代わって、すぐさま北京政府時代の国旗「五色旗」が掲げられたわけではない、ということである。

中華民国否定の議論が登場した背景には中華民国建国から三〇年という、一九四〇年前後の時代情況も影響を与えていよう。中華民国のその後を知っている現在の我々から考えれば、中華民国という政治的枠組みを否定する発想は、かなり大胆にも感じられる。しかし、当時の人々、とりわけ辛亥革命を経てきた人々にとってみれば、三〇年という歳月は短い年月ではないものの、さりとて清朝が倒れ中華民国が成立してからまだ三〇年しか経っていない、とも言える時期であった。辛亥革命に直接携わった人も多く存命しており、当事者の中には中華民国という体制がうまくいかないのであれば、それに代わって新たな政府を設ければ良い、といった選択は十分にありうるものであった。

このような意識は、例えば日中戦争初期、辛亥革命で孫中山を助けた萱野長知が、華中に設立される新たな政府について「単に名望があって仕事のできない人物を揃えるよりも、少壮有為の人物を以て政府を構成するべき」とした発言にも表れているし、[93]より世界的なレベルで考えれば、当時のヨーロッパでのファシズムの擡頭に象徴されるように、旧体制の崩潰を認識し、新時代を展望するような意識とも繋がっていた可能性がある（先述の張鳴の国家社会党という名称や、復興党の綱領は明らかにドイツのナチ党を意識している）。

三つには、中国国民党の中の西山会議派や胡漢民派の関係者の中に、その後日本と関係を持った人物が多い点である。張鳴が反蔣運動に従事する中で共に行動した任援道・何世楨・陳中孚といった人々は胡漢民と関係のあった人物である。[94]上海市大道政府市長蘇錫文も胡漢民と関係を持っていた。このように汪精衛と並んで国民党の元老と目され、反蔣介石派の中核となっていた胡漢民だが、一九三六年五月に逝去していた。残された関係者の帰趨は、中国の現状に不満を持つ日本人の注目するところとなった。実際、胡漢民に近かった任援道・陳羣・何世楨・陳中孚等はいずれも占領地政権に参加した。張鳴の動きも、こうした国民政府内の事情を象徴している。

日本側が利用したとされる中国人も、視点を変えれば彼らが日本を利用して、中国政界の中で自己の政治的立場の上昇を狙っていた、とも言える。張鳴の伝記を記した玉江恒平は張鳴について「それ自身に実力を持たない悲しさに、自然、他の勢力を利用せねばならぬ。それが、軍事的或は政治的投機者と見られる危険を齎（もたら）し、これが、世の近眼者流に黙殺される所以でもあらう」（A一五〇頁）とするが、けだし至言である。

四つには、当時の中国における台湾籍と福建籍の問題である。少なくとも戦前期の張鳴は台湾出身であることを隠して行動している。大道政府の蘇錫文や維新政府の王子恵にも台湾出身という噂があったことを考えると、[95]戦前の日中関係における台湾籍民の意味を考えるきっかけになりそうである。

戦前の著名なジャーナリストで中国に関する記事も多数残した野依秀市は、日本占領直後の南京を訪問し、市内のタクシー運転手の半分位は「日本臣民たる台湾人が占めてゐるやうだ」とし、台湾人運転手の「支那も日本が治めるやうになれば秩序が余程立派になるでせう、台湾は日本になつてから色々大変よくなりました」という発言を伝えている。[96]

張鳴が日本語に堪能であることで日本人から「重宝された」ことも見逃すことはできない。日本語ができることは日本人にとって都合が良かったという点はもちろんのこと、それを基盤にして、彼らが日本人との間の関係をさらに深め、一歩進んで信頼関係の構築へと進むきっかけを与えるものでもあった。

この他、辛亥革命で日本の民間人が革命派の中国人を支持した、といった記憶も彼らが日本との提携に踏み出す上で影響を与えたと思われ、張鳴の活動の背後に見え隠れする日本の外交官・軍人の動きからは、福建に対して日本人が示した関心の高さもうかがえる。

本章を結ぶにあたり、その後の張鳴についても触れておこう。張鳴は一九四一年七月に先述の木村英夫のインタビューに応じた後も上海に滞在していたが、日本敗戦後の四六年に台湾へ渡った。台湾では司法院簡任法規委員に就いたが、これは司法院院長の経歴を持つ義父居正の計らいによるものだろう。四七年六月には日本時代の南邦林業株式会社及び桜井組の事業を民営にするよう台湾省農林処に訴えている記録が確認される[97]。

戦後すでに張鳴の父母、兄弟は亡くなっていたため、張鳴は相続した台湾の土地を売却し、一九五〇年、居正・鄒魯らと淡江英語専科学校（淡江大学の前身）を設立し、同校校長に就任した。しかし日本敗戦の段階で張鳴は心臓を患っていた。一九四九年、張鳴は治療のため日本に渡るが、病状は好転せず、五一年一月二九日台湾で逝去した[98]。戦後の台湾社会で張鳴は淡江大学を創始した教育者として記憶されている[99]。

表2-2　張鳴関係年表

西暦 年	月	日	事項
一九〇六	一	二六	台湾宜蘭羅東に生まれる（原籍福建漳浦）。慶茂（祖父）・有土（父）。別名張銘、号金声・六声・驚声・不驚。
一九一二	四		羅東公学校に入学。

一九一八	四		淡江中学入学。
一九二〇			この頃、廈門英華書院で学ぶ。
一九二三	秋		北京世界語専門学校（校長蔡元培、副校長景梅九）に学ぶ。
一九二四	九		専門学校教務課長陳崑山を排斥。
	一二		公使館附武官板垣征四郎中佐と知り合う。
一九二五	四	二	呉紘と五〇万元の武器購入のため台湾へ渡る。
		二七	台湾軍参謀渡辺金造と会見（盧興邦代表当軍訪問ノ件）。
	六		廈門中華学生中学校校長陳金芳の組織する学生軍に参加。
	一〇		広東汕頭附近緬陽で遠縁の張貞の主催する新閩同志社に入り、宣伝隊長として従軍。
一九二六	一		張貞軍とともに福建詔安に入り、周蔭人麾下の張毅を破る。 広東軍政府からも逮捕令が出たため、知人の盧振柳将軍・政治部長林先立を頼り広東柘林へ移る。 林先立・盧振柳の副官曾強と南澳島を占領し、太極旗を掲げるが、汕頭の何応欽に討伐される。汕頭から廈門に移る。
	九		シンガポールに到着する。エスペラント・日本語・英語の教授・講演・記事執筆等に従事する。『英文法初歩』を出版する。
	一〇		コルカタでガンディーに会う。
	一一		『新国民日報』の謝文進の斡旋で、北ボルネオのミリの華僑小学校で教鞭をとる。遠東分社で華僑にエスペラントを教授する。
一九二七	一	二九	ミリを離れる。
	三	末	福州に到着する。国民革命軍独立第四師幹部学校校長盧振柳の紹介で幹部学校の語学教師となる。
	七	頃	語学教師を辞め、汕頭・廈門を彷徨する。
	一一	頃	張発奎の許に行き、福建独立を試みる。
一九二八	一		張発奎が福建を離れ徐州に移る。福建独立を断念した張鳴は廈門を離れ南京へ向かう。
	二		李烈鈞の家に身を寄せ起居する。
	一一		李烈鈞の求めで、姚以价とシンガポールに渡り、華僑に資金援助を求める。
一九二九	一		シンガポールより戻り、江西武寧の李烈鈞邸で井上謙吉と相知る。
	三		李烈鈞の斡旋で朝鮮僑民の視察に朝鮮へ向かう。
	夏		李烈鈞・景梅九と廬山に行き、田桐・居正らと相知る。西山会議派に加わり、以後、田桐の指導の下に反蒋活動に従事する。

	一〇		福州で福建省首脳部を拉致し、蔣介石打倒・福建独立を試みるが失敗。厦門で監視下に置かれる。
一九三〇	二		田桐からの手紙で、厦門を脱出、上海へ向かう。田桐の下で、反蔣工作に従事。北平へ派遣される。
	五	五	閻錫山ら反蔣派、臨時政府組織大綱を決定。
		三一	『江南晩報』（西山派機関紙）に「忍苦奮闘之聖雄甘地」を掲載。
	六	一	『江南晩報』に「印度之独立観」を掲載。
	七	二	田桐上海で逝去。
		一三	北平での国民党拡大会議に鄒魯・葉承明と共に西山会議派代表として出席。
	九	一一	汪精衛ら北方政府を北京に組織するが、まもなく閻錫山が下野し瓦解。
一九三一	一		ガンディーに慰問の手紙を出す（A二一七頁）。
	二		胡漢民を訪れる。
	五	二一	執監非常会議開催のため、孫科・許崇智・王寵恵・陳友仁と上海から広東へ向かう。
		二七	執監非常会議、広州で開催。翌日、広州国民政府正式成立。陳中孚・山田純三郎らと活動。その後、病に倒れる。
	一〇	初	山田純三郎、病床の張鳴に、日華緩衝地帯として満洲特別行政区案を話す。その後張鳴は陳中孚と奉天に行き、板垣征四郎と会見する。
		二七	上海で京粤（南京・広東）和平会議開催。張鳴、奉天より戻り、居正・胡漢民と再会する。
	一一	一五	反蔣を標榜する『阿含日報』を創刊（題字胡漢民、孫科より五千元援助）。
	一二	下	『阿含日報』、孫科が援助を停止し廃刊。
			この頃、南京で居正の主宰する東方被圧迫民族聯合会の事務を管理。
一九三二	一		『阿含日報』元社員らと、南京に鳴々通訊社を設立し、その醵出金で上海に『新亜洲日報』設立。その後、藍衣社からの攻撃を逃れるため香港に渡る。
一九三三	二	二二	駐華公使有吉明に、中国軍の熱河撤退についての居正・于右任らの反応を伝える（外国ノ対中国借款及投資関係雑件／英国ノ部　第一巻）。
	四	四	広東当局、反蔣通電を発す。張鳴・陳中孚・劉承烈・任援道・何世楨が北上し、工作に従事することを決定。
	五		馮玉祥等、張家口で反蔣通電を発する。
	八	五	馮玉祥、抗日反蔣を取消下野。張鳴の反蔣工作失敗。張鳴は上海を経由し香港へ移る。
			その後、鄒魯の紹介で陳銘枢を訪ね、福建独立・反蔣政府樹立工作について話す。また蔣光鼐、蔡廷鍇にも説く。
	一一	二〇	福州での中国人民代表大会に胡漢民の代表として出席する。中華共和国樹立を決定。在福州総領事守屋和郎と対談。
			赤化により胡漢民が中華共和国から離れたため、張鳴も福州を離れる。

	一二	五	張鳴、上海に到着。有吉明に十九路軍と南洋華僑との関係について内話（一五日・一九日にも有吉に情報を提供）。
一九三四	一	二	張鳴、香港より福州に到着。四日に在福州総領事守屋和郎に胡漢民の情報を伝える（支那地方政況関係雑纂／南支政況　第五巻）。
		一四	東京に滞在（支那地方政況関係雑纂／南支政況　第六巻）。
			中華共和国瓦解。張鳴は廈門で国家社会党を組織するが自壊。
			胡漢民の命令を奉じて、熊克武・任援道・何世楨・陳中孚と北上潜行し、天津日本租界に熊克武を主席とする軍事委員会設立を計画。
			胡漢民の許を離れる。
	一二	一一	居正の勧めで東京に留学。
		一六	萱野華恵、張鳴を訪問。
一九三五	一	九	東京帝国大学法学部神川彦松研究室に入り、国際法と世界外交史を学ぶ。居正に「中日外交調整並に中国内政改革意見書」を送る。
	五	二〇	東方論叢雑誌社社長として、外務省文化事業部に「東方論叢月刊計劃書」を送る（「東方論叢社補助申請」助成費補助申請関係雑件　第四巻）。
	七		上海訪問。
	一〇		東京に戻る。
	一一		満洲に向かう。
一九三六	六	二	萱野華恵と結婚（媒酌人は頭山満）。
	七	二一	『東京朝日新聞』に「中国人に還っても心は大和撫子　廿年目に知る秘密　華恵さん物語」掲載。
			北京に行き陳中孚（冀察政務委員会外交委員会主席）に会う。田中隆吉と徳化に向かう。
			王英部隊（大漢義軍）の大漢義軍総司令総政治部長となり商都に赴く。
	一一	一四	王英部隊出撃。「大漢義軍宣言」（黄紀四六三三年一一月一四日）『現代史資料』（第八巻　日中戦争一）五八一頁。
		七	「午前十一時頃蒙古軍側らしき飛行機一台当地（北平）上空に飛来し大漢義軍総司令王英、政治部長張鳴の名を以てせる宣伝「ビラ」多数を散布」。
	一二	九	シラムレンで傅作義軍に逮捕され、綏遠で死刑判決。二ヶ月程投獄される。
一九三七	一		旧知の王錫周（『綏遠日報』社長）の口添えで釈放される。
	四		日本に戻る。
	五		東京蒲田に居を構える。パンフレット「冀東問題」の中で冀東住民に「大漢魂」を説くが発禁となる。
	六	七	国策研究会定例会で「反蒋運動の失敗について」講演。

	一一		上海へ向かう。
一九三八	二		東京に戻る。伝単「敬告親愛的士兵們」「敬告同胞書」作成。
	三	一四	上海に戻る。
	四	三	『読売新聞』風塵録、張鳴の五族解放を紹介。
	五		厦門で同志と中国復興社設立。
	六	二〇	厦門治安維持会成立。復興社社長として治安維持会を助ける。
		二一	『東京朝日新聞』「父に反く熱血革命児　故郷厦門に馳参じ翻す蔣打倒の旗　蒲田の住人・張鳴君」掲載。
	七		上海に戻る。
	八		パンフレット『五族解放』発行。
	九		厦門に戻る。
	一一	一四	上海に戻る。
		二三	『東京朝日新聞』に「占領半歳　〃春還る〃厦門　邦人児童も嬉々として通学」掲載。
	一二	二九	東京に戻る。
一九三九	一	七	大川周明日記「厦門で活躍した張鳴君来訪。王子恵君と不倶戴天の間柄であるから面白い」。
		八	『東京朝日新聞』に「〃興亜建設〃に協力　暗躍誓ふ革命児　入京中の張君・昂然」掲載。
		一一	大川周明を訪問し、中国事情を伝える。漢口で新政府建設に従事するという張銘が「新政府の名称は何がよいかと言ふから武漢革命政府とするがよからうと答へた」。
		一六	大川周明を訪問し、暇乞い。
		二〇	上海に行く。
	二	六	『申報』社評「日軍閥的騙局及其結果」で張鳴の大漢主義を批判。
		一九	中国復興社「今日国人応有之覚悟」発表。
		二二	『申報』「鼓吹停戦　設「中国復興社」並発表荒謬宣言」で批判。
	四	二九	復興社『社報』創刊。
	五		復興社、党として公認。張鳴総裁、『社報』は『党務公報』と改題。
			「大漢民族革命宣言綱領草案」発表。
	六		上海閘北に中国復興党政治訓練所を開く。学生三〇～四〇人。一期一ヶ月で二期が終わった時点で閉所（上海市檔案館檔案）。
	九	一三	『申報』「厦門日方首要人物　水戸春造与沢重信」掲載。

一九四一	七	九	上海で木村英夫のインタビューを受ける。『敗戦前夜』一一一～一一三頁。
一九四六			台湾に戻る。
一九五〇	三	一	淡江中学校長となる。
	一〇	五	居正、鄒魯らと淡江英語専科学校創立、校長となる。
一九五一	一	二九	台湾大学附属病院で死去。

出典：玉江恒平前掲『中国現代史と張鳴君』、張鳴「反蔣運動十五年の記」（上田健二郎編『東亜の風雲と人物』近代小説社、一九四三年）を基に作成。

第三章　呉佩孚擁立工作と日支民族会議

この歴史的聖戦の目的を達成するに至つては如何に理想的なる机上プランを劃（えが）くともまた如何に強力なる実力を以て向ふとも、両民族大衆が郷村に於て真に融和提携の実を挙げることなくば、理想の達成は至難である。それは日支両民族の自発的民族提携の組織を通じてのみ初めて可能なことである。

——日支民族会議「趣意書」

一　陳舜臣と司馬遼太郎——はじめに

戦後の日本で中国史を題材に多くの小説を執筆した陳舜臣は、作家司馬遼太郎との対談で日中戦争初期の軍による呉佩孚擁立工作を評して次のように批判している。

……最初は、老政客唐紹儀を担ぎ出そうとするんですよ。〔中略〕こいつが殺されたら、呉佩孚っていう、北洋軍閥のどうしようもないおじいさんですよ。十数年前にもう結果が出てしまった人ですわ。それを一所懸命工作してるんですよ。そんな人物で、中国人がうごくと思っていたのか？　そうとすれば、認識不足もはなはだしいよ。それでずいぶんと金を使ってるんですね。汪精衛のときの何十倍という金を。どうもよくわからないんですけど、いろんな人がポケットに入れてしまうんですかね。

これに対して司馬も「呉佩孚というのは辛亥革命でさえ理解できなかった骨董品でしょう」と同調している。[1]

こうした評価が的を射ているのかはさておき、呉佩孚擁立工作は日中戦争初期の挿話として、日中戦争研究の中でこれまでも言及されてきた。そのあらましは、劉傑の研究に基づけば次のようになる。一九三八年七月、特務機関（土肥原機関）の土肥原賢二中将を中心に中央政権樹立工作が開始された。当初の構想は、かつて国務総理を務めた唐紹儀を首班とし、それを呉佩孚が支えるというものだったが、唐紹儀が暗殺された同年一一月には呉を首班とする中央政権樹立構想として具体化した（「元老院」構想）。しかし、土肥原構想は、既存の臨時政府・維新政府を基礎に新中央政府樹立を目指していた軍司令部・特務部と対立し、最終的には軍事力を持たない汪精衛を呉佩孚が援助する「汪・呉合作政権」構想に変質した。しかし呉佩孚は結局占領地政権に参画しないまま、一九三九年一二月に逝去し、工作は立ち消えとなったのである。[2]

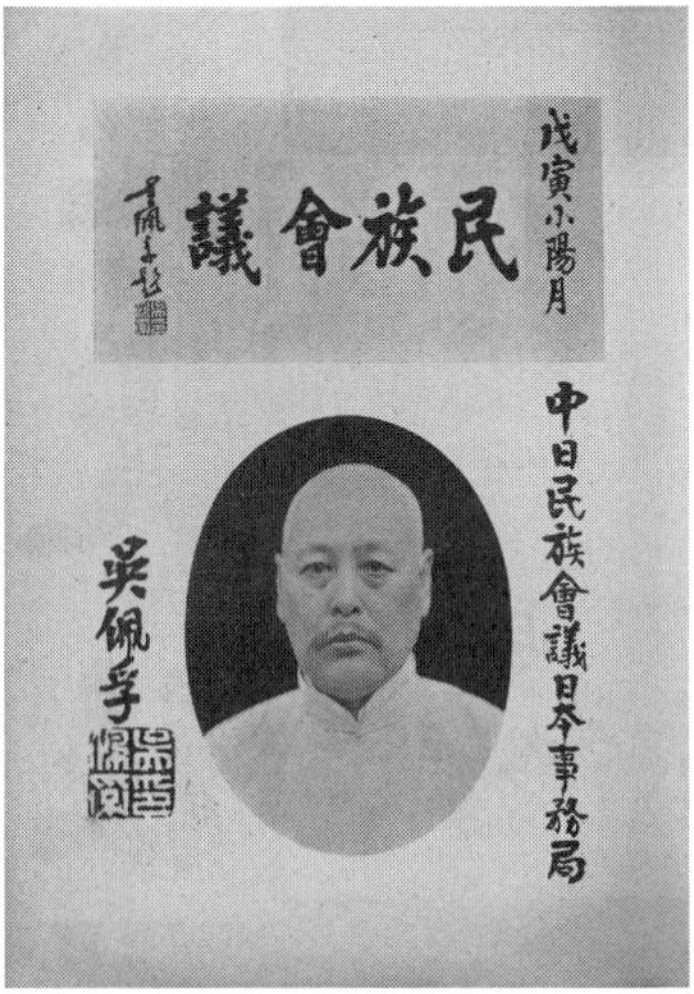

図 3-1　呉佩孚

このように呉佩孚擁立工作の顛末はほぼ整理されている。ただ日本軍による呉の引き出しそのものについて注目が集まる一方、呉佩孚の周囲に集まった人々が如何なる構想のもと呉の擁立に関わったのか、という点については、これまでほとんど関心が持たれてこなかった。また呉佩孚が最終的には占領地政権に加わらなかったことから、主に中国の研究では呉が節を守ったという点が強調されてきた。

しかし本章で明らかにするように、日中戦争勃発前から呉佩孚を中心とした政権構想は存在しており、それには中国人も様々な形で関与していた。そして呉佩孚自身もこうした構想の存在を意識していた。単に節を守った、といった理解では呉佩孚の実像に迫ることはできまい。呉佩孚やその周囲に集まっていた人々が、どのような背景を持ち、占領地のあるべき姿をどのように考えていたのか、という視点からの解明が必要なのである。彼らの構想を検討することにより、占領地のみならず、様々な政権構想が存在した民国期の政治空間の実態に迫ることもできよう。

そこで本章では呉佩孚を擁して日支民族会議なる団体を組織し、同名の雑誌を刊行した人々の主張を検討したい。[3]その主張は、蔣介石率いる国民党を批判することはもちろん、官僚組織に基づいた既存の占領地政権をも非難し、「〔日中〕両民族大衆が郷村に於て真に融和提携の実を挙げる」ために日支民族会議を開催する、という独特のものであった。[4]以下では日支民族会議の日本側中心人物である江藤大吉による各種パンフレット・機関誌『日支民族会議』のほか、同誌で記者を務めた寺下宗孝の文章等を、適宜外交文書・回想録・新聞などで補いながら検討する。

二　盧溝橋事件の勃発と維持会の成立

一九三七年七月七日の盧溝橋事件の勃発後、華北の主要都市は日本軍に占領され、それまで華北の施政を担当していた国民政府行政院傘下の冀察政務委員会は実質的に機能停止に陥った。宋哲元が委員長を務めた冀察政務委員会は、日本側が樹立した冀東防共自治政府に対抗して、三五年一二月に国民政府が設けた河北・察哈爾両省を管轄する政府機関で、日本との提携を謳いながらも、国民政府の指揮下にある緩衝政権であった。

（1）北平市地方維持会と天津市治安維持会

冀察政務委員会の解消を受け一九三七年七月三〇日、北平（北京）に北平市地方維持会、翌八月一日には天津に天津市治安維持会がそれぞれ成立した。両維持会には冀察政務委員会関係者も多く参加した。北平市地方維持会には主席江朝宗（冀察政務委員会委員）の下、常務委員として冷家驥（冀察政務委員会委員）・呂習恒・周肇祥（古物陳列所所長）・鄒泉蓀（冀察政務委員会委員）・梁亜平・林文龍・王毓霖・潘毓桂（冀察政務委員会委員）[5]、また天津市治安維持会には委員長高凌霨（冀察政務委員会委員）の下、王竹林（委員兼高等法院院長・天津商会会長）・方若（委員兼蘆塩務管理局局長・古銭収蔵家）・鈕伝善（委員兼社会局局長・冀察政務委員会委員）・孫潤宇（委員兼総務局局長・冀察政務委員会委員）・沈同午（委員兼教育局局長）・劉玉書（委員兼公安局局長）・張志澂（委員兼財政局局長）・侯毓汶（衛生局局長）・劉紹琨（秘書長・国家主義青年党[6]）等が名を連ねた。[7]

九月一三日、北平・天津の両維持会は平津地方治安維持会聯合会を組織し、平津地区の占領地統治を担うことになり、一二月一四日には北支那方面軍指導の下これが改組されて、中華民国臨時政府が成立した。

（2）江藤大吉の占領地政権批判

この北平・天津の両維持会やそれが発展して成立した臨時政府を批判したのが呉佩孚の周辺に集まった人々で、とりわけその中心となって活動した江藤大吉であった（図3-2）。熊本県出身の江藤は満鉄留学生を振り出しに[8]、袁世凱帝制に反対する第三革命に居正・陳中孚・蔣介石らとともに参加、一九二四年の第二次奉直戦争の際には停戦工作に尽力し、以来聯省自治の実現のために「中国の軍閥や政客の間に処して」きた人物であった。[9]

江藤は、一九三七年一二月一二日付の文書で、治安維持会や南京陥落を「御用的」に報道した『朝日新聞』・『東京日日新聞』・『読売新聞』を迎合主義と批判した上で、維持会は「九分九厘迄は蔣介石の残党。抗日容共の国民党員、日本に抗戦したる冀察政権委員、抗日意識を以て生命としたる宋哲元輩下の幹部にて出来上りたるもの。而し

図 3-2　江藤大吉（中央）と中国人民自治同志会の人々

て事変前は猛烈に抗日演説を為したる連中」と、実質的には抗日政権であると批判した[10]。同様の批判は江藤が顧問を務めていた防共民生自治会（後述）も唱えていた[11]。

臨時政府に対しても批判が展開された。江藤は、「支那国民即大衆意識に基かざる官僚軍閥の徒が、再び北支に暗躍して中央強化と称して新政府〔＝臨時政府〕の樹立に狂奔したることは、実に天理正道に逆転し、東亜両民族提携の真生命を没却蹂躙したる不逞の行為」と述べ、臨時政府は「天津英仏租界に巣籠せる支那政治常習犯の悪質ブローカー連中が暗夜に手探りして私情投合したる盲目跋渉の私児」であるとした。そしてこのような民意に反する臨時政府の存在は、かえって民衆が蔣介石の抗日を支持することに繋がると非難したのである[12]。

日本占領下の華北に成立した北平・天津の両維持会、またそれが改組された臨時政府は、抗日側から「偽組織」、すなわち日本の傀儡であると批判され、現在も中国での研究では否定的に扱われている。しかし日本に協力する側からの批判はこれまで知られていなかった。呉佩孚周辺の政治構想はそうした点で興味深い存在なのである。

では江藤ら呉佩孚の周辺に集まった人々の構想は如何なるものだったのか。実は呉佩孚をめぐる政権樹立構想は盧溝橋事件以前から存在していた。以下では盧溝橋事件勃発までの呉佩孚周辺の動きを整理した上で、日支民族会議に至る動きを検討してみよう。

三　呉佩孚とその周辺

(1) 盧溝橋事件勃発まで

中華民国北京政府期の直隷派の有力軍人として知られる呉佩孚は、一八七四年四月、山東省蓬莱の雑貨商の家に生まれ、登州府の水師営で学んだ後、科挙の地方試験である郷試の受験資格を得た（秀才）。その後、李鴻章の淮軍を経て袁世凱の配下に入り、袁世凱没後は直隷派の軍人として、両湖（湖北・湖南）巡閲使・直魯豫（直隷・山東・河南）三省巡閲使などを歴任した。しかし一九二四年の第二次奉直戦争の敗北後に政界の第一線から退き、二七年五月には四川省へ下野した。四川では寺にこもり政治的野心がないという姿勢を示していたが、反蔣介石の動きが高まると、その挙動が注目された。

呉佩孚は政治的立場として次の四ヶ条、㈠外国に亡命せず、㈡外債を借りず、㈢外国租界に逃げ込まず、㈣庇護・救助を外国人に求めず、を標榜していたこともあり、当時同様の主張をしていた、中国国家社会党や中国青年党との連絡もあった[13]。

一九二九年二月、奉天派の張宗昌らによる反国民党運動が勃発し、天津に隠棲していた宣統帝溥儀あるいは段祺瑞を元首とした新政権樹立構想が練られた。その際呉佩孚も軍事方面の筆頭、第一路総司令に擬せられた[14]。三一年春、呉佩孚は張学良の諒解の下、北平に戻り什錦花園に暮らした[15]。

その後も呉佩孚引き出しの動きは続いた。一九三三年六月一日、呉佩孚の密使張清炤が、かつて呉の顧問を務めた岡野増次郎を訪れた。張清炤は呉佩孚からの提案として、日中満の密約締結、段祺瑞を執政とし呉佩孚を総司令（ないしは大元帥）とする中華民国政府の樹立、蔣介石の討伐、日中聯盟（あるいは日中聯邦）、といった構想を伝えた。また呉佩孚に呼応する河南省民衆の勢力として、張宝坤（元呉佩孚の下で交際処長を務める・張清炤の父）を総司令とする華北人民討党救国自維軍の存在を伝えた。張宝坤は溥儀に上書し、満洲国国務総理鄭孝胥と会見するなど、満洲国とも関係を有する軍人であった[16]。

新政権構想はさらに具体化した。二週間後の張清炤の書翰では、「中華民国の名称を廃して大中国」とする案、七月には、「満洲国の領土を拡大し〔中略〕一個の大満洲国を変成して別に国号を改め、都を北京に還さしむる」構想が伝えられた。特に後者は、まず日満軍が北平・天津を占領した後、呉佩孚が出馬して国民党を討ち、溥儀を北京へ迎えて華北を統制し、「満洲国の勢力が全中国に普及するの時を俟て、即ち改元立憲し国号を更め帝制を復し、日支聯邦を実現」する、というものであった[17]。

こうした構想に呉佩孚がどこまで関わっていたのかは不明だが、少なくとも呉の周辺で中国の帝制復活をも視野に入れた政権構想が語られており、呉もそれを知っていたことは間違いない。

この頃、呉佩孚と数度にわたって会見した陳中孚は、呉がむやみに人を殺さず、部下の面倒見がよく、学問・徳望もあり、「支那の軍閥としては最も不徳の少い一人」と認めつつも、手足となるべき部下はほとんどおらず、新しい時期に適合して呉を助ける人はいないこと、また呉自身は積極的に動こうとしていない、と観察している。そして「彼は近代的な、綿密な政治手腕を持たない。それであるからインテリ階級からは相当批判的に見られてゐるが、一般下層大衆の人気は非常なものである。〔中略〕北支の重要人物と目されて来たことは事実なのだから大いに自重するとともに、自らも意識してその古さと頑固さを次第に棄て去るやう努力すべき」と評している[18]。

(2) 江藤大吉の占領地政権構想

呉佩孚周辺の中心人物の一人、江藤大吉の占領地政権構想は一九三八年二月一九日付の「東亜安定促進の為めに日支両民族提携機関設立に就て」に詳しい。そこでは、「㈠現在の支那と今後の支那」「㈡日本の採るべき方法」「㈢両国民族の実際化運動」の三点から江藤の基本的な考えが示された。

まず江藤は「㈠現在の支那と今後の支那」で、荒廃した中国の現状に言及し、日本との戦争による破壊工作よりも、共産党による破壊が問題であるとし、「民族資本によりて漸く自給自足の基礎国家建設に入らんとしたる支那は、再び殖民地的濃厚色に彩られざれば、即ち外国資本によらざれば産業の復興も、農村の再建も、都市建設も不可なる状態」と述べた。

次に清朝崩潰後の政治情勢について触れ、「漢民族は民主主義を最高理想政治と公認し、共和制民国制度を以て大統領を選挙しましたが、何れも軍閥大官僚の政権慾に利用せられて、政党、官僚、軍閥、資本閥が権力を以て制度を改革し、政権争奪の為めに四億民衆の搾取と圧制を以て衆愚化政策を永続し、遂に蔣介石政権が共産幹部と交錯するに至つて今回の事変を惹起した」と説明した。その上で、第一に考慮すべきこととして民衆の自覚を挙げ、そのために政治機関を「自治に還元」した上で、「民意を総体としたる政治機関と民意精神」によって政治形態を整備し、この「民族大衆使命の完備と貫徹に渾身の支援を為す」ことが日本の使命であるとした。

江藤によれば、中国は「民族的自治に自覚して自治を国体とし、自治を国是、国策の淵源とするならば立派なる理想の国家建設が遂げられ」、それに対する「日本は隣邦民族として正に無限の同情と其精神の昂揚に努力を払ひて〔その〕建設支持に邁進し」なければならないのであった[19]。

では日本はどのような方法で対処すべきか。続く「㈡日本の採るべき方法」で江藤は、「日本は朝野各階級を挙げて支那の更生に善処すべき」で、そのためには「全日本国民の総意」による公認が重要であると指摘した。しかし江藤は、内閣・特殊機関（参議や企画院等）・出先軍部機関に対しては「絶対に反対」と述べ、現内閣は「国民の総意に立脚した政治公道を踏んだ政府に非ず」と批判した。そしてたとえ中国が更生されても「現姿勢の日本の制度では此の茫大なる支那を背負ふ事は絶対に見込なき事」で、「日本自らが国民総意による政治形態に組織改正して天皇と民意、一君万民の理想的道徳政治化」を図らねば、「両民族の提携と融和と協力と両民族資本による東洋独自の自主的経済組織」は成し遂げられないとした[20]。江藤の中国占領地構想は単に中国にとどまるものでなく、日本に対しても政治変革を要求するものだったのである。

以上の「自治の拡大と自治建設」構想は、「(三)両国民族の実際化運動」によれば、中国側が華北に結成された三つの自治団体（後述）を主体に政治建設運動に着手し、これが全日本国民各階級と提携連絡を図ることで実現するとされた[21]。しかし、先述のように日本の政府機関に江藤は期待していなかった。江藤は「現〔日本〕政府は矢張り、官僚軍閥に異ならず、民意に立脚する事の観念に欠くる」ため、「決して進んで援助するが如き行為は到底あり得ない」と批判した。議会人に対しても「現在は一の職業化して存在無視化で何等の権威を有せず事実民衆の利害とは離れたるもの」とし、「論評する価値がありません」と述べた。こうした江藤が期待をかけたのが地方議会など日本各地の有力者であったが、それについては後述する。

四　三つの自治団体

江藤大吉が中国側の運動主体となるべきとして挙げたのは、華北人民自治総会・華北人民自治同志会・防共民生自治会の三自治団体であった（前の二自治団体はまもなく名称の「華北」を「中国」に改称した[22]）。江藤はそれぞれの顧問に就任した。

三自治団体は、構成メンバーの違いにより「比較的上層階級」（中国人民自治総会）、「智識階級、智識指導階級」（中国人民自治同志会）、「大衆的、下層階級、労働生活層」（防共民生自治会）と分かれていたが[23]、人民自治・反国民党・打倒共産党・中日提携といった主張は共通していた[24]。また構成員は、清朝・北京政府時代の政治家・軍人や国民党の統治に懐疑的な知識人など、国民政府とは距離のある人々であった。政権構想の細部に違いはあるものの、どの団体も「中華民国」という政体にこだわっていない点も注目される。これは張鳴の大漢国構想や、上海占領地に成立した上海市大道政府が同じく中華民国を否定し、全く新しい政体を標榜した意識とも通じる（第二章及び第四章）。

以下、三自治団体の主張・組織・構成メンバーを整理する（肩書は江藤大吉『支那聯省自治の主体』による）。

（1）中国人民自治総会

中国人民自治総会は、人民自治の実現及び赤化の撲滅を促進し、東亜永久の和平を促進するために、河北・山東・河南・山西・陝西・甘粛・察哈爾・綏遠・寧夏の九省を範囲に自治運動を行うことを謳った[25]。同会は、盧溝橋事件勃発前までは、「中華、華北人民自治会」と称し、主義として「民主立憲」「打倒党治」を掲げていた。同会の活動は極秘で「加入者には夫れぐ保証人」が付き、盧溝橋事件前には山東省主席韓復榘の代表李士英を天津駐屯軍の橋本群（ぐん）参謀長に派遣して、「団体成立と今後の動に関し意志を表示」したほか、満洲国国務総理張景恵を通じて関東軍の了解も求めていた[26]。

中国人民自治総会の参加者は、会長に許蘭洲[27]（元黒龍江督軍・前全国紅卍字会会長・陸軍上将）、副会長に陳宧[28]（元四川督軍・陸軍上将）・馬辰鼎（紅卍字会会長）、主席理事に蔣雁行[29]（陸軍上将参謀総長・陸軍部総長・綏遠都統）、常務理事に蔣廷梓（陸軍中将・鞏県兵工廠総辦）・陸宗輿（元駐日公使）・武宜亭（河北人民代表）、理事に惲宝恵（元蒙蔵院副総裁）・張英華（署理財政部総長・中国青年党）・呉毓麟（元交通部総長）・龔心湛（元国務総理）・汪崇屛（北京大学校長室秘書・呉佩孚参政）、監事に徐良（天津紳商聯絡代表）等で、最高顧問には呉佩孚が就任した[30]。このうち武宜亭は冀東政府が成立するきっかけとなった農民自治運動に関わっており（第四章）、徐良は後に汪精衛政権に外交官として参画することになる。

構成員はさらに文武の二つに分かれ、「武の方」すなわち軍事力を分担する者として、呉佩孚の配下に冠英傑・王汝勤（荊州鎮守使）・斉燮元・湯薌銘[31]（海軍部次長・中国国家社会党）他二十余名、対する「文の方」を担当する者として、陳宧・許蘭洲があり、その下に徐源泉（湖北全省清郷督辦）・劉湘（四川省政府主席）・龍雲（雲南省政府主席）・張君勱（ちょうくんばい）（国家社会党、青年層との連絡）・何健（湖南省政府主席）、「学界首領」として鄧文如・張東蓀（国家社会党）、洪薬（国家社会党首領）、商界・警察界代表として馬輝堂の名が挙げられた。この他、「形勢観望」として思想家の胡適や中国社会党の創始者江亢虎の名前も確認される。ちなみに陳宧は松岡洋右と関係があり、許蘭洲は一九三六年七月下旬に東京に赴き、「参謀本部其他の要路」と会見していた。(32)

このように中国人民自治総会が、呉佩孚に連なる軍人や政治家のみならず、南方の軍事指導者、中国国民党とは距離を取った反共リベラルの諸政党人と繋がりがあった点は興味深い。ただ盧溝橋事件勃発後、こうした面々は同会の活動からは距離を取ったと考えられる。

「文の方」を担当する者として名を連ねた四川督軍・陸軍上将の陳宧については少し説明を加えておこう。陳宧は袁世凱政権期に四川督軍を務めていたが、袁世凱の死後の一九一六年六月に四川省成都を離れた。その後は三九年一〇月の死去まで、旧部下である馮玉祥・孔繁錦・宋哲元らの援助を受けながら北京の私邸に籠り、その間二つの閑職（明威将軍〔一九一七年一月〕と軍事善後委員会副会長〔二四年一一月〕）に就いたものの、一貫して政治から距離を取ったとされる。(33)しかし中国人民自治総会への参加や江藤ら日本人との交流は、単なる「隠逸の士」に収まらない陳宧の姿を伝えている。

中国人民自治総会は行政組織も提案した。同会が構想した組織は、十戸＝一自治閭、十自治閭＝一自治村、十自治村＝一自治郷、十自治郷＝一自治区、八自治区＝一自治県、と段階的に構成されるもので、各組織には自治長を置き、「責任は其の閭より県に連帯するを以て各自の利害関係より自然に自動的粛清をなすので」、これを実施すれば「共産党及び国民党が存在不可能なばかりでなく匪賊も又潜在の余地がない」とされた。

さらに自治県の上の自治省を統括する政府は、名称を「中国自治聯省防共政府」、元首は「自治統政」、内閣には「自治総理」を置き、政府の方針は、『論語』の文言から「弘道主義を以て立国の精神」「聖道主義を以て建国の精神」とし、「東亜団結の精神を揚げ正大の主義を示す」とされた。

元首の下には計劃院・参政院・国政院・監政院の四院が置かれ、日中間で防共軍事協定・経済協定・移民協定締結、治外法権撤廃、満洲国の承認、両国の学校では相手国の言語を科目とすること、東亜固有の道徳礼教及び孔孟子の学説の復古などが想定された。(34)

（2）中国人民自治同志会

中国人民自治同志会は民主自治の精神を培養し、軍閥政治・容共政策を排斥し、国民党を殲滅することで、東亜和平に邁進し、華北人の華北に至る自治を促進し、華北を明朗化することを目標に掲げた。事務所は天津日本租界に置かれた。(35)

構成員は、理事長に劉大同（第一革命闘士・創造社文人）、副理事長に呉文卓（早稲田大学・高等審判庁長）・張建亭（山東鎮守使）、常務理事に師嵐峯（軍事測量学校陸軍大学校長）・孫寄雲（山東省議会議員）・劉顕庭（保定軍官学校畢業・第二師長）・師景略（陸軍中将）・厳遊波（燕京大学新聞系）・劉季軒（道口商会長）・賀瑞雨（早稲田大学・衆議院議員）・劉炳寰（法政大学・衆議院議員）・張筱江（日本〔陸軍〕士官学校・陸軍中将）らが名を連ねた。(36)また幹部として参加した丘仰飛は「早稲田〔大学〕出身、大隈〔重信〕侯に愛せられ政治に興味を有し、数年前福建に李済深(37)と〔福建〕人民自治政府を建設し秘書長となり、蔣介石の外交政策によりて亡命し、爾来北支にあり現に段宏業〔祺瑞〕とも関係し陳誠とも親交」があった。(38)参加者の経歴から、同会が「智識階級、智識指導階級(39)」によって構成されるとの説明も頷けよう。

この中で注目されるのが劉大同(40)（劉建封）の存在である。劉大同は清末から民国にかけての革命家で、孫中山に共鳴して革命に参加し、一九一一年の武昌蜂起の直後には自らが県知事を務める吉林省安図に大同共和国を樹立した。これは中華民国成立に先立つ「共和国」であった。まもなく東三省総督趙爾巽によって大同共和国は鎮圧さ

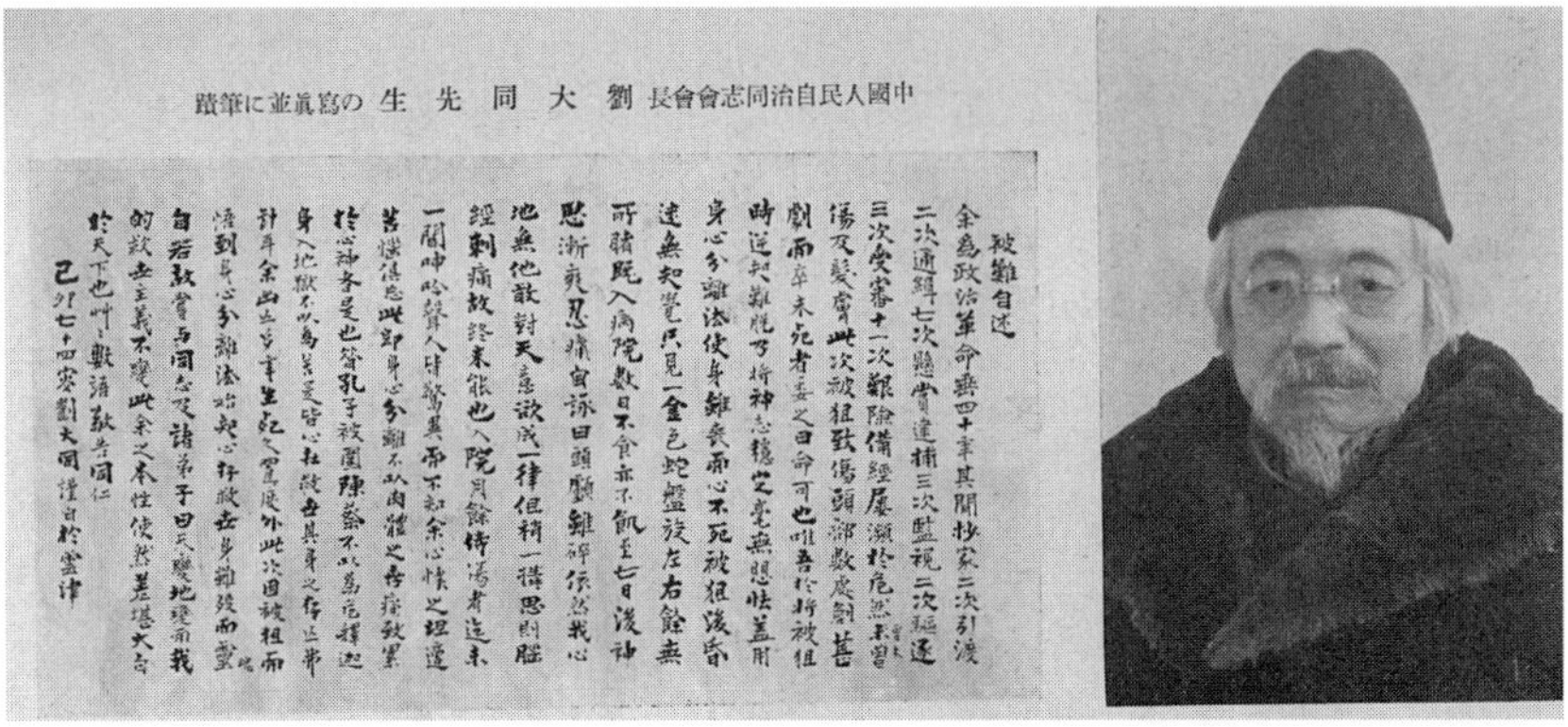

中國人民自治同志會會長 劉 大 同 先 生 の 寫眞並に筆蹟

図 3-3　劉大同とその「被難自述」

れ、劉大同は日本に逃れたが、その後も中華革命党東三省支部長を務めるなど革命運動は継続し、三三年一一月の中華共和国人民革命政府成立時には李済深を支持し、反蒋介石の立場を鮮明にした。その後、三六年からは天津フランス租界で『渤海日報』を主宰していた。

一九三八年一一月、蒋介石の刺客に襲われたものの難を逃れた劉大同は、その直後に記した「被難自述」で、「私は政治革命をなすこと四十年に及ぶが、その間家捜し二回、引渡二回、指名手配七回、懸賞による逮捕二回、監視二回、駆逐三回、裁判一一回」と自らの政治生活を振り返り、「天が変わり地が変わろうとも、私の救世主義は変わらない」と決意を述べている(41)(図3-3)。

劉大同は反蒋介石の立場をとったことで知られ、また満洲国に反対したことから抗日人士とされている。しかし江藤大吉と交流を持ち日支民族会議にも書を寄せていることを踏まえると(42)、その行動原理はそれほど単純ではない。

中国人民自治同志会は国民党を批判して、国民党政権下では「党権は一切の政権より高く民を窘(くるし)めること益々甚し」く、「真正の人民自治を実行せんと欲せば必ず国民党政権を取消」す必要があると述べ、人民自治によって、行政能率の向上・貪官汚吏の排斥・独裁防止ができると謳った。また民主政治の実行・中央及び省県行政長官の民選・最高議決機関として代議制の参議会の設置を想定し、「孝悌忠信礼義廉恥を以て立国の信条と為し綱紀を粛清し固有道徳と文化を発揚す」るとした。日本との関係については「同文同種の友邦日本と誠を開陳し、互信互助の精神の下に経済提携技術合作を実行し、両国国民の握手下に産業の発展を促進」すること、産業・外交交渉・国防防共については「日満支三国間に於て不可分関係の条約を締結する」といったことを主張した。

中国人民自治同志会の構想は、男女の区別なく二二歳以上の公民に選挙権と被選挙権、さらに「創制、監督、罷免の運用権」を認めた点にも特徴がある。国家構成の要素は地域と居民であり、「自治権の発生は人民固有のもの」とされたのである。

このため区郷鎮閭隣の各行政単位では、区民大会・郷民大会・鎮民大会・閭隣居民大会（以上、直接選挙）、県・市・省には県参議会・市参議会・省参議会（以上、間接選挙）が置かれ、それぞれの会が閭長及び隣長・区郷鎮自治局長・県自治政府首脳・市自治政府首脳を選び、中央には各省代表の組織する参議院が置かれ、参議院は「建国の一切の政綱と計画並に自治政府の組織、長官の選任」を行うとされた[43]。

このように中国人民自治同志会の構想は、三自治団体の中でも最も民主的な政治を標榜するものだったが、これには理事長劉大同の思想、そして同会の構成員が「智識階級、智識指導階級」であったことが関係しよう。

（3）防共民生自治会

防共民生自治会は、民生政策の励行と赤化の根本的消滅により人民自治を実現し、永久に東亜和平を維持することを宗旨とし、国籍・性別の別なく入会できることを謳った[44]。

会長に張致忠（中将司令官・営長・団長・旅長・梯隊長・警備司令等職）、秘書長に王飛鵬（道尹知事秘書・秘書長等職）、総務部主任に孟徳城（陸軍混成団長・歩兵旅長・参議・顧問・軍官団軍械総辦等職）、会計処主任に孫朗宸（銀行会計員・営業員・管理経理等職）、宣伝部主任に張耀庭（警察庁視査員・交際主任等職）、宣伝指導主任に呉莉莉（中学

教員・教務主任・日語教師等職）・張穆堯（報館編輯・新聞記者等職）、交際部主任に許鵬超（団長・旅長・遊撃司令等職）、調査部主任に李震傑（団長・旅督戦司令・警備司令等職）、警備部主任に楊介山（陸軍旅長・警備司令等職）らが参加した[45]。参加者の肩書からは「大衆的、下層階級、労働生活層」ということがわかる。

同会は、民衆に対して「我々のこの防共民生自治会は、完全に善人の「安全倉庫」です。入会するだけで、証書・証章を差し上げます。証書はあなたが潔白な良民であることを証明するので、日本の友軍は決してあなたを疑い、検査することはなく、さらにあなたと友好的になり、庇護してくれます。自分に汚点がないことを明らかにしたら、早速入会しましょう[46]」といった言葉で勧誘したと思われるが、ここからは同会が、後の軍宣撫班と類似の役割も期待されていたことがうかがえる。また国民党批判の文脈には故宮の文物が南京に運び出されたことを非難するなど、華北を地盤とした団体の特色も現れている[47]。

防共民生自治会は「防共自治の一元主義に基き自治建設大綱十八条」を起草した。それによれば政府は華北聯省自治政府と称し（第一条）、暫時直隷・山東・河南・山西・察哈爾・綏遠等六省を聯合して、北京に中央政府を設け（第四条）、政府は日本の協助を受け領土の保全及び行政独立の統制権を保有し（第二条）、人民を主体として独裁専制を排除し共和国家を建設し、憲法を発布し自治制度を施行し、以て人民の福祉を増進し国威を発揚する（第三条）、とされた。そのほか、軍備縮小と国有民有の軍隊の養成（第七条）、日本人顧問の借用（第一五条）、礼儀・廉恥・孝悌・忠信の恢復（第一六条）、日満支三国聯合での防共（第一八条）などが謳われた[48]。

なお防共民生自治会は、日支民族会議発足時には中国人民防共自治会と改称している[49]。

（4）日支両民族提携機関設立に向けて

江藤大吉らの活動は年を越した一九三八年に新たな進展を見せた。同年二月、江藤は「長期抗戦も今年秋には終末を告げて南北政府〔＝臨時政府と華中占領地に樹立予定の政府〕は聯省自治政府となりて第二次の戦後経営に入る」

との見通しの下、「東亜安定促進の為」に「日支両民族提携機関」の設立を提唱した。そして「中国二十七年度〔一九三八年〕の実行方法」として、三つの自治団体から委員を各一〇名ずつ選出して「臨時参政総聯盟会」を組織するほか、「自治参政総聯盟会」「民族生存総聯盟会」「民族経済機構総聯盟会」の設立を唱えた。「臨時参政総聯盟」は対外的には「日支両民族の交渉機関」設置を目指し、対内的には「生存権、自活権、自治参政権」の運動に着手し、「民衆自治の精神拡充と自治政権の樹立に漸進する」とした。「民族生存総聯盟会」は「民族経済と産業と増産と供給等の完全なる発育を計籌して日本産業界との接触を図り」、これにより、「低智なる初代産業増産各部門を高級的日本の指導産業智識と技術」によって啓発・発育助成を図るとした。「民族経済機構総聯盟会」は、中国在来の銭荘・銀行・工業商業団体等を「近代国家組織に並行する機構に改良」して、「支那民族資本の拡大と充実と運用とを日本民族資本の指導によりて活潑」ならしめるとした。そして以上三つの活動は、京漢線・津浦線及びその中間の三方面を南下して進めることが構想された(50)。

江藤の構想は日本の改革を求めるものでもあったことは上述した。江藤は自治に基づいた更生中国に対応できる「天皇の御信頼になる政府は、国民総意による順序と形式を整備せる制度でなくてはなりません(51)」と、現状の政府や議会には期待しなかった。そうした江藤が着目したのが、日本全国の府県会・市会・商工会議所といった地方の政財界及び既存の政治に関わりのない「民間有志と華族社会」であった。

江藤は一九三七年末から自身の手になる『支那聯省自治の主体』や『自治会の建国大綱草案』といったパンフレットを、「全府県会議長、全都市会議長、全商業会議所並に貴衆両院、各団体に郵送」した（現在日本国内の図書館に所蔵されているものも、こうして配布されたものだろう(52)）。

江藤が地方に期待を寄せたのは、中国大陸に日本全国から多くの兵士が出征していたことと関係があった。江藤は「支那に派遣せられたる〔中略〕兵士等に直接間接に関係深きものは民選による府県会、市会議長」と考え、

「日本の改造も戦局の推移によりて必ず此の民意を切実に代辯する地方議会長、地方都市議会長の方より注意を呼び起す」ことを期待したのである。

一方の華族社会では男爵池田長康が、後述する日支民族会議と関わりがあったことがわかる[53]。江藤はこうした自身の運動は「決して反政府的でもなく亦政府に追従するものでもありません。全く民族総意の権威ある存在」と主張した[54]。ただ自身も「実は此の首題〔＝日支両民族提携機関設立〕の件に関しましては或る方面に卑見陳述し協力支援を望んで居ります」と述べたように、既存の権力と無関係ではなかった[55]。それが板垣征四郎や土肥原賢二といった中国現地の日本軍人との繋がりである。

五　正大社

（1）正大社と軍の関わり

戦前中国を舞台に共産党の地下活動に従事していた川合貞吉によれば、江藤大吉の活動は北京にあった正大社なる団体を通して板垣征四郎・土肥原賢二ら軍人と繋がっていた。川合は、板垣・土肥原が呉佩孚に注目し、擁立を目論んだ経緯を次のように述べている。

……一九三八年の十一月、西城の一角にある壮大な邸宅に「正大社」という大きな表札が掲げられた〔図3-4〕。幅一尺五寸、縦五尺もある檜板に、墨痕鮮やかに書かれた文字は一目で呉佩孚将軍の筆蹟である。そしてこの正大社の社長は呉佩孚将軍その人である〔中略〕この呉佩孚将軍に早くも目をつけたのが土肥原と板垣であった〔中略〕土肥原と板垣は気が気でなかった。外務畑や、政党者流の手によって国民党と変な妥協条件でも出来ようものなら、いままでの苦心も水の泡である。あくまで打倒国民党、打倒蔣介石の一本槍で処理したかった。そうした意図のもとに、板垣が呉佩孚の部下を集めて組織したのがこの「正大社」であり、彼は呉の擁立を目論んだのである。[56]

正大社が活動を開始した時期は、ちょうど唐紹儀が暗殺され、呉佩孚を首班とした中央政府樹立工作が活発化した時期と重なっている[57]。正大社や江藤の資金源は不明だが、呉佩孚擁立工作の資金の一部が充当されていたと見て大過ないだろう。呉擁立工作の経費は陸軍が拠出していた。土肥原の要求額に対し、陸軍省経理局はその一割増を支出したところ、その後追加要請はなかったという[58]。

続けて川合は江藤の語った説明を次のように書きとめている。

……この際呉佩孚さんに是非出馬を願って、この正大社を中心に、中国人民自治同志会、その他二つの自治体を母体とし、山東、河北、河南、山西を結び華北の聯省自治を実現した上、さらに南は李済琛(ママ)さんを推戴して広東、広西、雲南、貴州、四川の五省にも聯省自治を実現したいと念願しています。この体制が整えば、私〔江藤〕は即時日本軍を中国から撤退させます。これは板垣さんとも十分打ち合わせてあります。そのためには一日も早く国民党を打倒改編して各省自治体の保衛軍にしなければなりません。〔中略〕土肥原さんにも諒解は得てあります。工作が一段階進めば、土肥原さんや板垣さんが中央への工作はすることになっています[59]。

図 3-4　正大社看板

この後、川合は正大社に集まっていた陳廷傑（元四川巡安使・蒙蔵院副総裁[60]）・蔣雁行・陳宧・許蘭洲・程希賢（元馮玉祥部下）・崔芳延（元李宗仁教官）らと歓談したという[61]。

正大社とそこで活動する江藤については、一九三八年一〇月に公演で北京を訪れた舞踊家の石井漠も次のように記している。

> 正大社といふのは、呉佩孚氏を中心とした親日派の要人の倶楽部で、実に広大な支那家屋である。奥まつた二棟の立派な室を私達一行に提供してくれたのである。また江藤氏の口添へで、わざ〳〵私達のために、畳敷きの室を作つてくれたり、日本風呂の用意をしてくれた〔中略〕倶楽部の中には、明治卅七年頃日本の士官学校出身、張作霖の侍従武官もやつてゐたといふ張〔筱江〕中将などもゐた〔中略〕正大社の位置は、西城の中でも可なり西よりの方で、隣が例の北京大学の工学部である事があとでわかつた。正門に日本の兵隊さんの姿が見えたので、行つて見ると中村部隊といふ大きな平仮名の看板がかゝつてゐた[62]。

（2）正大社の理想

「正大社は、立派なる政治の確立を謀るへく、確固不動の姿勢を採るへき処」と説明されたが、その前提となった江藤大吉の政治観にも注目しておこう。

江藤は「政治―政治家―正大社」の中で、「政治と人とは切り離すことか出来」ないとし、「政治は公道で、一定確固不動の大方針の下に、政綱を確立し、其政綱に従つて政策を実行するもの」であって、そのため「政治家は節操と主義と主張を堅守する」ことが「第一要素」で、「政治に其人を得されは、其結果は国家衰亡の徴」を表すと説明した。

江藤によれば「政治と謀略とは、常に混合して区別が困難」で、「政治の経験なき人か政治的環境に入ることあれは、必らす政治を謀略化して人心の安定を欠き、陰謀的工作に従事し、権力を乱用して総てに明朗を欠き、国家の前途に暗影を与へて、列国の干渉を誘発する恐るへき事態を惹起する」ことになるのであった。とりわけ江藤は「軍事的生活者には、謀略性を有する人が多く、従て軍人か政治上に発言権を有する様になれは、謀略と政治を同一視して、政道は廃頽して社会は逆転する」と、軍人の政治介入には批判的であった。「民国以来二十七年、一度も立派なる政治を」中国が実現できないのも、「政治を識らさる人か謀略を以て心得たる結果」であり、今後は「謀略と政治の区別」を国民が明瞭に知って、「国運の挽回に全力を尽すへき時代」になる、というのが彼の見立てであった。

このような考えを持つ江藤によれば、「正大社は公明正大にて、明朗性を有する人達の集合団体」でなくてはならず、「謀略と、陰謀と、暗影の人は、正大社に加入する事を厳禁」されるべきであった。江藤は「政治家は過去の業績か其の重要なる生命」で、「政治家には一定の期間の生命がある人と、不朽の人」の二種類があり、例えば「王安石、曾国藩、李鴻章」のような人物は「後世の人が常に其人の業績を研究して、自己反省の資料」とするのに対し、袁世凱のような人物は「謀略家の権化」であると批判した。そして「正大社に入社せんとする人」は、「一応過去の業績を調査し、謀略を政治と心得て政治機関にありたる人は、入社を拒絶したい」と述べた[63]。

一九三九年一月時点の正大社の名簿によれば、理事として上述の三自治団体の構成員のほか、李思浩（元財政部総長）・景梅九（革命家）・張作相（元吉林省政府主席）・管翼賢（新聞人）も関わっていた。このうち李思浩は維新政府樹立の際に首班に擬せられた北京政府期の政治家であり（第五章）、景梅九は古参の中国同盟会会員として知られ、五族解放を主張した張鳴を国民党西山会議派と結びつけた人物でもあった（第二章）。

またこの段階でも張東蓀・汪崇屏など、後に抗日側に移った人物も確認できる[64]。このように、いわゆる「親日派の要人」（先の石井漠の説明）とみなされる中国人のみならず、抗日側に進む人々もまた参加していた点は、正大社及び呉佩孚周辺に集まった人々の特徴と言える。

六　日支民族会議

(1) 日支民族会議の成立と主張

日支民族会議の正確な成立時期は不明だが、趣意書の発行日などから、一九三八年一二月一日前後であったと考えられる。一二月一六日には『読売新聞』が「日支民族提携運動の具体的プラン」として、「呉佩孚氏を最高顧問とする中国人民自治〔総〕会（会長許蘭洲氏）中国人民自治同志会（理事長劉大同氏）中国人民防共自治会（会長蔡正勲氏）を包含する政治結社正大社が中心となつて日支民族会議を設立、近く東京にも日本事務総局を設けて広く日支両国民に呼びかけ民族提携運動を展開」すると報じた[65]。

日支民族会議の中国事務総局は北京西城大覚胡同（座談会写真などから正大社と同じ場所と考えられる）、日本事務総局は麴町区三年町の「米内光政邸の裏」に置かれた[66]。

日支民族会議はその趣意書で、「今事変は日支両民族結合のため、その障碍となる一切のものを絶滅清掃するための聖戦」であり、また「利己的個人主義秩序を克服して、新しき世界観と指導精神の基に新東亜建設の聖なる世界史的聖戦」と位置づけた。

日支民族会議の構想は、主に次の三点に特徴がある。

一点目は、日中両民族大衆が郷村において融和提携の実を上げることを重視した点である。そして「建設せらるべき支那政府もかゝる日支両民族の組織を通じ、その総意に依つて組織さるゝものにあらざれば、真に両民族の協力発展のため、民衆に基礎を置く政府たり得ない」と、日支民族会議に基づく政府を提唱した[67]。

また日中民族提携は国民党組織を対象とすべきとする論者に対しては、「国民党組織は、排〔日〕抗日を根本イデオロギーとし結成されたるイデオロギー中心の組織で〔中略〕彼等の組織が真にイデオロギーの転換を心から行ふこと」は、共産党の転向に期待することと同じく至難と述べた。そして国民党の抗日イデオロギーから民衆を離反させるために、親日の一大民衆組織を結成し、これを通じて「国民党イデオロギーの非救国性の暴露打倒、国民党〔の〕組織〔した〕大衆の転向を通じてその大衆的基礎の壊滅を図るべき」とした。

二点目は、官僚的なものの考え方を否定した点である。「政府機関を通じ権力を以て民衆を動かせば問題の解決は容易」との主張に対しては、「民衆自治の伝統的慣習〔が〕濃厚に民心を貫流してゐる支那に於て、権力に依る天下りの組織」は、官僚機関の一つに過ぎないと批判し、「歴史的な大事業」は、少数の個人の集団や一団体では成し遂げられず、「両国の良識大衆に依つて全国民的規模に於て展開されねばならない」とした。

三点目は、日中両民族の結合について、単に中国だけの問題とせず、日本側にも問題提起した点である。趣意書は「日支民族の結合には、先づ以て日本自からがその主体的条件を再改整備すべきことは論をまたない」とし、「旧来の利己的資本制の政治機構を改め、一君万民の理想的道義政治を確立し、旧き島国的なる対支観を一掃し、兄弟の情義と厳粛なる理論を以て支那に臨むべき」と主張したのである。

これは先述のように江藤大吉の構想を反映したものと言えるが、こうした志向が、日本の政治状況に不満を持つ軍人真崎甚三郎（まさきじんざぶろう）の注目するところとなったのは想像に難くない。すでに真崎は、江藤と会見する半月ほど前の一九三八年一二月に、交流のあった「支那通」佃（つくだ）信夫から「呉佩孚支那事変解決案」を受領し[68]、「佃氏の意見は傾聴に価すべきもの」と関心を示していた[69]。江藤と会見後にも真崎は「軍首脳者に反感を抱き従来の意見を内閣に移し之を実現せんと欲するにありしが如く、支那の自治方針、国民政府の打倒策等予の共鳴する所」と、江藤の考えにも共感を示していたのである[70]。

(2) 機関誌『日支民族会議』

一九三九年二月、日中双方の事務局による「趣意書」も掲載して、機関誌『日支民族会議』が創刊された。現在

図 3-5　寺下宗孝と同志

後列右より，趙学方，陳廷傑，王飛鵬，潘鼎新。前列右より，寺下宗孝，呉崇周，李国昌

筆者が内容を把握しているのは創刊号と、同年四月発行の第二号だけだが、発行は第三号まで確認できる。(71) 編輯を担当した寺下宗孝（図3-5）は、一九四〇年代に複数の雑誌で文章を執筆していることが確認されるほか、著作『中国の姿』もあり、そこには『日支民族会議』に掲載された文章も多く含まれている。寺下宗孝の詳しい経歴は不明だが、「嫌がることは無理に相手に押しつける手はない」と、「支那人」ではなく「中国人」という呼称を積極的に使おうとしていたあたりに、寺下の中国人の理解者たらんとする姿勢はうかがえる。(72)

『日支民族会議』には日本人では紀平正美（文学博士）・高須芳次郎（日本大学教授・東洋学者）・蜷川新（国際法学者）・大西斎（朝日新聞記者）・田中香苗（東京日日新聞）・佐々弘雄（東京朝日新聞）・坂名井深蔵（揚子江誌主幹）・小島憲（明治大学教授）・伊東治正（東京日日新聞政治部）・山田耕筰（音楽家）の文章や、逸見天涯（支那満蒙精通者）・翁久允（郷土研究家）の座談（以上、誌面掲載の肩書）、中国側からは先述の三自治団体の関係者や柯政和（北京師範学院音楽系主任）の論考が掲載された。また北平崇礼共済総会なる青幇（秘密結社）も日支民族会議を支持していた。

このうち蜷川新は「［日支提携は］日支両民族の自発的民族提携の組織を通じてのみ、初めて可能」との趣意は正論と述べ、その実現を祈った。(73) また大西斎は日支民族会議を「両国の大衆によつて支持される自発的民族提携の体形を意図するもの」とまとめ、「正に画期的な出来事として将来を待望させる」とした[74]。

三〇名を超える識者の見解が掲載された「日支民族会議に対する諸家の意見」[75]にも、「日支民族会議御提唱に就ては御趣旨誠に御同感の至り」（社会大衆党代議士・鈴木文治）や、「「日支民族会議」甚だ結構です」（評論家・石川三四郎）、「大変結構な御趣旨」（評論家・津久井龍雄）、「真に時宜を得た御企」（評論家・来間恭）といった称賛が送られた。

しかし同誌に対する見解は芳しいものだけではなかった。同じ「諸家の意見」の中には、「印刷物というのが到着せずどういふ御趣旨が委しく分らない」（評論家・犬田卯）、「結合よりも聯立共国を目標として進むのが良策」（軍事外交評論家・匝瑳胤次）といった指摘はまだしも、「東亜共同体といふものゝ構図を描いたり予言したりすることも大切なことでせうけれども、この際具体的な、そうして着実な運動に従事することの方がもつと大切だと思ひます。日本は支那人として日本を理解せしめ、理解した支那人と提携して東洋が一体とならねばならないといふくらゐのことは誰にでも判つてゐること」（法政大学教授・本多顕彰）や、「日本の国民総動員の波に乗る日本側の勢ひよき議論もよろしいが、とかく日本の内部だけの独りよがりに了り、大陸は心にピッタリ来ぬものが多い〔中略〕日の丸を立てたからとてすぐあちらの民心が心から日本を〇〇〔伏せ字〕ゐるやうに早呑み込みなる考へ方を改めてかゝらなくてはなるまいと思ふ」（支那研究家・後藤朝太郎）といった、厳しい見方も存在した。

さらに「日本と支那とは其の国民性を長き歴史を通じて相違せしめ来りしもの」で「一朝一夕に彼此れ成就し得らるゝものにあらず」（学習院教授・紀平正美）と、日中の民族提携には「忍耐努力幾十百年」かかる（同上）という指摘もなされた。

いみじくも「どうか言葉だけに陶酔しないで、この御趣旨の実現のために御努力願ひたい」（評論家・津久井龍雄）との発言があったように、具体的な活動内容が問題だったのである。

(3) 中国側関係者の主張

史料の制約もあり、三自治団体の宣言文などを除くと、確認できる日支民族会議に参加した中国人の発言は多くない。それでも断片的な発言から彼らの意識に近づくことはできる。

一九三九年二月一〇日に開催された「日支民族会議北京現地座談会」[76]はそうした中国側の貴重な声を記録している。公開を前提とした座談会であり、彼らが本音をさらけ出せなかったであろうことは、「話には表面と、内面があります。みなさんの御話も、或る意味で、表面の問題であり、表面の御話です〔中略〕私の意見や意志はよく御解りになつてゐるはずですから今日は別に改まつて御話をしないでもよいでせう」(呉崇周・中国人民防共自治会副会長)という発言にもうかがえるが、それでも彼らの問題関心が主に治安問題・貧困者対策を中心に語られたことはわかる。

王飛鵬(中国人民自治会会長)は、「一言にして云へば、今日の支那は「治安」がありません。亦、真の「法律」もありません。今日、表面的な「治安」があるとしても、真の絶対安心できる「治安」がないのであります」と、事変後の治安悪化を語る。そして「偽者の多い今日」と述べ、現状を「口で「親日」と称してゐても、真に「親日」であるか、或は「親ソ派」であるかさへ区別出来ない」時代とした。

潘鼎新(中日青年親善会会長)は「事変前〔の状態〕に復興するにも、今後五十年間位はかゝる」と予想し、「北京城内では、事変前の細民、即ち食べることの出来ない条件の者が、四五千人はありましたが、今日では、食べられない者が楽に五万人」と十倍に増加したと語った。さらに「半分位、食ふか食はぬ程度の失業者」の十万人がこれに加わり、「合計十五万人の失業者の群が北京だけでも毎日喘いで暮して居り」、この他に「苦力が約十五万人」、「文貧といつて文学者の一群」が五万人近く、さらに「今まで役所にゐた官吏」、「〔宋哲元の〕二十九軍の兵隊、将校の失業者が約十万人」と、当時の北京の全人口一五〇万人のうち、「失業者と視ることの出来るものが五十万人」にのぼると推計した。

潘鼎新も「百の机上の名論」よりも「貧乏人救済が第一の問題」と、次のように訴えた。

> 私は思ひます。いろ〳〵慈善団体が約三十団体位あります。中国方面では紅卍字会が一番大きな組織力を持つてゐますが、――兎に角、日本政府が、まづこの貧乏人救助が第一の問題でないかと思ひます。「日支親善」の言葉を、もつとも短的（ママ）に、もつとも効果的に中国人に植えつけるには、この細民救済からしつかりやつてゆかねばならんと愚考するものです。百の机上の名論よりも、この貧乏人救助の方策の如何が先決問題ではないかと考へます。

元天津公安局局長の程希賢は中国の馬賊や匪賊の中には「その日ぐらしに、食べてゆかれゝばよい」と考える集団がかなり多く、「痛烈な主義主張も、それに対する意志も、目標もない」と分析した。

程希賢によれば問題は、農村に潜伏した匪賊を、農民と匪賊を区別できない日本軍が追撃することで「思ひがけない幾多の相互の誤解やら、言葉の通じないために悲惨なことが持上る」とする。このため「私共の希望としては至急治安方面の機構には、もつと中国人の者にまかせて、そして力の足りないところを御国（＝日本）に援助して頂きたい」と求めた。程希賢は別に『日支民族会議』に寄せた論考でもこれと同様の議論を展開し、敗残兵の収容による土匪化の防止、民団や軍隊の再編制による剿匪剿共、日本からの有償による武器供与と臨時政府の強化を訴えている[77]。

また程希賢は物資不足についても言及し、「石炭等の燃料は日毎に暴騰する。――昨年事変前の一元（一円）は、今日三元（三円）」と、事変後に物価が三倍になったと語った。

こう語る程希賢にとっては、「目下、聯省自治、邦聯自治の問題」が言われているものの、「なににしても、もつと強力な統一的な新政府の出現、根本的な自治問題の解決案に到達しなければならない」というのが重要課題であった。

程希賢は「民衆の基礎」が重要と述べ、次のように日本の為政者・有識者に語りかけた。

中国は、御承知の如く、真の民衆の上に立つことのない支配権では、あらゆる意味で円満な行政は出来ない国であります。民衆の基礎のない政府は一夜にして転覆した例は枚挙に遑（いとま）がありません。どうか御国の為政者も有識者も〔中略〕この点の真意を、更に更によく御理解下さつて、新生中国の為に力を致されんことを心から切望する次第です。

しかし程の願いもむなしく、まもなく日支民族会議は終焉を迎えることになった。

（4）日支民族会議の終焉

日支民族会議終焉の詳細は不明だが、複数の傍証から推測できる。

一つには、江藤大吉と軍側の関係がうまくいかなくなったためである。一九三九年一月に江藤と会見した真崎甚三郎によれば、その段階で江藤は「支那より追ひ出しを喰ひ軍首脳者に反感を抱」いていた。(78) その際、江藤が真崎に渡した「日支時局解決処理ニ対シ進言ス」では、事変が始まって一年が経過したにもかかわらず依然として蔣介石政権が解消していない背景に軍部中心主義があるとして、政治工作は軍部ではなく「内閣中心主義」で行うべきと主張された。また軍部の一部が「汪兆銘一派の工作に相当以上の期待を有」することに対しては「非常なる錯覚」であると非難し、「一時的成果を実現せんか為其人の将来を論せず一切を挙けて自己便宜に支那人を使用せんとする覇道的行為の累積により多くの痛手」を被っているとしていた。

当時江藤は「戦争地域外の西南五省の全民族意識を把握してこそ」時局は即決解消できる、との考えに基づいて運動に着手し、「屢次（るじ）政府当局に反省を促し」ていたが、軍部の一部はこれを喜ばず、江藤の「断行せんとする所信に対し極力阻止」を試みていた。

江藤によればこの動きの中心は陸軍の影佐禎昭大佐と川本芳太郎中佐の二人で、北京の喜多誠一中将・大迫通貞（おおさこみちさだ）少将を通じて江藤の南下を阻止したという。

二つには、呉佩孚を首班とする占領地政権樹立の方針が、一九三九年三月下旬には、とりあえず開封附近を基点として雑軍の懐柔帰服工作を進めるというものに変化し、将来的には汪精衛ら重慶から日本側に呼応した国民党と呉とを合作させる方針へと変更されたためである。[79] 国民党の汪精衛と協力するとなれば、三自治団体や日支民族会議が堅持してきた反国民党の立場と抵触するという判断は当然働いたであろう。

三つには、呉佩孚自身が占領地政権に消極的となったためである。川合貞吉によれば一九三九年六月頃から「呉の幕僚が正大社に集まって手を換え、品を換えて」呉を口説いたものの、呉は汪精衛との協力に動くことはなく、土肥原賢二の「膝詰談判も失敗に終わった」。そして呉佩孚擁立工作を担当していた大迫通貞少将が八月初旬に異動となったため、正大社も解散したのである。[80]

この後、頭山満らによる呉佩孚擁立の動きが確認されるが、[81] 一九三九年一二月に当の呉が急死したことで、擁立工作はあっけなく終焉を迎えた。

江藤はこの後も日中間で活動を継続し、一九四〇年の汪政権成立前後には、天津を舞台に燕京大学総長のジョン・ステュアートを介した蔣介石との和平工作を試みた。江藤は「自分の持ちものの書画骨董までも残らず売り払って和平工作の費用にあてた」ものの、「華北の日本駐屯軍はことごとくこれを妨害し」たという。

この際も江藤らは「和平工作の経綸方針、彼の政治的理念などを整理し、それをパンフレットにし〔中略〕日本各界各層の要路に向けて発送」したが、軍当局に没収され、まもなく江藤も天津憲兵隊に逮捕された。こうした一九四〇年の江藤の活動内容は、活動方針を印刷し、日本の各界に送付したといった点、またそれが軍の横槍で潰されてしまった点など、日支民族会議の再演と言えるものであった。

そもそも「軍事的生活者には、謀略性を有する人が多く、従て軍人か政治上に発言権を有する様になれは、謀略と政治を同一視して、政道は廃頽して社会は逆転する」と、軍人の政治介入に批判的だった江藤が、[82]一方で板垣征四郎や土肥原賢二といった軍人に頼らざるを得なかったことは、大いなる矛盾と言える。日支民族会議を含む江藤の失敗は、この矛盾の顕在化と言えるかもしれない。

二度目の活動が失敗した頃、江藤は川合に対し次のように語っている。そこには軍を利用しようとしたものの、逆に軍に利用され捨てられた者の不信感が満ちている。

日本の軍人は駄目だね。私を先にして、天下を後にする。己れの功名に役たたず人の手柄になるようなことだと、それが如何に天下のためになることであってもこれを妨害する。互いに足の引っぱり合いだ！　先づ日本の軍閥から征伐しなければ和平の実は挙らん。板垣〔征四郎〕は二頭の馬を御する男だ。私はもう板垣を信用せん。[83]

七　小　結

本章では呉佩孚擁立工作に際し、その周囲に集まった人々の動きと政治構想を、日支民族会議という団体を帰着点として検討した。その結果、以下の五点が明らかになった。

一点目は、占領地で日本人と提携しようとする中国人の団体でありながら、占領地政権を批判した動きがあったという点である。日本占領直後、北平・天津に維持会が置かれ、その後華北の政権として中華民国臨時政府が設けられたが、それに批判を加え、「人民自治」「聯省自治」を目指した動きが存在した。それこそが呉佩孚を支えた人々であった。

呉佩孚擁立工作は、これまで呉の出処進退に注目が集まってきた。しかし、それは中国の政体をめぐる問題でもあったのである。また呉佩孚と日本との関係についても、「出馬を拒絶し、日本の傀儡にはならなかった」ということをもって、しばしばその「崇高な民族気節」が語られてきた[84]。しかし、こうした見方は結果から遡及的に描き出されたものと見るべきである。少なくとも呉佩孚が日本との提携という選択肢を保持し続けた点を軽視するべきでないし、また最終的に呉が日本に応じなかったという一点をもって「民族気節」を云々する態度は学術的とは言えまい。

二点目は、日支民族会議を支えた三自治団体が、反国民党・打倒共産党・中日提携とともに人民自治を主張し、中華民国を否定する構想を打ち出していた点である。ただ、三自治団体は日中関係においてはかなり日本側に譲歩していた。日本からの顧問受け入れや共同防衛など、日本の優位は前提であった。「両民族間に一大連絡交渉促進機関」を作り上げるという理想は高かったものの、そこでの日中関係は対等なものではなかった。また理想が大きいだけに、その構想は現実からかけ離れたものでもあった。日支民族会議に冷めた眼差しを向ける識者がいたことは上述の通りである。

三点目は、日支民族会議の主張は、単に中国占領地の改革のみならず、日本政治の現状に対する批判をも内包していた点である。中国が変わるためには、日本もまた変わらねばならぬ、という主張は、中国人に対しては説得力を持ったと思われる。しかし、日本の国内改造を主張することは、それだけ構想の実現を困難にしたのである[85]。

四点目は、日支民族会議やそれを支えた三自治団体には、後には抗日側に立つようになる中国人をも含んでいた点である。大局的に見ると、本章で取り上げた諸団体は占領地で日本に協力した「偽組織」とみなされるのかもしれない。しかし、参加者の中には劉大同や汪崇屏・張東蓀のように占領地政権には参加せず、そのため戦後も活動を継続した人がいたのである[86]。日支民族会議や三自治団体の存在は、占領地の政治的空間が日本との距離だけでは測ることのできない複雑さを有していたことを示している。

五点目は、日中戦争の進展とともに様々な中国の将来構想が語られるものの、それが徐々に現実的なもの、言葉を換えれば軍の意向に沿ったものへと落ち着いていった点である。これは上海など華中でも見られる傾向だが、華北においても似たような状況が起きていたのである。

最後に、その後の江藤大吉の足跡についても触れておこう。日本の敗戦間近い一九四五年初頭、江藤は汪精衛政権考試院副院長の繆斌を通じた和平工作に関係し、小磯国昭の命を受けて華北に渡った。しかし繆斌工作は実を結ぶことはなく、まもなく日本は敗戦を迎えた(87)。

一九四五年一一月、『朝日新聞』は翌年一月頃と予測されていた総選挙を見越して、あまたの政党が生まれたことを報じた。そこには「自治皇民党」なる政党の「首脳者」として江藤大吉の名前が確認できる(88)。本章で取り上げた江藤その人であるのかは不明だが、党名の「自治」と「皇民」から判断して同一人物である蓋然性は高い。以後の江藤の消息は不明である。

第四章　上海市大道政府と西村展蔵の大道思想

真実の平和と幸福を享受せんと欲するならば先づ四億五千万同胞は団結し、各自其の親愛の天性に基づき、家庭より拡充発展せしめて郷村県市に至り、進んで一国に更に之れを世界に及ぼし平和を齎す唯一の道を維持すべきなり。故に吾人は特に大道政府を組織し、旗幟を更改して人民を水火の中に救はんことを期し挙世の人と共に大同の域に登らんとするものなり。茲に其の成立に当り全国同胞は奮つて大道国家の建設に相与り、永遠なる平和の基礎を樹立すべきなり。

――上海市大道政府成立宣言

一　ネズミ講騒動と天下一家――はじめに

一九六〇年代末から七〇年代初頭にかけ、熊本から日本全国に一世を風靡した天下一家の会という運動があった。同会は「人類としての心理と生命を知り、心、和、助け合いの精神を家族の中に養い、物心両面をもって相互扶助し、人間性豊かな社会人を作り、それによって平和な社会福祉を実現し、国民として祖国愛を知らしめるとともに生命の尊厳、人類のしあわせを自覚せしめ、世界の平和に貢献する」ことを謳っていたが[1]、その主なる活動は端的に言えば「ネズミ講」であった。新入会者が指定された上位会員に規定の金額を振り込み、上位会員はそれを

「配当」として受け取る。この単純さもあり、最盛期には日本全国で一八〇万人とも言われる会員を擁した。[2] しかしまもなく会の運営は破綻し、会長の内村健一は脱税容疑で逮捕。配当を得られなかった新入会員からの訴訟も起こされ、これを契機に無限連鎖講防止法が制定されるに至った。[3]

さて同会が掲げた「天下一家」は、もともと熊本県甲佐町出身の西村展蔵という人物が提唱したものだった。それを西村の薫陶を受けた内村が「集大成し」、同会は「熊本県阿蘇郡の幣立神社を天孫降臨の地とし、宇宙一体の生命の里」としていたのである。もっとも西村の名誉のために言えば、天下一家の会は西村の死後誕生したもので、西村が直接関与したものではない。ただその創始者内村は、思想的に同郷の西村の影響を受けた人物だったのである。[4]

実はこの「天下一家」は、日中戦争勃発直後、上海の日本占領地に樹立された上海市大道政府でも提唱されたスローガンで、西村は同政府の顧問だった。本章はこの西村展蔵の思想及び西村とともに活動し大道政府市長に就任した蘇錫文との関係に焦点を当てながら、占領地の事情を検討する。

上海市大道政府に関してはこれまでも張生・李峻・余子道らが、日中戦争開始直後に樹立された政権としてその概要に触れ、[5] ウェイクマンの、一九三七年から四一年までの上海におけるテロ活動を扱った研究も同政府に言及する。[6] これに一歩踏み込んで検討を加えたのがブルックである。ブルックは大道政府の司法・警察・財政および同政府の改組を分析した上で、同政府の施政方針にも言及し、蘇錫文の影響力を検討した。そして、大道政府に関する冊子の中で、[7] 蘇錫文と西村の写真が同列に掲載されている点、及び同冊子に西村の著作案内が付されている点から、西村も大道政府の思想に関係していたことを示唆している。[8] この他、松谷曄介は日本占領下の上海に作られた中支宗教大同聯盟に関する研究で、西村にも言及している。[9]

こうした研究によって大道政府に関する基本的な事項は整理されたと言えるが、次の二点はさらなる検討の必要があると考える。一点目は、大道政府の方針に同政府で顧問を務めた西村が主導的に関わっていた点である。西村の足跡を追うと、同政府は蘇錫文というよりはむしろ、西村の思想的影響を色濃く受けたものと考えるべきである。同政府の名称に冠された「大道」という言葉からもわかるように、この政府は大道思想なるものを施政の方針としていた。西村がいなければ日本占領下の上海に「大道政府」といった名称の政府ができることはなかったのである。

二点目は、西村と蘇錫文による政治運動が、上海市大道政府設立以前にも起こされている点である。両者は一九三五年秋、河北省香河において、大道政府樹立の前哨戦とも言える動きに出ているのである。上海市大道政府の樹立は、西村らにとっては、その理念を具体化する二度目の機会であった。この二つの活動には共通点があり、そこからは大道政府が日本占領期の政権としていかなる位置を占めていたのかをうかがうことができるのである。

以下本章では、上海市大道政府そのものの施策というよりは、その思想的背景、及び前後の出来事との関連に重点を置いて考察を試みる。

本章執筆にあたって利用した西村の伝記『西村展蔵の生涯――天下一家思想』についても説明しておきたい。同書は西村の残した史料を材料に、西村の息子一生が著したものである。[10]全体五〇〇頁弱のうち約三〇〇頁が伝記、約五〇頁が関係者一一名の回想（「追想のことば――西村展蔵先生を偲ぶ」）、残りが西村の思想の解説に充てられている。これとは別に一五頁余にわたって写真が掲載されており、その中には香河事件や上海市大道政府に関するものも含まれている。

同書は基本的には思想家西村の顕彰を目的に執筆されたもので、内容は西村を称賛する傾向があり、利用には注意が必要なことは言うまでもない。ただ執筆者が意図せずして当時の上海市大道政府に関する証言を残している点は貴重である。同書の内容と当時の外務省報告、また当時中国にあって直接西村と接した人間の回想等と照らし合わせた結果、事実関係については比較的正確に記述されていることが確認された。他の史料と併せて利用することで、本章のように、公的な史料には残りにくい事象を扱うには有用な材料と判断できる（以下、同書からの引用は文末に頁数を、同書「追想のことば」掲載の回想はその都度註記を施す）。

二　宗教家西村展蔵

後述するように西村展蔵は大道政府に思想的影響を与えた人物だが、西村の経歴や思想についてほとんど注目されてこなかった。まず、西村の経歴を確認した上で、その中国との関わりを検討したい。

（1）甲佐の名士

西村展蔵（図4-1）は、一八八九年三月、熊本県上益城郡乙女村（現：甲佐町）の長田三蔵の次男として生まれた（章末の表4-2）。長田家は地主で代々庄屋、村長を務めた家柄であった。陸軍幼年学校への進学を希望していた西村だが、父親の勧めで熊本県師範学校に入学し、一九〇五年同校を首席で卒業した。卒業後の西村は、師範学校附属小学校の訓導として教壇に立ち、第一期の生徒の中には後に政治評論家として知られる細川隆元もいた。またこの時期に「透視画説明機」という教育教材で特許を取得している（四五頁）。

一九一〇年、展蔵は結婚し西村家の養子となった。一五年、辯護士を目指して上京し、日本大学に籍を置くかたわら、千駄木小学校で訓導を務めた。その時期に、学校教育に関連して多くの著作を残した大元茂一郎と共に『小学校教授用図解の研究』を著している。[11]

一九一八年、養父の死去により故郷に戻った西村は、甲佐高等小学校の校長となった。教育者として優れ、地元では慕われたという。しかし、西村はこれに飽き足らず、二〇年に校長職を辞し、玉繭（二匹以上の蚕が共同して一個の繭を作ったもので、糸の品質が劣る）による製糸事業を開始した。事業は第一次世界大戦の好景気により一時成功したかに見えたが、二年後には事業が失敗、西村は財産をほぼ失った。その後、西村は様々な事業に手を出すものの、どれも成功しなかった。

後に西村が労働問題に関心を持ったり、「天下一家、万法帰一」を唱えるようになった背景には、こうした自身の苦境があったと考えられる。

(2) 上海行と神道天行居

一九二五年三月、西村展蔵は上海へ渡った。後年その理由について、西村は「飽くまで人間の誠に生き、正しく生きる人間を拵へつゝそれと手を握り、それを育てゝ本当の世界を造」るためと語っている。[12]

上海では労働週報社を創設、週刊誌『労働』(筆者未確認)を発行した。労働問題に関係したこともあり、まもなく西村は、在華日本紡績同業会理事長であった船津辰一郎の知遇を得て、同会の調査課主任となった。

西村は罷業ストを止めさせるため、上海の秘密結社の首領として知られる杜月笙と交渉したほか(一二八～一三五頁)、一九二七年八月からは、広西省を基盤とする国民政府の有力者白崇禧[13]の上海警備司令部に出入りし顧問を務めた(一九〇～一九四頁)。実際に労働争議で西村が資本側の代表に名を連ねていることは確認される。[14]

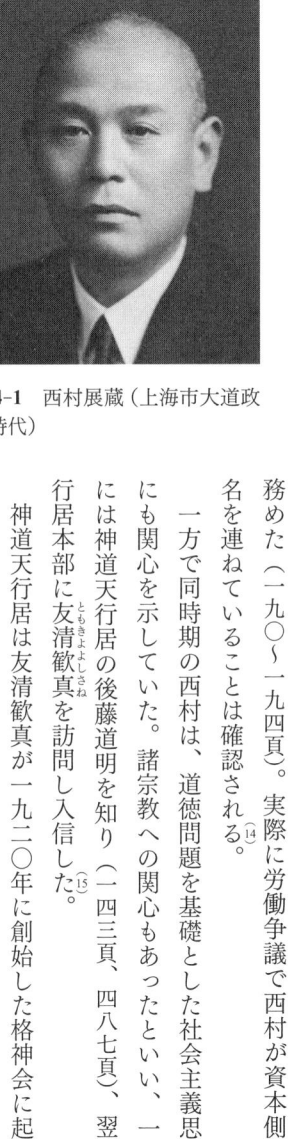

図 4-1　西村展蔵(上海市大道政府時代)

一方で同時期の西村は、道徳問題を基礎とした社会主義思想の研究にも関心を示していた。諸宗教への関心もあったといい、一九二七年には神道天行居の後藤道明を知り(一四三頁、四八七頁)、翌年には天行居本部に友清歓真を訪問し入信した。[15]

神道天行居は友清歓真が一九二〇年に創始した格神会に起源を持つ古神道系の宗教団体(二七年に神道天行居と改称)で、ユダヤ陰謀論に基づいた「霊的国防」などを唱えていた[16]。後に上海で西村は「アジア兄弟運動」なるものを提唱するが、その基本となったのも、神道天行居の行是の一つ「天下一家」の思想であった（一七五～一七六頁）。

上海時代の西村を知る人間は次のように回想している。「〔西村〕先生は真理の追求に、あらゆる修行を積まれた。中国や印度の学者、宗教家、思想家と交遊され、道教、仏教、儒教、キリスト教等を研究、また山法師的荒行で滝に打たれ、霊界の探求までやられた。一般の人達には神がかりとみえる程で、その結果が天下一家・万法帰一の大精神の悟りに到達されたものであろう[17]」。

(3) 天下一家思想

西村展蔵の天下一家思想は、次の九ヶ条、㈠宇宙生命一体論に立脚する、㈡天下は一家である、㈢万物を拝む、㈣祖先崇拝、㈤世界は兄弟である、㈥アジアは一つ、㈦宗教は一に帰すべし、㈧人類は助け合うべく生まれて来た、㈨和をもって中心思想となす、を柱としていた（一七六頁）。

具体的な活動内容は不明ながら、西村はこの思想に基づいた「アジア兄弟運動」を提唱した。西村の「何とかして〔真に提携できる人物を〕見付け様と思つて国民党の流れの者や破落戸と称する青幇や紅幇なぞいろんな仲間を探しました〔中略〕けれどもなかなか見付からない。約八年間探しに探して私は二三人の友達を漸く作つた」との証言は、当時の西村の活動の雰囲気を伝えている[18]。この「二三人」の中に、後に大道政府の市長となる蘇錫文もいたと考えられる。

この時期の西村の動きを伝えるものは『西村展蔵の生涯』以外にほとんど残されていない。ただ、当時総領事として上海にいた石射猪太郎によると、新生事件（一九三五年五月、雑誌『新生』が掲載した「閑話皇帝」と題する文章が、日本の天皇に対して不敬であるとして、問題になった事件[19]）に、西村が深く関わっていたという。

『新生』事件の解決の前後にわたり、有吉大使と私とにあててしきりに怪文書が郵送された。文句は大同小異で、あんな解決条件で満足するとは有吉も汝も不忠の臣だ。ただちに自決せよとか、罪を闕下に謝せとかいう意味を血書した匿名の手紙であった。有吉大使も私も別に危険を感じなかったが、領事館警察が捨ててはおけず、犯人を突きとめにかかった。当時警察部長の上田誠一領事が署員を督励して捜査を進めた結果、犯人が一人あがり、その男の口から怪文書の全貌がはっきりした。上海常住の小型浪人の西村展蔵なる人物が、数人の子分にやらせたことで、しかも西村の背後に陸軍補佐官の影佐中佐が糸をひいている事実まで判明した。[20]

これについては軍の報告にも、西村が上海で「海軍陸戦隊通辯竝当武官室嘱託として、主として支那及日本民衆指導に任じ」ているとの記述が確認できる。[21]実際、西村のもとには蘇錫文の他にも亡命ロシア人や独立運動に関わる朝鮮人、また日本人も多く出入りしていた（一八六頁）。

「西村先生宅はあまり広くもないのに、ロシア、中国、印度等の居候がいた。また日本から来た右翼、左翼が出入し、それに海軍将校や参謀等の来訪者が多く、まさに梁山泊的存在であった。従って思想問題のきびしい折柄当局の監視のまとになり、常時総領事館、警察の特高刑事が訪れていた。ところが面白いことに、これ等の人達も、先生の胸襟を開いてのすぐれた論説に共感し、遂には総領事須磨弥吉郎氏までが来訪され、以来親友となられた」[22]との回想は、多少割り引いてみる必要はあるものの、「梁山泊的存在」という指摘に、当時の在上海の日本人が多数西村と関係を持っていたことがうかがえる。

一九三五年秋、西村は河北省香河で「自治の獲得と地租の軽減」を旗印に「農民自治運動」なるものを展開するが、それには蘇錫文ほか、上海で西村の考えに共鳴する人々が関わっていた。ただ、この動きはまもなく現地の日本軍の方針とは相容れなくなり、西村らは上海に引き揚げざるを得ない状況においやられた。

上海市大道政府の樹立は、日本の上海占領の産物だが、一方で西村らが華北で成功し得なかった動きを継承して

図 4-2　北支農民自治運動時代（1935 年 10 月）

前列右より蘇錫文夫人，武宜亭夫人，武宜亭，武宜亭の母。後列左より 3 人目西村展蔵，同 5 人目蘇錫文

いる側面もあるのである。

（4）河北省の農民自治運動

一九三五年、参謀本部嘱託であった西村展蔵は、民族自治の思想を「北支対策の一環とすべきであることを進言し、緩衝地帯を一歩進めて、民衆の手になる自治体を作ることを提案した」（二〇〇頁）。西村は河北省香河に赴き、地元の名士武宜亭や蘇錫文らと「北支農民自治運動」（香河事件）に関係した[23]（図4-2）。

香河事件の中心人物である武宜亭（一八八五～一九四六：本名桓、号宜亭[24]）は香河県柴荘の地主で、王福亭・蕭華亭・李旭亭・王義亭・王松亭とともに「六亭」と称された香河県の名士である。民国二五年版の『香河県志』にも編輯者の一人として名を連ねている[25]。

武宜亭は京兆尹教育科長、順直省議員などを歴任し、一九二七年には息子武振華（日本語通訳で日本人女性を娶っていたと言われる[26]）を通じて日本の特務機関とも接触するようになった。抗日学生の動きを抑えるための紙の買い占めなど、日本の意向に沿った活動をし、日本側からは「中国開明人士」「中日親善模範倡導者」などと称されていた[27]。

『西村展蔵の生涯』によれば、香河事件での西村らの行動は次のようなものであった。

一九三五年一〇月二〇日、西村は「同志武宜亭、蘇錫文その他とともに某村長の家に事前に主だった者を集め、あらかじめ襲撃の手筈を整えた。約三千の農民は自治の獲得と地租の軽減を旗印として、手に手に家にあった鎌、鍬、鉈、それから古ぼけた青竜刀を持ち出し」、「たまりかねた敵兵は、この無抵抗の集団におそれをなしたのか、逃げ始めた。遂に香河県城は占領され」、「そのあと民衆待望の農民自治委員会が成立し、農民自身でその執行部を選出し、県長を公選して自治政治を行うことになった。結局、この時機を境として非武装地帯の各地の県城を中心として、これにならい次々に自治委員会を組織して独立していった」（二〇四〜二〇六頁）。

この西村らの動きは「香河事件」として外務省にも伝えられた。その報告では「停戦協定線上に在る香河(Hsiang Ho)県の農民は、武宜亭等首唱の下に自治団を組織し、地方自治の獲得及地租附加税の撤廃等を要求し〔中略〕十月二十一日約一千の民衆、右請願の為県城に迫りたるに、県長は代表を拘留し、武力を以て農民を圧迫せん」としたところ、「民衆は遂に県城を占領し、臨時県長を公選するとともに、蔣介石政権否認の自治宣言を発表」したとするが、その後「事態は、さして拡大の惧なき」との認識を示し、また「軍に於て本件を「バック」し居れりとの説は事実に非ず」と、軍の関与を否定している(28)。

しかし、この事件を実際に目撃した梨本祐平（当時満鉄調査部嘱託）によると、事情は少々違って見えてくる。梨本は戦後「香河県のいかさま師」と題して、直接目撃した西村一派の動きを回想している(29)。この中で「松村天堂」として登場するのが西村である（この回想が発表された当時は、西村が存命であったため仮名が用いられたと考えられる）。これによれば、西村・武宜亭らは金銭を使って人を集めて運動を組織し、日本の新聞社もそれを鵜呑みにして報道。最終的には満洲国軍政部顧問で、西村の資金源であった佐々木到一大佐（「支那通」としても有名）の命令により、西村らは上海に引き揚げたという。当時の情況を伝える興味深い内容なので、以下に引用しよう。

> 翌朝十時頃、ホテルの近くの『旭軒』という日本風の小料理屋の二階に下宿している松村天堂を訪ねた。八畳二室に松村夫妻、青年六、七名がならんでいる。松村（当時五十歳位）は私を迎えて、初対面の挨拶が終る

と、

「私は上海に居住しているが、先般、私は空から燦然たる光を放つ霊告に導かれてこの地にきて、さらに霊告に導かれるまま香河県に行って武宜亭という男に会い、農民自治運動を指導することになった。この運動は日ならずして河北省から河南、山東省一帯に拡がり、各地ともその連絡ができている。先生にお会いすることも前から霊告でわかっていた」などという。〔中略〕

香河に着くと、今日は農民が県城に殺到するというのに、農民はのどかな顔をして田を耕している。町の商売人は平気で店を開いている。「少しへんだなあ」と思いながら、自動車を降りて町はずれまでくると、三、四十人の苦力が集って、のんきそうに煙草をふかしている。例の青年と、その苦力たちを引率している日本の青年との対話をきいていると、

「今日はこれだけしか集らなかったのか、いったい武宜亭はどうした」

「武宜亭の奴、金のくれようが少いと言ってぶつぶつ言っていたが、これだけ集めるにも骨を折ったとこぼしていた。県公所の附近まで行ったから、もう間もなく帰ってくるだろう。とにかく、今日は成績が悪いよ」

などと言っている。だんだんと話をきいているうちに、天津や附近の村々から苦力を一日幾銭かで狩り出してきて、これを引率して県公所でデモ行進をやって、農民の自治運動のように偽装させていることがわかった。天津から七里も隔った一寒村のこととて、新聞社もここまで出てくることはしないで、天津で松村天堂から報告を受けて、でかでかと新聞記事として掲載していたのだ。

そのうちに、武宜亭が帰ってきた。彼は香河県出身ではあるが、天津のごろつきで、苦力を一人いくらで松村から請負って、農民自治運動の指導者に化けている。松村からくる金が足りないと言って、日本の青年にしきりに苦情を言っていた。今日は、こんな人数では県城へ押し寄せることができないから、改めてやり直すことにして解散をした。私も先刻の自動車で天津に帰った。帰途、車の中で案内の青年は、

「満洲国軍の最高顧問佐々木到一大佐から軍資金を送ってくるんですが、どうも松村先生が新聞社や政治的な方面に使い過ぎて、武宜亭の方に廻し方が少ないので、近頃、武宜亭の奴、なかなか言うことをきかなくなったんです」

とペラペラ内幕をさらけ出してしゃべり出す。〔中略〕

そんな時、東京から松井成勲という政友会の浪人が華北の視察にきて、私の隣室に泊った。松村天堂は私と同様に松井成勲からも軍資金をもらい、神がかりの一くさりもやったらしい。ところが私の所にくる青年たちが、その時分、金の分け前のことから松村と険悪な状態になっていたので、松井の所にきて内容を全部暴露してしまった。松井はその青年たちを同行して新京へ行き、佐々木大佐に会って委細を報告したので、佐々木大佐は非常に激怒して、松村天堂に上海に引き揚げを命じた。

これで一時は華北の農民自治運動と大々的に騒がれた事件も、あっけなく終ってしまった。

梨本の回想は、西村一派の運動の一部始終を詳細に伝えているが、香河事件については、当時朝鮮総督の宇垣一成も「最近北支を見て帰途の過客の談によれば、日当四五十銭で五十、百位の苦力を集めて市中を練り廻りて自治の民衆運動と叫び新聞通信記者連は宿屋の一室で電報を作為して打電して居る有様で御話に成らぬ」と記している[30]。また、西村と満洲国軍政部との関係は外務省の史料にも傍証がある[31]。

一方『西村展蔵の生涯』の説明は、こうした説明とトーンを異にする。同書は、軍が「西村の自治運動をこのまま放っておくと、地区内外は西村・武宜亭指導下の麾下に握られてしまうという危惧」を持ち、「次第にこの自治運動家に対し、圧迫の手」を加えたと説明する。西村には「彼の理想とする自由国家案ができ上がっていたのであるが、それは中国国益を優先したものであり、ややもすると、日本国益、いやもっと正確に言えば日本軍の利益にならなかった」ために、上海へ引き揚げることになったというのである（二〇七〜二〇八頁）。

この説明の違いをどう考えればよいであろうか。少なくとも西村は自らの行動を社会改良と考えていたのかもしれない。ただ、その行動は周囲からは「いかさま師」と見られるものであった。またこの農民自治運動をきっかけに軍の意向に沿った政権樹立を目論んでいた関東軍にとって（これはまもなく冀東政府の樹立に繋がる）、自治運動の体裁がとれた以上、それ以上西村に関わる必要はなかった。

西村一派の運動は、関東軍を中心に進められていた所謂華北分離工作の「導火線」としての役割が期待されたものの[32]、それ以上のものではなかったのである。軍の方針と西村の考えも相容れなかったと思われ、後に西村は冀東特殊貿易を「強権を利用し、利益のために手段を選ばぬ不法な取引き」と批判している[33]。

一九三六年四月、西村は天津を後にした。在奉天総領事の川越茂は上海総領事の石射猪太郎に、西村らが四月九日に組織を「解散することに決定し、西村夫婦は同日鉄路にて貴地〔上海〕に赴き、大使館附武官の軍属に復帰する」と伝えている[34]。

三　上海市大道政府

(1) 政府樹立工作

一九三七年七月、盧溝橋事変が勃発すると、八月一三日には上海でも日中の戦闘（淞滬戦争）が始まった。一一月一二日、日本軍が上海を占領すると、目下の急務となったのが占領地の治安確保及び市内の復旧であった。

こうした中、上海市政府設立準備の依嘱を受けたのが、当時上海軍特務部宣撫班長となっていた西村展蔵である。西村に目をつけたのは、新生事件で関係のあった影佐禎昭であった。大道政府成立直後の上海を視察した葦津珍彦（うずひこ）は、「当時の参謀本部支那班長、影佐大佐は、かねてから上海事情に詳しかった。上海の社会底辺の市民に、かなり多数の特殊な宗教的同志を有する蘇錫文（福建の人）とその同志西村展蔵氏の協力を熱心にもとめた」とする。[35]総領事として上海に赴任していた石射猪太郎も西村と影佐の接点を回想していることは先述した。[36]

では政府の設立準備はどのように進められたのか。関係者の具体的な動きを、ここに整理しておこう。一九三九年のインタビューによれば、後に大道政府市長となる蘇錫文は、八月二九日に上海に到着。虹口（日本人が多く居住する地域）[37]の日本宿で二日間を過ごした後、単身公共租界に入り、蘇天佑という華僑名義で複数のホテルを移り、日本側と連絡を取りながら、四～五人のメンバーを集めた。そのうち最も信頼していた任保安（後に大道政府財政局局長）にだけは新政権樹立の計画を語り、後に閘北が陥落し、中国軍が総退却するに及んでその他の同志にも秘密を打ち明けた。[38]

その後の動きは大道政府の記録によれば次のようなものであった。[39]一一月初旬、地方政務の速やかな実施を話し合ったのは、蘇錫文・朱玉軫・西村・甲斐弥次郎・薬袋（みない）正次らであった。彼らは日本軍の上海占領以前から交流を持つ間柄であった。

一一月九日、蘇錫文・朱玉軫の二人は、上海南京路近くの南京飯店で、後に警察局南市区分局長となる謝楷と新市政府の組織及び経験者の募集について協議した。ここでの計画は早速、西村・甲斐・薬袋の三人に諮られた。その結果、市政府樹立は情勢を判断して浦東から着手することが決まった。浦東は上海を流れる黄浦江を間に挟んで、租界の対岸に当たる地域である。地方秩序の回復を図るため、警察を組織することも決定された。

警察官募集の任にあたった蘇鑫によれば、国民党の「誤った宣伝及び畸形的な愛国熱」により募集は困難を極めた。それでも一一月一五日にフランス租界の大滬飯店の一室に秘密裏に設けられた警察官の登記処には二百人余の応募があった。蘇錫文・朱玉軫らは、これら応募者に対し、一一月一七日に浦東に集合することを命令した。

当日、応募者らはフランス租界洋涇浜から船で浦東に向かった。途中フランス租界警察の干渉を受けたものの、一団は薬袋を先頭に浦東へ上陸した。上陸時に点呼したところ警察官は一二八人で、そのまま隊列を組んで塘橋呉家庫の日本軍司令部に到着し、蘇錫文に率いられて日本軍長官の接見を受けた。

こうして同日警察局浦東区分局が成立した。その後も租界に人を派遣し、元警察官を編制するなどし、一一月下旬から一二月初旬にかけて、楊家渡・洋涇浜・其昌桟に分駐所が設けられた。

図 4-3　大道政府庁舎正門

(2) 上海市大道政府の成立

一二月五日、上海浦東に上海市大道政府が成立した[40]（図4-3）。政府に「大道と名付けたのは彼〔西村展蔵〕のかねての政治と道義の二政の理想を実現せん」（二一三〜二一四頁）とする意思の表れで、さらに遡れば神道天行居に由来するものであった。

西村展蔵は「一県、一村、一工場、一団体等人の集まるものは総て一家の姿を為して始めて其処に平和があるものと私は信ずるのであります。此の道は天地人を貫いた真理であるから、私は之を大道と名づけた」と述べている[41]。大道政府はこの理念を具現化したものにほかならなかった。

大道政府は成立にあたって宣言を発表した。そこでは「人類相互の間に、或は国家相互の間に大道を実行して、始めて真実の平和を齎（もたら）し得る」とし、大道とは「親子の相親み相依り、夫婦の相愛し相頼り、兄弟の相敬ひ相助くる」ことで、これは「人類天賦の本性」で、「全国同胞は奮って大道国家の建設に相与り、永遠なる平和の基礎を樹立すべきなり」と呼びかけた。また、政府の指導精神として、「天下一家[42]、万法帰一」「四海兄弟、世界大同」「日月之道、以道立国[43]」「祛除国共両党、打倒虐民軍閥」「確立東亜和平、樹立世界和平」を掲げた（図4-4）。成

図 4-4　大道政府時代の西村展蔵（後列右より 2 人目）と同志

立宣言及び指導精神からは、同政府が戦争で荒廃した上海の復旧を前提としつつも、「大道国家の建設」という普遍的理想社会の建設を標榜していたことがわかる。

大道政府では中華民国年号及び太陽暦が排除され、清朝以前の太陰太陽暦（農歴）が採用された点も特徴である。上海市檔案館に残されている大道政府の公文書類でも、従来の市政府公用箋に印刷された「中華民国　月日」の「華民」の部分を、上から抹消して使用している例が見られる。しかし、農暦への変更は実務上でも不便があったと思われ、まもなく太陽暦の併用が認められた(44)。

大道政府の掲げた旗も大道思想を反映し、「方形黄色地の中央に赤と緑の太極を配したるもの」であった。この意匠は「黄色は宇宙の純光を表し太極は電子の微より日月の大に及ぶ現象界の根本相にして、融合一如の態を表象化(45)」したもので、すでに一九三〇年代初頭には西村宅の「神殿の背後に日章旗と並べて〔中略〕掲示され」ていた。つまり、西村が日頃掲げていた旗を大道政府の旗として転用したのである。大道政府成立に際しては、「一夜に大道旗数百本を製作し、市政府の周辺を装飾」したという(46)。

教育の面でも大道政府は独自の方針を示した。一九三八年三月、大道政府秘書処による上海の情景を記した文章には、上海市内に設けられた小学校には「大道」の名が冠せられ、子供たちが儒教を基本とした教育を受ける様子が伝えられている(47)。この他、宗教の枠を超えて実施された淞滬戦争戦没将士慰霊祭の挙行も、西村の唱える宗教帰一の理念を具体化したものであった(48)。

大道政府の組織は、社会・警察・財政・教育・衛生・土地・交通の七局、秘書・粛検・特区辦事の三処から構成された。大道政府成立に先立って警察が組織されたことからわかるように、治安維持は同政府に課された重要な使命であった。

市政府の版図は名目上、日中開戦前の上海特別市の管轄区域とされ、政府の下に一四区（市区：浦東・南市・滬西・閘北・真如・市中心・呉淞、郊外：北橋・嘉定・宝山・奉賢・南匯・川沙・崇明）を置き、郊外を統括する地方政総署が設けられた。しかし、実際には成立直後の大道政府が実効支配できたのは、わずかに浦東の一隅に過ぎなかった。[49]

戦争により従来の徴税機構が失われていたため、大道政府の財源確保も困難を極めた。このため大道政府成立に際しては軍特務部西村班から二万元余の補助が拠出され、それを元手に市政の基礎が固められる有様だった。市内の秩序が回復するにつれ「臨時消費税」（税率五％）の徴収が始まり、その後「露天経秤捐」（一九三八年三月）、「車捐」（同五月）と、徴税対象も広げられていった。[50]

四　政府関係者の経歴と思想

（1）蘇錫文とその主張

蘇錫文（一八九二〜一九四五）[51]の略歴は『上海旧政権建置志』[52]『民国人物大辞典』『中華民国史大辞典』等で確認できるが[53]、内容は、以下に掲げる『市政概要』掲載の経歴によっていると思われる[54]（図4-5）。

福建省廈門の産にして現年四十七歳、曾って名を松治又は有詳と称す。早稲田大学政治経済科卒業後帰国し、福建省政府財政庁長に就任す。後広東大元帥府の設置に際し財政司長兼民政司長となり爾来胡漢民と親交あり。胡漢民の晩年は同氏の主義主張と相容れざるところあり、遂に国民党と絶縁するに至りしも、個人的には終始胡漢民を財政的に援助せしものと謂はる。
十数年前江湾持志大学教授たりし頃より思想研究に没頭し、遂に天下一家、万法帰一の大道を以て政治の要諦となし、その実践を運動するに至れり。一時反国民党の廉を以て国民政府の逮捕令下にあり。一昨年北支農民自治運動の起るや、急遽上海より北上し、同運動に対し側面積極的援助を行ひ、また興中公司の嘱託となる。昨年十月戦火尚熄まざる上海の地に新政府の樹立を画策し、大道政府の成立に当り市長に推挙され、上海市政公署と改称されるや上海市政督辦に任命され以て今日に至る。

図 4-5　蘇錫文

同時期のインタビューでも蘇錫文は、「故郷は福建省の廈門です。日本には東京に九年、横濱に七年、十六年おりました。大正四年早稲田大学の政治経済科を卒業の後帰国して、福建省政府財政庁長を経て、広東大元帥府が設置された時は、財務司長に推されました。先年亡くなった胡漢民（国民党元老）とは永い間の交際でしたが、晩年は私の考へと彼の主義とは全く相反したものとなつたので、私はその時国民党と絶縁した」と語っている。[55]

しかし、管見の限りでは胡漢民関係の書翰で蘇錫文との交渉は確認できず、[56] 蘇の大道政府市長に至るまでの経歴はほとんど傍証が得られていない。

蘇錫文を台湾人と報道するものがあった点にも留意したい。[57] 当時、大陸で活動する台湾人の中では、日本のスパイと疑われるなど不当な圧迫を避けるために、自らを「福建人」あるいは「廈門人」と称することがよく行われたという。[58] 日本人と行動を共にしていた蘇錫文も、こうした台湾人の一味と見られていたのかもしれない。

蘇錫文は自身の大道政府組織の理由を「戦後の後始末に関し、日本の聖戦の意義を顕現する事に協力し度い為め」であったと述べている。また大道政府の理想について、道徳学社を組織し儒家の学説を普及した段正元の発言を引用して、次のように語っている。[59]

それによると、段正元は「日本には宇宙成立の原理を体現する〇〇が御在します。此の〇〇を宇内に顕現することは、大和民族では出来ない、支那民族がこれをやることになる」と語り、蘇錫文はこれを「Paternism〔Paternalism の誤記か〕——親心を以て政治を行ふ——を政治態系としてゐるのは世界中に日本の〇〇丈けである」と解釈している（「〇〇」には「天皇」が入ろう）。

段正元の発言の真偽はともかく、蘇錫文が単純に西村展蔵の唱える大道思想を受け入れていたのではなく、儒家思想を媒介に理解（少なくとも説明）していたことがわかる。

蘇錫文自身も「大道市政府建設の際、支那人の日本に対する思想的政治的抵抗は、満洲〇、北支一、上海一〇なり」と、一九三七年末段階での上海における抗日意識が華北の十倍に当たるとし、戦闘は「支那問題を解決する上に於て三分の効力しかない〔中略〕七分は武力では如何とも致し難い問題である」と考えていた。

この「武力では如何ともし難い思想戦に必勝」するために蘇錫文が唱えたのが上海自由港論である。[60] これは「上海市街から約五十哩半径の地域を独立自由港区域」として、「支那の他の政権から全然独立せる支那人政権が之を管轄」し、防備は列国駐屯軍に一任し、市政府は列国代表によって構成される参議会を諮問機関とする、といった構想であった。

蘇錫文は香港やシンガポールをイメージしていたようで、満洲事変後に議論されていた「上海自由市」[61]や、日中戦争直後の「上海自治市」[62]の議論も念頭にあったと考えられる。

しかし、「この点だけが吾々の働きかけ得る隙である」という蘇錫文の意気込みにもかかわらず、結局この議論も広がりを見せることはなかった。佐藤尚武が上海自由港論の不可能なことを宇垣一成宛の書翰に記しているように、[63] 日本人の中にもこの議論を正面から取り上げる動きは起きなかったのである。

表 4-1　上海市大道政府関係者履歴

	生年	出身	学　　歴	経　　歴
任保安	1897	四川成都	北京匯文大学	黒龍江第一中学校及甲種農業学校教員 哈爾濱で平民学校設立 黒龍江高等検察庁主任書記官 吉林五站木石税分局局長・省視学 友華・運通両銀行会計科科長 包頭平民教育処襄辦員 綏遠京綏鉄路貨捐局秘書 上海市大道政府秘書長兼財政局局長
出典：「任故局長保安小伝」『大道年刊』第 1 輯，367 頁。				
盧英	1895	湖北江陵	保定陸軍軍官学校歩兵科	国民革命軍第二六軍三師七団団長 上海市公安局偵緝総隊隊長兼清理湖北特税処駐滬専員 上海市大道政府参議 督辦上海市政公署警察局局長 軍事委員会委員 陸軍中将上将待遇 上海特別市警察局局長 軍事委員会上海市保安司令部保安副司令
出典：中国第二歴史檔案館編『汪偽政府行政院会議録』第 4 冊，檔案出版社，1992 年，568 頁，同第 7 冊，548 頁。				
張光照	1882	湖南長沙	上海中華法政学校	江蘇淞滬警察庁督察長行政科長 上海市大道政府秘書 上海特別市政府科長
出典：前掲『汪偽政府行政院会議録』第 9 冊，68 頁。				
朱玉軫	1883	山東莘県	北洋速成武備学堂・北洋憲兵学堂	京師憲兵第三営営長 上海市大道政府警察局局長 督辦上海市政公署南匯区政務署政務長 社会運動指導委員会浦東南区公署署長
出典：前掲『汪偽政府行政院会議録』第 13 冊，277 頁。				

（2）その他の中国人関係者

大道政府の幹部人員二〇名のうち現在経歴を確認できるのは任保安・盧英・張光照・朱玉軫の四名である（表4-1）。

大道政府の参加者には、かつて上海市政に携わった下級官僚も含まれていたが、[64]大部分は政治的には無名の人々であった。また人員に北方出身者が多いことも伝えられた。[65]上海市民になじみの薄い人々が多かったことの裏返しであろう。そうした中、例外的に大道政府から汪政権まで、占領地政権の中枢に関わり続けたのが盧英である。盧英は「良民を逮捕、殺害」したと、否定的な評価も残されているが、[66]日中戦争前には浙滬警備司令を務めていた。その後も盧英は一九三九年には汪派国民党の中央委員となり、汪政権成立後は清郷委員会上海分会委員、軍事委員会委員に名を連ね、四五年四月には国民政府参軍長に就任した(67)。地元社会と密着する警察行政に携わっていたことが、大道政府関係者の中で例外的に政権中枢に残ることになった背景にあろう。

五　大道政府に対する反応

(1) 現地人の反応

大道政府が成立した翌日の一九三七年一二月六日、上海を代表する新聞『申報』は「日本軍はすでに蘇叔孝(ママ)を上海市長に、台州人(ママ)朱玉珍(ママ)を公安局長に任命し〔中略〕浦東の春申碼頭前の警察局内」で政府が成立したこと、また大道政府が募集した警察官五百余人のうち三六〇名が「軍司令宣撫班警士養成所」を設立したことを伝えた。同記事によれば大道政府は「これに先立って大量の旗を注文し〔中略〕通りの空家の前及び黄浦江沿いの各所に広げたり懸けたりした他、旗を掲げた十数隻の汽船を黄浦江内に往来させた」という(68)。

同日、ロイター通信上海支局も「日本留学生出身の蘇叔孝(ママ)なるもの」が「上海大道市政府市長と称し」たこと、「旗を道教のそれに類似した黄地に半分青、半分赤の丸をつけると声明。浦東の家々にはもうそれが沢山揚ってゐる」ことを伝えた(69)。

翌七日の『申報』は、大道政府の「紙の旗一束を小わきに挟んで、黄浦江のバンドで人力車夫等にばら撒いた」中国人が逮捕されたこと、またフランス租界愛多亜路（Edward VII Avenue）で「多くの男女が手に黄色の太極図の〔描かれた〕小旗を持ち、隊を組んで練り歩いた」ことを伝えた(70)。

さらに八日の『申報』は、大道政府出現後「爛泥渡一帯は表面上平静を保っている」ものの、「洋涇以西の各鎮では検査は甚だ厳しく、そのため湖北幇・青口幇の無頼漢は、皆名目にかこつけて、私服警官を自称し、往来する商売人などから金を巻き上げている」と、権力の空白に乗じて無頼の輩が幅を利かせていることにも触れている。これに対し「日本軍はこの詐欺行為や盗みを痛恨事であるとして、極力取締りを実施し〔中略〕一昨日、江北人王阿二なる人物に、詐欺罪で死刑を言い渡し」た。こういった不安定な状況下で、「浦東の周浦及び三林塘、洋涇・朝西の各鎮の婦女は、皆、心のおびえに耐えられず、多くは高橋を遠回りして、汽船で上海に来た」。この他、浦東の東昌路・陸家渡路がそれぞれ「福島通」「佐藤通」と改名されたことも伝えられた。(71)

このように当初の『申報』の報道は、蘇錫文の名前の誤りなどあるものの、基本的には現状を伝えることに終始し、その表記も「大道市府」のようにかぎ括弧を付けるにとどまっていた。

こうした表記に変化が表れてくるのが一九三八年に入ってからで、「偽市長蘇錫文(72)」「偽大道政府公務員(73)」など、「偽」を付した表記が一般化した。これは大道政府の性質が明らかになってきたことによろう。

大道政府の掲げた大道旗に関する詳細な報道や、大道旗が「刺目〔目障り〕」であるといった記事も注目される。(74)大道政府に対する違和感は、大道政府の掲げる大道旗を通して人々に視覚的にも強烈に印象づけられていったのである。

大道政府に対する上海市民の意識は、淞滬戦争一周年を記念して出版された『上海一日』にもうかがえる。同書は一九三七年八月一三日から翌年八月一三日までの一年間に上海で起きたことを、年齢・階層・性別に関係なく集めた記録文学である。総計で二千もの報告が寄せられたと言われるが、実際にはそのうち五百余編が掲載された。抗日の立場から編輯されたという点は配慮が必要であるが、そこには図らずも大道政府に対する人々の思いの一端も記録されている。

そこでは、銃を持った「皇軍」看視の中、浦東に渡る市民をいちいち検査する「漢奸」と大道政府警察官のありさまを腹立たしいものと記したもの、(75)警察局隷下の偵緝総隊隊長の胡正古が実はごろつきあがりで、失業していた

「K君」がその口ききで偵緝隊員になった話[76]、さらに公務員であるとして無賃乗車をしようとした大道政府職員に対し（詳細は不明だが、当時公務員は無料で路面電車に乗車できたことを前提にしている）、「大道政府は傀儡政府なのだから、たとえ市長であっても切符は買ってもらう」という強硬な態度に出た切符売りのことなどが伝えられている。[77]戦時期を上海で過ごした陳存仁は、大道政府の「大道」の発音が「大盗」に通じるため、人々に笑われていたと回想している。[78]

このように、蘇錫文や西村展蔵がいかに理想的な政府を目指そうとも、日本軍を後ろ盾としている以上、一般には大道政府は傀儡政権であると認識され、「天下一家」の実現には程遠い状態であった。一九三八年一月には浙江省寧波の抗日協会が蘇錫文の個人財産没収を決議し、それによって得られた資金の管理のため特別委員会が組織されたことが伝えられ[79]、四月には蘇錫文の乗った車に爆弾が投げつけられた。[80]六月には秘書長の任保安が暗殺された。[81]

(2) 日本人と大道政府

大道政府成立直後の一九三七年一二月、一人の神道家が上海を視察した。葦津珍彦である。葦津は蘇錫文について、「この蘇市長が、そのユニークな神秘宗教的な人格の故に、多くの日本人にも対日協力の中国人にも、まったく理解されないで孤立してしまったのに同情する。かれが上海戦直後に、難民を救ったのは大変な努力だった」と回想している。[82]葦津によれば葦津耕次郎・珍彦父子と関係の深かった朝日新聞の緒方竹虎は「蘇氏の「大道政府」は日本当局には人気がない。記事や論説は書きにくいが、存在を国民に知らせることは、市政府の抹殺を防ぐ多少の効果がある」として、「あまりページの多くなかった時代に、全ページの面をさいて、大道政府の多くの写真を特集してくださった」という。[83]

阿蘇の神職の家に生まれた内務官僚の宮川宗徳（むねのり）は[84]、蘇錫文を肯定的に紹介している。その著書『友邦支那を語る』の中で宮川は、「上海国際和平会」なる組織について一章を充てている。[85] 上海国際和平会は一九三八年六月に武宜亭ら三〇名の民間有力者が組織した団体で、実質的には市政府と一体の組織である上海国際和平会自治公所の下に立道・孝徳・行仁・司義・監礼（国民政府の五権、立法・考試・行政・司法・監察を意識している）の五委員会を組織し、大道仁愛の社会を築くことを理想とした民間団体であった。

宮川はこの組織の思想的根元は蘇錫文にあるとし、蘇の「支那即今の政治は必ずしも手腕家を要しないが、真剣で悪行のない人が絶対に有用だ〔中略〕役人が悪事をしないことは第一の善政だが、親心を以て民衆に臨むのは最大最高の善政で平和の根本」という発言を記録している。宮川は蘇錫文の「公人としての態度や私的生活の上に於いても、常に一貫して相同じきものがあるやうに思はれた」と、その活動を高く評価している。

この他、西村展蔵と旧知の上海総領事岩井英一も、西村が「上海の浦東側に大道市政府なるものをつくって颯爽と活躍しているのを知って私は驚き、かつ感心し〔中略〕自分の理想を実現しようと張切っている彼を見て羨しくも思った」と回想している。[86]

しかし大道政府に対する日本人の発言はこれ以外には確認できていない。これは大道政府が一九三七年一二月から翌年四月までのわずか半年足らずしか存在しなかったことが大きい。大道政府の施政は「基礎工作、救済工作、整理工作、復興工作、発展工作の五段階」とされていたが、当事者でさえ三八年八月の段階でようやく「目下整理工作の序の口」であることを認めざるを得なかった。[87] 後述するように具体的な政策を実現する前に、大道政府は改組されたのである。

西村らに出馬を要請した日本軍が、大道政府の方針に良い印象を持たなかったことも、西村らにとって不運であった。大道政府で東溝区指導員を務めた草野秀吉は、「西村先生に対し、日本陸軍の風当たりは強かった。先生の縁につながる私等も、決して好感を持たれていなかった」[88] と回想している。

一九三八年一月に「一応の確定」とされた「中支新政権樹立方案」では、「新行政機構確立の順位」として、中央政府機構に次いで上海特別市政府が位置づけられていたが、そこでは「大道市政府、市民協会等上海市新生機関は新上海政府の機構内に統合」するとの方針がすでに決まっていたのである[89]。日本軍にとって必要なことは、大道政府の理念ではなく、まずは上海の治安と秩序の回復であった。その目途がつけば、遠からず大道政府は改組される運命にあったのである。

六　大道政府の終焉

(1) 督辧上海市政公署、上海特別市政府への改組

一九三八年三月二八日、華中の日本占領地を管轄する政権として中華民国維新政府が成立した。維新政府の成立により華中各地の占領地に設けられた都市レベルの治安維持会はこれに合流することになった。上海市大道政府も例外ではなく、四月二八日に維新政府行政院に隷属する組織となり、名称も督辧上海市政公署と改められた[90]。

これに伴い大道政府の大道旗と公文書での農暦の使用は廃止され、それぞれ五色旗と中華民国紀元表記へと改められた。市職員が佩用していた大道旗章も大道会会員徽章と、その含意が変更された[91]。大道政府の顧問体制も、軍特務部西村班の西村展蔵を頂点とするものから[92]、上海特務機関楠本実隆（さねたか）大佐を機関長とする組織に改められた[93]。

しかし「一般庶政に関しては何等変更するところなく大道政府のそれをその儘継承し〔中略〕市長蘇錫文氏は上海市政督辧に就任、本公署治権を総攬し、鋭意大道国家の建設に尽瘁」した[94]。教育でも、市立小学校校長には大道精神を遵守する人物が依然として求められたのである[95]。このように督辧上海市政公署は基本的には大道政府以来の方針を継承した政権であったため、西村や蘇錫文の方針に違和感を持つ日本軍の不満が燻っていたことは想像に難くない。

一九三八年一〇月一六日、督辦上海市政公署も成立から半年足らずで上海特別市政府に改組された。庁舎も浦東から江湾鎮の旧上海特別市庁舎に移った。新市長に任命されたのは、上海総商会会長等を歴任した実業家の傅宗耀[96]（号筱庵）であった。傅宗耀は、国民革命軍の北伐の際、革命軍への資金提供を断り孫伝芳に協力した廉で、国民政府から逮捕令が出されるなどしており、国民政府とは距離のある人物と見られていた。

督辦上海市政公署から上海特別市政府への改組について維新政府は、各地の治安維持会の統制の必要性と「戦前の殷盛を回復する」ために「督辦市政公署を昇格せしめ、上海特別市を成立」したと説明している[97]。しかし、この改組は単なる「昇格」と考えるべきではない。上海の市政機関は半年の間に結果として二度の改組を行ったことになるが、二度目の改組は上海市政から大道政府以来の施政方針を払拭する目的があったと考えられる。

上海特別市政府の成立により、蘇錫文は秘書長兼教育局局長に降格された。蘇錫文は教育局局長就任後も、「新良妻賢母の養成」を掲げる興亜女学院で院長なども務めたが[98]、市政の中枢からは一歩退いたのである。報道でも「今傅筱庵は蘇錫文の勢力を徐々に除いたため、蘇錫文は憤激のあまり、日本の指導員班長西村展蔵に哭訴」したと伝えられた[99]。実現はしなかったものの、蘇錫文を上海から離し、日本占領から間もない漢口の市長に擬する案も伝えられた[100]。

市政府顧問の陣容も抜本的に改められた。上海市政府の新たな首席顧問には石井成一（東京帝国大学卒業後、南満洲鉄道に入社）が就任し、西村は上海市政府から離れた。顧問服務要綱からも西村一派の掲げた大道政府以来の理念は全く消し去られた[101]。

それでも新聞記事で「督辦公署（即大道市府）」といった表記が続いたように[102]、「大道政府」という名称は、上海市民の脳裏にしばらく残り続けた。上海特別市政府成立から一年を経た一九三九年一一月の段階でも、依然傅宗耀は工部局に対し「大道」なる名称の廃止を要求している[103]。「大道」は上海における占領地政権の代名詞と化していたのである[104]。

上海市政のさらなる変化は、傅宗耀の暗殺によって突然もたらされた。一九四〇年一〇月、汪政権成立後も引き続き市長であった傅宗耀が暗殺されたのである。新任市長には汪政権で汪精衛に次ぐ地位にあった陳公博[105]が就任した。これは上海特別市政府の（汪派）国民党化を意味していた。これを機に、秘書長として市政の中枢にかろうじてとどまっていた蘇錫文も中央市場場長に異動し、さらに翌年一月にはこの職も辞し上海市政府から完全に退いたのである。[106]

（2）西村展蔵・蘇錫文・武宜亭のその後

市政府から離れた西村展蔵は、その後も上海狄思威路（Dixwell Road）の自宅で毎週一回「天下一家」「大道」精神などを同志に講じていた。[107] 一九三八年一二月、西村及び元指導員の甲斐弥次郎、薬袋正次らがアヘンに関わる不正を理由に日本の憲兵隊に逮捕される事件が起きた。一ヶ月にわたる取り調べの後、彼らは釈放されたが、[108]西村らも日本官憲の監視対象であったことがわかる。

この時期西村は雑誌『揚子江』に文章を寄せている。その中では「世界第一文明たる精神文明を現出して、大宗教大思想を産み出し燦然たる歴史を有する大亜細亜が此処に毅然と起つて、地上大平和の世界を産み出すの大責務を有するは当然」[109]、「八紘一宇の大旆を翳して、真の兄弟の姿で起たば、アジア十億の民族は揃つて蹶起する」[110]、また「総ゆるものは宇宙の生命に帰一して始めて完成されるもので東亜新秩序の結成といふことも生命体を造るといふに他ならぬ」[111]など、大道政府以来の理想が繰り返された。しかし何れの文章も具体性に欠け、とても占領地政策の提言として有効性を持ったとは思われない。一九四〇年、西村は日本へ戻った。

帰国後の西村は戦争の解決に向けて活動した。この時期に迫水久常（さこみずひさつね）（鈴木貫太郎内閣で内閣書記官長、戦後参議院議員）と知り合い、日本の敗戦間近の一九四五年五月には国民義勇隊協議委員に就任した。[112] 迫水によれば終戦の詔勅は「前半は安岡正篤氏の思想と表現をかり、後半は西村先生の日頃の教えを、そのままに表現したもの」であった（二六八頁）。

日本の敗戦直後も西村は戦後日本の将来に向けて「道義日本の建設が望ましい」と、「戦ひを平和に、剣を筆に、鍬に取りかへて、道義の大建設に乗り出す」[113]といった主張や、「道義日本の政策は、家庭化の実現」で、「家庭の姿を国家に当嵌める」といった議論を展開した[114]。

戦後、西村は熊本県で青少年保護育成や神社活動に関わり、熊本の名士紫垣隆とも交流を持った[115]。当時、紫垣のもとには日本の文化人や政治家の他、亡命していたかつての対日協力者韓雲階（満洲国経済部大臣）・陳中孚（汪政権中央監察委員）・趙毓松（汪政権農礦部部長）・胡蘭成（汪政権宣伝部政務次長）といった人々が集まり一種のサロンを形成していたが、その人脈に西村も繋がっていたのである（第一二章）。一九六二年七月、西村は逝去したが、死後建立された顕彰碑の碑文は迫水の撰による。その中で迫水は自らを西村の「門弟」と称している[116]。

大道政府市長の蘇錫文は、その後中華輪船公司董事長や汪政権下の航業財産整理委員会主任委員を務めた[117]。中華輪船公司時期には、イギリス租界を接収しない日本軍のやり方は「生温い」と述べ、「私が防弾自動車に乗る必要が無くなり又、奥地と自由な交易の許される日の一日も早いこと」を祈った[118]。

同じ頃、蘇錫文は二度にわたって木村英夫（上海毎日新聞記者で上海日本総領事館嘱託）のインタビューを受けている。取材は非公開を前提に行われたため、公式発言では現れにくい、より本音に近い発言が多く残されている。

一九四一年一〇月のインタビューで蘇錫文は、「依然として蔣介石謳歌の声が巷に溢れているのは何が故か」と問い、「蔣介石時代には支那民衆の気持となって政治を行い」民衆には自由・安居楽業があったが、「占領地帯における現実は凡そこれとは反対の道を進んで」いるためであるとした。また、大道政府時代を振り返り「現地における日本当局といくたびとなく折衝し、或は相談し指示を仰いだ。〔しかし〕思うことの十分の一も仕事はやれない。司令官や参謀の地位にある方々は、よく解っている。身体でいえば頭は解っているが、その手足に悪魔が憑いている。それが今日の悪魔憑き〔の〕事変処理を招来している」と語っている[119]。

一九四三年四月には「汪政権の如きは中国に嘗って見ざる罪悪的政権であるにも拘らず、これに対し日本が各般の権限を移管するとしたならば、その極悪非道は推して知るべきであろう」と汪政権に厳しい評価を下し、「正しい時代は、衣食住足らしめた民衆の基礎の上に創造の第一歩がある」ことを繰り返し強調した。[120]

この発言の二年後の一九四五年六月、蘇錫文は上海で逝去した。[121] その葬儀がとり行われた八月一一日、図らずも上海では日本のポツダム宣言受諾の報が伝えられた。[122]

農民自治運動に関わった武宜亭のその後についても触れておこう。天津租界で暮らしていた武宜亭は、冀東政府を樹立した殷汝耕に「憲法芻義」などを提出したという。[123] 日中戦争勃発直後には、呉佩孚擁立工作に関わった中国人民自治総会に河北人民代表として参加したことも確認されている（第三章）。一九三八年に上海国際和平会を組織したことは上述した。日本の敗戦後、武宜亭は中国共産党軍の香河県城入城の手引きをしたものの、四六年八月に共産党によって処刑されている。[124]

七　小　結

本章では上海市大道政府の顧問西村展蔵及び市長蘇錫文を軸に、同政府の思想的な背景、及びその意味について検討し、次の三点を明らかにした。

一点目は、上海市大道政府は顧問西村の思想・人脈に影響された政権であったことである。その「大道思想」や「天下一家」といったスローガンは、地域に限定されない普遍性を持っていた点に特徴がある。日本由来の思想ではあるものの、それに基づき中国との提携を模索しようと試みた点に、近代日本の対中認識の一形態を見ることができよう。もっとも西村は「日本の人が支那のため、日本の利益のために命を捨てゝ本当に力を尽くしたならば、日支提携は望まずして来たる」としたものの、具体的な手順に言及することはなかった。「誠が人間の動くところの根本ですので、この誠を持てばこそ、世界二十億の人間の心を動かすことが出来る[125]」という主張だけで、具体的に事を進めることはできる筈もなかった。中国民衆から支持されなかったことはすでに見てきた通りである。ただ、西村・蘇錫文及び西村班班員が、「天下一家」の理想に基づき、大道政府の拡大・発展を試みたことは確かだろう。中国の民衆を救おうとする使命感は、西村班に参加した人々の回想にも現れている。西村に親近感を覚えた人もいなかったわけではない。西村の主張が神道思想に淵源を持ったこともあり、葦津珍彦や宮川宗徳のような神道人の中には評価する者もあった。

西村を評価していた日本人がもう一人確認できる。在華紡の船津辰一郎である。船津には次のようなエピソードが残されている。西村が上海を去って後、上海市政府の会議の席上、西村を批判する者があり、周囲もそれに同調した。これに対して船津は、「あなた達は西村君を知っていない。西村君は面白い人物で、自分は彼のすべてについて信頼している」と述べ、話題を変えたという[126]。

しかし、こうした理想を展開した西村が、どこまで中国の人々・社会を理解していたのかとなると、話は別である。西村は、世界各地の大道政府が最終的に合わさり、世界が一家の姿となった際の長は「九重の奥深く在します御方[127]」、すなわち天皇であると語ったが、こうした議論が中国社会の中で破綻することは目に見えていた。これは西村らの現状認識及び中国理解の限界を示している。

二点目は、西村らの動きから、これまで明らかにされてこなかった日本軍による占領地工作の最末端での動きの一端が明らかになったことである。これは西村の「嘱託」という身分にも象徴的である。現地で活動する彼らは、一般人に対しては軍の嘱託という立場でその後ろ盾を匂わせながらも、軍にとってはいつでも切り捨てることのできる、ある種都合の良い人々でもあった。

一九三五年の河北省における農民自治運動と、三七年の上海市大道政府樹立は、時間的にも空間的にもへだたりがあるが、関わった人間は重なっており、二つの事件は明らかに繋がっている。工作の当初は在野の西村らを表に立て、それを軍が背後から支援し、事態が安定するにつれて、軍がそれに介入し、西村一派は遠ざけられる。このパターンも両事件に共通する。

同時にこのことは日本軍の占領地政策が、最末端の部分でこうした有志団体に頼って（誤解を恐れずに言えば、脆弱な基盤の上に乗って）展開されたということである。占領政策の根幹を支える部分を、民間有志に請け負わせ、軍が都合のよい部分を利用する形で、当初の日本の占領政策が遂行されたのである。

大道政府の方針や、蘇錫文の「上海自由港論」は非現実的な主張であり[128]、現地の日本軍が西村らの影響力を小さくしようとした動きは、理解しうる。しかし、であるならば何故日本軍は彼らを利用したのか。突き詰めると日本軍の現地レベルでの占領地政策が決して綿密な計画の上になされたものではなく、かなり場当たり的なものであったということは言えそうである。

三点目は、対日協力の多様性である。一般に対日協力の問題は、協力と抵抗という観点から捉えられることが多い。この視角では本章に登場した三人の上海市長、蘇錫文・傅宗耀・陳公博は同列に「漢奸」あるいは日本の交渉「相手」ということになる。しかし、大道政府が上海特別市政府へと改組されていく過程は、西村・蘇錫文らの降格、排除の過程でもあった。

日本軍の占領下でいかに中国の政治を構想していくか。この点で蘇錫文・傅宗耀・陳公博の構想はそれぞれ異なっていた。日本と協力する、という点では共通するものの、彼らが想定していた中国の姿は大きく違っていたのである。

上海市政府から離れた後、蘇錫文は汪政権の政策を激しく批判したが、その怒りはこうした背景事情を押さえなければ理解することは難しい。上海市大道政府から上海特別市政府に至る政府の変遷は、占領下中国に存在した、「日本占領下でいかなる中国を構想するか」という多様な議論の変遷の縮図とも言えるのである。これについては続く各章でも検討を加える。

表4-2　西村展蔵関係年表

西暦 年	月	日	事項
一八八九	三	五	熊本県上益郡乙女村津志田に生まれる。
一八九五	四	一	津志田尋常小学校入学。
一八九九	四	一	上益城郡御船高等小学校入学。
一九〇三	一二		上益城郡御船尋常高等小学校準訓導。
一九〇五	四		熊本県師範学校入学。
一九〇九	四		熊本県師範学校附属小学校訓導となる。
一九一五	四	四	東京市千駄木小学校訓導となる。
一九一八	七	四	熊本県甲佐尋常高等小学校校長に任命される。
一九二〇	九	三	甲佐尋常高等小学校校長を辞職。
		四	甲佐製糸株式会社を創業。
		一二	甲佐林業株式会社を創業。
一九二二	一一	五	事業が失敗し、会社を去る。遊学を開始。
一九二五	三	二〇	上海に渡り、「アジア兄弟運動」を開始。『労働周報』を出版。
	七		杜月笙と対談。
	八		上海在華日本紡績同業会調査課主任となる。
一九二七	二	四	神道天行居の後藤道明を知り、惟神道の研究を開始
		四	海軍特別陸戦隊本部付となる。
		八	白崇禧の顧問となる。

一九二九	二		神道天行居入会。
一九三五	一〇	二	河北農民自治運動に参加する。
		二〇	地方自治権と減租を要求して、河北省香河県城を占領。
一九三七	六	二五	『世界建設の大道』発行。
	一〇	二〇	『宗教帰一論・支那事変と日本の使命』発行。
	一二	一	参謀本部嘱託となる。
		二	上海軍特務部宣撫班班長となる。
		五	上海軍特務部政治班班長となり、最高顧問となる。
一九四〇	五	二五	帰国。
	七	一	迫水久常（大蔵省銀行局長）と知り合い、師弟関係となる。
一九四四	九	二八	四王天延孝を訪問。
	一〇	三	真崎甚三郎を訪問。
		二一	緒方竹虎（朝日新聞社主管）を訪問。
		二八	林銑十郎を訪問。
一九四五	一	一五	宣仁親王（高松宮）に時局及び政策の意見を具申。
	六	六	国民義勇隊内閣中央委員となる。
一九五六	五	二五	財団法人熊本県青少年保護育成会理事長に就任。
一九六〇	三	一	熊本県神社総代聯合会会長に就任。
一九六二	七	一三	死去。

出典：西村一生『西村展蔵の生涯——天下一家思想』（北斗書房、一九七八年）を基に作成。

第II部　現実的な選択へ——日中戦争下の占領地政権

第五章　中華民国維新政府指導層の時局観

宜しく速やかに数百万兵を失くし十六省の国土を失くした禍国殃民の蔣介石を誅殺すべきである。

——温宗堯「重慶国民政府及び西南北当局、諸同胞に告ぐ」

三民主義がいゝンなら六民主義はもつといゝはずですよ。十二民主義なんてやつならなほさらオツぢやありませんか。

——王子恵（「日語は躍る——日支両棲の王子恵」）

一　ある中国人亡命者の検挙——はじめに

フランク永井の「有楽町で逢いましょう」がヒットした一九五七年、その有楽町から目と鼻の先の日比谷にあった日活国際会館で、国際実業なる会社を構えていた一人の中国人が詐欺容疑で検挙された。被害額は判明したものだけで、尼崎製鋼など一〇ヶ所から合計一億一千万円を超え、被害総額は七億円に達すると伝えられた(1)。

検挙されたのは王文成こと王子恵（六四歳）。さかのぼること二〇年前、華中占領地に成立した中華民国維新政府で実業部部長を務めた人物である。国際実業の顧問には岡村寧次（元支那派遣軍総司令官）、野村直邦（なおくに）（元第三艦隊司令長官・海軍大臣）、徳川義親（元貴族院議員）が名を連ねていたが、いずれも維新政府時代から王子恵と交流のあった人々である。[2]

ところで王子恵も参加していた中華民国維新政府（以下、維新政府）とはどのような政府なのか。本章ではこの王子恵も含む維新政府指導層の主張から、同政府の性格、さらにそこから占領地における中国の政治構想について検討する。

概説を除けばほとんど研究のなかった維新政府について、本格的に分析を試みた堀井弘一郎は、その成立過程・統治の実状に注目し、同政府が近い将来解消されることを前提として成立した点、政権参加者に熱意がなかった点、政府財政が貧弱で年間予算も立てられなかった点等を指摘した。[3] ブルックは、維新政府がその樹立にあたり「自治」と「統合」という二つの近代国家の理想を考慮せねばならなかったとし、維新政府と北京の臨時政府の確執を中心にその成立過程を追った。[4] この他、中国にも維新政府に関する論考はあるが、ほとんどが概説の域を出ていない。[5]

こうした研究により、維新政府の具体像は明らかにされつつあるが、一方で維新政府についてはその傀儡性・弱体性が前提となって議論が進められる印象もあり、その点で導かれる結論は想定内に収まっている。もちろん筆者も維新政府が、汪政権と比べても日本への譲歩の度合いが高い政権であったとすることに異存はない。しかし、傀儡性や政権基盤の弱さという面からだけで、維新政府を説明しきれるだろうか。

本章は先行研究の成果を踏まえながらも「維新政府はそもそも何を標榜し、いかなる立場に立っていたのか」という視角から維新政府に迫ってみたい。実は維新政府の立場やその主張については、従来ほとんど言及されてこなかった。[6] しかし、維新政府はその後成立した汪政権等とは異なる観点から中国の現状を説明しており、占領地政権の変遷を考える際に、無視することのできない位置を占めている。また維新政府官員の外交観や政治観には、各論者のそれまでの政治的な経歴が現れており、それを明らかにすることは、維新政府の性格はもちろん、中国近現代史上における政論の全体像を理解することにも資すると考える。

二年間にわたる維新政府の主張を通観すれば、一九三八年一一月の近衛文麿の東亜新秩序声明、さらに汪精衛が重慶を脱出し和平運動を始める前後に転機を見出すことができ、以後その主張は近衛や汪の主張との整合性を模索するものに変化していく（維新政府らしさは失われた）。それゆえ、本章では維新政府当初の議論を中心に検討を加える。その際、議論の中核を担った官員の維新政府参加の経緯が、各々の議論にも反映していると考えられるため、維新政府樹立の経緯についても併せて検討する。

本章の依拠した史料についても説明しておきたい。本来、本章で扱うような問題は、政策決定過程に関連した史料にあたることで、より実情に近い姿を再現できることは言うまでもない。しかし、本章で取り上げる四名に関しては、日記等も確認されておらず、また日本の敗戦後、彼らが漢奸として政治的な評価で判断されてきたこともあり、その歴史は継承されてこなかったことはもちろん、半ば抹殺された状態にあった。このため本章では、維新政府の刊行物を他の史料で補いながら論を進める。

維新政府は巷間「飯店（ホテル）政府」[7]と言われたように（当初、政府機構が上海の新亜細亜飯店（ホテル）に置かれ[8]、その外には力を及ぼせないほど弱体であることを嘲笑したもの）、極めて脆弱な政府であったが、北京の臨時政府と比べると自身の立場を主張する出版物を多く発行した点に特徴があった。これには、維新政府の版図が、国民政府の本拠地だった華中地域と重なっていたことが影響している。国民政府の影響力の払拭は維新政府の課題であったものの、日本軍の存在や財政難などにより、実際に維新政府が積極的に取り組めたのは宣伝工作以外にはあまりなかったと考えられるのである。

これを裏付けるかのように、維新政府の成立から解消までは二年間に過ぎなかったものの、成立一周年には八〇〇頁を超える『維新政府之現況』、さらに二周年には『中華民国維新政府概史』が出版されている。こうした政府系刊行物の出版には行政院宣伝局があたったが、それ以外の立法院・実業部といった政府機関も独自の出版物を刊行していた。さらに立法院委員甘徳雲が上海で発行していた雑誌『中華新声』（旬刊、英語名 *Voice of New China*）、秦墨哂（かつて『申報』駐南京辦事処主任）が南京で発行した『南京新報』はそれぞれ維新政府の機関誌／紙の位置にあった。[9] 特に『中華新声』は半分が英文頁で構成されており、領域に上海租界を抱えていた維新政府が、欧米社会への宣伝を意識していたことがわかる。また維新政府の民衆組織である大民会が発行した雑誌『新中国』にも関係者の議論が多く掲載された。

日本語の史料のうち、雑誌『祖国』は北一輝の弟北昤吉（れいきち）の主宰した祖国同志会の機関誌、『大陸』（改造社）は大陸関係の記事を中心とした月刊誌、『揚子江』（揚子江社）は維新政府の「外側機関誌」[10] であった。本章では以上の雑誌の他、関係者の紀行文・回想録も参照した。こうした史料は単独で用いる際には内容の信憑性に関して注意が必要であることは言うまでもないが、ある程度の数を揃えて比較し、また公文書と併せ読むことで、当時の事情を知る手掛かりとなりうると考える。

二　維新政府とその要人

（1）維新政府について

維新政府は華中（江蘇・浙江・安徽）の日本占領地を領域に、一九三八年三月二八日南京に成立した。当初は治安の悪い南京を避け、上海（閘北の新亜細亜飯店、のち江湾の旧上海図書館）に本拠が置かれ、各地に組織されていた治安維持会が傘下に入った。政府は成立にあたり「三権鼎立の憲政制度を実行し一党専政〔＝独裁〕を取消す」など一〇ヶ条の政府政綱を発表し、行政・司法・立法の三院と行政院の下に外交・内政・財政・綏靖・教育・実業・交通・司法行政の八部を置いた。また三院の上に議政委員会を設け、梁鴻志・温宗堯・陳羣が常務委員に就いた。

維新政府はその成立に際し、華北の日本占領地にすでに成立していた中華民国臨時政府とは対立せず、将来は合流することを表明し、両政府は中華民国政府聯合委員会を北京に設け、主要な問題については協議を行った。一九三八年一二月、汪精衛が重慶を離れ和平運動を開始し、さらに新中央政府樹立に向けた動きが具体化すると、臨時・維新両政府も基本的にこれに賛同し、維新政府は、四〇年三月に成立した汪政権に合流し、二年間の施政を終えた。

(2) 維新政府の四人――その出馬の経緯

議論を進めるにあたり、本章では維新政府の中核を担った梁鴻志[11]（行政院院長）、陳羣[12]（内政部部長）、温宗堯[13]（立法院院長）、王子恵（実業部部長）の四名に注目する（図5-1～図5-4）。何故なら維新政府樹立前夜から政府への参加が要請され、その後も政権の中枢を担ったのがこの四名であったためである（そのうち温宗堯と王子恵は特に熱心に持論を披瀝した）。

彼らがどのような経緯で維新政府に参加したのかは、中支那派遣軍司令官松井石根（いわね）の秘書を務め、維新政府樹立工作にも深く関わった岡田尚（ひさし）の回想が、複数ある関係者の記録のうち[14]、最も詳細に事情を伝えており貴重である。岡田の父岡田有民（ありたみ）は大倉組上海支店長などを務め、「支那通」軍人として知られる松井や坂西利八郎（ばんざいりはちろう）らと交流があった[15]。尚も父親の縁で松井の秘書を務めていたのである。以下、岡田の回想を中心に、維新政府成立の事情を整理しておこう[16]。

当初日本軍が維新政府の首班に想定していたのは、中華民国初代の国務総理を務めた唐紹儀であった。しかし、唐紹儀は高齢を理由に出馬を断り、次の候補に想定された李思浩[17]（安福派の財政家）は香港へ逃亡した。このため司令部の臼田寛三大佐は、とりあえず唐紹儀のため、政府首班を空位とし、先にそれ以下のポストを固める方針をとった。唐紹儀と同郷の温宗堯もこの案を支持した。しかし、唐紹儀は結局出馬せず、維新政府成立後の一九三八年九月三〇日、その出馬を恐れていた重慶国民政府によって暗殺されることになる[18]。

続いて臼田寛三・長勇中佐らが推したのは王子恵であった。しかし王子恵の不透明な経歴等（詳細は後述）から、海軍省と外務省が猛烈に反対した。松井石根も王子恵の擁立を、「絶対に許可することはできない」と反対し、その代わりとして梁鴻志・陳羣・温宗堯の三名を推挙した。

図 5-1　梁鴻志

図 5-2　陳羣

松井の意向を受けた岡田尚と岡田の旧知の李択一[19]が最初に出馬要請に向かったのは梁鴻志だった。梁鴻志は幼少から秀才の誉れ高く、民国後は国務院法制局参事、参議院秘書長等に就任し、段祺瑞政権の下で活躍したが、段祺瑞下野後は隠棲していた。日中戦争開戦当時は、鄭孝胥・陳散原とともに詩界の三才子と称され、福建十詩人に数えられ、政治家としてよりは、むしろ文人として高名だった[20]。

しかし、梁鴻志の不出馬の意志は固かった。岡田と李択一の説得は「延々八時間に及」んだ。その結果、梁鴻志の参謀役として同郷の陳羣を出馬させること、温宗堯を立法院院長に祭り上げ行政に介入させないこと、また王子恵なる人物の責任は持たない、という三条件を付けることで、ようやく梁鴻志は腰を上げた。

続いて温宗堯との交渉が行われた。温宗堯は清末に袁世凱の下で外交を担った唐紹儀や両広総督を務めた岑春煊の下で外交交渉に従事し、駐蔵参賛大臣・両江総督洋務顧問・外務部参議等として官界で活躍した人物である。民国後は広東の護法政府で総裁などを歴任。一九二〇年一〇

図 5-3　温宗堯

図 5-4　王子恵

月に政務総裁の職を辞してからは政治の世界からは離れていた（岑春煊の失脚と関係があろう）。

温宗堯には岑徳広（岑春煊の子で唐紹儀の女婿）を通じて交渉が行われ、簡単に出馬の了解を得ることができた。これには先述のように維新政府への参加を辞退した唐紹儀が、自らの代わりとして同郷の後輩温宗堯を推していたこともあった。実際温宗堯は在上海の広東同郷組織である広肇会所に関わっており[21]、その不動産・墳墓などを日本軍から守るため、また同郷人からの要請もあり、維新政府に参加したことを戦後証言している[22]。もちろんこうした事情はあったにせよ、梁鴻志引き出しの事情と比べれば、温宗堯はそもそも出馬に前向きであったと考えられる[23]。

最後に岡田・李択一が出馬を要請したのは陳羣であった。陳羣は広東大元帥府秘書、上海警備総司令部軍法処処長、国民政府内政部政務次長、首都警察庁庁長等を歴任し、国民政府の警察官僚として知られた人物であった。当初陳羣は、自身が国民党員であり、北京政府で高官を務めた梁鴻志とは「政治感覚が異なる」ことを理由に参加に難色を示した。しかし、説得にあたった李択一は、陳羣と同郷で日本留学時代の「悪友」でもあり、最後には陳羣を口説き落としたのであった。

以上三名と比べると王子恵の維新政府参加の経緯は特異であった。というのも王子恵がそもそもいかなる人物か、ということがほとんど知られていなかったからである。王子恵は維新政府に参加するまで、政治的に無名であり、さらに一九三九年八月に実業部部長の職を辞して後、政界から離れてしまったため、中国史研究においても注目されることがなかったのである。しかし、王子恵の出馬をめぐる諸事情もまた、脆弱な維新政府の一面を象徴している。まずその経歴を確認しておこう。

王子恵は一八九二年に出生、本籍は福建で、両親はセレベス島（オランダ領東インド）の華僑であった。父親は横濱で商売をしており、王子恵は六歳から七歳にかけての時期、両親と共に日本に渡った。麴町の小学校に入学した王は、以後早稲田大学政治経済学部を卒業するまで日本で過ごした。[24] その後北京の『国風日報』編輯長・『正義日報』社長に就任し、国民軍第二軍の駐滬辦事処長・国民革命軍第二〇軍副軍長兼政治部主任・国民政府総参議処代表中日経済研究会員等を歴任した。[25] 自身が国民政府の軍人だったこと、蔣介石とも接触があり「昔から肚（ママ）が合はな」かったこと等は、後に本人も証言している。[26]

王子恵の前歴は裏付けが取れない点も多いが、民国初年から上海で医療に従事し王子恵と義兄弟の契りを結んでいた長田実は、「［王子恵が］三十四五歳の壮気潑剌とした時代」から反共産主義運動に従事し、また「胡漢民のやうな大先輩を始め、蔣介石、汪兆銘、于右任、宋子文、王正廷などの諒解を経て、絶えず〔日中〕双方の接近を工作してゐた」と回想している。[27] また清末以来革命運動を支援し、孫中山や国民党と近しい関係にあった萱野長知も、かつて上海の宋子文邸に蔣介石を訪問した際、王子恵が取り次ぎのようなことをしていたとする。[28] 王子恵が蔣介石等と何らかの関係を持っていたのは確かである。

実は王子恵を維新政府の首班に推していた一人が萱野長知であった。当時萱野は松井石根の顧問として維新政府樹立にも関わっていたが、松井に対し、単に名望があって仕事のできない人物を揃えるよりも、少壮有為の人物を以て政府を構成するべきと進言し、「四十年斯くの如き人傑に接したことがない」と、王子恵を高く評価していたのである。[29]

王子恵については、その六尺の体躯や端麗な容姿、「垢抜けのした東京辯」もあいまって、日本人の中に彼を支持する者が少なからずあったことは留意したい。例えば野依秀市（帝都日日新聞社長）は王子恵について「頗る潔癖で、才気煥発、あれ位才分の豊かなものは日本人にもあまり類が少なからう。〔中略〕一種の国士として扱ってよい人物[30]」と述べ、作家の尾崎士郎も、「彼と向ひあつてゐるだけで私はこの人物の中にひそんでゐる輝くやうなものにハツキリ触れることができたのである。これほど透明な印象を人間からうけることは滅多にあるものではない[31]」と評価していた。王子恵自身も日本人と積極的に交際していたようで、大川周明とも積極的に関わろうとしていた[32]。

このような王子恵を、新政府首班を探していた臼田寛三・長勇（ちょういさむ）に紹介したのは上海福民病院院長の頓宮寛（とんぐうゆたか）であった。蒋介石との繋がりを持つという触れ込み（辻政信によれば、王子恵の維新政府参加は、重慶側の諒解の下であった[33]）を買って、当初は松井も王擁立に賛同していたのである[34]。

しかし、王子恵の素性に疑問を持つ人もあった。このため上海総領事館の岩井英一が調査したところ、王子恵は一九三一年四月に上海で起きた天長節爆弾事件の際に、不確かな情報で現地海軍を翻弄した王晦知と同一人物であったという[35]。

こうしたこともあり王子恵の維新政府首班就任は見送られたが、王を支持する「臼田・長は王反対論を撃滅するため、神楽坂や浅草方面から多数の無頼漢を集めて謀略や暴力手段に訴うるに至」り、孫中山を助け革命に奔走してきた山田純三郎も監禁され、「王に賛成するとの一札」を取られる事態となった[36]。

結局、王子恵は実業部部長として新政府に加わった。しかし、王子恵就任の経緯や、王がテロと関係があることを理由に中国側要人が王を嫌ったこともあり、外務省は当初から時期を見て「王を引込める」方針であった[37]。すでに維新政府成立前の一九三八年三月七日の陸海外三省の関係者協議で、王子恵を「出来得る限り速かに罷めさせる」ことが既定方針となっていたのである[38]。

「日支両棲動物」と自称し、「和歌を詠み、詩人石川啄木を語る」中国人として、当時の日本では広く紹介された王子恵だが[39]、先述の岩井英一によると中国語はほとんどできず、維新政府の会議も欠席しがちだった。

このように維新政府は、梁鴻志・陳羣のようにしぶしぶ参加した者、温宗堯のように比較的参加に前向きだった者、さらに王子恵のように素性の不確かな、ある種投機的人物の寄り合い所帯であった点には留意したい。というのも以上の政権参加のスタンスが、維新政府での彼らの発言の姿勢にも影響しているためである。

三　維新政府の議論

では彼らはどのように中国の現状を眺め、また中国の将来を構想していたのか。維新政府は日本占領下に日本との協力を前提として成立した政権であったため、当然のことながらその主張は日本との提携・友好が基調をなしていた。しかし、日本との提携・友好は維新政府成立の大前提であり、言わば枕詞である。こうした議論の表面をなぞっても、得られる結論は想定の範囲内に収まろう。

むしろ注目すべきは、日本との提携・友好がいかなる文脈で議論され、また日本との提携を語りつつ、彼らが何を主張していたのか、という点である。以下ではそうした議論の後景に注目し四人の議論をそれぞれたどることで、維新政府の議論の特徴に接近を試みたい。

(1) 梁鴻志——「政を為すは多にあらず」

行政院院長の梁鴻志は維新政府の事実上の首班であったが、後述の温宗堯に比して政見を積極的に披瀝した様子はない。文章も「紀念国慶頌辞」(40)「武漢陥落談話」(41)「八一三紀念談話」(42)など数篇、それも多くが記念日に際しての儀礼的なものだった。これには梁鴻志が上述したように維新政府への参加を渋っていたこと、また「為政〔治〕不在多言」(政〔治〕を為すは多言にあらず)」(『史記』儒林列伝第六十一)という心境で政治にあたっていたことも関係していよう[43]。それでも発言の行間や、日本人の記録等にその思いを垣間見ることは難くない。

一九三八年一一月、来訪した野依秀市に対して梁鴻志は、「欧米は日本より支那の主権を重んじ、面子をよくすることが上手です」と語り、口先だけの親善でなく、中国の主権を重んじることの必要性や、「日支親善」のためには「誠実親切に、日本が態度を更（あらた）めるがよい、支那を馬鹿にしてはいかん」等、日本のやり方に問題があることをやんわりと指摘した[44]。

一九三九年三月の政府成立一周年の文章では[45]、冒頭で、自身が漢奸と指弾された維新政府成立当初の心情に触れた後、南京に遷都してからは、以前に比べて人物が集まってきたとし、維新政府は対内的には秩序回復、対外的には領土主権の回復が目標で、その精神は中国を完全なる独立国家にすることだと述べた。ただ一方で「消極的」、「非実際的」、「徒らに批評を好む」といった「中国人の劣質」を改めることができなければ、「復興の大任を果す可きこと断じて望み艱」いとも述べている[46]。梁鴻志は独立国家を標榜しながらも、中国の現状には課題が多いと見ていたのである。

日本の雑誌に掲載された「東亜新秩序の先決問題」では、より踏み込んだ発言も見られる。冒頭で梁鴻志は「中日両国は各々その民族的優秀性を具有して」おり、両国が「融合して進むならば、亜細亜に覇者たる事、決して難事ではない」と主張する。これは、維新政府において様々な形で登場する中日提携論の一つと言える。しかし、日本が中国・全東亜を征服したという議論に対しては、大局を見ていないと一蹴。日本には中国を征服できる力があるとしながらも、一方で中国には悠久の歴史があり、やすやすと征服される国家でないと述べる。そしてこの戦争（＝日中戦争）があくまでも日本と蔣介石率いる中国国民政府とのもので、一般民衆とは全く無関係と述べた[47]。このように、日本の優位を明示しつつも、そこに中国の立場も織り込んでいる点に、この議論の特徴がある。視点を変えれば、このように日本の優位を前面に出すことで、ある程度の日本批判も許された側面もあったと言える。

「民国二十九年元旦感言」[48]は、梁鴻志が維新政府で発表した最末期の政見である。その中で梁鴻志は維新政府成立前夜を回想し、いわゆる志士や名流と呼ばれる人々が政府への参加をためらう中、「仏教を信じる者が地獄に入らなければ、誰が地獄へ入るだろうか」という決心で政府に参加した心境を回想している。その上で、国事を独裁する「独断〔包辦〕主義」の打倒を唱え、江南（長江中下流域）民衆の気持は「安居楽業」の四文字に尽きることを自らの経験から説明し、さらに戦争が続けば中国はアジア共産の製造工場となると危機感を述べた。仏教の例を引き合いに、日本の占領を「地獄」と比喩する件は、梁鴻志の日本へのあてつけとも思われ、その本心が那辺にあったのかがうかがえる。

さらにこの文章で梁鴻志は二つの言葉を引いて、それと自身の気持を重ね合わせている。一つは諸葛亮（孔明）作とされる「後出師の表」の「鞠躬尽瘁、死而後已、成敗利鈍、非所逆睹（献身的に力を尽くし、死ぬまでやり遂げる、成功と失敗は予測することができない）」である。すでに汪精衛を中心とした中央政府の成立が目前に迫る中、「成功と失敗は予測できない」というあたりに、維新政府を率いてきた梁鴻志の感慨が表れている。

もう一つは一一世紀北宋の宰相寇準の言葉「国家創痕、望速平復、吾身創痕、留待上天鑒憐（国家が傷ついた時は、速やかにその回復を望む、自らが傷ついた時は、天の憐みにまかせる）」である。寇準は、遼の南下に際し金陵への遷都を唱えた王欽若らに対し、真宗皇帝の親征を主張する強硬論を唱えたことで知られ、後に王欽若の讒言で地位を追われた人物である。ここで遼は日本、金陵は重慶、王欽若は蔣介石にそれぞれ比定されよう。梁鴻志は、首都を放棄することなく敵である遼と交渉し、澶淵の盟を結んだ寇準に自らを擬し、その国を守る立場を示したのである。

このように、梁鴻志は外国の侵略を否定し中国の独立を標榜しながらも、中国の現状には課題が多いと見ていた。また戦争の責任は国民政府にあるという議論を展開することで、大多数の中国人の責任回避を試みたのである。

前述したように、梁鴻志は東方文化事業の委員にも名を連ねるなど、文人として高名であった。おそらくは自らもそれをもって任じていたであろう。そうした文化を体現する者としての自覚が、抗戦継続により国土が荒廃することや、中国社会の共産化への危機感にも繋がったのである。また梁鴻志の意識には、社会・国家のためであれば、私を捨て困難にあたるという気概も通底していた。自らを孔明や寇準に擬する辺りに梁鴻志の考える士大夫としての態度、国家への責任の処し方を見ることができる。

汪政権が成立すると、梁鴻志は閑職の監察院院長に就任した。しかし、梁鴻志は自らの執務室のあった維新政府行政院（日中戦争前は国民政府の所在地）からの移動を拒んだと言われ（ここが梁の曾祖父梁章鉅が署理両江総督として執務した場所だったこともあるかもしれない）、維新政府の行政院庁舎がそのまま汪政権の監察院庁舎となり、汪政権はかつての考試院に国民政府を置くことを余儀なくされた[49]。南京陥落直後から日本との交渉にあたってきた梁鴻志の自負心が垣間見えるエピソードと言えるだろう。

汪政権での梁鴻志には、維新政府時代にあった儀礼的文章の発表もほとんどなくなった。以後、梁鴻志が雑誌『同声』月刊や『古今』（梁鴻志の女婿朱樸が編集長を務めた）[50]に古典や詩詞に関する文章を寄せていることが確認されるが、政論は儀礼的な内容に終始した[51]。こうした対応も後述の温宗堯とは異なるものであった。

（2）陳羣――議論より実践を重視

陳羣については、松井石根による指名に加え、梁鴻志から「自分の参謀として必ず出馬させる」こと、という条件が提示された旨は前述した。梁鴻志が陳羣を指名した背景には、二人が同郷であったことに加え、国民政府で南京警察庁庁長・内政部次長を務めた陳羣を取り込むことで、重慶の国民政府との何らかのパイプを期待していたものと考えられる。実際、維新政府成立後も陳羣が、香港在住の杜月笙らを通じて重慶側と連絡を取り合っていることを日本側も察知していた[52]。

陳羣が岡田尚に語ったように、段祺瑞政権の秘書長であった梁鴻志と国民党員の陳羣とは、その政治的な経歴に大きな隔たりがあった。陳羣は「訪日随談」で、一二年間務めた孫中山の秘書としての経験から、「現在の重慶政府で国民党史に明るいのは居正ひとり位」と語り、自らの古参党員としての経歴を暗に示し、国民政府の綱領である三民主義に対しても「非常にいいとも主張してゐない代りに、また反対もしてゐない」[53]と、維新政府での微妙な立場をうかがわせた。実際、陳羣は維新政府で自らの意見が通らないことに不満を持ち、後に汪精衛に「維新政府の反国民党、反三民主義的政策に苦悩を重ねた」と語っている。[54]

こうしたこともあって、後述する反共以外は陳羣もそれほど積極的に政見を述べていない。ただ、当時南京にいた領事の堀公一は、野依秀市の「維新政府の人物はどうですか」との質問に、「内政部長の陳群君(ママ)が元気者ですね」と答えている。[55]陳羣は、以下明らかにするように、議論よりもまずは目前の課題を具体的に解決していくことを重視していたのである。

こうした陳羣の心境がうかがえるのが、内政部傘下の県政訓練所での演説である。この演説で陳羣は、中華民国政府聯合委員会に参加するため北京を訪問した際（一九三八年九月下旬）、北京市民の公務員に対する態度が、南方（長江下流域）のそれと比較して恭しいものであったことに言及し、そこから南方民衆の政府への信頼が、北方のそれに及んでいないと述べた。

では維新政府を認めようとしない人々にいかに対処するか。陳羣は将来の県知事候補たちに対し、環境に応じるべきことを説き、「不卑不亢」たれと語った。これは卑屈にならず、かといって傲慢でもない態度である。さらに陳羣は「漢奸、傀儡と罵ろうとも良い、しばらくの間は必ずしも議論しなくても良いではないか。いたずらに議論しても固より益無く、議論しても必ずしも人びとが信じるわけではない」と、議論より実践を重視すべきと語った。そして、実際に維新政府の成立により社会秩序が安定し、人民の生命と財産が保障されたではないか、と結論づけたのである。[56]

陳羣は、国民政府期には共産党に対する「清党」でも知られた人物であった。陳羣自身も、反共主義の原則に基づいて自身の過去一切の政治的行動が規定されたと述べている。陳羣は共産主義も中国を救う方法の一つと認めながらも、世界で中国ほど共産主義の危機にさらされている国家はないとし、共産主義よりも民族的自覚に基づいたアジア主義の重要性を指摘した。陳羣によればこのアジア主義とは、「白色人種による民族的支配の否定」を意味するという。そして中国の長期建設は、民衆の頭脳から、共産主義的観念を完全に絶滅することであると説いた[57]。陳羣は維新政府に積極的に参加したわけではなかったこともあり、反共以外にはあまり持論を展開した形跡はない。議論よりも長い時間をかけて実績を積み重ねるという姿勢をとったのである。

汪政権で合流することになる周仏海は、汪政権成立前夜の陳羣の人となりについて、「事は人がなすもの、との考えで頗る楽観的」と記している[58]。同時期の座談会でも陳羣は「日支両国の共同の利福、共同の目的を達成」するためには、性急に考えてはならないと釘を刺し、「まア、百年がゝりでやるのだね」と発言している[59]。むろん陳羣が全てを状況に任せていたわけではない。先述したように、県政訓練所に、辛亥革命以来孫中山に従っていた伍澄宇を教官に招くなど、実質的な部分で国民政府以来の方針の継承を図っていた節もうかがえるからである（第八章参照）。周仏海が陳羣を称して「将来方法を講じて抱き込む必要がある[60]」としたのも、こうした陳羣の力を見込んでのことであろう。陳羣は汪政権でも引き続き要職の内政部部長を務めることになる。

（3）温宗堯——積極的な言論活動

維新政府の中で最も積極的に議論を発表したのが温宗堯であった（一九三九年三月までに一八本の論考[61]）。温宗堯はその政見を『中華新声』・『南京新報』などで発表し、主要なものを論文集『中華民国維新政府立法院院長温宗堯詳論此次中日事変各要点』にまとめた。温宗堯は、「上流の人間」が、漢奸と指弾されることを恐れるあまり、占領地政権に出馬しない結果、「下流・無頼」の輩が政権を担当する事態となることを何よりも危惧していた。そのため、維新政府への参加は決して売国には当たらないことを繰り返した。このことは、実際には漢奸として指弾されていることを、温宗堯自身が強く意識していたことを示している[62]。

温宗堯の議論は、日本との提携を謳いながらも、条約を結ぶことで日本の行動を制限しようとした点、将来は中国の失地を回復するべきとした点等に特徴がある。これは清末から外交交渉に携わってきた温宗堯の経験に裏打ちされたものと考えられる。温宗堯の議論は多岐にわたるが大別すると次の七点、①抗日と親日について、②日中戦争の原因について、③戦争の賠償について、④漢奸の定義、⑤維新政府について、⑥対日観、⑦失地回復について、に分けられる。以下、項目ごとに見ていきたい。

①抗日と親日について

温宗堯は、中国人の八割から九割が抗日意識を持っていると見ていた。しかし、そのうち真に国家のためを考えた抗日は一割に満たないとした。温宗堯によれば、抗日と称している人々の多くは、実際には「愚抗」（盲目的に周囲に従い抵抗すること）、「懦抗（だこう）」（抗日は国を害すると知りながら、批判を恐れて抵抗すること）、「巧抗」（名誉を求めて抵抗すること）と言うべきであり、またかりに「憤抗」（憤りによって抵抗すること）であったとしても、抗日は誤りであると述べた。蔣介石が抗日政策をとり続けていることについても、その目的は蔣介石個人の名誉と地位を保全するために過ぎないと説明した。

一方、親日についても温宗堯は分析を加えた。温宗堯は、親日を称していても日本を害するものがあるとしたのである。温宗堯によれば、名誉や生死を顧みずに親日である人は、忠義を尽くす賢人であるものの、親日の美名を藉りて、自己の利益を求めようとする者は、「奸佞・陰険」であり、彼らにより時局は益々乱されると説明した[63]。もちろん温宗堯は自身を前者に擬していたことは言うまでもない。

②日中戦争の原因について

温宗堯は日中戦争の原因を中国側にあると説明した。温宗堯は、日本が理由なく中国を攻めれば、当然抗日するべきだが、今回の戦争には、中国を攻める理由があったとするのである。それは、蔣介石が日本の恩義を忘れ、義に背き、また自己の名誉のために国家の大局を顧みなかったことであるとされた。

温宗堯は孫中山の革命運動以来、国民党がその揺籃期に日本人から多くの支援を受けたことを恩義であるとした。そして、この恩義にもかかわらず、後に国民党がソビエトの援助を受けたことを忘恩であるとした。また国民政府が日本製品をボイコットし、日本の生存を絶とうとしたのも誤りで、日本が怒るのも無理はないと説明した。

では中国人はどうするべきなのか。温宗堯は中国人が自発的に蔣介石を打倒し、蔣介石に替わって日本に謝罪するべきとした。そうすれば、理を論じ、情を論ずる日本人の感情は自然に緩和される、と温は説いたのである。

温宗堯は、蔣介石の中国人に対する罪についても説明した。例えばそれは東三省（＝満洲）を失ったことであった。温宗堯は、一九三一年六月の中村震太郎（しんたろう）大尉殺害事件の際、国民政府が日本と交渉せず、賠償金を支払わなかったことを失策であったと見ていた。また国民政府の満洲事変に対する対応にも問題があったとした。温宗堯によれば、満洲事変勃発時には、日本も確たる方針を持っていなかったのだから、蔣介石は即刻抵抗し、日本と「奉天協定」さえ結んでいれば、東三省が失われることもなかった、のである。(64) そして、この失策の責任を取って、蔣介石は自殺するか、あるいは世人がこれを誅殺すべき、としたのである。(65)

この議論で興味深いのは、温宗堯が蔣介石を批判しながらも、一方で日本の満洲占領についても納得していないことを、間接的に表明している点である。後述するように温宗堯の議論の特徴がよく表れている部分である。

③戦争の賠償について

温宗堯は、日中戦争の責任が中国人にもあるとしていた。これは、先述の梁鴻志の立場とは異なっていた。梁鴻志は、蔣介石率いる国民政府と一般の中国人は無関係と説明していたからである。温宗堯によれば、父兄（中国人）が子弟（蔣介石）を監督できず、隣人（日本）に迷惑をかけた（排日政策や日中戦争を指す）のだから、中国人も相応の責任を負わねばならなかったのである。

ただ温宗堯も中国の賠償については制限を設ける必要性を説いた。中国は日本に対して賠償する必要があるものの、その範囲を明確にし（無制限でない）、中国が喜んで受け入れられる程度に抑えるべきとしたのである。さらにその賠償を日本への謝礼であると解釈した。温宗堯は、賠償は日本が戦争で獲得した土地と主権を中国に還してくれたことに対する謝礼であるのだから、これは中国にとって恥辱ではない、と説明したのである[66]。

温宗堯は近衛文麿の東亜新秩序声明の後の議論でも、日本が何の見返りも要求せずに、占領した土地を中国に返還するとした点を、これまでの中国が外国との戦争に敗れた後の条約ではいまだ類例がないと評価した。その一方で、こうした日本の姿勢に対し疑いを持つ中国人がいることも認め[67]、この疑いを払拭するためには、新中央政府を樹立するに際し、日本はその優先権を持つ範囲を確定し、決して無制限であるべきでないと説いた[68]。

温宗堯は、表面上は日本への譲歩を示す議論を展開しながらも、そこに日本は占領地を中国に返還すべきという主張を織り込んでいるのである。

④漢奸の定義

温宗堯は自身が漢奸と見られていることを十分意識していたものの、自身が漢奸ではないことを繰り返し表明したことは先述した。では温宗堯が考える漢奸とはどのような人々を指すのか。温宗堯によれば、戦備・実力がないにもかかわらず「空言豪語」し、外侮を招く者こそが真の漢奸であり、そうした真の漢奸によって国土が失われることこそが売国であった。そしてこれと反対に、喪失した国土を修復する温宗堯のような者は漢奸売国ではなく、愛民救国にあたる、と説明したのである[69]。

「漢奸傀儡及帰順民の説」でも、「外国の力によって、漢民族を残殺し、一党の利を謀り、少数者の私を営む者が大漢奸」であるのに対し、「愛国の老練者が失地を接収し自治に従事」することは、「緊迫した国土を恢復し、中日の提携を謀ることで、誠に公明正大」と、自身の正当性を主張した[70]。

⑤維新政府について

では維新政府はいかなる立場にあるのか。温宗堯は、維新政府はアジア人がアジアを治めることに賛同するとし、これを黄色主義と称した。そして同文同種の日本と協力して外来の侵略に抵抗し、反共政策をとることによって、はじめて国を救うことができるとし、まずは赤色テロを根本的に清算するべきと説いた。

温宗堯にしてみれば、もともと堂々たる大国であった中国をこのような状態にしたのは、国民党であり、国民政府であった。これに対し、直面する危険に対処し、国民を地獄から救い出す使命を帯びている政府こそ、維新政府にほかならなかったのである。[71]

⑥対日観

温宗堯は、日本が中国から輸入した文化を日本で独自に改善した所に、今日の日本の強さが生まれたとし、中国人民は日本の人民と親善するべきであると説いた。[72] ただそれは必ずしも盲目的に日本に従うことではなかった。

これは「誠と権」という文章から明らかである。温宗堯によれば「誠」とは発言と行動が一致すること、「権」とは反対にその不一致を指し、歴史上「誠」を用いた者は成功し、「権」を用いた者は必ず失敗したという。では日本はどうか。温宗堯は、日本は正々堂々と兵を挙げて蔣介石を討ったのだから、異民族として中国を統治した元や清の前例に倣い、東京から北京に都を移し、天下に中国を占領したことを宣言し、寛恕仁慈の心で中国人にあたれば、発言と行動が一致しているので、元や清のように中国を統治できるとする。

温宗堯はそれに続けて、もちろん、実際には日本の心は天のように広いため、占領した土地を中国に還し、その自主独立を認めたとする。しかし、たとえ日本が中国の自主独立を認めても、実質的に占領が続けば、その状態は発言と行動が一致しない「権」の状態であるのだから、かつて中国を統治した金と同じく失敗するとした。そして日本が中国を、朝鮮や満洲と同じように扱うことを戒めたのである。[73]

⑦失地回復について

先述のように温宗堯は、東三省の中国からの離脱を阻止できなかったことを国民政府の失策としていたが、一方で満洲国成立後の既成事実は認めざるを得ないという立場にあった。そして中国が満洲国を承認しなかったことが、一二省（＝日中開戦後に日本に占領された省）喪失の原因と説いた。

近衛文麿の東亜新秩序声明についても認めるべきとしたが、一方で日本占領地にある臨時・維新両政府がいくら日本と盟約を結んでも、国民の了解は得られないことも率直に認めていた。そこで温宗堯が重視したのは、日本に占領されていない西南・西北の九省（広西・四川・雲南・貴州・湖南・福建・陝西・甘粛・新疆）の動向であった。温宗堯は九省の代表が速やかに日本と盟約を結ぶべきとし、さもなければ九省も一二省と同じ運命をたどると説いた。(74)

重慶の国民政府に対しても、三省（＝東三省）が失われた当時（満洲国成立から日中開戦までの期間）、残りの二一省の力を合わせてもこの三省を回復できなかったのに、すでに一六省（＝東三省・熱河と前述の一二省）が失われた現在、残りの九省で全ての失地を回復することは無謀とした。

ここで温宗堯が持ち出したのが、義和団事件の際、劉坤一・張之洞ら南方の巡撫・総督が清朝から出された列強攻撃の命令に背いて、列強と協定を結んで戦端を回避した「東南互保」の故事であった。温宗堯は「東南互保」に倣い、まずは日本軍に占領されていない九省の代表が日本と盟約を結んで一二省と協力するならば、必ずや独立平等の地位を取り戻すことができるとした。(75)この中では、清朝は重慶国民政府、列強は日本、九省の代表は南方の巡撫・総督にそれぞれ比定されている。

以上見てきたように、温宗堯は蔣介石率いる国民政府の失政が、日中戦争に至る諸問題の原因と説明していた。また蔣介石は日本の敵であるだけでなく、中国を困窮に陥れた点で中国人の敵でもあるとしていた。温宗堯は戦後の漢奸裁判でも国民党を批判しており、(76)恐らくこれはかなり信念に近いものがあったと考えられる。日中戦争についても、中国の敗戦を前提に議論を進めた。しかし、その主張は単に日本へ譲歩するだけのものではなかった。

温宗堯は日本への賠償も認め、その際に必ず条約を結ぶ必要を説いたが、そこでは条約という枠で日本からの無制限の要求（＝外圧）を阻止することに力点が置かれていた。こうした発想は、「東南互保」の例とともに、清末から一九二〇年代にかけて、各種外交交渉にあたってきた温宗堯の外交観を反映したものであった。また、満洲を日本に取られなければ、南京が日本に取られることもなかった、という主張も注目される。温宗堯は日本の南京占領はもちろん、満洲国にも否定的だったのである。

日本側にもこうした温宗堯の主張を「〔日本側と〕大差なきを認むるも、内心果して如何」と見る者があったように[77]、実際、温宗堯は日本の侵略を肯定してはいなかった。ただ温宗堯の主張の根底には、恥辱は虚名で忍ぶことができるのに対し、生存が脅かされることは実禍（実際の災い）を伴い、忍ぶことができない、との意識もあった[78]。温宗堯は第一次世界大戦後、敗戦国のドイツが復興した例を挙げ、中国の「無謀な抵抗」を諫め、人民のために生存を図ることにこそ意味があると説いたのである[79]。温宗堯の立場は、時間をかけて中国の国力が充実するのを待つべきというもので、これは上述の陳羣の意識にも通じよう。

一九三九年六月、温宗堯は汪精衛と会談し、そこで新中央政府の設立や東亜新秩序に賛同する旨答えた[80]。汪政権成立後、温宗堯は司法院院長として政権に関わり、折に触れて自らの政見を発表しているが、その内容は汪政権の方針に沿ったものに変化し、維新政府期の独自色は失われている。

（4）王子恵――日本人に与えた深い印象

王子恵は、三民主義は夜店の古本屋から拾い集めた程度の思想で[81]、三民主義が良いならば、六民主義や十二民主義はなおさら良い、といった国民党批判を展開し、維新政府成立後、日本人に一番深い印象を与えたと言われた人物である[82]。維新政府成立の際に発表された一〇ヶ条の政府政綱も王子恵の草案を中国語にしたものであった[83]。

しかし当初王子恵は中華民国の国号及び五色旗を変更することを主張し、日の丸の赤地を白くし、白地を赤くした幾千本もの新国旗まで準備していた。北昤吉は王子恵が「無政府主義傾向を有し」、また「思想が余りに高邁にして常人の理解を超越するもの」があったため、「定石派の諸君と幾度か衝突」したとしている[84]。こうした王子恵の主張には、以下に示す「アジアの理想／アジアの明日」という言葉に象徴される、理想主義的傾向を含んでいたのである。

王子恵の議論は、『中華新声』や、自身が部長を務めた実業部刊行の『実業月刊』に掲載されたほか、日本の雑誌でもしばしば紹介された。王子恵には論集『亜細亜の明日を語る』（亜細亜書房、一九三八年）及びその中国語版『亜細亜之理想』（一九三八年）がある。本節では『亜細亜の明日を語る』（以下、頁数のみ記す）を必要に応じて他の史料で補いながら、王子恵の主要な三点の議論、①アジアの理想／アジアの明日、②日中関係について、③漢民族の力について、から整理する。

①アジアの理想／アジアの明日

王子恵の議論の骨幹をなすのが、アジアの理想（アジアの明日）であった。王子恵はアジアの絶対性と至上性を確信する理想こそが重要とし、その上に日中の同盟がなし遂げられるとした[85]。戦争の原因もこの理想が喪失したためであり（四頁）、事変もこれを取り返すためのものであった（八頁）。

では王子恵の考えるアジアとは何か。王子恵は具体的には言及していないが、アジアの精神の特質が西洋文化との比較によって明らかになるという説明（六頁）、「ヨーロッパの東漸的傾向」をアジアの敵とする点（四〇頁）、アジア的同盟を精神的同盟とする点（四五頁）等から、欧米との対抗を前提とした精神的な連帯であったとまとめられる。王子恵は、その実現のために、アジア人相互の帰化の自由を主張した（五九頁）。さらにアジアの平和は「惹いては世界の平和にまで及ぼすと云ふことにならなければ本当の意義がない[86]」と説明した。

②日中関係について

王子恵は自身の行動の規範に日本の歴史や明治維新があることを表明していた（八一頁、一〇一頁）。蔣介石・国民党についても、「支那国民とは、全たく利害相反する関係であり、何等本質上の一致性を持つて」いないと断定した（三一頁）。さらに日中両国の結合は「単に、物の欠乏を充た」したり、「物的な欲望に備る」ための結合論、親善論では説明できず、「日本は指導者として支那に臨み、支那は指導されるものとしてこれに対する事が、両国の結合の本諦である」（九～一〇頁）と説いた。そのために、飛躍した議論であると留保を付けながらも、「日支両国間は、少くとも此処当分の間、一切他との国際関係を絶つて、二つの国だけが交誼を守り、二つの国だけが結ぶ」べきとした（六一頁）。そして「最も効果的に両国の言語一元化を実現しうる方法として、支那国民が全部日本語を学び、日本人が全部支那語を学ぶ」ことを提唱した（五三頁）。

③漢民族の力について

日本との関係をとりわけ重視していた王子恵だが、中国軍が敗れることを希望することはできないなど（三一頁）、中国人には中国人の誇りがあることも明言していた（七一頁）。漢民族は、決して弱い国民でなく、「何人の支配の下に立たうとも〔中略〕五億を越ゆる大国民が一大組織を結成する時、それこそ恐るべき大国民となる」との発言は（三六頁）、日本への牽制とも考えられる。

王子恵と会見した山本実彦（さねひこ）（改造社社長）も、「支那の兵も強いし、お国の兵も強い」と「日本兵の強さに言及する前に支那兵の強さを語つた」王子恵の発言に、「祖国愛の現れ」を見ている。(87)

王子恵は、「指導とは、指導の力によつて、指導さる者の要望を充たす関係」（一〇頁）で、「四億五千万民衆の心こそ、〔中略〕尊いもので」、その獲得のために日本は「支那の国民を愛する」ことが必要と述べた（二五～二六頁）。さらに今回の戦争で「支那の国民の体力、野性的な戦闘力等は、決して脆弱なものではなかった」（四六頁）とし、「日本の民族的発達は、支那との結合を条件として、その次の段階を目指してのみ、無限の将来を予想することが出来る」と説明した（三八頁）。

こうした王子恵の主張は、日本と中国が共同歩調をとることをアジアの理想とし、それに基づいて中国を建設すること、とまとめられる。王は、漢民族の能力についても言及したが、それは、日本が指導者として中国に対するという前提の上での話であった。

こうした王子恵の主張は、汪精衛の和平運動が具体化する中で変化を余儀なくされていった。一九三八年一〇月、武漢陥落前のラジオ放送で王子恵は「今日の〔国民〕党軍は百戦百敗し、すでに切羽詰まった状態であれば、汪精衛はいったいどこにその理想とする半共産の国家を建設しようとするのだろうか」[88]と汪を名指しで批判した。これは汪精衛の武漢国民政府時代の容共姿勢からのイメージを反映させた議論だが、汪の重慶脱出後の三九年一月にこの議論が再度掲載された際には、「汪精衛」が「多くの党の要人」、「党軍」が「党共残軍」とそれぞれ改められているのである。[89]

この頃、王子恵に対する周囲からの風当たりも強くなりつつあった。野依秀市は、王子恵が中国の役人の態度に批判的だったこと、維新政府でも孤立無援だったことを回想している。[90]また、鉄道大臣等を歴任し中国とも関係の深かった小川平吉も、王子恵がしばしば維新政府への不満を吐露し、小川らがそれを宥めたとする。[91]日本当局も、汪精衛を中心とした新たな中央政府樹立にそなえ、維新政府との間で経済的な諸問題を解決するに際し、「王子恵等の存在は右達成上、好ましからざるのみならず、〔維新〕政府内にも同部〔＝実業部〕の改組刷新を熱望しあり」と見ており、「王部長の自発的辞職」を促すという方針が具体化しつつあった。[92]一九三九年八月一〇日、維新政府議政会議は王子恵の依願退職を認め、[93]王子恵は維新政府を去ったのである。

四　小　結

本章で明らかになった点をまとめておこう。維新政府で指導的立場にあった四名の態度は、梁鴻志・陳羣が言論よりも行動に重きを置き、温宗堯・王子恵が積極的に議論を展開した点で違いがあるものの、日本との提携、反共、また日中戦争の原因を蔣介石や国民政府に帰した点、などで共通し、これらが維新政府の議論の基調をなしていた。しかし、彼らも日本の行動を無批判に認めていたわけではなかった。梁鴻志は中国が自主独立であることを主張し、温宗堯は日本の無制限の要求を抑えるためにこそ、日本との条約締結を重視し、失われた中国の領土を徐々に回復する必要があると説いた。「日支両棲」を自称した王子恵も、やはり漢民族としての矜持は表明していたのである。

こうした主張は、日本に譲るべき点は譲りながらも、そこに中国の主張を織り込み、間接的に日本を批判・牽制する点に特徴があった。その主張はまた、中国が敗戦したという現状認識に基づき、長期的視野の下、漸進的に国力回復を図ることに力点を置いたものでもあった。

維新政府では、当初王子恵が唱えた中華民国の否定といった極端な主張が退けられ、中国の原状（三権鼎立の共和政体）回復への希求が、政府政綱なども含めて語られたことにも留意したい。これは中華民国の体制を否定し、大漢国建国を唱えた張鳴や、最終的に世界が天皇の下に帰一するとした上海市大道政府の主張と比べれば、中国の事情に沿ったものであった（第二章・第四章）。

しかし、彼らが公表できた政見はここまでであった。維新政府では中国が日本に負けたという前提から議論がスタートしていた以上、中国人が日本の占領を受け入れることも自明とされた。また古典に典拠を求めるような議論は、誰にでもわかる明快さを欠いていた。「支那の民衆といふものは実に平和の民で、素朴で、勤勉そのものだ。たゞ抗日〳〵と騒ぐのはインテリ階級だけ[94]」といった認識では、青年知識人層の支持を得ることも難しかったであろう。維新政府末期に登場する興亜建国運動の、「近衛声明以前の抗戦は正しい」といった主張と比べれば、維新政府の議論の限界は明らかであった（第六章）。

こうした維新政府の論調は、長くは続かなかった。一九三八年一一月に近衛文麿が東亜新秩序声明を出し、さらに一二月末には日本との和平を模索していた汪精衛が重慶を脱出し、新たな和平構想が具体化してくると、あからさまな国民党批判や国民政府と対立する「三権鼎立」を希求するような議論が減っていくのである。

その後も維新政府の立場は、行政院宣伝局が発行した雑誌『新東亜』（一九三九年六月発行）で公表された。しかし誌名からもうかがえるように、その論調は東亜新秩序声明にいかに応えるかに焦点が移ってしまったのである。こうして維新政府当初の主張（言葉を換えれば維新政府らしい議論）は政府成立から一年を迎える時期に転機を迎え、その後は東亜新秩序・大アジア主義といった、汪精衛らと歩調を合わせた議論に収斂していくことになる。

最後に本章で取り上げた四名のその後についても簡単に触れておきたい。梁鴻志は先述の通り、汪政権では閑職の監察院院長を務めた。戦後は漢奸として逮捕され、一九四六年一一月九日銃殺刑に処せられた。

陳羣は汪政権でも内政部部長を務めたが、一九四三年九月、江蘇省省長になり、さらに翌四四年一一月には閑職の考試院院長に移った。そして汪政権が解散した翌日、四五年八月一七日に服毒自殺を遂げている。

汪政権で司法院院長を務めた温宗堯は、戦後漢奸として無期懲役の判決を受けた。一九四六年七月八日、獄中で死去している。

結局戦後もながらえたのは、維新政府成立前夜その首班と目され、任半ばにして維新政府を去った王子恵だけであった。実業部部長を辞した王子恵には、一時期湖北省省長に擬する話が伝えられたが[95]、結局実現することはなかった。その後も王子恵は占領地で発行されていた『中華日報』や『南京新報』に自身の広告を出すなど[96]、上海に滞在していたが[97]、汪政権とは終始一貫して距離を取り、一九四一年には「支那は蔣介石主席でなければ治まらない」として、宇垣一成らと共に日中和平を画策した[98]。

一九四二年一月の非公開を前提としたインタビューでも、汪政権の無策を批判し「現代支那第一流の実力と魅力を有する蔣介石をして、日本と協力の下に共産党絶滅の大任に当らしめることが最上の策であり、大東亜戦下の今日を以て対蔣工作は絶好の機会とする」と述べている[99]。

辻政信によれば、王子恵は一九四六年に「日本に渡り、日華合作に当つたが複雑な内部勢力争いによつて召還され」、四八年五月には上海で辻を迎えている[100]。その後、再び日本に渡り、日比谷の日活国際会館に居を構え[101]、胡蘭成などかつての対日協力者と連絡を取ったことが確認できるが、[102]五七年には「蔣介石特使」を騙り尼崎製鉄などを巻き込む詐欺事件を起こし検挙されたのは、冒頭に述べた通りである。[103]その後も東京で暮らし一九七〇年頃死去した。[104]

筆者は、このような素性の不確かな人物を維新政府の首班にしようとした現地日本人の動きに、香河事件や上海市大道政府に関わった西村展蔵や蘇錫文をめぐる動きとの類似性を見る（第四章）。中国の事情から乖離した「高邁」な理想が語られ（政府に「維新」というような、ある種気持ちが先走った名称を冠した点も象徴的である。そもそも当時の中国人にとって「維新」は、まずは康有為ら保皇派を想起させる言葉であったと考えられ、その点でも命名者の中国認識の限界がうかがえる）、そこに半ば共感し、半ば利用しようと乗った現地日本軍人の姿も共通する。

ただ維新政府では、こうした傾向が政権樹立の前に軌道修正された点も注意したい。中華民国を否定する政体の採用は阻止されたのである。維新政府中枢を担った政治家の背景と発言からは、日本占領地において過渡的な立場にあった維新政府の姿が見えてこよう。

第六章　袁殊と興亜建国運動
——汪精衛政権成立前後の占領地の動向

今や汪先生と新生の国民党とは新中央政府の樹立に努力してゐる。我々はこれに対し、満腔の赤誠を以て極力支持するものである。

——厳軍光「我等の三大目標」

若し和平条件が厳正でなく、和平談判が進行すべからざるものであれば、たとへ明らかに抗戦不能を知悉してゐても、途は唯一つで、抗戦以外にないのであつて、膝を屈して亡びんよりは寧ろ戦に敗れて亡びん。

——陸国幃「興亜建国運動と中国思想界の変遷」

一　児玉誉士夫の日記——はじめに

戦後日本政界の黒幕として活躍し、「右翼の大立者」「政財界の黒幕」として隠然たる力を持ち続けた人物として、まず想起されるのは児玉誉士夫（よしお）（一九一一〜一九八四）だろう。(1)日米両国の政財界を巻き込んだ汚職事件として知られるロッキード事件の被疑者として検挙されながら、結局核心を語ることなく死去したこと、また児玉の人脈・資金の起源が、戦時期の中国大陸における活動にあったことも、よく知られた話である。児玉の訃を伝えた新聞記事は、その大陸時代について「〔児玉は〕延べ七年にわたる入獄のあと、外務省高官の世話で中国大陸に。現地で軍事物資の調達にあたる「児玉機関」を結成し、巨額の財産を蓄積した。この児玉機関の財産が、児玉被告と戦後保守政界とのつながりを生む」と簡潔にまとめている[2]。

そうした児玉の大陸での活動は、物資調達にとどまらず、占領地中国人の政治思想運動とも関わり合いを持っていたのである。その一端は児玉誉士夫が上海に滞在していた一九四〇年五月の日記にうかがうことができる。

今日は一日休養。

朝、総領事館に岩井先輩を訪ね、それから興亜建国運動本部の岩井公館に行き久しぶりで支那の青年諸君と話し合ふ。

話し合ふと云つても、支那語を満足に知らぬ自分の事だから、万国共通の手ぶり顔ぶりの信号と、厳軍光君のオモムロに解つて来る式の日本語とのチャンポンでの合点話しである。それでも、為めにする所有る奴と一日話し合ふより、御互に通ずるものが有る[3]。

この日記に登場する厳軍光こと袁殊なる人物が、本章の主人公である。袁殊は一九三九年から四〇年にかけて上海を舞台に興亜建国運動（以下、当時の略称から興建運動）なる運動を展開した人物であった。では興建運動とは何か。本章ではまず興建運動について人員・組織を中心にその活動を検討し、その上で興建運動における議論の特徴を明らかにする。

興建運動は、（汪派）国民党が新政権樹立を模索する中、その支援を目指した陸軍の影佐禎昭の要請を受け、上海総領事館の岩井英一とジャーナリストの袁殊が中心となって組織した運動である。同運動は、日中戦争の過程で現地日本当局に指導されたそれまでの親日団体と比較すると、人員・組織・主張に、それまでの親日団体とは一線を画する特徴があった。

すでに興建運動に関しては、いくつかの研究が存在する。劉心皇は抗戦期の文学史に言及する中で、興建運動の刊行物を列記し[4]、金雄白（汪政権下の新聞『中報』総編輯）の回想録から一部関係者の履歴を紹介した[5]。劉傑は、興建運動は汪政権樹立工作と同様「重慶政権を切り崩し、広範な支持基盤を持つ親日政権を作り上げ、新たなる日中関係を再構築するという野望に満ちた政治運動」だとした。ただ、劉の論考は、日本の和平工作の目的が重慶国民政府にあった点に注目することもあり、興建運動については概要を追うにとどまり、中心人物袁殊についても具体的な言及はない[6]。房建昌は、岩井の経歴を詳細に調べたが典拠が示されておらず[7]、興建運動の具体的な動きについての言及もない。髙綱博文は主に岩井の回想録『回想の上海』（同書出版委員会、一九八三年、以下、岩井）に依拠して興建運動を紹介し[8]、金雄白の回想録から、「〔興建運動は〕新民会や大民会と同様に日本人に駆使されている民間団体に過ぎ」なかったとする。しかし、髙綱が引用する岩井の回想録は、金雄白の興建運動に対する誤解も指摘している。金雄白が興建運動に強い警戒感を持った周仏海に近い立場にあったことを考えれば、金の記述を全面的に信頼することはできない。

岩井によれば興建運動の拡大は日本や華北・満洲国からも注目された（岩井一一頁、一〇五頁、一二四頁）。多少の誇張を考えても、それまでの親日団体とは区別される面があったと考えられるのである。では従来の親日団体との違いは何か。興建運動の検討を通して、同運動の解明はもちろん、それまでに占領地に登場した将来構想の問題点や限界を明らかにすることもできるのである。

興建運動に関する史料のうち当事者によるものは、関係者の報告を岩井が編輯したと考えられる『興亜建国運動と其現状』（外務省外交史料館所蔵、以下『現状』）がある[9]。また岩井に回想録があることはすでに述べた。

興建運動の刊行物（全て中国語）のうち、重要なものは機関誌『興建』（月刊・一九三九年一〇月～四〇年一二月）で、そこでの主な論考は、『興建叢書』（全一〇冊）に転載されたほか、運動一周年を記念した『興建第一年』（興亜建国運動本部、一九四〇年）や、運動解散後に編纂された『興建運動』（興建運動本部結束委員会編、街灯書報社、一九四一年）にも、活動内容とともに再録された。この他、興建運動の主要な議論を翻訳した上海日本総領事館特別調査班訳『興亜建国の理論と主張』（同班、一九四二年）がある。これらを通して興建運動の活動・主張をほぼ追うことができる（章末の表6-1、表6-2）。

袁殊に関しては、その息子曾龍編著による『我的父親袁殊』（接力出版社、一九九四年、以下、曾龍）が詳しい。体裁は回想だが、実際は袁殊やその母賈仁慧等関係者からの聞き取り、書簡などを材料に執筆されている。本章の執筆のため岩井の著作と比較したが、基本的な事実関係は一致しており、両書の史料としての利用価値は高いと判断される。

この他『袁殊文集』（同文集編輯組編、南京出版社、一九九二年）には、袁殊の『文藝新聞』の記事や戦後の詩歌などが載る。ただ『袁殊文集』には、興建運動も含めて日本と関係した時期の文章は掲載されておらず、他の時期に関しても全作品を網羅してはいない。

二　袁殊と岩井英一

（1）興建運動までの袁殊

袁殊（袁学易）は一九一一年四月二七日、湖北省蘄春に生まれた（章末の表6-3）。父袁暁嵐は古参の中国同盟会会員（後に山東・湖北で県長を歴任）、母賈仁慧は商家の出身であった。一九一九年、家族は上海へ移り、袁殊は印刷工場で働きながら小学校へ通った。

一九二三年、父親のつてで袁殊は生活の互助・社会改造・文化促進等を標榜する上海の立達学園に入学した[10]。校内での袁殊は、無政府主義団体「黒色青年」に所属し、学内紙『甯報』を発行した（曾龍四一頁）。二五年五月に上海で起きた五・三〇事件に際しては、立達学園の学生代表として闘争に参加し、大夏大学学生代表の邵華[11]・劉真如[12]、国民党員の胡抱一[13]と面識を持った。

一九二六年、学窓を離れた袁殊は、胡抱一（国民革命軍江南別動隊司令）に従って国民革命軍に参加し、二八年に上海へ戻るまで軍内で宣伝股少尉股員、中尉科員を歴任した。

上海へ戻った袁殊は、再び胡抱一の紹介で全国賑災委員会調査組組員として山東省へ赴任したが、落馬による怪我のためまもなく南京へ戻り、その後は上海で作家高長虹が主催する無政府主義的文学組織である狂飆社に参加した[14]。国民党右派系の『民国日報』の『覚悟』副刊へ投稿したり、上海市党部宣伝部助理幹事に就任したのもこの時期のことであった（曾龍四四～四九頁、五三頁）。

この頃から袁殊はジャーナリズムに対する関心を高め、一九二九年八月、日本へ渡った。日本での袁殊の収穫は、日本語、新聞学、そして共産主義思想の受容であった（曾龍五九頁）。この時期袁殊は陳彬龢[15]が上海で発行していた雑誌『日本研究』（中国語）に、「日本政党人物的検点[16]」と「日本国勢現状概観[17]」の二つの文章を投稿している。このうち前者では日本社会の矛盾を捉え、そこに社会革命の機運が高まっていることを伝えている。

一九三〇年の夏に帰国した袁殊は胡抱一から北京の航空学校への進学を提案されたが、高額な学費のためこれを断念し、三度胡抱一のつてで、天津にいた何民魂[18]のもとへ行き、その後上海へ戻った。この時、何民魂の下にいた翁毅夫[19]が袁殊と上海に向かい、その後も翁は『文藝新聞』（経理）や興建運動（管理主任）で行動をともにした（曾龍六六頁）。上海に戻った袁殊は左翼的傾向を持つ聯合劇社に入り、国民党から目をつけられていたが、父袁暁嵐の知人方覚慧[20]らとの関係で配慮が加えられていたという（曾龍六九頁）。

一九三一年三月、袁殊はジャーナリズムへの思いを『文藝新聞』の創刊という形で具体化した。『文藝新聞』には中国左翼作家聯盟（左聯）の関係者が多数参加したが、多方面の話題を掲載し、他の左聯の刊行物と比べて多くの読者を獲得した。魯迅も数度にわたり記事を寄せている[21]。

袁殊は、「『文藝新聞』最初之出発」で、『文藝新聞』は不偏不党の立場から、人民大衆の要求に応える、と述べている。[22]『文藝新聞』は日本の侵略に対して厳しい論陣を張ったほか、デモ行進・演劇活動などを通じて宣伝を行った。

「請脱棄〝五四〟的衣衫」は、満洲事変を引き起こした日本の帝国主義者への抵抗を呼びかけ、「今日の文化運動は学者や学生だけのものではなく、多くの群衆の血と泪に広がっている」と指摘した。[23]また「榴花的五月」では、「大衆の革命的な民族戦争を推し進め拡大しなければなら」ないとして、「革命民族戦争の大衆文学」の必要性を訴えた。[24]

この時期の袁殊は、「集納主義」を標榜し、積極的に新聞界に関わった。この「集納主義」は、袁殊が創作したjournalismの訳語である。[25]袁殊は一九三三年から三年間にわたって上海の新聞記者を集めて懇談会を開き、毎週日曜日、その内容を「記者座談」として、上海で発行されていた『大美晩報』（米国系漢字紙）上に連載した。[26]

この頃袁殊自身は転機を迎えていた。それは中国共産党への入党である（一九三一年一〇月）。中国共産党は上海の地下組織を代表する潘漢年[27]・王子春[28]を通じて、袁殊を党員としたのである。袁殊の任務は、国民党上層部の情報を収集することであった（曾龍一一二頁）。

一九三二年、袁殊は王子春の指示により、共産党員の身分を隠し、上海市社会局局長として中統（中国国民党中央執行委員会調査統計局）を率いて特務工作に従事していた呉醒亜[29]の傘下に入り、一九三三年から三五年にかけて、呉醒亜・潘公展[30]の指導する秘密組織である幹社に関係した（曾龍一一三頁）。幹社はファシズム精神をもって三民主義文化を建設することを謳い、㈠民族を侵略する帝国主義に反対、㈡民族に危害を加える共産主義に反対、㈢民族の利益を顧みない個人主義に反対、㈣民族意識の発展に障碍となる宗主観念及び封建制度に反対、を掲げる団体だった。[31]

こうした国民党系の団体に所属していた袁殊だが、その素性は一般に知られていなかった。当時一般に公表されていた袁殊の経歴は、㈠共産党青年団に参加し宣伝工作に従事していたが、㈡共産党第三インターナショナルの国籍不明の外国人と往来があったことで逮捕経験がある、㈢平素は外論編訳社で日本語翻訳を担当し、日本人と交流がある、㈣逮捕後に自ら共産党を離党して反省文を書き、現在は国民党の特務に所属している、といったものだった。[32]

このように上海を舞台に、新聞界のみならず共産党・国民党の情報機関とも繋がっていた袁殊が、上海総領事館の岩井英一と知り合うのは一九三三年のことである。その後両者は互いに情報をやり取りすることになる。袁殊が世に五重スパイと称される所以である。

岩井は当初袁殊の諜報能力を買っていたが、徐々に人間的な親しみをも増したと回想し、一方の袁殊も岩井とは非常に良い友達になったとする。袁殊は一九三六年から三七年にかけて、岩井の援助で早稲田大学に留学し、清水泰次のもとで歴史を学んだ（曾龍一七七頁）。

一九三九年三月に東亜同文書院を卒業し、岩井の下で外務省嘱託として興建運動にも関わった小泉清一は、「袁殊は中国共産党に関係を持ったり、国民党の藍衣社の方に関係したり、また女癖も悪いという食わせ者」で、「正体はわからなかったけれども、なんか食わせ者の要領のいい男〔中略〕筆の立つ、非常に肌合いのいい男」と回想している。[33]

（2）岩井英一の経歴と上海での活動

岩井英一は一八九九年一〇月、愛知県に生まれ、二一年上海の東亜同文書院商務科を卒業後、同文書院の推薦で外務省に入省した。岩井は外務省の中でも主に中国現地を活動の場とする所謂ノンキャリアで、四五年に辞職するまでの一九年間を中国各地で過ごした。省内では革新派とされる河相（かわい）達夫[34]と近く、河相の著作の中国語訳を袁殊に依頼したのも岩井だった（曾龍一九六頁）。中国人の友人も多く、同文書院の後輩で毎日新聞記者の田中香苗は「実に中国人に尊敬され、愛され、うらやましいほどの魅力をたたえた日本人であった」と振り返る。[35]

図 6-1　岩井英一（左）と袁殊

ところで袁殊と岩井（図6-1）の情報のやり取りはいかなるものであったのか。曾龍著は、岩井は袁殊が国民党のスパイであることは知っていたものの、共産党のスパイであることは知らなかったとする[36]。

一方、岩井は、袁殊を通じて潘漢年と会見したこと、その際、袁殊が、潘漢年を「胡先生」として紹介するので宜しく応対してほしい、と岩井に言い含めたこと、さらに袁殊から廖承志[37]にも会わないかと提案があったが、岩井は断ったことを回想している。少なくとも岩井は袁殊が共産党と繫がっていることは知っていたのである。岩井が袁殊から潘漢年を紹介されたやり取りは、次のようなものだった（岩井一五六頁）。

> 潘〔漢年〕に紹介されるに先だち、袁から、潘は胡という偽名を使っている。従って私に紹介する際も、胡先生という風に紹介するからその積りで可然く応対して欲しい。但し胡が正真正銘の潘漢年であることは間違いないといったややこしい紹介の仕方であったため、いよいよ紹介された後、潘であることを内心知っていながら知らないふりをして話をするという、まことに奇妙な初対面であったことだけは覚えている。

ただ岩井が、潘漢年は興建運動の陳孚木[38]経由で袁殊に紹介されたのではないかと推測していることから[39]（岩井一五五〜一六二頁）、岩井は袁殊と共産党との深い関係までは知らなかったと考えられる。

両者の回想を対照して興味深いのは、戦後二度と会うことのなかった二人それぞれが、互いに大いに意気投合したと証言している点である。袁殊の「情報は相互に利用し、お互いに騙しあっていたのであり、岩井は当然そのこともわかっていた」（曾龍一三三頁）という発言も当時の情報戦の実情を伝えていよう。
岩井は潘漢年を通じて共産党の情報を得たとして、次のように証言している（岩井一五九頁）。

袁から単に胡先生とだけ紹介され、中共内での身分のことなど一応知らないことになっていたのをもっけの幸とし、普通の情報提供者から情報を書面報告させる方式で軽い気持で、彼〔＝潘漢年〕に中共の内情や今後の動向に関する報告書の作成を依頼した。私は断られるかも知れないと危惧していたが、案外あっさりと引受けてくれた〔中略〕この報告書を見た当時外務省情報部で中共研究に専念していた草野文男（戦後拓大中国系主任教授・経済学博士）は私に対し中共の三年先きの動向までわかる中共研究の絶好の情報であり資料であると絶賛した。

このように一総領事館員とその知人の中国人との個人的な関係を基盤にしていた点に、興建運動の特徴の一つがあった。

三　興建運動の人と組織

（1）興建運動の由来

一九三八年二月、岩井英一の上海への再赴任が現地の日本語紙で報道されてまもなく、袁殊から岩井に面会を請う電話があった。当時袁殊は戴笠の要請で軍統局上海区の国際情報組少将の地位にあった（曾龍一八九頁）。再会した二人は、「戦火の中から新しい日中関係を再建するために努力しよう」と話し合った（岩井七九〜八〇頁）。この件については、袁殊も一九三八年春に岩井と秘密裏に面会したとしており（曾龍一九六頁）、両者の回想は一致して

図 6-2　影佐禎昭（前列右より 3 人目）を囲んで

いる。

一九三八年一二月、日本との和平を模索していた汪精衛が重慶を脱出し、和平運動を開始した。これに日本側から加担した陸軍の影佐禎昭（図 6-2）は、汪精衛らを支援する政党組織の必要から、岩井に協力を依頼した（岩井九八頁）。

では何故に影佐は、汪精衛を支援する政党の必要性を感じていたのか。影佐によれば一九三九年七月から九月にかけて、すなわち（汪派）国民党が上海で第六次全国代表大会を開催した前後の時期、「各党各派を収容する工作の中で汪氏が最も困難を感じていたのは臨時維新両政府」への対応と、要路を求め汪の傘下に集まる人々の増加であった。彼らの中には地位を約束すれば和平主義者となるものの、適職がなければ豹変して汪を誹謗する者もあった[40]。影佐には、中国人を主体とした、より意識の高い組織を設けることにより、こうした事態を改善する意図があったと考えられる。

影佐の意を受け、早速岩井は本省情報部長河相達夫の了解ならびに資金を得て、政党の結成を袁殊に依頼し、袁殊もこれを了承した。また軍統の戴笠も袁殊の動きを支持していた（曾龍二一頁）。ここで注目すべきは、岩井が袁殊に対し、中国人の主体性尊重を確約した点である。岩井は袁殊に、「中国人自身の政党造りである以上、私の考え方に大きく逸脱しない限り私は一切口は出さない、万事袁の裁量に一任する旨言明しておいた」。また幹部人員は「共産党員でも構わない」という一ヶ条を含む五ヶ条の方針を示した[41]（岩井一〇三～一〇五頁）。

この背景には、開戦以来、日本軍が占領地に設けてきた様々な親日組織が思うような結果を出していないことがあった。一九三七年一一月の日本軍の上海占領から二年を経る中で、占領地の施策は例えば西村展蔵による天下一家思想（第四章）、維新政府治下の民衆組織大民会による民徳主義（第八章）といった形で喧伝されていた。しかし、前者が最終的に天皇への帰一を求めたように、こうした各種の「主義」に象徴される動きは、日本との親善を一方的に中国側に押しつける点で共通しており、結果として中国の民衆、とりわけ青年層を惹きつけるものとはなっていなかった。

汪政権の要人傅式説[42]でさえ、「上海辺りで色々な日本人が、色々と新しい主義を唱へ、色々な団体を拵へるべく目論んでゐて、それを検討して見ると、多くは中国を満洲と同じ様に考へてゐる傾向がありますね」と指摘していることは[43]、占領地の中国人の気持ちをよく示している。岩井の提案はこうした事態を受けて、日本側が中国側に対して大幅に譲歩したことの表れでもあった。

袁殊は一九三九年九月中旬に新たな政党結成の手順を整え、下旬には具体的な工作に着手し（『現状』一七頁）、汪精衛が掲げた「和平・反共・建国」に相当するものとして、自主的に「興亜建国」をスローガンとした（岩井一〇八頁）（図6-3）。ちなみに「興亜建国」の英語表記は「The Movement for Asiatic Regeneration and National Reconstruction（アジアの再生と国家再建のための運動）」であった[44]。

図6-3　興建運動ポスター

「興亜建国」の採用は、これがこの運動の目標[45]を端的に表しているのと同時に、運動が開始された一九三九年前後のこの時期、「興亜」という言葉が日本を中心に広く使われるようになっていたことも関係しているだろう。ちなみに、日中戦争勃発後、外交を除く中国占領地に関する諸政務を一括して担当する中央政府機関である「対支院」設立構想が、「興亜院」という名称の機関で実現したのは、前年の一二月のことであった。「興亜」は時代の言葉だったのである。[46]

一一月には興建運動幹部八名が岩井と共に日本を訪問し、総理大臣阿部信行・枢密院議長近衛文麿らと会談した。[47] こうして一九四〇年一月下旬から二月中旬の間の新政党結成に向けて、秘密裏に活動がすすめられた（『現状』一五～一六頁）。

(2) 政党活動から文化思想運動へ

『現状』によれば、興建運動は「一党専制（ママ）の政治形態を断乎排撃し、民意を代表する合法的なる各種勢力の協力による民主政治の実現を要請し」、「当初の間は長江流域の城市を中心とし、将来は漸次これを拡大深化」することを標榜した。運動に賛同する者は、それまでの所属に関係なく、幹部にも登用するとした。ただ参加者には「過去に於て三ヶ年以上の実践的闘争生活〔政治活動〕の体験を要求し」ていた（『現状』一三頁）。即戦力の重視も、この運動が単に組織ありきではなく、具体的な活動を重視していたことをうかがわせる。

ところが興建運動の勢力拡大は、（汪派）国民党の有力者周仏海の疑惑を招いた。周仏海は岩井英一や袁殊の活動が共産党と通じているとして、興建運動阻止を謀り、遂には占領地における新政府樹立工作から手を引くとまで主張した（岩井一一一頁）。

汪精衛を中心とした和平反共救国運動は「治標」的（対処療法的）であるのに対し、興建運動は「治本」的（治し方が根本的）であるといった興建運動の説明や、興建運動が新政権への参画を想定していたことも（『現状』一〇～一一頁、五〇頁）、周仏海を刺激したかもしれない。

このため政党の結成は見送られ、[48] 興建運動の目的は民衆を対象とした文化思想運動へとその含意が変更された（岩井一四二頁、四四二頁）。この後、興建運動はあくまでも「汪先生の〔和平〕通電に対する呼応」[49] で、「客観的、側面的には新生国民党の工作を助け、支持している」[50]と説明された。また（汪派）国民党と比較しながら、興建運動の特徴として、㈠政治的背景がない（直接政治に関わらない）、㈡民衆に重点を置いている、㈢具体的行動は行わない、といった点が強調された[51]。

もちろん運動の背後に日本の軍・外務省が関係している点、また周仏海との争いが収束した後には逆に汪政権から資金提供を受けるなど[52]、興建運動は極めて政治的ではあった。しかし表面上はあくまでも大衆を対象とした文化的な運動であるとされたのである。政府要人が役員に名を連ねた大民会と維新政府の関係とは異なり、興建運動幹部が汪政権の中枢の役職を兼ねることもなかった[53]。

一九四〇年二月一六日、上海のアスター・ハウス・ホテル（礼査飯店）に新聞記者が招待され、興建運動は一般に公開された。その模様は占領地の新聞各紙はもちろん、『大公報』など抗戦側の新聞でも報道された[54]。

（3）興建運動参加者

「中核をなすものは凡（すべ）て二十代の支那青年」というのは誇張があるものの、一九三九年の活動開始時点では中心人物の袁殊も二八歳で、運動の中核を担った人々が比較的若かったことは興建運動の特徴であった。「彼等の多くは尚学窓に在る頃より国内に於ける政治闘争、文化工作、労働運動等に参加し」、かつては「蔣介石指導下の南京国民政府を中心に〔中略〕あらゆる努力を傾けて来た」人々でもあった（『現状』六頁）。

これまでの親日組織が反共・反蔣介石といった傾向を持った人々に率いられていたことと比べると、これは大きな違いであった。参加者の傾向は、機関誌『興建』が募集した懸賞文藝作品のうち、舞台劇のシナリオで一位に選ばれた作品の主人公「斐娜」が、抗戦の立場から和平運動に身を投じた二一歳の女性であった点にも象徴的に表れている[55]。

こうした興建運動の傾向は関係者の前歴にもうかがえる（〔　〕内は主な前歴[56]）。国民党関係者は、陳孚木〔監察委員・交通部次長〕、王浩然・白星洲〔藍衣社〕、招勉之〔中央党部宣伝部〕、唐巽〔CC系〕、邱笑虹〔中央党部、CC系〕、劉農輝〔軍事委員会政治部〕、宜菊生〔力社幹事〕、蔣国珍〔実業部科長〕と、特務機関での活動経験者が多い。共産党の関係者としては袁殊の他に、魯風[57]（劉慕清・劉祖澄）〔『大美晩報』・『雑誌』〕・翁従六があった。学者では蔣益之〔中央政治学校・復旦大学教授〕・楊鴻烈[58]〔中国公学・河南大学教授〕、ジャーナリストでは張季平〔『上海商報』・『華美晩報』〕・鄭叔衡〔『上海大晩報』〕・沈無罥〔中国聯合新聞社〕らが参画した。

恋愛小説で知られ、「中国の菊池寛」、「三角恋愛小説家」と称された張資平〔創造社〕のほか[59]、汪正禾[60]・傅彦長[61]といった作家も参加し、張は文化委員会主席に就任した[62]。労働組合関係者では徐阿梅・徐国痕・葉麗傑・呉純勃等の名が記録されている。また各種結社との関係もあったと考えられ、岩井は紅幇と関係のあった人物として王浩然を回想している（岩井一二〇頁、二九三頁）。

彼らそれぞれと袁殊との関係は必ずしも明らかではないが、袁殊の人脈が基盤をなしていたと考えられる（岩井一一九頁）。後述するように、興建運動が財界に対してはほとんど影響力を及ぼすことができなかったことは、袁殊がこの方面の人脈をあまり持たなかったことも関係していよう。またこのことは、維新政府傘下の民衆組織である大民会が「日本と最も提携し易いのは実に実業家、商人等の階級」と、中小の商工業者を軸に組織化を進めていったのとは対照的である[63]。

（4）興建運動の組織

興建運動の組織は『興亜建国運動と其現状』及び『興建第一年』の記述が詳しい（以下、本項の内容は特記しない限り両書による）。興建運動の準備工作は岩井公館を本拠として（図6-4）、国内的には上海編訳社という名称で始まった。総顧問岩井英一、主幹袁殊の下に元藍衣社総副会計主任兼上海区総会計の白星洲が上海編訳社社長に就任し、主幹の下に文化・青年・労働・専門・特殊民衆（後に特種委員会と改称）の各委員会と軍事辦公室が設けられた。

以下、設置された部署ごとに、それぞれの役割を簡単に説明しておこう。

①文化委員会

文化委員会は、㈠東方文化の宣揚、㈡科学知識の普及、㈢共産主義思想の排除、㈣文化事業の振興、㈤青年文化人の吸収などを任務とし、作家張資平を主席に一九三九年一一月二一日に成立した。傘下には藝学研究社・中国法律学社・新聞学会・文理図書公司を置き、『新文苑』（月刊）を発刊した（一九三九年一一月一五日創刊）。

『新文苑』は「純粋文学及藝述之刊行物」を標榜し[64]、管見の限り直接興建運動のスローガンを掲げることはなかった[65]。これはあからさまな政治宣伝よりも場合によっては効果があるという判断に基づいていた。

②青年委員会

「青年は国家の柱石」という方針の下、青年委員会は一九三九年一〇月二五日に成立した。主席には学生運動に関わってきた唐巽が就き、呉醒亜・潘公展（ともに袁殊と関係の深い人物。曾龍 一二三頁）系の秘密結社「力社」・「中鋒社」に属していた者と、中国共産党の指導下にあった左翼青年学生が多く参加した。初期の工作では国民党の青年組織である三民主義青年団及び青年救亡協会からの団員引き抜きを行うとともに、上海の主要な大学・中学の内部に支部を広げた。

図 6-4　興建運動本部

傘下には上海法学院・大夏・曁南・復旦・光華・交通・東呉・震旦の各大学など一九の学校、二万余人を擁したという。興建運動は「日中両国青年の真摯なる団結を以てその原動力となす」という方針で、青年層への組織拡大が重視されていた。こうした活動は、開始から一年でかなりの成果を挙げたことが報告されている。

刊行物『新青年』（半月刊、一九三九年一一月二〇日創刊）

の編集方針は、「既に前進目標を見失つて思想的に彷徨しつつある青年に正しき目標を与へ、これを善導し、以て興建運動に参加」させることであった。発行部数は当初千部だったものが、一年後には一万部を超え、さらに二ヶ月以内に五万部の発行が準備されるなど、読者は拡大しつつあった。

③労働委員会

労働委員会は労働大衆の生活改善ならびにその文化及び教育の水準向上を目的として一九三九年一〇月五日、紅幇とも関係の深い王浩然を主席に成立した。興建運動は勢力拡大に際して上海の労働者の動向を重視し、彼らが思想的には共産党の影響を強く受け、現実生活は「工棍」（労働者のごろつき）に握られて改善が見られない、と指摘していた。労働委員会は「反共・和平」のみならず、「労働者の生活改善」をスローガンに組織を拡大し、五六の工会を傘下に、直接間接に三七万七千余人を領導した。おそらくは既存の組織をそのまま傘下におさめたものが多かったと考えられる。

一九四〇年六月には、労働運動の経験者を幹部工作員とし、各団体へ工作方針を指示する第二期組織工作が始まった。労働委員会の傘下には労働者子弟を教える建光第一小学校（三百人強）が滬東に（一九三九年一一月一日開校）、建光第二小学校（二百人強）が浦東に、消費合作社の建華商店が滬東（楊樹浦路）・滬西（膠州路×労勃生路）にそれぞれ設けられ、学校には生徒が殺到した。こうした労働者向けの商店・学校なども、当事者の予想を超える組織化に寄与したと考えられる。またこの頃上海の日本占領地で物価の高騰などが労働者を苦しめ、争議が頻発していたことも[66]、労働委員会の活動に有利に働いた可能性がある。

刊行物『労働者』（半月刊・一九三九年一一月一五日創刊）は、中国の生存・民族の独立に労働者も資することを謳い、少なくとも第四期・第五期までは、労働者の生活やストに関する情報で誌面が埋められた。管見では第八期に興建運動要綱の掲載が確認できるが、ここに漸進的に支持者を広げていこうという編集方針がうかがえる[67]。同誌第四期は「十二月份工潮概況」（一二月期の労働争議概況）として一九三九年同月の上海における祥茂肥皀（石鹸）廠・密豊絨綫廠・中国国貨公司・永安紡織三廠など二〇ヶ所を超える工場の労働争議の事情を伝えたが、こうした労働争議を報道する姿勢は、抗日的な報道傾向を保っていた『申報』とも通じる。[68]

もっとも『申報』は、和平派の労働団体の活動を、危機感を持って伝えてもいる。[69] 当時上海では、中華工人福益会（上海市長傅宗耀系）や上海工運協進会（汪派国民党系）等、占領地政権と繋がりを持った団体も活動しており、[70] 興建運動にもその関係者が含まれていた。[71] 流動化する上海の労働運動の中で、興建運動もその一角を占めようとしていたのである。

④専門委員会

専門委員会は興建運動の発展に伴い張修明[72]を主席に一九三九年一二月に置かれ、新聞・法律・教育・言語の専門に分かれていた。新聞部門では上海新聞記者聯誼社を設け、[73] 和平派の新聞記者だけでなく、抗戦派であっても和平の動きに心を寄せる記者、及び抗戦・和平双方の記事を掲載する地方紙の記者を組織した。また、刊行物『上海記者』（月刊）の発行、記者間の定期的茶話会の開催、新聞学校の設置などで、浙江・江蘇・安徽にも組織を広げた。

法律部門では、政治に関心のある辯護士を法律学舎に組織した。当初彼らの大部分は興建運動とは一線を画していたが、徐々に運動に接近する者が増えた。教育部門では教学方面の研究のほか、「新時代教育諸問題」といったテーマで座談会が設けられた。言語部門は当初は翻訳団体で、外国文学の素養のある青年が集められたが、徐々に同一の目的（興亜建国）に向けて活動するようになったという。

以上の各委員会は、例えば青年委員会委員徐堅と専門委員会委員郭宗賢が、華北で長年知事を務め古銭蒐集家としても著名な楊銘修[74]のコレクションを、日華文化提携の一助に役立てて欲しいと持ち込むなど、[75] 時に相互に連携しながら活動した。また経済委員会の設立と財界有力者の結集なども予定されていた。しかし、興建運動は経済分野へは力を伸ばすことはできず、経済委員会が具体的な行動を起こせなかったことは反省されていた。

⑤特殊民衆委員会・軍事辦公室

特殊民衆委員会（後に特種委員会）は、青幇・紅幇の幇員獲得・再組織は運動の発展に不可欠との判断から設置され、傘下に安清・洪門・宗教の三部門が置かれた。詳細は不明だが、国民党・共産党双方の特務機関、さらに杜月笙らとの関係を背景に、袁殊が各種結社の動員を図ったことは想像に難くない。また各抗日游撃部隊及び各地の「匪徒」を収容して再編制し、日本軍当局および新中央政権に協力させるため軍事辦公室が設置された。

⑥主幹直属事業

興建運動は様々な出版活動に関係した点にも特徴があった。主幹の傘下に、機関誌『興建』（月刊・一九三九年一〇月一〇日創刊）、『新東方報』（三日刊・一九三九年一一月一日創刊）があったほか（『興建運動』二四頁）、上海で一九三八年から刊行され暫時休刊していた総合雑誌『雑誌』（半月刊）も、興建運動傘下で復刊した。内容は従来の方針が踏襲され、漸進的な支持拡大が図られた。またこうした媒体普及のため建東印刷所、新光通訊社（一〇月二五日営業開始）も組織された。この他重慶国民政府の支配地域に限定し、香港・桂林・重慶・上海で活動する非常工作部（一一月活動開始）が設置された。(76)

四　『興建』と袁殊の主張

(1) 興建運動の刊行物と『興建』

興建運動の主張が全面的に展開されたのは、機関誌『興建』（一九三九年一〇月～四〇年一二月）であった。『興建』の趣旨は、その投稿規程によれば、汪精衛らの和平救国運動の擁護、赤化陰謀の消滅、中日合作の推進で、共産党の陰謀を暴露するもの、中日紛糾の誤解を指摘する論文・翻訳を特に歓迎する旨が謳われた。(77) 大川周明「日本二千六百年史」など日本人の論考も訳載された。懸賞論文の募集もあり、これには論文八六二件を含む総数三七九三件の応募があった[78]。

『興建』(全一五冊)の目次からは、その記事数の内訳は(現代史料輯集を除く)、中国時事・展望関係二七%、興建運動関係一八%、日本・日中関係一三%(大川周明の連載五%を除く)、欧州情勢一一%、東亜関係九%、中国共産党関係七%、という割合で、時局を主とした『興建』の重視した議論の傾向がわかる(章末の表6-1)。『興建』の発行部数は当初の二千部が、最終的には一万部に達した[79]。ちなみに『興建』の題字は影佐禎昭が揮毫しているが、これには興建運動に日本軍の関与を匂わせることで、運動に対する諸々の介入を防ぐ意味合いがあった[80]。

現存している『興建』の巻号は少なく、現在全期間を通して読むことは難しい[81]。ただ主要な論考は、先述の「興建叢書」・『興建第一年』・『興建運動』に再録されているため、『興建』誌上の議論の全容を追うことは可能である。興建運動ではこの他にも、文化委員会・青年委員会・労働委員会といった部門が雑誌を刊行していたことは上述した。しかし、これらの雑誌は、あからさまな政治宣伝よりも専門に徹した議論の方が場合によっては効果があるという判断から、あえて政治的な主張とは一線を画した編集方針がとられた。このため興建運動の議論の分析を目的とする本章では対象としない[82]。

(2) 厳軍光の「我們的信念(私達の)」及び「興亜建国論」

袁殊は『興建』創刊号(一九三九年一〇月)に厳軍光の名義で「我們的信念――「興亜建国」之出発」、次号(同年一一月)に「興亜建国論」を発表した。「我們的信念」は活動のスローガン、「興亜建国論」はその解説で、興建運動の指針と位置づけられる。興建運動の主張を理解するため、本項でやや詳しくその内容を確認しておきたい。

ちなみに袁殊が用いた厳軍光というペンネームには「潘漢年軍の一員は光栄である」(上海語で「厳」は「年」と同音)の意味が込められていた(曾龍二一二頁)。袁殊と共産党との繋がりを伝えるエピソードである。以下本項では特記しない限り「我們的信念」及び「興亜建国論」を掲載した興建叢書『興亜建国論』[83]を典拠に論を進める（頁数のみ示す）。

「我們的信念」では、戦争を悲惨なものとしながらも、戦争は創造・建設・革命でもあると、戦争に積極的な意味が見出された。この視角に立てば日中戦争も中国にとっては新国家の契機、東亜にとっては東亜民族解放の大革命ということになる（六〜七頁）。

「興亜建国論」では日中戦争と欧州の大戦が対比され、一九四〇年代は「人類史上の一大変革期」で、世界的な規模で新しい環境が生み出されつつあるとされた（一一頁）。しかしこの「新しい環境と局面」に対応する中国には課題が山積していた。袁殊は、中国は依然として「絶対独立自主の現代的国家になって」おらず、そのためには「外来の誠実な援助」が必要であると説いた。ここで想定されていた外来の援助は、日本によるものである。

一方、欧米諸国やソ連は、「自国の資本主義的発展のみを望み」、「中国を原料供給地・商品の市場」としてのみ見ている点で不誠実な存在であった（五二〜五三頁）。もっとも、この欧米・ソ連批判には、日本も同様の態度をとれば、不誠実となる、との含意も当然あっただろう。

では興建運動がスローガンに掲げる「興亜建国」とは何か。「興亜建国論」では、これを蔣介石の「抗戦建国」、汪精衛の「和平救国」、さらに近衛文麿の「東亜新秩序建設」と比較しながら、次のように説明している。

まず「和平救国」と「東亜新秩序建設」については、袁殊も両者は「興亜建国」とおおよそ一致するというように、大きな違いは見出せない。

我々が注目すべきは、袁殊の「抗戦建国」の解釈である。というのも袁殊を含めた興建運動のメンバーは、自らを従来は「抗戦建国」の立場にあったと規定していたからである。「抗戦建国」の立場にあった（と主張する）人々が、何故日本との和平を主張するに至ったのか。これが興建運動と既存の占領地の民衆運動とが一線を画する部分なのである。

実は袁殊は「抗戦建国」の立場を否定していない。袁殊は、民族の自由、国家領土・主権・行政の独立を希求する点で「抗戦建国」は否認できず、戦時下にあっては、祖国防衛には偉大な意義と価値があると明言しているのである（一九～二〇頁）。

では「抗戦建国」の何が問題なのか。袁殊は、「抗戦建国」が国民党と共産党による民族統一戦線を基礎に、一致団結して成し遂げられる点を重視していた。しかし現実には、前提であるはずの国共の統一戦線が内部から揺らいでいる以上、「抗戦建国」は成り立たない、というのが袁殊の立場なのである（二五頁）。また国共両党がそれぞれイギリス・ソ連といった外部の力に頼っている点も問題とされた。袁殊によれば、外部の力に頼っている限り、日本帝国主義を中国領土から駆逐することはできないのであった（三七頁）。

袁殊が戦争の責任を一党、一派、一個人に負わせることを否定し、戦争の責任は中国の国民一人一人にあるとした点も見逃せない（四九頁）。ここでの「党、派、個人」は、それぞれ国民党、抗戦派、蔣介石が想定されていたと考えられるが、こうした興建運動の立場は、例えば日中戦争の責任を国民党や蔣介石に押しつける議論とは全く異なるものであった。

例えば維新政府行政院院長の梁鴻志は、日本の戦闘の対象は蔣介石及び国民党政権であり、これと一般民衆とは全く無関係であると説明していた[84]。梁鴻志の議論は、中国人を抗戦派とそれ以外に分けることで、大多数の中国人を戦争責任から回避させるもので、議論としてそれなりの説得力を持っていたと考えられる。ただ梁鴻志の議論では抗日が誤り、ということは前提となっており、日中戦争の意味について、中国側の積極的な姿勢を示すことはできなかった。また統一された中国を否定する議論にも繋がりかねなかった（第五章）。

これと比べると袁殊の主張は、中国人に国民としての自覚を強く訴えるものであった。罪を他人に負わせて「自己を忘却してはならない」という主張には、袁殊の考えるあるべき中国人の姿が投影されている。こうした自立した国民によって構成されるのが、袁殊の標榜する「絶対独立自主の現代的国家」であった。

では中国侵略の当事者たる日本を、袁殊はいかに見ていたのか。日本に対する袁殊の評価は厳しい。まず袁殊は、日中戦争勃発前後から相当期間、日本の対中国認識が不足し、その見通しが不的確だったとする。そしてこの戦争をきっかけに、日本も自己批判の必要を感じ、そこから「東亜新秩序建設」のスローガンが登場したと述べた（二九～三一頁）。

従って袁殊の親日は、言うなれば条件付きの親日であった。袁殊は「親日たらんとして親日を考慮したのではな」く、「抗日のために親日を試みた」点を重視していた。袁殊は、抗日の歴史的価値を認め、そこから出発することの必要性を唱えたのである（五七頁）。

日本に与することの危険性についても袁殊は指摘した。袁殊は、日本の議論を紹介しただけで、それを漢奸とみなす風潮は、「井戸の中に座して天を見るような」態度と戒めながらも、一方で日本を毒草に喩え、その上で「毒草」の真相を研究する必要性を説いたのである。抗日を標榜する重慶や延安の議論であればいざ知らず、日本との協力が前提となっている占領地で、日本を毒草に喩えた興建運動が、日本に対し最も厳しい議論で臨んだことは疑いない。

もちろん日本と協力することは、常に漢奸のレッテルを貼られる危険と隣り合わせであった。袁殊はこの点についても言及し、「完全に自我の無い追従は漢奸・傀儡である」が、その他に方法があるならば、冷静かつ客観的に考察する必要があると説き、安易に「漢奸」のレッテル貼りをすることを諌めたのである（六〇～六一頁）。

このため袁殊は、東亜新秩序建設に原則上賛同しながらも、あくまで中国人の自主性を主張した。「〔興建〕運動の将来の推進と実現の方法については、我々は討論の余地及び、我々が自由に意見を発表できる絶対的な地位を持つ」と強い姿勢を示したのも、中国人の自主性へのこだわり故である（五八頁）。

袁殊の主張は、当時の国際情勢とも無関係ではなかった。袁殊は、英仏両国の中国への援助が不可能な状況下、アメリカが日本と戦争を起こしてまで積極的に中国を援助する可能性は低いと判断していた（四三～四四頁）。もちろん現実には二年後に日本はアメリカに宣戦布告するのだが、戦争の行方が不透明な一九三九年から四〇年の段階でこれを想定することはできなかった。

こうした事情を踏まえれば、「興亜建国論」は最大限抗日の立場をも盛り込んだ上で、占領地に現実的な選択肢を提示するものだったと言える。

五　その他のメンバーの主張

以上、前節で確認した袁殊の立場は、他の興建運動メンバーにも共有されたが、その内容は大きく次の六つ、㈠中国の現状について、㈡民族について、㈢抗日について、㈣対日認識、㈤反共について、㈥新中国について、に分類できる。

以下では、陳孚木・唐巽[85]・魯風（劉慕清・劉祖澄）・流沙（胡蘭成[86]）・余愚・陸国韓・鴻磯・朱斐声・莫青・李蒙政らの議論に注目する。彼らは興建運動の中でもとりわけ具体的に議論を提起した人々で、その内容は繰り返し刊行物で紹介された（これ以外の論客の主張も基本的に重なっている）。

ただ彼らの経歴は不明な点が多い。外務省『興亜建国運動と其現状』には興建運動関係者四十数名の略歴が残されているが、これは参加者全体の一部に過ぎず、管見の限り上記のうち経歴が確認できるのは、陳孚木・唐巽・魯風・朱斐声と流沙の五名だけである。

（1）中国の現状について

莫青は「時代はすでに新陳代謝の時代に入」り、「旧式な陳腐な思想と制度とが、破産と崩潰を宣告され」、新しい力は「カエサルあるいはナポレオンの時代よりもさらに偉大な時代を創造しつつある」とし、民主政治を「腐敗した旧秩序」と指摘した[87]。

この判断にも、当時の世界情勢が影響を与えていた。例えば李蒙政は一九四〇年一二月の段階で、ヨーロッパでは「英仏の対独戦争の失敗」により「西欧帝国主義の東方における勢力は根本的に動揺を来たし」ている点、ソ連が「極東政策においては日本と接近する可能性がある」点、日本の南進政策により「少なくとも大東亜新秩序建設はすでにその初歩的実践が成功を収めつつある」点を指摘した[88]。

こうした時代変革の認識は、中国国内では日中戦争にどのように対処するのか、という問題と直接結びつけられた。陳孚木は、共産党にも国民党にも満足していない中国の青年が、興亜に対して新しい要求を持ち、同じく現状に不満を持つ日本の青年と協力して、東亜の新局面を創造すると説いた[89]。

「国家は今や存亡絶続の段階に在る」とする意識が、「祖国のために自由を獲得し、生存を勝ち取る[90]」、という議論に繋がったように、現状に対する問題意識は、興建運動で盛んに議論された民族意識や新中国に関する議論の基盤となったのである。

(2) 民族について

興建運動では民族の独立自主についても積極的な議論が行われた。その基調は民族の自主独立の尊重と、日中戦争により漢民族（中華民族あるいは中国民族と表現される場合もある）の偉大な力が明らかになった、という点にあった。

もちろん漢民族が偉大な力を持っているという主張は、第五章でも確認したように、維新政府の関係者にも見られた[91]。しかし、興建運動では、漢民族は自主独立により、日本と対等な立場で東亜解放の責任の一端を担うことができると、より積極的に意味づけられたのである。

例えば魯風は「自己民族の生命保存の自覚と他民族の生命保存を尊重する自覚」を持った、侵略的意図を持たない民族主義を「新民族主義」と称し、その必要性を訴えた。さらに日中戦争以来、中華民族も偉大な力を持っていたことが明らかになったとし、戦争により鍛えられた中日両民族双方が、聯盟してアジア民族を解放するべきとした。[92]

余愚は「東亜の民族主義は最終的には更に高い立場から必要な修正を加えなくてはならないとし」、それを「東亜全民主義」と定義し、民族自決権、政治分離の自由は決して廃棄できないと主張した。[93]

こうした中国の立場は、日本の東亜聯盟論の議論を援用したものと考えられる。当時、日本国内で石原莞爾らによって唱えられていた東亜聯盟結成の基礎条件は、㈠「国防の共同」、㈡「経済の一体化」、㈢「政治の独立」の三つだったが、[94]興建運動はこの中の「政治の独立」に注目したはずである。というのも魯風や余愚の論考が掲載された『興建』には、日本東亜聯盟協会「東亜聯盟建設綱領」が掲載されているからである。[95]

こうした議論の仕方は、一九四〇年末から汪精衛が中国において東亜聯盟運動を推進した際に、やはり「政治の独立」に注目したことと共通する。興建運動においても汪政権にとっても、中国の独立を日本に認めさせることは、大きな課題であった。

（3）抗日について

興建運動の抗日戦争に対する見解も、袁殊の議論でも触れたように、これまでの占領地には見られないものであった。例えば維新政府の温宗堯が「抗日」がそもそも誤りであったと説いたのに対し、[96]興建運動では日中戦争当初の「抗日」には意義があったとされたのである。

魯風は「近衛声明以前に於ける中国の抗戦が、民族解放と帝国主義反対との運動であったことを否定する者」はおらず、「日本が中国に対して帝国主義的行動を継続する意志がある間は、継続する価値がある」とした。[97]曹翰も、抗戦が祖国の防衛に必要か否かが、抗戦の意義を決めるとし、「重慶当局当初の抗戦は神聖な意義を有し」ており、「今次戦争において中華民族は侮ることのできない精神を発揚した」と説いた。[98]

抗戦から興亜建国に至る過程を、辯証法を用いて説明したのが陸国韓で、「抗戦建国」に対するアンチテーゼとして「和平建国」が生まれ、さらにこの両者を止揚したものが「興亜建国」であると説明した。[99] 曹翰も祖国を愛護することが人類の天職である以上、「目的さえ同じであれば方法の進行が異なっていても差支えない」と主張した。[100]「抗戦建国」も「興亜建国」も、祖国を愛するという点で目的は同じであるという立場である。

このように、興建運動では第二次近衛声明（＝東亜新秩序声明）の中に、日本の中国に対する態度の変化を読み取り、「抗戦建国」は現状に適さないと判断していた。当然この立場は、もし日本が近衛声明に違うことがあれば、「たとえ明らかに抗戦が不可能であることが判っていても、道は唯一つ、抗戦以外にはな」く、「膝を屈して滅びるよりは、戦いに敗れて滅びる」という主張と表裏の関係にあった。[101] このような強い姿勢は、これまでの和平の議論はもちろんのこと、汪政権の議論でも確認できていない。[102]

(4) 対日認識

興建運動は日本との和平を標榜していたため、当然日本の東亜新秩序や大アジア主義の主張を支持した。興建運動メンバーによる日本訪問記では、㈠日本には中心となる信仰があること、㈡日本人に進取・犠牲の精神があること、㈢都市近郊の鉄道網の発達等が高く評価され、中国がそうした日本に学ぶべきことも説かれた。[103]

こうした、日本に中国は見習うべきという論調は、占領地では普遍的に見られるもので、興建運動に限られたものではない。ただその一方で日本を正面から批判する議論も展開されたところに、興建運動の特徴があった。例えば流沙は、満洲事変以来、日本の青年は唯我独尊に至ったと批判し、日中戦争を契機としてそうした誤った日本の態度が改められつつあること、また日本の矛盾と欠陥は中国の助力によって解消されると述べた。[104]

陳孚木は、日本が中国の国民革命に反対したことは「最も愚かな行為であった」と非難した上で、「日本は中国を併呑し滅亡させることが不可能であり、またそうするべきでないことを知った。中国も自由解放を求めるためには、遠交近攻政策ではなく、当然日本を我々と共に奮鬥する同盟国とすべきであることを悟」ったと説いた。そして中国の領土主権を尊重することが中日和平の前提であることを強調し、「他人〔＝中国〕を痛めつけておきながら、なおかつその相手が自分に恩を感じて協力する、ということはあり得ない[105]」と断じた。

もちろんこれまでの和平の議論の中にも日本への批判がないわけではなかった。しかしそれは日中の戦争における日本の勝利と日本優位を大前提とし、日本への遠慮・配慮を前面に出しながら、そこに中国の要求を織り込むもので、必ずしも明快な日本批判にはなり得なかった（第四章・第五章）。日本に対する正面からの批判、また日本と対等な立場を要求する姿勢は、興建運動の主張と、従来の中日提携論を明確に分けるものであった。

（5）反共について

汪精衛政権のスローガンが「和平・反共・建国」であったように、占領地では、反共（ないしは防共）は大きなテーマであった。しかし、具体的に共産主義の何が問題であるのかは、従来の和平論の中では必ずしも仔細に説明されてこなかった。維新政府でも共産主義理論の欠点を列挙するものもあったが[106]、大部分の議論は、「共産党は全然ソ聯の指揮によつて動いてゐる」、共産党は「吾等の歴史的根拠ある道徳に背反して居る」といった表層的な指摘に終始した[107]。裏を返せば、維新政府の中で「共産主義が悪い」ということは大前提であり、それが何故問題なのかを、あらためて説明する必要さえ認識されていなかったと言える。

一方、興建運動では、諸テーマごとに編纂された興建叢書の一冊が『反共問題』に充てられていることからわかるように、共産主義の問題点をより具体的に説明する方針をとった。これは興建運動に共産党関係者がいたことに加え、興建運動が取り込もうと重視した対象が、これまで抗戦側にあった人々、とりわけ共産主義にも親近感を持つ青年層であったことが背景にあった。彼らに共産主義の問題点を納得させるため、丁寧に議論する姿勢が求められたのである。

興建運動の共産党に対するこうした姿勢は、従来の反共論の不備を意識したものであった。陳孚木はこれまで共産主義に反対してきた人々について、「共産党に反対する多くの人々は進歩という点を忘れており」、共産主義の代わりに「復古と礼教とを提唱し、科学を軽視して青年に論語を強制的に読ませ、論語一冊で天下を治めることができる」として、結局失敗した、と批判した。[108] 復古的な主張を根拠に反共を唱えても、青年層からの広範な支持を獲得できないことが十分認識されていたのである。

鴻磯は「最近十数年の中国青年及びいわゆる知識分子は〔中略〕現状に対して不満を抱くようになり」、そうした「多くの思想的に苦悶している青年」が「飢えれば食を撰ばない」態度で「完全に左傾するに至った」と論じた。[109] また「多くの青年が朱徳・毛沢東の傘下に馳せ参じ〔中略〕正式には共産党に加入していないものの、マルクスのスローガンを掲げることを望んでいる」ことも指摘した。[110] こうした青年たちをいかに和平建国へ導くのか。興建運動の反共に関する議論からは、青年の思潮に極めて自覚的であった興建運動のスタンスが表れている。

では興建運動では共産主義の何が問題とされたのか。その一つは階級闘争であった。陳孚木は共産主義の理想は孔子の主張にも通じるもので、「何等大罪極悪なものとは思われない」ものの、共産主義が「産業革命と資本主義発展に対する偏見に根拠を置き、階級闘争実行の必要を主張」する点、また「社会発展の法則をあまりにも単純に考えすぎている」点を問題視した。

また陳孚木は、中国は普遍的にひどい貧困に覆われているため、社会の生産形態が政府の形態を規定するマルクスの理論は中国には適さず、むしろ必要なことは「生産・和平・教養」であるとした。そして中国の「人が人を食う」状態は、階級闘争では決して解決できないと論じた。[111] 同じく鴻磯も「中国民族は貧困を恐れず、貧乏を恥としないために、そもそも中国には西洋のような階級が存在」しないと、階級闘争の前提が西洋とは異なる、という説明の仕方で、中国における階級闘争を否定したのである。[112]

二つ目の問題は、中国共産党がコミンテルンの指令を受けて行動し、中国の活力を損なっていることであった。曹翰は共産党の行動が、中国で「十数年にわたる内乱を引き起こし」、「国家の活力」と「生命財産」を損なっており、「第三インターナショナルによる中国の赤化という獰猛な顔をすでに明かにした」と主張した。[113] 魯風も「抗日は、ただ共産党が自身の目的のためにする戦術に過ぎず、中国人民の血によって第三インターナショナルの中国における勢力を獲得する戦術である」とした。[114] 日中が戦争をすることで最も利を得るのは結局共産党、とされたのである。[115]

このように興建運動では、それまでの占領地における議論と比べると共産主義の問題点について踏み込んだ説明がなされた点に特徴があった。この背景には共産主義に対しても是々非々の態度を示すことで、自らの立場の客観性を示そうとする意図もあったと考えられる。[116]

こうした興建運動の議論の方法は、汪派国民党とも異なっていた。それは、汪政権の重要な言論を編纂し、国民政府還都一周年を記念して発行された『和平反共建国文献』との比較からもわかる。[117]『和平反共建国文献』は、大アジア主義や東亜新秩序、日本との永久和平といった政権の主張を、大上段に振りかぶった形で展開したのに対し、興建運動では、抗日を信奉し共産主義に親近感を持つ青年層に的を絞り、彼らに共感を示しつつも、その問題点を逐次指摘していくという方法がとられたのである。

先述の陳孚木も、知を求め進歩と改革を歓迎する青年の特性が人類の進歩を促したと、青年の特性を肯定した上で、青年が単純に盲従してしまうことは問題だとし、またマルクスの一連の著述を労作と認めながらも、それが決して千古不変のものではないと説明した。そして「我々は如何に共産主義を痛罵しても構わないが、しかし我々は人類社会の現在に対する不満により、進歩と改革が痛切に要求され、共産思想の源となっている点は承認しなければならない」[118] と、中国社会の現状に、共産主義を受容する側面があることまでは認めたのである。鴻磯も同様に、

「中国は革命を必要としている」点には同意している。[119]

このように興建運動では、時に「革命」という言葉で社会の改革の必要性が正面から説かれた。社会変革への希求を肯定する議論は、中国社会がどうあるべきか、という議論に繋がるものであった。陳孚木は「経済の新建設」を唱え、国営を原則とする商工業、直接税や社会立法の導入といった、一一ヶ条にのぼる対策を提示したが、これなども共産主義的な考え方に近いものであり、興建運動における反共の議論のあり方をよく示している。[120]

(6) 新中国について

以上見てきたように、興建運動の主張は中国の独立を強く訴え、共産党の指摘する中国の諸課題にも同意するものであったが、中国の実情は彼らの目標に遠く及ばなかった。朱斐声は、新中央政府に対する唯一の希望は国力の充実で、それを形成する三つの力、「一自衛力、二生産力、三組織力の三種の力が建国途上の基本要素である」としたが、実際には中国は生産と消費が不均衡で、それが様々な問題を引き起こしていることも併せて指摘された。[121]唐巽は「我国は礼儀の国と称されているが、民間の紀律は早くから跡形もなくなっている」と述べ、このために青年訓練の必要性を説き、人材育成こそ国政を遂行し、国力を回復する方法であると主張した。[122]

教育の重要性についても指摘された。曹翰は、「民衆に自己と国家とは不可分のもので」、「重要な関係があることを諒解させること」が最も重要であるとし、義務小学校や成人識字学校の設立などを提唱した。[123]興建運動は次代を担う青年にも期待を寄せた。流沙は「誰が興亜建国の責任を担当し得るのであらうか」と問い、「建国の責任は革命力量の源泉たる青年」にあり、これに「日本の覚醒せる青年」が協力すべき、と議論を展開している。[124]また日中の青年を比較して、日本の青年に較べ、中国青年は思想的に発達している、といった指摘もなされた。[125]

このように、独立した中国を担う若者の育成が国家の基盤となるという興建運動の主張は、例えば維新政府の教育方針（東亜固有文化の発展、農業中心の国家、固有道徳の顕彰、学生の政治運動禁止等を標榜していた）とは[126]、異なる原理に基づいていた。

六　興建運動に対する反応

（1）中国での反応

では興建運動に対して、どのような反応があったのであろうか。複数の史料から探ってみたい。一つは機関誌『興建』の募集した文藝作品（懸賞）への反応である。『興建』は一九四〇年七月まで興建運動に関する論文・文藝作品・歌詞を募集し、論文八六二件、文藝一三八六件（うち創作小説六三九件、舞台脚本四五〇件、映画脚本二九七件）、歌詞一五四五件が集まった。優秀作品は『興建』に掲載されたほか、賞金が授与された。投稿者の居住地は華北四一％、華中三五％、華南一五％、その他（抗戦区域及び国外）九％の割合であった（『興建運動』二三～二四頁）。ここから多くの支持があったと即断はできないが、少なくとも上海以外の地域からもかなり反応があったことは確認できる。

興建運動の拡大にはこの時期の社会の雰囲気も追い風となったと考えられる。当時の上海の日本語紙『大陸新報』は、「教育界、文化界が抗日意識を清算」し和平団体を組織している様子[127]、大学・専門学校教職員の和平への協力[128]、上海の大学生組織の間に生じた和平派と抗戦派の対立等を伝えている[129]。一方、抗戦側の立場にあった『申報』は、上海の経済界に蔓延する和平の風説を攻撃していた[130]。

重慶中央放送局からは、「興建運動の首脳部陳孚木、張資平等が汪派に投じ文化界その他に働きかけ和平運動を続けてゐる事は国民を裏切る漢奸なり」といった放送も行われていた[131]。この時期、重慶では和平派の結社の組織や、[132]和平派の伝単が散布されることもあり、[133]重慶当局が占領地の動向に極めて敏感になっていたのである。

(2) 日本での反応——「新支那唯一の民衆組織」

一九四〇年二月の興建運動公開の前後から、上海の日本語紙では袁殊・陳孚木の論考が掲載されるようになり、[134]まもなくその動きは日本国内でも紹介された。日中関係が新たな局面を迎えつつあるという期待感とあいまって、興建運動にも注目が集まったのである。

第一書房発行の文化雑誌『セルパン』(一九四〇年四月号)の特集「東亜言論人の交流」では、中国人四名の論考のうち三名を興建運動関係者が占めた。編集者は「若々しい情熱こそ興亜中国の新生命を象徴するもので〔中略〕日本側からも元気な声援を送らねばならない」と好意的に紹介し、[135]同盟通信社東亜部次長の半谷高雄が興建運動の様子を伝えた。[136]同誌は翌五月号でも特集「これからの日本と中国」に、興建運動から陳孚木・陶楽天・唐巽の論考を掲載した。

日本評論社発行の総合雑誌『日本評論』は一九四〇年五月号で、「日支合作の問題」という特集を組み、同号本誌では周仏海・陳公博の論考を掲載したが、別冊附録『新支那読本』に掲載された中国人の文章は、全て興建運動メンバーのものであった。そして同附録掲載の澤村一夫「新中央政府と青年層」は、興建運動を「上海を中心として青年層、労働者によって結成された新支那唯一の民衆組織」として紹介し、「運動の将来性は刮目して期待し得る」と評した。[137]

この頃、興建運動を間近で見た日本人の一人が冒頭でも紹介した児玉誉士夫である。児玉は河相達夫を通じて岩井英一に紹介され、興建運動にも関わるようになり、[138]『興建』にも文章を寄せた。[139]岩井は、後に児玉が日本で組織した興亜青年運動本部も、名称も含めて興建運動によって何らかの影響を受けたと推測する(岩井一四九~一五〇頁)。実際児玉は岩井らの活動を肯定的に回想しており、[140]中国での見聞が、活動に刺激を与えたと考えられるのである。

では児玉は袁殊らの活動をいかに見ていたのか。一九三九年一一月の私信の中で、児玉は日中の青年がどこに一致点を見出していくのかに不安を抱きつつも、それを見出すべく大いに努力していく決意を表している。また四二年三月、南京で汪精衛と会見した際には、袁殊らの青年運動を中国屈指と評価している(141)。

袁殊と交流のあった日本人は他にも確認できる。これには袁殊が上京した際に笠木良明（満鉄・大亜細亜建設社）が設けた宴席が参考となる。そこには外務省関係では岩田冷鉄・高瀬侍郎、右翼団体関係で河飯捨蔵・三浦義一・片岡駿・狩野敏（行地社）、満洲国関係で岸要五郎（副県長など歴任）(142)・奥戸足百（軍政部顧問）他が確認でき(143)、アジア主義的傾向を持った人々を中心に、興建運動への関心が持たれていたことがわかる。ちなみに袁殊は、大亜細亜建設社名刺交換名簿にも厳軍光として名を連ねている(144)。

ただ、興建運動は近衛文麿の東亜新秩序声明を重視していたものの、近衛のブレーンとの直接の関係は確認できていない。

七　汪政権成立後の興建運動

興建運動は汪政権成立後も順調に発展し、一九三九年九月以来、直接運動に関わった学生は一万有余人、組織された労働大衆は五十余万に及んだという(145)。また汪政権の憲政実施の動きに合わせて、四〇年九月から『憲政月刊』、また同年一一月からは日刊紙『新中国報』を発行するなど、組織は拡大しつつあった。

しかしこの時期、汪精衛はより強力な民衆組織結成に動き出していた。それが東亜聯盟運動である。柴田哲雄によれば、東亜聯盟の結成には華中の日本軍の意向も強く働いていたものの、汪政権側も東亜聯盟の「政治独立」の規定などから、積極的に受け入れた側面があったという[146]。筆者も大筋でこの見解は的を射ていると考える。

さらに一九四〇年一一月の東亜聯盟中国同志会の結成、さらに四一年二月の東亜聯盟中国総会発足の背景には、これを憲法制定の国民大会に代わる政治イベントにしようとの汪政権の意図もあったと考えられる。

これに先立つ一九四〇年九月九日、汪政権の憲政実施委員会は翌年一月一日の国民大会召集を決議していたが[147]、その実現は困難に直面していた。まさにそうした国民大会と入れ替わるように東亜聯盟運動が具体化しつつあったのである（第七章）。

一九四〇年一二月一七日、興建運動本部は解散声明を発表した。「解消声明書」は、以後汪精衛の指導に従い、国民党を中心として尊重し、孫中山の大アジア主義を守って東亜聯盟の結成に協力すると謳い（『興建運動』二八～二九頁）、興建運動は翌年二月一日に東亜聯盟中国総会へ合流した。

ただ興建運動の解散は、必ずしもその活動の終熄を意味しなかった。むしろ袁殊らの活動は汪政権全体の動きに包摂される中で、その重要な一角を占めるようになる。すでに袁殊は興亜建国運動代表として汪政権の憲政実施委員会で常務委員に名を連ねていたが、興建運動解散後も東亜聯盟中国総会に宣伝委員会副主任委員として参画し[148]、汪政権の清郷工作開始後は政治工作団団長[149]、江蘇省教育庁庁長を歴任した[150]。袁殊は汪政権に直接関わっていくのである。

言論活動でも、『興建』こそ終刊したものの、『憲政月刊』は『政治月刊』と名を改めて一九四五年五月まで発行された[151]。そして同誌は、「『政治月刊』を買えば、他の刊行物は読む必要なし」と称されるまでに成長したのである[152]。同じく興建運動の傘下にあった総合雑誌『雑誌』も一九四五年八月まで刊行を続けた。新聞界では『新中国報』が継続した他、『新聞報』のように『新中国報』から総編輯他の多数の記者が送り込まれた新聞もあった（岩井一三頁）。

興建運動が実質的に汪政権内部に残ったことは、彼らの組織力や言論活動が汪政権にとっても無視できなかったことを示している。興建運動は、汪政権成立前夜の和平運動の中でも際立った存在だったのである。

八　小　結

本章ではまず興建運動の登場から解散までを、運動の経過・人員・組織を中心に明らかにし、その上で興建運動での議論を、機関誌『興建』を主な材料に分析した。

興建運動の中心となった袁殊は、国民党との関係を基盤に早くからジャーナリストとして活躍し、共産党入党後は上海領事館の岩井英一とも情報をやり取りする関係となった。一九三九年、汪精衛が占領地で新政府樹立工作を始めると、影佐禎昭の要請で袁殊と岩井の関係を基盤に運動が組織された。興建運動は日本側の要請で組織されたものの、活動を担ったのはそれまで抗日側で活動していた活動家や文化人・大学教授、国民党・共産党と関係を持った人々であった点、労働団体や学生・青年を運動の担い手に組織しようとした点などで、大民会など従来の占領地の大衆運動とは明らかに異なっていた。

興味深いのは、活動は中国側に任され、その自主性が認められた点である。興建運動が展開した汪政権成立前夜は、（汪派）国民党による憲法制定国民大会開催が宣伝されるなど、（汪派）国民党の将来が積極的に語られた時期だった。運動の対象を学生や労働者に絞ったことに加え、こうした一九四〇年前後の政治情勢もあいまって、興建運動は急速に拡大したのである。

残念ながら興建運動に関する史料は、運動の刊行物や日本側の文書が中心で、管見の限り中国の檔案館には関係する史料は確認できない。また当然のことながら抗戦側の新聞報道が占領地の事情を積極的に報道することがなかったことも、興建運動を含む占領地の事情を、異なる視点から評価することを難しくしている。それでも、労働委員会発行の『労働者』が取り上げた労働争議は、抗戦陣営の『申報』や、国際聯盟支部の『国際労工通訊』も同様に報じていることを考えると、[153]その活動は少なくとも当時の上海の労働界の事情を反映したものであったと判断できる。

こうした状況下で、『大陸新報』が伝えるように、重慶国民政府が興建運動を手厳しく非難したことは、図らずも彼らの興建運動に対する警戒感の高さを伝えている。さらに満洲国協和会や華北の新民会からも視察が来たこと、周仏海が興建運動の拡大を非常に警戒したこと、運動解散後は汪政権が彼らを取り込んだこと、等を考え合わせると、公称動員人数に多少の誇張があったとしても、興建運動が占領地において相応の力を持っていたと判断できる。興建運動一年目の報告『興建第一年』が、成果のみならず、自ら達成できなかった課題についてもはっきり言及し（そうでなければ報告書の意味がないが）、決して総花式のものでなかったことからも、その内容はそれなりに実情を反映しているものと考えられる。

このような特徴を持つ興建運動は、その議論にもこれまでにない特徴があった。時代が転機にあるという認識の下、戦争を通じて中華民族の強さが証明され、日本も中国に対する認識を改める必要性があるとするなど、中国の立場からも日中戦争に積極的・肯定的意味づけがなされたのである。これには当時の情勢も影響を与えていた。日中の戦争が始まって三年を迎えた一九三九年から四〇年にかけては、日本軍の占領地支配は長期化の様相を呈する一方、抗戦側にとっては積極的な国際的支援を望めないという点で、苦しい時期であった。欧州ではナチスドイツの優勢が伝えられ、日本でも東亜新秩序のスローガンの下、新体制への模索が続いていた。興建運動はそうした影響を受け、中国も新たな段階に入るべきと主張したのである。

そこでは近衛声明までの抗日は正当な行為で、戦争を通じて日本も誤りを認めたとされ、時に日本帝国主義の駆逐といった強い表現も使われた。もちろん、新しい時代への言及は個人のレベルではこれまでにも見られたが、[154]それが民族の独立や日本批判などと結びつき、積極的な主張を構成することは、それまでの占領地には見られないものであった。

たとえ日本占領地であっても、中国のナショナリズムとあまりにかけ離れた議論では、受容されないことはもはや明らかであった。日本との戦争を終結させ、日本と対等の立場での中国再建を謳う興建運動の主張は、従来の対日和平の議論には納得しないものの、一方で抗日の行方にも不安を感じていた人々を取り込もうとした議論であった。

興建運動の登場は、日本にとっては「暴支膺懲」に代表されるそれまでの日本の対中国方針が大きな変更を迫られていたことを表している。それまで日本が中国に対してとってきた日中戦争の立場（即ち日本の戦争は正しい）が、少なくとも中国現地では通用しなくなったことを、日本自らが認めたことにほかならなかった。この点で、支那派遣軍総司令部が一九四〇年五月に中国での戦争目的を将兵に伝えるために発した「派遣軍将兵に告ぐ」が、『興建』に訳載されたのも象徴的である[155]。

民衆の支持を取り付けるためとはいえ、結果として占領地での民衆工作が、それまで抗日に従事していた国民党特務や共産党関係者に頼らざるを得なかった点も皮肉である。また、占領地においても学生や労働団体に的を絞った運動が追求されるようになったことは、その獲得が日本占領地内の政権の帰趨を左右するという意識が共有されつつあったことも示している。日中間に戦端が開かれて以来、占領地では日中提携や中国の現状に関して、様々な論者が説明を展開してきたが、その内容は一九四〇年を前後するこの時期に転機を迎えていたのである。

ところで興建運動のリーダー袁殊が共産党の地下党員であったことは先述したが、共産党にとって同運動はどのような意味を持ったのであろうか。少なくとも興建運動に袁殊が関わったことで、共産党は占領地政権とのより密な情報ルートを得ることができたことは間違いない。袁殊の息子曾龍の著作も、興建運動の目的を日本側の「重要戦略情報」を得るためだったと見ている（曾龍二一三頁）。おそらくこれは間違いないであろう。

ただ、果たしてそれだけであったのか。共産主義への一定の理解を示した点、経済政策に共産主義的な手法を提示した点など、興建運動の主張には占領地政権に共産党の主張を受け入れさせる側面もあった。穿った見方をすれば、詳細に共産党批判をするという形式をとることで、共産党の主張を日本占領地で公刊できたのである。実際、興建運動の共産党批判は、すでに見てきたように、共産主義の主張を頭から否定したものではなく、中国の抱える諸課題については共通の認識もまた持っていた。この点で共産党が青年を麻痺させている[156]、といった単純な共産党批判の議論とは一線を画していたのである。

共産党がこれによって直ちに積極的な行動を考えていたとまでは即断できないが、周仏海の「共産党は重慶側に不満を持ち、わが政府〔汪政権〕との合作を欲している」との記述[157]、共産党内で袁殊の上司にあたる潘漢年が岩井・影佐のみならず、汪精衛とも停戦問題で会見していることなどから（岩井一六五頁）、少なくとも共産党は占領地政権との間に起こる事態に備えていたと考えられる。興建運動傘下の新聞社・雑誌社は地下共産党員をカモフラージュする役割をも果たし、日本軍に拘束された共産党員が、袁殊を通じて釈放されることもあった（曾龍二四二〜二四三頁）。重慶の国民党政権・延安の共産党政権・占領地政権は対立しながらも、時にその動きは互いに交差し、水面下では繋がりもあったのである。興建運動はそうした実態を象徴するものだった。

袁殊をはじめ興建運動のメンバーの多くは、興建運動が東亜聯盟中国総会に発展的に解消された後も、同会や憲政実施問題、清郷工作などで引き続き汪政権に関わった。その汪政権の憲政問題については、次章で詳しく扱うこととする。

最後に袁殊のその後についても触れておきたい。日本の敗戦後、袁殊は重慶の国民政府軍統局より忠義救国軍中将に叙されるが、一九四五年一〇月には蘇北の共産党支配地区へ移り、曾達斎と改名し、翌年には華東局連絡部第一工作委員会主任に就任した。

一九四七年秋、大連へ移った袁殊は博古堂経理の名義で、対香港貿易や帰国する日本人に関する工作に従事した（曾龍二五〇頁、二五四頁、二五六頁）。満鉄調査部で中国の農業研究に従事し戦後中国に留用された天野元之助は、この頃袁殊に会ったことを回想している[158]。共産党員の立場が明らかになったためであろう、四八年三月、国民政府は漢奸として袁殊に逮捕令を出していることも確認される[159]。

一九五五年四月、戦時中の日本との関係を理由に、潘漢年らかつての中共地下党員が反革命の容疑で逮捕されると（潘漢年・楊帆事件）、袁殊はこれに連坐し、その後二十余年を獄中で過ごした。七五年、袁殊は釈放され、八二年九月に名誉回復、八七年一一月に逝去し、北京八宝山革命公墓に葬られている（曾龍二四頁、二八四頁、三一一頁）。

表6－1　『興建』目次

論文名	筆者
第一巻第一号（一九三九年一〇月一〇日）	
画頁――孫文遺墨・孫文先生暨汪精衛氏・欧洲戦争風景及其要角・華北之棉	
我們的信念（発刊詞）	厳軍光
中日戦争之世界史之意義	田原
欧戦与抗戦	曹翰
大亜細亜主義	孫文
東亜協同体与民族問題	新明正道（凱洛訳）
東亜建設之理論観	谷口吉彦（耆言訳）
論戦時国際法	林世顔
生活在首次欧戦陰影中的人羣	威霊生
従蘇聯侵略波蘭説起	徳銘
分析日本的国民性	疇人
日本二千六百年史	大川周明（雷鳴訳）
中国新中央政府之誕生	中保與作
中国国民党第六次全国代表大会宣言（現代史料輯集）	
修訂中国国民党政綱（現代史料輯集）	
決定以反共為基本政策（現代史料輯集）	
汪精衛之和平救国運動（現代史料輯集）	
国民党的決心与行動（現代史料輯集）	
国際間之政治条約（補白）	
秦檜是高宗的傀儡（補白）	
戦争語録（補白）	
公主看護（補白）	

月餅与寒衣（補白）	
日本参謀本部的要角（補白）	
収穫時期（補白）	
荒村裏（小説）	祖墳
第一巻第二号（一九三九年一一月）※『南京新報』一九三九年一一月一一日二張一版より	
興亜建国論	厳軍光
協力与批判	田原
論国際援助与同情	曹翰
如何建立東亜的永久和平	唐巽
興亜建国的労働運動	朱斐声
和平的唯物論	張安義
第二次大戦与欧洲文明	長谷川如是閑（凱洛訳）
日本二千六百年史	大川周明（雷鳴訳）
中国新同盟会宣伝大綱（現代史料輯集）	
何世楨致蔣電（現代史料輯集）	
中国新青年党告民衆書（現代史料輯集）	
江亢虎和平通電及宣言（現代史料輯集）	
拉比和牠的友人	周吉人訳
画刊（四頁）	
日新外相野村吉三郎（補白）	
暗殺羅国首相的鉄衛団（補白）	
英法潜艇実力比較表（補白）	
雲南大観楼之長聯（補白）	
第一巻第三号（一九三九年一二月）	
不詳	
第一巻第四号（新年特大号：一九四〇年一月）※『興建』二巻二号目次より	
迎春頌辞	厳軍光
中日合作論	陳志仁（陳孚木）
中日関係改善論	彭羲明
論今日中国教育上急待解決之三大問題	張星海
興亜建国運動之特殊性与普遍性	田原
従内政談到抗戦	曹翰
論中日文化合作	李光璜
紀遊詩稿	未明
中国経済開発論	伍堂卓雄（胡逸名訳）
敬告日本労工大衆	天民
泛論青年救国運動	唐震
興亜建国与現代青年	陸巽
世界秩序的基礎論（上）	河飯捨蔵（凱洛訳）
東亜新秩序与東亜各民族	関同卿
日本二千六百年史（続）	大川周明（雷鳴訳）
資本主義征服了蘇聯	莫真
英大使元爾論	楠山義太郎（曹平子訳）

欧戦透視	胡梅
整理国故之我見	衲叟
中国文字形体的演変（続）	金祖同
知止斎捜蔵古泉説略	楊銘修
共党蹂躙下的江浙淪陥区	王黄斐
両個朋友（続）	余雄一訳
你的腿呢？	東野平
第一巻第五号（一九四〇年二月）※『興建』二巻二号目次より	
興亜建国之另一解	彭羲明
論中日和平運動	陳孚木
我們的三大目標	厳軍光
従中日戦争説到興亜建国	許申
我們為什麼従抗日到親日	曹翰
建設東亜与科学政策	賀来訳
怎様争取我們的同情者	清流
中日文化結合論（上）	岡島永蔵
日本人留学中国考	陳覚民
論中日提携合作	潘菊人
建立新貨幣芻議	薛習恒
日美関係的展望	須磨弥吉郎（唯青訳）
弱点畢露的遠東紅軍	劉喜古夫（古柏人訳）
日本二千六百年史（続）	大川周明（雷鳴訳）

世界秩序的基礎論（下）	河飯捨蔵（凱洛訳）
如何推進興亜建国運動（現代史料輯集）	
興亜建国的意義（現代史料輯集）	
汪兆銘致蒋中正電（現代史料輯集）	
雲母縁伝奇	袁厚之
我們相結為朋友	亜爾伐洛
編後記	編者
第一巻第六号（一九四〇年三月）※『興建』二巻二号三八頁より	
興亜建国運動本部時局声明	
興亜建国運動之目標与理想	
興亜建国運動之発生及構成形式	
興亜建国運動本部致汪精衛氏書	
新中央政府之外交与政治：我們対於新中央政府的希望	陳孚木
新中央政府的憲法問題：我們対於新中央政府的希望	彭羲明
新中央政府与国際環境：我們対於新中央政府的希望	曹翰
新中央政府的社会政策与労働問題：我們対於新中央政府的希望	朱斐声
新中央政府与青年問題：我們対於新中央政府的希望	唐巽
新中央政府成立後之青年問題：我們対於新中央政府的希望	陶楽天
我対於組府的両点観感：我們対於新中央政府的希望	李光璜
新政権問題	日本評論（劉化介訳）
中日文化結合論（下）	岡島永蔵

為中日経済提携進一言	波多野作鼎（澄芳訳）
興亜発祥地東京巡礼	賈華昱
日本二千六百年史（続）	大川周明（雷鳴訳）
共党三青和ＣＣ	労生
従蘇聯帰来	Andre Gide(哲之節訳)
在另一世界中	戴甫
雲母縁伝奇（続）	袁厚之
編後記	編者
第二巻第一号（一九四〇年四月一〇日）	
新中央之対日関係	彭羲明
遠東新形勢与興亜建国	李楽甫
東洋思想日本精神之真髄	白鳥敏夫（厳軍光訳）
新中国的基礎与希望	趙美姿
従民族性到中日合作	李至誠
掲破蘇聯対華的面目	知微
共産主義的清算	Nathaniel Peffer(洛天訳)
日本二千六百年史（続）	大川周明（雷鳴訳）
憂国詩人屈原	呉光中
中央政治委員会組織条例（現代史料輯集）	
中央政治会議組織綱要与委員人選(現代史料輯集)	
国府還都宣言（現代史料輯集）	
国民政府政綱（現代史料輯集）	
国府主席暨各院部会長名単（現代史料輯集）	
維新政府解散宣言（現代史料輯集）	
臨時政府解散宣言（現代史料輯集）	
中国国家社会党政務特別委員会宣言(現代史料輯集)	
中国青年党中央政治行動委員会宣言(現代史料輯集)	
在另一世界中	戴甫
雲母縁伝奇（完）	袁厚之
興亜建国運動的発生与経過	
編後記	編者
第二巻第二号（一九四〇年五月一〇日）	
興亜建国之理論的根拠	曹翰
民族主義的意義	周仏海・三木清
新中央政府対列強的態度：我們対於新中央政府的希望	余愚
新世界観	莫青
剣抜弩張的亜洲	威廉・亨利(董一介訳)
国共合作的現段階	魯風
孫中山与史太林	久原房之助（恵民訳）
中日両大民族的共同責任	費一方
日本二千六百年史（続）	大川周明（雷鳴訳）
告派遣軍将士書	日本・中国派遣軍司令部
興建本部歓迎日本阿部特使電（現代史料輯集）	
興建春仮旅行団文化界懇談会（現代史料輯集）	

大民会更新宣言（現代史料輯集）	
在另一世界中（続）	戴甫
抗戦西南透視録	仲子
興亜建国運動之発生与経過	
編後記	
第二巻第三号（一九四〇年六月一〇日）：反共問題特輯	
反共問題	陳孚木
国際戦争与中国政治之転変	厳軍光
抗日統一戦線的崩潰	李蒙政
東亜新秩序的反共性	柳生訳
共産党在中国的命運	余愚
共産主義与中国国情	鴻磯
国共分合的透視	魯風
我們当前的責任	金諾
現階段的地方綏靖工作	李星南
附録：国共摩擦資料	
中国共産党之不法行為及破壊抗戦事実紀要	天水行営
論国内政治改革問題	林桂圃
為河北事件答覆毛沢東先生	張蔭梧
堅持団結抗戦反対分裂陰謀	解放週刊
興亜建国運動的基本精神	曹翰
日本二千六百年史（続）	大川周明（雷鳴訳）
上海租界中国共両党人員一覧（現代史料輯集）	
我們的政治主張（現代史料輯集）	
新世界観	莫青
上海雑感	児玉誉士夫
西南抗戦透視録	仲子
編後記	編者
第二巻第四号（一九四〇年七月一〇日）	
欧洲形勢与遠東前途	厳軍光
『七七』三週年	曹翰
歴史観的興亜建国論	魯風
欧戦与興亜建国運動	張資平
百年来的血債（鴉片戦争百年祭）	曹翰
従鴉片戦争説起（鴉片戦争百年祭）	金諾
鴉片戦争的回顧（鴉片戦争百年祭）	胡同林
東亜聯盟論之理論的検討	余立三訳
昭和維新論	劉化人訳
日本不参加欧戦之限度	白鳥敏夫
日本二千六百年史（続）	大川周明（雷鳴訳）
最新銀行幣制策略	陳立恒
抗戦西南透視録	仲子
人民団体組織方案草案（現代史料輯集）	
中国共和党之恢復（現代史料輯集）	

中華洪道社宣言（現代史料輯集）	
編後記	編者
第二巻第五号（一九四〇年八月一〇日）	
実施憲政的新認識（興建論壇）	亜斗
『半為美蘇利益的抗戦』（興建論壇）	呂楓
和平到了最後関頭（興建論壇）	方吉
門羅主義的精神（興建論壇）	太白
達拉第受審（興建論壇）	亦清
中日和平合作之理論与実践	陳孚木
東亜聯盟之前途	中山優
興建運動的当前使命	曹翰
興亜建国与新民族主義	魯風
東亜革新論	余愚
東亜聯盟建設綱領	
関於中日文化人会議的意見	加田哲二（厳軍光訳）
論廉潔政治	陳孚木
汪精衛論	中山優
民国政党史之変遷	陳憲章
和平運動与華僑問題	胡遠雄
日本二千六百年史（続）	大川周明（雷鳴訳）
最新銀行幣制策略（続）	陳立恒
興華学院開学記	伍記
抗戦西南透視録	仲子
現代史料輯集	資料室
編後記	編者
第二巻第六号（一九四〇年九月一〇日）	
歓送本部派遣第一届留日学生（興建論壇）	方言
「新民主政治」（興建論壇）	亜斗
蕭伯納与「第三種人」（興建論壇）	九如
「上海地皮章程」（興建論壇）	鳴皋
英軍撤退雑感（興建論壇）	梧桐
興建運動一週年	曹翰
興亜建国与中国思想界之転変	陸国幃
日美戦略形勢与東亜前途	太白
新中央政府的経済前途	守常
三民主義的中心思想	林柏生
共産主義的根本錯誤	鴻磯
中日文化提携論	葉鈞
怎様建立新時代的初等教育	沈同
日本与荷属東印度羣島	胡遠雄
東亜協同体之理論的基礎	専載
我与馬家蘭	宋石
抗戦西南透視録	仲子
霊魂破砕的人	勉旃訳

致左舜生李璜書	趙毓松
編後記	編者
第三巻第一号（一九四〇年一〇月一〇日）	
「興亜建国」与「建国興亜」（興建論壇）	
顛緬公路再開放（興建論壇）	
日徳義同盟下的英美（興建論壇）	
美国対華『援助』与鴉片（興建論壇）	
印度往何処去？（興建論壇）	
興建第一年	陳孚木・厳軍光・張修明・汪正禾・周百鋼・彭羲明・鄭介・唐巽・王浩然
致興建運動同志書	岩井英一
過去一年間中日合作之理論発展	陳孚木
興建運動対日徳義同盟之立場	岩井英一
中国革命現段階与憲政問題	厳軍光
興建運動与革新政治体制	李蒙政
国慶日感言	汪精衛
迎接世界新秩序	秦源
日徳義三国聯盟与遠東	胡青江
新政治体制与反共鬥争	小林杜人（余立三訳）
新思想論	魯風
興亜建国運動的歴史任務	陶楽天
一個根本信念（専載）	林柏生
日本的中国研究（上）	青木富太郎（皇甫慕恒訳）
中日文化提携的具体方案	加田哲二（胡青江訳）
中日青年座談会紀録	震益紀録
日本二千六百年史（続）	大川周明（雷鳴訳）
猿山氏致厳軍光書：興建運動在日本之印象	猿山儀三郎
東亜協同体之理論的基礎（専載）	行健文化研究会
満洲建国与中国事変（専載）	石原莞爾
汪精衛先生訪問記	Ippei Fukuda（樹人訳）
埃及争奪戦和近東形勢	大蔵公望（呉蔭道訳）
抗戦西南透視録	仲子
無恥的可拉	拉斯東・休士（張幽蘭訳）
興亜建国運動宣伝綱要	
第三巻第二号（一九四〇年一一月一〇日）	
政党問題与国民運動（興建論壇）	
訴之於健忘的人們（興建論壇）	
火薬庫爆発（興建論壇）	
従日本学取教訓（興建論壇）	
従物価飛漲説起（興建論壇）	
日本是怎様的国家？	厳軍光
新中国論	汪正禾
日本的進路	津田信吾（雷鳴訳）

環繞欧戦的外交攻勢与軍事動向	太白
国際情勢与三民主義（上）	周君憲
中国共産党禍国史	金君致
従人類的本性窺察共産主義	哲人
中国本位的教育	嘯天
論中英南京条約百週紀念	西山栄久（志操訳）
日本的中国研究（中）	青木富太郎（皇甫慕恒訳）
日本二千六百年史（続）	大川周明（雷鳴訳）
東亜協同体之理論的基礎（下）（専載）	行健文化研究会
協和全聯大会傍聴記	平貞蔵（余立三訳）
政治的離心力与向心力（専載）	丁黙邨
新中国報之誕生	厳軍光
抗戦西南透視録（連載）	仲子
夫妻之争（小説）	青山
再告各級中華青年団指導主任書（現代史料輯集）	
中日聯誼社縁起（現代史料輯集）	
憲政月刊社縁起（現代史料輯集）	
革新倶楽部之組織（現代史料輯集）	
革新倶楽部之任務（現代史料輯集）	
編後記	
第三巻第三号（一九四〇年一二月一〇日）	
中日国交調整条約的訂立（興建論壇）	
現階段的国共摩擦（興建論壇）	
一万万借款与四万万人命（興建論壇）	
美金与参湯（興建論壇）	
蘇聯的援華（興建論壇）	
興亜建国与全面和平	曹翰
興亜建国運動之理論与実践（上）（興建大徴文論文第一名）	魯若沛
大英帝国没落論	加田哲二（張嘈訳）
門羅主義新背景之研究	俊生
国際情勢与三民主義（下）	周君憲
中国革命問題的研究	陸国幃
農村治安与防共問題	鴻磯
中国共産党禍国史（中）	金君致
東亜聯盟論	田中直吉（徳銘訳）
新東亜文化的創造	猿山儀三郎（胡嘉訳）
建設新東亜文化問題	松森孝次郎（悪紫訳）
日本的中国研究（下）	青木富太郎（皇甫慕恒訳）
日本二千六百年史（続）	大川周明（雷鳴訳）
抗戦西南透視録（連載）	仲子
東遊舟行有感三首	民声
興建本部日本考察団日記	朝暉〔林朝暉〕
中日国交調整条約及附属議定書（現代史料輯集）	

中日満共同宣言（現代史料輯集）	
東亜聯盟中国同志会簡章及理事名単（現代史料輯集）	
中国大民会上海辦事処告民衆書（現代史料輯集）	
編後記	

表6-2　『興建運動』目次

論文名	筆者
序言	厳軍光
興亜建国運動之経過	本部結束委員会
第一輯	
我們的三大目標	厳軍光
興亜建国論	厳軍光
最近的時局与我們的態度	厳軍光
歴史観的興亜建国論	魯風
興亜建国与新民族主義	魯風
興亜建国之理論的根拠	曹翰
興亜建国運動的基本精神	曹翰
興建運動的当前使命	曹翰
興亜建国之另一解	彭羲明
興亜建国運動的歴史任務	陶楽天
興亜建国運動之特殊性与普遍性	田原
興亜建国与全面和平	曹翰
新思想論	魯風
新世界観	莫青
興亜建国与中国思想界之転変	陸国幃
第二輯	
中日合作論	陳孚木
論中日和平運動	陳孚木
中日和平合作之理論与実践	陳孚木
過去一年間中日合作之理論発展	陳孚木
中日関係改善論	彭羲明
従民族性談到中日合作	楊鴻烈
東亜革新論	余愚
中日文化結合論	岡島永蔵
中日文化提携論	葉鈞
中日両大民族的共同責任	費一方
従中日戦争説到興亜建国	許申
中日戦争之世界史意義	田原
我們為什麼従抗日到親日	曹翰
第三輯	
中国革命現段階与憲政問題	厳軍光

新中国論	汪正禾
興建運動与革新政治体制	李蒙政
中国革命問題的研究	陸国幃
従内政談到抗戦	曹翰
新中央政府之外交与政治：我們対於新中央政府的希望	陳孚木
新中央政府的憲法問題：我們対於新中央政府的希望	彭羲明
新中央政府与国際環境：我們対於新中央政府的希望	曹翰
新中央政府的社会政策与労働問題：我們対於新中央政府的希望	朱斐声
新中央政府与青年問題：我們対於新中央政府的希望	唐巽
新中央政府成立後之青年問題：我們対於新中央政府的希望	陶楽天
我対於組府的両点観感：我們対於新中央政府的希望	李光璜
新中央政府対列強的態度：我們対於新中央政府的希望	余愚
第四輯	
反共問題	陳孚木
抗日統一戦綫的崩潰	李蒙政
国共合作的透視	魯風
中国共産党禍国史	金君致
共産主義与中国国情	鴻磯
共産主義的清算	洛川
共産主義的根本錯誤	鴻磯
従人類的本性窺察共産主義	哲人
農村治安与防共問題	鴻磯
共党蹂躙下的江浙淪陥区	王黄斐
第五輯	
興亜建国与日徳義同盟之立場	岩井英一
国際戦争与中国政治之転変	厳軍光
欧戦形勢与遠東前途	厳軍光
迎接世界新秩序	秦源
遠東新形勢与興亜建国	李楽甫
欧戦与興亜建国運動	張資平
日美戦略形勢与東亜前途	太白
門羅主義新背景之研究	俊生
第六輯	
興亜建国運動之理論与実践（興建大徴文論文第一名）	魯若沛
中日合作与亜洲的将来（興建大徴文論文第二名）	夏敬皋
新中国展望（興建大徴文論文第三名）	李照
血的舞蹈（興建運動大徴文小説第一名）	簡次生
英勇的人們（興建運動大徴文舞台劇第一名）	姚志平
狂風暴雨（興建運動大徴文電影劇第一名）	陸鳴之
興亜建国歌（興建運動大徴文歌詞第一名）	張幽蘭
第七輯	
興建第一年	陳孚木・厳軍光等
興建運動一周年	曹翰

致興建運動同志書	岩井英一	日本印象記　四	潘敦徵
日本印象記　一	兪吉玉	日本印象記　五	胡凡
日本印象記　二	呉海康	日本印象記　六	陸国幃
日本印象記　三	林朝暉	青年旅行団在蘇招待文化界記	

表6-3　袁殊関係年表

西暦 年	月	日	事　項
一九一一	四	二七	旧暦三月十九日湖北省蘄春県で生まれる。父袁暁嵐、母賈仁慧。
一九一六			私塾で学び始める。
一九一九			父袁暁嵐、フランスへ勤工倹学として赴く船中で事故、入院。袁殊は母親について弟と上海へ移住。浦東中学附属小学校に通う。
一九二一			啓智印刷廠学徒となる。
一九二三	秋		立達学園初中部入学。黄其啓と『窗報』を発行。
一九二五	五		五・三〇運動に参加。大夏大学の邵華・劉真如と知り合う。 この頃、袁暁嵐、賈伯濤を黄埔軍官学校に推薦する。
一九二六			胡抱一（国民革命軍江南別動軍司令）の秘書として北伐に参加する。その後、南京の国民革命軍第二七師政治部主任部華の下で、政治部宣伝股股員。第二七師は倪道烺の部隊が改変したもので、国民革命軍になって日が浅く、そのために政治部が置かれていた。まもなく第二七師団は改編されたため、袁殊は河南人陳軫の第一八師の政治部宣伝科中尉科員となる。
一九二八	初		上海に戻る。全国賑災委員会調査組組長となっていた胡抱一の紹介で、組員として山東省へ赴任する。落馬し南京の病院に入院する。 高長虹の主催する狂飆社に参加。『民国日報』の『覚悟』副刊などに投稿。上海市党部宣伝部長陳徳貞の紹介で宣伝部助理幹事となる。

一九二九	九		妻・馬景星と日本に渡り、新聞学を学ぶ。
一九三〇	七〜八		馬景星と帰国し、南京・湖北を訪問。その後、馬景星と別れる。
			狂飆社の馬彦祥の主催する聯合劇社に入る。
一九三一	三	一六	上海四馬路で『文藝新聞』発刊。楼適夷・夏衍ら左聯関係者も参加する。
	一〇	二一	中国新聞学研究会発足。メンバーは任伯濤・黄天鵬・袁殊・翁従六ら。
	一〇		中国共産党に加入する。
	一二	九	『文藝新聞』社、曙星劇社を設立する。
	一二	二八	上海文化界反帝抗日聯盟が成立。袁殊も執行委員に名を連ねる。
一九三二	二	三	「上海文化界告世界書」発表。魯迅・楼適夷・袁殊・翁従六らが署名。
	四		中国新聞研究会「檄全国新聞記者」を発表する。
	春		呉醒亜（上海市社会局長）の組織（湖北幇）に参加する。情報料として毎月一五〇元。
	六	二〇	『文藝新聞』停刊。
			新声通訊社（社長厳諤声）の記者として情報収集にあたる。この他『中国論壇』、外論編訳社副社長兼総編輯、中国聯合通訊社副社長（一九三三〜三五年）、記者工会執行委員などを兼務する。
一九三三	初		岩井英一と知り合い、情報をやり取りする関係を築く。
	五		呉醒亜、幹社を組織する。袁殊も情報股長としてこれに参加する。他に陳宝驊（総務股長）・李士群（行動股長）・丁默邨（書記長）等。
			杭石君と異姓兄弟となり、杭を通じて後に青紅幇に入る。
一九三四			幹社、組織を拡大し、袁殊は文化委員会副主任委員として『文化建設』の発行を行う。
	夏		岩井英一の提供した資金一千元により日本を訪問する。外務省の天羽英二、毎日新聞社の吉岡文六、朝日新聞社等を訪問する。
一九三五	一〇頃		スパイ容疑で逮捕され、湖北反省院に拘留される。袁暁嵐及び岩井英一の尽力により釈放される（一九三六年五月）。岩井は袁殊の釈放を一九三五年六月とするが、一九三六年の誤りと考えられる。
一九三六		四	雑誌『新生』が「閑話皇帝」掲載（新生事件）。
	五		東京へ行き、岩井英一を訪問する。岩井は月一五〇元を支給し、新聞記者梶原勝三郎、外務省小林事務官を紹介する。袁殊は留学生の名目で早稲田大学に留学。清水泰次の下で歴史を学ぶ。
一九三七	三〜四		千葉県船橋町の袁殊宅に警察来訪。同居して半年になる佐藤時子との関係が風俗壊乱として警告を受ける。

	六		帰国。杜月笙の援助により中国銀行三階（中匯大楼）に時事刊行社設立。
			潘漢年、八路軍駐滬辦事処主任として赴任する。
			戴笠要請により、周道三（軍統局上海区区長）の下で国際情報組少将組長となる。月俸三〇〇元。
			第二次上海事変勃発後、軍統少将の名義で、王鉄民に抗日秘密行動小組を組織させる。行動小組は江蘇省長陳則民暗殺を企て、大民会の馮心如を暗殺するなどする。
一九三八	二	二八	岩井英一上海に再赴任する。
	春		袁殊と岩井英一再会する。
一九三九	一二〜一二		日本訪問（東京・箱根）。
			この年、馬景星と正式に離婚し、端木文琳（王端）と再婚する。
一九四〇	二	一六	興亜建国運動、一般に公開される（上海、礼査飯店）。
	七	一六	厳軍光（袁殊）『欧洲形勢与遠東前途』発行。
	七	三〇	興建本部宣伝処「興亜建国運動的意義」発行。
	六		袁殊、憲政実施委員会委員に就任する。
	九	一〇	『憲政月刊』発行。
	一一	七	『新中国報』発行。
	一二	一七	興建運動解散。
一九四一	一		『憲政月刊』を『政治月刊』と改題する。
	七		清郷政治工作団団長に就任する。
	一〇		江蘇省教育庁庁長に就任する。江蘇省政府（拙政園）で執務。
一九四二			汪政権副代表（代表は周仏海）として訪日。佐藤時子と面会。
一九四三			清郷区蘇州党務辦事処副主任、鎮江清郷専員、鎮江地区保安司令。
一九四五	一〇		忠義救国軍新編別動軍第五縦隊指揮・軍統直属第三站站長・中将となる。
一九四六			曾達斎と改名する。華東局連絡部第一工作委員会主任に就任する。
一九四七	秋		大連に移り、博古堂経理の身分で香港との秘密貿易工作及び帰国日本人から特務摘発に従事。
一九五三	夏		王端（端木文琳）と離婚。
一九五五	四	五	逮捕、秦城監獄に入る。

一九六八	八～九		元妻・王端死去。
一九七一			母・賈仁慧死去（八四歳）。
一九七五	五		釈放される。
一九八二	八	二九	最高人民法院、名誉回復を決定。
一九八七	一二	二六	死去。

出典：曾龍『我的父親袁殊』（接力出版社、一九九四年）を基に作成。

第七章　占領地と憲政

――汪精衛政権の憲政実施構想

国民党はすでに国民大会の準備を十分の九完成させ、まもなく憲政を予備的に開始し、訓政の地位から普通政党の地位に退き、また代行してきた政権を人民に返還するのである。

――周仏海「中国国民党過去の功罪と今後の地位」

憲政は政治の建設であり、政治の破壊ではない。そのため憲政は、和平統一が前提とならなければならない。

――胡沢吾「憲政の意義と前提」

一　火野葦平の記念写真――はじめに

一九四〇年盛夏、一人の作家が湖北省武昌郊外の山坡（サンパ）に向かっていた。戦記『麦と兵隊』などの兵隊三部作で、一躍時の人となっていた火野葦平（本名玉井勝則）である。葦平の目的は宜昌戦線の視察だったが、その足取りは軽かった。というのも途中に寄る山坡街には、葦平に少し遅れて応召し、「中支戦線」に出征していた弟玉井政雄が滞在していたからである。

「灼けたプラット・フォーム」に降り立った葦平に、駆け寄ってきた政雄は「遅れたかと思うた。荷物は」と声をかけ、「この風呂敷ひとつ」と葦平は答えた。二人の再会は四年ぶりだった。

この経緯は火野の『兵隊について』の中の一篇「山坡街」による[1]。同書は兵隊三部作ほど有名ではないが、戦闘の最前線から離れた占領地における宣撫工作にも筆を割いた佳品である。政雄も武昌県第二区署が置かれていたこの村に駐屯しながら、村の子供たちに日本語を教えていた。

図 7-1　火野葦平（右）と弟（山坡中街にて）

さて我々はこの短篇に掲載されている一枚の写真に注目してみたい（図7-1）。上着を手に持った火野葦平の横にはひと回り小柄な軍服姿の政雄が立っている。その背景には笑顔で手を振る帽子をかぶった子供の肖像と、それを狭むようにして左右に「実現和平　実施憲政」「日支提携　共存共栄」の文字が読み取れる。いずれも汪政権のスローガンである。このうち「実現和平」「日支提携」「共存共栄」については、説明は不要だろう。では「実施憲政」はどうだろう。字義は憲政を実施するということだが、これが汪政権とどのように関係するのだろうか。「憲政実施」は、確かに汪政権のスローガンだったものの、これまでの日中戦争史でもほとんど注目されることはなかった。しかし、本章で明らかにするように、汪政権にとって憲政実施は重要な意味を持っていたのである。

近年、近現代中国を通じて憲政に関する議論が断続的に戦わされてきたことに注目が集まっている。民国期には政治の場でも憲政について様々な議論が巻き起こったが、これは知識人のレベルでは現在も続いている。「憲政」というキーワードを軸に、中国の近現代を振り返る試みもなされた[2]。少なくとも憲政が、近現代を通じて中国の重要な政治課題の一つであったことは共通認識としてよいだろう。そして憲政は、占領地とも無縁ではなかったのである。ではこの「実施憲政」の背後にはどのような経緯が存在したのか。本章ではこの憲政と占領地との関わりについて検討したい。

一九三九年八月、日本占領下の上海で、重慶の国民党を除いて国民党第六次全国代表大会を開催した汪精衛は、憲政実施に向けて動き出した。そして翌年三月に成立した汪精衛政権は「和平の実現と憲政の実施」を二大方針とし、同政権が発表した「国民政府政綱」は、国民大会を召集し、憲法を制定し憲政を実施すると規定した。このため占領地においても憲政実施に関する議論が高まりを見せたのである。

興味深いのは、汪政権と重慶国民政府（重慶政権）の双方が憲政実施をめぐって競い合う関係になっていたことである。一九三九年八月の（汪派）国民党第六次全国代表大会の開催から、汪政権が国民大会開催延期を表明する四〇年一二月までは、「和平か抗戦かの最後の決定の鍵は、憲政実施が、南京、重慶何れに依つて行はれるかにある、といへよう[3]」との指摘に象徴されるように、中国における憲政実施をめぐる動向を、「抗戦憲政対和平憲政」や、重慶・汪派・共産党の相互関係の中で説明する議論も数多く登場していたのである[4]。

従来汪政権を含む占領地政権は日本との関係で語られることが多く、その結果政権の従属性が注目されてきた。しかし汪政権の憲政実施に向けた具体的な動きを検討することで、同政権が中国の政治課題をも継承する側面を持っていた、という当たり前だが見過ごされてきた一面に光を当てることができよう。

汪政権の憲政実施に関する専論は管見の限り確認できていないが、この問題自体は、これまでも汪政権研究の中で言及されてきた。柴田哲雄は汪精衛の外交観・政治体制観の連続性を検討する中で、汪政権が憲政実施を最重要課題と位置づけていたものの、汪自身は議会制民主主義の採用を否定したとした[5]。堀井弘一郎は、汪派国民党が訓政から憲政へ移行する政治スケジュールで、重慶の動きに後れをとることができず憲政実施委員会を設けたものの、憲法実施の国民大会を実施すべきか否かの論争もあり、結局、憲政実施が見送られ、汪派国民党は重慶の後塵を挿したとした[6]。

土屋光芳による汪精衛の民主政治論の分析によれば、一九二〇年代後半から三〇年代にかけての時期、汪の民主化プランは、一党独裁に傾きがちな孫中山の「以党治国」の枠を脱し得なかったという[7]。汪政権が当初、国民党以外の人士に提携を呼びかけながらも、最終的には党独裁を肯定することになる背景として興味深い指摘である。しかし占領地で憲政実施をめぐり具体的に何が議論され、如何なる動きがあったのか、また汪政権は本当に重慶の後塵を拝したのか等、依然として不明な点は多い。

そこで以下ではまず、日中戦争前の国民政府による憲政実施への動きを簡単に振り返る。続いて汪政権成立までの占領地における憲政をめぐる議論を明らかにする。その上で汪政権が設置した憲政実施委員会の組織・人員及びそこでの憲政の議論を検討する。議論を進めるに当たっては、汪派国民党の機関紙『中華日報』のほか、汪政権下で発行された雑誌『憲政月刊』[8]など占領地で刊行された雑誌を主な史料に、適宜回想録及び外交文書を利用する。

二　日中戦争前の憲政実施をめぐる動き[9]

(1) 国民政府の憲政実施への動き

日中戦争前、中華民国国民政府の政治課題の一つは憲政（憲法に基づく政治）の実施であった。というのも中国国民党の総理である孫中山が、将来的には憲政実施を標榜していたためである。孫中山は、革命は軍事的な統一を目指す軍政から、「先知先覚」の国民党が人民に代わって統治を代行する訓政の段階を経て、憲政に至るべきと唱え、一九二八年の国民政府による全国統一は訓政の開始とされていた。

従って訓政の次の段階である憲政に向けて動くことは、国民政府の正統性を担保する上でも必要なことであった。しかし国民政府を牽引していた蔣介石にとって、憲政実施は諸刃の剣でもあった。というのも仮に憲政が実施されれば、憲法は蔣介石の権限をも制約することになるからである。

一九三六年五月五日、国民政府は憲法草案を発表した。これは史上「五五憲草」と呼ばれるもので、同年一一月一二日（孫中山誕生記念日）に召集される国民大会で付議されることになっていた。しかし内外情勢の逼迫を理由に同年一〇月一五日の国民党中央常務会議は、国民大会召集を延期した。

翌一九三七年二月、国民党第五期三中全会は再度同年一一月一二日に国民大会を召集することを決定した。当初の予定より一年遅れたことになるが、同年四月には立法院が「五五憲草」や「国民大会組織法」等に修正を加え、国民大会開催の準備が進められた。ところがまたも国民大会開催が延期されることになった。原因は日中戦争の勃発である。七月七日に起きた盧溝橋事件は日中双方の思惑を裏切って拡大した。憲法草案を議論する国民大会の代表は全国から選ばれることになっていたが、戦争の勃発はこれを不可能にした。このため同年一〇月四日には、国民大会の無期延期も正式に発表された。

(2) 国民参政会と憲政の議論

国民大会の召集は延期されたものの、日中戦争を乗り切るためにも民意を反映した政府機関が必要であるとの要求は諸階層から高まった。憲政実施を求める動きも続き、とりわけ共産党は熱心に憲政実施を主張した。共産党は、一九三七年九月に発表した「全国同胞に告ぐ」で国民大会の召集と憲法制定を訴えたが、その狙いは憲政実施を通じて国民政府の独裁を抑えること、そしてみずから政治に参画し勢力を拡大することであった[10]。

こうした情勢を受け一九三八年四月、武漢で開催された国民党臨時全国代表大会では「中国国民党抗戦建国綱領」に国民参政会の設置が明記された。国民参政会は政府の諮問機関で、七月六日には武漢で第一期第一次国民参政会が開かれ、議長には汪精衛が就任した。しかし国民参政会は、参政員の四分の三を国民党系が占め、その権限も「建議案」「諮詢」「参考」に限られるなど、政府に対する拘束力はなかった。国民政府は国民参政会によって国民党以外の声を聴くという姿勢は示したものの、実質的には国民党独裁の政権運営を継続したのである。

このため共産党は一九三八年一一月に延安で開かれた共産党拡大六中全会で、引き続き国民大会の即時召集・憲法実施を決議した。[11] できるだけ憲政実施を先送りしたい蔣介石率いる国民政府と、憲政実施により国民政府を牽制し、自派の勢力拡大を図ろうとする共産党。憲政をめぐって両者の対立は激化しつつあったのである。

三　占領地における憲政の議論

(1) 維新政府と憲政

一方、占領地では憲政をめぐってどのような動きがあったのだろうか。一九三八年三月に成立した中華民国維新政府が、その「維新政府政綱」で「三権鼎立の憲政制度を実行し一党独裁を取消す」(第一条)と表明し、「憲政制度」に言及していることは注目される。この憲政の具体的中身についての言及はないが、同じ文脈に「三権鼎立」を掲げていることから、国民政府とは異なる政治原理に基づいた憲政構想とも読める。実際、維新政府は北京政府時代の国旗五色旗を採用し、段祺瑞臨時執政府で秘書長を務めた梁鴻志が実質的に首班となるなど、政治制度では国民政府よりは北京政府との繫がりを表明していた。

ただ維新政府が版図とした地域は、もともと国民政府の影響力が強い長江下流域で、国民政府に奉職した人も多数、維新政府に参加していた。例えば梁鴻志と同郷(福建省福州)の誼(よしみ)で内政部部長に就任した陳羣も、国民政府時期には警察官僚として知られた人物であった(第五章)。また教育部で社会教育司司長を務めた徐公美、[12] 同じく教育部で督学を務めた趙如珩・楊建威も日中戦争前には国民政府に奉職しており、[13] 楊建威に至っては水面下で重慶側との和平工作にも従事していた（第一〇章）。

このように維新政府は建前では国民政府との断絶を明示していたものの、人的には国民党とも深い連続性を持った政府であった。これは地方行政官吏の人材育成機関として内政部傘下に設けられた県政訓練所（所長は陳羣が兼任）の教官に、伍澄宇を当てていることからもうかがえる。伍澄宇は、清末から孫中山を助け、主に北米や東南アジアを舞台に革命に従事した古参の革命家である。孫中山死後は政界を離れ、上海を舞台にむしろ辯護士として知られていた（第八章）。伍澄宇を県政訓練所に招いたのは先述の陳羣だが、伍澄宇が孫中山の下で革命に尽力し、孫中山学説の専門家であることも当然承知していたであろう[14]。

訓練所で伍澄宇が講じた内容は『維新政綱原論』に詳しく、一見するとその内容は国民党批判に溢れている。ただ子細に読むと「孫中山の天下為公及び民権主義の原理は、国民党の一党独裁とは完全に相反する[15]」と述べるなど、孫中山への批判は避けられ、あくまでも蔣介石ら一部の党員が孫中山の言葉を曲解したとの立場を貫いている。行政・司法・立法の三権に考試（試験制度による官吏採用権）・監察（弾劾権）の二権を加えた国民党の五権憲法についても、「三権分立と比べてさらに一歩進んだもの[16]」と評価していた。

憲政についても伍澄宇は「地方自治を訓練することで、憲政の基礎を為す[17]」という形で言及しているが、これも憲政実施の前提として地方自治の完成が必要である、とする孫中山の「建国大綱」（第一四条）の議論に沿ったものであった。

こうした感覚を持った伍澄宇は、汪政権成立後も引き続き県政訓練所教官を務め、さらに憲政実施委員会で実質的中核を担うことになる（後述）。

(2) 汪精衛派国民党の憲政実施表明

一九三八年一二月、日本との水面下の交渉を経て、汪精衛は抗戦の首都重慶を脱し、仏領インドシナのハノイに

図 7-2　汪精衛

移った（図7-2）。当初汪精衛は、重慶の勢力からも日本の勢力からも自由な立場で日本との和平を目指す和平運動を展開することを考えたが、重慶国民政府側が汪精衛の暗殺を試み、側近の曾仲鳴が犠牲となったため、運動は場所を上海に移して継続されることになった。

汪精衛は重慶の国民党を否定し、自派のみで党を組織し（汪派国民党）、戦争勃発で停刊していた国民党汪派の機関紙『中華日報』を復刊した（一九三九年七月一〇日）。同紙には八月末の（汪派）国民党第六次全国代表大会の開催を控え、憲政に関する議論が登場した。

一九三九年八月二八日から上海で開催された（汪派）国民党第六次全国代表大会は、重慶国民党の一切の決議及び命令は完全に無効であるとして、汪精衛を中央執行委員会主席に推薦した。その上で「和平反共建国」のスローガンの下、大会では中国国民党政綱の修正、反共を基本国策とする決定・中央政治委員会への権利の委譲・迅速に国民大会を召集し憲政を実施する件などが通過し、「中国国民党第六次全国代表大会宣言」を発表した[18]。九月二一日には南京で汪精衛と王克敏（臨時政府行政委員会委員長）・梁鴻志（維新政府行政院院長）が会談し、汪は和平実現と憲政実施は大使命であると声明し[19]、翌一九四〇年一月の青島会談でその実施原則も定められた[20]。

一方重慶側では、汪派の動きから少し遅れる形で一九三九年九月一六日、第一期第四次国民参政会が、国民大会の召集と憲政実施を政府に要求することを決議し、憲政期成会が成立した。これを受けて一一月一二日の国民党第五期六中全会は、一年後の一九四〇年一一月一二日に国民大会を召集し、四〇年六月までに選挙未完了地域の手続きを完成させることを決議した[21]。

従来、第一期第四次国民参政会における国民大会召集及び憲政実施の提案と、国民党第五期六中全会による決定については、諸党派の政治的民主主義を求める要求の高まりにより、「国民党自身が、国民大会の開催に同意することによって、憲政運動のエネルギーを吸収し、そのうえで新たな政治的対応を考えざるをえない段階にまで追いつめられていた」ため、と理解されてきた[22]。

こうした説明は間違いではないが、実情の一面しか説明し得ていない。というのも国民大会召集を決めた第一期第四次国民参政会の一つ前の第三次国民参政会（一九三九年二月開催）では、同じく政治の民主化が叫ばれたものの国民大会の召集や憲政実施までは要求されていないからである。提案されたのは「政府の体制を民主化すべき」という点で、その方法も国民参政会の改善と権限強化という漸進的なものだった[23]。

では一九三九年二月から九月の間に起きた変化は何だったのか。言うまでもなくこれは（汪派）国民党第六次全国代表大会開催と、そこでの国民大会召集・憲政実施の表明である。これが重慶側にも影響を与えたと考えた方が自然なのである（後述）。

（3）占領地における憲政議論の高まり

では（汪派）国民党第六次全国代表大会が開催された一九三九年八月から汪政権が成立する四〇年三月までの間、占領地では憲政に関し、どのような議論が展開されたのだろうか。『中華日報』の記事を手掛かりに検討してみたい。

第六次全国代表大会開催を一〇日後に控えた一九三九年八月一九日から二日間、『中華日報』は、周仏海の「中国国民党過去の功罪と今後の地位」を連載した。周仏海は汪精衛・陳公博に次ぐ汪派国民党の有力者である。この文章の主旨は過去にさかのぼって国民党の功績と問題点を指摘する部分にあるが、次に示すように周が憲政実施に積極的な態度を示している点も注目される。

国民党は決して一党独裁を主張したことはなく、主張したのは党による訓政である。訓政とは一定期間の限定的なものである。そのため実際に、国民大会を召集開催する準備を積極的に進めており、これによって訓政を終わらせ、憲政を開始するのである〔中略〕国民党はすでに国民大会の準備を十分の九完成させ、まもなく憲政を予備的に開始し、訓政の地位から普通政党の地位に退き、また代行してきた政権を人民に返還するのである。(24)

周仏海は、国民党は普通政党になり、政権を人民に返還するとまで言い切っているが、これを受けて書かれた八月二五日の社説「現段階の国民憲政観」も、「国民党が憲政を最終的な目的としているだけでなく、国民もまた憲政の実行を希望し、目下の指導者汪先生もまた民主政治の提唱を宗旨としている」と、汪派国民党による憲政実施が近いことを伝えた。(25)

さらに少し時期が下ると、重慶側の動向に対する辛辣な批判が登場した。これは重慶側の動きを意識し、またそれを牽制するものであった。『中華日報』は、重慶側の憲政運動に乗じて共産党が独立政権を樹立するという情報（一九三九年一一月二日(26)）、重慶で開催された国民党第五期六中全会の事情（一九三八年一一月(27)）、訓政と憲政実施に対する蔣介石の発言（一九三九年一二月二八日(28)）といった事実関係を伝えながら、次のような重慶に対する批判記事を掲載した。

一九三九年一二月二六日の君平「蔣介石の口にする憲政」は、「蔣介石の言うところの憲政の下心を知るべきである。この憲政は、蔣氏の憲・蔣氏の政で、蔣氏と共産党の都合のためのもので、国民には何もないのである」と、重慶側の憲政の中身を批判した。(29)

一九四〇年一月一二日の桐如「蔣介石を中心とする憲政」は、孫中山が二四年に発表した「建国大綱」から、次の二ヶ条「憲法頒布後、中央の統治権は国民大会の行使に帰す」（第二四条）、及び「憲法頒布の日は、憲政の完成の時であり、全国国民は憲法に依って全国で大選挙を行い、国民政府は選挙が終わってから三ヶ月で解職し、民選の政府に政権を授ける」（第二五条）の規定を示した上で、次のように疑問を投げかけた。「重慶政府は全て〔こうした規定を〕実行する準備をしているのだろうか？　蔣介石は憲政実施の日に引退するのだろうか？　民選の政府は本当に民選の政府なのだろうか？　人民は本当に四権を行使できるのだろうか？　このいずれもが人民の疑問である」[30]と。

さらにこの二日後には社説「憲政と独裁」が、次のように重慶側の動向を皮肉った。

昨年末、重慶の「国民参政会」で、所謂「制定憲法実施憲政案」が通過して以来、まず蔣介石が演説し、孫科の談話が続き、かくして一連の御用政論家が大げさに憲政を語りだし、甚だしくは「一九四〇年は憲政の年」というスローガンを提出し、まるで本当に何か「憲政」が出現するかのようである。〔中略〕重慶がもし本当に憲政を施行するつもりならば、まず蔣介石を一切の職務からおろし、ならびに直ちに和平か抗戦かについて、人民が自由に発表する事を認めなくてはならない。もしこの最低限の条件でさえ達成できないのであれば、一切の文書や規定はどれも無駄となる[31]。

では汪派国民党の目指す憲政とはいかなるものなのか。重慶の動きを牽制する以上、憲政の内容に踏み込んだ議論が求められたのは当然であった。

一九四〇年二月四日の社説「中央政府の性質と機構」では、孫中山の「建国大綱」に基づくとして次のような基準を示した。すなわち「一県の自治が三分の二以上達成すれば、一県の憲政は完成し、一省の自治が三分の二以上達成すれば、一省の憲政は完成し、全国各省の自治が三分の二以上達成すれば、全国の憲政は完成するのである。ここで言う自治は、胡林翼らが提唱し蔣介石が部分的に踏襲した保甲制度ではなく、革命的な解釈を加える必要があり、これは明言すれば、すなわち憲政運動ということである。〔中略〕ここで言う自治は、すなわち憲政で、訓政期の運動とは憲政運動に当たるのであり、訓政期の仕事は憲政の実施でなければならないのである。中央政府がひとたび成立すれば、すぐに憲政実施委員会を設け、この任務を担当させるというのが、この意味なのである」[32]と。

この社説は、実際の「建国大綱」には直接言及のない「三分の二以上」といった具体的な数字を示し[33]、併せて汪派国民党の自治は、蔣介石が進めていた保甲制度とは異なると釘を刺している。具体的に語ることで、重慶との違いを明示したと考えられる。

同じく一九四〇年三月五日の社説「真正の憲政」も、「憲政・訓政・独裁は、蔣介石の頭の中では、十把一絡げで、めちゃくちゃである」とした上で、「我々〔＝汪派国民党〕が言う真正の憲政とは、民治の憲政であり、法治の憲政である。民治でなければ、憲政とは言えないし、法治でなければ、やはり憲政と言えない」[34]と重慶との差異を示した。

憲政が単に形式的なものでなく、人民の自覚が必要であるという点を指摘したのが、一九四〇年三月一一日の社説「目下の憲政問題」である。そこでは「我々の憲政実施は、賛成民主・反対独裁の一貫した主張」であるが、「憲政の実施は、単に完備された成文憲法に頼るだけでは不十分で、真正の憲政は必ず民主勢力をもって基礎としなければならない」とした。その上で、日中戦争の惨禍を潜り抜けた人々が、「力を強く持った人民を代表できる政府の必要性を感じるに至った」こと、また「こうした政治の自覚を人民が持ったことは、まさに憲政を実施する良い機会」[35]だと、憲政実施の機が熟したと説明した。

憲政実施と和平とがひと続きの問題であることも説明された。汪政権成立後には憲政実施委員会委員も務めることになる胡沢吾は、一九四〇年三月一九日の「憲政の意義と前提」の冒頭で「憲法と憲政の二つは異なる観念で、憲法を持った国家が必ずしも憲政を有して〔＝実現できて〕いるわけではない」と述べた。その上で占領地と重慶の対立を踏まえ、憲政実施の方向性について次のように説明した。

我々が六全大会で「訓政の終結、憲政の開始」を決定すると、重慶側も身の程をわきまえずに、国民大会の召集開催を決定した。これはわかる人が見れば、すぐに「政略的」なものだとわかり、政治的価値はないと言いうる！　重慶政府は軍事独裁者の脅迫の下にあり、独裁者の頭脳に充満しているのは「朕は国家なり」の観念で、ただ「権威」だけを知り、「民意」を知らないので、憲政のあろうはずはない！〔中略〕民意政治・責任政治・法治政治による基礎のない憲政は、砂上の楼閣である。

国民大会が憲政なのではないし、憲法が憲政なのでもない。〔中略〕憲政は政治の建設であり、政治の破壊ではない。そのため憲政は、和平統一が前提とならなければならない。対外戦争を継続しながら憲政を実施した例は、世界憲政史上まだ前例を見ない。現在、重慶では一方で抗戦を叫びながら、一方で憲政実施をしようとしているが、これは薪をもって火を消すようなもので、和平が憲政実施の前提であることを忘却してしまっている。[36]

汪精衛が重慶を離れるまでは、国民参政会議長として憲政実施も含めた諸議論の中心にいたこと、またその汪が日本との和平を前提に行動していたことを考えれば、戦争によって中断されていた憲政実施が、汪派国民党の中で重要な政治課題として日程に上ったことは不思議ではない。実際、汪派国民党による議論では、まず日本との和平について説かれ、それに続く形で憲政実施の議論が高まってきたのである。

このように、占領地の動きに少し遅れて重慶が憲政実施に向けた具体的な動きに出ると、汪派国民党は、機関紙『中華日報』を舞台に、重慶側の憲政実施への動きを、時に「総理の遺教[37]」、すなわち孫中山の威光を盾に批判した。そして民意に基づいた憲政実施を掲げることで、重慶との差別化を図ったのである。[38]

四　汪政権成立と憲政実施

一九四〇年三月三〇日、汪精衛は重慶の国民政府を南京に還す（還都）という体裁で政権を樹立した（図7-3）。主席には重慶の国民政府と同じく林森を推戴し、汪精衛は代理主席に就いた。同時に「還都宣言」及び「国民政府政綱」が発表され、「国民政府政綱」は「国民大会を召集し、憲法を制定し、憲政を実施する」（第六条）と規定した。

（1）憲政実施委員会の設置

四月三日、汪政権は、憲政実施が還都後の大方針で、五院各院の正副院長及び内政部部長は憲政実施委員会組織条例を起草公布し、賢能の士を招き、ともに大業を果たすべきと表明した[39]。

これを受け五月二五日には「憲政実施委員会組織大綱」及び「憲政実施委員会委員及専門委員資格標準」が公布された。六月二七日の中央政治会議では憲政実施委員会委員が選ばれ、二日後の二九日には国民政府で憲政実施委員会の成立式典が挙行された。憲政実施委員会委員長には汪精衛が就任した（後述）。周仏海は、これに先立つ六月一七日に憲政実施委員会の設置準備について協議しており[40]、少なくとも六月半ばには憲政実施委員会について具体的な動きが始まっていたと考えられる。

八月一日、憲政実施委員会秘書処が事務を開始し、九月九日、立法院会議庁で第一次全体会議が開かれた。会議には委員長汪精衛のほか、委員二二名・国民政府委員・各機関の長官一八名・専門委員一五名が参加し、国民大会を一九四一年一月一日に召集することを国民政府に建議することを決定した。

九月一一日には第二次全体会議が開かれた。委員長のほか、常務委員八人・委員一二人・各機関の長官一一人・専門委員一八人が参加し、「各委員は和衷共済の精神に基づいて、打ち解けて多くの重要議案の通過にあたり、憲法草案について各委員・各機関の長官及び各専門委員が小グループに分れて審議研究したものを、随時常務委員会の参考として報告することを決定した」[41]。

さらに一二日には代理主席汪精衛及び五院各院長の連名で、一九四一年一月一日に国民大会を召集して憲法を制定し、さらに憲法の施行期日を定めることが決定された。

一方、重慶では四月一日に第一期第五次国民参政会が始まり、憲政問題が議論された。しかし前年末以来、国民党・共産党両党の対立が先鋭化し、国民党は憲政運動そのものの封じ込めを目指していたため結論を見なかった[42]。

それでも七月三日の第五期七中全会第四次会議では予定通り国民大会の召集と憲法制定が決議されたのである。このように重慶側が無理を押してまでも憲政実施に歩を進めたのは、汪政権側が憲政実施に動き出していたからにほかならない。

図 7-3　国民政府（汪政権）寧遠楼

(2) 憲政実施委員会の組織と構成員

汪政権下で憲政実施を担当した憲政実施委員会とは、具体的にどのような組織であったのか。以下、組織・構成員について検討する。

「憲政実施委員会組織大綱」によれば、同委員会は、「一．憲法草案の再審議、二．国民大会組織法及び国民代表選挙法の再審議、三．国民参政会設立準備、四．各級地方民意機関設立準備、五．その他憲政実施に関する事項について職権を持つ」（第二条）と規定された。また憲政実施委員会は軍事委員会等と同様国民政府に直属し、制度上は行政院など五院と対等な関係にあった。汪政権が同委員会を重要な存在と位置づけていたのは明らかである。

憲政実施委員会の構成員は、同委員会組織大綱と同時に公布された「憲政実施委員会委員及専門委員資格標準」（以下「資格標準」）で規定されていた。「資格標準」は委員と専門委員を次のように規定した。

委員は、㈠中国国民党中央執監委員、㈡その他各合法政党の中央幹部人員、㈢重要職業団体の責任者、㈣政務官経験者、㈤社会あるいは学術上の特殊貢献者、㈥憲法起草参与者で、一五名から二七名で構成される全委員のうち、五名から七名の常務委員を置くとされた。

専門委員は、㈠憲法学専門家、㈡各大学で三年以上教授歴のある者、㈢地方自治に成績を上げた者、㈣憲法制定に参与し貢献のあった者、㈤地方重要職業団体の責任者、とされ、必要に応じて一〇名から三〇名を置くことが定められた。(43)

委員長汪精衛以外の各委員は、政務委員に陳公博〔立法院院長〕・温宗堯〔司法院院長〕・王揖唐〔考試院院長〕・梁鴻志〔監察院院長〕、常務委員に湯爾和〔華北政務委員会教育総署督辦〕・徐勤（康有為学生）・褚民誼（国民党）・江亢虎（民治主唱者）・陳羣〔内政部部長〕・繆斌〔新民会中央指揮部部長〕・王煕和（国家社会党）・趙毓松（中国青年党）・李聖五（国民党）、委員に周廷励（中国同盟会会員・民国初年従事憲政運動・衆議院議員）・何佩瑢（共和党）・伍澄宇（立法委員）・呉凱声（外交専門家）・諸青来（中国国家社会党領袖）・金章（法政界重鎮）・袁殊（興亜建国運動）・李祖虞（国家社会党領袖）・張国輝（外交専門家）・李守黒（中国青年党）・伍荘（康有為高弟）・何海鳴（老革命家・文学者）・趙世鈺（参議院議員）・胡沢吾（立法委員）・金雄白（憲法専門家）・孔憲鏗（憲法専門家）・何庭流（中国青年党）・胡道維（外交専門家）、専門委員には沈志遠（中国青年党）・陳耀芝・魏誠斎・洪虚衡（厦門大学法科教授）・徐砥平・銭九威・彭義明（立法委員）・楊鴻烈（宣伝部主任編審）・倪世清（辯護士・教師）・張清沢・江鎮三（内政部民事司長）・張国仁（中央警官学校編訳主任）・張君衡（河北省党部委員）・蔡佑民（広東綏靖主任公署参議）・張悰文（外交部秘書）・狄侃（立法委員）・高重源・姜廷栄（国務院法制局参事）・李梅村（天津中央公論主幹）・沛再偉・蘇鴻賓

（宣伝部専員）・王羽中（交通部専員）が就任した[44]。

汪精衛みずから委員長に就任し、その他各院の院長が委員を兼任していることから汪政権が同委員会を重視していたことがわかるが、『憲政月刊』の議論などを見ると実質的に議論の中心を担ったのは常務委員以下の人々であった。汪政権の人材不足を象徴するように委員のほとんどは兼任で、専門委員を中心に比較的若手も多く参加していた[45]。しかし重慶時期に国民参政会議長であった汪精衛を除けば、国民政府での憲法草案審議や憲政の議論に直接関わった人間は皆無と言ってもよく、日本側には「重慶憲法を質的に圧倒することは困難」と見る者もあった[46]。

（3）憲政実施をめぐる議論――憲政の中身の変化

さて汪政権が憲政実施委員会を設置した前後から、『中華日報』での憲政の議論は変化しつつあった。それまで民意に基づいた憲政を主張していたものが、個人主義の行き過ぎを否定し、あくまでも政治の中心は（汪派）国民党であること、さらにその国家主導を容認し強調するようになったのである。

例えば一九四〇年七月一〇日の胡沢吾「憲法上の消極主義と積極主義」は、二九年の世界恐慌以後のドイツ・イタリアのファシスト体制の発展に触れた後、「民主主義のアメリカにおいても、ローズベルトの経済復興政策が行われたということは、実質的にアメリカは憲法を修正した、ということにほかならない。〔中略〕これらの政治上の大変革は、我々の観点の如何を論ぜず、その目的が国家権力あるいは国家権能の運用によって、個人を自由主義の行き過ぎから救うことであった[47]」と指摘し、国家主導を容認する立場を示した。これはわずか四ヶ月前までは「民意政治、責任政治、法治政治の基礎のない憲政は、砂上の楼閣に過ぎない[48]」としていた胡沢吾の従来の主張から大きく変化したものと言える。

八月に入ると汪精衛が「民権主義の前途の展望」で、「国家に中心勢力がなければ、何を運用するにも、国家の進歩もまた国家の維持も容易ではない」とし、「我々は一つの党、一つの主義をもって中心とし、その上で、その他の各党各派を連合し、もって国家社会の重責を共同で負担すべき」との議論を発表した。[49]

これを受けて九月一二日には『中華日報』が社説「政治の中心と思想の中心——憲政実施委員会会議の後に記す」で、思想の中心は三民主義、政治の中心は中国国民党にほかならない、という議論を展開し、[50]さらに一六日には汪精衛もこれを前提とした演説を行った。[51]

憲政実施を主張しながらも実質的には汪派国民党が指導権を握るとする説明もまた、これまでの汪派国民党の主張からは転換するものだったが、以後汪政権下での憲政をめぐる議論の主流となっていった。民衆による統治を意味する「民治」を、「私のためでない、公のための統治」[52]と解釈する議論や、「独裁と民主は、決して対立するものではなく〔中略〕全体の国民利益を代表する独裁は、客観的に経済の要求に適っているだけでなく、同時に民主と自由とを結合した、現段階の唯一の合理的政治形態である」[53]と説明する議論、あるいは「憲政の種類は多く、民主はその中の一つに過ぎない。民主の種類も多く、精神上から言えば、個人主義的民主と全体主義的民主があり、形式上から言えば、代議制度と領袖制度がある。〔中略〕このため、全体主義的民主も代議制を採用できるし、個人主義的民主も領袖制を採用できる」[54]といった議論が登場したのである。

こうした主張は、すでに一九三九年一二月の褚民誼（汪精衛の義弟）の議論に片鱗が見られた。褚民誼は「国民党の憲政の目的は民主政治の実現であるものの〔中略〕、民主政治の方式は必ず集権制度を使用し、独裁政治を根本から消滅させ、〔また〕代議士制度の弊害を取り除かねばならない」[55]と、代議制度を批判していたのである。[56]

（4）反主流派の議論

しかし前項で指摘したような議論への批判も存在した。憲政実施委員会で専門委員を務めた中国青年党員の沈志遠は、一九四〇年九月二四日に創刊された中国青年党系の機関誌『民憲』（旬刊）に、「党憲法維持のために論ずる者の検討」を寄せた。その中で沈志遠は、「五五憲草」中の「三民主義共和国」という規定を取り上げて次のように批判した。「㈠一党の崇拝する主義が国体の上に置かれるべきでない、㈡ソビエトロシアは主義によって国体を定めているが、我々はそれに倣うべきでない、㈢三民主義には〔イギリスの〕大憲章や〔フランスの〕人権宣言と同じく価値はあるが、一方で英仏米では規定されている条文が見られない、㈣国内の主義は三民主義だけではない」[58]と。

言論の自由が制限されることへの懸念も示された。黄清安は新聞事業に限定しながらも、かつて憲法上の「法律に依るにあらざれば、制限され得ず」という条項を根拠に、多くの特別法が制定され、言論出版の自由が制限されたことを挙げ、「人民の身体の自由」の保障のほか、「輿論を制限する多くの特別法についても、やはり取り消すのがよく〔中略〕、検査制度については、十二分に合理的な方法がない限りは、我々は反対する」と主張した[59]。

汪政権成立前夜から汪政権の側面支援を目的とした興亜建国運動（興建運動）の人々も、主流派の議論とは一線を画した。その中心人物で、憲政実施委員会専門委員を務めた袁殊は「憲法の頒布は、中国革命の完成ではなく、憲政実施の開始にすぎず、また中国革命をさらに高い段階へ進める始まりに過ぎない〔中略〕憲政実施成功の日は憲法頒布の日ではなく、中国人民が真に独立・自由・幸福を達成できた日なのである。そして中国人民の徹底的な解放は、単純に憲法の頒布によって得られるのではなく、不断の奮闘によって得られるものである」と述べた[60]。これは「憲政実施を契機として革新政治体制を実行」すると主張した興建運動の李蒙政の議論とも繋がる[61]。

同じく興建運動の陳孚木は「憲政の実施は人民の知識程度が充分か不充分かではなく、人民がそれに相応する力を持っているか否かに関わっている〔中略〕もし人民に憲政実施の力を持たせようとするならば、最低の条件として人民の言論と結社の自由とを認めなければならない[62]」と指摘した。

このように興建運動の関係者が、「中国革命の完成」や「中国人民の徹底的な解放」を唱え、憲政の内実は人民の権利に基づいた体制にあるといった議論を展開したことは、議論それ自体としても興味深いが、袁殊をはじめ同運動の指導層が中国共産党と繫がりを持っていたことを考えれば、その持つ意味はいや増そう。というのも汪政権に参画し、憲政実施委員会委員でもあった袁殊は、中国共産党の地下党員だったからである（第六章）。前章で見たように、袁殊は自身が主導する興亜建国運動の機関誌として『興建』（月刊）を主宰していたが、これとは別に『憲政月刊』をも発行していた。穿った見方をすれば、すでに重慶において盛んに憲政実施を鼓吹していた共産党が、占領地においても汪政権の憲政実施を喧伝することを通じて、間接的に重慶の国民政府に憲政実施を迫っていた、とも考えうるのである。

五　憲政実施委員会での議論

（1）伍澄宇の原案

憲政実施委員会成立に際し汪精衛は、㈠「五五憲草」をさらに審議し、各方面の意見を聞き、中庸を最も合理的と期すべきこと、㈡国民大会召集以前に国民参政会を先行して設立するべきか、また憲法がいまだ公布される前に地方民意機関を先行して設立するべきかを検討すること、㈢広く民生の保障、民力の発展のため良策を求めること等を訓示した[63]。

一九四〇年九月一九日に開かれた憲政実施委員会第三次常務委員会では、「国民大会組織法」及び「国民大会代表選挙法」の修正が決まり、四つの組（グループ）に分かれて審議されることになった。四つの組はそれぞれ、第一組「憲法草案の総綱、人民の権利義務、憲法の施行及び修正」（代表褚民誼）、第二組「国民大会、中央政府」（同梁鴻志）、第三組「地方制度」（同陳羣）、第四組「国民経済及び教育」（同温宗堯）を審議するものとされた[64]。

憲政実施委員会で具体的な審議を牽引したのは、先述の委員伍澄宇であった[65]。審議に際しては伍澄宇によって原案が作成され、それは、第一　制憲の基本標準／第二　総理〔＝孫中山〕遺教の精神／第三　憲法草案の不備修正

／第四　編章の整理と修正、の四点から構成された。

そのうち「制憲の基本標準」では、憲法が人民の需要に適応するべきこと、また国情に背かないことが指摘された。さらに憲法は国家の根本法で各法の淵源であるものの、社会経済の変遷を慮ることが現代憲法の趨勢で、新思潮の影響を受けることは必至であるため、憲法の制定には剛性と柔性があるべきとされた。

「総理遺教の精神」では、総理の遺教は民権に重点を置くものの、民権が実現した後は、政府は健全なる治体（政治規則）によって政治統制の効果を挙げることを目的とする、とされた。また五権のうち、孫中山がアメリカの制度を元にして考案した考試権と、中国古代の御史台を淵源としている監察権は、それぞれ立法権及び行政権による干渉を嫌って分立していることへの注意を促した。そして民権主義の意味は自由平等にあり、三民主義を実行してはじめて自由平等が実現され、また革命は帝国主義と資本主義に対する反抗を意味し、三民主義は救国主義であるとした[66]。

以上の原則に基づいた伍澄宇の原案では「五五憲草」の不備が三点指摘された。一点目は、人民が行使する四つの権利（四権）についてである。四権とは孫中山が唱えた選挙権・罷免権・創制権（人民が直接法律を提出する権利）・復決権（法律を改廃する権利）のことである。伍澄宇は、選挙権以外の三権をいかに行使するかの規定が「五五憲草」では欠けていることを問題視したのである。

二点目は、行政機構に弾力性がない点であった。伍澄宇は、五権の中で行政権が最も重要であることに鑑み、行政権の行使と国民がいかに連鎖・互助するのかについての規定、また大総統の責任と行政院の責任についての規定が必要としたのである。

三点目は、中央と地方の権限についてである。伍澄宇の原案では、中国が広大な領域を持つことを理由に、分権と集権の折衷が提起された。このほか、年間の収支計算の監督については、人民が最も注意すべき点でありながら、その規定のないことも指摘された。

表7-1　憲政実施委員会原案と「五五憲草」の相違

憲政実施委員会原案	「五五憲草」
第一編　総綱	第一章　総綱
第二編　国民	
第一章　国民の権利義務	第二章　人民の権利義務
第二章　国民経済	第六章　国民経済
第三章　国民教育	第七章　教育
第四章　国民大会	第三章　国民大会
第三編　政府	
第一章　中央政府	第四章　中央政府
第一節　大総統	第一節　総統
第二章　地方政府	第五章　地方制度
第三節　郷	（なし）
第四節　特別市及市	第三節　市
第三章　中央と地方の権限	（なし）
第四章　歳計（年度収支）	（なし）
第四編　憲法の保障及修正	第八章　憲法の施行及修正
以上一七四条	以上一四八条

以上の方針に基づいて「五五憲草」に修正が加えられた。その際、㈠含意は広くとること（憲法は各法の源泉であるため）、㈡文字は簡単にすること（憲法は法律の大綱であるため）、㈢定義は明確にすること（憲法は時に解釈を要するため）の三点に注意が払われた。こうして「十数回に亘る専門委員の討議を経」て作成された修正案の骨子を、「五五憲草」と比べると、表7-1のようなものになる。(67)

憲政実施委員会原案は、基本的に「五五憲草」を土台としていたが、「第三編　政府」に「中央と地方の権限」及び「歳計（年度収支）」という項目が設けられたところに大きな違いがある。このほか、細かい修正点についても伍澄宇が原案を作成した。(68)

こうして完成した修正案は一九四一年一月一三日の憲政実施委員会で審議されることになった。これに先立つ情報によれば、主な憲法草案修正点は、第一条の「三民主義共和国」を「統一共和国」に、第四条の中華民国領土の地域列挙を取り消し「中華民国の領土は国民大会の議決を経るにあらざれば、変更することを得ず」とする、及び第三一条の国民大会の召集を三年一回から一年一回に改める等であった。(69) このうち領土の地域列挙を取り消したのは、満洲国への配慮と考えられる。(70)

しかし憲政実施委員会委員でもあった李聖五（司法行政部部長）によれば、修正案の審議では「議論百出して纏まらず、結局改めて綜合審査会を設け再検討を加へたる上」、二ヶ月後に予定された第四次会議で再度審議される

ことになった。(71)

(2) 国民大会の召集をめぐって

憲政実施委員会では伍澄宇によって作成された原案をもとに審議が進められたが、そこでは国民大会の代表について議論が起きていた。日中戦争勃発前、すでに一部の国民大会代表の選挙が行われていたが、そこで選ばれた代表の多くは重慶側にいた。そのため、このような既選出の代表の扱いをどうするのか、また彼らに代わる新たな代表を選出するとすればどのように選ぶのか、といった諸々の問題が噴出したのである。さらに仮に代表が選ばれたとしても、戦争が継続している中、彼らが南京に集まれるのかも不透明だった。

国民大会の召集についても議論は分かれた。早期開催を求める意見には、「明年一月一日は民国三〇年であり、孔子の「三十而立」にもかなっている」(林文海)、「国民大会は早く開催すべきで、政府の信用の面でも再び延期はできない」(胡道維)、「内外に新紀元を劃したことを明らかにするためにも、明年元旦に開くべき」(江亢虎)、「国民大会は早く開催すべきである。これは一種の政治教育である」(汪正禾)といったものがあり、中には「国民大会代表登記処を設け、期限内に登記しない者は和平に反対するものとし、新たに選挙を行うべき」(巽庵)のように具体的な手続きへの言及もあった。

一方、国民大会召集への反対論も、「民本が固まらず、民力が足りず、民心が未だ一致しないならば、国民大会を開いて憲法を公布しても、どうして国を助けることができようか。将来、憲政の基本条件が完成してから、国民大会を再開するべきである」(蘇鴻賓)、「急いで開会すれば恐らく良い結果は得られない。先に地方民意機関を設立し、人民の力をつけるほうが良い」(王羽中)、「国民大会は延期、あるいは全面和平実現後に改めて実施すべきである」(郎行健)、「国民大会の開催には、交通の不便、政見の不一致という問題がある。中国民衆が求めているのは真正の国民大会である」(曹翰)等、根強く存在した。

憲政月刊社が汪政権要人を対象に行った調査によれば、一九四一年元旦の国民大会召集への反対は全五六名中七名、開催の疑問視は九名に過ぎなかった。ただ残りの四〇名も、国民大会の開催自体は望ましいとはするものの、明確な賛意を示していたわけではない[72]。

こうしたこともあり、一九四一年一月二三日に開かれた憲政実施委員会第三次全体会議は紛糾した。周仏海らは、「既選出の国民大会代表者を召集するも、定員数に充たざるべく、若し新に代表選出を行ふとするも合法的に之を行ふは不可能」であるとして、「非常時には国民大会開催不要なり」[73]と主張した。すでに周仏海は一月九日の政府の会議でも「全面和平が実現される前に国民大会を召集するのは児戯に等しく、現在のところ人民は憲政に興味を感じていないし必要としていない。今、急ぐべきことを放置し、放置すべきことを急ぐのは本末転倒であり、政治はこうあるべきではない」と主張し、「言い終わると、書生らと無益な辯論をしたくないので、会議が終らないまま退席」していた[74]。

これに対し、国民大会召集を主張する中国青年党の趙毓松らは、「重慶に先を打たれざる為、国民大会を開き憲法を実施すべし」とし、国民大会の代表も「既選出代表は半数の出席をもって足ることとして、残りの半数は各党各派中より政府が指名すれば可なり」と主張した[75]。

このように議論が対立し紛糾したため、第三次全体会議は一月二三日に一回開かれたきりで閉会となった。こうした事態に至ったことに対し、汪精衛は南京駐在の日本大使本多熊太郎に次のように語った。

汪精衛はまず「(一)憲法草案の修正はなるべく速(すみやか)に纏むるを要するも、(二)憲法を実施するとするも、其の全般的実施は全面和平実現の暁にあらざれば不可能」と、憲政実施が現段階では不可能であることを認めた。その上で「差当りは実施可能なる部分のみを実施する外」ないと述べた。続いて汪精衛は「大総統選挙の如きは事実上も政策上も即時実施は不可能」であるものの、「中央政府の機構等」の変更は実現可能であるとし、こうした点さえ明らかにすれば「国民大会の要否に付いては、孰れにしても良し」と考えているとした。そして「此の現実的の考へ方は、漸次同志の間に賛成者を増し居る」ため、一、二ヶ月中には「はっきりしたる表示を為し得る」と、憲政実施にこだわらない姿勢を表明した。

憲政実施を主唱してきた当の本人による「現実的の考へ方」への転換に本多も驚いたようで、この電文の最後に「汪主席の立場もあり公表差控えられたし」と付記するほどであった[76]。こうした汪精衛の態度の変化には、派閥的・組織的基盤を欠き、既成の組織の操縦・統合にその存立基盤を求めてきた汪の行動様式も関係しているかもしれない[77]。

（3）抗戦側の対応――汪派を批判することで重慶へ働きかける

汪派国民党の憲政実施の動きについて、重慶側の国民党は、表面上ほとんど言及することはなかった。これは考えてみれば当然のことで、重慶で一九三九年九月に開かれた第一期第四次国民参政会は、憲政実施にあたり一時的な方法として「政府は漢奸を除く全国人民に法律上その政治的地位を一律平等にする」[78]（傍線は引用者）とするなど、公的には「漢奸」すなわち汪派国民党を無視する姿勢を示し、言及を避けていた。汪派国民党の動向に言及すれば、その存在を認める恐れがあったと考えられる。

それでも一九四〇年一月、重慶側の国民党上海市党部主任委員の呉紹澍は、「今抗戦すれば勝報が頻りに伝えられ、建国すれば則ち憲政が始まるのである。高宗武・陶希聖ら汪精衛派の幹部も、今日〔日本との密約の内容に〕大いに怒り、香港に来て、その密約の内容を人々に伝えた」とし、汪派を批判する文脈で「抗戦こそが憲政に繫がる」と発言した[79]。

国民党中央組織部副部長の呉開先（元上海市選挙事務総幹事）も「おもうに目下偽方〔＝汪派国民党〕もまた「憲政」を高唱し、情報を攪乱しており、我々はおのずから注意せざるを得ない。私は憲政に熱心な上海の人々がこの問題を検討する時、厳重に警戒し、〔敵に〕利用されて中央の威信を破壊し、日偽を笑わせることがないことを希望する。これは私が厳に関心を持つ点である」と述べた[80]。

こうした反応を踏まえれば、重慶の国民党関係者も、実際には汪政権の憲政実施の動きについて神経を尖らせていたと考えられる。当時、重慶の国民政府が結局国民大会を延期した理由を、「国共の軋轢に起因する内部的相剋と、連続的敗戦及汪政権の強化の為」と、汪政権に帰する向きもあったように[81]、重慶側の動きは汪政権側の動向と無関係たり得なかったのである。

重慶側の汪派国民党に関する情報入手について興味深い証言がある。憲政実施委員会委員であった呉凱声は、戦後の漢奸裁判で、自身が重慶の交通部の命を受け、無線連絡を担当し、その遂行のため「傀儡政権の官職について表面を偽り、自己防衛の手段とした」と証言している[82]。おそらく重慶側は呉凱声のような存在を通して、かなりの精度で汪政権の憲政実施の内実をも摑んでいたと考えられる。

抗戦側の雑誌はより直截に汪派の憲政実施に言及した。羅彩珠「憲政運動と反汪運動」は、汪政権が「憲政の実行」をスローガンにしていることに触れた上で、「汪逆漢奸たちは最も狡猾・陰険で、彼らは偽装して、種々の覆いを用いて、我が抗戦の後方に潜伏し、随時、流言飛語・誘惑・欺瞞・恐喝・挑撥・離間によって、外側への進行を進めている[83]」とし、反奸粛奸の必要性を説いた。この羅彩珠の文章も含め、抗戦側の議論は、単に汪政権の憲政実施を批判するだけでなく、返す刀で、あるべき憲政の姿を議論することを忘れなかった。

方直「汪逆はやはり偽憲政で人を騙そうとしている」も、汪政権による憲政運動を批判した上で、「真正な憲政運動は、自然とこれ〔＝汪精衛の憲政〕とは完全に相反し、全国人民が全て討論に参加する機会があり、憲法制定に参加し、並びに選挙権及び被選挙権を有し、完全な普通選挙の方法によって人民の代表を選出し、自分の意志を執行する[84]」と述べた。さらに正誠「憲政運動と反汪運動」は、汪派の憲政運動を批判した上で、「我々の憲政運動は、汪漢奸の刺激を受け、さらに積極的に進行させせなければならない」と、占領地の議論が重慶での憲政実施の刺激となっていることを明言していた[85]。

このように抗戦側の論壇で汪政権の憲政を批判することは、間接的に重慶国民政府に憲政実施を迫る側面を持っていたのである。

六　小　結

本章では、一九三九年から四一年にかけての占領地における憲政実施の動きと議論を検討した。汪派国民党は一九三九年八月頃から憲政実施に言及するようになり、（汪派）中国国民党第六次全国代表大会で憲政実施の国民大会開催が正式に宣言された。一方、重慶側が憲政実施の具体的な予定を明らかにしたのは、汪側よりも少し遅れ、同年九月の国民参政会による提案であった。そもそも汪精衛が重慶時代には国民参政会議長として憲政の議論に関わっていたことを考えても、汪派国民党が重慶側の後塵を拝したとは言えないのである。

ただ汪派国民党・重慶国民党の双方にとって国民大会召集は困難を伴った。汪派国民党は国民大会召集・憲政実施を標榜することで自派の勢力拡大を狙い、当初重慶側もそれを警戒した。しかし憲政実施の表明は、汪派国民党の勢力拡大にさほど影響を与えなかった。

一方、重慶側でも国民大会召集と憲政実施は難しい選択であった。というのも蔣介石の独裁を批判する諸党派は憲政実施によって政治の民主化を狙ったからである。共産党は、国民大会召集に際し、「漢奸以外の国民」は党派に関係なく平等な立場で政治に参加することを要望していた。(86) もし国民大会開催を認めれば、共産党の勢力拡大は必至であった。

表面上、対日抗戦で協力関係にあった国民党・共産党だが、水面下で両者の対立は先鋭化しつつあった。国民大会召集は、蔣介石率いる重慶国民政府の一党優位を揺るがすことはもちろん、共産党の政治進出を大幅に認めることを意味した。

日中間の戦闘が継続したことも、汪派・重慶双方の国民政府にとって国民大会召集を難しくしていた。憲政実施委員会の議論でも、国民大会の召集には賛成するものの、具体的に代表がどのように集まれるのか、という疑問を呈する委員は多く、また拙速に国民大会を開くべきではない、という主張も根強く存在した。一九三九年八月には憲政実施が近いと語っていた周仏海も、一年後には「一般国民が注目していないので、このこと〔＝憲政実施〕については非常に活気がないと感じるし、しかも滑稽であると考える」ようになっていた[87]。

こうした状況下、戦争を理由に、和平到来まで国民大会の召集を延期することは、実は汪派・重慶双方の国民政府にとって自らの体面を傷つけることなく、問題を先送りできる無難な選択であった。

重慶側は一九四〇年九月二五日、同年一一月一二日に予定していた国民大会召集の延期と、その代わりに一〇月中に国民大会籌備委員会を設けることを決議した[88]。憲政実施を表明した汪派国民党の勢力拡大が見られなかったこともあり、重慶側も汪政権が憲政を実施する目算はないと判断したと考えられる。

憲政実施が自派の拡大に影響しなかったこと、また重慶側の憲政実施延期により、汪政権が拙速な国民大会召集・憲政実施にこだわる意味も薄れたと考えられる。同時期、汪政権では、日華基本条約の締結、東亜聯盟中国同志会の設立、汪精衛の主席就任、中央儲備銀行の開行など、自派の拡大を宣伝しうる政治的行事に事欠かなかった。また占領地では経済・食糧問題といった現実的な施策への関心も高まっていた[89]。

一九四〇年一二月二三日、汪政権では憲政実施委員会第四次常務委員会議が国民大会延期を提議し、三日後の二六日に開催された中央政治委員会で延期が正式に決定された。四一年一月一〇日の憲政実施委員会第三次全体会議は、あらためて国民大会の日程を審議することを決定したが[90]、そこでの議論がまとまらなかったことは上述の通りである。その後、一月一七日に汪政権が行政院と華北政務委員会に対し、憲政実施促進のため、各省区で日中戦争勃発前に当選した国民大会代表を名誉専門委員として憲法審議に参画させることを指示し[91]、三月には六人の名誉委員就任が確認できるが[92]、その後の具体的な活動は不明である。

では本章が明らかにした占領地における憲政実施をめぐる動きから何が言えるだろうか。

一つには、一九三九年八月の（汪派）国民党第六次全国代表大会から一年余の間は、占領地でも憲政実施に関し様々な議論が展開され、南京・重慶双方の国民党が憲政実施をめぐって競い合う事態となったことである。確かに汪政権の人的資源の不足を反映し、憲政実施委員会のメンバーには日中戦争以前の憲法草案作成に関わった人物はほとんどおらず、憲政実施に関する論考の数も抗戦側の方が多い。しかし憲政実施は汪政権のみならず、重慶国民政府や共産党をも巻き込む中華民国全体の課題であった。であるが故に汪政権は憲政の議論を通じて自派の拡大を狙い、また重慶側もそれを警戒したのである。

汪派国民党が憲政実施を標榜し始めた一九三九年は、国外では日本で近衛文磨の新体制運動が期待をもって語られた時期と重なり、汪政権成立はヴィシー政権の成立及び同政権の憲法制定の時期と重なった。日本やフランスの事情を伝える記事では、普通選挙に基づいた民主主義制度が旧時代のものという主張が表明されており、これは汪政権の憲法に対する意識、さらにその後展開された東亜聯盟運動や新国民運動の意義づけにも影響を与えた。

二つには、汪政権の五年間を通しても、占領地でこれほど特定のテーマについて様々な人間が百家争鳴の如く議論することは、結果的にそれ以後はなかった点である。占領地でも具体的な議論が高まったということは、一九三九年から四一年にかけての時期は、依然として汪派国民党及び汪政権に展望があったことを示している。汪政権樹立工作にも関わった塚本誠は「六全大会を終わった頃が汪工作としては一番希望にあふれていたのではあるまいか[93]」と回想しているが、こうした汪政権成立前後の状況は後年、「汪主席還都時代の熱烈」と振り返られることになる[94]。

憲政実施の延期後、汪政権ではそれと入れ替わるように東亜聯盟運動や新国民運動といった政治運動が議論の中心となっていったが、そのいずれもが占領地内の動きにとどまった。さらに一九四三年以降日本の戦況が悪化するとともに、占領地からは将来の政治構想に関わる具体的な議論そのものがなくなっていくのである。

三つには、当時の中国における憲政実施の重みである。汪政権では重慶への対抗上、早急に国民大会を召集するために、その代表選出についても「政府が指名すれば可なり」（先述の趙毓松の発言）といった主張も存在した。しかし、結局はそうした方法は退けられたのである。これは選挙によって選ばれた代表でなければ国民大会の正統性を損なうという判断が働いたためと考えられる。当初汪派国民党は再三再四重慶側の憲政が民主的でないと批判していたが、それはそのまま汪派国民党に跳ね返り、その動きを拘束することになったのである。

すでに述べたように汪精衛やそれに同調する人々の憲政の理解は、民主主義を否定する要素を持っていた。しかし、それでも国民大会代表の選出基準を操作することは躊躇されたのである。汪精衛が本多熊太郎に語った内容からは、汪自身もそうした状況を理解し、一九四〇年末の段階ではいかに憲政の議論を鎮静化させるかを考えていたことがわかる。国民大会召集、さらに憲政実施という政治課題のハードルはそれだけ高かったことになる。

その後、汪政権側でも重慶側でも憲政に関する議論は急速に減少した。重慶側で憲政に関する議論が再び高まりを見せるのは、日本敗戦後の日程が視野に入ってきた一九四三年に入ってからのことであった[95]。

一九四五年七月、汪精衛の死後代理主席に就任していた陳公博を訪問した日本人記者は、「重慶〔国民政府〕は憲政実施を公約し、延安〔＝共産党〕もまた憲政実施委員会の召集を決定した。国民政府〔＝汪政権〕の民意暢達及び人民参政に対する方策はいかなるものか」と質問した。これに対し陳公博は「国民政府は還都当時、ただちに憲政実施委員会を設け、まず憲政の実施をはかったが、その間に情勢は進展し、国民政府は大東亜戦争に参加し、そのために憲政は未だ実施を見ていない。真正の憲政実施は、中国統一後のことになるが、延安は完全に重慶と対立しており、国民政府はその発展を冷静に注視しているところである」と答えるにとどまった[96]。そこにはもはや主体的に憲政実施に関わろうとする姿勢は見られない。

この会見から二週間後、日本は無条件降伏し、汪政権も解散した。

第八章　忘れられた革命家伍澄宇と日中戦争

私が講じたものはどれも三民主義に関するものだ。目的は我々中華民族を発揚することで、我々の最終的な勝利を獲得するためだった。
——伍澄宇（「首都高等法院審判筆録」）

一　トップ女優阮玲玉の顧問辯護士——はじめに

戦前の上海で最も著名な女優として阮玲玉（ロアン・リンユィ）を想起する人は少なくない。これには阮玲玉の活躍の舞台が、一九二〇年代の新興娯楽である映画で、彼女がその象徴的存在であったということはもちろん、彼女が当時力を持ち始めていたマスメディアによるスキャンダルに巻き込まれ、二五歳の若さで自ら命を絶ってしまったことも影響しているだろう。

魯迅も阮玲玉の遺書にあった言葉「人言畏るべし〔噂はこわい〕」に触発されて文章を執筆し、新聞は強者に対しては弱者であるものの、さらに弱い者に対しては強者であるとした上で、「阮玲玉の手合は、余威を発揚するよいカモとなる。なぜなら、彼女はすこぶる有名ではあるが、無力であるからである。小市民はとかく人々の醜聞、とりわけよく知っている人々の醜聞を聞くことを好むものだ」と述べている。(1)現代社会にも通じる至言と言えよう。

図 8-1　伍澄宇

さてこの阮玲玉をスキャンダルから守るべく奔走した顧問辯護士の伍澄宇が、本章の主人公である（図 8-1）。伍澄宇は、阮玲玉事件当時は辯護士として著名だったが、一九一〇年代から二〇年代にかけて、孫中山に従いアメリカや東南アジアで革命運動に従事した経歴を持っていた。孫中山の死後、伍澄宇は国民政府や蔣介石に対する不満から政治の世界から離れたが、日中戦争勃発後には維新政府・汪政権で立法院委員や内政部県政訓練所教官に就き、再び政界に戻っている。

本章で明らかにするように、伍澄宇は維新政府・汪政権に必ずしも積極的に参加したわけでない。しかし、県政訓練所や憲政実施委員会に関わったこともあり、伍澄宇はあるべき政治体制について主体的に言論活動を継続した点に特徴がある。一般に日本の傀儡政権とみなされている維新政府・汪政権だが、伍澄宇の言論活動から見ることで、重慶の国民政府と相容れなかった人々の中国の将来をめぐる活動・発言の場としての側面も持っていたことが明らかになろう。

伍澄宇は言わば忘れられた革命家である。その活動の一端は『孫中山全集』『孫中山集外集』や『黄興集』に収められた書簡、馮自由の著作などからうかがえるものの[2]、これまでの中国史研究では飛行機部隊の導入を中国で初めて主張した、というほかにはあまり注目されてこなかった[3]。例外的にマーシュが伍澄宇の著作である『維新政綱原論』を取り上げて、それを維新政府のイデオロギーを最もよく表すものとするが、伍の議論が維新政府の主流だったわけではない[4]。近年では土屋光芳が伍澄宇と陳羣に注目し、維新政府と汪政権の連続性について言及し、本章とも問題関心を共有する[5]。

伍澄宇が忘れ去られた背景には、革命期の主な活動の場が北米・東南アジアで、中国国内での知名度が限られていたこと、伍所蔵の史料が戦災で失われたこと、また戦後「漢奸」とされたこと等が影響していよう。しかし、伍澄宇が中国同盟会結成直後から革命運動に参加し、孫中山も長女孫娫の婿に擬すほど伍を信頼していた点、同時期伍が唱えた民徳主義が、後に維新政府傘下の民衆組織である大民会の理論的支柱になった点、伍が維新政府・汪政権で県政訓練所教官として憲政実施に積極的であった点、戦後も台湾で言論活動を続けた点、そして生涯にわたってその活動や言論にはある一貫性が見られる点などを考えると、伍の軌跡・政論を明らかにすることは、日中戦争期の日本占領地の動きを理解することはもちろん、これまで知られることのなかった近現代中国の理解にも資すると考える。

伍澄宇に言及する史料は複数存在する。辛亥革命前後の伍澄宇の活動は、一九二〇年に新聞『新広東報』に連載された「革命言行録」に詳しい。伍澄宇自身の回想であるため、その活躍が誇張されている可能性は否定できないが、一方で孫中山も含めた関係者が多く生存していた時期に発表されており、事実関係についての信憑性はある程度担保されていると考える。残念ながら『新広東報』は確認できないが、この連載は後に『伍平一先生革命言行録』（陽明学会、一九四一年）としてまとめられており、本章でもそれを用いる（以下、同書からの引用は頁数のみ示す）。

伍澄宇がアメリカで発行に携わった『少年中国晨報』については、筆者は原紙を確認できていないが、同紙と孫中山との関係を扱った『孫中山与少年中国』に伍の文章も複数（一部影印）掲載されている(6)。また伍澄宇の一九一〇年代の政論については日本で出版された『国体精理』が詳しい(7)。

伍澄宇はその生涯を通じて多くの書物を執筆しており、その政治的志向をうかがうことは難しくない。以下では、まず伍澄宇の活動の軌跡を辛亥革命前後の時期から追った上で、その主張を分析し、伍にとっての占領地政権の意義を再考する。

二　アメリカでの活動

（1）中国同盟会美洲（アメリカ）支部の設立

伍澄宇（号は平一）は一八八八年八月、広東省台山で生まれた。[8] 同じ広東省出身の汪精衛の五歳年下、また蔣介石の一歳年下にあたる。伍澄宇は清朝末期に日本に留学して法政大学で学び、[9] 中国同盟会に加入した。その後、伍澄宇はアメリカへ渡った。当時同盟会では在米支部結成のために専従の同盟会員を送ることが計画されていた。[10] 伍澄宇の渡米もそうした同盟会の方針に関連したものだったと考えられる。

一九一〇年一月、欧州滞在中の孫中山より伍澄宇に対し渡米を知らせる書翰が届いた。当時伍澄宇は革命派の素性を秘してフィラデルフィアの華僑学校に関わっていた。孫中山の渡米の目的は、アメリカに中国同盟会の支部を設け、活動資金を集めることであった。この前年、革命派は雲南省河口での蜂起に失敗し、東南アジア華僑からの援助が枯渇しつつあったのである。

孫中山の訪米はこれが初めてではない。在米華僑への支持を広げるため、すでに一八九六年と一九〇四年の二度渡米していた。ただその際の成果は芳しいものではなかった。孫中山が、中国同盟会美洲（アメリカ）支部を設立し、在米華僑から資金調達に成功したのは、この三度目の訪米においてであった。[11] そして、これを同盟会員として現地で支えたのが伍澄宇だったのである。

アメリカ到着後、伍澄宇と会見した孫中山は、在米華僑から集めた二万ドルから三万ドルの資金に、東南アジア華僑からの約一〇万元を合わせ、これを広州での挙兵に充当することを提案した。これに対し伍澄宇は、アメリカにはいまだ同盟会の支部がなく、同志も少ないことを指摘し、もし在米華僑の献金を恃むならば、挙兵の時期を改めるべきと主張した。同席した現地同志の李是男も伍澄宇に賛成した。しかし孫中山は伍澄宇の主張を退け、予定通り広州で挙兵したが、結局失敗に終わった（以上、一頁）。

一九一〇年二月二四日、中国同盟会美洲支部が発足した。[12] その際、伍澄宇は孫中山の意向で誓約書の改定を任された（二頁）。この改定ではそれまでの同盟会の方針であった「駆除韃虜、恢復中華、創立民国、平均地権」が、「廃滅韃虜清朝、創立中華民国、実行民生主義」へと変更された。この変更は「駆除の意味は、廃滅ほど徹底しておらず、平均地権もただ民生主義の一つを表しているにすぎない」という伍澄宇の主張を反映させたものであった（八頁）。

伍澄宇によれば、当時の在米華僑は、中国の内政改革を希求しつつも、康有為や梁啓超に代表される維新派（保皇派）に心を寄せる者がほとんどで、そうした華僑を革命派に引き入れることも伍澄宇の重要な任務であった。伍澄宇は「維新派の人々は中国の維新事業に心酔しており、みな救国の志を持っていた。ただ残念なことに彼らは康有為・梁啓超になびいてしまっていた。そこで私は保皇派ではなく、康・梁〔の個人〕のみを攻撃することにした。その結果在米華僑の多くが革命〔の意義〕を悟り、我々に加わった」と回想している。

三月六日、フィラデルフィアでも同盟会分部が成立し、伍澄宇はその臨時会長に就任した（三頁）。

（2）『少年中国晨報』の発行

伍澄宇は同盟会美洲支部の機関紙発刊にも関わった。機関紙は、当時サンフランシスコで発行されていた『美洲少年週報』を引き継ぎ、伍の提案した『少年中国晨報』という名称で一九一〇年八月二〇日に創刊された。伍澄宇は創刊号で「本報発刊言論前途」を執筆したほか（七頁）、その後も「中国共和政体原論」[13] といった論考で、革命と共和を主張した（表8-1）。武昌で革命派が蜂起したのはそうした時期であった。

一九一一年一〇月一〇日、伍澄宇は漢口からの電報で革命派の蹶起を知り、直ちに孫中山に連絡した。当時デンバーにいた孫中山と伍澄宇は、一〇年四月の黄花崗蜂起の際と同様に、国外に向けて革命の意義を明らかにし、賛

表 8-1　『少年中国晨報』伍澄宇論文一覧（1911～12 年）

日付	論 文 名	概 要
1911.7.7.	世界報偽電偽新聞之鉄案	保皇党の新聞を批判。
7.8.	世界報偽電偽新聞之鉄案（続昨）	同上。
7.25.	中国大挙革命之先声	広州起義後の動きを伝える。
8.6.	今日追悼広州革命軍之殉義——関於嶺南革命論之一	広州革命軍戦没者の追悼。
8.8.	観追悼広州革命殉義諸公盛会感言——関於嶺南革命論之二	広州革命軍戦没者追悼会の盛況を伝える。
8.23.	駁梁啓超書	梁啓超「清国立憲之前途」を批判。
9.4.	普告洪門為籌餉勧捐事	洪門（反清の秘密結社）に募金を勧める。
1912.1.3.	政治革命之先决問題（続）	中国革命は五族共和と説明。
1.7.	対於今日游街祝典之希望	孫中山の総統就任を祝う。
1.8.	政治革命之先决問題（再続）——研究民主君主両問題者注意	資政院を傀儡とし，清朝には立憲君主の基本が備わっていないと指摘。
1.10.	革命軍与国際法之関係	高橋作衛（東京帝大国際法教授）の著作を伍澄宇が翻訳。
1.11.	政治革命之先决問題（三続）——研究民主君主両問題者注意	『満洲日日新聞』の記事を引用し，日本と中国の国体は異なることを指摘。
1.17.	政治革命之先决問題（四続）——研究民主君主両問題者注意	中国は，清朝の君主ではなく，人民の民主を求めていると指摘。
1.18.	快哉袁賊之遇炸—宣布袁世凱之罪状	袁世凱の暗殺未遂を喜ぶ。
1.19.	政治革命之先决問題（五続）——研究民主君主両問題者注意	諸外国の歴史を例に，清朝の残虐性を説く。
1.20.	政治革命之先决問題（六続）——研究民主君主両問題者注意	清朝の立憲君主制は不可能とする。
1.22.	袁賊帝王思想大暴露 告紛紛問袁賊被殺之諸君 維新妖報其奈各省之民意何 天降大任也（以上，時評四種）	民党を軽視する袁世凱を批判。 北伐を早く実行するべきと主張。 保皇派の『維新報』を批判。 飢饉に苦しむ民が数百万に達したことを伝える。
1.23.	政治革命之先决問題（七続）——研究民主君主両問題者注意	英国の立憲君主制を信奉する保皇派を批判。

出典：方李邦琴主編『孫中山与少年中国——従美国当年的報紙看辛亥革命』（北京大学出版社，2012 年）を参考に作成。

助を求める電報を発することを決定し、伍が文章を起草し、唐瓊昌がこれを英語に翻訳した。また国内に向けては、中華革命軍大統領名義の電報を、各地の同盟会会員及び清朝の総督・巡撫に送ることを決めた。

当初、孫中山は自身が清朝の総督・巡撫とは直接の関係がないことを理由に、中国国内向けの布告は同盟会会員のみを対象に想定していた。しかし伍澄宇は「革命の大義について、人は同じ情を持っている。たとえ知り合いでなくとも、遥か遠くから電報を送れば、心を動かされない人はいないだろうし、それが革命を起こす」と主張し、その結果中国各地の総督・巡撫に向けても電報が送られることになった（一七頁）。

武昌蜂起の成功がアメリカに伝わると、現地の新聞はこぞって孫中山と在米同盟会会員の写真を掲載し、伍澄宇のもとには革命への参加や資金援助を願い出る人々からの手紙が続々と届いた。また当時革命派がアメリカで掲げた「青天白日三色旗」（青天白日満地紅旗）を販売する所がなかったため、伍澄宇はカナダから来ていた馮自由らと籌餉局（資金調達を担当した部署）内に、旗の製造会社を設け、アメリカ各地で販売した（一九頁）。

三　辛亥革命後の活動

（1）アメリカから東南アジアへ

中華民国成立後、伍澄宇は孫中山から国内の革命運動に従事するよう指示を受けた。これに対し伍澄宇は、南軍（＝革命派）が北京に到達するまでは革命が成功したとは言えず、引き続きアメリカで会員・資金を集めるべきと主張し、現地での活動を継続した（二〇頁）。

この頃、伍澄宇は実用化されたばかりの飛行機の導入も主張した。これは中国各省（二二省）が資金を負担し、毎年二〇機ずつ飛行機を購入すれば、五年間で二二〇〇機を導入することができるというものであった。実際伍澄宇は、飛行士の譚根らと実演飛行など宣伝活動を行った（二七頁）。

一九一三年、伍澄宇は帰国のためアメリカを離れた。しかし第二革命が失敗したため中国に戻ることができず、一九一四年三月、東京で孫中山らと会見した。その際、伍澄宇は孫中山に対し次の三点、㈠中国国内に政府を組織することは難しいので、同盟会本部を東京に恢復して革命事業を継続すること、㈡今後の革命運動は北方を重視し、満洲の馬賊や甘粛の白蓮教徒との連携も視野に入れること、㈢飛行機による攻撃を訓練すること、を主張した。

当初、伍澄宇は日本での飛行訓練を予定していたが、日本ではその実現が難しかったため、まもなくフィリピンのマニラに渡り（中華革命党菲律賓（フィリピン）聯絡員）[14]、以後四年間を東南アジアで過ごし、華僑からの資金獲得や飛行機導入に奔走した（三六〜三七頁）。

(2) 梁啓超への反駁

言論活動も継続した。シンガポール滞在中の一九一五年、伍澄宇は「駁梁啓超之国体論」を執筆した。これは梁啓超が「異哉所謂国体問題者」（『大中華雑誌』第一巻第八期、一九一五年）で表明した「政体と国体とは分けて議論すべきで、政論家・政治家は現行の国体の基礎の上に政体・政象〔政治現象〕の改進を謀ればよいのであり、国体を論じたり、人為的に国体を選んだりするべきでない」という主張への反駁であった。

伍澄宇は「政論家・政治家が国家を活動の場とする以上、国家主権の所在〔＝国体〕の変更を不問に付すことはできず、また梁啓超が中華民国の混乱の原因を袁世凱ではなく革命派に帰することは誤り」と批判したのである[15]。

(3) 孫中山との関係

この当時、伍澄宇と孫中山はどのような関係にあったのだろうか。次のエピソードからは、伍澄宇が積極的に孫中山と議論していたことがうかがえる。

フィラデルフィアで孫中山と革命成功後の建都問題について話し合った際、伍澄宇は「中国本部から論じると、金陵（南京）が中心となるが、もしモンゴル・満洲各藩属を合わせて〔中国を〕論じるならば、北京が中心である。私は金陵に遷都することで、北の辺境が手薄になることを恐れる。しかし、官僚政治〔の弊害〕を除くためには都を移し、天下を一新しなければならない。故に金陵に遷都するのであれば、北の辺境には辺防軍を置き、国防を固めねばならない」と主張した（三頁）。

革命資金の調達方法に関しても、伍澄宇は興味深い提言を行っている。伍は、在米ユダヤ人からの借款のほか、ユダヤ人国家建設を目指すユダヤ人に対し、外モンゴルを貸し出すことで資金を得るという大胆な提案もしているのである（八頁）。

このほか、英領マラヤのペナンで発行されていた『光華日報』で健筆をふるっていた革命家の雷鉄厓[16]と戴季陶（天仇）[17]との比較を問われた際には、伍澄宇は「文章から議論すれば、鉄厓の議論の根底はより深いが、もし革命の眼光をもって議論するのであれば、天仇の方が優れている」と答えている（一二頁）。こうした伍澄宇の見解には孫中山も賛意を示したという。

もっとも、二人の意見は一致するばかりではなかった。中華民国成立直後、伍澄宇は孫中山に書簡を送り、政府成立宣言が中国同盟会の軍政・訓政・憲政の三序構想に言及していない点を批判している[18]。また、孫中山が大総統職を袁世凱に譲り、黄興が陸軍部総長を辞した際には[19]、伍澄宇はこれを失策と率直に指摘している（二四頁）。

（4）三民主義への異議と四民主義の提唱

孫中山が提唱し中国国民党の基本綱領となり、後には中華民国憲法にも記載されることになる三民主義に対しても、伍澄宇は異議を唱えた。中華民国成立からまもない時期、孫中山は三民主義のうち民族主義と民権主義は、辛亥革命ですでに達成されたとみなしていた。しかし、これに伍澄宇は反対したのである。

伍澄宇は「君主の統治は威を主とし、民主の統治は徳を主とするが、いまだ徳の段階に進んでいない」ので、三民主義に「民徳主義」を加え、四民主義[20]とするべきとしたのである（三二頁）。この「民徳主義」の議論は、日中戦争期に維新政府傘下の民衆組織である大民会のスローガンに繋がっていく（後述）。

一九一四年七月の中華革命党発足時に、同党の方針から民族主義が削られたことに対しても、伍澄宇は「いまだ国内の各民族は自由を得ておらず、国外でも不平等条約が撤廃されていない」ことを理由に疑義を呈した（四二頁）。

このように伍澄宇は孫中山の意を受けて行動しながらも、自身の意見は積極的に開陳しており、孫中山との関係は決して一方的な従属関係ではなかった。孫中山の諮問に応えた同志は伍澄宇だけではないが、孫中山が様々な問題について伍と議論を深めていたことは、先述の内容からも明らかである。

孫中山も伍澄宇に信頼を寄せ、「革命が成就するまで妻帯しない」と言い張る伍に、長女孫娫を紹介し、彼女のアメリカ留学の際には伍にその世話を任せていた（二六～二七頁）。ただ不幸にも孫娫はアメリカで病を得て帰国し、まもなく逝去した。伍澄宇はその死を悼む詩を残している[21]。

四　帰国後の活動——政界から法曹界へ

（1）国内政治への不満

一九一七年、伍澄宇はほぼ一〇年ぶりに中国へ戻った。その後は『民国日報』（上海）に関わったほか、中国最初の労働団体である全国総工会の会長や大元帥府侍従秘書・大理院推事・建国軍総参議・広東建設委員会委員などを歴任、また広州の嶺海公学などで教鞭をとった[22]。しかし一九二五年三月の孫中山没後は広東に戻り[23]、以後政界からは距離を置き、国民党員登記も更新しなかった。[24]

伍澄宇が政界を離れた事情ははっきりとはわからない。しかし、一〇年ぶりに復帰した中国政界に居心地の悪さを感じていたようだ。国民政府を指導した蔣介石にも不満を持っていた（後述）。この時期に執筆された「華僑与民国」では、中華民国の成立に華僑が果たした役割を中国国内の人がもっと知るべきと述べている。[25] この背景には、革命運動での華僑の援助、ひいては伍澄宇自身の活動が十分に理解されていない国内の政治状況への不満があった。

一九二五年、香港で黄仲賢（嶺南公学学生）に語った次の言葉からも当時の伍澄宇の心境がうかがえる。

国には上に道の基準なく、下に法を守るものがない。言うまでもなく、いかなる主義も表面をとりつくろうものが多く、努力して行うことは少ないものである。根本の改造は心を革（あらた）めるところに在り、心を革める基礎は、知行合一に想いをはせ、救国の大本とすることである。

この後、伍澄宇は黄仲賢らと陽明学会なる団体を組織した。陽明学会の詳細は不明だが、伍澄宇と学生の勉強会と思われ、毎週講習が行われた。その内容は後に『講習録』『陽明哲理』等にまとめられた。[26]

（2）辯護士への転身――「伍澄宇大律師（べんごし）」

一九二五年、伍澄宇は上海で辯護士業を開始した。本人も事業は成功していたと言うように、[27] 二〇年代末から三〇年代にかけて『申報』に広告を頻繁に掲載するなど、盛んに仕事を引き受けていたことがわかる。[28] 先述のように、上海映画界のトップ女優阮玲玉がスキャンダルで世間を騒がせた際にはその顧問辯護士を務めたほか、[29] 同時期に国民外交後援会・工統会・中華法学会・華僑協進会・華僑公会等各種団体のメンバー・顧問としても活動した。[30] 辯護士として、まずは成功を収めたと言えよう。

この時期、伍澄宇は中韓民族抗日大同盟なる組織の正主席にもなっている。これは一九三二年一月に勃発した第一次上海事変で、日本軍に抵抗した第一九路軍を助けることを目的に趙素昂・金九ら在上海の朝鮮人と組織したものであった。[31] ただこの点を以て伍澄宇の「抗日思想は非常に濃厚」[32] と即断はできない。というのも後述するように、一方で伍澄宇は日本人とアジア人の大同団結を目指す東方民族協会などの組織にも関わっていたからである。伍澄宇は日本の侵略に反対ではあったが、一方で目的のためであれば日本人とも結ぶ選択肢をとりうる人物でもあった。また伍澄宇が辯護士という都市部を基盤にした職で生計を立てていたことも、上海から離れるという選択肢を非現実的なものにしていた。こうした事情は日本が上海を占領すると、伍澄宇を難しい立場に追い込むことになる。

五　日中戦争期の活動——占領地での言論活動

(1) 維新政府への参加

一九三七年七月、日中戦争が勃発し、翌年三月には日本軍の華中占領地域を管轄する維新政府が成立した。伍澄宇は、自身の維新政府参加の経緯について、戦後漢奸裁判の法廷で詳しく語っている。[33] それによると一九三八年春、蘇錫文（上海市大道政府市長）と日本の憲兵が伍澄宇のもとを訪れ、頭山満が唐紹儀への紹介を求めていることを伝えた。第五章で触れたように、唐紹儀は中華民国初代国務総理で、当時日本軍が維新政府首班に推していた。日本は唐紹儀の擁立工作を行うに際し、伍澄宇を経由していたのである。ちなみに唐紹儀も伍澄宇と同じ広東人である。

同じ頃、伍澄宇自身にも温宗堯（維新政府立法院院長・広東人）から維新政府への参加要請があった。伍澄宇も新政府樹立工作に巻き込まれていたのである。しかし、伍澄宇は維新政府が成立した一九三八年三月の段階では参加を断っている。

三ヶ月後の六月二四日、伍澄宇の事務所が攻撃され事務員二名が死傷する事件が起きた。これは重慶側の「愛国志士」によるテロだった[34]。

何故、伍澄宇は重慶から狙われたのか。一九三八年六月の『中央日報』は、伍澄宇が東方民族補習学校を組織し学校に行けない青年を集めていたことを指摘しており、また事務所攻撃の前に伍に届いた警告文が、伍が関係する中日親善補助会なる組織に言及していたとする[35]。これは日本との関係が、伍澄宇襲撃の理由であったということである。

日本陸軍の記録によれば、この頃伍澄宇はアジア民族の大同団結を目指す東方民族協会という団体に関わっていた[36]。また盧溝橋事件勃発前には日中間の戦争回避のため上海在住の日本人と大亜洲協会なる団体を組織することを試みていた[37]。こうした動きが重慶側の警戒心を高めたと考えられる。

戦後の漢奸裁判の記録によれば、伍澄宇には「敵偽」（維新政府）からも種々の圧力があったため、香港への逃亡も考えたが、種々の事情からかなわず、結局八月末に維新政府に参加することになったという[38]。もちろん維新政府が成立した一九三八年三月の段階では伍澄宇は参加を断っており、必ずしも積極的に維新政府に参加したわけではない。ただ、すでに見てきたように孫中山没後の伍澄宇の主張や身の処し方を考えると、伍の維新政府参加の背景に、国民政府への不満があった蓋然性は高い。

（2）一党独裁への批判――蔣介石への不満

伍澄宇は維新政府成立の経緯を説明する文章で、次のように蔣介石を批判している。

蔣介石は一九二五年の広州での戦争で、ソ連と組み、長江へ出兵し、北伐を行い、国民のうちわずかの私人による党独裁を完成させ、それは一四年間に及んだ。政治は清代よりも腐敗し、民国開国の際に活躍した忠実で公正な人々もみな尻込みし、少しでも異議を唱えれば、逮捕された。建国の大法も損なわれ、革命の同志は全く努力せず、隣国との友好関係を失い、国に災いがもたらされた。[39]

この主張は、先の伍澄宇が孫中山没後政界を離れた事情とも繋がってくる。戦後の漢奸裁判でも伍澄宇は蔣介石に対し「以前〔抗戦までは〕は良しとしなかった（原文は「不満意」）」と明言している。[40] こうした事情を考えると、伍澄宇が重慶国民政府に付くという可能性は限りなく低かったと言える。

（3）内政部県政訓練所での講義と『維新政綱原論』

維新政府に参加した伍澄宇は、立法院立法委員に就いたほか、内政部県政訓練所や青年団の教授を兼任した。県政訓練所は、地方行政官吏の育成機関で一九三八年九月南京に設立された。学生は知事組・佐治組に分かれ、六ヶ月の訓練期間の後、知事組六ヶ月、佐治組三ヶ月の実施訓練が行われた。[41] ここで伍澄宇は「市政学」「土地法」に加え「維新政府政綱」（維新政府成立の際に出された施政方針）を講じ、後にこれは『維新政綱原論』として出版された。

ここで注目されるのは、伍澄宇が「維新政府政綱」を、孫中山の議論を根拠に解説している点である。伍澄宇は、政綱第一条「三権鼎立の憲政制度を実行し一党専政〔＝独裁〕を取消す」を解説する際に、一党独裁の問題点として次の四点、㈠民権政治に反する、㈡自由主義と衝突する、㈢議会政治の消滅となる、㈣人民の国家観念を削ぐ、を挙げて批判したが、併せて国民党独裁の問題点を、孫中山の唱えた三民主義・五権憲法を援用して指摘したのである。

伍澄宇は、国民党の独裁が、三民主義の民権主義に反している点、また三権制（＝三権分立）やそれよりさらに進んだ五権制に基づく議会政治を消滅させてしまう点で誤りであるとした。さらに、憲政の基礎は地方自治にあり、地方自治法及び自治訓練綱領を一年以内に完成させるべきとしたが、これも県の地方自治が完成した後、憲政を開始するという孫中山「建国大綱」の議論に沿ったものであった。[42]

こうした説明の仕方は、維新政府指導層の語る維新政府の立場とは明らかに一線を画していた（第五章）。伍澄宇は「維新政府政綱」を通じて、実質的には孫中山の議論を講じていたのである。これは、維新政府における県政訓練所が単なる内政部傘下の一教育機関を超えた意味を持っていたことも示唆する。

孫中山の議論では、県政を整えた上に憲政の実施が説かれており、それを踏まえれば県政訓練所は地方自治を担う人員育成という、国民政府以来の方針を実質的には継承していたと考えられるのである。

県政訓練所所長を内政部部長陳羣が兼任していることもこれを裏付ける。自身も国民党員の陳羣は、かつて孫中山の秘書を務め、国民政府時代には内政部次長等を歴任し、国民政府の事情に理解のある人物であった。[43]陳羣は伍澄宇の著書に序も寄せ、そのなかで伍を「知友」[44]と呼んでいることから、伍の人となりを知った上で県政訓練所教官に招いたと考えられるのだ。

（4）大民会と民徳主義

維新政府期の伍澄宇についてもう一つ触れておかねばならないのは、大民会の唱えた民徳主義との関係である。大民会は一九三八年八月に維新政府傘下の民衆宣伝団体として設立されたが、後に思想・政治団体として再組織されるにあたり、民徳主義なる理論が持ち出された。この民徳主義の主唱者が伍澄宇であった。

大民会について説明した日本陸軍の史料には民徳主義の発案者に直接の言及はないものの、「民徳主義と申しますと、孫文の三民主義を唱導した頃に民徳主義を加へて四民主義等と唱へた者もありましたが、支那人には「その意味が、あるいは、その提唱者が」分ります。一部の日本人の中には、意味が分からないとか或は其主義とする点が悪いとか云ふ者もありますが、民徳は民の道徳振興の意味である[45]」云々の記述がある。伍澄宇が大民会の活動にも加わっていたこと、辛亥革命後に四民主義を唱えていたこと、また民徳主義が三民主義それぞれの根本に位置するという伍の主張と、大民会における民徳主義の説明が瓜二つであることを考えると、大民会の民徳主義は伍の提唱によるものと判断できる。

以上の事情を踏まえると、伍澄宇にとっての維新政府は、日本との「協力—抵抗」といった政治力学とは別個の次元で、図らずも辛亥革命以来の孫中山との間で議論してきた自身の中国構想を実現しうる場ともなっていたのである。

(5) 汪精衛政権への参加

一九三八年一二月、重慶を離れた汪精衛は日本との和平を前提に活動を開始した。伍澄宇によるとこの時期、汪精衛派の褚民誼から誘いの手紙を受け取り上海へ赴いたものの、汪の政権樹立には反対し、自身も辯護士に戻ることを望んでいたという。しかし、それが認められる情勢ではなく、また汪精衛や陳公博からも政府参加の要請を受け、伍澄宇は汪政権下でも立法院委員の他、憲政実施委員会委員、外交委員会委員長などを歴任した[46]。

前章で見たように、汪政権の重要政策の一つは憲政実施であった。汪政権は成立に際し「国民政府政綱」を発表し、その第六条は「国民大会を召集し、憲法を制定し、憲政を実施する」ことを謳っていた。これに基づき一九四〇年六月に憲政実施委員会が置かれ[47]、四一年一月一日の国民大会召集も決定された[48]。この憲政実施に伍澄宇も深く関与していた。満鉄上海事務所法制班所属であった真鍋藤治は、実質的に憲政実施の議論を牽引したのは伍澄宇であったとする[49]。

伍澄宇は、五五憲草の国民大会に関する規定の修正案を示した上で次のような提案を行った。

一点目は、国民大会代表選挙についてである。伍澄宇は、目前に控えた国民大会はあくまでも過渡的なもので、理想は孫中山の「建国大綱」に沿ったものである、しかし汪政権の統治区域だけでは、代表の定数を満たすことができないため、国民大会代表選定の条件を県ではなく人数に置くべき、とした。[50] 併せて制限選挙を実施して雛形を作り、時間をかけて「建国大綱」に合わせるべきだと、具体的な方法にも言及した。[51]

二点目は、三民主義についてである。伍澄宇は、三民主義は中華民国の生みの母であり国民の公有物であり、これを国民党の私有物とすることは誤りであるとし、「三民主義国家化」を主張した。[52]

教官を務めた県政訓練所においても伍澄宇は自らの態度を示した。伍澄宇は、孫中山の「建国大綱」に基づいた憲政実施には県政の充実が必要であると述べ、㈠訓練所の授業は課目・授業が多いが、実習が少ない、㈡県政訓練所を卒業しても県長になれない者が多く、一方で県政訓練所を経ていない者が県長となっている、㈢県長の任期を定めていないため、県長になると自らの保身のみを考えてしまう等、県政訓練所の問題点を指摘した。また県長の任命も各省傘下の民政庁ではなく、中央の内政部や銓叙部に任せるべきと提言した。[53]

伍澄宇は汪政権下の県政訓練所では「国民政府政綱」等を講義し、一九四二年にはその講義内容を『国民政府政綱之理論与実施』（政治月刊社）にまとめた。ちなみに県政訓練所所長は、引き続き汪政権でも内政部部長の地位に就いた陳羣が兼任した。

この中で伍澄宇は、維新政府時代の『維新政綱原論』が政治に重きを置いたのに対し、『国民政府政綱之理論与実施』は建国に力点を置き、「制憲」「建軍」にも言及した点で、両者には違いがあるとする。[54] 後者では憲政実施についても、「政府が国民大会開催を決定した場合は、それまでに各級民意機関で国民代表を選挙することはもちろん、和平区域外でも秘密裏に選挙工作を行い、和平区域内に滞在している区域外の人々を調査することで、代表者名簿を作成すべき」等、具体的方策にも踏み込んだ。[55]

維新政府に替わって、国民政府の法統ならびに孫中山の継承を掲げる汪政権が成立したことは、伍澄宇にとっては好都合だったに違いない。汪政権下では憲法制定や軍隊をも含めて議論を展開できたのである。しかし、汪政権は広汎な支持を得ることができず、早くも一九四〇年末には汪精衛自身が憲政実施に見切りをつけ、東亜聯盟中国総会の結成という新たな国民統合の方法を模索し始める。予定されていた国民大会も延期された（第七章）。

（6）戦後の動向を見据えて

汪政権末期、伍澄宇はどのような展望を抱いていたのであろうか。二つの証言が残されている。

一九四四年八月、総理大臣小磯国昭の意向を受けて中国を訪問した山縣初男（陸軍士官学校における小磯の同期で、中国通として知られた）と会見した伍澄宇は、「日本は再三、中国は東亜連邦〔盟か〕の一である。両国国民は骨肉のように甘苦をともにして、黄色人種の偉業を完成しなければならないと、発表しているが、実行は伴っていない」[56]、と日本を批判した。

一九四四年九月、伍澄宇を訪問した新聞記者の木村英夫に対しては、「重慶、南京両政権に属しない純粋な第三勢力をして時局収拾の重大使命に身を以て挺せしむること」が必要で、すでに中国にはその準備ができていると語った[57]。第三勢力の具体的内容は不明だが、重慶・延安の「抗戦派」からも、南京の「和平派」からも拘束されない立場を想定していたと考えられる[58]。

伍澄宇はこの時期すでに日本敗戦も含め、新たな事態の出現を想定していた。伍澄宇の関心は国外にも向けられ、国際聯盟の問題点を克服した新たな国際組織を構想し[59]、また地方自治の進行と、憲政実施を主旨とする上海特別市地方自治協会なる団体を陳中孚らと組織したのである[60]。

（7）漢奸裁判——「抗日」の姿勢を強調

日本の敗戦後、伍澄宇は重慶の軍事委員会調査統計局に逮捕された。伍澄宇に限らないが、漢奸裁判では対日協力、即ち「偽職」に就いた事実が重視された。従って法廷での伍澄宇の議論も、偽職の内実が伴っていなかったこと、自身がいかに「抗日」の精神を持っていたのか、という点がポイントとなった。

前者について伍澄宇は、立法院は形式的な審議機関に過ぎないこと、実際の外交大権は中央政治委員会に握られていたこと、「偽職」在職期間は、民衆の食糧救援、華僑保護、租界回収に当たり、法幣の下落や糧食統制に反対した、と主張した。(61)

後者についても伍澄宇は自らの「抗日」の態度を伝えるべく腐心した。例えば裁判の当初、伍澄宇は一九三八年六月に自身の事務所が攻撃を受けた経緯を「……私の辯護士事務所は打ち壊され、書記一人が死に、雑用係が負傷した。敵偽からの種々の圧迫で、私は香港へ逃れようとした」と、あたかも維新政府方面から攻撃を受けた（実際は重慶側からの攻撃）かのように説明した。

こうした状況下、汪政権時代の一九四〇年に日本軍の捕虜になっていた重慶側軍人の解放に伍澄宇が尽力したことに対する「伍先生は実に愛国志士」との証言は、心強いものだったに違いない。(62)

しかし、一ヶ月後の審判では、裁判官が一九三八年六月に伍澄宇事務所を襲撃したのは「愛国志士」（＝重慶側）であったと指摘し、伍澄宇もそれを認めざるを得なかった。さらに裁判官は伍澄宇が襲撃を受けた後も重慶に移らなかった点を突いたのである。(63) この直後、伍澄宇は一九三二年の中韓民族抗日大同盟の事実を明らかにする。伍澄宇は、これまでは韓国の同志への迷惑を考慮して法廷では明らかにしなかったものの、この事実をもって自身の「抗日思想」を証明する、としたのである。(64)

伍澄宇は、漢奸の定義の問題点や刑法を盾に、自身の行為が罪にはならないとの議論も展開した。伍澄宇は「法律の形式からいうと、偽政府は日本軍の支持を受け、日本軍と直接・間接の関係があり、漢奸であると言えよう。しかし、法律の実質から言えば、日本軍と一緒に行動したからといってすぐに漢奸となるのではなく、その行いが国家あるいは民族に危害を加えたのかを見なければならない」と述べ、自身を安易に「漢奸」と決めつけることに抗議した。[65]

奴隷化教育に携わったという指摘に対しても「私が講義したのはどれも三民主義の類である」と、自らの潔白を訴えた。[66]法廷戦術の側面が全くないとは言えまいが、維新政府・汪政権期の議論から判断するに、講じたものは「三民主義の類」という伍澄宇の主張に偽りはなかろう。

一方で法廷での伍澄宇は、日本人との交際については（上述のように実際には日中戦争前にも日本人と団体を組織していたにもかかわらず）全くと言ってよいほど言及しなかった。虚偽の発言はしないものの、一方で余計なことも言わない。これが法廷闘争で伍澄宇がとった方法であった。

しかし、こうした伍澄宇の必死の辯明も認められなかった。裁判では伍澄宇が維新政府以来、立法院立法委員、法制委員会・外交委員会各委員長ほか「偽職」を兼任し、日華基本条約・日満華共同宣言・対英米宣戦案を立法院で通過させた点等が罪状とされた。そして一九四六年六月、南京の首都高等法院で有期徒刑一二年、公権剝奪一〇年の判決を受けたのである。[67]

六　小　結

(1) 伍澄宇にとっての占領地政権

本章では辛亥革命前からアメリカ・東南アジアで革命運動に従事した伍澄宇の活動と主張を追い、日中戦争期の活動との関係を探った。辛亥革命前後、伍澄宇は孫中山の傍らにあって、率直に自説を披瀝し合える関係にあった。しかし、一〇年近く中国を離れて活動していたことや、孫中山の逝去もあり、その後は政界から距離を取った。

漢奸裁判でも「蔣主席に対して不満であった」と発言をしており、孫中山亡き後の国民党（及び国民政府）に対して不満を持っていた。こうした心情は孫中山奉安大典で孤立する老革命家の陳少白や[68]、同じく大典後の宴席で国民政府の現状を批判し「悲憤慷慨」する辛亥革命関係者の気持ちとも重なろう[69]。辛亥革命（及びその後の国民革命）に参加したという矜持はその後も長く彼らが政治を見る際の原点となったと考えられ、革命に尽力した（と思っていた）彼らの理想が高ければ高いほど、その後の中国政治の姿は、彼らにとって歯痒いものに見えたに違いない。

もちろん伍澄宇も、維新政府や汪政権が中国の政権として望ましいものと考えていたわけではない。伍澄宇自身も「偽政府」への参加を当初は断っており、命を守るための已むを得ざる判断であったとする[70]。ただその一方で伍澄宇は、いかなる状況下でも、できうる限り自らの政見を披瀝し、実現させようとする積極的な面を持っていた。こうした伍澄宇の態度には、彼が講じていた「知行合一」の陽明学的志向も影響していたと考えられる。

伍澄宇が維新政府・汪政権を通じて内政部県政訓練所の教壇に立ち、そこで講じた内容を出版していること、三民主義の国家化などを講じたこと等を考えれば、占領地での活動が全くの受け身であったとは考えにくい。伍澄宇は日本占領下という制約の中にありながらも、自らの理想の実現に向けて活動を継続していたのであり、伍も自身を「失意政客」と規定する漢奸裁判の見方には強く反発している[71]。

維新政府や汪政権に参加した人々の態度について、特に日本との関係においてその無気力・受動的側面が指摘されることがある。本章にも登場した陳羣については、汪政権末期のその刹那的な生活の一端を、「最後の瞬間まで天をおそれぬ豪奢のかぎりをつくした。現世の楽しみをつくした」と林房雄が活写している[72]。確かにそうした人がいたことは筆者も否定しない。ただ伍澄宇に関しては、そうした諦念に類した雰囲気は見出せない。むしろ日本占領地という制限下にありながらも、それまでの中国政治の課題（それは伍澄宇の考えるあるべき政治の理想形）の実現の場の一つとして維新政府や汪政権を見ていたと考えられる。

実際占領者である日本当局は、日本との和平さえ担保されていれば、中国の政体や組織の在り方についてはほとんど関心を示さなかった（というより具体的な中国統治像を持たなかった）。伍澄宇の行動からは、重慶国民政府と（そして中国共産党とも）相容れなかった人々にとって、維新政府や汪政権の存在が、中国の将来を議論する場としての側面を持っていたことがはっきりとわかる。

（2）戦後の活動――獄中での言論活動

最後に、その後の伍澄宇に触れておこう。一九四七年四月、伍澄宇は有期徒刑八年、公権剥奪八年に減刑された[73]。これには伍澄宇の妻子による辯明が影響を与えたと考えられる。二人は、伍澄宇の中国革命への貢献に加え、漢奸裁判の他の被告の量刑と比較し、伍の判決が不当であるとしたのである[74]。また国共内戦が激化していたことも伍澄宇に有利に働いた可能性がある。共産党との戦いに躍起になっていた国民党政権にとって、対日協力の問題は、もはややは過去の話であった。まもなく伍澄宇は仮釈放された。

仮釈放された伍澄宇は、一九四九年四月には台北へ移った。南京に人民解放軍が入城したのも同月のことであった。ところが五〇年四月、北京への移動を試みたとして再び逮捕され、同年八月叛乱罪で懲役一〇年、保釈後五年以内の再犯のため刑期一五年の判決が下された。

しかし伍澄宇は筆を折ることはなかった。獄中でも熱心に執筆を続け、三〇冊以上の著作を残したのである[75]。そのうち『三民主義之反共原理』（中央文物供応社、一九五八年）では「世界が三民主義を信奉すれば、民主主義国家が衝突を免れるだけでなく、共産主義国家も調和・互助できる」とし、『五権憲法譲言――憲法修正研討理由書』（発行者不明、一九六〇年）では、国民大会の権限を立法にまで及ぼす必要性や、多額な国民大会代表の給与の問題点、また市県レベルの直接選挙の必要性に言及し、「三民主義之自由原理」（張鉄君等『三民主義的自由論』中央文物供応社、一九七九年）では、民主自由の政治建設の議論は孫中山が嚆矢であると述べるとともに、今日でも三民主義が了解されておらず、総理の遺訓が誤解され党化しているのは問題であると指摘した。伍澄宇は「三民主義の類」を語り続けたのである。

このように伍澄宇にとって、戦後の中華民国（＝台湾）の政治状況も満足できるものではなかった。もちろん伍澄宇は自身の理想を孫中山に仮託して語った面もあろう。孫中山の議論の中でも、伍澄宇が重視していたと思われるのは「建国大綱」、とりわけその中の県政に代表される地方政治の充実であり、それは専政（＝独裁）に対する一貫した批判意識に支えられていた。独裁を克服するためには国民の参政による憲政実施が不可欠であるが、『建国大綱』によれば、それを実現するためにはまず県政のレベルで国民の参政を実現しなければならなかったのである。

一九六〇年、伍澄宇は出獄したが、六二年一一月一二日、脳溢血のため台湾大学附属医院で逝去した。翌日の国民党機関紙『中央日報』は伍澄宇を「革命老人」と称し、その死を短く報じた[76]。

第III部　日本敗北の中で——日米開戦から戦後へ

第九章　日中道義問答

——日米開戦後の占領地中国知識人

中国は日本と共同に現代世界を創造すべき運命と責任とを担つてゐる。そこで中国は日本の道義生命力を尊敬しなければならないのである。同時に、日本は中国に道義生命力が存在しないとか、中国には道義生命力すでに枯渇せりなどと誤認してはならぬのであつて、かくては中国と協力邁進することが困難であり、そしてそれは日本も亦徒(いたず)らに形式的優越主義に陥るに外ならぬことである。

——呉玥「中国の歴史推進力と道義生命力」

一　四五年ぶりの再会——はじめに

中華人民共和国と日本の友好に尽力した早稲田大学名誉教授安藤彦太郎（一九一七〜二〇〇九）は、交流のあった復旦大学経済学部教授呉杰との四五年ぶりの再会を次のように印象的に振り返っている。

……衛藤瀋吉氏が鈴江言一の事蹟についての報告をおこなったさい、中国の老先生が、衛藤氏の著書を持参してきて、つぎつぎと鋭い質問を浴びせた。他の報告についても同様で、衛藤氏をはじめ一同、さすが上海にはすごい学者がいる、と感嘆したものだ。復旦大学の有名な呉杰先生であった。

昼休みのとき呉杰先生は私に、あなたとは初対面ではない、と言う。そういえば早稲田大学社会科学研究所の特別研究員としてしばらく来ていたことがあり、研究会の席上となり合わせたことがあるが、べつに言葉も交わさなかった。呉先生によれば、私が学術代表団の一員として上海をおとずれるたびに開かれた交流討論会や宴会でも、毎回逢っていたとのこと。ただ先生は発言されなかったので、私のほうは覚えていなかったのである。

ところが先生はさらに、じつは戦前から面識がある、と言う。私は呉玥ですよ、と流暢な日本語で告げられたとき、私はアッとおどろいた。つぎの瞬間、呉杰先生の表情から、四五年前のあの俊才の面影が彷彿として浮かびあがってきた(1)。

安藤の回想からは、中華人民共和国で経済史研究者として知られた呉杰が、実は汪精衛政権期に日本に留学していた呉玥と同一人物だったという衝撃的な事実が明らかになるのだが、この呉玥は本章で取り上げる京都学派の議論をめぐる中国人知識人の論争でも重要な役割を果たしているのである。

以下本章では、日米開戦後の中国占領地において、日本との和平を前提に中国の将来像を構想した中国知識人の意識を、京都帝国大学助教授高山岩男の論考に対する反応の中に探りたいと考える。

当該期の日中間の学術・思想面での日中人士の学術的な交渉に関する研究は、管見の限り大東亜文学者大会での日中の文学者の交流等を除いてはない(2)。しかし、一九四〇年以降、とりわけ論陥区と称される日本占領地の中国人と日本人との交渉・交際は、重慶国民政府など抗日側にあった中国人が基本的には日本と直接の交渉を持たなかったことを考えても、極めて重要な作業である(3)。

もちろん日本占領下の中国では、日本との和平・提携が前提とされ、抗日的な議論が自由に発表できない状況にあったことは、夙にポシェック・フーなどの指摘するところである(4)。しかし、状況を仔細に見れば、占領地の中国知識人も、日本に対して口を閉ざしていたわけではない。むしろ日本との友好・提携を語る議論の間隙を縫って中国の立場を表明していた側面を見逃すべきではない。こうした占領地の知識人の心理状況の解明は近現代の中国を理解する上でも看過できまい。

本章では一九四一年の太平洋戦争勃発前後から日本で一世を風靡した京都学派の議論、とりわけその中国認識に対する占領地の中国人知識人の反応から、彼らの意識に近づきたい。日本占領地という制約のもと、率直な日本批判が難しかったが故に、本章の扱う彼らの批判の文脈の意味、また彼らが最後までこだわったものも、より明確に表れたと考えられる。

本章が注目する論争は、一九四二年末から四三年にかけて行われた。きっかけは、高山岩男が総合雑誌『中央公論』（一九四二年一〇月号）に掲載した「歴史の推進力と道義的生命力」という論文であった。後述するように、この論考は対米英開戦に世界史的な意義を見出す、所謂京都学派の議論に括られるものだった。

同論文は日本占領地の中国知識人の反響を呼び、早くも同年中に中国人三人が雑誌『大亜洲主義与東亜聯盟』（一九四二年一一月号）に反論を掲載し、さらに翌年には『中央公論』誌上でも中国人が反論を加える事態となった。この日中の議論は高山が中国側の主張を一応認めたことで終熄するが、その後も日本占領下の中国ではこの一連の議論をまとめた小冊子『道義生命力之論戦』が発行されるなど、一定の関心が持たれた。

では、高山論文は何を主張し、占領地の中国人は高山のいかなる論点に反発したのか。管見の限り、占領地で複数の中国人が日本の特定の論説に対してこれほど短期間の間に公の場で論争を繰り広げた事例は、前にも後にも他に確認できない。本章では、高山論文とそれに対する占領地の中国知識人の主張、そしてそれをめぐる時代状況から、太平洋戦争勃発後、日本の戦況が悪化していく時期における彼らの意識に迫りたいと考える。

二　高山岩男論文の要旨

高山岩男「歴史の推進力と道義的生命力」（以下、高山論文）は一九四二年九月に執筆され、同年の『中央公論』一〇月号の巻頭に掲載された（図9-1）。論文は次の五章に分かたれ、全体で三万三千字を超える。

一　天地正大之気（モラリッシュ・エネルギー）
二　時代の転換と道義的生命力
三　戦争と道義的生命力
四　武士道と道義的生命力
五　道義的生命力の維持と育成

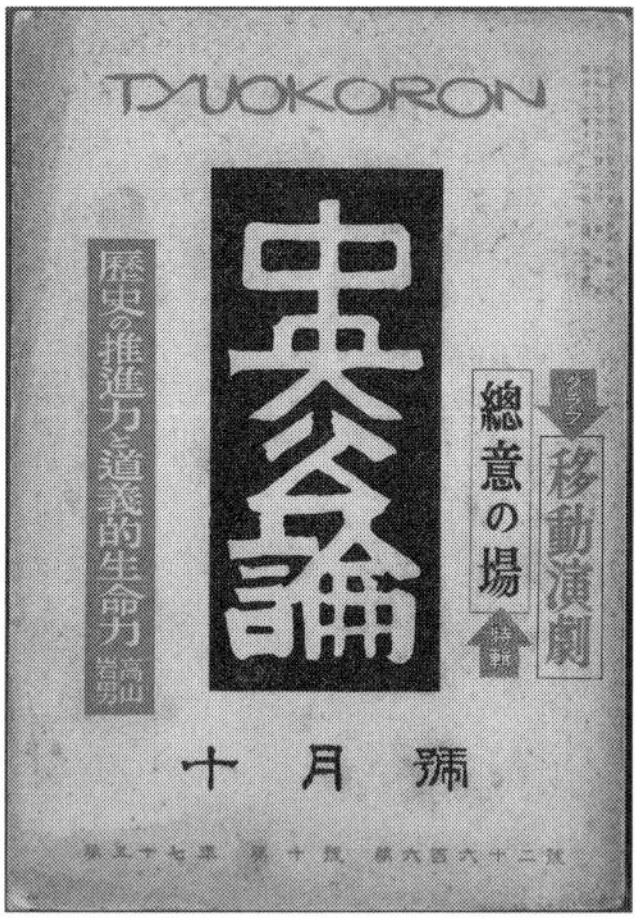

図 9-1　『中央公論』昭和 17 年 10 月号表紙

論文構成は、「一　天地正大之気（モラリッシュ・エネルギー）」の内容を、続く二章から五章が補足する形態をとり、その要旨はほぼ第一章で議論し尽くされている。中国側が反発したのも、基本的には第一章の内容に対してであった（実際、高山論文が『大亜洲主義与東亜聯盟』に訳載された際も第四章は省略された）。

論文冒頭、高山は藤田東湖「正気之歌」を掲げた。「正気之歌」は正式には「文天祥の正気歌に和す」と題し、幕末の水戸藩で徳川斉昭擁立をはかった藤田が、幕府によって幽閉されている時期に作ったものである。内容は中国宋代の文天祥（宋に仕え元と戦い、宋滅亡後も元への仕官を断り刑死した）の正気歌に寄せたもので、藤田が自らの状況を文天祥に投影して作詩したものである。[5]

続けて高山は、時代の転換期において歴史の推進力となるものを「道義的生命力と称したい」と述べ、ドイツの歴史家「ランケが嘗て称したモラリッシュ・エネルギーも、孟子の所謂浩然之気も、東湖の正気の歌に於ける天地正大気も、実はこの道義的生命力を意味するものに外ならない」とした。

では道義的生命力（＝道義生命力）とは何か。高山はこれを「生命力としてどこまでも充実した生に生きんとする強烈な意欲であり、敢て否定や破壊をも厭はぬ野性的なエネルギー」と考え、「直接的な自己肯定の力であり、実行力をもつ素朴な意志である」とする。さらにそれは「既成の道徳や倫理の秩序を墨守すること」ではなく、「新たな道徳や倫理の理念を自己の内に予感する道義性」であって、「その特質は常に新鮮な健康さにあり、旧慣に拘泥せず建設しようとする潑剌さにある」と説明した（二六〜二七頁）。

高山は、この道義的生命力が発現された歴史上の事例として、㈠ローマの建国と興隆、㈡ゲルマン民族の勃興、㈢北方騎馬民族が漢民族を圧して王朝を立てたこと、を挙げて説明した。このうち中国北方に勃興した騎馬民族が「衰微し滅亡したのは、漢民族の文明社会に接触して、北方の勇と称せられた、野性的な道義的生命力をば失ったところに由来したとも考へ得る」とし、「国家の興亡盛衰は〔中略〕常に内部的な原因に存するものであり、この内部的原因は殆ど道義的生命力の盛衰如何に関はると思はれる」としたのである。

このような世界史上の諸例と対比して、高山は日本史を高く評価した。高山は日本が「道義的生命力の常に旺盛な国家で」、このことは「漢民族の文明社会と日本の国家とを比べてみれば」明らかであるとし、鎌倉武士の登場や明治維新も、道義的生命力の発現によるもので、「大正昭和の年代には」道義的生命力が衰退したものの、「大東亜戦の勃発と共に、また日本民族に潜在するこの力が涌然と現れ始めたやうに感ぜられる」と述べた（二八頁）。

こうした高山の立場に立てば、第二次世界大戦におけるフランス敗戦の原因は、「古い文化の都パリを灰燼に帰しても、なほ最後の一兵まで祖国を守らうとする意気の欠乏」（二九頁）にほかならないのであった。

第二章から第五章は、第一章の議論をさらに具体的に述べた部分である。第二章では、平安時代の貴族と鎌倉時代の武士を対比させ、「時代の転換を遂行してきた主体的の力は道義的生命力である」とし、第三章では「道義的生命力の発現たる戦争は、単なる否定的破壊に止まるものでなく、積極的な建設の力をもつ戦ひ」であると、戦争に積極的意義を見出し、「このやうな戦争には、今日の初を天地の初とする如き歴史的創造の意義が存する」とした。

第四章では、「永遠の絶対無に連り、無底の深淵より発現するところの道義的生命力」が開拓した、相対を越えた絶対の境地の実例として日本の武士道を挙げて説明した。そして第五章では、道義的生命力の維持と育成と題し、「現今の我々は細分化の極致まで進んだ近代文明を新たに綜合」し、「日本的な新文化の建設を試むべき責任を有する」とし、「この働きの中から輝く簡素性を発揮して行くとき、こゝに自ら道義的生命力が発現し来」ると結んだのである。

では高山論文の主張は、どのような問題意識の中で育まれたのであろうか。高山自身の回想によれば、満洲事変勃発後、日本が国際聯盟を脱退するような時代情勢を受け、自然と考えざるを得なくなったという。続けて高山は、「私達〔西田幾多郎門下〕の間では高坂正顕さんが一番早く西田哲学の立場から歴史の問題に手をつけ、『歴史的世界』を出版〔中略〕私は先ず「国史」とは異なる「世界史」の意義から始めたいと思い、西洋の世界史家の所説の検討をポツポツ始めたわけですが、非常に有難かったのは、西田先生をめぐる私達の仲間の中に西洋史専門の鈴木成高さんがいられたことで〔中略〕新著の紹介などをしてくれるので、私達にとっては旱天の慈雨の如く大助かりであった」と回想している。(6) このように高山の歴史への関心は、京都帝国大学の複数の学者との関係の中で温められたものだったのである。

高山の世界史の探究はその後も続いた。高山論文の直接の伏線と考えられるのは、一九四二年一月から二月にかけて京都帝国大学文学部の雑誌『哲学研究』に発表された「歴史的世界の構造」(後に『世界史の哲学』所収)である。そこでは「時代の転換を担当し得る力は、健康な倫理感であり、新鮮な生命力である」として、ランケのモラリッシュ・エネルギーに言及し、「歴史的世界とはこのような意味の道義力と生命力との或は融合し、或は交錯し、或は分離する世界である。もし道義力と生命力との間に間隙や乖離が生ずるとき、ここに国家そのものの根柢に動揺が生じ、やがて歴史的世界の動揺が生ずる[7]」とされた。

高山論文はこの『哲学研究』での議論をさらに一歩進めたものであると言えよう。高山のこうした問題意識から執筆された諸論文は、後に『世界史の哲学』(岩波書店、一九四二年)としてまとめられることになる。

では、高山論文第一章の何が中国人知識人の議論を巻き起こしたのであろうか。それは次に示すように高山の中国理解に関する部分であった。

(1) 高山岩男の中国認識

高山論文の中で中国(用語としては支那)への言及は、第一章に集中し、他には第五章に「嘗て支那文化や仏教思想を媒介としながら、日本の文化や思想はこのやうな日本的特質を発揮するに至つた」という指摘があるのみである。

では第一章で、高山は中国に対してどのように言及したのか。以下、高山論文の中国認識に関わる部分を詳しく見ていきたい。高山の言及箇所は主に次の二ヶ所である。前者は道義的生命力の有無に関する世界史上の事例を挙げた部分、後者はそれに関連して、日本との比較を行った部分である。

重要なのは、高山が「支那社会は決して文化や社会の発展段階に於て遅れてゐるのではなく、また漢民族は文明能力に於てヨーロッパ民族より劣つてゐるのでもない」という留保をつけながらも、前者で「福禄寿を人生の目的とするその現世主義的な文明社会[8]には、社会の秩序を維持するための倫理道徳はよく行はれながら、而も道義的生命力といはねばならぬものは殆ど全く見られぬ如く思はれる」と、中国社会に道義的生命力が欠如しているとした点である。さらに高山は中国の天命の理念や中庸の原理についても、「道義的生命力と称するものの理念や原理たり得るものではない」（二八頁）としたのである。

後者でも高山は、まず中国社会は国家より離れた平民社会であり、その「倫理的基準は福禄寿を目的とする現世的享楽主義」にあること、「宗教も現報〔現世の行為に対し、現世においてその報いを受けること〕を目的とする宗教であり、神仙の世界も要するに精錬せられた享楽の世界に過ぎない」こと、そしてその故に「漢民族は文明能力に於てヨーロッパ民族より」優れ、「他に比を見ぬ程の優秀な能力」を持ち、「優れて倫理の行はれてゐる文化社会であ」りながらも、「我々は漢民族が道義的生命力を欠いてゐることも認めなければならぬ」と指摘した。そして「ヨーロッパ列強の蚕食以来、支那が殆ど何ら為すところなく、現代世界史の根本趨勢に感応する自覚なく、我が国と提携して以て転換の事業に参じ得なかつた究極の根拠は、私はこの道義的生命力の欠乏に存するのではないかと思ふ」と結論づけたのである（三〇〜三一頁）。

(2) 中国認識の背景

こうした高山の中国理解は、いかなる背景を持っていたのであろうか。高山は、小島祐馬（おじますけま）の論文や講義によって、自身の中学校以来の漢学者的な中国理解が崩れ、またそれが、高山が後に構築した『文化類型学』（弘文堂、一九三九年）の基礎ともなったと回想している。(9)『文化類型学』には「支那文化の類型」という一章が設けられ、「支那文明は印度文明と共に亜細亜文化の二大源泉である」こと、「支那は〔中略〕一個の天下で」あり、「支那は支那の世界史を有してゐる」こと、また「支那文化の基本特性は実際的・政治的性格に存する」と説明された。(10)しかし、そこに中国文化に対する批判的な眼差しは見られない。

ところが高山論文の前提となった先述の論文「歴史的世界の構造」になると、「中華思想」に批判的な言辞が登場する。高山は「支那は古来より今日の我々が国家の概念の下に理解するような国家ではない」こと、「支那を中心とする大陸世界は〔中略〕ヨーロッパに匹敵する文化的・精神的統一性が存するのであって、立派に一つの歴史的世界である」と述べる一方で、中華思想が「主観的かつ独断的な観念」であり、「支那の歴史記載に主観主義的傾向を与えている」とし、「中華思想はもと歴史的世界の存在に由因する思想であるが、同時にまた歴史的世界を否認するに至る思想」とも説明したのである。

さらに、直近で高山論文に大きな影響を与えたものとして、高山自身も参加し、後に『世界史的立場と日本』にまとめられることになる『中央公論』誌上における二回にわたる座談会は無視することができまい。一般に京都学派と称される高山を含む京都帝国大学文学部の学者たちは、この座談会やそれと前後する時期の議論で、戦争の意義を哲学的に説明しようとしたことで夙に知られている(11)。

『世界史的立場と日本』は三つの座談会、即ち日米開戦直前の一九四一年一一月二六日の「世界史的立場と日本」、翌四二年三月四日の「東亜共栄圏の倫理性と歴史性」、そして同年一一月二四日「総力戦の哲学」から構成されている。高山論文「歴史的推進力と道義的生命力」の執筆は、この座談会の二回目と三回目の間にあたる。

この座談会では中国についても議論されたが、そこには高山が他の論者の意見を受け、それに同調するような形で自説を展開していく過程が見られる。

座談会（第一回）「世界史的立場と日本」を読むと、最初に中国に関して言及したのは高坂正顕（こうさかまさあき）で、それに高山が応え、さらに高坂が議論を続けていることがわかる。

高坂の「秦に統一されてからの支那の歴史は割に面白くない。今読んで直接に役に立つてくるものが少い」（八六頁）という発言に対し、高山は「さうだらうね」と同調し、「歴史的世界といふ観念が支那に於て十分に成立しなかつたのは、一つは中華意識がさういふものを十分に考へさせなかつたといふこと」であり、また「朝廷が変つても、一貫して天命といふものが持続してゐると考へ」ているためであると応えた（八七頁）。

これに対して高坂は「さうだ、世界といふものが見られる限り、何かそこに一貫した原理がなければならない」とし、「支那では歴史が固着してしま」い、「歴史的な世界の動きを十分に意識することができなくなつた」として、「東洋では日本から出て改めなければいけない」（八七頁）と述べたのである。[12]

座談会（第二回）「東亜共栄圏の倫理性と歴史性」では、中国に関する議論に、西谷啓治と鈴木成高（しげたか）も加わり、その内容も大幅に増加する。そこでは、まず西谷が東亜におけるモラリッシュ・エネルギーを問題として取り上げ、それに高坂が応え、鈴木が中国にはモラリッシュ・エネルギーがないと指摘。さらにこれに西谷が同調したところで、高山がそれを解説する、という順で議論が展開していく。

まず西谷はモラリッシュ・エネルギーが「支那事変の解決といふことと結びついてゐる」として、「支那人の〔中略〕どこまでも自分たちが東亜における中心で、日本なんか自分たちの文化の恩恵によつて育つてきてゐるのだ、といふ意識が、一番根本の問題ではないかと思ふ」（一五九頁）と指摘した。そして「支那自身といふものが、列国の植民地に分割されないで済んだ」のも、日本のモラリッシュ・エネルギーのおかげであるということを中国人に理解させ、中国人から中華意識を取り除くことで、「大東亜に於けるモラリッシュ・エネルギーの新しい発動といふものが、大東亜建設の基本的な力となつて来得る」と述べた（一六〇〜一六一頁）。

これを受けた高坂は、「支那人は中華意識が非常に強」く、「日本といふものは文化的に要するに支那の延長にすぎないと考へてゐる」と同調し、「支那の人にどうしても理解してもらひたいのは、日本のモラルといふこと、これは決して支那からきたものではない」ということだ、と述べた（一六一頁）。

さらに鈴木がこれに続けて、「支那は自分よりも低い文化の民族に対すると、中華意識が非常に強」く、「また同化力も非常に大き」いものの、「自分より高度の文明に接触すると、全くそれが正反対になる」とし、「支那にはモラルといふものはあつたが、モラリッシュ・エネルギーといふものがなかつた」と発言したのである（一六二頁）。

三名の発言を受けて高山は、「支那の歴史観念には一面で非常に非歴史的なものがあ」り、その一つが中華意識であると認め、それに対し日本ではモラリッシュ・エネルギーが動いていたため、世界史の趨勢を単に他所事のように見たり、軽蔑したりすることはなく、「主体的に世界史の傾向に一致し、それを動かさうとする自主的な意識がある」と述べた。そして「支那人にはかういふ意味の世界史の意識といふか自覚といふか、さういふものがないやう」であると続けた（一六三頁）。

さらに間に高坂の意見を挟んだ後、再び高山は「日本が今日では東亜の唯一の主導的国家として、世界の新秩序を建設しようとして努力してゐる」のに対し、「支那も阿片戦争以来いろいろなことをやつてはゐるが、それは単なる排外運動のやうな、極めて消極的な反抗であつた」（一六四頁）と指摘した。そして、「日本の場合はあくまで自主的な精神があり、自主的であるから却つてヨーロッパのものを自由に取入れたといふ意味がある」のに対し、「支那はやや違つて、中華意識といふやうな全く非歴史的な立場から、ヨーロッパ文明をも軽蔑するといふ態度に出」て、そのために「支那がますますヨーロッパに侵蝕されて抵抗の実力ができなかつた」と結論づけたのである（一六五頁）。

(3) 北方騎馬民族と漢民族

高山論文の構成では、北方騎馬民族と漢民族を対立構造で説明している点も注目される。これは高山の創出ではなく、むしろ当時の東洋史では一般的な考え方であった。例えば京都帝国大学で東洋史を講じた内藤湖南も、「五胡十六国の如き新しい若々しい民族の混入によつて、支那の生命を又若返らして、唐時代の如き非常に華やかな文化を復活した」と、北方民族が漢民族の刺戟となったと説明していた[13]。

さらに日中戦争が始まると、異民族を日本に読み替える議論も行われた。東洋史学者で満洲建国大学教授であった稲葉岩吉は「外族の統治は中国の防腐剤」と称し、「外族の統治といふことは、支那としては、免れ得ない大勢であるとゝもに、これら外族によりて、いつも新鮮味が与へられてゐる」ため、「今回の事変によりて、日本は、東亜の再建設を力説し、日本のすぐれた政治は将来、支那民族の上に一大革新を与ふるにきまつてゐる」といった議論を展開したのである。(14)

また、道義的生命力は「直接的な自己肯定の力であり、実行力をもつ素朴な意志」である、というような形で一七ヶ所に登場する「素朴」という語にも注目したい。これには宮崎市定（京都帝国大学文学部助教授）の議論が影響したと考えられる。

宮崎は当時を回想し、「中国を一個の文明社会〔中略〕、周囲の異民族は〔中略〕素朴な民族主義を保持している点に着目し、総合してこれを「素朴主義の民族」と、「文明主義の社会」との対立と認めて、かかる観点から歴史の推移を叙述しようとし」、それを「東洋史を講ずるに好んで用いた」(15)としている。そして、その成果は高山論文執筆の少し前、一九四〇年に『東洋に於ける素朴主義の民族と文明主義の社会』（冨山房）として上梓されていた。高山の著作は、前述した小島祐馬の他、内藤湖南・那波利貞の議論の影響を受けていることは確認できるが、おそらくは宮崎のこの著作も高山は読んでいたと考えられるのである。

以上から判断すると、高山論文の内容は、満洲事変以来の世界情勢の変化から沸き上がった高山自身の世界史に対する関心が、東洋史学者の議論や、その前年に書かれた論文「歴史的世界の構造」、さらに二回の座談会の議論の影響を受けながら展開されていったものと判断できる。

またこの直前の一九四二年三月に小竹文夫（京都帝大卒、東亜同文書院教授）の招請で、高山が上海の東亜同文書院に講演に招かれ、その後中国大陸を旅行したことも、高山の刺戟になった可能性がある（ちなみにこれが高山の最初の海外体験であった）。この時、高山は蘇州を訪問しているが、後に高山論文に対して反論を執筆することになる呉玥もこれに同道していた。(16)

三　中国知識人の反論

一九四二年秋『中央公論』一〇月号が出版されると、早くも、南京で出版されていた雑誌『大亜洲主義与東亜聯盟』（第一巻第五期、同年一一月一日発行）が「与高山岩男先生論道義的生命力（高山岩男氏と道義的生命力を論ず）」と題する特集を組み、黄菩生「「道義的生命力」之検討――答覆高山岩男先生」、張資平「道義的生命力之容量及函数――答覆高山岩男君」、胡瀛洲「歴史之推進力是物質与精神之両位一体――駁高山岩男氏道義的生命力論」の三論文と高山論文の中国語訳を掲載した。

『大亜洲主義与東亜聯盟』は、『東亜聯盟』（第二巻第四期まで発行）を引き継いで、一九四二年七月から出版され始めた月刊誌であった。同時期『東亜聯盟』と題する雑誌は、日本・南京・北京・広州・漢口でそれぞれ独自に発行されており、この他に『東聯』（半月刊、漢口）、『東亜聯盟画報』（広州）、『東聯評論』（汕頭）、『中国与東亜』（上海）といった関係誌も出版されていた。[17]『大亜洲主義与東亜聯盟』はこのうち南京で発行されていた『東亜聯盟』を引き継いだもので、出版地も南京の『東亜聯盟』と同じであった（寧海路四〇号）。

誌名から明らかなように、同誌は孫中山の唱えた大アジア主義、及び東亜聯盟運動の理念に沿った主張を展開することを謳っていた。誌名の「東亜聯盟」に「大亜洲主義」が加わった理由は定かではないが、孫中山の提唱した「大亜洲主義」を日本由来の「東亜聯盟」の前に掲げることで、中国の積極的な意志と指導性を示そうとした可能性はあろう。同誌は東亜聯盟の機関誌としての役割をもつとともに、汪精衛政権宣伝部部長林柏生が発刊の詞を寄せていることから、行政院宣伝部の意向も踏まえていたと考えられる。

発刊の詞の中で林柏生は、中国国民革命の目的は東亜解放を離れては達成できないとし、大東亜戦争が積極的に展開する中、大アジア主義の精神によって東亜聯盟が導いた、政治独立、軍事同盟、経済合作、文化通溝（以上東亜聯盟の四大綱領）の道筋は適切であるとし、「復興中華、保衛東亜」のスローガンを掲げていた。「東亜聯盟は孫中山の理論を実践したものである〔＝中国に淵源がある〕」という林柏生の主張は、誌名変更の意識と関係していよう。

『大亜洲主義与東亜聯盟』の寄稿者のほとんどは中国人だが、国際問題では室伏高信・伊藤述史（のぶみ）・田中直吉・田中忠夫ら日本人の評論が載り、他に森三千代・上田廣（ひろし）らの小説も訳載された。『大亜洲主義与東亜聯盟』に限らず、当時の中国誌に日本の総合雑誌の記事が訳載されること自体は珍しいことではないが、高山論文に対する反応は雑誌の奥付によれば一ヶ月後と早く、それだけ中国側の関心の高さがうかがえよう。以下、三人の略歴を踏まえながらその主張を見ていきたい。

(1) 黄菩生の議論[18]

宣伝部指導司司長の黄菩生[19]は冒頭で、高山の議論は日本の思想・学術界のみならず、中国の思想・学術界も相共に研究・考慮するべき問題と述べた。そして高山論文を「大東亜戦争以来、東洋哲学の固有精神を本とし、それを出発点として歴史哲学を建設しようとした重要論文」と評価した。しかし、同時に高山の主張に議論を加える必要もあるとして、「高山氏の論拠に対する疑点」という章を設けて、次の二点、㈠高山氏の「道義的生命力」の本質に対する分析が不明である点、㈡神秘主義の効用及びその限度、について疑問を呈した。

前者については、まず「道」や「天地正大気」や「道義的生命力」といったものは、千載不易のものではなく、人類文化の一部であり、これを文化生命の発展から切り離して論じることはできないとした。

次に、漢民族が道義的生命力を失ったという主張に対しては、満洲族やモンゴル族の道義的生命力の文化段階は、「野生」「獣性」の文化で、これは漢民族の道義的生命力とは異なるとした。満洲族・モンゴル族と漢族は違う、という意識には、黄菩生の民族観が垣間見え興味深い。

福禄寿文化についても、これが中国生活の一部であることは認められるものの、中国の全体を代表するものではないと斥けた。そして、最近三〇年間の中国の道義的生命力が歴史の変遷に発現した力量は、中国自身のみならず、全東亜に影響したこと、また現段階における反共和平建国及び興亜運動も道義的生命力の活発な推動によるものであるとし、道義的生命力はいかなる文化民族個体の中にも等しく潜伏していると述べた。

後者については、高山の哲学思想は、フロイト派の心理学及びニーチェ、ベルクソン、クローチェの哲学的影響を受けたものと思われ、神秘主義の傾向が強く現れているが、これは中国儒家の道とは異なるとした。というのも儒家の道では「智仁勇」の三者を分離することはできず、三者を具有してはじめて健全な人格となり、健全な人格があってこそ、道義的生命力は顕現される、と考えられるためであった。

(2) 張資平の議論

張資平[20]は東京帝国大学に留学中、郭沫若・郁達夫らと文学団体創造社の設立に参加し、中国文学の世界では恋愛小説家として一世を風靡したことで知られている。日中戦争が始まると、袁殊らの興亜建国運動に参加し（第六章）、その後も日本との和平運動に関わっていた。

張資平はその議論に「高山氏の道義的生命力に対する批判」という章を設け、中国の歴史を読んだことのある人であれば、中国民族が正気や浩然の気を持っていることを承認しない人はいないと指摘した。そして、元に降伏せずに「正気の歌」を高吟して処刑された宋末の忠臣文天祥の故事に東洋精神主義を見出した衆議院議員永井柳太郎の演説（前月に南京で行われた「中華民国々民諸君に愬（うった）ふ」[21]）を引用して、道義的生命力には合理的方向があり、東亜の道義的生命力に拡大し、さら大乗的な道義的生命力となるとした。その具体的事例として国民政府（＝汪政権）主席の汪精衛とフランスヴィシー政権のペタン元帥を挙げ、両者共に浩然の正気を善用し、道義的生命力の権化であると説明した。

また張資平は、高山の「漢民族には道義的生命力が欠乏している」という主張についても、高山がいかなる歴史研究を根拠としているのかと疑問を呈した。日本に関する議論についても、日本民族の惰性は確かに小さく、そのために道義的生命力が大きいことは認めるものの、だからといって日本民族に惰性や享楽主義が全くないとは言えないとした。

高山の指摘する漢民族の惰性についても、張は、都市上層部で見られるに過ぎず、中国社会で圧倒的大多数を占める農村下層大衆の道義的生命力は強烈であるとした。そして太平天国・曾国藩・辛亥革命・国民革命・抗日戦争・汪精衛の和平建国運動といった事例を挙げて、「これらも福禄寿を目的とする現世享楽主義に基づいたものであるのか？」と反論を加えた。

(3) 胡瀛洲の議論

宣伝部顧問の胡瀛洲[22]は高山の議論を次の三点、(一)唯心辯証法の誤り、(二)漢民族には道義的生命力がないという主張、(三)本能と衝動は尊いものか、から反駁を加えた。

一つ目の問題は、高山の語る道義的生命力には物質的意味が全く含まれておらず、唯心論的である点を批判したものであった。というのも胡瀛洲によれば実際の世界は「物が主、心が従」で、物質は精神に優越しており、しかも両者は分けることができないためであった。

二つ目の問題は、高山の主張した①「中国社会は国家から遊離した自律存在の平民社会である」、及び②「中国社会は倫理の発達した文化社会であるが、漢民族は道義的生命力が欠乏した民族である」、という点であった。

まず①については、高山の主張を認めながらも、これは近代国家の成立していない時代においては各国で見られるもので、中国に限った話ではないとした。また、高山が中国を「平民社会」とした点についても、民国以前の中国社会には貴族階級も存在していた、と疑問を呈した。

次に②に関連した「ヨーロッパ列強の蚕食以来、支那が殆ど何ら為すところなく、現代世界史の根本趨勢に感応する自覚なく、我が国と提携して以て転換の事業に参じ得なかつた究極の根拠は、私はこの道義的生命力の欠乏に存するのではないかと思ふ」という指摘については、これは重慶の蔣介石については当てはまるものの、（汪精衛らの）和平運動に参加した同志は、すでに「転換の事業〔＝日本との和平〕に参じ」ているため、批判には値しないとした。そして和平運動に参加した同志たちも漢民族であるのに、高山氏は何を以て漢民族には道義的生命力が欠如していると論断するのか、と迫った。

三つ目の批判は、「本能や衝動といはれるものは尊きもので、これを端的に悪として擯斥（ひんせき）するのが無気力な文化的知性、或は既に病的な道徳的理性」であるというのは普遍的な真理ではない、というものであった。

胡瀛洲によれば、一般人の生命は、歴史的生命とは言えず、もしその人が「真に知ること」がなければ、必ずしもその生命は「尊い」わけではない、という。胡瀛洲は中国の日本への抗戦を例に取り上げ、抗戦は衝動に由来したものであり、蔣介石の抗戦もこの種の本能によるものに過ぎず、こうした一般の平凡人の本能と衝動は戒めるべき、と述べたのである。

以上の三人の議論に共通するのは、高山の「漢民族には道義的生命力がない」という主張への違和感であった。実際、三者の反論を読むと、哲学的な方面の批判は抽象的で分量も少なく、議論のバランスを取るために付け加えたという印象も受ける。いみじくも張資平は「高山氏の文章が、もし中国問題に論及しなければ、筆者は何の批判もしなかったであろう」と述べているが、これは他の二人の中国人論者にも共通する意識であったと考えられる。

（4）呉玥の批評

さて上述の中国人三人の反論からは少し遅れて批評を加えたのが本章の冒頭で触れた呉玥で、後にその反論は『中央公論』に掲載された。呉玥は中国で教師を経験した後、維新政府派遣留学生として京都帝国大学経済学部で学び、高山論文をめぐる論争の当時は東京帝国大学法学部大学院に在籍していた[23]。

呉玥も汪精衛らの和平運動への共感を表明しており、京都帝国大学在学中に書かれた文章では「大亜細亜主義を持つて和平運動に従事し、一生懸命に奮闘する覚悟」を述べている[24]。

呉玥は高山論文を滞在中の京都で読んだと言い、「高山氏とはもとより疎遠の仲ではない。昨春〔＝一九四二年〕私は氏のお伴をして共に蘇州虎邱山に遊んだ。江南春光中、私は言葉少い高山氏の談笑のうちから、ほぼ氏の哲学思想を了解することができた」という間柄であった。しかし、その呉玥でさえ、高山論文を読んで二ヶ所、すなわち「漢民族にも道義的生命力が古代に於て発現された例は存するが、近世以後にはかゝる生命力の発現が見えなくなつた」及び「我々は漢民族が道義的生命力を缺如せることを承認せざるを得ない」に「朱線を引かざるをえなかつた」とするように、呉玥にとっても高山の主張は看過できるものではなかった。

一九四二年一一月に中国に戻った呉玥は南京で黄菩生・胡瀛洲の二人に会い、黄菩生より『大亜洲主義与東亜聯盟』数冊を贈られた。そして、その一一月号に道義的生命力に関する論文が掲載されているのを見て狂喜するが、まもなくそれは失望に変わった。というのも、この三論文が、呉玥が高山に対して抱く疑問に対して具体的に回答しておらず、また高山の説く道義的生命力について三者が十分な認識を欠いていると思われたからであった。

そこで呉玥は「中国の歴史推進力と道義生命力――高山岩男氏竝びに南京東亜聯盟諸君子に与ふ」（以下、呉玥論文）を執筆することにし、一二月二四日、故郷の松江莘荘郷で書き上げたのである。呉玥論文は日本語で翌一九四三年、『中央公論』六月号に掲載された（図9-2）。

呉玥論文は冒頭で文天祥の正気歌を掲げ（高山論文が藤田東湖の正気之歌を冒頭に掲げたことを当然意識している）、道義的生命力について「国家は民族を包容するものであるとともに、民族は国家の実体であり、国家の道義生命力は民族の賦与するものに外ならぬ」とし、「道義と生命力は形式的な結合をなしうるものでなく、また機械的に分析しうるものではない」と述べた。そして「道義的生命力の旺盛な民族や国家では、その歴史の奔流は滔滔として

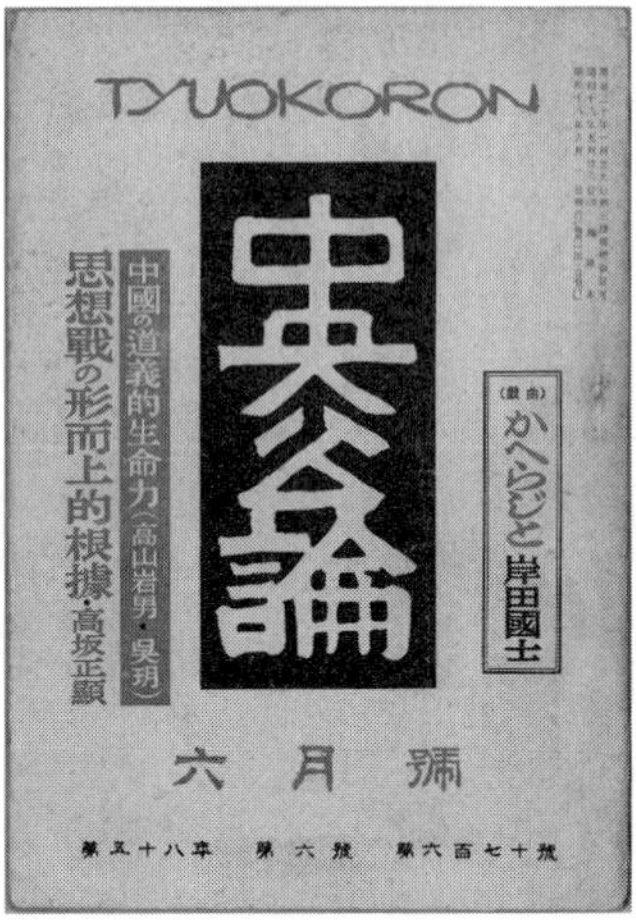

図 9-2　『中央公論』昭和 18 年 6 月号表紙

息まず、浩浩として尽きず」、一方「道義生命力の衰頽せる民族や国家は、すなはちその歴史は死水の如く盤紆浸淫し停滞不動である」として、高山の議論を追認した。

　しかし、「中国の道義生命力に関しては動もすれば種々の疑惑が抱かれ、かの文化循環説の支配を受けて、つひに老衰したとか朽敗してしまつたなどとも言はれるが、それは誤解である」とし、高山の「漢民族は道義生命力が缺乏してゐると認めざるを得ない」という主張も、西洋の中国観を先入観としていると指摘した。

「易姓革命と異族闘争」についても、これは「中国王朝の変遷を支配する二大動力で〔中略〕同じく道義生命力であり、天地正大の気の発露で〔中略〕王朝変革は決して中国歴史の切断ではない」と主張した。

呉玥の議論は中国の古典や事例を数多く引用して進められる点に特徴があるが、道義的生命力についても「明朝の勃興、国民革命の成功はすなはち宋末明末の歴史精神の蘇生、否、中国民族生命力の表現であり、中国道義力の表現に外ならぬ」とし、中国にも道義的生命力が存在すると述べた。また「国民革命が攘夷精神に根拠してゐることは日本の明治維新」と同じであり、「欧羅巴的世界の一元論から現実に世界的多元論を創造せんとする衝動であり、亜細亜的世界を建設せんとするの傾向である」と、北伐に至る中国の国民革命に世界史的な意義を付与して説明を試みた。

　現状についても「支那事変は亜細亜旧秩序を否定する力であり、大東亜戦争は世界旧秩序、欧羅巴的秩序を否定する力」で、「大東亜戦争は、亜細亜の民族国家が集合して、現代世界を創造するの闘争である」と定義し、「中国は日本と共同に現代世界を創造すべき運命と責任とを担つてゐる」以上、「日本の道義生命力を尊敬しなければなら」ず、「同時に、日本は中国に道義生命力が存在しないとか、中国には道義生命力すでに枯渇せりなどと誤認してはならぬ」と釘を刺したのである。

では中国の道義的生命力とは何であるか。呉玥はそれを「天地の正気であり、孟子のいはゆる浩然の気」であるとした。そして、その道義的生命力の生成は「享楽主義によらずして、禁欲主義により、また、文化主義によらずして素樸主義による」もので、「禁欲主義と素樸主義的思想は中国では非常に普遍的で」、「素樸精神はまさに中国精神の特色である」とした。こうした主張の根拠として呉玥は宋代の司馬光・陳亮・文天祥、また清の唐甄（とうけん）の議論を引用している。

中国の福禄寿的思想についても、呉玥は、「単なる皮相的表面観察をのみなすわけにはゆかぬ」との立場を示した。そして、『尚書』『詩経』『書経』『易経』や賈誼『新書』、徐幹『中論』、王符『潜夫論』を引用して、富貴は「民とともに享受すべきもの」で「深く儒家の種々規範が背景となつて」おり、「富貴を理想境地として、万民を規範の中に閉ぢ込め、循々として善をなさしめる」ことが、「福禄寿思想の根柢」にあるとした。そして、「中国では福禄寿思想は禁欲主義、素樸精神とは〔中略〕実は合致するもの」で、「中国福禄寿的思想は道義的生命力と相剋し相背斥するものではない」と説明した。そして最後に、黄菩生・胡瀛洲らの議論の誤りと、批評者が対象の核心を外して批評すること等を戒めて（これは黄・胡・張三人への批判でもある）文を結んだ。

四　議論の収束

（1）高山の謝意と反論

呉玥論文が掲載された『中央公論』六月号には、中国側四名の反論を受けて執筆された高山の「道義的生命力について――南京東亜聯盟諸君竝びに呉玥君の批判に答ふ」（以下、高山再論）も併載された。冒頭高山は、高山論文の中で中国が「世界史転換の事業に参じえなかつた究極の根拠は、実は道義的生命力の欠乏に存するのではないか、故に新生支那に要請せらるゝものは、まづこの道義的生命力の自覚ではなからうか」という意味を論じたものの、「論調のやゝ慎重を欠けるは私の今日自覚するところである」と述べ、自身の発言の問題を認めた。

続けて「四氏共に近代支那にも立派に道義的生命力あり、特に新生支那が日本との協力〔を〕以て大東亜建設に努力しつゝあるは、実に中国道義的生命力の発現に外ならぬことを強調せらるゝを見て、私の不明の存せしことを寧ろ嬉しく感じた」とし、「不明の点は潔くこゝに謝し、前記諸氏の垂教に感謝」の意を表した（四一頁）。ただ、道義的生命力に関しては誤解があるとして、再度、道義的生命力についての自説を展開した。

まず高山は、呉玥が引用した文天祥の正気歌にある「道義」という言葉について、「道義は徒らに主観的心情の領域に立籠つ」た、「空虚な現状維持に終つてしまふ心術道徳の如きものではない」とした。また「生命力」についても「それは道義以下の次元に存する〔中略〕本能とか衝動とかいはれ、粗暴とか獣性とか考へられる生命保存の欲求の如きものではない」とし、「道義的生命力は粗暴でなく素樸であり、獣性でなく野性である」と述べた（四四頁）。

黄菩生の批判に対しては、「氏の主張の背後にはカント的な理性・感性（直覚）の考へ方が潜み、理性主義的立場が根本をなしてゐる如く思はれる」とし、「道義的生命力の思想的立場は汎神論とは相容れず〔中略〕また起信論〔大乗起信論〕に説く如き、真如（しんにょ）〔＝真理〕より万有の展開し来る根拠としての無明（むみょう）〔＝迷い〕の如きものでもありえない」とした。そして黄菩生が道義的生命力を「中国儒家の道」に非ず、としたことに対しても、道義的生命力と儒家の道は「実は一脈の親近性を有する」と述べた（四五頁）。

胡瀛洲の議論に対しては、道義的生命力の「文化の根源となるものが、精神とか物質とかいふ如き単純なものでない以上、「私の立場を以て物質を軽視する唯心辯証法の立場と評する胡瀛洲氏の批評も的を外れてゐる」と指摘した。また高山論文の、中国社会の国家遊離性と平民社会的性格についての言及に対し、胡瀛洲がこれを「発展段階説的に説明し、中国が未だ近代資本主義国家乃至現代的全体主義国家の段階に達せざることに帰因するとし、従つて日本もまた明治維新前の封建社会において経過した一般的現象」であるとした点にも、「発展段階説的な考へ方そのものに根本から疑問を抱く」と述べた（五四頁）。

高山再論は、中国の福禄寿思想についても否定的な見方を繰り返した。高山は、中国社会の福禄寿思想は「ヘドニズム（Hedonism）の如き単なる快楽主義とは異る」ものの、「福禄寿といふ兎に角快楽幸福の次元よりは深奥な道義の立場より自己を犠牲とする高次の禁欲精神、換言すれば現世否定的精神の裏づけが欠け、従つて事実上もかゝる精神が尠きことは否定できない」と述べた。高山は福禄寿思想には「自己犠牲の否定的精神を魂とする道義的生命力の立場とは稍々異なるものが存する」という立場を変えなかったのである。

快楽と道義との関係についても、道義には常に快楽を犠牲とする禁欲的精神が存在しているが、これは道義が快楽を軽視、無視、排斥していることではなく、道義は快楽をも生かし、快楽にもその所を与えるものであり、道義の立場は快楽の立場よりも高次元で深奥なものである、と説明した（五〇頁）。

また高山は、漢民族の道義的生命力の発現は呉玥の指摘する通りと認めながらも、「同時に、漢民族の道義的生命力の萎靡や中国社会の沈滞が異民族侵入の誘因をなしてゐることも、公平に歴史的事実として承認しなければならぬ」とした。そして「中国道義的生命力の萎靡と興隆とが、或ひは中国の政治的支配の交替となつて現れ、或は中国社会文化の隆替となつて現れて」おり、「所謂中華思想を以て異民族を野蛮民族の如く考へる」ことは、「第三者の公平な立場より見て直ちに承認し難い」とした。

さらに高山は「異民族にも立派に道義的精神が存し、道義的生命力が存したことを認めざるをえないのであつて、却つて異民族の支配やそれとの接触が漢民族によき影響を与へ、沈滞せる漢民族の社会や文化に刺戟と自省を与へ、漸次その道義的生命力の勃興を喚起し、以て漢民族の蘇生更生を促したといふ事情が存」し、「道義的生命力は特定民族に先天的・生得的のものではなく、道義的生命力の発現する民族が歴史肇造、歴史推進の指導民族となる」と述べたのである（五二頁）。

高山再論は、自らの議論の軽率な部分を反省し、中国にも道義的生命力が存在するという中国側の主張を認めたものの、その他の点は従来の立場を堅持したものであった。とりわけ「異民族にも立派に道義的精神が存し（中略）道義的生命力の発現する民族が歴史肇造、歴史推進の指導民族となる」云々という主張は、当時の日本と中国の関係を考えれば、譲ることのできない一線であったと言える。実際この直後の一九四三年八月に出版された高山の論文集『日本の課題と世界史』（弘文堂）には、この高山論文も掲載されたが、中国側に批判された部分は直されることなく、そのまま掲載された。また高山再論については、単行本への掲載が確認されていない。こうした点にも、高山の意識がうかがえよう。

以上の呉玥論文・高山再論も直ちに中国語に翻訳され、北京で発行されていた『東亜聯盟』（第六巻第一期、七月一日発行）に掲載された。

（2）黄菩生の再反論

一九四三年七月、黄菩生は汪政権の機関紙『中華日報』に、高山再論と呉玥論文を受けての再反論「道義生命力」再検討――再答京都帝大教授高山岩男氏」を掲載した[25]。

冒頭で黄菩生は、今回の道義的生命力に関する論戦は社会や人々の注意を引いたとし、高山の再論に対し謝意を示した。しかし、討論というものはそれぞれの主観に基づいたもので、黄菩生の見解に対して高山は同意しないであろうし、反対に高山の見解に対しても自身は同意しがたく、また高山と黄菩生とではそれぞれ哲学の系統が異なり、論証にも差異があることを理由にこれ以上討論を継続しない旨を述べた。これには、高山が再論の中で中国の道義的生命力の存在を認めた以上、この上議論を継続しても水掛け論に終始するという判断が働いたと考えられる。

すでに述べたように、そもそも中国側の知識人は、高山論文の哲学的な議論よりは、むしろ高山の中国理解に対して反発を感じていたと思われ、高山から「不明の点は潔くこゝに謝し、前記諸氏の垂教に感謝」する、という言質を得た以上、さらなる議論にこだわる必要もなかったと思われる。また穿った見方をすれば、これ以上の議論は、高山再論の中華思想批判や「道義的生命力の発現する民族が歴史肇造、歴史推進の指導民族となる」など、日中の協調にひびを入れかねない問題にも言及せざるを得なくなる、との判断も働いたであろう。

黄菩生が再反論で専ら取り上げたのは、呉玥の福禄寿問題についてであった。黄菩生は中国の社会観念の中心は孝で、それは没我的、犠牲的、淑世（＝善良な世）的でまた合理的なものであるとした。そして福禄寿は道義的生命力を表現するには足りず、孝道精神こそが中国民族生存の命脈であり、中国民族の道義的生命力はそれを基礎にしているとした。

呉玥が「易姓革命」及び「異民族との闘争」を以て、中国の道義的生命力とした点についても、これを退け、「易姓革命」及び「異民族との闘争」が中国史の道義的生命力を動かしているのではなく、むしろこれは悪い勢力により中国の孝道が破壊されたために引き起こされた結果であるとした。そして我々は道義的生命力の所在を示すだけでなく、道義的生命力の内容を闡明する必要があると結んだ。

南京では、高山論文とそれへの反論、さらに高山再論などを集めて、一九四三年九月に大亜洲主義与東亜聯盟社から同社の叢書の一冊として、黄菩生等著『道義生命力之論戦』が発行された。

このように日中の間で高まりを見せた道義的生命力をめぐる議論であったが、思わぬところから横槍が入り、高山再論は結果的に高山が戦時中に執筆した最後の雑誌論文になった。というのも呉玥論文・高山再論と同じ号の『中央公論』に掲載された高坂正顕「思想戦の形而上学的根拠」をきっかけとして、「世界史的立場」に象徴される京都学派の議論は国史を離れた西洋流の考え方である、とする陸軍や皇道派の京都学派に対する圧力が強まり、雑誌への掲載が難しくなったためである。[26] 以後、日本の雑誌誌上に道義的生命力をめぐる議論は確認できていない。

五　小　結

本章では高山岩男の「道義的生命力」に関する議論をめぐる、日本占領地の中国知識人の発言を検討してきた。彼らは当時日本で話題となっていた京都学派の議論に注目し、基本的にその内容を認めたものの、そこでの中国理解については正面から反論を展開したのである。

ではこうした背景には当時のどのような事情が影響し、また何が読み取れるであろうか。一つには、太平洋戦争勃発後、戦争を学問的に意味づけようとした、いわゆる京都学派の議論に、占領地の中国人も注目していた点である。新たな時代の到来を語る議論は、日本と共に進もうとする占領地の中国人がその新たな世界にどのように関わっていくのか、という点でも見逃すことができなかった。京都学派の議論は、彼らにとっては、日本との和平の意義を説得的に語るための理論的な武器としての意味も持っていたのである。

二つには、この論争が行われた時期が、汪精衛政権やそれに同調する人々にとっても転機であった点である。これは汪政権を通じて発行されていた中心的政論誌『政治月刊』の記事の変遷にも表れている。その四年強の内容の変遷を追えば、具体的な議論がより抽象的なものへ、さらに歴史上の事象の解説、日本語記事の訳載、現実の政治とは直接関係のない連載記事の増加と、変化していったことがわかる。日本との和平を前提とした中国の将来像が描きにくくなる中で、中国の具体的な諸問題に言及する議論は、明らかに数を減らしていったのである。[27] そして、その転機の一つが日本の戦局が悪くなる一九四三年上半期、まさにこの本章が扱った時期であった。

しかし、こうした時代状況においても、「道義的生命力」のような抽象的な議論であれば、中国人も参画することができた。前述したように、「時代の転換点における戦争の意味」を語る京都学派の議論は、中国が何故日本と協力する必要があるのか、ということを中国人が考え、また説明する際には避けて通ることのできないテーマでもあった。そして京都学派の議論に対する関心の高さ故に、そこで展開された中国に関する議論への反発も大きなものになったと予想される。占領地の中国人知識人は、日本との和平を前提に中国の将来を構想し、抗日陣営のように正面から日本を非難することはなかった。しかし、そうした彼らでも、高山の中国に対する議論は我慢ならないものであった。

筆者はこの論争を通じて、彼らが中国の道義性、民族の強さ、といった部分に対して見せたこだわりに、占領地の中国人知識人の矜持を見る。また同時にこの論争には、日本の知性の代表とも言える学者たちの中国認識の限界も露呈していると考える。

最後に論争の当事者たちのその後に触れておきたい。高山は一九四六年三月京都帝国大学教授となるが、同年八月に公職追放（G項パージ）により退職した。戦後は神奈川大学・日本大学・玉川大学などで教壇に立ち、一九九三年に死去した。日本大学で高山の授業に出ていた花澤秀文は、七一年一二月に高山がゼミの学生たちに「僕は、『世界史の哲学』を今読んでみても、一文字の訂正も必要ありません」と明言していたと伝えている。[28]

中国側の四名のうち張資平は戦後漢奸として裁判にかけられ、人民共和国成立後の政治闘争に巻き込まれ、一九五九年七月に死去した。

呉玥はその後『中華日報』星期論文に「養戦経済与養民経済」[29]を執筆したほか、日本でも雑誌『大東亜公論』に記事を寄せるなどし、[30]一九四四年七月東京の中華民国大使館（汪政権）の三等秘書官に招聘された。[31]しかし、繆斌工作に関わったとして弾圧され、[32]上海に戻り、四五年五月には『申報』総主筆となった。戦後は文化漢奸として『申報』社長の陳彬龢と共に国民政府から逮捕令が出されたが潜伏し、[33]人民共和国成立後は呉杰と名を改め、先述のように上海の復旦大学で日中関係史等を講じ、九六年に死去した。[34]

呉玥の友人で、『東京朝日新聞』から政治部長及び論説委員として『大陸新報』に移り、戦後参議院議員を務めた戸叶(とかの)武は、[35]「三十八年前に京大の高山岩男教授との中央公論昭和十八年の六月号における論戦は、いま読んでみてもうんちくの深い論戦であります。「中国の道義的生命力」に関する呉杰〔呉玥〕君の論戦は私としては高山教授の主張よりも後世において高く評価されるものと思います」と述べている。[36]

黄菩生と胡瀛洲のその後については未詳である。

第一〇章　日中戦争末期の〝中国人の代辯者〟吉田東祐

中国の知識階級を手に入れるためには日本は「かりそめの恋」を中国にしかけてはいけない。対手の人格を認め性慾の対象としてではなく、一生の伴侶とするつもりで、端的に言へば妾とするつもりではなく正妻とするつもりで愛をさゝやかなければいけない。

——吉田東祐「恋愛論の如く」

一　「張三李四（俗人たち）」への眼差し——はじめに

一九五五年七月、『読売新聞』の「編集手帳」欄に、売春が根絶されたとして中華人民共和国の成立から六年が過ぎた北京の事情を伝える次のような記事が掲載された。

北京の八大胡同（パーターホートン）といえば紅男緑女のさんざめく歴史的な花街であった◆中華人民政権となるや、この八大胡同は一夜にしてなくなってしまった。おんなたちはどこへ行ったか？　この地域を政府のトラック数十台が包囲して、おんな、楼主、ヤリ手婆、女中などを全部収容所にはこび去ったのである。艶笑（えん）クウ・デタだ。◆このあとの処置が面白い。政府はおんなたちの中で恋人のある者は結婚させ、親のあるものは親許へ帰し、身寄りのないおんなたちは授産所のようなところに入所させてそれぞれの技能を身につけさせ、独立の生計を営めるようにしてやった◆ひどい目にあったのは楼主で人身売買罪か何かでぶち込まれるものあり、前借などは一文もとれぬのみならず、逆におんなたちから日頃の罪状を告訴されてさらに重罰を課せられる、という有様である。しかしこの大手術によって、売春と人身売買はほとんど完全に後を絶ってしまった[1]〔後略〕。

この記事に対し、「これで中国から「売春と人身売買はほとんど完全に後を絶ってしまった」というのは素人のあさましさ、たいがいの玄人ならまず「そのうそほんとかしら」と一応はくびをかしげるところだろう[2]」と、批判的に見ていたのが、本章の主人公吉田東祐である（図10-1）。

図 10-1　吉田東祐

吉田がこうした判断を下せたのは、それなりの裏付けがあった。一つにはこの少し前に一年ほどマカオに滞在していたからである。当時マカオは「中共の窓口」と言われ、中国からの人の移動は自由だった。そこで吉田は大陸から来た人々から直接中国大陸の様々な情報を入手することができたのである。

ただ吉田の問題意識の根はもう少し深いと考えられる。というのも吉田は、中国から伝えられる「非常に制限されている」情報の中に、「われわれのよく知っている、時としては英雄的にもなるが、ふだんは不平をいったり、ずるいこともしたりするあのヒューマニティにとんだ張三李四（ぞくじんたち）はどこにも見あたらない」とも語っているからである[3]。これは裏返せば吉田がそうした「ヒューマニティにとんだ」中国庶民の事情を強く意識していたということであるが、実はこうした感覚が育まれたのが戦時中の上海だったのである。

吉田東祐は陸軍の嘱託として上海で活動していたが、一九四三年からは上海の主要紙『申報』を主な舞台に、積極的に議論を発表した経歴を持っていた。その内容は、本章で明らかにするように、占領地にありながら重慶国民政府を意識し、時に汪政権や日本当局をも議論の俎上に上げるもので、「中国人の代辯者」として、占領地のみならず、抗戦側の中国人からも注目された。そうした吉田の戦時中の経験が、先の戦後の中国観察にも反映されていると考えられるのである。

本章では、まず吉田の経歴や活動を跡付けつつ、汪政権に至るまでの展開を振り返り、その上で対米英開戦後の吉田の議論の特徴を示すことにする。

行論に際しては、日本の外交文書の他、『申報』、吉田が顧問を務めた中国建設青年隊発行の雑誌『中国青年』『新生命』の記事を検討した。これら吉田の文章のほとんどは、後に吉田の論文集『日華問題の全面的解決の為めに』『日本の反省と中国の革新』『重慶政権の分析』（それぞれ中国語版・日本語版があるが内容は同じ）に収録されているので、本章での引用は日本語版論文集を用いた。また戦後出版された吉田の回想『上海無辺』（中央公論社、一九四九年）、『二つの国にかける橋』（東京ライフ社、一九五八年）も利用した（以下『二つの国にかける橋』からの引用は頁数のみ示す）。

二　上海に渡るまで

(1) 吉田東祐略歴

吉田東祐の議論を見る前にその経歴を簡単に整理しておきたい（章末の表10-1）。吉田東祐（本名鹿島宗二郎、一九〇四年六月一三日～八〇年六月一日）[4]は、東京下町の彫金師の家に生まれ、府立四中を経て東京商科大学（現：一橋大学）を卒業した。企業に一時勤務の後、専門学校で教壇に立ったが、共産主義と関係ありとして学校を追放された。その後は古書店を開いて生計を立てたが、共産党活動に関わり検挙された。一九三六年、軍のつてで上海に渡り、日中開戦後はその下で対重慶直接和平工作に従事した。四六年に帰国後は、愛知大学財務理事・国士舘大学教授などを歴任し、中国関係の著述活動に従事したほか、R・スウェアリンゲン、P・ランガー共著『日本の赤い旗──日本共産党三十年史　一九一五〜一九五二年』（コスモポリタン社、一九五三年）、ハロルド・R・アイザックス『中国革命の悲劇』（至誠堂、一九六六年）などを翻訳紹介した。

（2）日本共産党との関わりと軍からの注目

自身の回想によると、一九二七年に東京商科大学を卒業し、米国人経営の鉄鋼会社に就職した吉田は、マルクス主義を研究するため会社を辞め、巣鴨高等商業学校・横濱専門学校に奉職した。しかし、学校内に教員互助会を設立したことが共産主義に関係があると疑われ、学校を追われた後は「食うためにやむを得ず、古本屋を開いた」。吉田が日本共産党と繋がるきっかけは、客の一人から、自分たちの会合をやりたいと貸部屋の提供を依頼されたことだった。

部屋を貸したところ、古本屋の二階に集まったのは岩田義道（よしみち）ら日本共産党の中央委員であった。「はじめは中央委員会の会合の場所や住宅の斡旋など、ごく下積みの仕事をしていた」吉田だったが、「割り当てられた仕事はよくやったので、間もなく入党を許され、大口資金の獲得を任務とする中央委員会直属の特別資金局B班に配属された」。

資金集めに奔走した吉田は、「その頃洲崎にあった、私立飛行学校の経営に割り込」み、「シンパサイザーの金をその学校に投資させ、その半額を党に寄付させる」ことを目論んだ。しかし、まもなく活動は当局に露見し、吉田も検挙された[5]。

ただ日本共産党との関わりは、吉田自身の認識としてはそれほど深かったわけではない。吉田は「要するに私には、マルクス主義はわかっていても、てんで〝階級意識〟というものがなかった」と振り返り、「法廷では、マルクス主義は正しいとは思いますが、私は自分の生活が可愛いいから、二度と運動はいたしませんとあっさり転向を表明した」(一四～一五頁)。

一九三三年暮れ、執行猶予の判決を受けて出所した吉田は、「ささやかな良心と飯茶碗を一緒にみたす」ため、月刊誌『生きた新聞』を発行した。しかし同誌に「黒崎和助」のペンネームで寄稿した共産党員神山茂夫の文章が当局の禁忌に触れたため、三五年七月、吉田は神山らと逮捕された。(6) ちなみに神山は戦後衆議院議員を一期務める。この逮捕は警察当局のでっち上げで、まもなく関係者は全て釈放された。背景には警察と憲兵との対立も影響していたという。

吉田が上海に渡ることになったのは、この時吉田を担当した憲兵の意向、そして参謀本部ロシア班が吉田の執筆した文章に関心を持ったためであった。

吉田東祐は、「「支那屋」となった、そもそものきっかけ」を、次のように回想する。

……その憲兵は私を内地においては、また面倒なことがおこると思ったのだろう、或る日私にやぶからぼうに、上海に行ってくれないかといった。もっともその前に彼は、世界情勢について、私の書いたものをもって行ったが、それがどう廻りまわったか知らないが、参謀本部のロシア班の人々の興味を惹いていたそうだ。私は間もなく日本陸軍の有数なソ連通といわれている秋草〔俊〕中佐と、赤坂の料亭で会うことになった。彼は、もし私が自分の責任で上海に行きつき、ああしたものを書いてくれるなら、現地の生活費ぐらいは出そうといった。〔中略〕とこうしているうちに二・二六事件の後に行われた、左右両翼の一斉検挙にあって、またぞろ拘留されてしまった。これで、もういよいよ内地はごめんだ、なんとしても上海行きを決行しなければならぬとはっきり気持がきまった。(一八～一九頁)

中国大陸の中でも上海を選んだ点について、「ほんとに党〔＝日本共産党〕を再建しようとする真面目な革命家を何とかして助けてやりたいといふ気持ちだけは残つてゐた。〔中略〕私は私のルートを利用してその連絡者を上海まで安全に送りとどけてやらうと考へてゐた」と言うように、吉田は日本共産党に対する素朴なシンパシーも持っていた。(7)

実際吉田が上海に渡って二ヶ月目に、神山は日本反帝同盟のキャップをしていた三浦重道を上海へ逃がし、岩田義道の愛人だった安富淑子も、吉田の手引きで上海へ渡ろうとしたという（二四頁）。

三　上海での生活

(1) 中国語の習得

一九三六年七月、上海に渡った吉田東祐は、フランス租界の震旦大学に近いユダヤ人の貸し部屋に入った。中国語を学んだことのなかった吉田は、「友達のない悲哀、言葉の通じない悲哀をしみじみ味つた」。来滬から七年後の回想「始めて上海に来た頃」（一九四三年一二月二二日）は、吉田が中国語を身につけていった事情を活き活きと伝えている。

……中国で暮らすためには支那語だけは何とかしなければならないと思つた。しかしその支那語の難かしさ、忘れもしない Aldrich の「華語須知 Practical Chinese」の一巻を四馬路の古本屋から見付け出し、その発音記号をたよりに独習を始めた。〔中略〕

しかし上海の人には私の独習の北京語の発音では全く通じない、〔中略〕此処で気持ち好く暮すにはどうしても日本人ではいけない、自分が中国の人になりきらなければいけないと思つた。それから私の中国人にならうとする生活が始まつた。支那語の本を独習するのはやめて了ひ、毎晩「大世界」に通つて北京語の話劇を聞いて耳をならした。〔中略〕乞食が金を貰ひについて来るとその乞食が支那語で何と謂ふかを耳をすまして聴いてゐた。〔中略〕

かうした勉強が私の上海の生活を緊張させ、郷愁を追い払ひ、中国に興味を覚へさせたのであらう。それからはぐんぐん支那語は上達し友達も増へ、上海の生活が面白くなつてきた。(8)

(2) 抗日救国会との関わり

上海へ渡ってから間もない一九三六年九月、吉田は抗日救国会のメンバーの知遇を得た。抗日救国会は、満洲事変をきっかけに日本の中国侵略に反対することを目標とした民衆団体で、三七年五月には中華全国各界救国聯合会となり、中心を担った沈鈞儒（上海法科大学教務長）・鄒韜奮（『生活』週刊主編）・章乃器（浙江実業銀行副総経理）・史良（辯護士）ら七名は「七君子」と呼ばれた。

一日、吉田が、デモで怪我をした史良を、友人の勧めで見舞いに行き、名刺を残したところ、数日後史良が通訳を連れて吉田を訪ねてきた。吉田に会った史良は、日中関係について次のように語った。

日本の人々は、中国人が日本人をうらんでいると思われるかしりませんが、私達は決して日本の人民に敵意をもってはおりません。私達は日本の人民が、軍閥の圧迫で、中国問題について自分の意見を発表する自由を奪われていることをよく知っております。私達は日本の中国侵略は、日本人民の意志ではないと思っております。それと同時に、日本の人民がどうしてもっと強くならぬか、どうして軍閥にあいうことをさせておくのか、中国人はそれをはがゆく思っております。（三七～三八頁）

史良の訪問からまもなく、「救国会の人々が私〔＝吉田〕のためにささやかな歓迎会」を開いた。「その席には上海救国会の領袖沈鈞儒、章乃器、沙千里その他のお歴々が多く出席」していた。吉田と救国会のメンバーはその後「四五回個人的な会合をもっているうちに、おたがいに中国の内外情勢を親しく語りあうほどの間がらになった」(三八頁、四二頁)。

上海に到着して間もない、中国語もあまり話せない一日本人に対するものとして、救国会の対応は破格である。おそらく抗日救国会のメンバーは、吉田の日本国内での活動、そして後述する日本軍との関係を知った上で、吉田との接触を図ったと考えられる。

(3) 日本軍との関係

吉田の上海での生計を支えたのは日本軍であった。「旅費ももうのこりすくなになっていた」吉田は、一日「秋草から紹介されていた喜多少将の官舎」へ向かった。喜多誠一には秋草俊から連絡があったとみえ、吉田を塚本誠(憲兵大尉)に申しついだ。奇遇にも塚本は中学校で吉田の一年先輩にあたり、「君のことはよく知っている、まあいいから、当分いまのまま遊んでいろ、そしてなにか面白いことでもあったら知らせてくれ」と、特別な要請はなかった(二二一～二二三頁)。

吉田と喜多との関係については傍証もある。上海で憲兵として吉田と接触のあった林秀澄(ひでずみ)は、戦後次のように吉田と喜多の関係を証言している。

……秋草中佐から当時上海の大使館付き武官をやっていらっしゃった喜多誠一、後の大将でございますね、彼の所へ「喜多さん、これを使わんか」、「使おう」と、いうことで鹿島氏〔＝吉田東祐〕は上海に渡航して、それであとは武官府から金が出ておったのか〔中略〕、とにかく軍で月々生活費をあてがって主にフランス租界に潜入させておったというのが戦前の彼の経歴でございます。[9]

では具体的な吉田の活動はどのようなものだったのか。後に塚本から吉田の情報網を引き継いだ林秀澄はこの点についても語っている。林の、吉田の中国観を引き継いだことで、中国勤務をつつがなく終えることができたとの指摘、そして戦後も中国問題で吉田に意見を仰いだとの発言に、吉田の情報分析に対する信頼の高さがうかがえる。

……塚本〔誠〕が〔中略〕吉田東祐、この人を私に紹介しまして「これはもと、アカなのだけれども、アカで警視庁から追いかけられているのだけれども、この人物の活用価値を参謀本部が見込んで、それでいま情報勤務に使っておるのだ。上海に潜入したのは、上海事変以前なのだ。私は、吉田君の話は毎週一回は聞いておる。林さんあんたも一つ、今後そうしてくれんか」という話がございまして、私は、上海におります間は、ほとんど塚本君のやったとおり吉田東祐氏の話を毎週、小料理屋の密室に行きまして、二人で三時間位、毎週聞いておりまして、具体的に吉田氏の持っておる支那観、どういうことを吸い上げたと言われるとちょっと具体的には言えませんけれども、考えてみまして、彼の支那観を引き継いだことが、ある意味から、私を大陸勤務中、過失なからしめた所以じゃないかというような気がいたします。現在でもこの吉田東祐、現在は鹿島を名乗っておりますが、鹿島氏のところに、支那問題でわからないことがありますと、彼の意見を仰ぐようにしておるわけですが、非常に立派な意見の持主だと思います(10)。

こうした軍の要請に、吉田はどのように応えていたのか。当時吉田は「救国会との接触によって、時局がこういう結果にむかってばく進してゆくのを、切実に認識するよう」になり、「戦争をくいとめるために、なんでもいい、私なりの努力をしなければならぬ、と感ずるようになった」。そして「この戦争をくいとめるためには、軍部がその考えをかえるようにしむけるのも、ひとつの道である」と考え、「この戦争の相手方が、今までのような不統一な中国ではないこと、したがって戦争が起これば、非常な長期戦になり、結局へとへとになるのは日本であることを知らす」べく努めた。

また塚本を通じて「幾度となく報告を書き、意見書を提出し」、「そのなかで中国の政治情勢を詳細に分析し、蔣介石に圧迫を加えることによって、彼を抗戦運動から引きはなすという考え方が、いかに間違っているかを説明した」（四七〜四八頁）。

こうした吉田の中国認識は、後の言論活動で遺憾なく発揮されることになる。

四　対重慶和平工作への関与——姜豪工作[11]

(1)　小野寺機関

吉田東祐が本格的に重慶との交渉に関わるようになるのは、一九三八年一〇月、参謀本部の小野寺信（まこと）が、中支那派遣軍司令部附となったことに端を発する。[12] 当時参謀本部では支那班を中心として、占領地政権樹立工作が進められていた。汪精衛擁立工作もこの一環である。これに対し、参謀本部ソ連班出身の小野寺らは、重慶国民政府との直接交渉を目指した。支那班の方針とは相反する動きである。

吉田は小野寺機関の発足と、小野寺の立場について次のように説明する。

南京が陥落して、そこに総司令部ができると間もなく、ソ連班から上海に、小野寺信という中佐参謀が派遣され、私に連絡をとってきた。〔中略〕彼は内地から、二十人ほど左翼の転向者をつれてきて〔中略〕、満鉄調査部のような、一種の諜報機関をつくっていたが、ほんとの任務はそんなものではなかった。〔中略〕小野寺は、この際日本の行動を束縛するような中日戦争を、一日も早くやめさせなければいけない、それには今までの行きがかりにこだわらず、蔣介石と和平交渉を開くほかはないという主張をもっていた。

吉田との初対面で小野寺は、「僕は中国のことはまるでわからないが、ただ東京で、上海に行ったら一切は君にたのめと言われている。いわば君が唯一のたよりなんだから、何とかして、その糸口をさがしてくれ」と語った（八七〜八九頁）。

(2) 重慶との交渉

小野寺から和平交渉の相談を受けて吉田が想起したのは、重慶国民政府側（吉田は回想録で上海地下政府と称す）のCC系と繋がりを持っていた朱泰耀であった。CC系（CC団）は、陳果夫・陳立夫兄弟が中核を担った特務機関で、蔣介石の権力基盤の一つであった。

吉田は、慶應義塾大学への留学経験を持つ友人楊健威の紹介で、以前からこの朱泰耀と面識を持っていた[13]（九一頁）。吉田は、朱泰耀を紹介した楊健威については詳細を語っていないが、楊は別名を楊鵬搏といい、もともと思想的に左傾であったため日本共産党に同情的な吉田と知り合ったという。楊鵬搏は吉田の通訳を担当したほか、当時は朱泰耀と共に中華民国維新政府教育部で督学に就いていた[14]。

小野寺に面会した朱泰耀は、小野寺を呉開先（国民党組織部副部長）と引き合わせることを約束し、一九三八年一二月には香港で両者が面会する手筈となった。しかし、丁度その時期に汪精衛が重慶を脱出した（一〇一〜一〇二頁）。汪精衛工作が成功すれば、直接和平の重大な障害となると考えた小野寺・吉田らは、引き続き水面下で話を進め、「日華両国の大物代表を香港で会見させようということになった」。そして吉田が呉開先の代理である、「上海の国民党代表姜豪とともに香港に行き、この会見を準備し、小野寺は東京で、日本の首脳部に働きかけ、国論を直接交渉の線にまとめることになった」（一〇四頁）。

吉田東祐の手許にある小野寺の覚書によれば、小野寺は「大本営及び陸軍省を動かし、近衛〔文麿〕又は板垣〔征四郎〕を、蔣介石又はその代理者と会見させ、一挙に事変を解決する」ことを狙っていた。「そして対中央工作は小野寺自ら担当し、会見の下準備は朱〔泰耀〕、姜〔豪〕とともに吉田を香港に派遣して、呉開先、杜月笙らを通じて、これを進めて貰う心算であった」（一〇五頁）。

対重慶和平工作には吉田のみならず、上海滞在中の近衛文隆（近衛文麿の長男）も関わっていた。近衛文隆は吉田とは別に、同じく重慶国民党の特務である戴笠の統括する藍衣社を通じての直接交渉を狙っていたという（一〇六頁）。

一九三九年五月九日、吉田が交渉相手としていた姜豪が上海で汪精衛派の特務李士群らに逮捕され、日本の憲兵隊に引き渡される事件が起きた。東京でこの知らせを受けた小野寺は「陸軍次官及び臼井〔茂樹〕と相談して、釈放の大本営命令を出して貰」った。小野寺によれば「大本営では汪擁立に疑惑を抱いてきた作戦課の中枢、秩父宮中佐、堀場一雄少佐等と意見を交換したが、何れも暗黙内（ママ）に鞭撻してくれた」という（一〇九頁）。

小野寺らの活動を挫いたのは、一九三九年六月の平沼騏一郎内閣による汪工作指導要綱の決定であった。これにより汪精衛を通じた占領地政権樹立工作は日本政府の既定方針となった。小野寺は陸軍大学校教官に異動となり、小野寺機関のほとんどが内地に送還された。

姜豪の釈放後、姜豪・朱泰耀らを伴って香港に移っていた吉田は、「香港から毎日のように、かねて打ちあわせた暗号電報で、交渉の経過を小野寺に報告し」ていた。しかし、まもなく小野寺の左遷と、上海の険悪な情況が伝えられてきたため、吉田は姜豪に事情の変化を話して、密かに上海に戻り、姜豪はそのまま重慶に入った（一一〇〜一一一頁）。

（3）吉田東祐の情報収集力

小野寺が帰国する直前の話として、吉田の情報収集力についても先述の林秀澄が証言している。林は一日、藍衣社の戴笠に会ったことがあると言う小野寺に、戴笠の写真を含んだ五枚ほどの写真を見せた。写真を見た小野寺はその中に戴笠はいないと言ったが、吉田はみごと戴笠を言い当てたというのである。

……ところが、ちょうどその話しをしております時に偶然、これは約束もなにもしておったんじゃないんですが、そこにきょう申し上げました鹿島宗二郎〔＝吉田東祐〕氏がおりまして、小野寺さんが戴笠はいないと言っている横丁で「機関長、これが戴笠ですよ」と言って彼が言った写真が戴笠なんです。私はそれを、鹿島というやつは相当なやつだと思いまして、それ以後また彼の価値を見直したわけです[15]。

このエピソードもまた吉田の情報収集能力の高さを伝えていると同時に、先述の近衛文隆を通じた和平交渉の相手である藍衣社の戴笠が、実は別人であった可能性をも伝えている。

（4）上海残留――小野寺機関解消後の動き

以上見てきたように、重慶との直接和平交渉は、汪工作指導要綱の閣議決定、そして小野寺の異動で頓挫した。しかし小野寺は吉田に「今直ぐ〔重慶側と〕直接交渉をやるわけにはいかないが、それをやる時期が近い将来に必ずやってくるだろうから」、「現在の直接交渉路線をつないでおいてくれ」と要請し、水面下では吉田と姜豪のルートは残された（一一二頁）。汪精衛工作に携わっていた谷萩那華雄（やはぎなかお）大佐も吉田に対し、「今まで直接交渉をやっていた線を利用して、重慶側の情報をいれてくれるなら、ここにおいてもいい」という態度であった（一一三頁）。

汪精衛工作担当者の中にも、日本が蔣介石を全くそでにし、汪との結合を本気で考える影佐禎昭・谷萩那華雄らの路線と、汪をあて馬として、最終的な目標は蔣介石との和平を目指す、今井武夫・臼井茂樹の路線の、二つの相異なる考えが併存していた。このため吉田は、表面上は谷萩の、実際には今井の指揮で、姜豪らと連絡を続けた（一一六〜一一七頁）。

汪政権が成立する直前の一九四〇年二月、吉田はマカオで姜豪・朱泰耀と会った。期待していた蔣介石の全権委任状に類するものを姜豪が持っていなかったため吉田は落胆したが、それを見て取った朱泰耀は「汪精衛の脱出以来、重慶からの飛行機旅行は厳重に制限されており、だれでも軍事委員会の許可がなければ乗れないことになっています。姜豪君が今度でてきたのは、勿論最高当局の命令があってのうえ」と語った。

姜豪は「日本からほんとうに、秘密交渉を開くために大物全権をだすつもりならば、勿論蔣介石もそれに応ずる代表をだす用意はある」としたが、「その交渉をひらくまえに、まず原則的な問題について、大体の了解ができていなければ」ならないと述べた。そして和平の最低条件として、㈠日本が中国の領土主権を認める（満洲国の領土主権も中国にある）、㈡無賠償、㈢少なくとも華中・華南からの日本軍即時撤兵、を示した（一三〇〜一三五頁）。

この三条件は、同時期に今井武夫らが進めていた宋子良工作で、重慶側が提示したものとほぼ同内容であった。吉田は姜豪との顚末を今井武夫に報告したものの、結局直接交渉はその後途絶えた。吉田によれば、これには交渉の直後の一九四〇年三月三〇日に汪政権が成立し、それに重慶の国民党が反撥したこと、また枢軸側の勝利が毎日のように伝えられてくる中、日本側にも「今更蔣介石でもあるまい」という雰囲気が強まったことが影響したという（一三七〜一四三頁）。

(5) 姜豪の回想録との比較

以上、主に吉田の回想に基づいて交渉の経緯を整理したが、交渉の相手であった姜豪[16]はこの事態をどのように見ていたか。姜豪の回想録から検討してみたい。

姜豪の回想録の特徴は、今井武夫の『支那事変の回想』（みすず書房、一九六四年）及び小野寺百合子（信の妻）

の『バルト海のほとりにて――武官の妻の大東亜戦争』（共同通信社、一九八五年）の内容を把握した上で執筆されている点にある。

姜豪は、両著作の「姜豪路線」の内容は、実際よりも誇張して描かれており、姜豪自身は重慶側の密使といった特殊な身分ではなく、あくまで「脇役」に過ぎなかったとする。[17] 加えて小野寺著が「姜豪と呉開先・杜月笙が和平会談の準備をした」とする点、今井著が「一九三九年一月に、小野寺信と姜豪が接触し、国民党組織部副部長呉開先を通じて、CC系の陳立夫と朱家驊の路線で、和平会談を進める道を開いた」とする点は事実ではないとする。[18] また小野寺著が、吉田と姜豪がマカオで会談した際、吉田が姜豪から重慶国民政府の対日和平条件に関する報告を受け取ったとする点についても、吉田との接触は個人の立場によるもので、国民政府の和平条件を提出することなど根本的に不可能であった、と一蹴している。一方で吉田の『二つの国にかける橋』という回想録の存在は、小野寺著が言及しているため知ってはいるものの、中国語訳がないため、その内容は不明としている。[19]

以上の姜豪の主張と日本の二つの回想録との齟齬をどのように考えればよいだろうか。まず、姜豪回想録で描かれる小野寺機関や吉田との関係は、姜豪が小野寺の計らいで釈放された点など、事実関係では吉田の回想とほぼ一致する。両者が戦後は没交渉であったことを考えれば、事実関係については信じるに足ろう。また姜豪は、吉田には通訳がいたことなど、吉田が触れていない点にも言及がある。

次に重慶との直接交渉である。これは双方の主観の問題もあり評価の難しいところである。姜豪が述べるように、あくまでその立場は「脇役」に過ぎなかった、と言うこともできる。実際日本側が求めていたのは、姜豪を通じてより有力な政治家を交渉の舞台に出させることであり、姜豪が蔣介石の全権委任状に類するものを持っていなかったことは、吉田も回想している。

ただ日本側に残された史料では、姜豪が吉田との交渉の場で、「蔣ノ下野ハ日本ガ誠意ヲ以テ和平スル意アルヲ見レバ直チニ之ヲ行フ意アリ、自分ガ香港ニ来ルトキ蔣ハ中国ガ独立生存ヲ保チ得ルナラバ個人（蔣個人）蔣ノ進退ハ問題ニアラズト言ハレタリ」と、蔣介石と直接繋がっていることを示している点[20]、姜豪が関与して中国側から提出された計画書「如何ニ中国ノ和平ヲ達成ス可キカ」（一九四〇年一月一八日）及び「防共和平委員会計画書」（一九四〇年三月一一日）では、それぞれ一〇万一四〇〇元と二万五千元の工作経費を日本側に提示している点[21]、また陸軍中央にも姜豪が陳立夫・陳果夫と通じていることが伝えられている点[22]、などから判断すると、姜豪が相応の役割を果たしていたのは間違いない。

では姜豪は何故日本の二つの回想録の記述を批判し、自身の役割を過小評価しようとしたのか。おそらくこれは中国共産党に対する姜豪の配慮であったと考えられる。姜豪が日本側と和平交渉に携わっていた当時、日本側と重慶側が早期に停戦するべき根拠の一つとされたのが、中国共産党の擡頭であった。吉田も中国共産党の拡大については繰り返し警戒感を表明し、重慶側に日本との停戦を求めていた（後述）。和平工作のポイントの一つは、「国共分離ノ可能性」、すなわち国民党と共産党の離反であった[23]。このような交渉に、自身が主体的に携わっていたとする記述は、姜豪にとっては触れてほしくない部分であったと考えられるのである。姜豪の回想録はこうした点をも意識して読む必要があるだろう。

五　上海での活動

（1）中国建設青年隊

汪政権成立後、しばらくの間は吉田の動きを確認できない。再び吉田の名前が確認されるのは、日本の対米英宣戦布告後、一九四二年三月に上海に成立した中国建設青年隊（以下、青年隊）なる団体の常任顧問としてである。青年隊はその「綱領」で、「我等は新中国建設の親衛隊なり」「我等は英米帝国主義の東亜侵略を撃滅す」「我等は中国共産党の徹底的潰滅を期す」「我等は大東亜諸民族の解放戦たる大東亜戦争の必勝を期す」「我等は大東亜民族青年議会の創設を期す」の五ヶ条を掲げ[24]、「中日提携を以て新中国建設を促進し、東方固有文化並に王道精神を発揚し以て、東亜新秩序建設完成を達成」することを目的とする団体であった[25]。

青年隊は東亜民族音楽大会、拒毒紀念民衆大会や各種座談会の開催、機関誌『中国青年』（後に『新生命』と改題）の発行などを行ったほか[26]、吉田の最初の論文集を刊行した。

青年隊は成立に際し、中国復興社なる組織を発展的に解消して成立したものと説明している。中国復興社の詳細は不明だが、日中戦争勃発直後に「五族解放」や「大漢国」樹立を唱え、日本軍とも関係を持っていた張鳴が、汪政権成立前夜の上海に同名の団体を組織している（第二章）。張鳴の中国復興社はその後活動を縮小していることを考えると、中国建設青年隊は、登記など実務上の都合で中国復興社を継承する形式をとったのではないかと推測される。

青年隊の代表には顧咸康、指導顧問には市橋岩夫が就任した。両名の履歴は不明だが、市橋は「独力で中国建設青年隊を建設した人」で、吉田の文章を「要路の当局及び各方面の有志に配布」することを提案した[27]。

青年隊の顧問には、上海市商会理事長の袁履登、秘密結社青幇や紅卍字会と関係のある徐鉄珊、頭山満の三男頭山秀三（ひでぞう）、「支那通」軍人として知られる坂西利八郎、右翼活動家の岩田愛之助らが名前を連ねた。この他、青年隊には、講演や雑誌用紙配給などで軍報道部や日本大使館から支援があった[28]。

（2）上海における吉田東祐の人脈

吉田と日本軍人との関係は上述したが、この他に如何なる面々が吉田と交流を持っていたのであろうか。ここでは吉田の論文集の中でも最も分量があり、また序文・題字が多く寄せられている『第二輯　日華問題の全面的解決の為めに』（中国建設青年隊、一九四四年）を手掛かりに検討したい。

同書に序文を寄せている人物には、広田洋二（在上海日本大使館情報課長）・陳友仁（武漢国民政府外交部部長）・陳彬龢（申報社長）・張一鵬（北京政府司法部次長・上海律師公会会長）が確認できる。また周仏海（汪政権財政部部長）・褚民誼（汪政権外交部部長）・袁履登は題字を寄せている。このうち陳友仁・張一鵬・陳彬龢・周仏海との関係については吉田も回想している。特に陳友仁と張一鵬は、以下のように吉田に大きな影響を与えた人物であった。

陳友仁

陳友仁(29)は、英領トリニダード・トバゴに生まれ、一九二〇年代後半、武漢国民政府の外交部部長として漢口や九江のイギリス租界回収を行ったことで知られる政治家で、国民党内部では反蔣介石の立場を堅持し、三一年に成立した広州国民政府で外交部部長、また三三年の中華共和国にも外交委員会主席として参加した。

吉田が陳友仁と知り合ったのは一九四二年四月だった。当時日本軍は陳友仁に汪政権への参加を求めていたが、その交渉のため派遣されたのが吉田だった。陳友仁は通訳を介さず直接英語で話ができる日本人に喜んだといい、その後も日本人との会見では吉田が通訳を務めた。

吉田は「日本語秘書のような格好で三年間彼〔＝陳友仁〕につかえ、結局彼の臨終をみとり、彼の棺をかつぐことになった。おそらく私は彼から中国革命の実際について直接教えをうけた最初にして最後の弟子だった」と、陳友仁から大きな影響を受けたと回想する。

陳友仁は「日本が中国の独立と自由をほんとうに承認するならば、いつでも喜んで協力する」と明言していたが、結局汪政権に参加することはなかった。陳友仁の時局に対する発言は、「あまりにも強硬なのでしばしば〔吉田が〕直訳を躊躇」するほどだったが、その一端は日本に対する次の発言によく表れている。

　中国の政府は中国人が自分で選ぶべきものです。外国人である貴方の選ぶべきものではありません。現在中国には二つの政府があります。一つは南京の汪精衛政権、もう一つは重慶の蔣介石政権です。貴方方は中国人に、この二つの政府のどちらが中国人によって選ばれた政府であるかを自由にものを考えられる中国の民衆にたずねてごらんなさい。私は個人としては蔣介石とずっと闘争してきました。しかし、現在この時、この二つの政権のどれが中国の本当の政府かときかれたら、即座に、はなはだ遺憾ながら、やはり蔣介石政府こそ中国の政府だと言わざるを得ないのです。[30]

陳友仁は吉田に対し「抗戦地区中国人一般の日本に対する率直なる感情を語り、日本の政策の向ふ可き方向を懇切に指示し」、後述する吉田の議論にも影響を与えた。[31]

張一鵬

張一鵬[32]は、北京政府期に司法部次長や司法総長代理を歴任した法曹界の長老で、占領下の上海では上海市民協会理事等を務めた。張一鵬は清廉で知られ、一九四三年一二月には請われて汪政権の司法行政部部長に就任し、腐敗の横行した政権の中で「偉観」を呈した。吉田は「墨子論」（一九四四年一月九日）で張一鵬を「賢者」と述べ、次のように称賛している。

……今日幸にして南京政府は一人の賢者を挙げて司法行政部長たらしめた、即ち張一鵬先生だ。齢七十近く何時も木棉の色あせた支那服を着、いつも徒歩か、三等電車で通つてくる司法行政部長は蓋し南京政府の一偉観であらう。私はかゝる勤倹己れを持する司法〔行政〕部長の存在そのものが既に現政治に対するよき刺戟であると信じてゐる。〔中略〕上海市民は今回先生の司法行政部長就職に対して異常な期待をもつてゐる。[33]

一方の張一鵬も吉田を「中国文壇の宿将」と称し、吉田の議論は日中両民族の苦痛を披瀝するものである、と評価した。

〔吉田〕先生はよく中国の現実を把握し、将来を洞察し徒らに強がりの陋見を抑制し極めて冷静に中日両国の葛藤を斬断してゐる。もっと重要なことは先生が両国民族の内心の苦痛を披瀝し少しも憚かるところなく説明を加へてゐることである。〔中略〕それ故先生の言論が新聞雑誌に発表される毎に、それを閲読する民衆は常に先生の言論が真に全中国人の言はんとして敢へて言い得ず、説かんとして敢へて説き得ざる輿論を代表してゐることに感嘆するのである。(34)

後述するように、この張一鵬が指摘した、中国人が言おうとして言い得ず、説こうとして説くことのできない輿論を代表した点が、吉田の議論の特徴であった。

六　『申報』を中心とした言論活動

吉田東祐が『申報』に執筆するきっかけは、岩井英一（上海総領事）の招宴を通じて申報社長の陳彬龢の知遇を得たことにある。(35) 一九四三年三月、陳彬龢は吉田を訪れ、「あなたの御意見はよくきいている、なんでもいいから、あなたの感じた通りに書いてもらいたい」と執筆を要請した。以後吉田は『申報』の「日曜論壇」等を舞台に、「時弊について書きまくった」(36)（一四八〜一四九頁）。筆者が確認できたものだけでも、吉田の論考は五〇篇以上あり、それは四三年一月から四五年七月までの二年半に集中している（章末の表10-2）。

吉田の評論は検閲を意識して「間接的表現法」を用いることが多かった（一五一頁）。例えば「日本に好意を持つてゐる某中国要人が曽つて私に次のやうに述べた」と前置きをした上で、日本が犯した三つの誤謬、㈠「中国国民の力量に頼らず一部特殊の政治力に頼つて南京政府を組織したこと」、㈡「日支事変を解決せずして大東亜戦争を開始したこと」、㈢「治外法権其の他を南京政府に返還し中国国民より感謝される機会を永久に失ったこと」、を列挙するなどは、その好例である。[37]

しかも、文章が「中国人を対象にして、華文で書かれていたので、検閲にも相当の目こぼしが」あり、「この間隙を利用して、占領下の中国民衆がなんで一番苦しんでいるかをかなり大胆にとりあげた[38]」。

吉田の取り上げたテーマは多岐にわたるが、以下では主要な論題を検討する。

（1）占領地政策について

吉田の議論の根底には、それまでの占領地政策に対する不満があった。吉田は論文集の「序文」（一九四三年一〇月一〇日）で、「日頃から考へてゐた」こととして、日本人に聞きづらい真実も言わなければならないなど、次のように率直に述べる。ちなみに文中に登場する「八股文」は、明清時代の科挙の答案で用いられた特殊な文体のことで、転じて形式的な文章の意味である。

従来の対華文化宣伝を見ると殆ど「同文同種」であるとか「兄弟の国」であるとかと言ふ所謂「和平八股文」を一歩も出ないのである。抗戦地区の中国人がこんな生ぬるい理論で説得出来るものなら中日事変などは元来起るはずのものではない。彼等を説得するには日本人に聞きづらい真実も言はなければならない。又日本の欠点も認めなければ対手の欠点を認めさすわけにはゆかない。そして大胆に中国人の民族的要求を取り上げ彼等の民族的苦悶に答へ得るやうな対支文化政策でなければならない。[39]

一九四三年当時、占領地では租界返還や汪政権への権限移譲などを柱にした日本の対華新政策が始まっていた。吉田はこれについてもその意義をより深く理解することを日本人に求めた。

吉田は「日本人は「政策転換」の意義を理論的には知つてゐたが「感情的」にはまだまだよく理解して」いない

と述べた上で、太平洋の戦線で多くの兵士が国家のために死んでいる現状に触れ、「対支文化戦線からも従来と異つた意味に於て戦死者の一人や二人出ても已むを得ない」と、対中政策の抜本的転換の必要性を示した。[40]

言論統制を批判した「思想対策論」（一九四四年二月一三日）では、「今日抗戦地区には「抗戦八股文」が跋扈し、和平地区には「和平八股文」が跋扈してゐるのは、いづれも言論統制の行き過ぎた結果」であるとし、「言論の統制が言論を萎縮させるやうなことになつては我々の戦争理論が発展」できないと述べた。[41]

吉田の議論は、言うなればこの「和平八股文」・「抗戦八股文」を大きく乗り越えることを目的に展開されたのである。

(2) 重慶国民政府への期待と中国共産党擡頭への警戒

吉田は「中日問題全面的解決の可能性」（一九四三年七月三日）の中で、「現在の重慶政権は親日反共派と欧米派の中共に対する聯合陣線」で、彼らにとって「日本も敵であるが、中共も亦た彼等のヘゲモニーを脅かす敵」であると指摘した。そして「中共は階級関係の対立に基づく本質的な敵」であるのに対し、日本は戦争状態がなくなれば「本質的な妥協のあり得る」存在であるのだから、重慶と日本は早期に停戦するべきと主張した。

吉田が期待を寄せたのは重慶国民政府内の「親日派」と見られる人々であった。吉田は「日本人は親日派の真の意義を理解してゐない」と述べ、「親日派とは中国よりも日本を愛する人々ではなく、亜細亜に於ける日本と中国との地域的関係を重視し、中国の自主独立は日本と協調することなしには不可能であると考へる思想的傾向」と喝破する。そして、「重慶政権の中に於て親日反共派勢力の占める比重が著しく大なる今日」、親日派の帰趨に「日支和平問題解決の焦点がある」と説明した。[42]

中国共産党の勢力拡大への危機感は繰り返し表明された。一九四三年三月に蔣介石の名義で発表された『中国の命運』を俎上にのせて議論を展開した、「重慶の命運――蔣介石の「中国の命運」に答ふ」（一九四三年一一月一八日）は、重慶国民政府が日本との徹底抗戦にこだわれば、結局共産党に政権を渡すことになるとして次のように警告した。

……今日重慶国民党の当面してゐる重大問題は日本と妥協するか、中共に政権を渡すかの二者択一であるにも拘わらず「中国の命運」は此の命題に対する回答を故意に避け、抗戦最後の勝利と言ふ理想の砂中に頭をつつ込むことによつて彼等が現実に当面しつつある国民党分裂の危険を故意に見ざらんとしてゐる。〔中略〕若し重慶が日本に和平を求むれば、それが中国の命運に如何に必要であらうとも、中共はそれに反対せざるを得ない立場に置かれてゐる。それ故重慶政府が若し日本と妥協する場合には国共両国（ママ）の休戦条約は直ちに終了し、公然たる闘争状態が展開されることは勿論である。中共は重慶をして日本と抗戦を継続せしむる督戦隊である。〔中略〕之（これ）が国共合作の上に立つた「重慶の命運」である。(43)

さらにこの問題を重慶中枢が理解できなければ重慶が直面する命運として三点、㈠もし欧州でソ連が勝利を得れば、中共の勢力は最早や如何ともし難い点、㈡国民党の内部では、反共和平派の勢力はますます大きくなり、蔣介石も従来のように超然的態度をとれなくなる点、㈢結局国民党は日本に赴くものと中共と抗戦を続けるものに分裂し、後者は中共の抗戦指導力に服さなければならなくなる点、を指摘した。(44)

「国共関係の再認識」（一九四四年一月二七日）では、「重慶に於ける反共的傾向の強化は、勿論重慶をして日本側に接近せしめる一モメントで〔中略〕重慶側が武力剿共を開始すると言ふことは、重慶と日本との間に妥協の成立したことを意味する」と指摘し、共産党を排撃することが、日本との和平に繋がることを繰り返した。(45)

(3) 中国の自主独立・領土保全

吉田は中国民衆の要求は極めて簡単で、これは中国の自主独立であるとし、先述の議論「中日問題全面的解決の可能性」でも、「日本人は此の点を理解し中国人の愛国心を同じ亜細亜の同胞として力強く感じなければならない」と述べた。

汪政権への権限移譲を核とした日本の対華新政策を疑う中国人への接し方についても、「日本は直ちに腹を立ててはいけない。それに対する道は唯黙々と誠意を実行するのみ」と語った。また日本が「中国を領土化するか否かを疑つてゐる〔中略〕重慶側の中国人」に対しては、日本が「南洋だけで充分領土には食傷してゐる」点、また日本が「四億の中国人の強力なる協力を必要」としている点を挙げて、懸念には及ばないとした。[46]

同様の議論は他にも確認される。例えば「類は教あるに無し」（一九四四年一月一六日）では、「日本が若し中国の民族的自尊心に敏感でないならば中国の青年を何時までもその盲目的民族的敵愾心から解放することが出来ず、結局日支両国の命運を誤る」と述べている。[47]

（4）中国知識階級の重視

吉田も当時の例に漏れず、中国の知識階級の動向を重視したが、同時にその支持を得ることの難しさにも自覚的だった。例えば「日本の対支文化政策と中国知識階級」（一九四三年三月四日）は、上海で発行されていた日本語紙『大陸新報』社説を取り上げて、日本側の認識の甘さを問うた。

吉田は『大陸新報』社説の、「我国の断行した政策転換と関聯して中国知識階級は一大センセーションを受け、真剣に日本と協力せんとする運動が抬頭した」との見方に対し、これを「日本人の希望的観察」であると指摘した。

この根拠として吉田が挙げたのが、同じく『大陸新報』に掲載された陶晶孫と林房雄の日中作家の対談である。吉田は中国人作家の陶晶孫が林に対して、「口先だけでは解らない、実行に移さなければ駄目だ、だから、文学者がいくら日華親善を書いても書く程疑はれる」と語ったことに触れ、「陶熾孫〔＝陶晶孫〕は和平地区内の文学者である。その人にして此の言葉があるのであるから、重慶側地区内の中国インテリゲンチヤの対日感情は推して知る可き」とした。そして「日本人は中国の知識階級が現在真剣に日本に協力しやうとしてゐるなどと安心しきつてゐてはいけない。私は日本の中国の知識階級に対する印象が尚極めて悪いと云ふ前提の下に立ち改めて之を思想的に如何に獲得し、如何に大東亜戦争に動員せしむ可きかと言ふ見地から対支文化政策の再出発を行ふ可き」と結論づけた[48]。

時に男女関係や性の話題を引き合いに出すのも吉田の議論の特徴である。中国の知識人を「恋愛の経験をつんだ年増女」と比喩する、その名も「恋愛論の如く」（一九四三年一二月二六日）では、日中関係を男女の関係になぞらえて議論が展開される。

中国の知識階級を手に入れるためには日本は「かりそめの恋」を中国にしかけてはいけない。対手の人格を認め性慾の対象としてではなく、一生の伴侶とするつもりで、端的に言へば妾とするつもりではなく正妻とするつもりで愛をさゝやかなければいけない。この点に於て今まで英米にだまされ続けてきた中国の知識階級は寧ろ恋愛の経験をつんだ年増女に似てゐる[49]。

この「恋愛論の如く」は比較の妙もあってか周仏海の注目するところとなる（後述）。

（5）汪精衛政権への眼差し

汪精衛政権には占領地政権という側面と同時に、日本との和平の成果を具体的に示すことで、重慶国民政府を切り崩す役割も求められていた。吉田もこれを意識して、例えば「阿片戦争は現在戦はれてゐる」（一九四三年四月二四日）では、「政府〔＝汪政権〕に対する強大なる中国民衆の支持を獲得する」ためには、「阿片吸飲者の最後の一人を絶滅し、和平地区の人民生活を安定し「途落ちたるを拾はず」と言ふ境地を実現すれば、如何に頑強な抗日意識に養はれた中国知識階級と雖も、その事実の前に南京政府を支持せざるを得」なくなると述べた。占領地の安定した統治により、「重慶を支持してゐる知識階級が重慶を支持しなくな」ることこそが、「蔣介石が最も怖れてゐる」との説明である。(50)

しかし吉田の汪政権への眼差しは厳しいものだった。戦後の回想ではあるが、「彼ら〔＝汪政権〕の毎日は日本人を宴会に招待するのが主な仕事だった。国民に対する政治はかけらさえあったかどうかも疑問」（一四五頁）と手厳しい。

ただ流石の吉田も、当時汪政権を直接批判することは難しかった。例えば「国家興衰の道」（一九四三年五月三日）では、「Anglo-Saxon Contagion〔アングロ・サクソンの伝染〕」なる用語を使うことで、本来汪政権へ向けられるべき筆鋒を和らげている。

同文は冒頭で、『申報』の社説が「政府の役員たるものは最高領袖より下級幹部に至る迄各員各自全国人民の模範となり廉恥整粛の風気を樹立せよ」と論じたことを受け、「官僚が一人一人尽く人民の模範となり「廉潔整粛の政治風気を樹立する」熱意を持たなければならない」と述べる。そして続く部分で、「然し現実に於ては政府役員にして Anglo-Saxon Contagion に犯されてゐる者が絶対にないとは断言出来ない」と表現するのである。

では「Anglo-Saxon Contagion」とは何か。それは後半部分にある、「囤積〔＝買占め〕、阿片吸飲賭博等は尽くアングロ・サクソン的文化の所産である」という部分で明らかにされる。買占めやアヘンの吸飲といった悪い習慣は、「アングロ・サクソン」に由来する、というのである。

「アングロ・サクソン」はイギリス国民及びイギリス系の人々を指す用語である。単なる欧米批判では枢軸国であるドイツやフランスをも含んでしまうため、日本の対米英開戦後は、より対象を限定できる用語として「アングロ・サクソン」が用いられたと考えられる。当時の日本でも「アングロ・サクソン」批判は様々な形で行われた。(51)吉田は「アングロ・サクソン」を批判するという形で、間接的には汪政権の役人腐敗を批判し、「先づ容易なる有形の害悪の粛清より始めよ」と献言したのである[52]。

対華新政策の一環として、一九四三年から日本は順次各地の租界を汪政権に返還し、八月には、列強の中国支配の象徴的存在であった上海租界が返還されたが、この問題を取り上げた「租界返還に対する若干の意見――真実を語る」（一九四三年七月一八日）も汪政権を批判した。

文章は、まず「南京政府が今日若し上海の住民を心服させることが出来れば、明日は全中国を心服させることも困難ではない」とした。しかし租界返還は、汪政権・上海市民・日本に課せられた「苛酷なる試験」であり、実際には上海の住民を心服させることは簡単ではないと述べた。そして「南京政府の中も上海租界の返還に有頂天になつてゐる人々があるやう」だが、「租界返還に対し唯喜ぶことのみを知りて悲壮なる決意を以て臨む可き重大事なることを知らざるものゝあることは誠に遺憾」と述べ、暗に汪政権を批判したのである[53]。吉田があえて「悲壮なる決意を以て臨む可き重大事」と述べたように、当時の上海は慢性的なあらゆるものが不足し、市民生活に支障をきたしていた。そうした喫緊の課題に汪政権が真摯に取り組み、成果を挙げうるのかを、吉田は鋭く問うたのである。

上海の役人の腐敗を糾弾した「法の神聖」（一九四三年一二月一二日）では、「制服を着た人々〔＝役人〕」が「小商人から賄賂を強請してゐる光景は蓋し世界の文明国家にはめったに見られぬ偉観」と皮肉を込めて述べ、法律を「道徳を破壊する道具として用ひれば、その国の運命は危い」と警鐘を鳴らす。さらに「此の事を或る高官に話したところ」、その高官が「中国に於て少し位の賄賂を気にしてゐては神経衰弱になる」と言ったので、返す刀で「私は神経衰弱かもしれないが、貴下は痴呆症である」と答えた、という落ちまでつけている[54]。同様の役人批判は、「進歩的貧官汚吏」（一九四四年四月一三日）でも展開された[55]。

読者からの手紙を紹介する形で、政権を批判する方法もとられた。「封印されたる苦悶」（一九四四年三月二〇日）は、「我々は現在完全に共和国になつた、御覧の通り「共」と「和」と「国」の三つの軍隊の支配する国になつて了つた」という読者の声を伝える。ここでの「共」「和」「国」はそれぞれ、共産党、和平軍〔＝汪政権軍〕、国府〔＝重慶国民政府〕を指している。

さらに読者は「××軍」についても説明する。「××軍」は、「日本軍が居なければ、丁度乳母を失つた赤子のやうに容易に人に抱き去られ」る存在であり、「その仕事と言ふのは唯その地方から金をとることだけ」で、田舎の人は「××軍は奪つて食ひ、新四軍は騙して食ひ、老百姓〔＝庶民〕は食ふに食へない」と口にしているという（『日本の反省と中国の革新』七四～七六頁）。この「××軍」が文脈から「和平軍」であることは容易に想像できる。

このように吉田は、真実は「どんな形でもいい、伝えなければならない」との思いで（一五一頁）、様々な方法を駆使して、占領地から汪政権の問題を指弾し続けたのである。

（6）戦後世界と中国への眼差し

戦時下ではあったが、吉田は戦後の世界と中国についても積極的に議論した。これは伍澄宇（第八章）や胡蘭成（第一一章）とも共通する。

吉田は、先述の「重慶の命運」で、想定される戦後のアメリカによる経済侵略に対し、南米諸国を例に警告を発した。吉田は、南米諸国は、「形式的には立派な「自主独立」の国家である」ものの、「之等(これら)の国家が現在「自主独立」の主権により自己の政策を決定してゐるであらうか」と疑問を投げかけ、実際には「之等の国々の一挙一動がウオール街の号令によつて動かされて」いるとする。ここでの「ウオール街」はアメリカ経済とほぼ同義と考えてよいだろう。そして、同じく「経済的に後れた亜細亜の諸国がブルジョア民主々義革命を完成しても、それだけでその国が英米資本主義の世界支配から脱することが出来るなどと考へるのは稍々時代錯誤」と述べた。

当時重慶国民政府が唱えていた戦後の「世界四大強国」という言葉についても、「凡そ近代工業に必要なる物資について英米蘇(ソ)三国と比較にならぬ中国が如何なる厚顔を以て自らを「世界四大強国」と言ふか」と非難した。(56)

「日本の反省」（一九四三年一二月一七日）も、カイロ会談で是認された米国の「戦後計画」は「米国の商品を買ふ「世界」を建設」することを目的としており、もし日本が戦争に敗れることがあれば、「中国も亦た米国金融資本の支配下に置かれること」になると述べた。そして、仮に中国が「亜細亜の運命が自国にかゝつてゐることを自覚し、米国の金融資本の魔手と戦はねばならぬと主張」しても、その時には「亜細亜唯一の武力――日本――はなく、中国は独力を以て英米に当らなければならない」とした。間接的な表現ながら、アメリカに対抗するには日中の提携が必要との主張である。

こうした戦後の見通しは、吉田の直接交渉の相手であった重慶政府関係者も共有するものであった。一九四二年一二月、江蘇省溧陽に近い山丫橋で重慶側の呉紹澍（三民主義青年団上海支部長兼江蘇省監察使）と会見した吉田は、呉から次のような発言があったとする。

中国は国民の感情としては日本の惨敗を欲しているが、政府の理性としては日本の破滅は欲していない。アジアにおける日本の実力が破壊され、中国だけが残るとすれば、今後の世界政治に於けるアジアの発言権は失われ、同時にソ連及び中共の進出をはばむ力も減少する。これは中国の前途に重大な関係があることだ。（一八一頁）

このように吉田の議論は重慶側とも問題関心を同じくする部分が少なくなかった。このため次に検討するように、占領地を超えて広く注目されるようになったのである。

（7）中国人からの反響

吉田の議論への反響は大きかった。吉田の社説が載った『申報』は「いつも売りきれ」で（一五五頁）、吉田は「殆ど毎日四五通づつ中国の読者から激励や反駁の手紙を受け取った」[57]。吉田の論文集も「三千部を発行するや二三ヶ月中に忽ち売り切れ」た。[58]

当時慶應義塾大学に留学していた周幼海（周仏海子息）も、吉田の「中日問題全面解決の可能性」は「我が国人就中京滬（南京・上海）一帯の人は非常に熟知して」おり、「これが中国人の口から言ひ出されしものならば何等の不思議はないが、日本人の口から説かれたのであるから、我々は之を重視せざるを得ない」と述べている。[59]

反響は抗日地区からも寄せられた。重慶で発行されていた新聞『大公報』が「日本人のなかにも日本の政策を批判するものがあらわれた」と、自派の宣伝の材料にしたほか（一五五頁）、浙江省麗水で発行されていた同じく重慶国民党系の『東南日報』は、阿匹の「斥吉田東祐（吉田東祐を責める）」を掲載した。「斥吉田東祐」は吉田の文章を多く引用し、それに逐次反駁を加えるという筆法で、「中国通」吉田の言行不一致を批判した。[60]しかし言行が一致していない日本人の議論など、当時いくらでもあったはずである。あえて吉田の議論を取り上げ、詳細に批判を加えたことは、図らずも重慶側がその影響力を無視できないものと警戒していたことを伝えている。

同じ抗日の立場でも、共産党系の人々は吉田の議論を謀略と考えた。吉田は「中共系の人々は、汪政府のお膝もとでこんな文章が発表されるということは、蔣との「全面和平」を促進する日本の謀略にちがいないとみた」。「従ってこの方面からは再三脅迫状がまいこんだ」という（一五五〜一五六頁）。

共産党系の新聞では『解放日報』が、ドイツの独ソ戦敗退とイタリア投降後、上海占領地が恐慌状態になっていることを伝える記事で、吉田の「答悲観論者（悲観論者に答える）」を紹介したほか、[61]日本の「対華新政策」が完全に破綻したという記事では、吉田を「敵特務宣伝頭子（敵特務の宣伝のリーダー）」であるとした上で、その吉田でさえ占領地人民が日本を恨んでいるという文章を書いているとして、吉田の「社会批判力と禁煙三年計画」を引用して、日本の占領地政策の失敗を伝えた。[62]

このように吉田の議論には激励とともに反駁もあったが、この批判や反駁は、吉田の議論が中国の現状からかけ離れていたからというよりは、むしろ吉田の議論が、当時の中国が抱える問題の核心を突いていたため、であったと考えられる。

これに対して吉田は、「中国問題に関する限り中国の読者は最もよき判定者」であるものの、寄せられる批判のほとんどは的外れであるとして、『日本の反省と中国の革新』中国版への著者序文」（一九四四年五月一日）で、次のように述べている。

一部の中国人の読者は此の言論集の著者が日本人であると言ふことが気に食はないであらう。そして日本人の書いたものであるから此の言論が一見して正しいように見へても怪しいものであると結論する。之等の読者の気持ちはよく判る、之に対して私はかう答へたい。〔中略〕今私がたとへ中国人を誤魔化すために文章を書いても、その文章が客観的に見て真理であれば、それとして文化的価値がある〔中略〕私は此の言論集で述べてゐることを客観的に批判し、それが正確ならば正確、不正確ならば不正確と批評して貰ひたいのである、日本人の書いたものだから不正確、中国人の書いたものだから正確であると言ふやうな民族主義は今時流行らない。(63)

こうした吉田を周仏海が支援したことは興味深い。周仏海は汪政権で財政部部長や上海市長を務めた実力者だが、水面下で重慶側との連絡を取り続けていたことでも知られている。吉田は、周仏海が吉田の「恋愛論の如く」に非常に関心を持ち、申報社長の陳彬龢を介して連絡をとってきたこと、そして日本の敗戦まで吉田に資金援助をしたことを、次のように回想している。

周仏海に会つたのはそれから二三日後のことだ。合（ママ）つてみると彼は私が申報に書いたものはよく読んでいてくれて、話題はそれからそれえ（ママ）とつきなかつた。私は自分の文章でずつと南京政府を批判していたので何となくうしろめたく自然に言葉少なくなつた。彼はそれに反しお酒も手伝つて非常に多辯だつた。初対面の私に向つて重慶との全面和平について語つた。〔中略〕

それからまた二三日たつて周仏海の奥さんの弟さんとかいう楊惺華という人が私の家に来られて、これは周さんからのものだといつてかなりな金額の小切手を出し、これから貴方のお仕事をお助けするため毎月この金額を贈らせて貰いますと言つてそのまま帰つて了つた。以来私は終戦まで引続き彼の援助を受けて居た。〔中略〕

私が華文の「重慶政権の分析」を書いたときも、氏は人を通じて「奮和運之呼声作青年之領導」という題字を贈つてくれた。こういうわけで周仏海氏とは生前一度しかあわなかつたに拘らず私の数少ない知己の一人であつたし、私も亦た彼の政治家としての行き方には賛成は出来なかつたが、彼の人間としての善意は最もよく理解している一人だと思つている。[64]

当時重慶側と秘密裏に連絡をとっていた周仏海にとって、吉田の議論は自身の活動を後押しするものと感じられたに違いない。吉田を援助し続けた背景には、こうした周仏海の思惑も見えてくる。ちなみに『周仏海日記』によれば、吉田と周仏海は複数回会見している。最初に会ったのは一九四四年二月六日で、二人は「国際情勢及び中国の当面の問題について約一時間余」にわたって話をした。また実際にはその後も、両者は会見し、周仏海は吉田から日本状勢などを聞いたほか[65]、吉田の通訳を務めた楊健威も周仏海のもとを訪れ、重慶組織部の事情を伝えていた[66]。

以上のような活動の一方、吉田は一九四二年末及び四四年から四五年にかけても重慶側との和平交渉に携わった(一五七頁、一八二頁)。日本の敗戦前夜には近衛文麿に面会し、その親書を代筆し重慶に手渡す段階にもなっていた。吉田は「要は蔣と直接会って話したいという、近衛の意志さえ伝えられればよいのだと思ったので、簡明な文体をえらんだ」という(一九八～二〇五頁)。しかしこれが実現する前に日本は敗戦を迎え、汪政権も解散したのである。

七　小　結――戦後の動き

以上本章では、日中戦争末期の中国占領地で積極的に議論を発表した吉田東祐の活動と議論を手掛かりに、当該期における中国占領地を中心とした言論空間の実態に迫った。吉田自身は中国人ではなかったものの、自身の共産党員としての経験や、抗日救国会メンバーとの関わり、さらに日本軍を背景とした重慶国民政府との直接交渉などを通して、中国人の意識を幅広く知る立場にあった。陳友仁・張一鵬・陳彬龢の他、上海経済界の実力者である聞蘭亭・林康侯・袁履登といった、占領地で指導的立場にあった中国人も様々な問題で吉田を啓発し、吉田も自身の「労作は全く之等中国の友人との中日合作なのである」とする。[67]

こうした背景を持って展開された吉田の議論は、当時占領地で自由な言論活動が制限されていた中国人の声を代辯するものとして、占領地はもちろん、抗日側の中国人からも注目された。吉田は秘密裏に重慶との直接交渉に携わっていたが、そうした最前線で得られた知見は、言論活動という形をとって表面では占領地と抗戦地域を繋ぐ役割を果たしていたのである。

吉田は、当時中国人が諍いを起こした際に、「全是中国人(我々はみな中国人である)」という言葉で、場が収まったことを回想しているが[68]、吉田の議論はまさにこの言葉に象徴されるように占領地・抗戦地域の別を超えて、中国人の心の琴線に触れるものだったのである。吉田の議論を通して、我々は当時の中国人の汪政権に対する思いや、中国の将来に対する意識を間接的に知ることができるのである。

最後にその後の吉田の動向についても触れておきたい。

一九四五年九月、かつて吉田の直接交渉の相手方であった姜豪と楊健威（鵬摶）が、上海北四川路の日僑管理所に吉田を訪れた。吉田は中国政府の待遇に感謝するとともに、和平交渉が成功していれば、日本はこうした状況になることはなかったと悔しがった。そして最後に、帰国後は必ず日中民間友好の活動に従事すると話した。当時姜豪も国民党中央に対して、中日民間友好活動の展開を建議していた。しかし中央からの反応はなく、以後両者が連絡を取ることはなかった。[69]

一九四六年に帰国した吉田は、四八年に愛知大学理事に就任し、同大学国際問題研究所の中国部長を兼任した。ただ吉田はそのまま活動の場を学術界に移したわけではない。

日本が国際社会に復帰する時期、時の内閣総理大臣吉田茂は「中国本土に価値ある伝手（つて）を持っているかなり多数の日本人は、多くの地域での活動に利用することができる」（一九五二年四月二八日、駐日大使マーフィーに対する発言）との認識を持ち、中国人を共産主義から切り離すために、日本が主体的に関わることを構想していた。その際、吉田も辰巳栄一（元陸軍中将・英国大使館附武官輔佐官）の下で諜報員を務め、また内調（内閣総理大臣官房調査室、一九五二年四月九日成立）とＣＩＡとの共同作戦にも吉田を起用する動きがあったのである。[70]この動きは吉田茂内閣の退陣で収束するが、中国での吉田東祐の活動経験は、戦後しばらくの間は現実政治と関わりを持ち続けていたのである。

その後吉田は香港・マカオで活動したことは冒頭で触れた通りだが、これも単純に学術的関心だけでは説明できない。ただ吉田は、戦後中国からの情報が「非常に制限されている」なか、「この国〔＝日本〕に伝えられる中共の姿はけばけばしい絵具でぬりたくった安物の宗教画のように、一抹のかげもないきれいごとに終わっている」ことを問題視しており、[71]そうした気持ちが戦後の中国関連の著作活動に繋がったのであろう。

一九五六年、吉田は国士舘大学に移ったが、その後「民主派教授としてクビになり、裁判闘争をして」勝利した。中国への関心は生涯持ち続け、航空便で届けられる『人民日報』の他、香港の中国紙を三紙購読していたという。

思想の科学研究会を通じて吉田と交流のあった渡辺一衛（いちえ）は、吉田について「客観的には日本の占領政策の一翼を担った人間であったことは否めない。しかし戦後の鹿島さんの行動は、鹿島さんが徹底した民主主義者であることを示している」とする。

一九八〇年六月、吉田は七五歳で逝去した。(72)

表10-1　吉田東祐関係年表

年	月	日	吉田東祐／中国青年建設隊関係	その他の動き
一九〇四	六	一三	東京の彫金師の家に生まれる。	
一九二七	三		東京商科大学卒業。卒業後、米国人経営の鉄鋼会社に入社。 マルクス主義に興味を持つ。 研究のため会社を辞め、巣鴨高等商業学校・横濱専門学校教授に奉職。 学校内に教員互助会を設立し、学校から追放。 古書店を開く。 日本共産党中央委員会に店の二階を提供。 岩田義道の影響で共産党に入党し、資金獲得に奔走。 洲崎の私立飛行学校の経営に関わり資金獲得を狙うも失敗。	
一九三二	九		共産党の資金に関係した容疑で警視庁特高課により検挙。	
一九三三	六	二一	保釈上申書。	
	暮		某憲兵曹長より国際関係に関する論文執筆の依頼。 出獄。その後月刊誌『生きた新聞』を発行。	

一九三五	七		共産党再建に関わった容疑で警視庁特高課により検挙。	
一九三六	七		上海に渡る。 フランス租界震旦大学附近で下宿。 救国会運動に関わり、東亜和平同盟を組織。	
	一一	一	この頃、機関誌『東亜和平』発行。	
一九三七	七	七		盧溝橋事件勃発。
一九三八	一〇		参謀本部部員小野寺信中佐、中支那派遣軍司令部附となる（小野寺機関）。	
一九三九	一	二〇		張鳴、中国復興社を組織（五月に中国復興党と改称）。
	八	二八		汪派国民党第六回全国代表大会。
	一一		支那派遣軍総司令部、姜豪との会談のため吉田東祐（同嘱託）を廈門に派遣。	
一九四〇	初			国民党上海地下市党部、呉紹澍を主任委員兼三青団上海支団主任幹事とし、中央組織部副部長の呉開先が上海に来て党務を監督。
	二		江蘇泰興に赴き、忠義救国軍張少萃帰順工作に従事。その後、マカオへ渡り、姜豪・朱泰耀と交渉。	汪精衛派機関誌『史筆』、姜豪工作（小野寺機関）を暴露、批判。
	三	三〇		汪政権成立。
	一一	三〇		日華基本条約締結。
一九四一	一二	八		日本、米英に宣戦布告。
一九四二	二	八	中国復興社の改組に関する準備委員会を召集。	
	三	二八	中国建設青年隊全体会議を召集。中国復興社の発展的解消と同時に中国建設青年隊の機構を整備強化して大東亜戦後に於ける運動方針を決定、且つ綱領宣言を発表。	
	四	二九	中国建設青年隊顧問坂西利八郎歓迎懇談会を開催（於金門飯店）。	
	六	二八	中国建設青年隊顧問頭山秀三歓迎懇談会を開催（於金門飯店）。	
	八	二	上海陸軍報道部長横山中佐講演会開催。	

	九	九	中国建設青年隊顧問岩田愛之助歓迎座談会を開催。	
		一三	上海陸軍報道部長横山中佐口述『中国青年に告ぐる書』を八・一三記念出版として刊行。日華軍官その他関係方面に配布。	
		一九	中国建設青年隊代表顧咸康が上海放送局より「中国青年と全面和平」と題して放送。	
		一	中国建設青年隊機関誌創刊に関する指導部委員会を召集、「中国青年月刊社」部門を新設。	
		九	在上海中国新聞雑誌関係代表者懇談会を開催。	
		二〇	機関誌『中国青年』創刊、中国・満洲・日本各地の諸機関・関係者に無料配布。	
			第一次東亜民族音楽大会開催（於静安寺路大光明劇場）。	
		三〇	工部局、『中国青年』の登記申請を許可。	
	一〇	一	『中国青年』一〇月号発行。	
		一〇	中国建設青年隊隊務委員長代理周伯甘、宣伝部長林柏生と会見。隊の活動状況報告と青年問題について会談。	
	一一	一	『中国青年』一一月号発行。	
		一五	第二次東亜民族音楽大会開催（於虹口国際劇場）。	
	一二	一	『中国青年』一二月号発行。	
		一〇	国民政府宣伝部、『中国青年』の登記申請を許可。	
		一三	中国建設青年隊顧問坂西利八郎を迎え、大東亜戦争一周年記念隊員全体会議を召集。	
	一二		吉田東祐、軍の無給嘱託になる。	
			重慶側呉紹澍と江蘇溧陽山丫橋で会談。	
一九四三	一	一		汪精衛「今年新国民運動要点」ラジオ放送。
		二	上海陸軍報道部長横山中佐転出。	
		五	『中国青年』一月号発行。	
		七	工部局、中国青年建設隊の公共団体登記を許可。	
		九		汪政権米英に宣戦布告。
		二九	青年の体位向上の趣旨にづき、蹴球大会の計画準備委員会発足。	
	二	一	『中国青年』二月号発行。	
		二	上海軍報道部より機関誌用紙下付される。	
		二二	華中産業共栄会聯合会傘下の各分会宛に『中国青年』贈呈。	

三	二六	蹴球大会準備委員会、税率高額につき、計画中止。	
	七	『中国青年』三月号発行。	
	一七		全国物資統制審議委員会成立。
	二八	顧問頭山秀三を迎え、臨時隊員全体会議召集。	
四	一	国府還都三周年特輯『中国青年』四月号発行。	
	二〇	日華思想団体連絡会議（於日華倶楽部）に代表を派遣。	
五	一	『中国青年』五月号発行。	
	七	日華連絡会議の決定に基づき青年運動専門委員会を召集（於徐公館）。	
		日華連絡会議開催（於日華倶楽部）。張金海惨死事件に関する共同声明。	
		国府外交部・司法行政部・市政府に対する陳情、フランス租界当局へ厳重抗議を決定。	
	二一	民生問題専門委員会開催（於洪門聯合会上海分会辦事処）。	
	二六	日華連絡会議開催（於日華倶楽部）。	
六	三	六三拒毒記念民衆大会挙行（於静安寺路大光明劇場）。	
		講演に続いて映画「万世流芳」上映。アヘン禁止の伝単散布。	
	五	『中国青年』六月号発行。	
	一三	吉田東祐『中日事変解決の曙光』（華文版）発行。各大学出席学生宛に配布。	
	一九	在上海大学学生座談会開催（於静安寺路康楽）。吉田東祐「中日事変の解決可能なりや」を講演。	
	二八	日華連絡会議開催（於漢弥登大楼）。	
	二九	前上海陸軍報道部長秋山中佐歓迎懇談会開催（於静安寺路康楽）。	
七	一	上海興亜報国会結成式。指導顧問市橋岩夫、上海興亜報国会幹事を委嘱される。	
	一	『日華問題の全面的解決の為めに』（限定版）発行。	
	二	『中国青年』七月号発行。	
	六	顧問頭山秀三を迎え、租界回収と民生問題に関し意見交換（於金門大酒店）。	
	六	「租界還付と今後の上海」（大陸新報主催座談会一）、林広吉（市政研究会）・小沢成一（工部局総務局長）・岡本乙一（工部局警務委員）・安井源吾（辯護士）・稲垣登（工部局物資統制局長）・吉田東祐・大陸新報社側・児島主筆・高橋正雄、（全六回）	
	一四	国府参戦半周年を記念し、吉田東祐『中日問題根本的解決の為に』（和文版）を限定出版。	

月	日	事項	一般事項
八	二六	日本大使館事務所より機関誌用紙の配給許可。	
	一	『中国青年』上海租界回収特輯発行。	汪政権、上海租界接収。
	五	吉田東祐を中国建設青年隊常任顧問に推戴。	
	八	中国建設青年隊指導顧問市橋岩夫、要務で東京へ出発。	
	九	印度独立民衆大会（於静安寺路競馬場）に代表派遣、「印度独立運動と青年」を講演。	
	一四	第一次産業共栄会青年代表座談会（於横浜橋青年館）。	
	一九	運動経過報告を日本大使館事務所広田洋二情報課長に提出。	
	二五	日華連絡会議開催（於キャセイホテル）。	
九	一	『中国青年』九月号発行。	
	八		イタリア降伏。
	九	中国建設青年隊顧問頭山秀三来滬、指導部委員参集の上、時局懇談会を開催。	
	一八	中国建設青年隊顧問徐鉄珊に青年運動促進に関する件を報告。	
	一九	青年問題専門委員会開催（於キャセイホテル）。上海青年運動聯合推進委員会の創設を可決。	
	二二	中国民衆団体関係日本人有志懇談会開催（於租界興亜部事務局）。青年運動一元化を附議。	
	二五	上海青年運動促進委員会開催（於租界興亜部事務局）。	
一〇	一	『中国青年』一〇月号発行。	
	三	新国民運動懇談会（日本大使館主催）開催（於ブロードウェイマンション）。以後、日本大使館情報課が促進連絡を担当。	
	五	青年運動一元化に関する懇談会（林柏生宣伝部長主催）開催（於キャセイホテル）。	
	六	青年運動一元化に関する第二次懇談会開催（於八字橋青年会）。	
		飛行機献納運動、興亜精神顕揚週間実施の件を附議。	
	八	青年運動一元化の件につき、日本大使館広田洋二情報課長と要談。	
	一〇	中国建設青年隊他十団体、上海青年団体統合運動聯合声明。	
	一三	献機運動準備委員会開催。	
	一六	上海青年運動推進聯合委員会召集（於興亜報国会租界事務局）。新国民運動指導委員会の青年運動一元化工作により、上海青年運動推進聯合委員会は解散。	
	一九	上海市民衆献機運動準備委員会開催。	
	三〇	中国青年運動関係日本人有志懇談会（上海興亜報国会興亜部主催）開催。	日華同盟条約締結。

	一一	一	日本大使館広田洋二情報課長と青年運動一元化の件に関し、中国建設青年隊の態度意見を具申す。	
		二	『中国青年』一一月号発行。	
		四	日本大使館広田洋二情報課長と青年運動一元化に関する件を要談。	
		五	青年運動一元化の件に関し、上海興亜報国会興亜部と連絡。	大東亜会議開催。
		八	中国青年運動関係日本人有志懇談会（新運青年運動促進委員会責任者劉仰山主催）開催。	
		二二	二五歳以下の青年を校団部、模範団、区団部に再組織し、その他は東亜聯盟上海分会に合流する私案に対し、劉仰山より説明。	カイロ会談。
	一二	四	上海市民衆献機運動委員会開催。	
		六	「大東亜戦争と中国の将来」（大陸新報主催座談会一）、小岩井浄（東亜同文書院）・吉田東祐（中国問題評論家）、全六回。	
		七	亜細亜民族大会（大東亜戦争三周年記念事業委員会主催）開催。	
		八	洪門聯合総会結成式開催。	
		一〇	機関誌『中国青年』改題に関する常務委員会召集。	
			国民政府（汪政権）宣伝部、新運青少年運動機関誌の名称として『中国青年』を譲り受けたいと要請。討議の結果、『新生命』と改題し、一二月号を休刊、一月号より『新生命』としての続刊を決定。	
		一二	『新生命』披露懇談会開催（於国際飯店）。	
		三一	『日華問題の全面的解決の為めに』（申報社版）発行。	
一九四四	一	九	『日華問題の全面的解決の為めに（第二輯）』（申報社）発行。	
		九	申報主宰参戦講演会で吉田東祐演説。	
		九	国民常識展覧会見学、「中国之友」との記事。	
		二七	「日本語〝吉田東祐言論集〟出版」『大陸新報』記事。	
	四	二四	『申報』に「吉田東祐関心本市塩荒」の記事掲載。	
	四			日本軍、大陸打通作戦開始。
	六	一	『日本の反省と中国の革新』（申報社）発行。	
	九	五		「実施対重慶政治工作方案」決定。

年	月	日	吉田東祐関連事項	一般事項
	一一	一一	吉田東祐、華中各地短期旅行。	
	一一	一〇		汪精衛逝去。
	一二	二三	「待望の現地文化図書 年末年始にかけて 続々出版」『大陸新報』記事。	
	一二		『重慶政権的分析』（中国建設青年隊）発行。	
	年末		吉田東祐、重慶側との交渉のため安徽屯渓に赴く。その後東京に行き、近衛文麿と会談。近衛の蔣介石宛親書を作成。	
一九四五	二	一	『重慶政権の分析』（中国建設青年隊）発行。	
		四		ヤルタ会談。
	四	二三		大東亜大使会議開催。
	五	八		ドイツ無条件降伏。
	五		吉田東祐、再度重慶側と交渉のため安徽屯渓に向かう。	
	七	一七		ポツダム会談。
	八	一一		『中華日報』和平号外発行。
一九四六			帰国	
一九四八			愛知大学財務理事、同大学国際問題研究所中国部長兼任。	
一九五二			香港視察。	
一九五六			国士舘大学教授。	
一九八〇	六	一	逝去（七五歳）。	

出典：吉田東祐『日華問題の全面的解決の為めに（第二輯）』申報社、一九四四年。吉田東祐『上海無辺』中央公論社、一九四九年。吉田東祐『二つの国にかける橋』東京ライフ社、一九五八年。渡辺一衛「鹿島宗二郎さんのこと」『思想の科学』第六次、一二二号、一九八〇年九月。姜豪『〝和談密使〟回想録』上海書店出版社、一九九八年。中村義他編『近代日中関係史人名辞典』東京堂出版、二〇一〇年。以上を基に作成。

表10-2　吉田東祐論文一覧（戦時期）

年	月	日	論文名	出典
一九四三	一	三一	中国参戦和日本対中国観的改変	『中国青年』一巻六期、一九四三年

	三	四	日本の対支文化政策と中国知識階級	『日華問題の全面的解決の為めに（第二輯）』
	四	一五	論物貨問題的厳重性	『申報』
		二四	阿片戦争は現在戦はれてゐる	『日華問題の全面的解決の為めに（第二輯）』
	四	二七	鴉片戦争的新意義	『申報』
	五	三	国家興衰の道	『日華問題の全面的解決の為めに（第二輯）』
	五	七	国家興衰之道	『申報』
	五	一三	日本之対華文化政策与中国知識階級	『申報月刊』復刊一巻三号
	五	一三	中国知識階級の日和見主義	『日華問題の全面的解決の為めに（第二輯）』
	五	一六	中国知識階級的騎牆主義	『申報』
	五	二〇	二種の親日派	『日華問題の全面的解決の為めに（第二輯）』
	五	二五	両種親日派	『申報』
	五	二九	日支事変解決の曙光	『日華問題の全面的解決の為めに（第二輯）』
	六	二	解決中日事変之曙光	『申報』
	六	一一	中日事変の性格の変化	『日華問題の全面的解決の為めに（第二輯）』
	六	一一	真の「日本通」と「支那通」の言葉	『日華問題の全面的解決の為めに（第二輯）』／『大陸往来』四巻八号
	六	一三	真正日本通与「中国通」的話	『申報』
	六	二一	相手の心になれ	『日華問題の全面的解決の為めに（第二輯）』
	六	二二	怎様諒解対方心理	『申報』
	七	三	中日問題全面解決的可能性	『申報月刊』復刊一巻七期、一九四三年
	七	三	中日問題全面的解決の可能性	『日華問題の全面的解決の為めに（第二輯）』
	七	八	中日事変性格之変化	『太平洋週報』一巻七二期、一九四三年七月八日
	七	一八	租界返還に対する若干の意見――真実を語る	『日華問題の全面的解決の為めに（第二輯）』

	七	三〇	心の要塞	『日華問題の全面的解決の為めに（第二輯）』
	八	一	対於交還租界的幾個意見	『申報』／『自由評論』一巻二期、一九四三年
	八	二	心理長城	『申報』
	八	七	言葉の政治性	『日華問題の全面的解決の為めに（第二輯）』
	八	八	交還租界的真意	『太平洋週報』一巻七六期、一九四三年八月八日
	八	二〇	宴会	『申報』
	八	二〇	宴会	『日華問題の全面的解決の為めに（第二輯）』
	八	二二	言語上的政治性	『申報』
	八	二九	昇官発財	『申報』
	八	二九	昇官発財	『日華問題の全面的解決の為めに（第二輯）』
	九	一七	支那料理論	『日華問題の全面的解決の為めに（第二輯）』
	九	一九	論中国餐	『申報』
	一〇	七	武漢起義と官民協力の路線	『日華問題の全面的解決の為めに（第二輯）』
	一〇	一〇	武昌起義与官民合作路綫	『申報』／『中国青年』三巻二期、一九四三年
	一〇	二四	答悲観論者	『申報』
			悲観論者に答ふ	『日華問題の全面的解決の為めに（第二輯）』
	一一	三	健康論――ハードン花園の一般開放を提議す	『日華問題の全面的解決の為めに（第二輯）』
	一一	一四	論健康――開放哈同花園之建議	『申報』
	一一	一八	重慶の命運――蒋介石の「中国の命運」に答ふ	『日華問題の全面的解決の為めに（第二輯）』
	一一	二四	重慶之命運	『申報』（～二六日）
	一二	一二	初到上海的時候	『新東方』九巻一期、一九四四年一月一五日
	一二	一二	法的神聖性	『申報』

			法の神聖	『日本の反省と中国の革新』
	一二	一七	日本の反省	『日本の反省と中国の革新』
	一二	二二	始めて上海に来た頃	『日本の反省と中国の革新』
	一二	二六	論恋愛	『申報』
			恋愛論の如く	『日本の反省と中国の革新』
	一二	二八	答復一読者	『申報』
			収還租界的意義	『中国青年』二巻五期、一九四三年
			囤積問題の政治的重大性	『日華問題の全面的解決の為めに（第二輯）』
一九四四	一	二	吉田東祐談青年運動	『太平洋週報』一巻九四期、一九四四年一月一五日
	一	三	雑誌出版の使命	『日本の反省と中国の革新』
	一	九	論墨子――献給張一鵬先生	『申報』
	一	一五	日本的真意	『文友』二巻五期（一七号）一九四四年一月一五日
	一	一六	類無教有	『申報』
			類は教あるに無し	『日本の反省と中国の革新』
	一	二〇	日本的反省	『申報』
	一	二三	助学金制度的意義	『申報』
	一	二七	国共関係の再認識	『日本の反省と中国の革新』
	一	三〇	国共関係的重新估計	『申報』
	一		新中国青年之禁煙運動	『新生命』一巻一期、一九四四年一月
	二	二	助学金制度の意義	『日本の反省と中国の革新』
	二	六	「実業公司」時代	『日本の反省と中国の革新』
	二	一三	思想対策論	『日本の反省と中国の革新』

	二	一三	論思想対策	『申報』
	二	二〇	中国は「モナコ」にあらず	『日本の反省と中国の革新』
	二	二〇	中国不是摩納哥	『申報』
	二	二二	読書の想ひ出	『日本の反省と中国の革新』
	二	二四	社会批判力と禁煙三年計画	『日本の反省と中国の革新』
	二	二七	社会批判力与禁煙三年計画	『申報』
	二	六	〝実業公司〟時代	『申報』／『政治月刊』七巻二・三期合刊、一九四四年
	三	三	孫中山と米	『日本の反省と中国の革新』
	三	五	孫中山先生与米	『申報』
	三	六	読書的回憶	『太平洋週報』一巻九九・一〇〇期合刊、一九四四年三月六日
	三	一七	上海に於ける物価問題の核心	『日本の反省と中国の革新』
	三	一九	物価問題的核心	『申報』
	三	二〇	封印されたる苦悶	『日本の反省と中国の革新』
	三		胸中的苦悶	『新生命』一巻二期、一九四四年
	四	一	墨子論――新司法行政部長張一鵬先生に贈る	『大陸往来』五年四号、一九四四年四月／『日本の反省と中国の革新』
	四	一三	進歩的貪官汚吏	『日本の反省と中国の革新』
	四	二九	現代大学教育を論ず	『日本の反省と中国の革新』
	四	一七頃	東洋的宣伝の任務	『日本の反省と中国の革新』
	四	二三	東方式的宣伝任務	『申報』
	五	一	「日本の反省と中国の革新」中国版への著者序文	『日本の反省と中国の革新』
	五	一二	敷衍	『日本の反省と中国の革新』
	五	一四	敷衍	『申報』

	五	二一	農村消息	『申報』
	五	二一	陳友仁先生的臨終記	『申報』
	五	二八	陳友仁先生余話	『申報』
	五	三一	【随筆】陳友仁先生の臨終	『大陸新報』（一九五八号）四面
	六	一	中国知識人の動向を訊く　語る人・吉田東祐氏	『大陸往来』五年六号
	一〇	二六	【評論】重慶政権について（上）	『大陸新報』（二二〇六号）二面
	一〇	二九	【評論】重慶政権について（下）重慶全面和平を欲す 実現の鍵日本にあり	『大陸新報』（二二〇九号）二面
			私の重慶政権観	『重慶政権の分析』
			再び重慶政権について	『重慶政権の分析』
	八	三一	我的重慶政権観	『申報』（～九月二日）
	一〇	一五	蝙蝠の眼	『大陸』（大陸新報社）創刊号
	一〇	一六	再論重慶政権	『申報』（～一八日）
	一〇		西洋文化与東方文化	『東方学報』創刊号、一九四四年
	一二	一	【評論】国民党の改組と国共合作（上）何応欽は没落せず 今次改組は国粋派の充実	『大陸新報』（二二四二号）一面
	一二	三	【評論】国民党の改組と国共合作（下）ソ聯引込みを策す 熱意示す米国の肚	『大陸新報』（二二四四号）二面
	一二	六	国民党改組与国共合作	『申報』（～七日）／『政治月刊』九巻一号、一九四五年
	一二	九	市民慶祝大会吉田東祐演辞	『申報』
	一二		文化人的任務	『重慶政権的分析』
			報答〝読者〟先生們	『新生命』一巻三期、一九四四年
			世界戦争与全面和平――吉田東祐氏答記者談話	『新生命』一巻五期、一九四四年

			世界的戦争与中国之将来	『新生命』一巻五期、一九四四年
			蝙蝠的眼睛	『新生命』一巻六期、一九四四年
			対於最近物価狂漲的一個提案	『新東方』一〇巻五・六期合刊、一九四四年
			亜細亜的墨西哥化及其対抗的力量	『新東方』九巻四・五期合刊、一九四四年
			論中国知識人的動向	『政治月刊』八巻三期、一九四四年
一九四五	一	一三	宋子文入閣与重慶的煩悶	『申報』
	一	二四	涼台閑話	『申報』(〜二七日)
	一	二五	武漢の旅想	『大陸』(大陸新報社)二巻二号
	七	二九	我的必勝信念	『申報』(〜三〇日)
			誰中国革命的領導者？	『新生命』二巻一期、一九四五年
			漢口之夜	『長江画刊』四巻二期

第一二章　戦前戦後を越える思想
——政論家としての胡蘭成

私は汪精衛が名誉までいけにえにして国に捧げなさるお考えに心の底まで打たれた。私は翌日、香港の山上に登り、海と空を眺め、その偉大さを見、古今の悠々たる時の流れを感じて、すべてを国に捧げようと決心した。

——胡蘭成「中国のこころ」

国民政府のみならず、全世界もまた中共打倒を第一大事とする。中共を打倒し、新中国が出現すれば、そこに新しい思想の出現もあろう。

——胡蘭成「歴史の新しき出発」

一　「色・戒」——はじめに

二〇〇七年に公開された映画「色・戒——ラスト、コーション」（アン・リー監督）は、その過激な性描写も相俟って日本でも話題になったが、同作の背景は汪精衛政権成立前夜の香港と上海で、主人公の女子大生王佳芝が女を武器に、汪政権に参加した易を籠絡し暗殺を謀る、という物語である。「色・戒」は張愛玲による同名短篇を原作とし、その中で描かれる易は直接には、汪派国民党の特務活動で活躍した丁黙邨をモデルにしているが、その人物描写には一時期張愛玲と婚姻関係にあり、汪政権にも参加していた胡蘭成の人物像も反映されている（図

図 11-1　胡蘭成

11-1)。

胡蘭成は宣伝部政務次長として汪政権に参画し、戦後は日本に滞在したが、本章では主に政論家としての側面から胡の活動を明らかにする。後述するように胡蘭成研究は、張愛玲との関係やその独特の文体・思想に注目したものが主流を成し、すでに豊富な成果がある。しかし、筆者は当時複数の人が胡蘭成を一義的には政論家と理解していた点を看過すべきでないと考える。[1] 例えば一九四三年一一月に南京で胡蘭成に面会した作家高見順は、胡蘭成を「政治家というより政論家」と見ていたほか、[2] 同時代の中国にも同様の評価が確認される。[3]

政論家の側面に注目して胡蘭成の戦前戦後の主張を検討すると、胡の取り上げた表面上のテーマや関心は時に変化するものの、政治や社会の問題を論議し続けたという点では一貫性が見られる。そこへの着目から、胡蘭成の占領地での議論の志向が、表面上の変容を伴いながらも戦後にも継続される側面があったことを明らかにしたい。またそこから、戦後日本に亡命した他の占領地政権関係者の動向との相違点も明らかにできよう（第一二章）。

二　胡蘭成について

(1) 先行研究――二つの流れ

胡蘭成に関する研究は一九九〇年代から盛んになってきたが、その背景には大きく二つの潮流がある。一つは、作家張愛玲に対する関心の高まりである。張愛玲は一九四〇年代の上海を舞台に優れた作品を残した作家だが、中華人民共和国建国直後にアメリカに亡命したことからその作品は長らく中国では取り上げられることがなかった。その張愛玲が一九六〇年代以降に近代中国文学研究で再評価されたことに伴い、張と一時期婚姻関係にあった胡蘭成への関心もまた高まったのである。自らは回想録の類をほとんど残さなかった張愛玲を研究する上で、張の人となりにも言及する胡蘭成の回想録は無視することのできないものである。二つには、台湾文学の世界での関心の高まりである。一九七〇年代の一時期、胡蘭成は台湾に滞在したが（章末の表11-1）、その際邂逅した作家朱西寧とその娘朱天文・朱天心が胡蘭成を文学的な見地から高く評価したのである。

胡蘭成に対する関心の高まりを背景に、伝記的な事実関係は整理されつつあり、評伝も編まれた。(4) 本章に関わる点に絞っても、王徳威が、胡蘭成の著作が日本の右翼の好感を得ていた点を指摘し、(5) 黄錦樹は過度な胡蘭成に対する評価を批判している。(6) しかし、多くの研究は史料的な制約もあり、胡蘭成の活動の一時期を取り上げるにとどまっている。またその関心も文体や思想、張愛玲との関係に集まっている。(7)

こうした中、胡蘭成の日本での活動に注目した金文京・濱田麻矢の問題関心は、本章とも重なる。金は、朱西寧・朱天文・朱天心等が胡蘭成の学説を拠りどころに三三集団を組織するなど、胡蘭成が台湾文学界に与えた影響や、胡と日本浪漫派の文学との関係を明らかにした。(8) また金・濱田は、保田與重郎（やすだよじゅうろう）との関係を中心に戦後の胡蘭成の歩みを整理したほか、胡の日本語の味わいや、高見順・竹内好の胡蘭成評「野にある文人」についても検討した。そして胡蘭成が中国で評価されなかった原因は、汪政権に参加したという政治的過去だけではなく、業界を越えた交遊の幅広さと、ジャンルを超えた著述の奔放さが、無節操・無責任という印象を与えたためとする。(9)

本章では以上の問題意識を引き継ぎ、一見散漫にも見える胡蘭成の言論活動は、政論家としては実は一貫性があり、それは戦前と戦後を越えて継続するものであった点を明らかにしたい。具体的には、占領地の雑誌・新聞で胡蘭成が発表した議論のほか、従来明らかにされてこなかった戦前の『中華日報』及び戦後日本の地方新聞での議論について広く検討する。

（2）胡蘭成略歴

胡蘭成の議論を検討する前に、その略歴を簡単にまとめておく。[10] 胡蘭成は一九〇六年二月浙江省嵊県に生まれた。杭州の中学校を四年次に退学した後は、浙江・広西の小学校・英文専修学校・師範学校で教壇に立ち、この間、一九二六年には燕京大学副校長室で事務を担当する傍ら講義を聴講した。

胡蘭成に転機が訪れたのは一九三七年に知人の紹介で、国民党汪精衛派の機関紙『中華日報』主筆になったことである。それまで地方紙に関わった経験があったものの、地方の一介の教員に過ぎなかった胡蘭成が、一躍中央で活躍する機会を得たのである。ここで胡蘭成は経済問題・国際情勢について評論を立て続けに発表した（章末の表11-2）。さらに日中戦争が勃発すると、香港の『南華日報』（『中華日報』の姉妹紙）総主筆となり、「流沙」の筆名で社説を執筆し、和平運動を始めていた汪精衛グループに加わった。

一九三九年上海に移った胡蘭成は『中華日報』総主筆となり、四〇年三月に汪政権が成立すると宣伝部次長に就任した。しかし汪政権成立後、胡蘭成は徐々に政権から距離を取った。四〇年夏に『中華日報』を辞めた胡蘭成は、翌年創刊された『国民新聞』総主筆に就任するが、そこでの筆禍により宣伝部政務次長を辞任した。その後は行政院法制局長として政権内に留まるが、対米英参戦をめぐって汪精衛と意見が対立し、四三年末には「日本帝国主義必敗、南京政府覆滅、国民会議召集」などの議論により逮捕投獄された。この際、胡蘭成の釈放に尽力したのが池田篤紀ら駐南京日本大使館の外交官や軍人であった。

一九四四年に釈放された胡蘭成は、上海を経て湖北省武漢に移り、新聞『大楚報』の経営に携わった。ちなみに胡蘭成と張愛玲との出会いは上海滞在中の四四年二月で、二人は同年四月に結婚し、一一月には共同で雑誌『苦竹』を創刊している。

日本の敗戦後、胡蘭成は重慶（国民党）からも延安（共産党）からも独立した第三極を目指し、鄒平凡[11]（汪政権陸軍上将）らと武漢独立を宣言したが、二週間で失敗した。その後胡蘭成は浙江省温州に潜伏した。一九四九年一〇月に中華人民共和国が成立すると、梁漱溟の招きで北京行を検討するも、最終的には香港を経由して、五〇年九月日本に亡命した。

日本での胡蘭成は清水董三（とうぞう）や池田篤紀（あつのり）ら旧知の日本人の助けを得ながら、各種新聞・雑誌で自身の見解を披瀝した。保田與重郎ら保守系文化人との交流も知られており、神道系の団体である筑波山梅田開拓筵を舞台に学校設立をも構想した。一九八一年七月二五日、胡蘭成は東京福生で逝去したが、葬儀には福田赳夫ら政治家も参列している。

三　中国での議論

(1)「胡蘭亭」と「蘭」——停刊前『中華日報』での議論

これまでも胡蘭成が一九三七年四月に中華日報社に入り、文章を執筆したことは知られていたが、その具体的な内容は不明だった。これには従来、記者としての胡蘭成に関心が向けられてこなかったこと、また当時、胡が執筆に際して「胡蘭成」の名を用いていなかったことが影響していよう。しかし、当該期の『中華日報』を調べると、三七年四月から突然紙面で評論を展開し始める「胡蘭亭」及び筆名「蘭」なる人物に気付く。

「胡蘭亭」「蘭」署名記事の内容は、経済・国際問題を扱ったものが多いが、これは同時期『中華日報』で経済・国際問題について記事を発表していたという胡蘭成の回想と符合する。また「胡蘭亭」の「蘭亭」は紹興を想起させるが、胡蘭成の出身地嵊県は広義には紹興に含まれる。以上から判断して、「胡蘭亭」及び「蘭」は胡蘭成の筆名と考えられる。

一九三七年四月一一日の「対経済建設貢献一点意見」から同年一〇月三一日「再論九国公約会議——調停暴走不

通之路！」までに書かれた署名記事は合計で五八篇確認でき、そのうち五二篇が『中華日報』に掲載されている。そのほか二篇が『中国世界経済情報』に、四篇が『中華月報』（『中華日報』の姉妹雑誌）に掲載されている。

この時期、胡蘭成は平均して四日に一篇の割合で『中華日報』に評論を掲載し、その内容は経済建設や世界情勢への幅広い関心をうかがわせるものとなっている。例えば、経済建設については「国家資本を中心とした経済建設は、民主政治と結合したものでなければならず〔中略〕民主主義と符合した計画経済は、民主的な方法を用いてはじめて生まれる[12]」と論じている。また日中関係については「日英談判がもし中国の主権を侵すことがあれば、中日の経済協力は不可能である〔中略〕東北の失地〔＝満洲国〕が恢復されなければ、中日親善の障碍も取り除けないし、またもし〔日本の〕対華外交が明朗化できなければ、日本国内の政治及び経済的危機は結局解決できず、極東和平の障碍も取り除けない[13]」とする。ただこの時期には、後の胡蘭成の議論に見られるような独自の見解は打ち出されておらず、その内容も基本的には国民党汪精衛派の議論に沿ったものであった。

まもなく日中戦争が勃発すると一九三七年一一月二九日付を最後に『中華日報』は停刊した[14]。胡蘭成も香港の『南華日報』に活動の舞台を移した。

（2）陳璧君の激賞――和平運動への参加と『中華日報』総主筆

一九三八年一二月、汪精衛は重慶を脱し日本との和平を声明し、和平運動を開始した[15]。胡蘭成が和平運動に参加する経緯はその回想で次のように述べられている。

汪精衛が重慶を出て間もなく、汪夫人（陳璧君女史）が香港に来られ、当時汪精衛系の南華日報主筆であった私を招き、和平運動の主旨を説明され、私の参加を勧められた。私はお断りした〔中略〕夫人は「私は娘の時、父の全財産を革命に捧げました。汪先生は粛親王襲撃（ママ）の時と塘沽協定のために兇弾に打たれた時と二度にわたって既に生命を国の為に犠牲にしました。なお、その上犠牲にでき得るものといえば、名誉だけが残っています。汪先生と私はいまそれを国に捧げます。貴方は名誉を最高とするのですか」といわれた〔中略〕私は汪精衛が名誉までいけにえにして国に捧げなさるお考えに心の底まで打たれた。私は翌日、香港の山上に登り、海と空を眺め、その偉大さを見、古今の悠々たる時の流れを感じて、すべてを国に捧げようと決心した。[16]

「名誉を国に捧げる」「海と空を眺め、その偉大さを見」「古今の悠々たる時の流れを感じて」といった部分は、胡蘭成の気概の表れであると同時に、自らの行動を浪曼的に語る胡の傾向が表れている。

和平運動に加わった胡蘭成は『中華日報』の復刊（一九三九年七月）を期にその総主筆に就任した。復刊した『中華日報』には汪精衛が国民党青年部長を担当していた頃（一九二四年頃）の青年部員が多く、社長の林柏生も広州の嶺南大学卒業生だった。[17]そうした中、それまで汪精衛や国民党とは縁もゆかりもなかった胡蘭成が総主筆に就任したのは異例と言える。

これには、胡蘭成が『南華日報』に掲載した「戦難、和亦不易（戦いは困難だが、和平もまた簡単ではない）」を激賞し、胡を汪精衛に推薦した陳璧君の後ろ盾が大きかった。陳璧君は、宣伝部部長林柏生は「汪先生側の人」であるのに対し、同次長の胡蘭成は自分の側の人であると意識しており、胡蘭成にも「自分を姉と思へ、自分も姉だけのことは出来ると思ふから」と語ったという。[18]

『中華日報』は復刊に際し新たに「社評」（社説）欄を設けたが、復刊から半年弱の間に胡蘭成が執筆した社説は確認できるものに限っても八一篇で、これは全体の五六％にものぼる。胡蘭成は平均して二日に一度以上の割合で社説を執筆していたことになる。[19]社説の内容は汪派国民党の和平運動に沿ったものだったが、同時期の座談会での発言には、日本にも主張すべきは主張する胡蘭成の心意気が現れている。

私達は祖国が何等の道義的根拠なくして押しつけられてきた「不平等条約」の排除の為に戦はねばならないの

です。これが建国にとつて、第一義的な外交闘争です。しかし、不平等条約は日本からも押しつけられてゐるのです〔中略〕国家の権威を毅然として保全しながら、よりよき機会を待つ、かう云つた外交闘争を今日の支那は戦ふことが、最も聡明な方向であり、手段であると考えてをります。[20]

（3）政権からの乖離——汪精衛との齟齬

一九四〇年三月、汪精衛が首都を重慶から南京に還（かえ）すという体裁（還都）で政権を樹立すると、胡蘭成は宣伝部政務次長として政権に参画した。胡蘭成は宣伝部の仕事はほとんどしなかったと回想しているが、宣伝部傘下の宣伝講習処では講義を担当した。受講者によれば、他の講師の授業には関心を示さなかった学員たちも、「唯一人胡蘭成の授業だけは、誰もが注意して聞き、少しもおろそかにすることがなかった」という。[21]

しかし汪政権発足からまもなく胡蘭成は汪政権と距離を取るようになり、一九四〇年夏には『中華日報』を離れ、翌年二月には創刊された『国民新聞』の総主筆に就任した。胡蘭成によれば汪精衛との隔たりは、以下のように主に三つの段階を経て徐々に深まったという。[22]

一つには、日中戦争の理解をめぐる汪精衛との見解の相違である。胡蘭成は「中国は決して、戦に負けてはゐない」という立場にあったが、汪精衛は「大アジア主義を主張することによつて、日本側を譲歩させ、中国の敗戦の事実を軽減しようと」するに過ぎなかった。

日中戦争の勝敗の評価は、占領地の中国人の立場を考える際の指標となる。胡蘭成の主張は、汪政権成立前後の時期に和平運動を支援するため、袁殊が組織した興亜建国運動（興建運動）の主張に近い。興建運動は、近衛声明の和平の主張に意義があると認めたものの、日中戦争で中国は日本に負けたわけではないとの立場を堅持し、仮に日本が声明の内容を違えるならば、いつでも抗戦に戻ることを表明していた（第六章）。胡蘭成もこうした運動方針を了解していたと思われ、興建運動の機関誌にも文章を寄せている。[23]

二つには、李士群との対立である。李士群は特務工作を通して汪政権で頭角を現し、清郷工作でも中心的役割を果たした人物である。胡蘭成は、日本軍の全面撤兵のために、まず地区ごとに、順次日本軍に替わって中国軍を駐屯させることを汪精衛に建議したものの、「これが料（はか）らずも清郷工作といふ形に変つてしまつた」ことを問題視していた。

清郷工作は一定区画を竹矢来などで囲んで、人と物資の移動を政府の管理下に置き、区域内から重慶国民党や共産党の影響力を排除する政策で、実施にあたっては日本の軍事力に頼る側面があった。このため、日本軍の全面撤兵は実現から遠のいたのである。

三つには、対英米宣戦布告をめぐる汪精衛との対立である。一九四三年一月九日、日本の対米英宣戦布告から一年を経て、汪政権も宣戦を布告したが、胡蘭成はこれに反対していた。さらに胡蘭成が「日本帝国主義者は必ず敗れ、汪政府は必ず転覆する、これを救ふには、中国が国民会議を開き、日本が昭和維新を断行する以外に、途はない」という内容の文章を発表したため、「汪先生も怒つて、私〔胡蘭成〕を獄に下し、私を殺さうとした」のである。こうして胡蘭成は汪政権を離れることになった。

（4）「全面和平に至る道」と日本人との交流

胡蘭成が政権を離れる事態を招来した直接の原因は、胡が一九四三年一〇月三日に南京の『民国日報』に発表した「到全面和平之路」という文章にあった。この中で胡蘭成は、局部和平から全面和平に至るのは、還都以来皆の信念だが、もしそれが局部和平の段階で止まってしまえば、和平とは言えないのだから、速やかに中国は帝国主義戦争から抜け出す必要があるとした。また、和平地区と抗戦地区とが隔絶した現状を打開するために、中国民衆による革命勢力奪取を訴え、重慶政府の方針転換を促すことの必要性を説いた。そして人民の意志と力で重慶を支配するためには、まず和平地区の政治が人民の監督を受け入れるべきであり、重慶側人民の言論結社の自由をうながすためにも、まず和平地区の人民が言論結社の自由を持つべきであると主張した。[24] これは重慶国民政府への批判であると同時に、汪政権に対しても正面から要求を突き付けるものだった。

この文章は池田篤紀ら駐南京日本大使館の関係者にも衝戟を与えた。一読した池田は「斯かる参戦拒否の言をなす者ありとは怪しからん」と思い、胡蘭成に「早速会談を申込んだ」。ところが両者は話すうちに、「大いに共鳴しかつ相互に敬愛の情」を抱き、「それから時々往来」する仲になった。戦後、池田はその時の交流を次のように回想している。

……私は昭和十七年〔十八年の誤り〕七月の末に南京に赴任した。南京に着任して暫らく様子を見ていると、日本側と中国側の真の意思疎通が殆んど行われていない。お互に空虚な辞令交換しかない。これではよくない。しかし大臣級は本当のことを言い難いだろうから、次官級の若い連中と胸襟を開いて語り合う工夫をしよう、と考えて、先づ皮切りに私の家で五、六人の次官を招いて、簡素な夕食を共にし、これからは料理屋を使わず、皆で廻り持ちにして、一週一度寄合うことにした。〔中略〕

さてこの会合の何回目かに、外交部次長の家で、私は初めて胡蘭成君と相見したのである。〔中略〕私は日本の国内は戦時体制が整備され、外地の軍隊では現地調達が行われていて、食糧難の事実はないと前置きして、いろいろの数字を並べたてた。〔中略〕

すると胡君がスックと起ち上って、猛烈にしかも正確な資料をあげて、完膚なく私の詭弁をやっつけたのである。〔中略〕私はこの勇敢な、しかも明澄なる理性の人に、些か口惜しい気持はあったろうが、尊敬の情を抱かざるを得なかった。と同時に、日本人に対して、とかく真実を語りたがらぬ中国人の間に、このように、まだ我々日本人を対等の人間として遇する人もいるという、一種の悦びと感激の気持を持ったのである。[25]

胡蘭成が逮捕された原因は、池田篤紀の依頼で胡が「書き上げてくれた論策」である。この論策が、「〔汪政権〕

当局の忌諱に触れて筆禍事件を惹起し、胡君は二月程監禁されてしまつた」のであった[26]。

この論策の内容は不明だが、時期と内容から判断して、近衛文麿のもとに送られていた胡蘭成の「和平運動の錯誤、糾正及再出発」と同様の趣旨であったと推定される。当時、近衛の意向を受けて諸情報を高松宮に伝えていた細川護貞（もりさだ）は、「近衛公より拝借」したその文書の内容について、「全編和平運動失敗への反省を試み〔中略〕大東亜戦争によつて帝国主義日本が失敗し、革新日本が生れることを信じて、之と真の和平運動を試みんこと」を訴え、中国は日米戦争への参戦ではなく、中国を解放することによってのみ、「米英の帝国主義打倒に貢献する」ことを主張するものであった、と記録している[27]。

四八日間を獄中で過ごした胡蘭成は、大使館の池田・清水董三（参事官）・谷正之（駐華大使）・三品隆以（南京総司令部報道部長）らの尽力で釈放され、池田のもとに匿われた。ちょうどその頃、上海から南京を訪れていた作家石上玄一郎が、池田の様子も含めて次のように回想している。

……刈屋〔久太郎〕君があるとき「南京に出張するが、一緒に行つてみないか」と誘ひに来た、南京の大使館に池田といふ変つた人物がゐるから一つ会つてみてくれといふ、池田は一介の書記生だが実に野武士的人物で、大使も公使もてんで眼中になく、自分勝手に和平工作をやつてゐる。彼の計画では南京政府と重慶政府との間に第三勢力を樹立し、この第三勢力を中心に和平工作を進めるのだといふ。

それもよからうが、その第三勢力の中心人物は何者かと尋くと、胡蘭成といふ人だとの事だつた。私は胡蘭成とは果して如何なる政客なのか知らなかつたし、説明を聞いた筈だが今は忘れてしまつた。

刈屋君と私とは南京に着いた晩から、鼓楼に近い大使館官舎の池田氏の家に泊めて貰つたが、初対面の池田氏の印象はあまりよくなかつた。「野武士的」かも知れぬが、おそろしく尊大で独断的な人柄に見えた。実行力はありさうだが、粗雑な大陸型のこうした人物の話に私は跟いて行けなかつた。

客間で池田氏と話してゐるところへ、長衫を着た小柄な中国人が入つて来て、北京語で何か言つた。池田氏は直ぐ立ち上り、次の部屋へ入つて何やらひそひそ密談をはじめたらしかつた。「あれが例の胡蘭成ですよ、池田君が匿つてゐるんです」と刈屋君が私に耳打ちした。その時、会つた胡蘭成氏の印象は政客といふよりは、むしろ読書人か文人墨客といふ風にしか見えなかつた。そしてこの人が第三勢力の中心人物とすれば些か頼りない感じだつた。〔後略〕[28]

その後、胡蘭成は上海を経て漢口へ移り、沈啓无・関永吉らと新聞『大楚報』の経営に携わり、同紙を舞台に言論活動を継続した。

汪政権に対する胡蘭成の意識は、張愛玲とともに創刊した雑誌『苦竹』が北一輝の『支那革命外史』を訳載したことからもうかがえる[29]。伏字ではあるものの宋教仁暗殺の真犯人を孫中山とする『支那革命外史』を翻訳することは、孫中山の大アジア主義に正統性を求めた汪政権との決別を意味しよう。

ただ汪精衛と日本に対する胡蘭成の思いは複雑だった。後年胡蘭成は「私は汪先生が日本に対して、あまりにも感情的なのに不満で、ついに〔汪政権より〕遠ざかることになったが、その後、日本人と直〔接〕接するようになってから、またその〔日本人の〕純情に感激して、日本の敗戦近しとあきらかに知りながらも、その敗れざらんことを望んだ」と回想している[30]。

汪政権から離れた胡蘭成は、さらに独自の中国将来像を語るようになった。その骨子は人民による国民会議を召集し、それからなる革命政府により、日中の和平を目指すものであった。

唯一、国民会議の召集のみが、戦後の局面収拾の能力をもつ〔中略〕重慶のそして延安の人民に連絡をとるべきであらう。中国戦時人民委員会は即ち抗戦区と和平区の人民を打つて一丸と為し国民会議を召集し、自らの意志と能力を以て南京政府重慶政府延安政府の解決し得ざる問題を解決する。この中より統一的革命政府を生み出して〔中略〕歴史的任務を完成する。斯かる深刻にしてかつ広大なる工作を通じてのみ中日戦争は早目に片づけられ、日本と中国は提携して更に一層高い段階における「アジア」解放の対米英闘争に立ち向ひ得るのだ。[31]

こうした胡蘭成の議論に日本側関係者も関心を持ち続けた。一九四四年一一月、胡蘭成が『毎日新聞』に寄せた「中国の道」もまた、「全支民衆背景に　国民会議を招集」することを唱えたものだったが、[32]これに注目したのが「〔中国〕共産党通」として知られていた波多野乾一である。波多野は胡蘭成について、「盛んに理論的活動を続けてゐる。学生及び知識層には「第二の魯迅」として相当の人気があり、評論家としては国府〔＝汪政権〕治下の第一人とされてゐる」と紹介している。[33]

一九四五年二月に駐南京満洲国大使館に参事官として赴任した竹之内安巳も、胡蘭成の「論説は筆鋒するどく日中問題にメスを振っていたので私達は彼の社説を読むのが日課になっていたほど感銘を覚えたものだった。〔駐華満洲国公使の〕中山〔優（まさる）〕さんと私は胡氏を相手に官邸の庭にテーブルをもち出し、老酒をのみ、炒麺をつつきながら時局について歓談した」と回想している。[34]

この頃、胡蘭成は池田に対し、長年自分は「如何にしてダーウインとマルクスと梁漱溟を超克するか」を課題としており、とりわけ「梁漱溟を乗り越へることが一番最後迄残つた課題であつたが、近来やうやく自信をもつに至つた」と語っていたという。[35]こうした自らの思いを率直に表明する態度や、単なる時事的情勢分析にとどまらない議論の妙も日本人の中に支持者を得た一因だろう。

（5）日本の解放と世界の解放――日本の敗戦と潜伏

日本の敗戦前夜の事情は、胡蘭成の次の回想が簡にして要を得ているので引用しよう。

私は池田君と共に、終戦の間近に迫つて居るのを予想したが、時代は如何にも重大であり、局面は如何にも貧弱だつたので、一年半の間に、どうしても軍隊を作らうと考へたところが準備半ばにして、日本の降伏となり、已むなく他人の軍隊を借りて旗挙げをしたが、二週間武漢独立をやつたゞけで、結局皆の気持が揃はず、私は単身亡命するに至つたのである。私は去るに臨んで、書類を全部焼き捨てた。(36)

胡蘭成が潜伏する直前に、日本人に残した文章が残されている。この中で胡蘭成は、自信を持っていることは日本人の長所で、「戦敗後は特に此の民族的自信は昂揚されねばならない」としながらも、一方で、日本人が驕慢であるが故に、世界を丁重に扱わなくなった点を問題視した。続いて、日本人が「戦争中に於て物力を超へた精神力を発揮したのは事実〔中略〕だが此の種の精神力の発揮は極めて極限されたもので」、「肝要なことは、如何にして人々を革命の水準に迄昂めるかであり」、これは「決して一国家のことではなく〔中略〕世界革命の課題で〔中略〕日本が此の点に深く覚醒せんことを希望」した。そして日本の将来について留保をつけながらも次のように予言した。

日本の敗戦による束縛は、凡そ五年にして解放されるであらう。日本の産業が戦前の水準に迄恢復するには凡そ十五年は要するものと思はれる。だが之れには日本の解放は決して日本一国の努力によつて到達されるものではなく、今後の世界情勢の機動の中に於てのみ其の機会が恵まれることを銘記せねばならぬ。(37)

この後胡蘭成は張嘉儀の変名で中学教師として浙江省温州に潜伏した。潜伏中には雑誌『観察』が機縁となって中国民主同盟秘書長だった梁漱溟と知己になり、北京に招請された。しかし素性が露見するのを恐れた胡蘭成は香港へ逃れた。(38) 香港では哲学者の唐君毅と面識を持ったほか、樊仲雲（汪政権時代の中央大学学長）や呉四宝（特工総部警衛総隊副総隊長）の未亡人佘愛珍とも会っている。のちに胡蘭成は日本で佘愛珍と結婚することになる。

潜伏中の胡蘭成は、台湾の蔣介石に対して「中国新生運動計画草案」なるものを送付している。この中では三年以内に第三次世界大戦が勃発するとの予測の下、国際的な反共志願軍を組織し、台湾の精鋭二個師団を江蘇・浙江から上陸させること、また日本で有志を教育する学校を開くことなどが提案され、ソ連・米国の他いかなる列強にも中国の命運をまかせず、自主外交を打ち立てるべきことなどが唱えられている。[39]

中華人民共和国成立前後の時期、東アジアの情勢がいまだ流動的な中、反共を軸に地域構想を語る議論は胡蘭成に限られるものではなかった。日本・韓国・中華民国による「日韓蔣同盟」や反共国家による「アジア聯盟」、さらに「アジアマーシャルプラン」といった構想はその一例である。[40] 胡蘭成の提案は採用されることはなかったが、当局の一定の注意はひいていたようで、その後も胡の動向は中華民国当局に報告されていた。[41]

四　日本亡命後の議論

一九五〇年の中秋の晩、胡蘭成は突如東京荻窪の清水董三の私邸に現れた。[42] 胡蘭成はイギリス船の下級船員に身をやつし、香港から日本に入国したのである。[43] その後胡蘭成は一九八一年に死去するまで、一時的な台湾滞在を除き、三〇年にわたって日本で暮らした。

その間に胡蘭成が発表した著作以外の論考は、筆者が確認できたものだけで二二〇篇を超える（章末の表11-2）。これらの議論については、ほとんどが『東三新聞』『ジャーナル』『教育日本新聞』といった地方新聞や業界紙に掲載されたこともあり、従来その内容はほとんど知られてこなかった。しかしこうした議論を整理分析することで、胡蘭成が戦後の日本でも戦前と同様に世界情勢について関心を持ち続け、自身の立場を披瀝していたことが明らかになった。

（１）朝鮮戦争と第三次世界大戦

日本に到着して間もない胡蘭成に執筆の場を提供したのは、『毎日新聞』編集長の橘善守（よしもり）である。橘は戦前から天津・上海支局長などを務めた中国事情に通じた記者だった。(44) 胡蘭成は一九五〇年一一月と翌年元旦の『毎日新聞』に、それぞれ朝鮮戦争とアジアの東西対立に関する「特別寄稿」を寄せ、五三年元旦にはサンフランシスコ平和条約締結後の「日本に対する中共の腹案」を分析してみせた。(45) また同社刊行の『毎日情報』も二回にわたり、日本が独立した国家たるべく軍備再建をするべき、といった胡蘭成の記事を載せている。(46)

これに続くように『改造』が「毛沢東論」（一九五一年三月）と「日本の風物」（一九五二年一二月）、『文藝春秋』が「中国のこころ」（一九五二年八月）、『東洋経済新報』が「中国人は中共をどうみる」（一九五一年六月）と「アジアと日本」（同）、『日本及日本人』が「わが日共観」（一九五二年八月）と、一九五一年から翌年にかけて複数の総合雑誌も胡蘭成の議論を取り上げた。

この時期の胡蘭成の議論は、第三次世界大戦の勃発が近いことや、中国の民間で新しい政治運動が起こることを前提として立論されたものであった。さらに胡蘭成はそれを踏まえて日中合作を説き、一九五一年に執筆した「日本の大道」では、「我々のアジア建設方案は、中日合作を主内容」とし、「中国の大地と人力、日本の技術、米国の資本」による中国の共同開発を提起した。また「中日合作は中共打倒を前提とする」とし、「最も重要なのは、日本が直接に中国民間の革命志士を援助すること」で、日本も「中国人民に関心を持つべき」と述べている。(47)

朝鮮戦争の帰趨が定まらず、中国を含め東アジア情勢がいまだ流動的と見られ、また中国からの情報が限られていた当時の日本にあって、胡蘭成が最近まで大陸に滞在していた新来の亡命者であったことや、「中国でも有名な国際問題評論家(48)」といったふれ込みは、人々の注目を惹いたことは確かだろう。

例えば日本の国際社会復帰が具体的日程に上る中、一九五一年元旦に発表された以下の議論で胡蘭成は、アメリカの占領により日本が「一面頽廃の傾向を示しはじめている」とし、その再武装も「ただ米国の指図を待っているわけには行くまい」と鋭く指摘する。かつて日本の占領下中国で「国家の権威を毅然として保全しながら、よりよき機会を待つ」と発言し[49]、国の独立と自主にこだわった胡蘭成ならではの視点とも読め、興味深いものがある。

占領はすでに五年を経過している。占領軍の美徳は早くもその歴史的役割を果した。日本の政府と国民は長期の占領によって、一面頽廃の傾向を示しはじめている。しかし一方同時にまた日に増し険悪化する世界情勢によって覚醒を促がされつつある〔中略〕ただ五年来というもの日本民族は少しも口をきかなかった〔中略〕だから今日から日本人は大いに語るべきである。一九五一年の中に、日本は国民外交を実現し得る可能性に恵まれている。政府と協力し、早期にしてまた好ましい平和条約を希求してよい。日本の一切はその国家の独立自主を前提とする〔中略〕再武装の程度と性格は、やはり主として日本自身で決定せねばならぬことであって、ただ米国の指図を待っているわけには行くまい〔中略〕将来世界的奴隷制の維持のために戦われるか、それとも人類の理想のために自ら決意して戦うかは、日本民族の自ら決定し得るところである[50]。

しかし全国規模の主要メディアが胡蘭成の議論を取り上げたのは、一九五三年初頭までであった。これには一九五三年七月に朝鮮戦争が休戦し、世界戦争の危機がひとまず回避されたことによろう。直截に言えば、胡蘭成の予言は外れたのである。また池田篤紀によれば、この頃胡蘭成が中国語で自身の文明観・世界観を綴った『山河歳月』に対する反響も芳しくなかった。

本書ハ胡蘭成君畢生ノ作也。但（ただし）書肆ノ出版ヲ肯（うべな）フ者無シ。不得止（やむをえず）余カ郷里ニ於テ一千部ヲ印行シ二百部ヲ香港ニ送ル。台湾ハ拒否シテ不受（うけず）。香港ニ於テモ殆ド購（あがな）フ者無キ様子也。胡君ハ本書ニ於テ中国文化ノ特色ヲ発揮シ其ノ民族的自覚ヲ促サント志シタルモノナルモ知己ヲ後世ニ待ツノ歎ヲ如何トモスル無キハ真ニ可憐ナリ[51]。

こうした事情を反映してか、ほぼ二年間、胡蘭成の時局に対する発言は確認できない[52]。

(2)「英雄による大陸反攻」の主張

再び胡蘭成の政論が確認できるのは一九五五年に入ってからである。まもなくソ連では、フルシチョフが資本主義国家と共産主義国家は共存できるとする、いわゆる平和共存路線を唱え始めたが、これは胡蘭成にとっては好ましいものではなかった。胡蘭成は平和共存が続くことは「中国としてみれば、これは本来の中国に還れないことであり、私自身自分の国に帰国出来ないといふこと」とし、「平和的共存が長く続けば、私はこのみじめさから脱却する方法として、自殺するか出家するかの手段以外何ものもない」と述べている[53]。

翌年の対談でも「将来大きな国際的な変化がありますならば、私は必らず中国に帰っていきたい」と自身の考えを繰り返した。さらに「そのときには、われわれは中国人、日本人の区別なしに、一丸となってコミニストと斗うわけですが〔中略〕それは政党とかそういうものじゃなしに、これを天下英雄会[54]」と名付けたいと述べている。そして孫中山の黄埔軍官学校などに倣って、日本で「特殊な大学を作りたい」との希望を披瀝している[55]。

こうした胡蘭成にとって一九五六年のポズナン暴動やハンガリー動乱はその言論活動を後押しするものであった。胡蘭成は「この夏以来、ポーランドの暴動、エジプトの反抗、ハンガリーの反ソ戦闘」により、「共産政権とは依然として対立し反抗し得ることが実証された」ので、「大陸の光復は、必ずしも第三次大戦を要しない[56]」と述べた。

これ以後、胡蘭成は積極的に大陸への反攻を軸に議論を展開した。一九六一年一一月には「中共の内部崩壊の兆しはいまや明らかとなった。まさに国府軍の大陸反攻の好機」としながらも、「大陸反攻が遅れて核兵器による全面戦争と時期が一しょ(ママ)になる」事態を憂慮し、そのためにも「核兵器の全面戦争がまだ起らない前に先手を打って中共を打倒し、新生中国と日本が連合し、新たなる西洋世界の危機にいかに対処するかを考慮する」必要があると述べている。[57]

大陸反攻への思いは、「この一年来、中共の軍心はすでに離反をはじめた〔中略〕中共の中・上級幹部の間には、すでに意見の対立が生じているが、これは大軍団の叛離から内戦に至る兆しとみてよい」[58]、「只今の中国内部の状態は、恰もポーランドやハンガリーで動乱が起った時の直前に似ております」[59]、「一九六三年の国民政府の大事は大陸反攻である。国民政府のみならず、全世界もまた中共打倒を第一大事とする。中共を打倒し、新中国が出現すれば、そこに新しい思想の出現もあろう」[60]などと、様々な形で繰り返された。しかしそうした主張は、胡蘭成に近い人々からも疑問視されるなど[61]、一般には中国事情を見通すものとは見られなかった。

これは、胡蘭成の議論を掲載する媒体の変化からも明らかである。この時期、胡蘭成の議論を掲載したのは、全国師友協会の『師と友』、アジア問題研究会の『亜細亜』、熊本の地方雑誌『日本談義』など、保守系の専門誌／紙ないしは地方の刊行物だった。一九六一年九月から六八年六月までほぼ毎号にわたり一六〇篇以上の文章を寄せた『ジャーナル』（旬刊）は名古屋の地方誌で、政治評論家の岩淵辰雄の他、鍋山貞親（さだちか）（社会運動家）・有沢広巳、中山優・石森久弥（元朝鮮公論社長）・大森曹玄・安岡正篤（まさひろ）らが寄稿し、時に蔣介石や陶希聖（総統府国策顧問）といった中華民国の人士の議論も掲載されたが、輿論一般への影響力は限定的だったと考えられる。[62]

ただ胡蘭成に魅了される日本の文化人もあり、この時期胡の交際は、戦前からの知己のみならず、保田與重郎・尾崎士郎・岡潔といった戦後知り合った日本人にも広がっていった。例えば作家の尾崎は胡蘭成の印象について、「僕は初めてあなたにお目にかかつたときに、なにごとかを感じたのです」とし、「胡蘭成先生が、自分の精神をそこにこめて立ち上っていかれるならば、日本とか中国とかいうような問題じゃなくて、東洋全体を貫くものを築きあげられると思う」と胡を高く評価した。[63]

孫中山や宮崎滔天らとも交流のあった熊本の名士紫垣隆も、胡蘭成と交流を持った一人である。[64]宮崎滔天のように孫中山の革命に献身した日本人がいたことは知られているが、胡蘭成も自身と日本人との関係をこれに重ね合わじての岸信介や正力松太郎からの資金援助も実現しなかった。[65]

せていたと思われる。しかし胡蘭成の活動に資金を投じてまで支援する人は、ほとんどいなかった。岩淵辰雄を通

（3）中国の原爆保有を受けて——神道への傾倒

一九六四年一〇月、中国が核実験を成功させた。胡蘭成は、自らの悪い予想が的中したと思ったに違いない。これまでの議論でも胡蘭成は中国の核保有に警鐘を鳴らし、逆説的な言い回しながら「中共に残された夢が一つある。それは早く原子爆弾を自家製造して、対外的に新局面を打開し、対内的困難を転嫁ないし解決すること」などと指摘していた。しかし同時に「中共政権存亡の決定的瞬間は、一年半以内に到来する」と、中国の政権崩壊の方がそれに先んじることに期待を寄せてもいた。[66]

おそらく胡蘭成は、これを機に大陸反攻と自身の帰国の可能性が完全に絶たれたと悟ったに違いない。これはその政論の傾向やその後の胡蘭成の行動にも現れている。政論では、原爆実験直後に時局への発言が途絶え、さらにその後は中国時事に関する主張が減少した。相対的に増えたのは日本の政治・外交、社会・公害問題への言及である。一九六五年には保守系の『教育日本新聞』へも論説を掲載するようになった。

こうした傾向に拍車をかけたのが、一九六六年に紹介された筑波山梅田開拓筵主の梅田美保との邂逅である。同筵は神道系の修養団体だが、胡蘭成はここにしばらく滞在し、保田与重郎・梅田と連名で「一切の西洋の框に嵌められたものを排し、わが正しい歴史学、権力と功利に俗化されない政治学、情操ある経済学、清明と幸せの思想に基く自然科学と美術学等々を講ずる」私学校設立を構想した。

胡蘭成によれば、この学校は「松陰塾や西郷南洲翁の私学校〔中略〕孫文の黄埔軍校やタゴールの国際大学、乃至レーニンの東方大学や、毛沢東の延安大学をも照らし合せ」たものであった。[67]また与良ヱ（中日新聞社長）ら支援者を相手に開拓筵で講義を担当し、その内容は梅田の助けを借りて講義録として発行された。

胡蘭成が「私はかつて「山河歳月」の著には神は要らないと言つた。これも近年になつてやうやく宗教に染まらない日本神道を知つて、わが身の神神しいのを喜ぶ[68]」と、その心境の変化を告白している。そして、政党・宗教や組織力によらない集まりとして「天下英雄会」の設立を提唱し、「春風による一代の人心を動かすこと、対立や闘争とせず、天意に叶つて大変革による新しい政治経済制度を創造し、世の中を清め鎮めること」を唱えるに至った[69]。

五　小　結

以上、本章では政論家としての側面に注目して、胡蘭成の戦前・戦後の歩みを検討してきた。その結果次の三点が明らかになった。一つには、新聞記者をきっかけに世に出た胡蘭成は、中国大陸・香港・日本と場所は変わりながらも、基本的には政論家として活動を続けた点である。もちろん胡蘭成は藝術や美的なものへの関心も高かったが、それも、多くは時事的問題や政論を扱う文脈で語られた点は留意する必要がある。一見散漫にも見える胡蘭成の言論活動だが、胡の政論家としての側面に注目すると一貫性があり、それは戦前と戦後を越えて継続するものだったのである。

二つには、胡蘭成の政論は、その日本亡命当初こそ日本の主要メディアに取り上げられたものの、その後まもなくして限られた媒体が扱うにとどまった点である。これは胡蘭成の中国をめぐる将来構想が、現状から乖離したものとみなされていったことが大きい。これに拍車をかけたのが中国の核実験成功であった。以後胡蘭成の議論からは中国の現状分析は減少し、代わりに神道・天皇等、また現代日本の抱える諸問題への言及が増加する。

ここから言えることは、胡蘭成にとっては戦前と戦後、あるいは一九四九年の中華人民共和国成立に伴う断絶よりも、一九六四年の中国の原爆実験成功の方がより大きな意味を持っていた、ということである。これは当時日本に亡命していた汪政権の外交官の動向とも共通する。胡蘭成と同じく汪政権に関わった譚覚真も戦後しばらくは日本の雑誌で中国分析を展開したものの、やはり一九六〇年代半ばからはその活動は減少しているのである[70]。

三つには、戦後の日本社会に戦時中の対日協力者を受け入れる空間が存在した、という点である。胡蘭成は戦前からの繋がりだけでなく、戦後も日本人との交際関係を広げ、政論を発表し続けた。これは戦後日本の対中交流の文脈では従来ほとんど検討されてこなかった側面である。ただそうした日本社会の空間、すなわち胡蘭成が交流した日本人のほとんどが所謂保守系に分類される人々に限られた点を忘れてはならない。しかもその中にも正力松太郎のように、胡蘭成につれない態度の者もいたのである。

したがって胡蘭成の「日本的三個主要政党、対胡均尊崇礼遇、甚至奉之為先生（日本の三つの主要政党は、いずれも胡蘭成を尊敬して扱い、さらに先生と奉じている）」「広結政経実力人物（広く政治・経済の実力者と結んでいる）」「多与各地豪傑交遊（各地の豪傑との交友が多い）」（いずれも唐君毅宛の胡蘭成書翰）といった自己規定は[71]、胡自身の認識としては興味深いが、実状とは異なっていたと言うべきである。またこのことは、胡蘭成の日本認識は、一部の保守系の人々との交流の中で影響を受け、育まれた蓋然性が高いこともうかがわせる（胡には日本留学の経験もなかった）。戦後の胡蘭成の議論、とりわけその日本に関する議論を読む際には、こうした背景も意識する必要があるのである。

表11-1　胡蘭成関係年表

年	月	日	年齢	胡蘭成に関する事項	備考
一九〇六	二	二八	一	浙江省嵊県下北郷胡村に生まれる。小名積蕊。	
一九一八			一三	紹興第五師範附属高等小学校二年に入学。父親と杭州に行く。	

一九一九			一四	高等小学校卒業、紹興第五中学に進学。一学期だけ在籍し胡村に戻る。	
一九二〇			一五	杭州蕙蘭中学に進学。	
一九二三			一八	蕙蘭中学四年次に校刊を編輯したことで、退学する。	
一九二五	一〇		二〇	玉鳳と結婚。胡村小学で教鞭をとる。	
一九二六	三		二一	燕京大学副校長室で文書清書の仕事を一年する。大学の授業を聴講。	
	九			杭州郵政局で郵務生となる。三ヶ月後に免職。	
一九二七	二		二二	北京を離れ、故郷で年を越す。	
一九二八	夏		二三	岳父と奉化雪竇寺に行き、その後八日間南京に滞在。職を探すも見つからず。斯頌徳（蕙蘭中学同学）の杭州の家に一年滞在。	
一九三〇			二五	杭州中山英文専修学校で教壇に立つ。	
一九三一	年初		二六	蕭山湘湖師範学校で教壇に立つ。	
	夏			湘湖師範学校を離れ胡村に戻る。翌年春に広西に行く予定であったが、第一次上海事変勃発と妻の病気のため、家に一年滞在。	
一九三二	一	二八	二七		第一次上海事変勃発。
	四	一一			『中華日報』創刊。
	六	二八		妻・玉鳳病没。	
	八～九			国民革命軍第四集団軍総司令部政訓処で任職していた崔真吾の紹介で広西に行き、南寧の広西第一中学で教壇に立つ。	
一九三三			二八	散文集『西行上』出版。	
				百色の第五中学に移り、二年間教壇に立つ。	
				全慧文と結婚。	
一九三五			三〇	柳州の第四中学に移り、二年間教壇に立つ。	
一九三六			三一	国民革命軍第七軍軍長廖磊の紹介で、『柳州日報』の仕事を兼任。対日抗戦必須と民間起兵の気運を鼓吹。	
	六			両広事変が起きるが、すぐに失敗する。胡蘭成は国民革命軍第四集団軍総司令部に三三日間監禁。	

年	月	日	年齢	事項	社会
一九三七	年初		三二	白崇禧に手紙を書き釈放される。胡村に戻る途中、上海で古詠今（中華日報勤務）に会う。帰郷後、中国の手工業と関税に関して執筆した文章が『中華日報』に掲載される。	
	四			『中華日報』主筆となり、上海に行く。	
	七	七			盧溝橋事件勃発。
		一五		華北事変討論会に出席（於上海市商会）。	
	八	一三		第二次上海事変後、胡蘭成一家はフランス租界へ移る。	
	一一	二九			戦争激化のため『中華日報』休刊。
一九三八	年初		三三	香港『南華日報』総主筆となり、「流沙」の筆名で社論を執筆。同時期、蔚藍書店の仕事も兼務し、戦時国際情勢を研究。	
	一〇	一九		『最近英国外交的分析』（商務印書館）出版。	
	一二	三〇			汪精衛、重慶を離れハノイへ。 汪精衛「艶電」発表。
一九三九	四末〜五初		三四	汪精衛に従い、香港から上海に移る。	
	七	一〇			『中華日報』復刊。
	八	二八			国民党（汪派）第六回全国代表大会開催。
	九	一			ドイツ、ポーランドに侵攻（第二次世界大戦）。
	一一	二三		原勝・郭秀峰と座談会（於上海傅式説邸）。	
一九四〇	一		三五	『戦難和亦不易』（中華日報社評集）出版。	
	三	三〇		宣伝部政務次長に就任、『中華日報』総主筆・汪精衛機要秘書兼任。	汪政権成立。
	夏			『中華日報』総主筆辞任。	
	一一	五		神戸到着。紀元二千六百年記念式典参列のため。	
	一一	三〇			日華基本条約締結。
一九四一	二	二八	三六	「国民新聞発刊辞」発表、『国民新聞』総主筆に就任。	
	一二	八		『国民新聞』に掲載した批評により、宣伝部次長を免職。	日本、米英に宣戦布告。

年	月	日	年齢	事項	関連事項
一九四二	二		三七	行政院法制局長に就任。	
	九			『争取解放』(国民新聞社論集)出版。	
	一一	一九		汪精衛に対米英参戦反対を提言。	汪精衛訪日(～二六日)。
一九四三	二		三八	法制局の解消により、経済委員会特派委員に就任。	
	三				蔣介石『中国之命運』(正中書局)出版。
	一〇	三		「到全面和平之路」を掲載。これをきっかけに池田篤紀と知り合う。	
		三〇			日華同盟条約締結。
	一二			筆禍(日本帝国主義必敗、南京政府覆滅、召開国民会議等)のため逮捕。	
一九四四	一	二四	三九	池田篤紀の尽力で釈放。	
	二	一		上海に戻る。	
		四		張愛玲と知り合う。	
	六			張愛玲と結婚。	
	七			日本はただちに中国から撤兵すべきことを公表。	
	一一	一〇		張愛玲と『苦竹』(月刊)創刊。	汪精衛、名古屋で逝去。
	一二			池田篤紀・清水董三・谷正之、胡蘭成を湖北へ送るために尽力。沈啓无・関永吉等と漢口『大楚報』を接収。	
一九四五	一		四〇	漢陽天主堂で講演。	
	春			周訓徳(漢陽医院看護士)と恋愛。	
	三			上海に戻る。途中南京で陳公博等と会見。	
	五			武漢に戻る。	
	五			『中国人的声音』(大楚報社)出版。	
	五			『中国の統一と解放のために』(大陸新報南京支社)出版。	
	八	一一			ポツダム宣言受諾の『中華日報』和平号外配布。
		一五			日本投降。
	八			鄒平凡と武漢独立を宣言(一三日間で失敗)。	
	九	初		傷病兵に変装し武漢を脱出。	

		五		南京に到着。日本憲兵隊と秘密裏に晩餐。	
		七		日本軍少佐に変装し、憲兵隊佐官三人と鉄道で上海へ向かう。谷正之・清水董三・池田篤紀の庇護。	
	九	三〇		浙江諸暨に至り、斯頌徳の実家に滞在。	
	九	下		『日本の解放と世界の解放――中国人の手記』を記す。	
	一二			温州へ逃亡。途中范秀美と結婚。潜伏中は張嘉儀を名乗る。	
一九四六	二	中	四一	張愛玲、温州に胡蘭成を訪ねる。	
	四			温州から再度諸暨へ移る。	
一九四七	年初		四二	梁漱溟と通信。『山河歳月』執筆開始。	
	六	一〇		張愛玲より来信、胡蘭成と決別。別に潜伏用資金三〇万元を送る。	
	九			温州中学で教鞭をとる。	
一九四八	二	中	四三	雁蕩山に移り、淮南中学教務主任に就任。	
一九四九	二	上	四四	温州中学に戻る。	
	五	七			人民解放軍温州入城。
	夏			甌海中学に移る。	
	一〇	一			北京に中華人民共和国成立。
	一二				中華民国台北に遷都。
一九五〇	年初		四五	「生活指導委員会」学生代表により罷免。	
	三			梁漱溟の招きで北京行を検討。	
		末		鄒平凡等と上海を離れ、広州から香港に向かう。	
	四			香港に渡る。香港で樊仲雲・余愛珍等と会う。	
	六	二五			朝鮮戦争勃発。
	九	七		唐君毅と知り合う。	
		一九		香港を離れ日本に向かう。	
		二六		清水董三宅に着き、その後池田篤紀宅（清水市）に移る。	
一九五一	二	中	四六	訪日中の何応欽と会見。	
	三	一五		東京に転居。	

	四	一四		訪日中の徐復観を接待。	
	七	末		家主の日本婦人と恋愛。	
	九	八			サンフランシスコ平和条約締結。
一九五二	一〇	二五		池田篤紀（清水新聞社長）他と佐久間ダム視察のため豊橋訪問。	
	一〇			「朝鮮戦争と日本の前途」を講演。	
一九五四	三		四九	『山河歳月』（西貝印刷所）出版。	
	三			佘愛珍（呉四宝元妻）と結婚。	
一九五五	一		五〇	銭穆と会見。	
一九五六	一二	一〇	五一	『中国のこころ』（明徳出版社）発行。	
一九五七	一	三〇	五二	尾崎士郎と知り合う。	
	二	一〇		唐君毅、日本で講演（〜二三日）。	
一九五八	一二		五三	『今生今世』上冊（ジャーナル社）出版。張愛玲に送る。	
一九五九	六		五四	鹿児島の進学予備校で「古典と人生」を講演。	
	九			『今生今世』下冊（ジャーナル社）出版。	
	一〇	二九		『読売新聞』連載「亡命者」で紹介される。	
一九六〇	一二	二八	五五	尾崎士郎とＮＨＫ「朝の訪問」で対談。	
一九六二	一〇		五七	「世界的転機在中国」連載開始（『新聞天地』）。	
一九六三	七		五八	『世界的転機在中国』（新聞天地社）出版。	
一九六四	八		五九	唐君毅東京で胡蘭成、安岡正篤と会う。	
	一〇	一九			中華人民共和国核実験に成功。
一九六五	一〇	二三	六〇	孫文・宮崎滔天銅像落成式（紫垣隆主宰）に参加（熊本）。	
一九六六	五		六一	梅田美保と知り合う（筑波山梅田開拓筵）、筑波山に滞在。	文化大革命勃発。
一九六七	二	一一	六二	『講義録　丙午輯（教学叢書一巻）』（筑波山梅田開拓筵）出版。	

	四			『心経随喜』（梅田開拓筵）出版。	台湾で中華文化復興運動推行委員会発足。
一九六八	五 八 秋	 一〇 	六三	『建国新書』（東京新聞出版局）出版。 『卿雲 丁未輯（教学叢書二巻）』（筑波山梅田開拓筵）出版。 岡潔・保田與重郎と高野山等に行く。	
一九六九	二 二 三 一〇 一二	一一 八 一七 	六四	胡蘭成之書展（日本橋三越）。 『胡蘭成之書』（梅田開拓筵）出版。 胡蘭成之書展（名古屋丸栄）。 胡蘭成之書展（土浦・水戸）。 『建国新書』、『新聞天地』（香港）に連載開始。	
一九七〇	三 三		六五	胡蘭成之書展（大阪なんば高島屋）。 湯川秀樹と知り合う。	
一九七二	二 七 九 一〇	 一五 二九 	六七	『自然学』（梅田開拓筵）出版。 『太和 壬子輯（教学叢書三巻）』（筑波山梅田開拓筵）出版。 華僑代表団と訪台。陳立夫・張其昀などと会い、文化学院に招聘される。	日中共同声明。日本中華民国と断交。
一九七四	五 八 一二		六九	台湾華岡に住み、文化学院教授に就任。 朱西寧と会う。 『華学科学与哲学』（華岡出版社）出版。	
一九七五	六 九 一〇		七〇	蔣経国に手紙を送る。 周同（胡秋原）「漢奸胡蘭成速回日本去！」『中華雑誌』に掲載。 文化学院の授業停止。	
一九七六	一 四 一一	末 	七一	日本に戻る。 再度訪台するが、文化界の反発で、文化学院を離れ、朱西寧宅隣に移る。 日本に戻る。	
一九七七	四		七二	『三三集刊』創刊。	

一九七八	八	一二	七三		日中平和友好条約締結。
一九七九	一		七四	『日本及び日本人に寄せる』（日月書店）出版。	
	五			『禅是一枝花』（三三書坊）出版。	
	一〇			『中国礼楽』（三三書坊）出版。	
一九八〇	一〇		七五	『天と人との際』（清渚会）出版。	
一九八一	七	二五	七六	東京福生で逝去。	
	八	三〇		清岩院（福生）で葬儀。福田赳夫・宮崎輝・保田與重郎・赤城宗徳他参列。	
一九八二	七			『機論「道機と禅機」』（花曜社）出版。	

出典：薛仁明『胡蘭成――天地之始』（爾雅出版社、二〇一五年）附録胡蘭成年表を基に、諸論文で修正補訂して作成。

表11-2　胡蘭成論文一覧

年	月	日	論文名	掲載誌／紙
一九二五	四		春日之景象	『蕙蘭校刊』一巻一号
	四		西湖之旅	『蕙蘭校刊』一巻一号
一九二九	一〇		中国郷党制度沿革考	『政治学刊』創刊号
一九三一			一輌貨車	『湘湖生活』一二期
一九三二	一一	二〇	関於浙江省立郷村師範	『教育週報』三〇期
	一一	二三	中学生国文課外読物的一点商権	『教育論壇』二巻二期
一九三三	一	二三	初恋心理的分析	『広西青年』一二期
			民衆教育諸問題	『民衆園地』一巻三・四期
			従民間歌謡裏所認識的民衆生活	『民衆園地』一巻五期
	四	一五	承徳的陥落	『民衆園地』二巻一・二期
一九三五	一	一五	在民主的口号下集合起来	『三民主義月刊』五巻一期

年	月	日	論文名	掲載誌／紙
一九三七	四	一一	対経済建設貢献一点意見	『中華日報』
	四	一七	西班牙結束内戦的傾向	『中華日報』
	四	二一	関於罷工	『中華日報』
	四	二三	英日対華合作的可能性	『中華日報』
	四	二六	経済建設的幾個根本問題	『中華日報』
	四	二八	中国政権統一的傾向	『中華日報』
	四	三〇	日本政局的動向	『中華日報』
	五	一	五一節	『中華日報』
	五	一	世界民主潮流的再穏定	『中華月報』五巻五期
	五	五	対国民大会与『開放党禁』	『中華日報』
	五	八	論地方自治	『中華日報』

五	一一	政府与人民亟応商権経済建設計劃	『中華日報』
五	一三	論桂幣改革	『中華日報』
五	一七	物価高漲与中国経済建設	『中華日報』
五	一九	林内閣的戦術	『中華日報』
五	二〇	太平洋集体安全与中国	『中華日報』
五	二四	国聯政院常会的観測	『中華日報』
五	二九	日本新党運動的観測	『中華日報』
六	一	準戦体制下的日本金融	『中華月報』五巻六期
六	二	日内閣之更迭	『中華日報』
六	五	関於土地法	『中華日報』
六	八	日本外交動向	『中華日報』
六	九	現階段日本帝国主義発展中的近衛内閣	『中華日報』
六	一〇	農本局的任務	『中華日報』
六	一二	所謂通貨膨張問題	『中華日報』
六	一九	蘇聯党獄	『中華日報』
六	二一	中国手工業的容貌	『中国世界経済情報』一巻一六期
六	二三	欧洲与美国	『中華日報』
六	二四	羅斯福政権的透視	『中華日報』
六	二五	再論総予算	『中華日報』
六	二九	西班牙戦事的幾個階段	『中華日報』
七	二	法郎再貶値	『中華日報』
七	八	世界文化合作的途徑	『中華日報』
七	一〇	盧溝橋事件	『中華日報』

七	一九	中国経済建設的産業配置	『中国世界経済情報』一巻二〇期
七	一九	民主革命与民族解放	『中華日報』
七	二二	日本的策略和我們的応付	『中華日報』
七	二六	益形厳重之華北局面	『中華日報』
七	二六	国難時期的民主政治	『中華日報』
七	三〇	全面的抗戦	『中華日報』
		蘇聯工農生活	『中華月報』五巻七期
八	一	盧溝橋事件在演化	『中華月報』五巻八期
八	四	等待就是滅亡	『中華日報』
八	一〇	民族抗戦総動員与民主	『中華日報』
八	一四	怎様展開全面抗戦——人人抵抗処処抵抗	『中華日報』
八	一五	租界中立！	『中華日報』
八	一七	積極推行救国公債	『中華日報』
一〇	六	怎様救済失業工人	『中華日報』
一〇	一二	戦時教育問題	『中華日報』
一〇	一四	行将召開的九国公約会議	『中華日報』
一〇	一八	経済制裁的関鍵在美国	『中華日報』
一〇	一九	対於増税的意見	『中華日報』
一〇	二〇	九国公約会議的重心何在	『中華日報』
一〇	二二	対日経済絶交	『中華日報』
一〇	二四	如何籌措戦費	『中華日報』
一〇	二七	如何加緊輸出？	『中華日報』
一〇	二八	比国閣潮	『中華日報』

	一〇	三一	再論九国公約会議——調停暴走不通之路！	『中華日報』
一九三八	七	一五	徳国対捷和緩以後	『政論旬刊』一巻一七期
	一〇	一六	美国的十一月議会改選	『国際週報』二五期
	一一	二〇	凱末爾与土耳其	『国際週報』三〇期
	一二	四	世界経済動態	『国際週報』三二期
	一二	二五	第九次汎美会議開会	『国際週報』三五期
一九三九	一	三	我們的鄭重声明	『南華日報』社評
	一	四	和与戦	『南華日報』社論
	一	一一	当前的選択	『南華日報』社論
			和議与統一	『戦難和亦不易』
			国民党切勿自暴自棄	『戦難和亦不易』
			評五中全会宣言——関于部份外交	『戦難和亦不易』
			和議的時機与和議的運用	『戦難和亦不易』
			一個総検討	『戦難和亦不易』
			五中全会陳辞	『戦難和亦不易』
			戦難，和亦不易！	『南華日報』
			以直接交渉引致国際調停	『戦難和亦不易』
			従近衛声明到平沼内閣	『戦難和亦不易』
	二	五	本届日本議会的考察——関於外交部份	『戦難和亦不易』
			転移目標——斥大公報与新華日報	『戦難和亦不易』
			斥誣蔑構陥	『南華日報』社評
			斥呉稚暉	『南華日報』社論
			再斥呉稚暉	『南華日報』社論
	五	一〇	徳義軍事同盟	『南華日報』社評
	五	一一	革命与反動	『南華日報』社評
	五	一四	和局的危機	『南華日報』社評
	五	二八	要求理解	『南華日報』社論
	五	三一	補充幾句話	『南華日報』社論
	六	一〇	展開光明的前途	『南華日報』社論
	六	二一	民衆亟応起而自決	『南華日報』社評
	六	二五	蘇聯外交真相	『南華日報』社評
	六	二八	半年来的国際経済	『南華日報』社評
	七	二五	和議非権術能致（和議与権術）	『中華日報』
	七	二七	撤兵問題	『中華日報』
	七	二九	美日商航条約廃止	『中華日報』
	八	三	対於大亜洲主義的認識	『中華日報』
	八	五	和議与政権	『中華日報』
	八	七	国際軍事同盟之真相	『中華日報』
	八	八	在淪陥区工作的意義	『中華日報』
	八	一二	和議之実現与国民政府之重建	『中華日報』
	八	一三	一個錯誤的日子	『中華日報』
	八	一八	発動護党運動	『中華日報』
	八	二一	抗戦両週年後	『三民週刊』一巻一期
	八	二三	我們対於徳蘇簽訂互不侵犯協定的観察	『中華日報』
	八	二七	反対暗殺！	『中華日報』
	八	二六	徳蘇不侵犯条約与遠東	『中華日報』
	八	二七	遠東亟起自救	『中華日報』

八	二九	我們対於平沼内閣辞職的見解	『中華日報』
八	三一	国民党的決心与行動	『中華日報』
九	二	欧戦与中日和平	『中華日報』
九	四	我們対於欧戦的態度	『中華日報』
九	五	大戦中各国動態	『中華日報』
九	八	欧戦的展開	『中華日報』
九	九	欧戦与和平運動	『中華日報』
九	一〇	中日合作的基点	『中華日報』
九	一一	和平運動的把握	『中華日報』
九	一七	欧戦形勢与遠東形勢	『中華日報』
九	一八	中日双方的責任	『中華日報』
九	二二	我們的責任与行動	『中華日報』
九	二八	蘇聯与欧戦	『中華日報』
九	二九	当前的和議時機	『中華日報』
一〇	二	王寵恵的補充声明	『中華日報』
一〇	四	全面的和	『中華日報』
一二	一四	我們対於法幣問題的見解	『中華日報』
一〇	六	再論為什麼要反共	『中華日報』
一〇	八	希特勒的和平演説	『中華日報』
一〇	九	美国的地位	『中華日報』
一〇	一一	日蘇互不侵犯条約	『中華日報』
一〇	一二	容認独裁便是容忍亡国	『中華日報』
一〇	一五	三件事的考察	『中華日報』
一〇	一六	中日的共同利害	『中華日報』
一〇	一九	和平空気	『中華日報』
一〇	二三	中日経済合作与中国経済改造	『中華日報』
一〇	二三	中日和平与亜洲前途	『三民週刊』一巻一〇期
一〇	二四	経済合作諸問題	『中華日報』
一〇	二五	中蘇与日美	『中華日報』
一〇	二七	共産党的新陰謀	『中華日報』
一〇	二九	改組政府問題	『中華日報』
一〇	三〇	我対於河内案件的見解	『中華日報』
一〇	三〇	窮兇極悪与窮途末路	『中華日報』
一一	一	日英日美談判	『中華日報』
一一	二	蔣共衝突与対日反攻	『中華日報』
一二	一五	工潮問題	『中華日報』
一一	四	講和的責任能力	『中華日報』
一一	五	僵持与没落	『中華日報』
一一	六	拖与偏安	『中華日報』
一一	八	斥莫洛托夫演説	『中華日報』
一一	一〇	日本対美対蘇外交	『中華日報』
一一	一一	組府問題	『中華日報』
一一	一二	一個偉大的教訓	『中華日報』
一一	一三	創造担当和平的力量	『中華日報』
一一	一四	蔣介石的窮途与説謊	『中華日報』
一一	一六	蔣介石演説的再駁斥	『中華日報』
一一	一八	答覆質問(一)	『中華日報』
一一	一九	答覆質問(二)	『中華日報』
一一	二〇	問題与結論	『中華日報』
一一	二一	英美与中日和平	『中華日報』

	一一	二二	警覚遠東的危機	『中華日報』
	一一	二三	阿部首相的談話	『中華日報』
	一一	二三	座談会　中華日報の論説委員と語る	『東亜解放』一九四〇年一月
	一一	二四	蔣介石的没落与掙扎	『中華日報』
	一一	二六	中国与蔣介石	『中華日報』
	一一	二八	我們的態度	『中華日報』
	一一	三〇	恐日病与恐華病（一）	『中華日報』
	一一		興亜建国と日支の青年	『興亜建国運動の理論と主張』
	一二	三	恐日病与恐華病（二）	『中華日報』
	一二	四	恐日病与恐華病（三）	『中華日報』
	一二	五	蘇芬戦争与欧洲局面	『中華日報』
	一二	六	野村与格魯的階段	『中華日報』
	一二	七	欧戦的軌跡	『中華日報』
	一二	一〇	欧洲外交的関頭	『中華日報』
	一二	一一	応当覚醒了	『中華日報』
	一二	一二	建軍的使命	『中華日報』
	一二	一三	愛惜国計民生！	『中華日報』
	一二	一四	我們対於法幣問題的見解	『中華日報』
	一二	一五	工潮問題	『中華日報』
	一二		中国的立場与日本的責任	『三民週刊』一巻六期
一九四〇	一	一	中国共産党問題	『三民週刊』二巻一期
	二		一年間の和平運動	『東亜解放』一九四〇年二月
	六	四	新聞界応有的精神	『中華日報』
	六	一七	欧戦的展開与遠東的危機	『中華日報』
	九	二二	世界経済恐慌与世界戦争――在中央宣伝講習所講（上）	『中央導報』一巻八期
	九	二九	世界経済恐慌与世界戦争――在中央宣伝講習所講（下）	『中央導報』一巻九期
	一二	一三	我對於和平運動的信念	『中華日報』
一九四一	二	二八	国民新聞発刊詞	『国民新聞』
	二		日支和平運動に対する我が信念	『東亜解放』年二月
	三	一	要做的事	『国民新聞』
	三	五	蘇俄的地位	『国民新聞』
	三	六	中国地位的保証	『国民新聞』
	三	七	巴爾幹戦争的範疇	『国民新聞』
	三	一〇	亜洲民族解放的起点	『国民新聞』
	三	一一	渝共決裂的序幕	『国民新聞』
	三	一四	従局部撤兵做起	『国民新聞』
	三	一八	従収回越界築路入手	『国民新聞』
	三	一九	美国的行動程序与方向	『国民新聞』
	三	二〇	経済統制在中国	『国民新聞』
	三	二一	曾仲鳴先生殉国二週紀念辞	『国民新聞』
	三	二三	責任与善後	『国民新聞』
	三	二六	貢献給全国軍事会議	『国民新聞』
	三	二八	強化警察！	『国民新聞』
	三	二九	紀念革命節	『国民新聞』
	三	三〇	還都一週年告知和運同志	『国民新聞』
	三		旅日随筆	『中日文化』一巻一号

四	五	改造上海金融界	『国民新聞』	
四	七	到全面和平之路	『国民新聞』	
四	九	炸弾屠殺和重慶政権	『国民新聞』	
四	一〇	田中之言	『国民新聞』	
四	一一	蘇俄的処境	『国民新聞』	
四	一四	美国的両洋政策	『国民新聞』	
四	一六	弱者的心理	『国民新聞』	
四	一八	日蘇協定以後	『国民新聞』	
四	二一	渝共分裂与中国前途	『国民新聞』	
四	二三	中国的処境	『国民新聞』	
四	二五	欧洲戦敗国的命運	『国民新聞』	
四	二八	渝共衝突及其界限	『国民新聞』	
四	三〇	多做自己的工作	『国民新聞』	
五	一	工人運動之流変	『国民新聞』	
五	二	悲壮的法蘭西	『国民新聞』	
五	三	糾正十四年来的錯誤	『国民新聞』	
五	四	紀念「五四」	『国民新聞』	
五	五	紀念「五五」	『国民新聞』	
五	七	親善之道	『国民新聞』	
五	九	徳国的戦略被撓動	『国民新聞』	
五	一二	重心在清郷工作	『国民新聞』	
五	一三	近東問題的内延与外延	『国民新聞』	
五	一四	我們的抗議与決心	『国民新聞』	
五	一六	本多大使之言	『国民新聞』	
五	一九	問題的提出与解答	『国民新聞』	
五	二一	闢美国調停中日戦争説	『国民新聞』	
五	二三	建軍的途径	『国民新聞』	
五	二五	中日和平的正軌	『国民新聞』	
五	二六	鞭其後者而進之	『国民新聞』	
五	二八	徳国控制大西洋	『国民新聞』	
五	二九	羅斯福総統的演説	『国民新聞』	
五	三〇	中華民族的気節	『国民新聞』	
六	九	観念的澄清	『国民新聞』	
六	一一	両重権力	『国民新聞』	
六	一三	怎様努力？	『国民新聞』	
六	一五	東亜的関鍵	『国民新聞』	
六	二四	蘇聯的新評価	『国民新聞』	
六	二六	徳蘇戦争之展開	『国民新聞』	
六	二八	清郷工作的支点	『国民新聞』	
六	三〇	向前邁進	『国民新聞』	
七	一	国民政府的国際承認問題	『国民新聞』	
七	二	清郷工作正式開始	『国民新聞』	
七	三	応有的風度	『国民新聞』	
七	六	「我対於日本国民的希望」書後	『国民新聞』	
七	七	戦争的開端与結束	『国民新聞』	
七	八	外交常識	『国民新聞』	
七	一〇	戦争与解放	『国民新聞』	
七	一〇	澄清文化界	『中華日報』	
七	一一	経済交渉的重点主義	『国民新聞』	
七	一四	再論重点主義	『国民新聞』	

	七	一六	三論重点主義	『国民新聞』
	七	一八	日閣改組	『国民新聞』
	七	二一	日本新閣的外交	『国民新聞』
	七	二四	国府与国家	『国民新聞』
	七	二六	越南問題的発展	『国民新聞』
	七	二八	凍結中日資金	『国民新聞』
	七	三〇	可注意的法国動態	『国民新聞』
	八	一	資金凍結後的局勢	『国民新聞』
	八	四	従何測量日美関係？	『国民新聞』
	八	六	時代与文人	『国民新聞』
	八	一〇	作悪者必自損	『国民新聞』
	八	一三	紀念八一三	『国民新聞』
	八	一五	法国政変的動律	『国民新聞』
	八	一八	美国参戦的序幕	『国民新聞』
	八	二〇	進歩与落伍	『国民新聞』
	八	二一	是進歩還是歪曲？	『国民新聞』
	八	二五	勗法国人民	『国民新聞』
	八	二七	紀念孔子	『国民新聞』
	九	一	後死者的責任	『国民新聞』
	九	五	清郷工作検討	『国民新聞』
	九	六	美国的理想与現実	『国民新聞』
	九	七	和平的進度与帰結	『国民新聞』
	九	一〇	第一期清郷的検閲	『国民新聞』
	九	一二	児玉謙次失言	『国民新聞』
	九	一五	羅斯福演説後的相関事態	『国民新聞』
	九	二二	外交与国格	『国民新聞』
	九	二四	恢復正当外交	『国民新聞』
	九	二五	美国的動態与中立法	『国民新聞』
			西方戦局的推移	『国民新聞』
一九四二	二		『曹涵美画「金瓶梅」』序	『曹涵美画「金瓶梅」第二集』
	七	一七	文化的厄運	『国民新聞』
	七	二〇	寿顔文樑先生	『国民新聞』
	八	一	徳軍南下与世界戦局	『国民新聞』
	一二	二二	如何戦勝？	『太平洋週報』一巻四八期
	一二	三〇	人間味云云	『人間』一巻一期
一九四三	五	一五	和運区経済的癥結	『文友』一巻一期
			〝言語不通〟之敵	『人間』一巻二期
	九		関於花	『人間』一巻三期
	一〇	三	到全面和平之路	『民国日報』(南京)
	一〇	二三	評路易士	『中華日報』
	一〇	二八	周作人與路易士	『中華日報』
	一〇		談談周作人	『人間』一巻四期
	一〇		論書法三則	『人間』一巻四期
	一二	一五	「文化本位」論戦経過	『文友』二巻三期
一九四四	一	一	参戦一周年座談会	『文友』二巻四期
	一		路易士	『文壇史料』
	二	一五	「中国之命運」的批判	『新東方』九巻二期
	三	一五	皁隷・清客与来者	『新東方』九巻三期
	三	二六	話説世界大勢	『申報』(星期評論)

	四		周作人与魯迅	『雑誌』一三巻一期
	五		瓜子殻	『天地』七・八期合刊
	六	一〇	評張愛玲	『雑誌』一三巻三期
	六	一五	「中国の命運」を論ず	『情報』(大東亜省)二六号
	六		読了紅楼夢	『天地』九期
	七	一	言之醜也	『東亜聯盟』八巻一期
	七		随筆六則	『天地』一〇期
	八	一〇	談談蘇青	『小天地』一期
	八		乱世文談	『天地』一一期
	一〇		試談国事	『苦竹』一期
	一〇		新秋試筆	『苦竹』一期
	一〇		周沈交悪	『苦竹』一期
	一〇		閒書啓蒙	『苦竹』一期
	一〇		説吵架	『苦竹』一期
	一〇		貴人的惆悵	『苦竹』一期
	一〇		違世之言	『苦竹』一期
	一一	七	中国の道	『毎日新聞』二面
	一一		文明的伝統	『苦竹』二期
	一一		給青年	『苦竹』二期
	一一		談論金瓶梅	『苦竹』二期
	一一		「土地的緑」	『苦竹』二期
	一一		男歓女愛——二十一年在広西，採集民歌成此篇	『苦竹』二期
	一二	二	重新做起	『大楚報』
	一二	三	瞭解的起点	『大楚報』
	一二	四	抗議轟炸人民	『大楚報』
	一二	五	首先認識中国	『大楚報』
	一二	六	無益有害之請求	『大楚報』
	一二	七	美国生産力的再估計	『大楚報』
	一二	八	三週年的教訓	『大楚報』
	一二	九	告重慶	『大楚報』
	一二	一〇	抗戦現状的変動程度	『大楚報』
	一二	一一	告日本人	『大楚報』
	一二	一二	停止戦争纔能停止轟炸	『大楚報』
	一二	一四	対美国無期待	『大楚報』
	一二	一五	告中国人	『大楚報』
	一二	一七	美国外交五原則	『大楚報』
	一二	一九	欧洲の実例	『大楚報』
	一二	二〇	重慶は何時反攻するか	『大楚報』
	一二	二二	逃難と消災	『大楚報』
	一二	二三	再考慮和平的範囲与階段	『大楚報』
	一二	二四	法俄協定	『大楚報』
	一二	二七	組織西欧国家集団的計劃	『大楚報』
	一二	二八	知己知彼	『大楚報』
	一二	二九	中日問題与中国問題	『大楚報』
	一二	三〇	中日問題与日本問題	『大楚報』
	一二	三一	美国対蘇大借款	『大楚報』
一九四五	一	一	献歳辞	『大楚報』
	一	五	論之解放	『大楚報』
	一	六	答問	『大楚報』

	一	七	物資決定戦局不決定戦争	『大楚報』
	一	八	三点認識	『大楚報』
	一	九	紀念羅曼羅蘭	『大楚報』
	一	一〇	欧戦拖延之故	『大楚報』
	一	一一	問題無妥協	『大楚報』
	一	一三	估量重慶政府	『大楚報』
	一	一四	美国与欧洲戦争現状	『大楚報』
	一	一五	延安政府又怎様？	『大楚報』
	一	一六	文藝復興提示	『大楚報』
	一	一七	要求召開国民会議	『大楚報』
	一	一八	文明の曙光	『大楚報』
	一	一九	文明の再建	『大楚報』
	一	二〇	蔣介石と其の『中国之命運』	『大楚報』
	一	二一	中国のメシア	『大楚報』
	一	二四	中国文明の伝統	『大楚報』
	一	二八	蔣介石の元旦演説	『大楚報』
	一	三一	抗戦区人民の動静	『大楚報』
	二	二	現代の知識分子なる者	『大楚報』
	二	四	如何にして『中国に復帰する』か	『大楚報』
	二	五	中国民間	『中国人的声音』
	三	一	感情的貧困	『中国人的声音』
	三		左派趣味	『苦竹』三期
	三		中国文明与世界文藝復興	『苦竹』三期
	四	一〇	中国革命と世界文藝復興	『大陸』(大陸新報社)二巻四号
	六		張愛玲与左派	『天地』二一期
			組織戦時人民委員会	『大公』一期
			欧戦何時結束？	『大公』二期
			撤兵問題	『大公』七期
	九		日本の解放と世界の解放——一中国人の手記	『日本の解放と世界の解放』
一九五〇	一一	四	朝鮮動乱——中共、朝鮮動乱に介入　胡蘭成特別寄稿	『毎日新聞』
		二一	中国的民心	『新聞天地』
一九五一	一	一	アジヤ——東西陣営アジヤで対立　胡蘭成氏特別寄稿	『毎日新聞』
	三		毛沢東論	『改造』三二巻四号
	六		中国人は中共をどうみる	『東洋経済新報』二四七五号
	六		アジアと日本——承前	『東洋経済新報』二四七六号
	六		日本への提言——スイスとなるより第二のトルコとなれ	『毎日情報』六巻一号
	七		マッカーサー元帥に呈す——特にアジヤに対する認識について	『毎日情報』六巻七号
一九五二	六		新緑に寄せて	『共通の広場』一巻二号
	八		中国のこころ——戦時中の日華和平運動について	『文藝春秋』三〇巻一一号
	八		わが日共観	『日本及日本人』三巻一〇号
	一二		日本の風物	『改造』三三巻一八号
一九五三	一	一	中国——中共のねらうもの	『毎日新聞』

	二	一〇	日本の大道(一)	『東三新聞』(執筆は一九五一年)
	二	一一	日本の大道(二)	『東三新聞』
	二	一二	日本の大道(三)	『東三新聞』
	二	一三	日本の大道(四)	『東三新聞』
	二	一四	日本の大道(五)	『東三新聞』
	二	一五	日本の大道(六)	『東三新聞』
	二	一六	日本の大道(七)	『東三新聞』
	二	一七	日本の大道(八)	『東三新聞』
	二	一八	日本の大道(九)	『東三新聞』
	二	一九	日本の大道(一〇)	『東三新聞』
	二	二〇	日本の大道(一一)	『東三新聞』
	二	二一	日本の大道(一二)	『東三新聞』
	二	二二	日本の大道(一三)	『東三新聞』
	二	二三	日本の大道(一四)	『東三新聞』
	二	二四	日本の大道(一五)	『東三新聞』
	二	二五	日本の大道(一六)	『東三新聞』
	二	二六	日本の大道(一七)	『東三新聞』
	二	二七	日本の大道(一八)	『東三新聞』
	二	二八	日本の大道(一九)	『東三新聞』
	三	一	日本の大道(終)	『東三新聞』
一九五五	六		中国人如是説	『綜合文化』一巻二号
	七		中国人如是説	『綜合文化』一巻三号
	八		中国人として	『師と友』七巻八号

一九五六	六		鼎談　東洋の明暗――長い目でみたアジアの明日	『亜細亜』四巻二號
	七		対談　さまざまな英雄――今日の現実と新人間像	『亜細亜』四巻三号
	九		ソ連外交は成功したか	『亜細亜』四巻四号
	一一		中国の歴史と哲学	『亜細亜』四巻五号
一九五七	六	一	筆談	『風報』(第四次)四巻六号
	七	一	筆談(続)	『風報』(第四次)四巻七号
	八		毛沢東の二月演説と中国の国情	『日本談義』一九五七年八月号
一九五八	一一		蘇書――蘇峰翁の書	『日本談義』一九五八年一一月号
一九五九	七		人民公社と中国伝統思想	『大陸問題』八巻七号
一九六〇	二		東洋の政治思想と民主々義	『亜細亜』二八号
	九		気概を失った日本の民族	『経済往来』一二巻九号
	一二		中ソ論争と中共の現実――胡蘭成氏の政治レポート	『亜細亜』三三号
一九六一	一		米新政権と国際情勢――胡蘭成氏の政治レポート	『亜細亜』三四号
	二		中国対等の方向――中共の九中全会招集について	『亜細亜』三五号
	五		天下の大老	『喜寿　紫垣隆翁』
	六	一	略介『植物的法則与人』	『人生』(香港)
	七		知味は知音の如し	『中国菜』三号
	八		中共国連加盟に関する後継国家方式批判	『師と友』一三巻八号
			注目される台湾海峡状勢――政治レポート	『亜細亜』三六号

	九	一	論語随喜(二九)	『ジャーナル』五二四号
	九	一	日本歴史上の重要文献——同志宗方に宛てた孫文の隠れた書翰	『ジャーナル』五二四号
	九	一一	論語随喜(三〇)	『ジャーナル』五二五号
	九	二一	論語随喜(三一)	『ジャーナル』五二六号
	一〇	一	論語随喜(三二)	『ジャーナル』五二七号
	一〇	一一	論語随喜(三三)	『ジャーナル』五二八号
	一〇	二一	論語随喜(三四)	『ジャーナル』五二九号
	一一	一	論語随喜(三五)	『ジャーナル』五三〇号
	一一	一	世界の危機に曝される世界——米国、反転して強気に	『ジャーナル』五三〇号
	一一	一一	中国の民心と蔣介石 期待はいまだ薄れず	『ジャーナル』五三一号
	一二	一一	天下篇(一)	『ジャーナル』五三四号
	一二	二一	天下篇(二)	『ジャーナル』五三五号
一九六二	一	一	天下篇(三)	『ジャーナル』五三六号
	一	一一	天下篇(四)	『ジャーナル』五三七号
	一	二一	天下篇(五)	『ジャーナル』五三八号
	二	一	天下篇(六)	『ジャーナル』五三九号
	二	一一	天下篇(七)	『ジャーナル』五四〇号
	二	二一	天下篇(八)	『ジャーナル』五四一号
	三	一	天下篇(九)	『ジャーナル』五四二号
	三	一一	天下篇(一〇)	『ジャーナル』五四三号
	三	二一	天下篇(一一)	『ジャーナル』五四四号
	四	一	天下篇(一二)	『ジャーナル』五四五号
	四	一一	世界の転機は中国に在る(一)	『ジャーナル』五四六号
	四	二一	世界の転機は中国に在る(二)	『ジャーナル』五四七号
	五	一	世界の転機は中国に在る(三)	『ジャーナル』五四八号
	五	一一	世界の転機は中国に在る(四)	『ジャーナル』五四九号
	五	一五	観世音菩薩の霊験 信仰の本質は「幸」生命力はどこから来る?	『仏教タイムス』
	五	二一	世界の転機は中国に在る(五)	『ジャーナル』五五〇号
	六	一	世界の転機は中国に在る(六)	『ジャーナル』五五一号
	六	一一	世界の転機は中国に在る(七)	『ジャーナル』五五二号
	六	二一	世界の転機は中国に在る(八)	『ジャーナル』五五三号
	七	一	世界の転機は中国に在る(九)	『ジャーナル』五五四号
	七	一一	世界の転機は中国に在る(一〇)	『ジャーナル』五五五号
	七	二一	世界の転機は中国に在る(一一)	『ジャーナル』五五六号
	八	一	世界の転機は中国に在る(一二)	『ジャーナル』五五七号
	八	一一	世界の転機は中国に在る(一三)	『ジャーナル』五五八号
	八	二一	世界の転機は中国に在る(一四)	『ジャーナル』五五九号
	八		当代の大儒、馬一浮	『師と友』一四巻八号
	九	一	世界の転機は中国に在る(一五)	『ジャーナル』五六〇号
	九	一	銷夏試筆	『人生』(香港)
	九	一一	世界の転機は中国に在る(一六)	『ジャーナル』五六一号
	九	二一	世界の転機は中国に在る(一七)	『ジャーナル』五六二号
	一〇	一	世界の転機は中国に在る(一八)	『ジャーナル』五六三号
	一〇	一一	世界の転機は中国に在る(一九)	『ジャーナル』五六四号
	一〇	二一	世界の転機は中国に在る(二〇)	『ジャーナル』五六五号
	一一	一	世界の転機は中国に在る(完)	『ジャーナル』五六六号

	一一	一一	患難を共にせる故人――谷正之先生の死を弔う	『ジャーナル』五六七号
	一一	二一	国際的混乱の製造――フルシチョフの制裁が見たもの	『ジャーナル』五六八号
	一二	一	大人と庶民の書――水野勝太郎君釈論語	『ジャーナル』五六九号
	一二	二一	日本・中国・そしてインド――政治と産業の分かれ目	『ジャーナル』五七〇号
一九六三	一	一	歴史の新しき出発――今や何ら新意なし　思想的疲労を癒すものは何か	『ジャーナル』五七二号
	一	一一	時代的中心課題なき日本――眠れる〝民族の魂〟	『ジャーナル』五七三号
	一	二一	困難の度を増す中共――毛沢東は今年失脚するか	『ジャーナル』五七四号
	二	一	早春随筆	『ジャーナル』五七五号
	二	一一	英国のECC加盟失敗――その後に来たるもの	『ジャーナル』五七六号
	二	二一	日本は米国をどう見るか――あまりに甘い考え	『ジャーナル』五七七号
	三	一	日本は新市場を創造せよ――苦難が増大する競争	『ジャーナル』五七八号
	三	二一	重大な情勢にある日本――日・中・印の共同体	『ジャーナル』五八〇号
	四	一	国際緊張の隙間と日本	『ジャーナル』五八一号
	四	二一	米国の空想な対外活動	『ジャーナル』五八三号
	五	一	改憲閑話――深い真の反省が必要	『ジャーナル』五八四号
	五	一一	東西の連結点・ラオス	『ジャーナル』五八五号

	五	二一	陶希聖氏を囲んで――今日の中国を語る（座談会）	『ジャーナル』五八六号
	五	二一	わたしはこう見る――待つは一瞬の機微　大陸反攻はすでに必至	『ジャーナル』五八六号
	六	一	中国の兵機と日本の政情――日中両国とも怠慢	『ジャーナル』五八七号
	六	一一	まず日・華・印三国の団結を――新しい形勢の創造	『ジャーナル』五八八号
	六	二一	政治家の意思と歴史の意思――政治が経済に従属	『ジャーナル』五八九号
	七	一	日本を動かす「商人の政治」――ひどい国際的無智	『ジャーナル』五九〇号
	七	一一	毛・フの抗争を超える成敗――ともに苦しい懐ろ	『ジャーナル』五九一号
	七	二一	崩れゆくソ連の対米均衡――平和共存も不安定	『ジャーナル』五九二号
	八	一	八方壁だらけの世界経済――末期的様相深まる	『ジャーナル』五九三号
	八	一一	幕合いに入る国際交渉――目の離せない中共	『ジャーナル』五九四号
	八	二一	いまの日本は何を求めるか――行き詰る世界歴史	『ジャーナル』五九五号
	九	一	自覚なき日中両国の政治家　資格なき平和論議	『ジャーナル』五九六号
	九	一一	経済的逆手　ここに日本の活きる道	『ジャーナル』五九七号
	九	二一	失敗を繰返す米外交　民主化をあせり過ぎ	『ジャーナル』五九八号
	一〇	一	問題の重要性軽視　大国の見識何処にかある	『ジャーナル』五九九号

	一〇	二一	譲歩を示すフルシチョフ　断交の危険恐れる	『ジャーナル』六〇〇号
	一〇	二一	大陸反攻を叫ぶ国府の真意　今秋決行は一応延期へ	『ジャーナル』六〇一号
	一一	一	東南アジアと日本　依然たる疑惧の眼	『ジャーナル』六〇二号
	一一	二一	周鴻慶の亡命事件に想う　愚かな小手先外交	『ジャーナル』六〇四号
	一二	一	アジアの進路は自力で開かれる	『ジャーナル』六〇五号
	一二	二一	非命にたおれた二人の指導者　ケネディとジンジェムを並弔する	『ジャーナル』六〇六号
一九六四	一	一	私の志業報告書　今こそ反省のとき	『ジャーナル』六〇八号
	二	一	国府にも中共にも危険な年　反省の色なき日本	『ジャーナル』六一一号
	三	一	ああ、わが友尾崎士郎　日本的無邪と清純さ	『ジャーナル』六一五号
	三	二一	日華外交は決着不可能　無外交五十年の日本	『ジャーナル』六一六号
	三	二一	ああ、わが友尾崎士郎(その二)	『ジャーナル』六一六号
	四	一	大平外相に訪台を勧める　欲しい風骨と功績	『ジャーナル』六一七号
	四	一	ああ、わが友尾崎士郎(その三)	『ジャーナル』六一七号
	四	一一	昔の軍部外交・今は党派外交	『ジャーナル』六一八号
	四	二一	民意即政治にあらず　寂寞たるかな世事	『ジャーナル』六一九号
	五	一	中共と国府と世界の危機	『ジャーナル』六二〇号
	五	一一	揺れる世界の現状と反発　萎縮した米国精神	『ジャーナル』六二一号
	五	二一	『汪精衛遺嘱』に想う　誠実な反省が必要	『ジャーナル』六二二号
	六	一	あまりにも不覚な日本　魂を喪える政治家	『ジャーナル』六二三号
	六	一一	アジアの先覚ネールを悼む　純情と道義の生涯	『ジャーナル』六二四号
	六	二一	憂うべき日本の政局　巧みな中共の介入	『ジャーナル』六二五号
	七	一	大平外相訪華の意義　心構えと態度に欠ける日本政府	『ジャーナル』六二六号
	七	一一	東南アジアの軍事的危機　米の措置は応急策	『ジャーナル』六二七号
	七	二一	英断を欠く米国の政策　東南アは非常事態	『ジャーナル』六二八号
	八	一	反省篇(一)	『ジャーナル』六二九号
	八	一一	反省篇(二)	『ジャーナル』六三〇号
	八	二一	愚かしき米国の東南ア政策　最も低劣な膺懲策	『ジャーナル』六三一号
	九	五	国府論　革命退潮期の中国	『ジャーナル』六三二号
	一〇	五	易経探勝	『ジャーナル』六三五号
	一〇	一五	易経探勝(第二回)	『ジャーナル』六三六号
	一〇	二五	易経探勝(第三回)	『ジャーナル』六三七号
	一一	五	易経探勝(第四回)	『ジャーナル』六三八号
	一一	二五	易経探勝(第五回)	『ジャーナル』六四〇号
	一二	五	易経探勝(第六回)	『ジャーナル』六四一号
	一二	一五	易経探勝(第七回)	『ジャーナル』六四二号
	一二	二五	易経探勝(第八回)	『ジャーナル』六四三号

一九六五	一	五	易経探勝(第九回)	『ジャーナル』六四四号
	一	一五	易経探勝(第一〇回)	『ジャーナル』六四五号
	一	二五	広がる世界史の決潰口　所詮ことしは無事には済むまい	『ジャーナル』六四六号
	二	五	佐藤路線の正体　米・中間の橋渡し	『ジャーナル』六四七号
	二	一五	易経探勝(第一一回)	『ジャーナル』六四八号
	二	二五	易経探勝(第一二回)	『ジャーナル』六四九号
	三	五	易経探勝(第一三回)	『ジャーナル』六五〇号
	三	一五	易経探勝(第一四回)	『ジャーナル』六五一号
	三	二五	易経探勝(第一五回)	『ジャーナル』六五二号
	四	五	テーラー大使の誤信　この夏が最大の危機	『ジャーナル』六五三号
	四	一五	易経探勝(第一六回)	『ジャーナル』六五四号
	四	二五	日本のベトナム調停問題　果して成算ありや	『ジャーナル』六五五号
	五	五	ベトナム戦争は拡大する　何ら覚悟なき外交	『ジャーナル』六五六号
	五	一五	易経探勝(第一七回)	『ジャーナル』六五七号
	五	二五	現下の政治的覚悟　日米両国の相似点	『ジャーナル』六五八号
	六	五	ゲリラの平定は可能か　アメリカの対ベトナム新作戦	『ジャーナル』六五九号
	六	一五	容易ならぬ日本の事情　一大行動あるのみ	『ジャーナル』六六〇号
	六	二五	日本政財界の国際的感覚　弥縫手段は無意味	『ジャーナル』六六一号
	七	五	日本を毒する現代の三悪　自国の命運に無関心	『ジャーナル』六六二号
	七	一五	ベトナム戦争主客の勢い　切れぬ中ソの腐れ縁	『ジャーナル』六六三号
	七	二一	中国作家のみた日本の教育	『教育日本新聞』八号
	七	二五	日本の現状と改革　強人あって大人なし	『ジャーナル』六六四号
	八	五	政治の実感と強み　岩淵先生と語る〝日本の現状〟	『ジャーナル』六六五号
	八	一五	政治経済改革の新工夫　空前の頽廃と無責任	『ジャーナル』六六六号
	八	二五	指導性なき日本の政治　朝野に横行する錯覚	『ジャーナル』六六七号
	九	五	日本を診断する	『ジャーナル』六六八号
	九	一五	ベトナム戦争の〝真実性〟日本にも一つの転機	『ジャーナル』六六九号
	九	二五	印パ戦争は中共の新手段　事態はきわめて重大	『ジャーナル』六七〇号
	一〇	五	現代日本の教育を憂う(一)人を蝕む福祉国家	『ジャーナル』六七一号
	一〇	一五	現代日本の教育を憂う(二)東洋的伝統の自覚	『ジャーナル』六七二号
	一一	五	時勢と天意　現状保持は至難の業	『ジャーナル』六七四号
	一一	一五	孫文百年祭	『ジャーナル』六七五号
	一一	一五	道徳教科書の執筆を決意	『ジャーナル』六七六号
	一一	二五	時代の新機　国民いまや総不良化	『ジャーナル』六七六号
	一二	五	今日における志士の業　道徳、英知の総崩れ	『ジャーナル』六七七号
	一二	一五	芽　この新しい時代を生むもの歴史と工場の煤煙	『ジャーナル』六七八号

	一二	二一	昔中国六藝の教　文明は功利主義を超越する	『教育日本新聞』二二号
一九六六	一	一	年始禊文　容赦なき歴史のあと保田氏の「風景と歴史」の読み方	『ジャーナル』六八〇号
	一	一五	白馬啓運	『ジャーナル』六八一号
	一	二五	政治的器用さと見識　期待できぬ明朗化	『ジャーナル』六八二号
	二	五	ベトナム戦争の史的角度　気概あって徳なき中共	『ジャーナル』六八三号
	二	一五	中共問題の解答(一)元首と権力者の座	『ジャーナル』六八四号
	二	二五	中共問題の解答(二)情操を喪える中国人	『ジャーナル』六八五号
	三	一	清平世界　春の香りと紀元節	『教育日本新聞』二八号
	三	五	中共問題の解答(三)毛沢東の感想と決心	『ジャーナル』六八六号
	三	一五	中共問題の解答(四)対日方針に連合戦線	『ジャーナル』六八七号
	三	二五	般若心経を説く(一)	『ジャーナル』六八八号
	四	五	般若心経を説く(二)	『ジャーナル』六八九号
	四	一五	般若心経を説く(三)	『ジャーナル』六九〇号
	四	二五	般若心経を説く(四)	『ジャーナル』六九一号
	五	五	般若心経を説く(五)	『ジャーナル』六九二号
	五	一五	般若心経を説く(六)	『ジャーナル』六九三号
	五	二五	般若心経を説く(七)	『ジャーナル』六九四号
	六	五	般若心経を説く(八)	『ジャーナル』六九五号
	六	一一	日光東照宮観画記　悩みを吹き払ふ〝善竜〟「鳴竜」に取組む堅山南風先生	『教育日本新聞』三八号
	六	一五	般若心経を説く(九)	『ジャーナル』六九八号
	六	二五	般若心経を説く(一〇)	『ジャーナル』六九七号
	九	二一	朋有り遠方より来る　唐君毅先生のこと	『教育日本新聞』四五号
一九六七	二	一	憲法より尊い洪範(上)	『教育日本新聞』五一号
	三	一	憲法より尊い洪範(下)	『教育日本新聞』五二号
	三		民族の文明と食物	『中国菜』七号
	一一	八	閲世記(三二)〜(三四)	『ジャーナル』七四六号
	一一	二八	閲世記(三五)〜(三七)	『ジャーナル』七四八号
一九六八	一	八	戊申迎歳	『ジャーナル』七五二号
	二	一八	ベトナム戦の激化	『ジャーナル』七五六号
	六	八	「岩淵辰雄選集」に学ぶ　喪われた国民士気	『ジャーナル』七六七号
一九七〇	一〇	二九	哀悼三島由紀夫	『新聞天地』週刊

第一二章　中国人対日協力者の戦後と日本
——善隣友誼会設立への道

日本の意図に依り成立したる政権に奉職して居つた人人に対しては日本政府が責任を負うて保護するのが当然だと思ひます。日本国民も決して之を非難はしないでしょう。

——山縣初男・岡村寧次「在日の中国親日知識階級の生活補助に関する請願」


占領下ならいざ知らず、独立した日本でありますから、将来の百年の計も考えてみて、日本が過失によつて現在悲境に陥れた人たちに対しては、十分報ゆべきだろうと思います。

——中曽根康弘（「第十五回国会衆議院予算委員会議録第七号」）

一　「亡命天国ニッポン」——はじめに

〝私は殺される！〟　こうして彼らは、はるばる海や山を越えて、遠くは東欧の共産各国から、近くは中国、台湾から何千人かの反共主義者、革命家、かっての対日協力者がこの国に亡命してきている。これらの人たちを含めて、在日外国人は九十一カ国、六十四万五千の記録的な数字に上っているという。ところで彼らが日本で描く人生模様は〔後略〕

一九五六年一〇月発行の雑誌『週刊東京』に掲載された「亡命天国ニッポン――祖国なき人々の群れ」はこのような書き出しで始まる。[1]これにより当時の日本に数十万人の亡命者が日本にいたことがわかるのだが、[2]本章ではその一角を占めていた対日協力者に注目したい。

緒論でも述べたように、対日協力者の戦後については、彼らが「漢奸」として裁きを受けたことは夙に知られており、[3]裁判記録の一部は公刊もされている。[4]しかし、対日協力者の中には中国国外への亡命を選択する者も少なくなかった。その実態は事の性質上不明な点が多いが、香港・日本等に在住した人々については断片的に知られてきた。[5]そのうち短期間でも日本へ滞在していた対日協力者は、筆者の調査で百名を超えていたことが明らかになった。[6]

彼らの中には大陸の共産党政権とも台湾の国民党政権とも異なる「第三極」を模索するなど、積極的に動こうとした者もあり、[7]またそうした彼らに「利用価値」を見出す日本人もいた。戦後の日本で、辻政信ら日本の旧軍人と対日協力者が互いに連絡していることは蔣介石にも報告されていた。[8]また本章で検討するように、外務省も彼らの動向を気にかけ、法務省も彼らの滞在に手心を加えていたのである。こうした事情を勘案すると、対日協力者の戦後について検討することは、占領地政権のその後を考えるという点のみならず、戦後日本の対中国政策の性格の検討、さらに戦後の中国をめぐる東アジア情勢を理解する上でも必要な作業と言えよう。

すでに対日協力者の戦後については、劉傑が日本敗戦直後の陳公博の日本亡命に焦点を当て検討している。そして当時の日本政府・軍関係者の双方が、対日協力者に対する「責任」を強く意識していたものの、戦争で荒廃し占領下にあった日本の事情が、協力者の援助を許さなかったとしている。[9]また戦時中日本に協力した諸政権から派遣された留学生の戦後については、川島真・[10]濱口裕子・[11]田中剛[12]がそれぞれ検討を加えている。

本章では、まず対日協力者が日本に滞在するに至った事例を整理した上で、戦後日本で対日協力者の問題が顕在化した国会での議論を端緒に、彼らの生活支援のため組織された善隣友誼会（外務省の外郭団体）の設立に至るまでの動きから、戦後日本での対日協力者をめぐる事情を明らかにする。史料は外務省外交史料館所蔵文書の他、[13]適宜新聞・雑誌・官報・関係者の回想等を用いる。

二　亡命のパターン

議論の前提として、対日協力者たちがどのように戦後日本社会に滞在するに至ったのかを整理しておきたい。これは大きく二つのパターンに分かれる。

一つは戦時中から日本に滞在し、そのまま日本に残った人々である。多くは日本駐在の外交官で、孫湜（汪政権大使館参事官）・譚覚真（汪政権大使館顧問）・毛慶藩（汪政権駐長崎総領事）は日本国内の人脈を頼りに、復員軍人に変装したり（譚覚真）、顔を整形したりして（毛慶藩）、GHQの逮捕を逃れ占領下の日本に潜伏した[14]。

もう一つは主に香港を経由する形で日本に渡航した人々で、中華人民共和国成立からまもなく日本に亡命した人が多い。曹汝霖（北京政府交通部総長・華北政務委員会高等顧問、同咨詢会議委員）・胡蘭成（汪政権宣伝部政務次長）等がこれに該当する。曹汝霖は一九五〇年六月、アメリカの朝鮮戦争参戦の報を聞きながら横濱に到着し、日本の外務省関係者の出迎えを受けた。曹汝霖が香港から日本に移ったのは、香港での生活費の高さ故であった[15]。胡蘭成は五〇年の中秋節に香港からの船で横濱に密入国し、旧知の清水董三（元駐南京日本大使館参事官）の世話を受けた[16]。竺縵卿（維新政府実業部工商司司長、中日実業の高木陸郎（りくろう）とも関係があった[17]）は、五一年春に神戸に入り、神戸の華僑幼稚園の支援で同地の関帝廟に居住した[18]。夏文運[19]（山西省建設庁庁長）も五一年、濠州の貨物船で香港から日本に密航した。夏によれば、当時香港には「密出国を斡旋する専門店」があったという[20]。また正確な時期は不明ながら同時期、香港の彭羲明（興亜建国運動〔第六章〕に関わり陳公博秘書などを務めた）も「東京からの第三勢力結成の呼び掛けに応じて密入国」していた[21]。

上記の折衷型として王経武（汪政権大使館附海軍武官）や江洪杰（維新政府交通部部長）がいる。彼らは日本でGHQにより逮捕され、中国に送還された後、再び日本に戻った人々である。[22] この他、第五章でも取り上げた王子恵（維新政府実業部部長）のように戦後改名し（王文成）、国民政府駐日代表団軍事組の一員として再び日本人の前に現れるような者もいたが、これは特殊事例と言えよう。[23]

三　日本の国際社会復帰と亡命者問題

一九五二年四月、前年に締結されたサンフランシスコ平和条約が発効し、日本は国際社会への復帰を果たした。同条約発効の直前、日本は中華民国政府との間に平和条約を締結した。すでに四九年一〇月に北京に中華人民共和国が成立し、同年一二月には中華民国政府は台湾に移っていたが、アメリカとの協調路線を選択した日本政府は、少なくとも条約上では「中国」との戦争も終えたのである。

日本の国際社会復帰を見越して、日本国内では華僑との経済提携に向けた動きが進みつつあった。その中には連合国軍の日本占領中には公職を追放されていた日本人や対日協力者もいた。

一九五一年一一月に設立された亜東銀行は、その象徴的な存在である。同行は「わが国〔＝日本〕に対する資本の投下（銀行の設立）と南方向け軽工業の振興を企図し」、児玉謙次（元中支那振興株式会社総裁）・村田省蔵（元大阪商船社長）・鮎川義介（よしすけ）（元満洲重工業開発総裁）・韓雲階（満洲国経済部大臣）[24] 等、戦時中の日本占領地で活躍した人々が顔を並べた。[25] 児玉謙次は同時期に設立された日華経済促進委員会の会長にも就任している。[26]

日本の同和鉱業・日本鉱業と香港の耀明行が合辦で計画した香港大嶼島の鉱区開発にも対日協力者が関係していた。この事業の日本側窓口となったのは譚覚真で、[27] 対する耀明行副社長顔照明は、汪政権の機関紙『中華日報』の記者という前歴を持っていた。[28]

一方、政治思想方面でも対日協力者と日本社会との交流が確認できる。例えば宮崎滔天の旧友で熊本の「名士」であった紫垣隆は、中島久万吉（くまきち）・岸信介（のぶすけ）といった政治家、武者小路実篤・保田與重郎・尾崎士郎・横山大観・中山優・安岡正篤・湯川秀樹など保守系の作家・藝術家・学者らと交流を持っていたが、そうした人脈に韓雲階・趙毓松[29]（汪政権農礦部部長）・陳中孚（汪政権中央監察委員）[30]・胡蘭成ら対日協力者も連なっていた。[31] 紫垣の反共の立場や、彼の唱える「世界大同一体」といった主張は、対日協力者も容易に乗ることのできるものであった。

ただ対日協力者の中には、生活に困窮する者も少なくなかった。彼らが頼ったのは旧知の日本人、すなわち旧軍人や外交官など、戦前中国大陸に関わった人々や在日華僑であった。頼られた側が個人的に彼らの生活を支える状態が続いたのである。しかし頼られた側の日本人の生活も楽ではなかった。「応接間のソファーで寝泊まりして結構だから泊めてくれと哀願」する諸青来（汪政権立法院副院長）[32]に「ほとほと困惑し〔中略〕結局、心を鬼にして当時神戸港から密出国して貰った」という岩井英一（元上海総領事）の回想や、胡蘭成が来日した際に「荻窪の私邸に転がり込まれ二、三ケ月以上居候をきめ込まれた体験から、亡命者を個人的に世話することの大変なことを知っていた」清水董三の例は、こうした事情を伝えている。[33] そしてこの問題はじきに国会の場でも取り上げられることとなった。

（1）兼岩伝一の質問

一九五二年四月二八日、奇しくもサンフランシスコ講和条約発効の日、国会参議院でのポツダム宣言受諾に伴って発令される諸法令の審議が行われた。その中で日本に在住する対日協力者の問題が取り上げられたのである。政府にこの問題を糾したのは、兼岩伝一（かねいわでんいち）（日本共産党）であった。兼岩は、「日本の侵略戦争を助けた民族の叛逆者」である対日協力者に、日本政府が在日居住許可を与えているとして、次のように吉田内閣を指弾した。

吉田政府は、他方において、曾つて日本の軍国主義に協力した戦争犯罪人、日本の侵略戦争を助けたところの民族の叛逆者、例えば「かいらい」汪精衛政府の国防部長であつた楊仲華は、昨年密入国で入つて来て検挙されたにもかかわらず、法務府の責任において現在在日居住許可を得て東京に住んでいる。それのみか「かいらい」満州国政府の閣僚、而も終戦当時の経済大臣たる韓雲階も同様な方法によつて東京に安住させており、最近は中華人民共和国の反動分子数十名を迎え入れて保護を加えており、幾万のアメリカ人に至つては、日本人以上に自由に出入国し、自由に闊歩している。(34)

管見の限りで、国会の場で対日協力者の問題を初めて取り上げたのは兼岩であった。もちろんこれ以外にも戦後の国会で、汪精衛や汪政権への言及がなかったわけではない。例えば日本政府の外資導入問題では、「今や日本政府の態度及び日本の資本家の態度は、この汪兆銘以下だといわざるを得ない」(35)や「あの汪精衛政権時代の中国でさえ、四九％以上の外資は民族資本を守る立場から絶対に禁止していた」(36)といった形での言及が確認できる。吉田茂を汪精衛や漢奸ならぬ「日奸」とみなしたり、(37)日米安全保障条約を日満議定書・警察予備隊を満洲国軍に擬したりした大宅壮一の議論も、(38)これと同様の眼差しによるものであろう。

しかし、兼岩の発言は、単に傀儡の典型例として汪政権・満洲国に言及するこうした議論とは一線を画すものであった。その発言の主目的は政府批判にあったものの、はからずも日本社会においても、対日協力者が居住していることを白日の下に晒すことになったのである。(39)

残念ながら参議院の審議では、兼岩の発言の直後に採決が行われた。そのため、この質問に対する政府の答辯はなされていない。

（2）中曽根康弘の質問

一九五二年一二月、中曽根康弘（改進党）が衆議院予算委員会で、総理大臣吉田茂に対日協力者に関する質問を行った[40]。その主旨は次の四点、㈠かつて日本が現地に樹立した政権の要人は、戦後非常に厳しい境遇にある、㈡少なくとも日本にいる対日協力者を、日本人が放任しておくべきではない、㈢英国政府は亡命生活者を十分に保護しており、英国の国際的地位を高めている、㈣対日協力者に対し、政府はどのように愛情を振り向けるのか、であった。中曽根は日本在住の対日協力者への言及という点では、四月の兼岩と共通するものの、質問の趣旨が異なることは明らかである。

対する吉田の答辯は、政府の援助は時期尚早とする次のようなものであった。

私の承知しておるところでは、亡命者といいますか、日本に好意を持ち、あるいは日本との間に親密な関係を過去において持つた中国政治家に対しては、おのおのその懇意な日本の友人から相当の援助を受け、また私どもも援助をしておる向きがあります。〔中略〕政府がただちにこれに対してどうするかということは、私はまだ早いのではないか、今のところは考えておりません。

この吉田の答辯に満足しなかったのか、中曽根は「ただいまの総理大臣のお考えにわれわれは反対」と食い下がり、「占領下ならいざ知らず、独立した日本でありますから、将来の百年の計も考えてみて、日本が過失によって現在悲境に陥れた人たちに対しては、十分報ゆべき」と述べ、質問を終えている。

中曽根の質問は、かつての対日協力政権の問題が戦後の日本で未だ解決していないことを指摘するものだった。では中曽根は何故この時期にこうした発言を行ったのか。当然、生活に困窮する対日協力者の存在があったことは確かである。ただ「占領下ならいざ知らず、独立した日本」、「将来の百年の計」といった発言に、単に過去の清算にとどまらず、独立を達成した日本の主体性を求めようとする中曽根の意志を読み取ることは難しくない。後年の政治家としての中曽根の軌跡を考えると興味深い部分である。

(3) 吉田茂の構想

ただここでは吉田茂の「私どもも援助をしておる向きがあ」る及び「政府がただちにこれに対してどうするかということは、私はまだ早いのではないか」という部分にも注目したい。というのもこの発言には当時の吉田が置かれた事情も垣間見えるからである。

前者は、当時吉田自身が曹汝霖を援助し鎌倉に住まわせていたことを踏まえてのものと考えられる。[41] また後者は、当時の中華民国との間に平和条約を締結したばかりの日本政府の事情を反映していよう。大陸の中華人民共和国はもちろん、台湾の中華民国からも「漢奸」視されている対日協力者を日本政府が表立って支援するのは難しかったのである。

例えば亡命者に対しては、東京大学法学部教授の横田喜三郎も法律的な観点から言及している。横田は「戦時中、日本の国策に協力、戦後、身一つで逃れてきて外国人についても、現在、彼らが貧窮の底にあるからといって、これを日本政府が財政的に面倒をみることはできないと解すべき」と述べ、「道義的責任から、彼らと個人的親交のある人が、個人で面倒をみるのが妥当」との見解を示していた。[42] 吉田の答辯は、対日協力者支援の意味を十分に理解しつつも、現段階では政府としてはするべきではない、という日本政府の立場を表していたのである。

同時に吉田は「まだ早い」、すなわち将来的には援助もありうる、という含みのある言い方もしている。そこには吉田が抱懐していた構想が関係していたと考えられる。当時、吉田は戦前の中国経験を有した日本人による対中国情報機関設立を構想していた。[43] また同じ頃、吉田は外務省の研修所で講師を務めていた元汪政権の外交官孫湜の待遇改善も指示していた。[44] こうした感覚を持つ吉田が日本国内の対日協力者を単なる過去の人物と見ていたとは考えにくい。

吉田の構想は、政権の失速で実現することはなかった。しかし、少なくとも中国情勢が依然流動的だったこの時期、日本政府内部にも様々な将来の可能性に配慮した動きがあったのである。

四　旧軍人の請願と実態調査

(1) 山縣初男・岡村寧次の請願

中曽根康弘の質問から半年後の一九五三年七月、対日協力者援助に関して旧軍人から外務大臣岡崎勝男に請願書が提出された(45)。請願者は山縣初男(小磯国昭と陸軍士官学校で同期。中国通として知られる)と岡村寧次(やすじ)(元支那派遣軍総司令官)で、請願書では「中日親善に尽くした」対日協力者が困窮していること、縁故者も彼らを養う余裕のないこと、「日本の意図に依り成立したる政権に奉職」した彼らを日本政府が保護することは当然で、また国民もそれを認めるであろうこと等を、友人の立場として説明した。

大東亜戦終了の結果個人として最も悲惨なる境遇にあるものは中国の親日智識階級であります。日本に於ても戦犯者さへ財産の没有は免れあるに係らず、彼等は中共乃(ないし)蔣政権から漢奸と呼ばれ、全財産は没収せられ生命も危険に迫られて居ります。彼等は住むに処なく、食うに糧なく、命からがら日本に亡命し、僅かの縁故に頼り辛うじて生命を維持して居りますが、亡命行已(すで)に年数を経て、僅かの貯蓄も食い尽して居り、縁故者も亦彼等を養う程の余裕あるものは居りません。彼等は中日親善に尽くした者であります。〔中略〕日本の意図に依り成立したる政権に奉職して居(お)った人人に対しては日本政府が責任を負うて保護するのが当然だと思ひます。日本国民も決して之を非難はしないでしょう。

この山縣・岡村の請願は、岡村が日本の敗戦直後に出した「対支処理要綱」で対日協力者の身分保証を求め、「帝国の信義を確保」しようとしていたことと繋がる。[46] この請願に、敗戦直後には実現できなかった対日協力者の援助を、何とか具体化したいという岡村らの思いを見ることは難くない。

この三ヶ月後の一九五三年一〇月には黄南鵬（華北憲兵総司令官）[47] らが、岡村寧次・和知鷹二（元陸軍大佐）ら「大陸当時親交のあった政界及び実業界の有力者」の援助を得て、相互扶助機関として「在日中国人更生会」を設立した。

黄南鵬は自己の所信として、アメリカの中国承認の動きに言及しながら日中貿易発展の必要性を述べ、その際に対日協力者を利用することが日本政府、対日協力者双方に利益となるとして次のように語った。

> 米国が中共承認に動いている今日、日本はこれに魁けて中共を承認し、日中貿易を発展させるべきである。〔中略〕日本政府はかつて中国大陸にあって政権の一部を担当し、中国事情に精通し、日本人では難解なことでも容易に判断し得る立場にある中国人亡命者を利用すれば、対大陸問題の解決策を生み出すことが可能である。しかしこれら亡命者は現在殆んど生活困窮状態にあり、到底中共問題について研究する暇もないので、政府が生活を保障し研究をすれば日本としても有益であるし、又亡命者も現在の環境から脱皮することが出来る。

同会は設立後まもなく「資金を個有化（ママ）しようとする役員間の対立」から自然消滅となったが、[48] 黄南鵬の本心はともかく、対日協力者が日本の役に立つ、という説明の仕方（売り込み方）は興味深い。この黄南鵬の動きも岡村ら旧軍人らの請願と軌を一にしたものと判断できる。

では旧軍人らの要請に対し、外務省は如何に対応したのであろうか。彼らの請願に対して、外務省が直ちに応じた様子は見られない。これは先の吉田の答辯と同じく、外務省が表立って動けなかったことが背景にあろう。ただ実際には外務省は水面下で日本に滞在する対日協力者の実態把握に向けて動き出していた。

（2）警察による調査——何が調べられたのか

外務省は山縣初男・岡村寧次の請願書に添付されていた「大東亜戦中日本に協力せる中国重要亡命者名簿」に記載された一五名について、直ちに国家地方警察本部（国警本部）に実情調査を依頼し、早くも同年八月には曹汝霖・張燕卿（満洲国外交部大臣）・陳中孚・黄南鵬・曹若山[49]（華北第一特別行政区長官[50]）・夏文運・秦慶霖・趙毓松・韓雲階九名の調査結果が外務省に届けられた（表12-1[51]）。

国警本部の調査で興味深いのは、対日協力者の「現住所、職業、援助者」の他に、「交友関係、抱負・対中共観・対国府観・対米観」さらには「中国在住当時の秘められた活動」「中共及び国府との特殊関係」までも調査されている点である。

すでに指摘したように、中曽根康弘の質問や旧軍人の請願の主旨は、生活に困窮する対日協力者を支援すべき、という点にあった。そうであるならば、彼らの思想信条まで調べる必要はなかった筈である。それにもかかわらず、実際にはかなり細かな調査が行われている点は注目に値する。ここにも対日協力者を何らかの形で「活用」せんとする、先の吉田茂の構想や黄南鵬の所信とも相通ずる意識が読み取れる。「現在でも使方（つかいかた）によってはまだまだ使える」[52]（張燕卿）、「小人物であり大した役割は働き得ない」（曹若山）、「最早、抱負を談ずべき人物ではなくなった」（夏文運）といったコメントは国警本部（さらには外務省）の意識が那辺に在ったのかを示している。

この後、外務省が具体的にどのような救済方針をとっていたのかは不明である。しかし残された史料からは、外務省がその時々の対日協力者からの要請に、個別に対応していったことがわかる。例えば一九五四年一二月に趙毓松の帰国旅費として五万円がアジア局長を通じて渡されたほか[53]、重光葵（まもる）外務大臣時代（一九五四〜五六年）には、

表 12-1　「在本邦親日中国人の生活状況に関する件」(1953 年 8 月 17 日) 抄

氏　名	後援者・援助者，交友関係，抱負，総評
曹汝霖 北京政府交通部総長	・公私にわたり深交のあった日本人士は枚挙に遑がない。 ・思想的に特色はないが，一生を通じて日本と交友して来た親日派？と称揚して過言ではなかろう。 ・精神的に（少くとも国際エチケットとしても）敬意を表して然るべき人物である。
張燕卿 満洲国外交部大臣 新民会副会長	・嘗ての満洲国大臣・華北新民会初代会長などの経歴から見ても相当の体験と抱負とを持っているが，従来から政治節操上ではトカクの批評のある人物である。且つ利才にたけ，嘗ては満洲・河北省・上海・香港などに相当の蓄財を持っていた。 ・国府からは現在も尚「好ましくない人物」とせられているが，本人は機会あらば国府とでも妥協したい内心があると観察せられる。 ・思想としては勿論，反共であるが経済上の利益とあれば中共とでも連絡したい。但し思想運動として親共するような事はない人物である。 ・善かれ悪しかれ過去に於ては十分日本に協力した人物であり，現在でも使方によつてはまだまだ使える。且つ彼の過去に較べて現在著しく生計にさえ窮しかけている。要救援者の一人であろう。
陳中孚 冀察政務委員会委員	・日支間の政治問題については見識を持っていたが…同時に政治謀略情報提供者としても暗躍した男である。元々国民党員であり，現在でも台湾に対し顔は売れている〔中略〕現在の国府としては場合により彼を利用こそすれ，真剣に彼を受け入れる筈はない。 ・現在生活上どうにか困つてはいないが，日本を切り離しては彼の生涯はなかった人物であるし，その労は慰うに価するであろう。
黄南鵬 華北憲兵司令	・台湾民主独立党副総裁。台湾在住同胞有志からの秘密援助もあり，独立党をどうにか運営している。共産主義とは思想的に相容れないが，国府に対する反感と将来の実利とを考え，好機あらば中共（と言うより大陸と）手をとる恐れ必ずしもなしとせず。国府殊に蔣介石とは到底相和せない。 ・強き反国府・中等程度の反共・強き親日・対米不即不離・絶対台湾独立，を信条として国際情勢の転換を待機している。 ・要救援者の一人であろう。
曹若山 華北第一行政区長官	・抱負遠大な或は堅い抱負などは持たない。所謂小才子に過ぎない。 ・反共ではあるが筋が解らない。現在国府的活動は見受けられないが，さりとて明確な反国府的態度も見られない。 ・小人物であり大した役割は働き得ないと思料する。 ・終戦前二年間ほど華北日軍と（それも山崎重三郎を介してのみ）関係があっただけで，特に日本の為に立働いたと言う程の縁故乃至功労者ではない。 ・まだ日本語もロクロク語れないのに中野誠などの日本名の名刺を振廻したりする所から見ても真面目な純真な人柄とは認め難い点がある。
夏文運 山西省建設庁庁長	・中国青年党幹部の一人であり反共・反党（国民党）・愛国運動上相当の活躍をした。（日支事変の中頃から）アヘン常習者となって以来頓に精彩を失った。現在も度々入院している。現在では「最早，抱負を談ずべき人物ではなくなった」と謂うべきであろう。思想としては依然反共であるが，大陸との交易については開始論を抱いている。李宗仁とは公私に亘って深い因縁あり，李の台湾不在は彼の現在生計上にも甚だ響いている。白崇禧とは悪くもなく因縁もあるが，特に信頼し合うほどでは無い。正統派国民党（蔣，宋一派）とは相容れない。
秦慶霖 南京師団長級	・現在，彼も亦気の毒な境遇には在るが国家として謝恩せねばならぬ程の対日貢献者でもなかろう。
趙毓松 汪政権農礦部部長	・絶対反共（中国青年党の幹部として孤節をよく守っている）。 ・中国青年党は元来反共，反党（国民党），愛国を旗幟としていた関係上必ずしも親日を叫ばなかった…従って日本人にも知人が甚だ少い。 ・反党で終始したから現国府にも全く容れられない。 ・救援を与えて然るべき人物であろう。
韓雲階 満洲国経済部大臣	・まだ個人としては相当の野心（日華親善，日満親善などの）を抱いているが，他人からは顧みられなくなりかゝつている。 ・反共に間違いはない。親日（これ以外彼として生きる道はない。）国府側から全く容れられない…従って反国府。幾分反米的。 ・嘗ては満洲に於て日本側によく協力したし，人物も亦相当の人物であり現状は甚だ困窮している。救援然るべき人物であろう。

王維藩（汪政権駐日大使館附武官）[54]に外務省が定期的に生活費の補助をしていた[55]。また一九五七年には、亜東工商協会（後述）の要請で外務省が拠出した五〇万円が、十余名の生活困窮者に分配されていた[56]。

（3）法務省の対応――犬養健法務大臣

対日協力者に対応していたのは外務省だけではなかった。出入国管理を管轄する法務省もまた対日協力者に直接関わりを持つ部門であった。法務省の対応は、かつて汪精衛の和平工作にも参画していた法相犬養健ならではのものであった[57]。

一九五四年三月、参議院予算委員会第一分科会で曾禰益（日本社会党）は、入国管理の問題として、対日協力者に対し入国管理に際して「温情の措置」がとられているのかについて次のように質問した。

> 非常に地味な問題で、入国管理の問題ですが〔中略〕要するに反共、反蔣の中国人がおるわけですね、日本に。これはもう台湾に帰されてもやっつけられるし、中央に帰されてもやっつけられる。而もやはり日本とは汪兆銘政権等を介してかなり深い関係もあった人もあるし、直接にそれほどの大物でなくてもそれらを頼って来たような、まあいわば寄る辺なき人間もおるわけです。或いは法規的に見れば多少不備な点もあるかも知れないけれども、そうかといつて送還だ、収容だというのじや困ると、何とかして欲しいという希望がある。こういう問題に対しては法を曲げるわけには行かないけれども、何らかの温情の措置がとれるかどうか、この点、二点だけ伺いたい。

「汪兆銘政権等を介してかなり深い関係もあつた人もあるし、直接にそれほどの大物でなくてもそれらを頼つて来たような、まあいわば寄る辺なき人間もおる」と、質問内容が具体的なのは、曾禰益の経歴によろう。曾禰は汪政権成立直後の一九四〇年、上海に大使館一等書記官兼領事として赴任していた。まさに犬養の経歴なども知悉した上での質問と言える。

犬養は冒頭この問題を「非常に熱心にやっておりますので委細御報告いたします」と述べ、まず対日協力者については、退去者リストに犬養自身が手心を加えているとして次のように説明した。具体的な事情を伝える部分であるので引用しよう。

それからあとの問題でございますが、勿論反共、反蔣、そしてどつちでもないいい中国を作りたい、その望みは大分薄いけれども、併し理想として持つているというような人の中に案外まじめな人が多いのです。そういう人は、法規上は法規上としまして、実際上は全部ここにおります秘書課長から事務的には退去を要求すべきリストを私が必ず見ることにいたしております。それで私の知つている範囲、或いは衆議院、参議院、社会党のかたからもよく御注意があるのでありますが、そういうかたは全部鉛筆でノートしまして、どなたの紹介の事件というふうに書きまして、止むを得ず退去する場合は先ず紹介されたかたに事情を申上げてから処置する、事情を紹介したかたに申上げると、それは当局の知らないこういう事情がある、案外それが又当つている場合があるのです、そうすると退去を取消すということで、少し私は手間がかかりますが、念入りにやつております。

さらに犬養は、「無届入国」であっても、日本国内で妻帯している場合など安定した生活を送っている協力者を帰すことは「よく〳〵の場合でなければしない」とし、それを見越して「どうも結婚すると残れるらしいというので急に女を騙したりする」亡命者もいると、次のように続けた。

それから不法入国と言いますか、無届入国であつても、つまりいずれ知らすと言つたまま一、二年たつたものですから、妻君なんかもらつているのがあるのです。急にお前はそも〳〵違法だと言つて事務的には帰せるのですが、それはひど過ぎるので、少くとも結婚して日本で安定している人とか、或いは結婚してその奥さんが妊娠しているような人の場合には、私は直ちに命令を出さないで十分に打合せることにしております。それから身寄りがこつちにない、職も安定してないというのは退去を決定いたしますが、順序としては台湾に帰る人は先ず中華民国の大使館に行きまして、大使館が同国人として忠告して、大使館が忠告して帰つたというような形をとることにしておりまして、先ず大使館にこれだけは止むを得ないから帰すというリストを送ることにいたしております。中にはどうも結婚すると残れるらしいというので急に女を騙したりする悪いほうの事件もあるのですが、そういうのは帰つてもらつております。併し事実日本で安定した人は帰すというようなことはよく〱の場合でなければしないというふうにやつております。(58)

このように協力者に対しては外務省と法務省がそれぞれ彼らの事情を考慮して、日本に滞在できるような対応をとっており、また個人的な関係から支援する政治家もいたことがわかる。もっとも戦前大陸と関係があった政治家の全てが協力者に同情的だったわけではない。満洲国産業部次長等を務めた岸信介（自民党幹事長）、また満洲重工業開発総裁だった高碕達之助（経済企画庁長官）は、「上役だった中国人たちにいわせると、「お気の毒だ」と口先ではいってくれるものの、両氏ともまるで素っ気ない」態度であったという。(59)

五　亜東工商協会の請願

一九五八年一二月、前年に続いて亜東工商協会が、外務大臣藤山愛一郎に嘆願書を提出した。戦前藤山は経済団体訪問団の一員として蔣介石を訪問し、戦後も理想主義的な贖罪意識を持ち続けていたとされる。(60) こうした藤山であれば、との思いが嘆願書提出にも働いた可能性がある。

亜東工商協会は、一九四九年に矢崎勘十（元陸軍中将）らが中心となって組織した華南クラブを前身としており、当初は親睦団体であったが、後に「実業的活動」も行うようになった。同会の会長は閑院春仁（旧皇族）が務め、後に千葉三郎（衆議院議員・労働大臣）が継いだ。メンバーは日華混成の三〇〇人程度で、中国人メンバーの中には広州市長や総統府顧問を務めた劉紀文も副会長として参加していた。また「亡命者も殆ど全員本会に加入」していた。[61]

同会は政治的・思想的には一切動かないことを信条としながらも、反共という点では一致していた。[62] 一九五六年の雑誌記事は、同会には亡命中国人が集まり、滞日期間の延長を法務省と交渉したり、毎月一回、定期的に集まり相互連絡をしていると伝えている。[63]

彼らの請願書の請願の主旨は、特に生活に困窮している対日協力者八名に、計五〇万円の救助金を求めるものであった。[64] 外務省では早速この八名を含む亡命中国人の調査を関係者に依頼し、[65] さらに亡命中国人の全容（八〇人）の調査を警察庁に依頼した。[66]

この調査で明らかになったのは、亜東工商協会の情報が杜撰であるということだった。というのも同会が要支援とした八名のうち、「真に生活に困窮」していると判断されたのは二名に過ぎなかったからである。その他は生活困窮者には該当せず、挙句の果てにすでに国外に密出国している者まで含まれていた。亜東工商協会の情報は自己申告に基づいていたと思われ、中には客観的に見れば困窮者には該当しない人物も機に乗じて支援を要請していたのである（表12-2）。[67]

また同調査では、新たに全体で八〇名にのぼる亡命者の事情も報告された。その内訳は、生活程度上流の者二四名、中流の者三七名、下流の者四名で、亜東工商協会が報告した八名以外にも困窮している者が二名（江洪杰・孫湜）いることが明らかになった（この他、死亡者五名、出国者八名、行方不明・調査不能二名）。[68]

表 12-2　亜東工商協会による要援助者 8 名の状況

氏名・経歴	亜東工商協会の説明	実際の情況
金鼎志（金憲立） チチハル市長・粛親王王子	かつては彼の父の関係にて援助者もありし様子なるも，目下生活困窮し，会社を転々し僅かに通訳として生活の資を得るに過ぎず。	上流（月収十万円程度の生活）生活補助の必要は全く認め得ず。
莫伯閑 広東省政府秘書	通訳により僅に生活を支え居たるに，昨年不良日本人の詐欺行為に会い，全財産を失い目下生活極度に困窮しあり。	上流（月収十万円程度の生活）生活補助の必要は全く認め得ず。
招桂章 汪政権海軍部次長・広東海軍司令	生活困難にて同郷会の事務室に起居中，喉頭癌にて病気中なるも意の如く治療し得ず専ら同郷人の援助を受けつつあり。	真に生活に困窮。
楊岳輝 汪政権軍司令官	軍人出身にて生活の道に疎く生計困難，喰うか喰わざるかの生活である。	真に生活に困窮。
張燕卿 満洲国外交部大臣	目下結核，糖尿病，神経痛，胃病等のため病床にあり，入院費無くして入院し得ず。	厳密には生活困窮者とは云い難い模様。
趙毓松 汪政権農礦部部長	友人の援助にて小そば屋を開業し，夫婦自ら料理及び仕出しまで勤めたるも失敗し，目下原稿書きにて生活の資料をかせぎつつありて生計困難。	厳密には生活困窮者とは云い難い模様。
夏文運 山西省建設庁庁長	目下日本通報及び外務省の機関雑誌の発行に関係しあるも生活困難，辛うじて衣食しある状況なり。	厳密には生活困窮者とは云い難い模様。
李道軒 広東省警務処処長	生活困難にて，横浜の中国菓子店に雇われ菓子の製造を手伝い居りしも老齢のため永続せず，目下同郷会の事務室に起居しあり。	本年一月香港方面へ密出国。

六　善隣友誼会とその活動

(1)　統一組織結成への動き

二度にわたる亜東工商協会からの援助要請は、外務省の対応に変化をもたらした。清水董三（外務省審議官）は、一九五九年四月一三日に外務次官山田久就（ひさなり）に宛てたメモの中で、「何とか気持だけでも救恤（きゅうじゅつ）の表示をしたらよかろう」と述べ、外務省からの五〇万円を基金として拠出してもらえれば、それを保管しておいて、必要に応じて支給できること、またメンバーには「数年前より熱心に奔走している〔中略〕岡村寧次・矢崎勘十・千葉三郎の三人」に清水自身が加われば良いと提案している。[69] さらに清水は岡田晃（あきら）（アジア局中国課長）と協議し、「要救済者の選定、あるいはその方法等多分に困難」があるため、「民間の中国関係有力者よりなる適当の救済団体を組織せしめ、外務省がこれの指導に当り、統一的に出来るだけ有効、適切な救済にあたること然るべしとの結論に達し」た。

清水は早速、矢崎勘十・岩井英一を呼び「指導、懇談の上」、名称を「在日中国人救済会（仮称）」とし、事務所を亜東工商協会内に置くこと、発起人（千葉三郎・谷正之・岡村寧次）、幹事（矢崎勘十・岩井英一・今井武夫）、顧問（清水董三）の決定を見た。また運営の財源は、外務省拠出の五〇万円を基本に、「中国関係諸団体、商社等にも寄付金を要請し、将来は少なくとも常時一、〇〇〇万円位の基金を持つことにより、その利子を以て或る程度救済費をまかない得るよう努力する」という方針も決まった。

こうした迅速な事態の展開には、主に二つの要因があった。一つは「要救助者の選定、あるいはその方法等に多分に困難」が伴ったためである。[70] 上述の亜東工商協会の、実態から乖離した申請の他にも、例えば趙毓松が一九五四年に外務省から帰国費用五万円を受け取りながら、依然として日本に滞在し続けているといった問題もあった。こうした対日協力者ごとの個別の事情を把握するには外務省の対応だけでは限界があり、元軍人ら関係者の力を借りることが得策との判断が働いたのである。

もう一つは、この時期に関係者の自殺というショッキングな事件が重なったためである。一九五八年一〇月に梅紹光（汪政権実業部部長梅思平の子息）が、生活困窮の末滞在中の横濱で服毒自殺し、死後数日を経て発見された。それは次のような状況だった。

香港から横濱の末包末夫氏をたよって一人の青年がやってきた。デラックスな自家用車を持ち、書画骨董をたくさんかかえていた。だが、まだ書画骨董に興味をみせるほど日本の傷は癒えていなかった。青年は横濱のYMCAのホテルに泊った。ホテルといっても、事務所の三階にある安い部屋だった。生活力のないかれは間もなく車を売った。さらに書画骨董の買手をさがしたが、売れても二束三文だった。ある日、YMCAの建物全体に異様な臭気がたちこめた。臭気をたどっていくと、青年の部屋からもれていることがわかった。ノックしたが答えはなかった。そこでカギ穴からのぞいてみた。するとベッドの上に青年の死体がみられた。だが、その死体はゆっくりと、ほんのかすかだが、上下左右に動いている。のぞいたものは仰天して警官をよんだ。警官がドアをたたきこわし、鼻をつまみながらとびこんだ。たしかに死体は動いていた。死体を担架に移すと、ベッドの上に無数のウジがうごめいていた。死体を動かしたのは、このウジだったのだ。死体は市大病院のホルマリン槽に入れられ、香港の母親に遺体引取り請求の電報が送られた。だが、とうとう死体引取人はこなかった。[71]

岩井英一によれば、この事件は関係者に大きな衝戟を与えた。この直後、岩井は外務省に清水を訪問し、個人的世話でなく、統一機構を作り対日協力者を援助する必要性を訴えている。[72]

このように、亜東工商協会からの要請、梅紹光の自殺による関係者への衝戟が相俟って、救援団体の組織化に向けた動きが大きく前進したのである。

(2) 組織・メンバー

一九五九年六月、正式に会が発足した。会の名称は「在日中国人救済会」「日華交友会」などの案があったが、最終的に善隣友誼会に決定した。善隣友誼会は会則で「かつて日本と深い関係があり、現に本邦亡命中の中国人にして困窮しているものの生活を補助することを目的」とし、「病気その他のため極めて困窮している者」への補助、「職業のあっせん、その他生活の方途につき相談に応ずる」こととし、霞山会館内に事務所が置かれた[73]。

支援対象は「中央政府の局長以上、文官は簡任官以上、武官は将官以上、省政府の庁長以上並びに県長」を予定し[74]、会の方針についても矢崎勘十は「此の企画は亡命者を利用して何等かの政略に利用するが如き邪道を考慮した結果にあらずして、飽く迄も道義的見地に立ったもの」としていた[75]。

会の中心となったのは、岡村寧次・矢崎勘十・千葉三郎・清水董三の他、理事長谷正之（元外務大臣・中国大使）、理事今井武夫（元支那派遣軍総参謀副長）・岩井英一・高垣勝次郎（三菱商事）・津田静枝（元海軍中将・興亜院華中連絡部長官）・岡崎嘉平太（元華興商業銀行理事）・岡部長二（元汪政権経済顧問）・小別当惣三（元海軍大佐）・塩沢清宣（元陸軍中将・興亜院政務部）、石川順（元毎日新聞北京支局長）、沖野亦男（元海軍大佐）・川本芳太郎（元支那派遣軍総参謀副長）、監事石井貫一（元北京大使館書記官）・山西恒郎（元満洲鉱業開発理事長）らで[76]、そのほとんど全てが戦前の中国大陸と関わりを持った人々であった。

(3) 財政事情——外務省への依存

前述したように当初、善隣友誼会の財源は外務省からの資金に加え、「従来中国と深い縁故を有せられる商社、法人、団体」等からの寄付金を予定していた[77]。その上で将来的には「社団法人」としてビルの清掃管理部門の代行業を行うことで「亡命要人の更生資金並其の子弟の育英資金の獲得」「東南アジア諸国の青少年（留学生）に対する奨学資金等の援助並供与」も計画された[78]。

寄付金要請の対象法人は商事・貿易・重工業・製鋼・電機・化学工業・セメント・紡績・織物・海運・船舶・造船・交通・運輸・製糖・水産業・製菓・製紙・土木・醸造・通信・銀行・保険・証券・映画各産業における日本の主要企業一〇三社にのぼった[79]。しかし実際に寄付に応じたのは国鉄総裁の十河信二（元満鉄理事・興中公司社長）・参議院議員の野村吉三郎（元海軍大将・駐米大使）・官房副長官の細谷喜一・社団法人国際善隣倶楽部（外務省所轄、満洲交友会の後継団体）の他は、法人は四社（うち一社は社長名義）に過ぎなかった（表12-3）。

大手企業からほとんど寄付金が集まらなかった明確な理由はわからない。しかし日中の関係が一九六〇年前後から再度好転しつつあったことが、企業に二の足を踏ませた蓋然性は高い。五九年九月、前首相の石橋湛山が周恩来を訪問し、両国の貿易促進が確認され、翌六〇年八月には日中間の「貿易三原則」が打ち出されていた。同原則は「政経分離」を謳っていたとはいえ、中国共産党政権が対日協力者を「漢奸」とみなしていたことは、企業が善隣友誼会への寄付を躊躇する十分な理由となった筈である。このため善隣友誼会の収入の半分は外務省に依存することとなった。友誼会は六二年一一月にも外務大臣大平正芳に八〇万円の助成金を嘆願している[80]。

表 12-3　善隣友誼会寄付（昭和 34.6〜37.11.12）

	日付（昭和）	金額（円）
外務省	34. 6. 19	500,000
外務省	36. 3. 31	600,000
国際善隣倶楽部	34. 8. 15	200,000
国際善隣倶楽部	35. 11. 26	100,000
国際善隣倶楽部	37. 3. 7	100,000
十河〔信二〕国鉄総裁	36. 3. 8	100,000
野村吉三郎	36. 3. 8	10,000
ブリジストンタイヤ	36. 5. 24	50,000
日本電気株式会社	36. 8. 28	200,000
東洋埠頭株式会社	36. 11. 28	50,000
総理府細谷〔喜一〕副長官	37. 5. 11	200,000
間組神部〔満之助〕社長	37. 5. 23	100,000
小　計		2,210,000
雑収入		52,181
合　計		2,262,181

出典：「善隣友誼会寄付」「(6) 会務一般　議事録」000.2291

（4）支援援助対象者——誰を助けるか

善隣友誼会が作成したと思われる「亡命者に関する統計及説明」によれば、友誼会が把握していた対日協力者は八六名で、そのうち生活程度「丙」の三分の一ないし二分の一の範囲内（一〇～一五名程度）が救助の範囲と想定された。[81] 支援は年金形態ではなく経済事情に応じて見舞金等の形式で、一人一度につき五千円あるいは一万円程度が給付された。

実際に友誼会が一度でも支援したことが確認できるのは、次の二四名である。[82]

謝文達[83]（汪政権寧波師団長）・黄民星[84]（汪政権軍事委員会外事処処長）・黄南鵬・江洪杰・竺緩卿・楊仲華[85]（汪政権蘇北行営第二集団軍）・夏文運・許吉生（汕頭市市長）・金鼎志・常宜民（山西禁煙局局長）・曹若山・丁世震[86]（満洲国治安部勤務。満洲国交通部総長丁鑑修子息）・莫伯閑・王炳暁（広東民政庁）・王善之（汪政権実業部次長）・柳汝祥（中央儲備銀行局長）・鄭君伯（満洲国軍政部）・張燕卿・黄開（満洲国駐ハンブルク総領事）・鮑啓康（中央儲備銀行東京支店会計主任）・林達雄（熱河省教育庁長）・趙毓松・殷民恵（殷汝耕妻）・王茂林[87]（興亜建国運動）

援助の理由は、入院費用を要請した謝文達[88]・黄民星、[89]「中国語教師あるいは翻訳など適当な仕事」の斡旋を求めた王維潘、[90] 碁会所経営のための資金三〇万円を要請した趙毓松[91]など多様であった。竺緩卿のように、陳伯藩・毛慶藩ら他の対日協力者の紹介で善隣友誼会に申請する例もあった。この際は「決して定期的なものは期待しないように付記して」見舞金一万円が贈られた。[92] 被援助者の中には「毎月の送金を当然のこととし、恩給恒例的なものと考えているものもあり」、善隣友誼会で問題視されていた。[93]

しかし対日協力者全体の中から見れば、こうした要支援者はその二割前後に過ぎなかった。その他多くの協力者は、例えば連恵文（満洲国チチハル税関事務官）がロシア料理店、[94] 王経武が中華料理店の経営をそれぞれ軌道に乗せるなど、[95] 飲食・貿易・建設・金融・服飾・通訳・著述・記者・大学講師など様々な業種で生計を立て、戦後の日本社会に適応していったのである。

七　小　結

本章では戦後日本に亡命した対日協力者と彼らに対する日本の対応について検討し、次の三点を明らかにすることができた。一点目は、百名を超える中国人対日協力者が様々なつてを頼りに戦後の日本に滞在していた点である。二点目は、対日協力者の中には生活に困窮する者もあり、日本の国際社会復帰と前後してそれが国会でも問題となった点である。三点目は、当初外務省は対日協力者援助に個別に対応していたものの、一九五九年に外郭団体として善隣友誼会を組織し間接的に支援した点である。

善隣友誼会設立までの動きには、戦後の一時期、とりわけ中国情勢がいまだ流動的と見られていた一九五〇年代前半までは、将来の中国をめぐって大陸の共産党政権とも台湾の国民党政権とも相容れない人々の経験や人脈に価値を見出す日本人がいたことも影響を与えていた。日本政府は対中国・対台湾政策を進める一方、対日協力者をめぐる諸事情に配慮し、過去の問題の清算を水面下で行っていたのである。その直接の担い手となったのは対日協力者と戦前から関係のあった人々で、とりわけ清水董三は重要な役割を果たしていた。

ただ善隣友誼会の設立と前後して、日中関係が進展した。このため善隣友誼会は政治的な思惑を排し、ほぼ人道的な見地からの支援に終始することになったのである。

善隣友誼会はその後も要救援者を支援し続けた。岩井英一の回想には「本会設立後既に二十年、要救済の亡命困窮者も僅かになった。然し現在〔一九七九年〕も存続し、年二、三回常務理事会を開き、要救済者出現の際に備え即応体制をとっている」とあり、少なくとも一九七九年頃までは活動を存続させていたことがわかる(96)。

善隣友誼会の活動終焉の正確な時期は明らかではないが、これ以降活動に関する史料が管見の限り存在しないことから、要救援者の減少により一九八〇年代には実質的役割を終えていたと推測できる。

結　語

一　本書の試み

中国は古くから歴史・記録を尊ぶ国である。各王朝は前王朝の歴史を編纂することで正統な後継者であることを示し、政権存在の根拠としてきた。こうして編まれた歴史書を正史という。このことは、中国の政治空間が歴史の叙述に敏感だということでもある。正統なるものと、そうでないものとを辨別しないではおれない感覚は、現在の中国にもなお根強く残っている[1]。

近現代中国史上において、こうした歴史意識の影響を強く受けてきたのが、本書が取り上げた日中戦争期の対日協力者である。協力者に対する「漢奸」の烙印が、抗日側の中国国民党や中国共産党の正統性を担保するものでもあったことは緒論でも触れたが、それには正邪を辨別する中国の伝統的な歴史意識もまた影響しているのである。

しかし筆者は、歴史家の役割は過去の出来事に正邪の判定を下すことではないと考えている。カーの「歴史とは、現在と過去との間の尽きることを知らぬ対話[2]」との顰にならえば、占領地の研究者には、協力者との対話もまた求められているのである。

そこで本書が試みたのが、協力者の政治思想・政治構想――自らの立場をどのように規定し、どのような形で中国の将来を考えたのか――への着目であった。将来構想の提示やそれの宣伝活動は、日本による占領という制限下に置かれた協力者が、相対的に自由に、また主体性を伴って携わることのできた、数少ない活動の一つであった。加えて協力者自身の政治生命を担保する上でも、「敵」である日本と何故提携する必要があるのかを説得的に語ることは必要不可欠な作業であった。幸い日本当局も、占領地の安定が保たれるのであれば、中国の政治体制の内容に深く介入することはなく、協力者は比較的自由に将来構想を語ることができた。したがって、協力者の政治思想・政治構想を追うことは、協力者との「対話」を目指す上で、欠くべからざる作業なのである。

こうして明らかにできた点は、大きく次の三つにまとめられる。

一つには、これまで日本との関係で協力者と一括りに理解されてきた人々も、その政治構想に着目すると、それぞれが独自の見解を持っており、多様な構想があったということである。例えば日中戦争に対する各人の見解の相違に、それは象徴的に表れている。維新政府の温宗堯は、日中戦争で中国は負けたとみなしていたのに対し、袁殊の率いる興建運動では、中国は日本に負けたわけではない、と一八〇度異なる見方を提示していた。このように複数存在した構想の中から、日本の占領が続く中、占領地社会の事情に適合したより現実的な構想が選択され、占領地政権は変遷していったのである。

二つには、日中戦争勃発から汪精衛政権成立の前後（一九三九年から四一年）にかけては、占領地においても日本の占領を前提とした上で中国の将来構想が具体的に議論され、それに対しては抗戦側も警戒し、対応を迫られていた、ということである。ここからは占領地であれ抗戦側であれ、日本の中国占領が長期にわたるという見通しを持っていたことがわかる。したがって、日本が対米英開戦に踏み出し、さらにその戦局悪化が伝えられるようになると、占領地では日本の占領を前提とした具体的な将来構想は減少し、代わって抽象的な議論や歴史上の出来事、さらに抗戦側や海外事情に関する議論が相対的に増えてくるのである。

三点目は、占領地における中国人協力者の活動は、戦争終結と同時に終わったわけではない、ということである。従来、協力者や占領地が語られる際、日本の敗戦と占領地政権の消滅ないしは漢奸裁判をもって、叙述が締めくくられていた。日本の敗戦とともに協力者の歴史にも終止符を打つ。これは抗戦側の見解としては当然ありうるものである。しかし実際には、漢奸裁判で処刑された協力者は上層部の一部に過ぎない。残った人の中には活動の場を香港や日本など国外に求めた人もいたのである。そしてこうした協力者の戦後の活動の一翼を、日本社会が支えていたのである。

（1）中華民国の否定から中華民国の体制内改革へ

本書第Ⅰ部の第一章から第四章では、一九三〇年代から日中戦争勃発直後の占領地の事情を扱った。この時期、各地に登場したのは、中国自治聯省防共政府・大漢国・大道政府など、成立から二〇年が過ぎていた中華民国の枠組みとは全く異なる理念に基づいた国家構想であった。

極端とも見えるこうした議論が登場した背景には、蔣介石率いる国民政府に対する批判があったことはもちろんだが、この時期に中国共産党による中華ソビエト共和国（一九三一年一一月）や、日本による満洲国（一九三二年三月）、さらには中国国民党反主流派による中華共和国（一九三三年一一月）といった、中華民国とは異なる政治体制を掲げた政権が、実際に登場していたことも影響を与えていたと考えられる。従来、日本との関係で語られることが多かった満洲国だが、中華民国と別個の国家を構想したという点では、中華ソビエト共和国や中華共和国とも共通点を持っていたのである。

満洲国成立後に進んだ華北分離の動き、さらに日中戦争の勃発は、帝制の復活をも含めて、中国の政治体制を抜本的に変えるべきと考えていた人々を刺戟したことは間違いない。呉佩孚はこうした構想を持った人々の結節点の一つであった（第三章）。日本人の中にも辛亥革命以来、孫中山に協力してきた萱野長知のように、中華民国に代わる政治体制の出現に肯定的な人物もいた（第五章）。

日本軍当局もこうした動きに注目し、彼らの利用を試みた。一方、協力者たちもまた日本軍の力を利用して、自らの政治的上昇、理想実現を狙った。しかし理想は、その中身が壮大であればあるほど、現実との齟齬に直面する。漢民族による独立国家を標榜した大漢国構想に対しては、その管内に多数の漢民族を擁した台湾総督府が警戒感を表明し（第二章）、日中双方の郷村レベルでの協力を説いた日支民族会議は、中国のみならず日本の政治変革をもまた主張していたことで、早晩日本当局と衝突することは明らかであった（第三章）。また世界各地に大道政府を樹立して、最終的にそれが天皇の下にまとまるべきとの大道政府構想も、中国ナショナリズムの高まりの中にあった上海社会に受け入れられるものではなかった（第四章）。

日中戦争勃発前後の日本の中国占領とそれに伴う既存社会の動揺は、中華民国社会の底流に流れていた、理想主義的なものも含めた複数の政治構想を、一時的に歴史の表舞台に押し上げた。しかしそれらは、まもなく現実世界との間に矛盾をきたし、収束することになったのである。

日中戦争初期の極端とも言える構想に続いて登場したのが、三権分立の共和政体や聯省自治など、中華民国北京政府期に一度は採用され、あるいは議論されてきたものの、国民政府成立後は鳴りを潜めていた政治構想であった。中華民国臨時政府・中華民国維新政府は、こうした北京政府期の政治体制に復することで、正統性を示そうとした点で共通性を持つ。両政府は国民党及び国民政府の独裁的傾向や容共の姿勢には反対したものの、中華民国という枠組みを否定することはなかったのである。

ただ臨時政府・維新政府が完全に北京政府の政体を踏襲したわけではない。臨時政府は各部の長官の名称にこそ北京政府期の「総長」を採用したが、その上に置かれた行政・議政・司法の各機関には「委員会」という、北京政府期の政府中枢機関では使われることのなかった名称が採用された（「委員会」という名称には国民政府、さらにはソビエト政権の影響を感じさせる）。また維新政府各部の長官の名称は国民政府同様「部長」であった。さらに臨時政府には外交部が設けられず、代わりに行政部傘下に外務局（後に行政委員会傘下に移る）が置かれたことは、冀東政府の外交処や、満洲国の外務局（一九三七年七月に外交部を国務総理直轄の外務局に改組）の影響もうかがわせる。

中華民国という体制の維持は、図らずも日中戦争勃発前に登場した冀東政府とも共通する。冀東政府長官の殷汝耕が、冀東政府は満洲でも台湾でもなく、あくまで中華民国冀東防共自治政府であると主張したことは確認したが（第一章）、臨時・維新両政府もまた中華民国の体制内改革を志向する点では共通点を持っていたのである。

北京政府で要職を歴任した人々が租界などにまだ残っていた一九三〇年代後半、中華民国体制内の改革という主張は、政権を担える人材が豊富に存在していたという点で、日本軍当局にとっても現実的な選択肢であった。占領地の状況が相対的に安定化する中で、占領地政権が北京政府時代の共和政体に範を取った政体を標榜したことで、北京政府関係者も多数占領地政権に参加することになったのである（第五章）。

（2）新中央政府構想と「国民政府」の「還都」

しかし臨時政府・維新政府ともに日本当局の期待する成果、すなわち重慶の国民政府に代わるだけの求心力を持つことはできなかった。そのため日本軍は水面下で重慶側との和平工作を継続した。その中で日本側が注目したのが、国民政府の中で知日派として知られ、蔣介石に次ぐ立場にあった汪精衛である。日本は、重慶に移った国民政府の抗日政策を翻意させるために、水面下で汪精衛と交渉を進めた。

その結果双方は、日華防共協定の締結・中華民国の満洲国承認・日本軍の二年以内撤兵などを内容とする日華協議記録を締結した。そして日本軍撤兵の約束に賭けた汪精衛は、和平運動を実行に移すために重慶を脱出したのである。

当初汪精衛は、日本が未だ占領しておらず、重慶国民政府の影響力も及んでいない雲南・四川などを舞台に和平運動を進める予定だった。しかし重慶側の刺客が汪精衛を襲撃したことなどが契機となり、汪の和平運動は、日本占領地を舞台とした新政権樹立工作へと変質していった。

そうした中で、汪政権を側面から支援する目的で組織された興亜建国運動の主導者袁殊は、中国共産党の地下党員で、中国共産党や重慶国民党側の特務機関とも関係を持っていた。こうした政治的多面性を持つ興建運動は、多数の青年組織や労働者団体を糾合した点などで、従来の親日民衆団体とは異なる性格を有していた。興建運動は、「近衛声明までの抗日は正しく、もし日本が近衛声明の内容に違うことがあれば、再び抗日の立場に戻る」というその主張に象徴されるように、占領地にあって日本に対し最も強硬に中国の立場を主張した団体であった（第六章）。

こうした状況の中で汪政権は誕生した。ここで無視できないのは汪政権の当事者が、自らの政権を正統な国民政府と任じていたことである。汪精衛らは重慶に首都を移していた国民政府を南京に還す（還都）という体裁にこだわったのである。

このことは汪政権が、国旗に青天白日満地紅旗を復活したことや、国民政府の懸案であった憲政実施を表明し、さらに政権の中央銀行名に、日中戦争前に国民政府で構想されていた中央儲備銀行を採用したことなどに表れている。汪政権は占領地経営の具体的成果を目に見える形で示すことにより重慶国民政府の切り崩しを図ったが、それは国民政府としての正統性をアピールすることと表裏一体の関係にあった。重慶側もこうした汪政権の動きを警戒し、汪政権成立前後の二年弱にわたり、重慶と南京の二つの国民党／政府が、正統性をめぐって競合する事態を招来したのである（第七章）。

このように占領地政権は、当初の中華民国の否定も含めた多様な政権構想から、より現実的な中華民国の体制内改革へと変遷し、最終的には日中戦争勃発前の政体である国民政府（汪政権）という形態に落ち着いたのである。

以上の経緯は、もはや占領地においても中国のナショナリズムを無視した統治を行うことがどれほど非現実的なものであるかを、日本当局が認識する過程でもあった。支那派遣軍総司令部が一九四〇年五月に発行した「派遣軍将兵に告ぐ」が、中国分割論を厳に戒め、「支那の独立を脅威せらるる事は東洋の平和擾乱であり、日本への脅威である。従来動もすれば、支那を細分弱化して之を操縦せんとする様な考へを持つ者が絶無ではなかつたが、此の考へは支那を侵略せんとする欧米諸国の模倣であつて断じて聖戦の目的ではない」と、中国の独立を言明していることは象徴的である。(3)

一九四三年頃から、租界返還・日本軍接収資産の返還などの形で本格化した対華新政策も、こうした占領地における日本当局者の中国ナショナリズムに対する認識の深化と無縁ではなかったのである。

(3) 占領地における議論の変遷

本書では、占領地政権もまた中国の将来に向けた構想を実現する場であった点にも注目した。例えば伍澄宇の言論活動はこの好例である。伍澄宇は辛亥革命以来、孫中山と共に中国国外で革命運動に従事した人物だが、孫中山死後は政界から距離を取り、辯護士を生業としていた。日中戦争勃発後、伍澄宇は維新政府・汪政権に参加し、県長候補者の教育機関である県政訓練所教官に就任するが、そこで伍が講じた内容は、孫中山の地方自治の議論に基づいたもので、これは実質的には日中戦争勃発前からの国民政府の課題を引き継ぐ側面を持っていた。また伍澄宇は汪政権成立直後の憲政実施に向けた動きにおいても、憲政実施委員会委員として草案をまとめるなど、実務の中核を担った。このように、占領地政権は日本占領という事態により登場したものの、その一方で、中国の将来を議論する場としての側面を持っていたことは看過すべきでない（第七章・第八章）。

しかし占領地における具体的な将来構想は、日米開戦を経て、日本の戦局が悪化する一九四三年前後から減少した。緒論冒頭で、日中戦争中に日本がアメリカと開戦するなど思いもよらなかった、という夏文運の回想を掲げたが、日本の戦局悪化は、日本の占領を前提とした将来構想を難しくした。奇しくもこの時期に日中双方の論壇で議論が戦わされたのが、中国社会における道義的生命力／道義生命力（モラリッシュ・エネルギー）の有無であった。

事の発端は京都帝国大学助教授の高山岩男が、雑誌『中央公論』で、中国には道義的生命力が欠如していると主張したことにあった。この主張は所謂「近代の超克」論に象徴される京都学派の議論の中で醸成されたものだった。これに対し占領地の複数の中国知識人から批判の声が上がったのである。日中提携が大前提であった占領地において、公刊雑誌という言わば公の場で中国人から日本人に対する厳しい非難が行われたのは極めて珍しいことであった。

本書ではここに占領地の中国知識人の中国人としての矜持を見たが、同時にこの論争が京都学派の抽象的なレベルの議論に終始したことも指摘した。日本の戦局悪化により、日本との提携を前提とした具体的な中国の将来構想が現実味を失い減少する中、こうした抽象的な内容であればかろうじて議論ができたのである（第九章）。

同じ頃、占領地にありながら実質的に重慶国民政府と汪政権の統合を模索するような議論も登場した。この議論の担い手は吉田東祐という、共産党からの転向経験を持つ日本人であった。吉田は陸軍の嘱託として上海で情報収集に従事していたが、一九四三年からは上海を代表する新聞『申報』を主な舞台に積極的に議論を発表した。吉田の議論は、占領地にありながら重慶国民政府や中国共産党を意識し、時に汪政権を批判する点に特徴があった。

日本人による中国語の議論ということで、吉田の発言に対しては当局からの目こぼしがあったと言われ、汪政権や日本当局の言論統制のため中国人による自由な議論が難しかった当時、吉田の歯に衣着せぬ政論は「中国人の代辯者」として、占領地のみならず、抗戦側の中国人からも注目された。吉田の議論とそれへの反響から、我々は間接的に戦争末期の占領地の中国人の意識に近づくことができたのである（第一〇章）。

（4）戦中・戦後の連続性

一九四五年八月、日本の敗戦により占領地政権も終焉を迎えた。汪政権では、前年一一月の汪精衛死去に伴い代理主席に就いていた陳公博が、八月一六日に政府の解散を宣言した。政府中枢機関である中央政治委員会・軍事委員会はそれぞれ南京臨時政務委員会・治安委員会に改組され、重慶国民政府の接収を待つ姿勢をとった。

国民政府はこれまでも、北伐時の南京・武漢の分裂、満洲事変直前の南京・広州の分裂など、分裂と合流を繰り返してきた。汪政権の人々もこうした経緯を当然意識していたに違いない。蔣介石も八路軍・新四軍（共産党）による日本軍の武装解除を認めず、汪政権の指導者に命じて重慶からの軍が到着するまでの治安維持に当たらせた。予想された共産党の擡頭に備え、汪政権の軍事力を速やかに糾合することを狙ったのである。

こうした動きに対し共産党は盛んに反奸キャンペーンを行い、汪政権関係者の厳しい処罰を輿論に訴えた。重慶国民政府と汪政権の合流を警戒したのである。このため国民政府も協力者に対しより厳しく臨まざるを得なくなった。まもなく各地で汪政権関係者が逮捕され裁判が開廷し、高官を中心に多くが「漢奸」として処罰されたのである。

しかし実際に処刑された協力者は限られていた。国共内戦が激化する中、多くの協力者は減刑、そして釈放されていったのである。例えば先述の伍澄宇は、漢奸裁判で懲役刑を受け、釈放後に台湾へ渡ったが、大陸に渡航を企てた容疑で再度逮捕され、台湾でも一〇年にわたり獄中にあった。しかし伍澄宇は獄中でも精力的に著作を続け、戦前と同様に「三民主義の類」を語り続けたのである（第八章）。

汪政権で宣伝部政務次長などを務めた胡蘭成は、一九四三年末に汪政権を批判したことで投獄され、釈放後も武漢を根拠地に、抗戦とも和平とも異なる第三極的立場から、中国の将来構想を語ったが、こうした胡の姿勢は、戦後も止むことはなかった。戦後香港さらに日本へ亡命した胡蘭成は、大陸の人民共和国とも台湾の国民党政府とも異なる第三極の立場から、大陸反攻を主張し続けた。胡蘭成の動きはその政論家としての側面に着目すれば、戦中戦後を通じて一貫するものだったのである（第一一章）。

（5）日本人・日本社会との関わり

本書では占領地政権や協力者の主体性に注目することで、占領地の実態に迫ろうと試みた。このため結果として占領地を統治する日本当局への言及は抑えられることになった。ただそれでも占領地政権や協力者を語るに際し、日本や日本人との関係を完全に無視することはできない。ここから見えてきた日中人士の交流もまた、従来の日中関係史ではあまり注目されなかったものである。

例えば日中戦争勃発直後の華北で、呉佩孚の周囲に集まった人々が目指した日支民族会議での江藤大吉と中国人の関係（第三章）、河北農民自治運動から上海市大道政府に至る西村展蔵と蘇錫文（第四章）、また興亜建国運動の袁殊と上海総領事岩井英一とのやり取りは（第六章）、単純な支配—被支配の関係で括れるものではなく、同志的な結合とも言いうる要素を多分に持っていた。こうした協力者と日本人との関係は、国共の内戦、さらに中華人民共和国成立後の混乱を避けて多くの協力者が香港をはじめとした国外へ逃亡したこともあり、戦後に引き継がれた部分もあった。

日本で暮らすことになった協力者の中には、生活に困窮する者も少なくなかった。彼らは旧知の日本軍人や外交官を頼ったが、彼らの支援にも限界があった。このため旧軍人から協力者の生活支援要請が日本外務省に寄せられ、国会でも問題化した。こうした事態を受けて、日本政府は水面下で協力者の実態を調査し、そのうち著しく生活が困難な者に対しては一時金による支援を行い、これは後に外務省の外郭団体（善隣友誼会）として結実した。従来、戦後日本の対中関係は、日華平和条約の締結、日中国交回復への動きと日華断交、といった視角から描かれてきた。もちろん日本社会全体の傾向はそうした観点から理解できることは間違いない。しかし、一方で協力者が中国で迫害される原因の一端に日本の政策が関係していたことを自覚し、その責任を何らかの形で果たすべきとの動きも、確かに日本社会の中で存在していたのである（第一二章）。

戦後日本に渡ってきた協力者は、飲食店・貿易業・教員といった生業で生計を立て、戦後の日本社会を生き抜いていったが、戦前同様に言論活動を継続した者もいた。その一人が胡蘭成である。胡蘭成が日本人と交流を持つようになったのは、戦争末期に発表した、抗戦でも和平でもない第三極を目指すべきとする主張がきっかけであった。この胡蘭成の将来構想に、当時南京に駐在していた日本人が注目し、共感したのである。南京駐在の大使館員だった清水董三・池田篤紀らは、筆禍で汪政権により逮捕された胡蘭成の保釈にも力を尽くした。

胡蘭成は一九五〇年に日本へ亡命したが、ほぼ無一文の胡の生活を支援したのも清水や池田である。胡蘭成はこうした旧知の関係を基盤として、戦後の日本社会を舞台に、安岡正篤など保守系の文化人や政治家などとの人脈を築いていった。作家の保田與重郎や尾崎士郎との出会いも戦後のことで、こうした新たな人脈も胡蘭成の言論活動を支えたのである。

孫中山生誕百周年記念会などを個人的に開いた熊本の名士紫垣隆も、胡蘭成と交流を持った一人である。紫垣のもとには胡蘭成のみならず、韓雲階（元満洲国経済部大臣）・趙毓松（元汪政権農礦部部長）といった協力者も集まった。こうした緩やかな繋がりもまた、今までほとんど明らかにされることのなかった戦後の日中交流、そして日本の思想界の一コマと言えるのである（第一二章）。

二　今後の課題——より深く広がりを持った日中関係史構築に向けて

本書の全一二章の各章は独立した事象を扱っており、それぞれの内容は完結している。ただ各章を時系列に並べると、相互に関連する事象が多いこともわかる。章を跨いで登場する人物に焦点を当てることでも新たな事実が明らかになるが、紙幅の関係もあり、以下アウトラインをスケッチしておくにとどめ、今後の課題としたい。

（1）張鳴・王子恵・蘇錫文

五族解放・大漢国を主張した張鳴は、日本の軍人や外交官と繋がりを持っていたが（第二章）、維新政府の王子恵も同様に日本の政軍界の知己を背景に、占領地政権に関わっていた(第五章)。この両者の関係だが、大川周明日記に「廈門で活躍した張鳴君来訪。王子恵君と不倶戴天の間柄であるから面白い」との記述が確認される。[4] 詳細は不明だが、両者ともに福建に由来を持ち、達意の日本語で日本人との人脈を広げ、混乱に乗じて政界に喰い込もうとしていた。似た者同士、何らかの競争意識があったことをうかがわせる記述である。大道政府市長蘇錫文も廈門出身で日本語が堪能であった。

このことは、日中戦争後台湾出身者が多数中国大陸に進出していたこと、またその際自らの出自を福建ないしは廈門と称することが多かったという点も併せて考えると、近代の日中関係における日本語に堪能な中国人の位置づけや、福建・台湾・日本との関わりを考える上で興味深い事例である。

(2) 尾﨑士郎の中国人観

流行作家尾﨑士郎と協力者との関わりについても触れておこう。『人生劇場』などの作品で知られる尾﨑だが、複数の協力者と交流し、深い感銘を受けている。

尾﨑は戦後日本に亡命した胡蘭成に対し、「僕は初めてあなたにお目にかかつたときに、なにごとかを感じたのです」と称賛したが、この感想は、維新政府実業部部長の王子恵に対する「彼と向ひあつてゐるだけで私はこの人物の中にひそんでゐる輝くやうなものにハッキリ触れることができたのである。これほど透明な印象を人間からうけることは滅多にあるものではない」との感激と通じるものがある。

さらに一九三九年一〇月に北京で呉佩孚に会見した際も、尾﨑は呉に強い印象を受け、[5]「呉佩孚の手」と題する文章で次のように記している。「握りしめると彼の手は私の手の中にしつかりをさまりきるほど小さく柔かであつた。将軍といふかんじではない。むしろ女性的な、長者の風格に徹した彼の顔が私の心にしづかな印象を刻みつけた。顔もやさしいが声もやさしい。唯、眼だけがするどく滲みとほるやうに光つてゐる[6]」と。尾﨑はこの他にも

「老将の面影」で呉佩孚に触れ[7]、戦後に至っても『日本経済新聞』連載の「私の履歴書」や[8]、自伝『小説四十六年』で、呉との会見に言及している[9]。

管見の限り、尾崎士郎研究ではこうした中国人に対する尾崎の感情については、あまり検討されてはいない。これら三名の中国人に対する尾崎の反応は、尾崎士郎という人物が「感動屋」であった、ということを示しているのかもしれないし、あるいは王子恵・呉佩孚・胡蘭成の三者に何らかの共通点——おそらくそれは俗に「人たらし」とも言われる魅力——があり、尾崎はそれに魅せられたということかもしれない。

（3）中国青年党・国家社会党と協力者

日支民族会議に参加した中国人民自治総会には、中国青年党の張英華、中国国家社会党の湯薌銘・張君勱（ちょうくんばい）・張東蓀といった、反共リベラルとされる人々との繋がりが確認される（第三章）。また汪政権の憲政実施に向けた動きにおいて積極的だった趙毓松も中国青年党のメンバーだった（第七章）。そもそも趙毓松は日中戦争開戦前から呉佩孚と他の政治家の橋渡し的な役割を果たしていた。青年党が「共産党の階級独裁と国民党の一党専政（＝独裁）」、「国民党の聯俄（ロシア）容共政策」に反対であったことは、彼らが呉佩孚と接近する伏線となっていたと考えられる[10]。

このような反共産党・反国民党独裁の志向は、日本との提携に応じる素地にもなったと考えられる。実際華北では青年党が張学良の易幟に反対して「五色旗擁護運動」なる行動を起こし、青年党旗と満洲国旗の配色の類似性に言及し、「満洲建国の際には建国運動に参加したものも決して少なくなかつた」[11]のである。

さらにこうした人々は戦後も香港・アメリカ・日本を結ぶ知識人のネットワークに連なっていた。日本の公安による調査は、一九五〇年代初頭に、香港・米国・日本を中心とする「第三勢力」の存在に言及しており、そこでは胡適（自由民主党）・張君勱・曾琦（中国青年党）といった、共産党はもちろん国民党とも一線を画する民主人士と

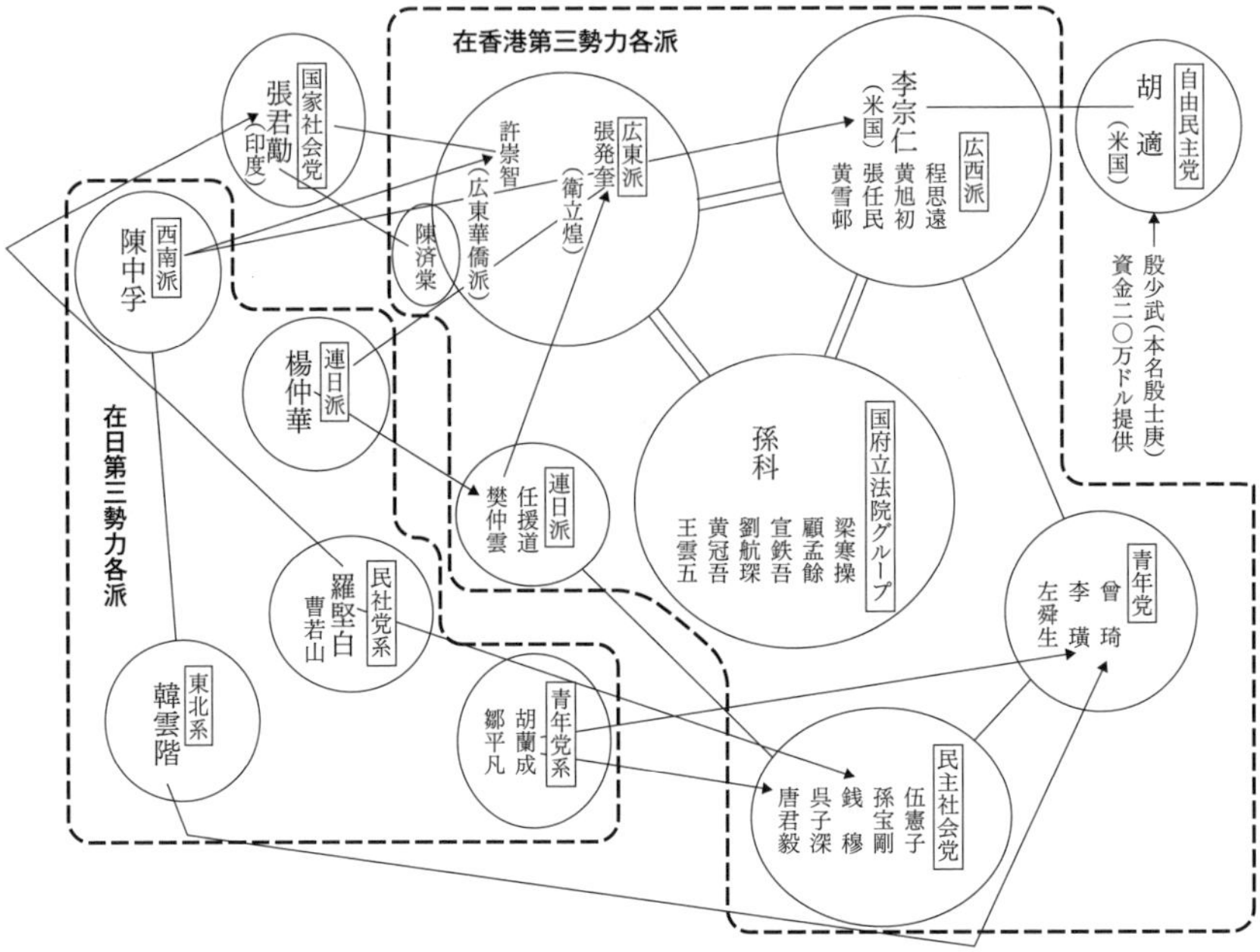

図結-1　香港・米国・日本を中心とする第三勢力政治系図（1952年4月頃）

出典：「港九政治性組織等」（外交部檔案 11-32-27-01-056，国史館）を基に作成。

協力者の繋がりがあると見られていた(12)。

従来、青年党や国家社会党については、国民党・共産党以外の第三党として、国民党の補完勢力として見られてきた。しかし彼らの視点から中国史を見ることで、対日協力の問題や国民政府をより相対的に中国史の中に位置づけることもできるだろう（図結1～図結3）。

（4）胡漢民の「子供たち」——張鳴・蘇錫文・陳羣・任援道・陳中孚・夏文運

張鳴が国民党内で胡漢民と行動したことは触れたが、上海市大道政府市長の蘇錫文、維新政府の陳羣や任援道も胡漢民と繋がりのある政治家だった。国民党右派の要人胡漢民は、国民政府では立法院院長として蔣介石の独裁的傾向に対して批判的で、満洲事変勃発当時も、広州に国民政府を樹立して南京の蔣介石に対抗していた。また胡漢民を支持していた李宗仁・白崇禧といった広東・広西を地盤とする軍事指導者は、西南政務委員会を設

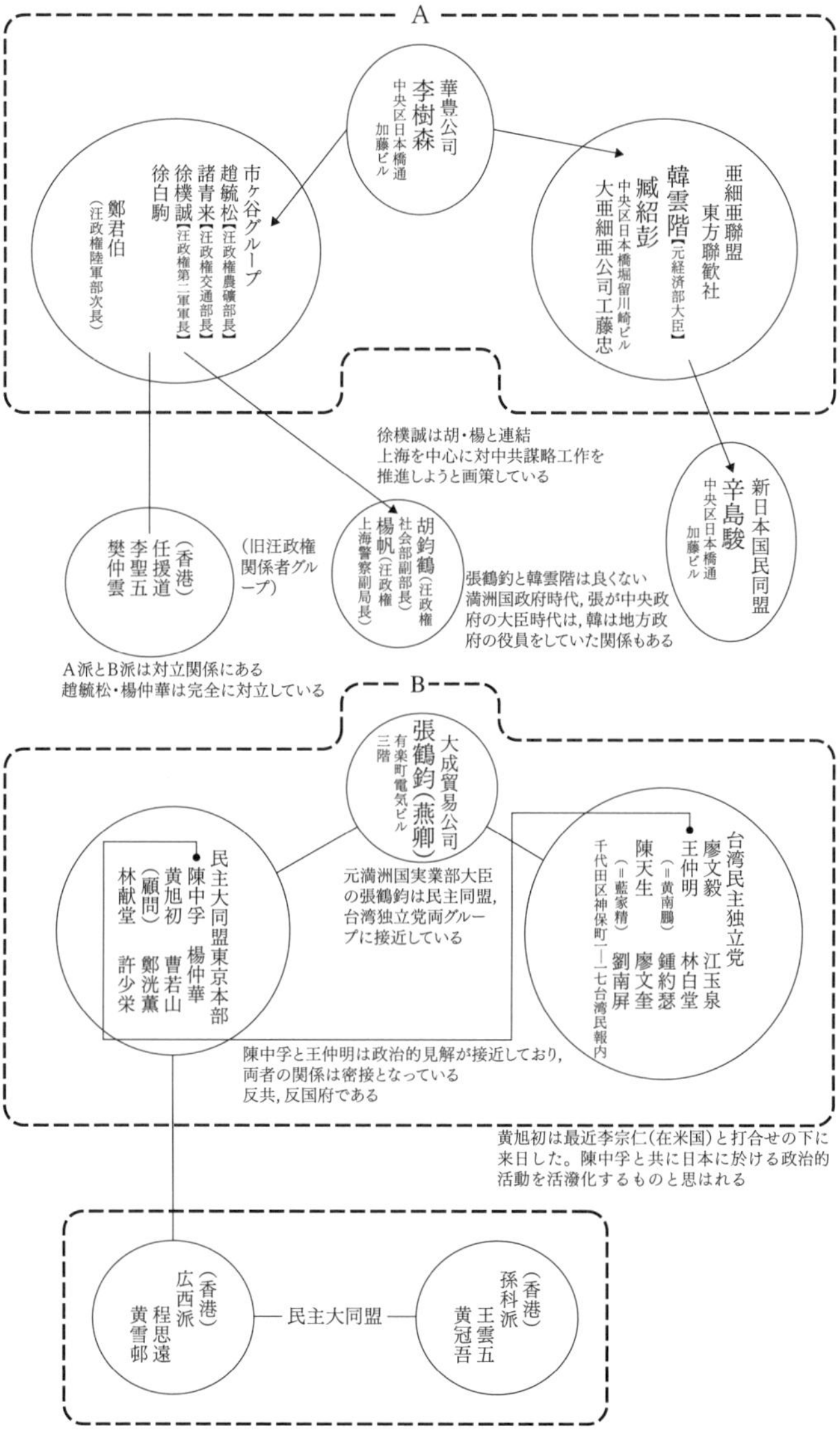

図結-2　在日第三勢力の分析（両派対立関係）（1952 年 4 月頃）

出典：同上。

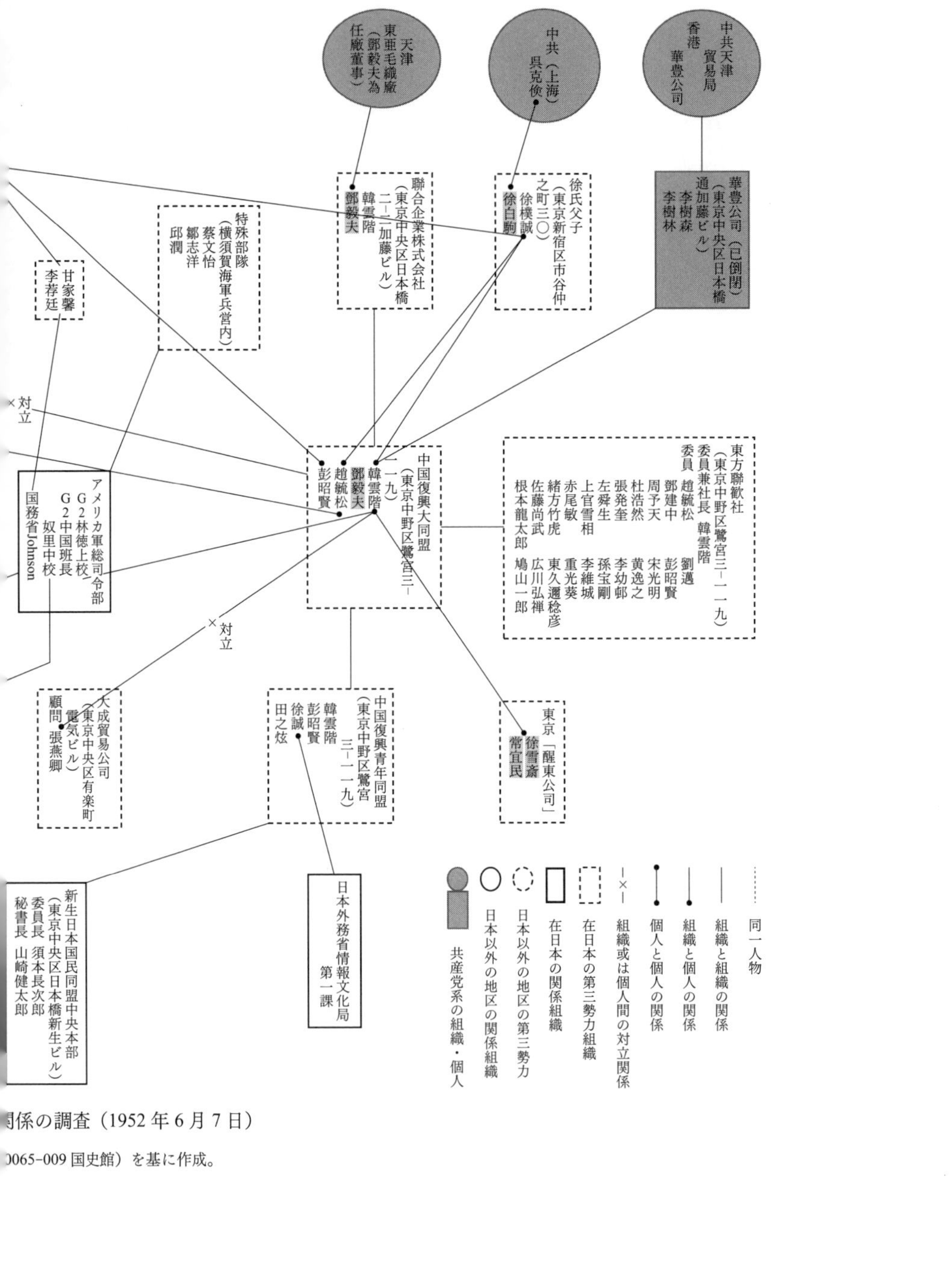

関係の調査（1952年6月7日）

0065-009 国史館）を基に作成。

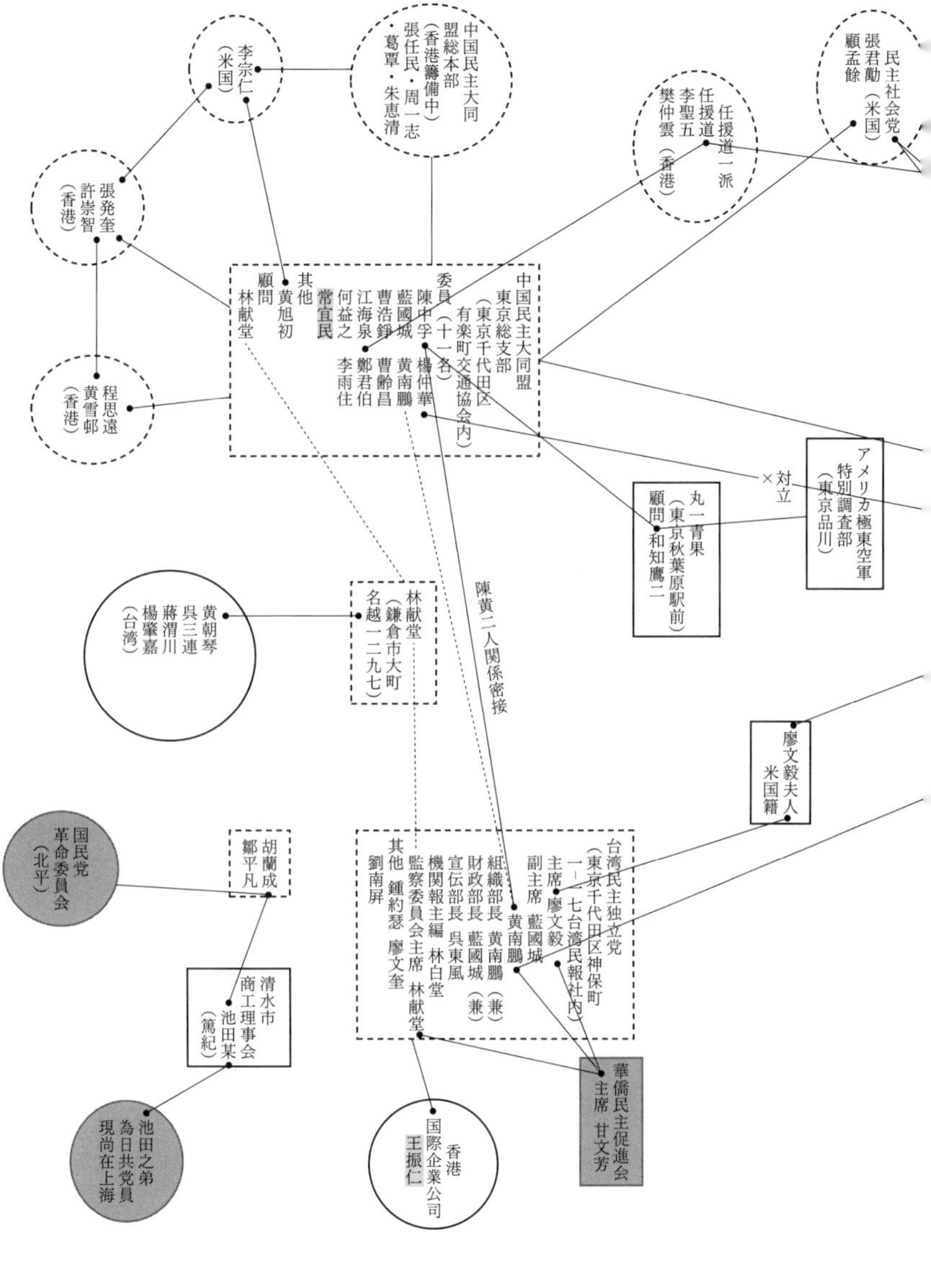

図結-3　在日第三勢力と各方

出典：「中日防共各与在日之第三勢力及其各方関係表等」（対日本外交（二），蔣中正総統文物，002-080106

け、実質的には蔣介石から独立した存在であった。さらに本書との関わりで補足すれば、その白崇禧の顧問を務めていたのが西村展蔵であった（第四章）。

こうした国民政府内の西南勢力に対しては、日本の軍部も関心を持っていた[13]。張鳴・蘇錫文・陳中孚・夏文運らが活動の舞台としていたのは、まさにこのような日中にまたがる人脈であった（第二章）。しかし日中戦争勃発の前年、一九三六年五月に胡漢民は逝去した。このことは、胡漢民とともに行動していた人々の流動化を促進したと考えられ、その中の一部が日本への接近を図ったことは十分考えうるのであり、陳中孚や夏文運にいたっては戦後も日本に亡命し、紫垣隆・十河信二ら日本人と交流していたのである（第一二章）。

蔣介石を軸に描かれることが一般的な国民党の歴史だが、胡漢民や西南政務委員会の存在は、国民党が決して一枚岩ではなく、内部の分裂や思想の多様性をはらんでいたことを示している。さらにまたそこには日本の存在も間接的に影響力を与えていたのである。

（5）日本人が結ぶ縁——協力者と交流した日本人

熊本の「名士」紫垣隆のもとには、陳中孚以外にも韓雲階・胡蘭成・趙毓松ら協力者が集まった（第一二章）。紫垣を結節点として、協力者は中華民国（台湾）の要人や日本の保守系文化人とも緩やかに繫がっていたのであり、その中には上海市大道政府顧問の西村展蔵も含まれていた。紫垣の人脈から日中関係史を再考することができるだろう。

一九六〇年代に胡蘭成が積極的に執筆活動を展開した雑誌『ジャーナル』も興味深い存在である。同誌には岩淵辰雄（政治評論家）、鍋山貞親（社会運動家）、有沢広巳（経済学者）、中山優（亜細亜大学教授）、石森久弥（元朝鮮公論社長）、大森曹玄（臨済宗禅僧）らが記事を寄せ、時には陶希聖（総統府国策顧問）のように台湾要人の議論も掲載された（第一一章）。掲載広告から『ジャーナル』と日本の経済界との間に関係があったことがわかるが、執筆陣の顔触れからは、同誌と日華両政府の非公式な接触の場でもあった日華協力委員会との繋がりもうかがえる。その性質も含め、今後さらに検討する必要がある。

小磯国昭とその士官学校同期の山縣初男も複数の章で登場した。敗戦直前、小磯国昭は汪政権考試院副院長繆斌を通じた対重慶和平工作を主導したが（繆斌工作）、これには日支民族会議提唱者の江藤大吉が関与していた（第三章）。また同じ頃小磯は、旧知の山縣初男を中国へ派し、複数の中国要人と会見させたが、その中の一人が伍澄宇であった（第八章）。そして戦後、外務省に対する協力者救済の嘆願書に岡村寧次とともに名を連ねたのも山縣初男であった（第一二章）。山縣初男は、板垣征四郎・土肥原賢二・佐々木到一といった「支那通」軍人と比べると、あまり知られていないが、彼を軸とすることで、新たな日中関係史が見えてくるかもしれない。

（6）戦後の協力者について

本書は日中戦争期の占領地で活躍した協力者のその後にまでも筆を進めたことで、戦前と戦後の連続性についても明らかにすることができた。ただ戦後も活動を継続した協力者は本書でも触れたように、日本国内だけでも百名を超え、さらに香港、台湾にもいた。協力者の全体的な傾向は本書で明らかにし得たものの、個々人の事情に踏み込み、明らかにしていくことも必要な作業である。というのも彼らの中には亡命先の社会で飲食店や貿易業、中国語教授などを生業とした者もまた少なくなかったからである。協力者の個別の活動は、日本における華人・華僑史、中国語教育史、また中華料理滲透の歴史などとも関係を持っているのである。[14]

協力者の戦後として本書が主な分析対象としたのは、国外それも日本に亡命した人々であった。しかし、大多数の協力者は大陸に残留し、人民共和国成立後の度重なる政治闘争や文化大革命により厳しい状況下に置かれたと言われている。その実態は依然として漠としているが、大陸に残った協力者の具体的な事情を明らかにすることは、国外亡命者との比較という点でも必要だろう。

以上のような課題も含め、本書の考察がより深く広がりを持った日中関係の理解に少しでも資することができれば幸甚である。

註

緒論

（1）夏文運『黄塵万丈――ある中国人の証言する日中事変秘録』現代書房、一九六七年、一七八頁。
（2）Timothy Brook, *Collaboration : Japanese Agents and Local Elites in Wartime China*, Cambridge, Mass. : Harvard University Press, 2005.
（3）本書の元となった博士論文（二〇一四年）で、筆者は日本占領下の中国で活動した中国人を「和平陣営」と定義した。これは従来の「漢奸」はもちろん、「対日協力者」や「コラボレーター」といった用語でも、彼らの事情を正確に表現し得ていないと考えたからである。本書でも触れるが、占領地政権に関わりながらも重慶国民政府と通じる者がいたように、彼らの活動は日本との協力だけでは摑みきれない奥行きがあった。そのため博士論文では彼らに共通する「日本との即時停戦」「日本との和平」の立場を強調したのである。ただ博士論文審査の際に、対日協力者の間には必ずしも「陣営」と言いうるほどの強い連帯があったわけでなく、「和平陣営」という表現は誤解を招きかねないとの指摘を受けた。また筆者自身も先行研究との繋がりを考えると、無理に独自の用語を使う必要もないと考えるようになった。そのため、本書では占領地に樹立された政権についてはブルックが用いた「occupation state（占領国家／占領地国家）」を援用して「占領地政権」を用いる一方、その関係者については「対日協力者」・「協力者」という表現を用いる。
（4）本節については、概説ということもあり特に必要な場合を除いて註釈を付けていないが、執筆に際して主に参照したのは次の成果である。飯島渉・久保亨・村田雄二郎編『シリーズ二〇世紀中国史』第一～四巻、東京大学出版会、二〇〇九年、『シリーズ中国近現代史』①～⑥、岩波新書、二〇一〇～一七年、吉澤誠一郎編著『歴史からみる中国』放送大学教育振興会、二〇一三年、深町英夫『孫文――近代化の岐路』岩波新書、二〇一六年、小野寺史郎『中国ナショナリズム――民族と愛国の近現代史』中公新書、二〇一七年。
（5）「天津居住要人ニ関スル件」（一九三〇年一二月二〇日現在）在天津総領事代理田尻愛義→外務大臣幣原喜重郎（一九三〇年一二月二六日発）各国ニ於ケル有力者ノ経歴調査関係一件／中華民国ノ部　第三巻（A-6-0-0-8_2_003）外務省外交史料館。この文書には当時の天津に隠棲していた中国人一九七人にのぼる名簿が付されている。そのうち日本租界に住む者が一一二人と最も多く、次いでイギリス租界の三五人、イタリア租界の一九人、フランス租界の一四人と続く。最高齢は八〇歳になる元新疆巡撫袁大化、最年少は二五歳の宣統帝溥儀である。役職では、職位の高い順に大総統経験者の徐世昌・曹錕を筆頭に、段祺瑞（臨時執政）、高凌霨・靳雲鵬・潘復（以上、国務総理経験者）、曹汝霖ら各部の総長クラス、各省長、孫伝芳ら有力軍人が名を連ねている。
（6）本節全体を通して、東亜同文会業務部編『新支那現勢要覧』（一九三八年）、及び同書第二回（一九四〇年）を参照した。
（7）本項の記述は主に山室信一『キメラ――満洲国の肖像（増補版）』（中央公論新社、二〇〇四年）を参考にした。
（8）三谷太一郎「満州国国家体制と日本の国内政治――戦時体制モデルとしての満州国」同『近代日本の戦争と政治』岩波書店、一九九七年（初出『岩波講座近代日本と植民地』第二巻、一九九二年）。
（9）拙稿「「蒙疆」と日本の内モンゴル統治」『近代中国研究彙報』第三〇号、二〇〇八年三月。
（10）国民政府に置かれた蒙蔵委員会に相当する機関。汪政権はモンゴル・チベットを直接管掌できなかったために名称が変更されたと考えられる。
（11）周仏海著、蔡徳金編『周仏海日記全編』中国文聯出版社、二〇〇三年、二六八頁（一九四〇年三月二三日の条）。
（12）本項の記述は、拙稿「上海を統治する――汪兆銘政権の人々」（堀井弘一郎・木田隆文編『戦時上海グレーゾーン――溶融する「抵抗」と「協力」』勉誠出版、二〇一六年）を参照した。
（13）和田英穂「戦犯と漢奸のはざまで――中国国民政府による対日戦犯裁判で裁かれた台湾人」『アジア研究』第四九巻第四号、二〇〇三年一〇月、同「「漢奸裁判」の実際――上海・山東法廷に関する裁判資料をもとに」『近きに在りて』第五六号、二〇〇九年一一月。
（14）王柯「漢奸考」『思想』第九八一号、二〇〇六年一月。
（15）田中恭子『土地と権力――中国の農村革命』名古屋大学出版会、一九九六年、内田知行『抗日戦争と民衆運動』創土社、二〇〇二年。
（16）「総論」新島淳良・野村浩一編『現代中国入門――何を読むべきか』勁草書房、一九六五年、六頁。当該箇所は野村浩一の執筆による。
（17）馬場公彦『戦後日本人の中国像――日本敗戦から文化大革命・日中復交まで』新曜社、二〇一〇年、一二九頁。
（18）大宅壮一「吉田は汪兆銘となるか――八千万の白紙委任状をにぎつた「日奸」」同『一億囚人――終戦から講和まで』要書房、一九五二年、一一六～一二九頁。
（19）大宅壮一「第二講和会議は実現するか――「日満議定書」と「日米行政協定」」同前掲『一億囚人』一五一～一五二頁。
（20）植民地時期朝鮮の転向者を扱った洪宗郁の研究及び戦後日本の中国に対する言説を分析した馬場公彦の研究にも示唆を得た。洪宗郁『戦時期朝鮮の転向者たち――帝国／植民地の統合と亀裂』有志社、二〇一一年、馬場公彦『戦後日本人の中国像――日本敗戦から文化大革命・日中復交まで』新曜社、二〇一〇年。後者については拙評（『週刊読書人』二〇一〇年一一月一九日号）参照。
（21）延安時事問題研究会編『日本帝国主義在中国淪陥区』上海人民出版社、一九五八年。

（22）磯田光一『戦後史の空間』新潮選書、一九八三年。

（23）岩谷將「日中戦争初期における中国の対日方針――トラウトマン工作をめぐる孔祥熙の活動を中心として」劉傑・川島真編『対立と共存の歴史認識』東京大学出版会、二〇一三年、二七九～二八〇頁。同書については拙評（『週刊読書人』二〇一三年一〇月二五日号）参照。

（24）「南京日華要人座談会」（一九三九年一月一一日）『実業之世界臨時増刊　興亜産業経済大観』一九三九年一〇月号、中支那篇一六〇頁。

（25）「汪政権の発展性――党の官僚機構化に就て」『東亜』二月号、一九四〇年二月、二頁。

（26）社説「新政権を迎ふ」『日本評論』一九四〇年五月号、四頁。

（27）伊藤武雄「事変と重慶抗戦体制」『中央公論』一九四一年七月号、四四頁。

（28）拙稿「『政治月刊』解題」「東洋文庫現代中国研究資料室　資料ニュース　解題編」二〇一〇年三月三一日。

（29）古厩忠夫「汪精衛政権はカイライではなかったか」藤原彰他編『日本近代史の虚像と実像』三、大月書店、一九八九年。

（30）松本健一『大川周明』岩波現代文庫、二〇〇四年、八二頁（原刊『大川周明――百年の日本とアジア』作品社、一九八六年）。

（31）赤上裕幸『ポスト活字の考古学――「活映」のメディア史 一九一一～一九五八』柏書房、二〇一三年、二九頁。

（32）蓑田胸喜著、竹内洋他編『蓑田胸喜全集』全七巻、柏書房、二〇〇四年。

（33）夕刊帝国新聞社編『言論ギャング――野依秀市の正体』同社、一九三三年。

（34）佐藤卓己『天下無敵のメディア人間――喧嘩ジャーナリスト・野依秀市』新潮社、二〇一二年。

（35）清沢洌『暗黒日記――昭和一七年一二月九日～二〇年五月五日』評論社、一九七九年。

（36）桐生悠々編『他山の石』（復刻版）、不二出版、一九八七年。

（37）正木ひろし『近きより』社会思想社、一九九一年。

（38）Robert O. Paxton, *Vichy France : Old Guard and New Order, 1940–1944*, New York : Columbia University Press, 2001.

（39）John Hunter Boyle, *China and Japan at War, 1937–1945 : The Politics of Collaboration*, Stanford : Stanford University Press, 1972.

（40）Gerald E. Bunker, *The Peace Conspiracy : Wang Ching-wei and the China War, 1937–1941*, Cambridge, Mass. : Harvard University Press, 1972.

（41）Akira Iriye, ed., *The Chinese and the Japanese : Essays in Political and Cultural Interactions*, Princeton : Princeton University Press, 1980. Akira Iriye, "Towards a Cultural Order : The Hsin-min Hui (Xinmin Hui)", in Iriye, ed. op. cit.

（42）Susan H. Marsh, "Chou Fo-hai : The Making of a Collaborator", in Iriye, ed. op. cit.

（43）Poshek Fu, *Passivity, Resistance, and Collaboration Intellectual Choices in Occupied Shanghai, 1937–1945*, Stanford : Stanford University

Press, 1993.

(44) Frederic Wakeman, Jr., *The Shanghai Badlands : Wartime Terrorism and Urban Crime, 1937–1941*, Cambridge and New York : Cambridge University Press, 1996.

(45) Timothy Brook, "The Great Way Government of Shanghai", in Christian Henriot, ed., *In the Shadow of the Rising Sun : Shanghai under Japanese Occupation*, Cambridge and New York : Cambridge University Press, 2004. Timothy Brook, *Collaboration : Japanese Agents and Local Elites in Wartime China*, Cambridge, Mass. : Harvard University Press, 2005.

(46) David Serfass, "Résister ou négocier face au Japon La genèse du gouvernement de collaboration de Nankin (janvier 1938–avril 1939)", *Vingtième Siècle. Revue d' histoire*, Paris, no. 125, 2015 ; "Occupation japonaise et collaboration chinoise : tendances historiographiques récentes", *Revue historique*, Paris, no. 680, 2016 ; "Vous consultez Le dilemme de Nankin Tergiversations autour de la reconnaissance du gouvernement de collaboration chinois (1940–1945)", *Vingtième Siècle. Revue d'histoire*, Paris, no.133, 2017.

(47) 王克文『汪精衛・国民党・南京政権』国史館、二〇〇一年。

(48) 羅久蓉「中日戦争時期蔣汪双簧論述」『新史学』第一五巻第三期、二〇〇四年。

(49) 羅久蓉「抗戦勝利後中共懲審漢奸初探」『中央研究院近代史研究所集刊』第二三期下、一九九四年。

(50) 羅久蓉「歴史情境与抗戦時期「漢奸」的形成——以一九四一年鄭州維持会為主要案例的探討」『中央研究院近代史研究所集刊』第二四期、一九九五年。

(51) 劉熙明『偽軍——強権競逐下的卒子　一九三七～一九四九』稲郷出版社、二〇〇二年。

(52) 陳木杉『従函電史料観抗戦時期汪精衛集団治粤梗概』台湾学生書局、一九九六年、同『従函電史料観汪精衛檔案中的史事与人物新探』一、台湾学生書局、一九九七年。

(53) 李盈慧『抗日与附日——華僑・国民政府・汪政権』水牛出版社、二〇〇三年。

(54) 楊韻平『汪政権与朝鮮華僑（一九四〇～一九四五）——東亜秩序之一研究』稲郷出版社、二〇〇七年。

(55) 楊佳嫻『懸崖上的花園——太平洋戦争時期上海文学場域（一九四二～一九四五）』国立台湾大学出版中心、二〇一三年。

(56) 巫仁恕『劫後「天堂」——抗戦淪陥後的蘇州城市生活』国立台湾大学出版中心、二〇一七年。

(57) 劉威志「偽政権／和平運動下的賦詩言志——論梁汪政権詩詞之政治話語与自我建構（一九三八～一九四六）」二〇一八年（国立清華大学博士論文）。

(58) 蔡徳金・李恵賢編『汪精衛偽国民政府紀事』中国社会科学出版社、一九八二年、蔡徳金・尚岳編『魔窟——汪偽特工総部七十六号』中国文史出版社、一九八六年、蔡徳金編注『周仏海日記』上・下、中国社会科学出版社、一九八六年、蔡徳金『汪精衛評伝』四川人民出版社、一九八八年、同『朝秦暮楚的周仏海』河南人民出版社、一九九二年、同『汪偽巨奸』（江蘇文史資料　第四八輯）

江蘇文史資料編輯部、一九九二年、同『歴史的怪胎——汪精衛国民政府』広西師範大学出版社、一九九三年。

(59) 南京大学馬列主義教研室「汪精衛問題研究組」選編『汪精衛集団売国投敵批判資料選編』南京大学学報編集部、一九八一年。

(60) 復旦大学歴史系中国現代史研究室編『汪精衛漢奸政権的興亡』復旦大学出版社、一九八七年。

(61) 上海市檔案館編『日偽上海市政府』檔案出版社、一九八六年。

(62) 南京市檔案館編『審訊汪偽漢奸筆録』江蘇古籍出版社、一九九二年。

(63) 中央檔案館・中国第二歴史檔案館・吉林省社会科学院合編『日汪的清郷』（日本帝国主義侵華檔案資料選編一三）、中華書局、一九九五年、中央檔案館・中国第二歴史檔案館・吉林省社会科学院合編『華北事変』（日本帝国主義侵華檔案資料選編二）、中華書局、二〇〇〇年、中央檔案館・中国第二歴史檔案館・吉林省社会科学院合編『汪偽政権』（日本帝国主義侵華檔案資料選編六）、中華書局、二〇〇四年。

(64) 郭貴儒・張同楽・封漢章『華北偽政権史稿——従〝臨時政府〟到〝華北政務委員会〟』社会科学文献出版社、二〇〇七年、劉敬忠『華北日偽政権研究』人民出版社、二〇〇七年、張同楽『華北淪陥区日偽政権研究』生活・読書・新知三聯書店、二〇一二年、黄東『塑造順民——華北日偽的「国家認同」建構』社会科学文献出版社、二〇一三年、郭貴儒『河北淪陥区偽政権研究』人民出版社、二〇一三年。

(65) 徐立剛「偽臨時政府与偽維新政府政治関係演変浅析」『民国檔案』一九九六年第三期、高丹予・徐暁虹「南京偽維新政府及其大民会」『民国檔案』二〇〇〇年第二期。

(66) 斉衛平・朱敏彦・何継良『抗戦時期的上海文化』上海人民出版社、二〇〇一年、呉景平等『抗戦時期的上海経済』上海人民出版社、二〇〇一年。

(67) 張殿興『汪精衛附逆研究』人民出版社、二〇〇八年。

(68) 史桂芳『〝同文同種〟的騙局——日偽東亜聯盟運動的興亡』社会科学文献出版社、二〇〇二年。

(69) 馮敏「汪偽文官考試制度述略」『民国檔案』一九九三年第二期。

(70) 斉春風『中日経済戦中的走私活動（一九三七～一九四五）』人民出版社、二〇〇二年。

(71) 戴建兵・王暁嵐『罪悪的戦争之債——抗戦時期日偽公債研究』社会科学文献出版社、二〇〇五年。

(72) 潘健『汪偽政権財政研究』中国社会科学出版社、二〇〇九年。

(73) 朱佩禧『寄生与共生——汪偽中央儲備銀行研究』同済大学出版社、二〇一二年。

(74) 張生等『日偽関係研究——以華東地区為中心』南京出版社、二〇〇三年、経盛鴻『南京淪陥八年史』上・下、社会科学文献出版社、二〇〇五年（増訂版二〇一三年）、潘敏『江蘇日偽基層政権研究（一九三七～一九四五）』上海人民出版社、二〇〇六年。

(75) 費正・李作民・張家驥『抗戦時期的偽政権』河南人民出版社、一九九三年。

(76) 余子道・曹振威・石源華・張雲『汪偽政権全史』上・下、上海人民出版社、二〇〇六年。
(77) 張同楽・馬俊亜・曹大臣・楊維真『抗戦時期的淪陥区与偽政権』(中華民国専題史　第一二巻) 南京大学出版社、二〇一五年。
(78) 徐旭陽『湖北国統区和淪陥区社会研究』社会科学文献出版社、二〇〇七年。
(79) 拙文「第七章　通史五 (日中戦争二)――『抗戦時期的淪陥区与偽政権』(第一二巻)」川島真・中村元哉編著『中華民国史研究の動向――中国と日本の中国近代史理解』晃洋書房、二〇一九年、一二九～一四七頁。
(80) 益井康一「まえがき」同『裁かれる汪政権――中国漢奸裁判秘録』植村書店、一九四八年。
(81) 益井康一『漢奸裁判史――一九四六～一九四八』みすず書房、一九七七年。
(82) 益井康一前掲『漢奸裁判史』。
(83) 松尾尊兊『本倉』みすず書房、一九八三年、三三一～三三二頁。ちなみにこの書評には、呉智英が朝日新聞を「ノッペリした思想」として批判する中でも言及している。呉智英『読書家の新技術』朝日文庫、一九八七年、一一〇～一一一頁 (原刊『読書家の新技術――時代が変われば方法も変わる』情報センター出版局、一九八二年)。
(84) 利谷信義「「東亜新秩序」と「大アジア主義」の交錯――汪政権の成立とその思想的背景」仁井田陞博士追悼論文集編集委員会編『日本法とアジア』(仁井田陞先生追悼論文集　第三巻) 勁草書房、一九七〇年。
(85) 柳沢遊・岡部牧夫編『帝国主義と植民地』(展望日本歴史二〇) 東京堂書店、二〇〇一年。
(86) 浅田喬二編『日本帝国主義下の中国』楽游書房、一九八一年。
(87) 中村隆英『戦時日本の華北経済支配』山川出版社、一九八三年。
(88) 日本国際政治学会太平洋戦争原因研究部編『太平洋戦争への道』第三巻・第四巻 (日中戦争　上・下)、朝日新聞社、一九六二～六三年。
(89) 秦郁彦『日中戦争史』河出書房新社、一九六一年 (増補改訂版一九七二年)。
(90) 臼井勝美『日中外交史研究　昭和前期』吉川弘文館、一九九八年。
(91) 高橋久志「汪精衛におけるアジア主義の機能――日中和平への条件の模索のなかで」『国際学論集』第六号、一九八一年。
(92) 高橋久志「汪兆銘南京政権参戦問題をめぐる日中関係」『国際政治』第九一号、一九八九年。
(93) 戸部良一『ピース・フィーラー――支那事変和平工作の群像』論創社、一九九一年、同『自壊の病理――日本陸軍の組織分析』日本経済新聞出版社、二〇一七年。
(94) 永井和「日本陸軍の華北占領地統治計画について」『人文学報』第六四号、一九八九年三月、同『日中戦争から世界戦争へ』思文閣出版、二〇〇七年。
(95) 劉傑『日中戦争下の外交』吉川弘文館、一九九五年。

(96) 劉傑前掲『日中戦争下の外交』、同「汪兆銘政権の樹立と日本の対中政策構想」『早稲田人文自然科学研究』第五〇号、一九九六年一〇月。
(97) 劉傑『漢奸裁判――対日協力者を襲った運命』中央公論新社、二〇〇〇年。
(98) 波多野澄雄『太平洋戦争とアジア外交』東京大学出版会、一九九六年。
(99) 駒込武『植民地帝国日本の文化統合』岩波書店、一九九六年。
(100) 大江志乃夫他編『岩波講座近代日本と植民地』全八巻、岩波書店、一九九二〜九三年。
(101) 『岩波講座「帝国」日本の学知』（全八巻）岩波書店、二〇〇六年。
(102) 安井三吉「日本帝国主義とカイライ政権」野沢豊・田中正俊編『抗日戦争』（講座　中国近現代史　第六巻）東京大学出版会、一九七八年。
(103) 古厩忠夫「日中戦争・上海・私」『近きに在りて』第五号、一九八四年五月。
(104) 古厩忠夫「汪精衛政権はカイライではなかったか」藤原彰他編『日本近代史の虚像と実像』三、大月書店、一九八九年。
(105) 古厩忠夫「「漢奸」の諸相――汪精衛政権をめぐって」大江志乃夫他編『抵抗と屈従』（岩波講座近代日本と植民地　第六巻）、岩波書店、一九九三年。
(106) 古厩忠夫「戦後地域社会の再編と対日協力者」姫田光義編『戦後中国国民政府史の研究』中央大学出版部、二〇〇一年。
(107) 安井三吉『盧溝橋事件』研文出版、一九九三年、同『柳条湖事件から盧溝橋事件へ――一九三〇年代華北をめぐる日中の対抗』研文出版、二〇〇三年。後者については拙稿による同書新刊紹介（『史学雑誌』第一一三編第八号、二〇〇四年八月）も参照。
(108) 内田尚孝『華北事変の研究――塘沽停戦協定と華北危機下の日中関係　一九三二〜一九三五年』汲古書院、二〇〇六年。
(109) 光田剛『中国国民政府期の華北政治――一九二八〜三七年』御茶の水書房、二〇〇七年。
(110) 広中一成『冀東政権と日中関係』汲古書院、二〇一七年。
(111) 八巻佳子「中華民国新民会の成立と初期工作状況」藤井昇三編『一九三〇年代中国の研究』アジア経済研究所、一九七五年。
(112) 堀井弘一郎「新民会と華北占領政策（上・中・下）」『中国研究月報』第四七巻第一〜三号、一九九三年一〜三月。
(113) 菊地俊介「日本占領下華北における新民会の青年政策」『現代中国研究』第二六号、二〇一〇年三月、同「日本占領下華北における新民会の女性政策」『現代中国研究』第三二号、二〇一三年三月、同「日本占領下華北における新民会の「青年読物」」『現代中国研究』第三四号、二〇一五年、同「日本占領下華北における欧米キリスト教会と新民会の相克」愛知大学国際問題研究所編『対日協力政権とその周辺――自主・協力・抵抗』あるむ、二〇一七年。
(114) 寺尾周祐「日中戦争期、華北対日協力政権による統合と社会の組織化」『東アジア地域研究』第一四号、二〇〇八年。
(115) 小野美里「日中戦争期華北占領地における日本人教員派遣――顧問制度との関連に注目して」『人文学報』第四三〇号、二〇一〇年三月、同「「事変」下の華北占領地支配——教育行政及び第三国系教育機関との相克をてがかりに」『史学雑誌』第一二四編第三号、二〇一五年三月、同「アジア太平洋戦争期華北占領地における顧問制度の変容——日本人教員の動向を中心に」『日本植民地研究』第二八号、二〇一六年。

(116) 川島真「日本占領期華北における留日学生をめぐる動向」『中国研究月報』第六一巻第八号、二〇〇七年八月。

(117) 堀井弘一郎「中華民国維新政府の成立過程（上・下）」『中国研究月報』第四九巻第四・五号、一九九五年四月・五月、同「日本軍占領下、中華民国維新政府の治政」『中国研究月報』第五四巻第三号、二〇〇〇年三月、同「汪精衛政権の成立と中華民国維新政府の解消問題」『現代中国』第八一号、二〇〇七年一〇月。

(118) 堀井弘一郎「華中占領地における大民会工作の展開」『日本植民地研究』第九号、一九九七年。

(119) 拙稿「南京戦後の秩序回復と対日和平政権——南京市自治委員会を中心に」『新しい歴史学のために』京都民科歴史部会、第二八四号、二〇一四年五月。

(120) 小林英夫『日中戦争と汪兆銘』吉川弘文館、二〇〇三年、小林英夫・林道生『日中戦争史論——汪精衛政権と中国占領地』御茶の水書房、二〇〇五年。後者については拙評（『歴史評論』第六八〇号、二〇〇六年一二月）も参照。

(121) 堀井弘一郎『汪兆銘政権と新国民運動——動員される民衆』創土社、二〇一一年。同書については拙評（『日本植民地研究』第二四号、二〇一二年九月）も参照。

(122) 柴田哲雄『協力・抵抗・沈黙——汪精衛南京政府のイデオロギーに対する比較史的アプローチ』成文堂、二〇〇九年。同書については拙評（『現代中国研究』第二九号、二〇一一年一一月）も参照。

(123) 土屋光芳『「汪兆銘政権」論——比較コラボレーションによる考察』人間の科学新社、二〇一一年。

(124) 樋口秀実「日中戦争下、湖北省における日本の占領地統治と汪兆銘政権」『東アジア近代史』第一七号、二〇一四年三月。

(125) 久保亨「戦時上海の商業経営」同『戦間期中国の綿業と企業経営』汲古書院、二〇〇五年。

(126) 今井就稔「日中戦争後期の上海における中国資本家の対日「合作」事業——棉花の買付けを事例として」『史学雑誌』第一一五巻第六号、二〇〇六年六月。

(127) 今井就稔「戦時期日本占領地域の経済史」久保亨編著『中国経済史入門』東京大学出版会、二〇一二年。

(128) 小笠原強『日中戦争期における汪精衛政権の政策展開と実態——水利政策の展開を中心に』専修大学出版局、二〇一四年。

(129) 菊池一隆『戦争と華僑——日本・国民政府公館・傀儡政権・華僑間の政治力学』汲古書院、二〇一一年、同『戦争と華僑　続編——中国国民政府・汪精衛政権の華僑行政と南洋・北米』汲古書院、二〇一八年。

(130) 川島真「日中戦争と華僑送金——「傀儡」政権の存在意義」『国際社会科学』第六五輯、二〇一五年。

(131) 姫田光義・山田辰雄編『中国の地域政権と日本の統治』（日中戦争の国際共同研究一）慶應義塾大学出版会、二〇〇六年、エズラ・ヴォーゲル／平野健一郎編『日中戦争期中国の社会と文化』（日中戦争の国際共同研究三）慶應義塾大学出版会、二〇一〇年。
（132）髙綱博文編『戦時上海──一九三七～四五年』研文出版、二〇〇五年、髙綱博文・石川照子・竹松良明・大橋毅彦編著『戦時上海のメディア──文化的ポリティクスの視座から』研文出版、二〇一六年、堀井弘一郎・木田隆文編著『戦時上海グレーゾーン──溶融する「抵抗」と「協力」』勉誠出版、二〇一七年、愛知大学国際問題研究所編前掲『対日協力政権とその周辺』。
（133）三好章編著『『清郷日報』記事目録』中国書店、二〇〇五年。同書については拙稿による新刊紹介（『史学雑誌』第一一四編第九号、二〇〇五年九月）も参照。
（134）相原佳之・尾形洋一・平野健一郎編『東洋文庫蔵汪精衛政権駐日大使館文書目録』東洋文庫、二〇一六年。
（135）関智英「史料紹介『中華日報』社評目録（一）～（三）」『明大アジア史論集』明治大学東洋史談話会、第二〇～二二号、二〇一六～一八年三月。
（136）木山英雄『北京苦住庵記──日中戦争時代の周作人』筑摩書房、一九七八年（後に増補され、『周作人「対日協力」の顚末──補注『北京苦住庵記』ならびに後日編』岩波書店、二〇〇四年）。同書については拙評（『現代中国』第七九号、二〇〇五年八月）も参照。
（137）杉野要吉編著『交争する中国文学と日本文学──淪陥下北京 一九三七～四五』三元社、二〇〇〇年。
（138）羽田朝子「梅娘の描く「日本」──昭和モダニズムの光芒のなかで」『日本中国学会報』第六九集、二〇一七年、同「『婦女雑誌』にみえる梅娘の女性観──近代的主婦像と「国民の母」」『現代中国』第九二号、二〇一八年。
（139）鈴木将久『上海モダニズム』中国文庫、二〇一二年。同書については拙評（『歴史学研究』第九一九号、二〇一四年六月）も参照。
（140）劉岸偉『周作人伝──ある知日派文人の精神史』ミネルヴァ書房、二〇一一年。
（141）鄒双双『「文化漢奸」と呼ばれた男──万葉集を訳した銭稲孫の生涯』東方書店、二〇一四年。同書については拙評（『中国研究月報』第六九巻第一〇号、二〇一五年一〇月）も参照。
（142）邵迎建『伝奇文学と流言人生──一九四〇年代上海・張愛玲の文学』御茶の水書房、二〇〇二年、池上貞子『張愛玲──愛と生と文学』東方書店、二〇一一年。
（143）山口早苗「陶亢徳と中華日報社──編輯者の側面に注目して」『中国──社会と文化』第三二号、二〇一七年七月。

第一章

（1）「数奇の中国生活三〇年　愛児を残し殷汝耕未亡人帰国」『読売新聞』一九五二年九月一一日三面。
（2）村田孜郎「冀東政権と殷汝耕」同『北支の解剖』六人社、一九三七年、四一頁。

（3）秦郁彦『日中戦争史（増補版）』河出書房新社、一九七二年（初版一九六一年）、五八～六八頁、日本国際政治学会太平洋戦争原因研究部編『太平洋戦争への道』第三巻、朝日新聞社、一九六二年、一三七～一八七頁（当該部分は島田俊彦執筆）。

（4）安井三吉『盧溝橋事件』研文出版、一九九三年、五七頁。

（5）内田尚孝『華北事変の研究――塘沽停戦協定と華北危機下の日中関係 一九三二～一九三五年』汲古書院、二〇〇六年、光田剛『中国国民政府期の華北政治――一九二八～三七年』御茶の水書房、二〇〇七年。

（6）広中一成『冀東政権と日中関係』汲古書院、二〇一七年。同書は第二章「殷汝耕と日本」で殷の経歴を詳細に追っているが、結局のところ、殷汝耕がどのような考えに基づいて行動したのか、といった人物像への言及はない。また池宗墨の役割に関する指摘もない。殷汝耕がなぜ冀東政府を成立しようと決意したのかについては、殷が督察専員を務めていた薊密区に比べて収入の多い灤楡区を自身の配下に置こうと、灤楡区督察専員陶尚銘を中傷する情報を流し冀東地区を混乱させたことと、王揖唐や曹錕らが華北で政権樹立を狙い、石友三らが京津一帯を混乱させるとの噂が広まる中、殷が混乱から冀東地区を如何に守るのかという決断を迫られていたことが指摘されているものの、そうした行動に至る背景については説明がない（同書五九頁及び六一頁）。

（7）藤枝賢治「冀東政府の対冀察合流をめぐる陸軍の動向」『日本歴史』第七〇九号、二〇〇七年六月、同「冀東貿易をめぐる政策と対中国関税引下げ要求」『軍事史学』第四三巻第三・第四合併号（日中戦争再論）、二〇〇八年。

（8）吉井文美「日本の華北支配と開灤炭鉱」久保亨・波多野澄雄・西村成雄編『戦時期中国の経済発展と社会変容』（日中戦争の国際共同研究五）慶應義塾大学出版会、二〇一四年。

（9）古屋哲夫「アジア主義とその周辺」同編『近代日本のアジア認識』京都大学人文科学研究所、一九九四年。古屋は『日本及日本人』（一九二四年一〇月五日秋季増刊号、大亜細亜主義特集）に掲載された殷汝耕「大亜細亜主義とは何ぞや」を取り上げ、日本の「大亜細亜主義者」は中国以外には提携の手掛かりを持っていないにもかかわらず、その唯一の提携相手である中国に対しても「驕慢度し難き態度」であるため、「到底（アジア）聯盟は出来る見込はない」という殷汝耕の立場を紹介する（同書九四～九五頁）。ただ殷汝耕のアジア主義に関する議論はこれだけではないことは、本章で検討する通りである。

（10）劉岳兵「学術・思想史の視点より見た近代中日関係史における幾つかの問題点」『人文科学』第一三号、二〇〇八年三月。劉は池宗墨を思想的漢奸とし、「王道」を偽善化したとする。ただ「王道」を「善・偽善」という枠組みで分析することには無理があろう。

（11）邵雲瑞・李文栄「偽〝冀東防共自治政府〟成立経過」中国人民政治協商会議河北省委員会文史資料研究委員会編『河北文史資料選輯』第九輯、河北人民出版社、一九八三年、王士立・鍾群庄・趙競存・李宗国編『二十世紀三十年代的冀東陰雲――偽〝冀東防共自治政府〟史略』（唐山文史資料　第二一緝）河北省唐山市政協文史資料委員会、一九九九年、陳暁清「殷汝耕」熊尚厚・厳如平主編『民国人物伝』第一一巻、中華書局、二〇〇二年、四六三～四六八頁。

(12) 南開大学歴史系・唐山市檔案館合編『冀東日偽政権』檔案出版社、一九九二年。
(13) 李秉奎・付春端「偽冀東防共自治政府警団武装述評」『唐山学院学報』第一六巻第一期、二〇〇三年。
(14) 劉君実「冀東偽組織的暴露」『建言月刊』第一巻第三期、一九三七年七月。
(15) 殷汝耕の冀東政府成立宣言発表を一一月二五日とするものもあるが、正確には一一月二四日夜半であった（龔維航「殷汝耕訪問記」『大上海人』第五・第六期、一九三六年一月五日）。当時の報道でも「北支の立役者　殷汝耕氏と会見の記」（『東京朝日新聞』一九三六年一月五日八面）のように、成立を二四日と伝えたものもある。正確には宣言の発表が二四日、政府の成立が二五日であったと考えられる。
(16) 高木翔之助『冀東政権の正体』北支那社、一九三七年、二五頁。
(17)「冀東二十二県人口統計表」『冀東防共自治政府成立週年紀念専刊』上、冀東防共自治政府、一九三六年。
(18)「北支自治運動」『北支那』臨時増刊冀東一周年紀念号、一九三六年一一月、四～五頁。この農民自治運動の指導者武宜亭については第三章・第四章でも触れる。
(19)「何故「冀東政権」が生れたか」『北支那』臨時増刊冀東一周年紀念号、一〇頁。
(20) 宮田天堂『冀東政権大秘録――通州事件一週年を迎へて』同人、一九三八年、四頁。
(21) 周作人「談日本文化書　其二」『宇宙風』第二六期、一九三六年一〇月。
(22) 東亜文化協会編『排日教科書改訂事業――冀東防共自治政府―附北支における教育工作の重要性』同会、一九三七年五月、はしがき。
(23)「殷逆在冀東両年」『時代動向』（半月刊）第二巻第三期、一九三七年八月。
(24) 東亜文化協会前掲『排日教科書改訂事業』二八頁。
(25)「一般的修交条約　けふ中に調印　満洲国と冀東政府」『東京朝日新聞』一九三六年一月一一日二面、「修交親善の書翰を手交す　冀東遣満使節一行」『東京朝日新聞』一九三六年四月一七日二面。
(26)「冀東・満洲国に外交員常駐　初代江氏新京に来任」『東京朝日新聞』一九三七年三月三一日三面。
(27) 陸軍省軍務課「殷汝耕の放送に関する件」（一九三七年四月二三日）、昭和一二年「満受大日記（密）」防衛省防衛研究所。また天津総領事が殷汝耕の放送原稿から削除した部分（左記・原文は漢字片カナ）からは、日本の外交当局が、冀東政府を日本が理解し援助している、といった表現を警戒していたことがうかがえる。
……顧みますれは、一昨年民国二十四年、即貴国の昭和十年十一月二十五日に於て、北支停戦地区、二十二県、七百万民衆の輿望に依りまして、冀東防共自治政府を創立し、之を天下に声明致しましたのであります。此の如く我冀東防共自治政府は、自治を宣言致しましたか、之れは決して中華民国より離脱したるものてはなく寧ろ中華民国の精神を承継し赤化を防止し、東洋古来の精神を復興して、所謂舶来思想を排除し、殊に在来採り来りし夷を以て夷を制する思想や遠交近攻の誤れる政策を絶対に排斥し、内は庶政を刷新して人民の福祉を謀り、外は中、日、満三国の提携に依り、東亜和平永遠の基礎確立を期する為、先つ我冀東地区の自治を以て全中国に範を示し、四億民衆の大を救はんと希ふものてありまして、昨年十一月二十五日即政府成立一週年紀念日に於ては、中華民国五族共和の表徴たる五色旗を回復致しました所以も、亦之に外ならないのてあります。爾来僅かに一年と五か月を経過したるに過きませんか、貴国竝に隣邦満洲国朝野の公正なる御理解と、絶大なる御援助とを恭ふ致しまして、今や私共は微力乍ら一身を捨てて公に奉し眼前の毀誉褒貶を顧みす、七百万同胞一体となり、孜々として各々其の業に励み安居の生活にいそしんて居るのてあります。私は茲に七百万民衆を代表致しまして、貴国朝野の方々の御厚誼に対し、謹て御礼を申上ける次第てありますと同時に、我政府成立以来の〔中略〕我か政府は成立後断乎として〔中略〕之か開始以来約一年の間輸入貨物の総価格三億七千余万元に登り、減税の為民衆の負担を軽減せられた総金額は優に三千万元に垂んとする状態てありまして〔中略〕誠に〔中略〕之に鑑みまして冀東貿易促進の為、近く大清河口に大築港の企画中てありますか、大阪商船会社の如きは之に対し多大の期待をかけて居られるとのことてあります〔中略〕本日、図らすも我政府成立紀念の日たる二十五日に於て〔後略〕。（在天津総領事堀内干城→外務大臣佐藤尚武「名古屋博冀東「テー」ニ於ケル殷汝耕放送ノ件」〔一九三七年五月三日発〕、本邦博覧会関係雑件／名古屋博覧会　第三巻〔E-2-8-0-3_2_003〕外務省外交史料館）。

(28) 「冀東防共自治政府の代表として」及び「冀東防共自治政府成立の経緯」東亜人文研究所編『冀東』同所、一九三七年、一～二頁、二一六～二一八頁。

(29) 王廈材「中国政治敗壊の原因」『北支那』第四巻二月号、一九三七年二月。

(30) 服部ゆり子「我が姉「殷汝耕夫人」を語る――北支自治の盟主殷汝耕のよき内助者としての姉民慧」『話』第四巻第二号、一九三六年二月。

(31) 小林橘川『随筆支那』教育思潮研究会、一九四三年、二五一頁。

(32) 殷汝耕「日支親善に就て日本の朝野に訴ふ」『東京朝日新聞』一九一七年六月一六日四面。

(33) 石塚英蔵「江蘇省棉花栽培事業ノ件」（一九二二年九月二六日）、支那ニ於ケル綿業関係雑件　三．江蘇省棉花栽培事業ニ関スル件（東洋拓殖株式会社殷汝耕間）、支那ニ於ケル綿業関係雑件（1-7-7-16）外務省外交史料館。

(34) 殷汝耕「半載回顧録　重囲を逃れて　三」『大阪毎日新聞』一九二六年七月二四日一面。

(35) 殷汝耕「半載回顧録　重囲を逃れて　五」『大阪毎日新聞』一九二六年七月二六日一面。

(36) 西村成雄「日本政府の中華民国認識と張学良政権」山本有造編『「満洲国」の研究』緑蔭書房、一九九五年、一四頁。

(37) 龔維航前掲「殷汝耕訪問記」。

(38) 黄郛（一八八〇～一九三六）：浙江嘉興人。一九〇四年、浙江武備学堂入学。清朝官費留学生として、東京の振武学校に入学。蔣介石・張羣と知り合う。〇五年、中国同盟会に参加。中華民国成立後、江蘇都督府参謀長、ワシントン会議中国代表顧問、署理外交部総長、教育部総長、代理内閣総理を歴任。国民政府では、上海特別市市長、外交部部長に就任。済南事件後、外交部部長を辞任するが、三三年五月、行政院駐北平政務整理委員会委員長に就き、日中間交渉に従事。三五年春同職を辞任。徐友春主編『民国人物大辞典（増訂版）』河北人民出版社、二〇〇七年（以下『民国人物大辞典』）一五六四頁。

(39)「殷汝耕回国　謂済案不難解決」『京報』一九二八年六月二〇日三版。

(40)斉世英講『斉世英先生訪問紀録』中央研究院近代史研究所、一九九〇年、一一四～一一八頁。

(41)南京市檔案館編『審訊汪偽漢奸筆録』下、鳳凰出版社、二〇〇四年、一一六三頁。

(42)村瀬信一『首相になれなかった男たち　井上馨・床次竹二郎・河野一郎』吉川弘文館、二〇一四年、一九九～二〇〇頁。

(43)「中日結婚之東訊」『益世報』一九一七年九月一三日三版。井上民恵の出生地を「大阪市此花区」とするもの（渡辺剛『北支に暁鐘を撞く殷汝耕と冀東自治——我が大陸政策の方向』夕刊帝国新聞社、一九三五年、一九頁）もあるが、民恵の妹服部ゆり子によれば、民恵は高知県出身で幼少期に静岡の親戚に引き取られた。殷汝耕との出会いについては、民恵の二人の兄が早稲田大学政治経済学部出身だったことも関係があると推測する（服部ゆり子前掲「我が姉「殷汝耕夫人」を語る」）。また民恵を民慧とする表記もあるが、同一文章中で殷民慧と井上民恵を区別しているものがあるので、民慧は中国名であったと考えられる（服部百合子「殷汝耕氏の妻としての姉」『婦人公論』一九三六年二月号）。

(44)汝氓「日本通殷汝耕」『微言』第一巻第五期、一九三三年六月、海天「由殷汝耕叛国説到中国教育」『国光雑誌』第一一期、一九三五年一二月。

(45)尾崎秀実「殷汝耕氏と会見の記」朝日新聞社編『現地に支那を視る——最近支那時局の再検討』朝日新聞社、一九三六年、九〇頁。

(46)池宗墨「利民通成紡織公司短繊維工業経営之経過与吾輩今後之覚悟」『染織紡週刊』第一巻第三、第九、第一〇期、一九三五年八月、一〇月。

(47)「殷汝耕氏の意見に就て（日支両国民性）」『読売新聞』一九二一年九月五日三面。

(48)殷汝耕「偽らざる対日感情の告白（五）」『読売新聞』一九二一年一月六日二面。

(49)殷汝耕「目覚めたる支那より（一二）」『読売新聞』一九二一年九月四日二面。

(50)殷汝耕「目覚めたる支那より（一）」『読売新聞』一九二一年八月二三日二面。

(51)殷汝耕「目覚めたる支那より（五）」『読売新聞』一九二一年八月二七日二面。

(52)殷汝耕「目覚めたる支那より（七）」『読売新聞』一九二一年八月二九日二面。

(53)「長官肖像　附略伝」前掲『冀東防共自治政府成立週年紀念専刊』上。

(54) 殷汝耕「目覚めたる支那より（一一）」『読売新聞』一九二一年九月二日二面。
(55) 殷汝耕前掲「目覚めたる支那より（一一）」。
(56) 殷汝耕前掲「目覚めたる支那より（一二）」。
(57) 殷汝耕「華盛頓会議と日支今後の関係――解決の方法がある（上）」『読売新聞』一九二一年一二月二二日三面。山東権益の返還に対する評価は、同「亜細亜に於ける日支両国の地位」（『東洋』第二七巻第七号、一九二四年七月）にも言及がある。
(58) 殷汝耕「華盛頓会議と日支今後の関係――根本問題に触れよ（下）」『読売新聞』一九二一年一二月二三日三面。
(59) 加藤内閣への期待は、殷汝耕「米国排日の対策――日支両国の共存共栄」（『読売新聞』一九二四年六月三〇日四面）にも確認できる。
(60) 殷汝耕前掲「米国排日の対策」。
(61) 陳徳仁・安井三吉編『孫文・講演「大アジア主義」資料集――一九二四年一一月日本と中国の岐路』（孫中山記念会研究叢書一）法律文化社、一九八九年、七六頁。
(62) 孫逸仙「日支親善の根本義」『東京朝日新聞』一九一七年一月一日三面。
(63) 拙稿「「東洋＝王道」「西洋＝覇道」の起源――王正廷・殷汝耕・孫中山」『孫文研究』第五九号、二〇一六年一二月。
(64) 出淵〔勝次〕亜細亜局長口述「孫逸仙来邦ニ関スル件」（一九二四年一一月二八日）、江浙並奉直紛擾関係／本邦ニ於ケル孫文及盧永祥等ノ行動（1-6-1-85_4）外務省外交史料館。
(65) 兪辛焞『孫文の革命運動と日本』（東アジアの中の日本の歴史　第九巻）六興出版、一九八九年、三五七頁。
(66) 同時期に発表された「亜細亜に於ける日支両国の地位」（一九二四年七月）も、「全亜細亜民族の復興」を主張し、それは日中「両国の国民が亜細亜復興の同一目的を自覚し完全に提携し合つて始めてそれを完全に達することが出来る」とする。
(67) 殷汝耕「余が蹶起の理由」広島高等師範学校地歴学会編『北支と満洲国』朝日書房、一九三六年、九～一三頁。
(68) 北平加藤書記官→有田外務大臣（一九三七年一月一八日発）、帝国ノ対支外交政策関係一件　第七巻（A-1-1-0-10_007）外務省外交史料館（原文片カナ）。
(69) 専田盛寿「親日華北政権樹立の夢崩る」土肥原賢二刊行会編『日中友好の捨石　土肥原賢二』芙蓉書房、一九七二年、二八六～二八七頁、二九一～二九三頁。
(70) 池宗墨『王道経綸論集』大東亜協会、一九四一年、一一四～一一五頁。
(71) 「宋氏とは合流せず　自治完成に邁進　国内から賛成激励　殷汝耕氏会見記」『東京朝日新聞』一九三五年一二月一二日二面。
(72) 殷汝耕撰『冀東防共自治政府第一週年紀念詞』一九三六年、七～九頁。この文章は池宗墨の文集に掲載されていないことや、冀東政府一周年に際して池宗墨は別に文章を発表していることを考えると、殷汝耕自身の文章である蓋然性が高い。

(73) 殷汝耕「冀東政府成立の意義を語る」冀東防共自治政府『冀東政府は語る』同政府、一九三七年、二〜九頁、一二〜一五頁。
(74) 殷汝耕「冀東問題に対する吾等の信念」冀東防共自治政府前掲『冀東政府は語る』三五頁。
(75) 宮田天堂前掲『冀東政権大秘録』三五頁。
(76) 池宗墨「中国の復興と冀東政府」『北支那』第三巻九月号、一九三六年。
(77) 深田流川「池宗墨秘書長の印象」『北支那』第三巻七月号、一九三六年。
(78) 池宗墨前掲「中国の復興と冀東政府」。
(79) 池宗墨『孔子論』新東洋社・東洋事情研究会、一九三六年、序文及び八頁。
(80) 池宗墨前掲『孔子論』二頁、四頁。
(81) 池宗墨前掲『孔子論』六六頁。
(82) 池宗墨前掲『孔子論』七二頁、七五頁。
(83) 池宗墨前掲『孔子論』八一〜九〇頁。
(84) 池宗墨前掲『孔子論』九二頁。
(85) 池宗墨前掲『孔子論』九三〜九四頁。
(86) 池宗墨前掲『孔子論』九五頁。
(87) 神田隆介「後序」池宗墨前掲『孔子論』九七頁。
(88) 池宗墨前掲『孔子論』六一頁。
(89) 例えば井上哲次郎は「東洋の哲学史を研究して居る内に、段々西洋の哲学思想と一致して居ることの少なくないことを発見するのであります」と、洋の東西の哲学思想を比較する眼差しを表明していた。井上哲次郎『哲学と宗教』弘道館、一九一五年、三三六頁。
(90) 神田隆介前掲「後序」池宗墨前掲『孔子論』九八頁。
(91) 池宗墨前掲『染織紡週刊』第一巻第三、第九、第一〇期。
(92)「通成紡織公司」『商業月報』上海市商会、第九巻第八期、一九二九年九月三〇日。
(93) 池宗墨前掲『染織紡週刊』第一巻第九期。
(94) 池宗墨前掲『染織紡週刊』第一巻第一〇期。
(95) 池宗墨「中国近代之危機与吾輩青年之責任」『染織紡週刊』第一巻第一三期、一九三五年一〇月。
(96) 池宗墨「辦国貨事業者応具之精神」『申報』一九三三年二月九日一八版。
(97) 他にも上海職業指導所で講演をした記事がある。「職指所挙行服務演講」『申報』一九三三年一二月二二日一三版。

(98) 天然「介紹幾個有心人」『申報』一九三三年一一月二三日一四版。
(99) 蔣維喬「参観通成紡織廠記」『申報』一九三三年九月一四日一三版。
(100) 蔣維喬（一八七三～一九五八）：江蘇武進人。二〇歳で秀才となり、常州府学、江陰南菁書院、常州致用精舎で学ぶ。一九〇二年、上海で蔡元培らの中国教育会に参加。〇三年、商務印書館に入り教科書編纂に従事。中華民国成立後、教育部参事、江蘇教育庁庁長、東南大学校長を歴任。二九年、光華大学哲学教授。『民国人物大辞典』二二五二～二二五三頁。
(101) 常州市地方志編纂委員会編『常州市志』三、中国社会科学出版社、一九九五年、九九九頁。
(102) 「因是斎日記」一九三三年六月二九日の条。蔣維喬『蔣維喬日記』第一六冊、中華書局、二〇一四年、三三一～三三二頁。
(103) 「因是斎日記」によれば、蔣維喬は六月二七日から七月一〇日まで毎日のように池宗墨と会い、七月九日に池の持ってきた文章に手を加えている。蔣維喬前掲『蔣維喬日記』第一六冊、三二七～三六六頁。
(104) 川崎紫山「王道経綸論集に題す」池宗墨前掲『王道経綸論集』二五頁。
(105) 池宗墨『池長官文存』冀東防共自治政府秘書室、一九三八年、一頁、池宗墨前掲『王道経綸論集』目次六頁。
(106) 岡部巌夫「殷汝耕と語る」『思想国防』第二巻第一号、一九三六年一月。
(107) 武田南陽「回首茫々夢一場」電通編『五十人の新聞人』電通、一九五五年、二九八頁。
(108) 池宗墨「学生時代は一朶の鮮花の如し」同前掲『王道経綸論集』五三頁。
(109) 池宗墨「自ら多福を求む」同前掲『王道経綸論集』七四頁。
(110) 池宗墨「服従」同前掲『王道経綸論集』五五頁。
(111) 池宗墨「師範生は未来国民の母たり」同前掲『王道経綸論集』六六頁。
(112) 池宗墨「我を撫すれば則ち后」同前掲『王道経綸論集』九一頁。
(113) 「はしがき」高木翔之介編述『改組した冀東政権と新長官池宗墨の思想』北支那社、一九三七年。
(114) 「排日教育を是正　見よ・着実な建設を　池政府秘書長の熱辯」『東京朝日新聞』一九三六年一一月二五日八面。
(115) 池宗墨「今日の世界は白人の天下乎。抑々黄人の天下乎」同前掲『王道経綸論集』一三〇～一三二頁。
(116) 池宗墨「師範生は未来国民の母たり」同前掲『王道経綸論集』六四頁。
(117) 池宗墨「仁義の邦　仁義の人」同前掲『王道経綸論集』六八頁。
(118) 池宗墨「国家の敗るゝは官邪に由る」同前掲『王道経綸論集』六三頁。
(119) 池宗墨『池長官第一二次出巡各県講演録——附通電演詞』冀東防共自治政府秘書室、一九三八年。
(120) 池宗墨「各処の庁長暨び秘書課長に対する訓話」同前掲『王道経綸論集』一四六～一四七頁。
(121) 高木翔之介前掲『改組した冀東政権と新長官池宗墨の思想』五～六頁。

(122) 山本実彦『支那事変――北支の巻』改造社、一九三七年、四〇頁。
(123) 池宗墨「大小精粗」同前掲『王道経綸論集』一一五～一一七頁。
(124) 小林知治『新支那の中心人物は誰々か』今日の問題社、一九三八年、一九頁。「澹泊明志　寧静致遠」の出典は『淮南子』〈主術訓〉である。『淮南子』は諸子百家のうち雑家に分類される書物だが、〈主術訓〉は、法家流の人臣統御の術を骨子とし、その前後に道家・儒家の所説を配したものとなっている（楠山春樹『新釈漢文大系　第五五巻　淮南子』明治書院、一九八二年、三九一頁）。
(125) 新生活運動については、段瑞聡『蔣介石と新生活運動』慶應義塾大学出版会、二〇〇六年、深町英夫『身体を躾ける政治――中国国民党の新生活運動』岩波書店、二〇一三年。
(126) 「平津漢奸第一審　由冀高法院辦理」『申報』一九四五年一二月一〇日一版。
(127) 東亜文化協会前掲『排日教科書改訂事業』二一頁。
(128) 「政府防共産党」『益世報』一九二一年三月一一日五版。
(129) 「杭市総工会通令防共」『申報』一九二七年八月二四日九版。
(130) 「陝西共産軍の現勢「一鼓撃滅」の予想を裏切って　著しい、其北進行程」『満洲日日新聞』一九三五年一〇月一四日二面。
(131) 全体の傾向を摑むために神戸大学附属図書館新聞記事文庫で「防共」を検索したところ、一九三五年九月まで共産党を防ぐという意味での「防共」の用例は確認できないが、同年一〇月に入ると、一四日に一件（「陝西共産軍の現勢」『満洲日日新聞』）、二〇日に一件（「対支政策に関する中央、現地の意見一致」『神戸新聞』）、二四日に一件（「日支関係の調整――成否は北支自治問題の解決」『大阪朝日新聞』）確認され、さらに一一月に入ると、冀東政府成立の前日までで一四件、冀東政府成立後の一一月三〇日までで一〇件、一二月に一三件、翌三六年一月は六件、と「防共」が華北自治の報道とリンクして使われていたことがわかる。
(132) 龔維航前掲「殷汝耕訪問記」。
(133) 広中一成前掲『冀東政権と日中関係』二七頁、『極東国際軍事裁判速記録』第二八号（一九四六年七月九日）、新田満夫編『極東国際軍事裁判速記録』第一巻、雄松堂書店、一九六八年、三一一頁。当該部分は東京裁判における田中隆吉の次の証言である。「初メノ訓令ハ単ニ自治地帯ノ建設ト云フコトデアリマシタガ、之ニハ思想的ノ目標ヲ明カニシナケレバナラナイト云フノデ、慥カ私ノ記憶デハ土肥原少将、佐々木少将、板垣少将ノ三人ガ種々御研究ノ結果、防共ト云フコトヲ旗幟ニスルト云フコトニ決リマシテ〔後略〕」。
(134) 殷汝耕「冀東政府之防共使命」『太平洋月刊』第四巻第四期、一九三七年四月一五日。
(135) 前掲『冀東防共自治政府成立週年紀念専刊』上。冀東政府の具体的な自治の中身、すなわちその施策は興味深いテーマだが、検討は別の機会としたい。

(136) 殷汝耕前掲「冀東政府成立の意義を語る」七頁。
(137)「訓令直轄各機関　奉令飭拏殷汝耕并撤銷灤楡薊密両区行政督察専員転行知照一案令仰知照」『内政部公報』第八巻第二二期、一九三五年一二月。
(138) 大棨「冀東一角的形形色色」『申報週刊』第一巻第三七期、一九三六年九月。
(139) 西寧「漢奸政権的没落（冀東通訊）」『内外什志』第二巻第八期、一九三七年五月一〇日。
(140)「両漢奸衝突　殷汝耕池宗墨」『瓊崖民国日報』一九三七年五月三一日二版。
(141) 国松文雄『わが満支廿五年の回顧』新紀元社、一九六一年、二七六頁。
(142) 張楽平「漫画報告　俠女謀刺殷逆記実」『中国漫画』第一二期、一九三七年一月。
(143)「殷汝耕懼内醜史」『玲瓏婦女図画雑誌』第五巻第四八期、一九三五年一二月。
(144) 畠山清行「悲運の人殷汝耕」『東京兵団』（一　胎動篇）光風社、一九六三年、九〇頁。
(145) 殷民慧が殷汝耕を代辯して、冀東政府では「支那の弊ともいふべき猟官主義を排して人材本位でやる考へです。親戚だからと云つて重要な地位につけるといふやうな事は絶対にしない方針」とあえて語っていることは、実際には人材登用に関して問題が指摘されていたことをうかがわせる。「殷汝耕夫人と語る　夫君を扶けて　毅然たるその態度　たゞ北支民衆の為に」『東京朝日新聞』一九三五年一二月一五日四面。
(146) 石射猪太郎著、伊藤隆・劉傑編『石射猪太郎日記』中央公論社、三七頁（一九三六年三月一三日の条）。
(147) 石射猪太郎前掲『石射猪太郎日記』一五一頁（一九三七年三月一七日の条）。この他にも石射猪太郎は通州事件で命拾いをした殷汝耕に対し、「殺されても好い殷汝耕は保安隊により拉致されながら北京で助かる。命ミョーガな男だ」と批判的に記している。同上書一七四〜一七五頁（一九三七年八月一日の条）。
(148) 中田豊千代『ある外交官の手記――中国との友情』私家版、二〇〇八年、五三頁。
(149) 痴遊生「殷汝耕的書簡と最近の彼」『痴遊雑誌』第三巻、一九三七年九月。
(150) 矢野仁一『現代支那概論――動かざる支那』目黒書店、一九三六年、二三六頁。
(151) 矢野仁一前掲『現代支那概論』二四一頁。
(152) 池宗墨前掲『王道経綸論集』例言二頁。
(153) 夕刊帝国新聞は、皇道精神の高揚を掲げ、「始終対外硬を主張し、国防国家建設への輿論指導に努め」、一九三五年二月に東亜人文研究所を設立。一九四〇年八月に廃刊した。「「夕刊帝国」自発的廃刊　渡辺剛君の公明なる進退」『新聞と社会』一九四〇年九月号。
(154) 奉天特務部長→陸軍次官（一九三八年一一月二一日発）、昭和一三年「満受大日記（普）其二」防衛省防衛研究所。

（155）服部ゆり子前掲「我が姉「殷汝耕夫人」を語る」。

（156）また経済的にも殷汝耕は日本社会と密接に繋がっていた。日華学会は亡命中の殷汝耕に対し、一九二四年度会計より二千円を融通している。砂田実（日華学会常務理事）「殷汝耕氏ヨリ寄附金送越ノ件」（一九三六年一〇月一九日）、日華学会関係雑件／補助関係　第三巻（H-4-2-0-2_1_003）外務省外交史料館。

（157）「池宗墨通電述懐　冀東実行合流従此得卸仔肩　当以在野之身従事社会事業」『晨報』一九三八年二月四日四版。

（158）「廉潔可風　池宗墨氏　捐助酬金建設冀東　分配辦法現已決定」『晨報』一九三八年六月一六日三版。

（159）北京坂西公館中田通訳官「北支ニ於ケル新中央政権樹立運動」（一九三八年一一月五日）、支那事変ニ際シ支那新政府樹立関係一件／支那中央政権樹立問題（臨時維新政府合流問題連合委員会関係、呉佩孚運動及反共、反蔣救国民衆運動）第一巻（A-6-1-1-8_3_001）外務省外交史料館。

（160）冀東政府解消後、池宗墨は呉佩孚擁立工作に関わっていた。「擁呉運動之過去与現在」（内容から一九三九年一月以降と考えられる）、池宗墨『時局ニ関スル意見書』（一九三八年九月一日）、真崎甚三郎関係文書、国立国会図書館憲政資料室。

（161）小方「冀東視察記」『申報週刊』第一巻第四九期、一九三六年一二月一三日。

（162）北原太郎『冀東政権を顧みて――会田勉先生講演筆記』日華協会出版部、一九三六年、九頁。

（163）前掲「殷汝耕夫人と語る　夫君を扶けて　毅然たるその態度　たゞ北支民衆の為に」。

（164）湯沢三千男述『北支建設情勢其他に就て――要旨』日本外交協会、一九三九年四月、三九頁。

（165）陳暁清前掲「殷汝耕」。

（166）殷汝耕「十年来日本侵華回顧録」南京市檔案館前掲『審訊汪偽漢奸筆録』下、一一七六～一一七七頁。

（167）満蒙資料協会編『中国紳士録（民国三十一年版）』満蒙資料協会、一九四二年、八一〇頁。

（168）「中国人民解放軍北京市軍事管制委員会軍法処佈告」『人民日報』一九五一年五月二三日五版。

第二章

（1）居正（一八七六～一九五一）：湖北広済人。国民党西山派。後に司法院院長。徐友春主編『民国人物大辞典（増訂版）』河北人民出版社、二〇〇七年（以下『民国人物大辞典』）九五一頁。

（2）嘉治隆一『五月の旅』慶友社、一九五三年、二六四～二六五頁。

（3）胡漢民（一八七九～一九三六）：広東番禺人。日本の法政大学に留学し、一九〇五年に中国同盟会に参加し革命運動に従事。孫中山の死後は国民党内の右派として擡頭し、国民政府では立法院院長として、蔣介石の独裁的傾向に反対した。『民国人物大辞典』一〇〇〇頁。

（4）房建昌「張鳴与世界語」『世界』一九九七年第七・第八期合刊。房建昌には他に「漢奸張鳴其人」（廈門市政協文史資和学習宣伝委員会編『廈門文史資料』第二三輯、二〇〇二年）があるが、出典は全く示されていない。ただ内容から玉江恒平『中国現代史と張鳴君』（鳴々社、一九三九年）の抄訳と判断される。

（5）﨑村義郎著、久保田文次編『萱野長知研究』高知市民図書館、一九九六年、三三八〜三四五頁。この他、嘉治隆一は別の書籍でも張鳴に言及し、「〔淡江文理学院の〕創立者は、張鳴という台湾出身者で東大の法学部で国際政治を専攻した人物であったが、今はすでに亡い」と記している（嘉治隆一『沖縄・台湾日記』時事通信社、一九六八年、二二七頁）。

（6）黄帝の即位を元年とする紀年法。辛亥革命前『民報』等が採用した。

（7）上海図書館編『上海図書館庋蔵　居正先生文献集録』第三冊、広西師範大学出版社、二〇〇七年。居密編著『居正与近代中国——居氏家蔵手稿釈読』南京大学出版社、二〇一二年。

（8）淡江大学校史編纂委員会編『淡江大学校史』淡江大学、一九八七年、八四頁。

（9）「廈門訪日視察団座談会」（一九三九年八月三〇日）『実業之世界臨時増刊　興亜産業経済大観』一九三九年一〇月号（以下『興亜産業経済大観』）南支那篇六九頁。

（10）内田四郎「南京在留邦人の生活」『興亜産業経済大観』中支那篇一七〇頁。

（11）『罪案』の日本滞在部分を中心とした日本語訳に景梅九著、大高巌・波多野太郎訳『留日回顧——一中国アナキストの半生』（平凡社、一九六六年）がある。

（12）陳宝琛（一八四八〜一九三五）：福建閩県人。一八六八年進士。一九一一年帝師。二一年太傅。二五年溥儀に従い天津へ移る。『民国人物大辞典』一五〇二頁。

（13）台湾軍参謀長渡辺金造→陸軍次官津野一輔「盧興邦代表当軍訪問の件」（一九二五年五月二日発）、密大日記　大正一四年　六冊の内第四冊、防衛省防衛研究所。

（14）前掲「盧興邦代表当軍訪問の件」。

（15）外務省通商局監理課『福建省事情』同課、一九二一年、四頁。

（16）「要注意人江文鐘ノ言動ニ関スル件」（駐上海総領事石射猪太郎→外務大臣広田弘毅、一九三三年一二月九日発）、支那内乱関係一件／福建独立運動関係　第一巻（A-6-1-5-1_17_001）外務省外交史料館。

（17）張貞（一八八四〜一九六三）：福建詔安人。一九一一年中国同盟会に加入。二六年、北伐に参加し、詔安に福建陸軍幹部学校を置く。四九年台湾へ渡り、戦略顧問委員会委員。『民国人物大辞典』一七四一〜一七四二頁。

（18）『新国民日報』は、謝文進が一九一九年にシンガポールで創刊した新聞。華僑革命史編纂委員会編『華僑革命史』下、正中書局、一九八一年、三九三頁。

(19) 張発奎（一八九六〜一九八〇）：広東始興人。国民革命軍軍人、広東派。『民国人物大辞典』一八六〇頁。

(20) 李烈鈞（一八八二〜一九四六）：江西武寧人。江西都督、国民党西山会議派。『民国人物大辞典』五〇九〜五一〇頁。

(21) 田桐（一八七九〜一九三〇）：湖北蘄春人。一九二七年、国民政府委員。孫中山の容共に反対。『民国人物大辞典』二六六頁。

(22) 王杰・張金超主編『田桐集』華中師範大学出版社、二〇一一年、二〜四頁。

(23) 「福州大怪劇　楊樹荘及省委五人　宴会中被共党擄去」『大公報』一九三〇年一月九日三版。

(24) 鄒魯（一八八五〜一九五四）：広東大埔人。国民党西山会議派。『民国人物大辞典』二〇二七〜二〇二八頁。

(25) 孫科（一八九一〜一九七三）：広東香山人。孫中山の長子。カリフォルニア大学卒。非常国会及び護法政府外交部秘書、広州市長、国民政府常務委員、代理広東省長、交通部部長、国民政府建設部部長、財政部部長、鉄道部部長、考試院副院長、行政院院長、立法院院長などを歴任。『民国人物大辞典』一五一九頁。

(26) 許崇智（一八八七〜一九六五）：広東番禺人。一九〇三年、日本に渡り陸軍士官学校入学。孫中山に従い、中華革命党軍務部長、大元帥府参軍長を歴任。北伐に際しては、北伐軍総司令と総指揮に就任。二三年一月、東路討賊軍司令、二四年、建国粤軍総司令。二五年七月、国民政府軍事部部長兼広東省政府主席。汪精衛、廖仲愷、胡漢民と国民党を一時的に指導。『民国人物大辞典』一六八五頁。

(27) 王寵恵（一八八一〜一九五八）：広東東莞人。一九〇〇年、北洋大学堂法科卒。上海の南洋公学教官となり、日本に留学。中華民国成立後は外交部総長、司法部総長、国務総理、国民政府では代理行政院院長、司法院院長など歴任。『民国人物大辞典』一九〇〜一九一頁。

(28) 陳友仁（一八七九〜一九四四）：英領トリニダード・トバゴに生まれる。祖籍は広東順徳。英国で辯護士資格を取得。一九一二年に帰国し、交通部法律顧問。翌年、北京で英字紙 *Peking Gazette*（京報）刊行。後、護法政府に参加し、一九年には護法政府代表団の一員としてパリ講和会議に参加し、国際聯盟代表団代表も務める。二五年一月、中国国民党中央政治委員会委員。二六年五月、（広州）国民政府外交部長代理。翌年一月、漢口イギリス租界臨時管理委員会委員長兼任。同年二月、（武漢）国民政府外交委員会主席（のち外交部部長）。漢口・九江のイギリス租界回収を主導し、「革命外交」として知られる。『民国人物大辞典』一三八六〜一三八七頁。

(29) 陳中孚（一八八二〜一九五八）：江蘇呉県人。清末日本に留学し法政大学で学ぶ。帰国後東三省で革命運動に従事。第二革命後、日本に亡命し中華革命党総務部第二科科長となる。一九一七年、護法運動に参加し、大元帥府軍事委員会委員就任。国民政府成立後、国民党西山会議派の一員として活動し、国民政府委員、安徽省政府財政庁長、青島市接收専員、江蘇省政府委員などを歴任。三一年五月、広州国民政府に参加し、政務委員会委員。三五年、冀察政務委員会外交委員会主席委員。日中戦争勃発後は維新政府行政院院長梁鴻志の顧問となり、呉佩孚擁立運動にも関与。汪政権では、国民政府委員、（汪派）中国国民党中央監察委員を歴任。

戦後日本に亡命し、「アジア友の会」顧問。『民国人物大辞典』一三八八頁、「陳中孚氏（訃報）」『読売新聞』一九五八年六月二一日九面。

(30) 今泉潤太郎・藤田佳久「〈資料〉孫文、山田良政・純三郎関係資料について」『愛知大学国際問題研究所紀要』第九七号、一九九二年。年月不明だが張鳴からの書翰及び張鳴の妻張居瀛玖からの書翰が確認される。

(31) 唐紹儀（一八六〇～一九三八）：広東香山人。字は少川。一八七四年、アメリカ留学児童として派遣され、コロンビア大学文科で学ぶ。帰国後、水師附設洋務学堂で学ぶ。八五年、天津税務衙門に就職。袁世凱に従い朝鮮に赴任。外務部侍郎、郵伝部大臣などを歴任。辛亥革命では北方代表として革命派と交渉。中華民国初代国務総理に就くが、袁世凱の帝制に反対し下野。護法政府に参加し、財政部部長、国民政府委員など歴任。日中戦争勃発後、維新政府首班に擬されるが、国民政府軍統により暗殺される。『民国人物大辞典』一三二五～一三二六頁。

(32) 古応芬（一八七三～一九三一）：広東番禺人。一九〇二年、秀才。〇四年、胡漢民、汪精衛らと日本へ留学、法政大学法政速成科、同専門部で学ぶ。翌年、中国同盟会に参加。一一年、黄興、胡漢民らと広州起義を画策。広東都督府秘書長、核計院院長、瓊崖綏靖署総辦など歴任。第二革命失敗後、南洋で資金獲得に奔走。護法政府に参加し、広東省政務庁庁長、大本営江門辦事処主任、大本営法制局局長、陸海軍大元帥府大本営秘書長、大本営財政部部長兼広東省財政庁庁長など歴任。二五年七月の国民政府成立後は、常務委員兼広東省政務庁庁長、財政部部長兼広東省財政庁庁長、常務委員兼財政部部長代理、国民政府文官長、国民党中央監察委員などを歴任。三〇年、辞職するが、翌年三一年二月、胡漢民が蒋に拘禁されると、汪兆銘、孫科、唐紹儀らと広州で非常会議を開催し、広州国民政府を樹立。『民国人物大辞典』二五一頁。

(33) 陳済棠（一八九〇～一九五四）：広東防城人。一九〇八年、中国同盟会に加入。一二年、広東陸軍速成学校に入学。一五年一二月の第三革命以降、広東軍で軍歴を重ねる。二五年七月、広州に国民政府が成立すると、第一一師師長、欽廉警備司令。二九年三月、討逆軍第八路軍総司令に就任し広東の軍権を掌握。三一年、胡漢民が蒋介石によって軟禁されると、広州国民政府に参加。三六年五月、抗日を優先させるべきとして、李宗仁らと挙兵するも敗れ（「両広事変」）、欧州に移る。三七年九月に帰国した。国共内戦時期には海南島を守備し、人民解放軍へ抵抗するが、五〇年四月、台湾に逃亡。総統府資政、戦略顧問を務める。『民国人物大辞典』一四九七頁。

(34) 萱野長知（一八七三～一九四七）：高知県人。辛亥革命で革命派を支援。

(35) 駐上海公使重光葵→外務大臣犬養毅「萱野南京側ト折衝関係」（一九三一年一二月三一日発）、満洲事変（支那兵ノ満鉄柳条溝爆破ニ因ル日、支軍衝突関係）／善後措置関係／直接交渉関係（A-1-1-0-21_12_3_001）外務省外交史料館。犬養健『揚子江は今も流れている』中公文庫、一九八四年、一八三頁（原刊、文藝春秋新社、一九六〇年）、「犬養密使・萱野長知の日誌」久保田文次編『萱野長知・孫文関係史料集』高知市民図書館、二〇〇一年、二三四～二四六頁。

(36) 馬場明『日中関係と外政機構の研究――大正・昭和期』原書房、一九八三年、二〇〇～二〇八頁。
(37)「胡漢民発表談話　函阿含日報撤換題眉」『申報』一九三一年一一月一七日一四版。
(38) 水野直樹「東方被圧迫民族連合会（一九二五～一九二七）について」狭間直樹編『中国国民革命の研究』京都大学人文科学研究所、一九九二年、三〇九～三五〇頁。
(39) 有吉公使→内田外務大臣（一九三三年二月二二日発）「ランプソン」四川旅行ニ伴フ借款説、外国ノ対中国借款及投資関係雑件／英国ノ部　第一巻（E-1-6-0-X1_B1_001）外務省外交史料館。
(40) 任援道（一八九一～一九八〇）：江蘇宜興人。維新政府綏靖部部長、汪政権海軍部部長他歴任。『民国人物大辞典』三八二頁。
(41) 何世楨（一八九四～一九七二）：安徽望江人。字思毅。一九一八年、北京大学英文系卒。上海東呉大学法律系で学ぶ。一九年、上海学聯会会長、同年中国国民党に参加。ミシガン大学で法学博士の学位を取得。帰国後、東呉大学教授、上海大学学長。二四年一月、広州で開催された国民党第一次全国代表大会上海代表。同年、上海に持志学院を創立し院長となる。国民政府では西山会議派に属し、安徽省政府委員兼教育庁庁長、上海公共租界臨時法院院長など歴任。日中戦争勃発後、汪政権に参加。四七年、国民大会代表に当選。人民共和国後は上海に滞在。六八年、逮捕拘束。七二年一〇月、釈放されるがまもなく逝去。『民国人物大辞典』六六四頁。
(42) 馮玉祥（一八八二～一九四八）：安徽巣県人（祖籍）、直隷青県に生まれる。清末、保定武備学堂卒。安徽派、直隷派を経て、二二年、河南督軍。二四年、第二次奉直戦争で呉佩孚に叛旗を翻し、国民軍を組織し、国民軍第一軍司令兼全軍総司令に就任（北京政変）。国民党と提携しソ連の援助を受ける。後、奉天派と直隷派に敗れ、下野しモスクワに移る。帰国後、西北国民軍総司令として北伐に協力。二九～三〇年にかけて汪兆銘・閻錫山らと反蔣運動を起こすが失敗（中原大戦）。日中戦争勃発後は抗日、戦後は国共内戦に反対。四六年、渡米し反蔣声明を発表。四八年九月、政治協商会議に出席するため帰国の途中の黒海で乗船の火災により死去。『民国人物大辞典』一二〇四六頁。
(43) 陳銘枢（一八八九～一九六五）：広東合浦人。一九〇六年、中国同盟会に加入。漢口で辛亥革命に参加。一三年の第二革命に敗れ、日本に亡命。大森浩然廬学校及び政法学校で学ぶ。一五年一二月に第三革命が勃発すると、護国軍に参加。二四年、粤軍第一師参謀長兼第一旅旅長に就任。二五年七月、国民革命軍第四軍参謀長兼第一〇師師長。二六年一〇月、武漢衛戍司令。二八年二月、広州政治分会委員、同年一二月、広東省政府主席に就任。三二年に孫科が行政院院長となると、同副院長を兼任。三三年一一月、李済深らと第一九路軍を動かし、福州に中華共和国を樹立し、人民革命政府中央委員兼文化委員会主席、軍事委員会委員兼政治部主任などを務める（福建事変）。蔣介石の攻撃で中華共和国が崩壊すると香港に亡命。四八年、李済深が中国国民党革命委員会を組織すると、中央執行委員として参加。人民共和国成立後も大陸に留まり、民革常務委員、中南軍政委員会農林部部長、中南行政委員会副主席、全国人民代表大会常務委員、全国政治協商会議委員など歴任。五七年一〇月、「右派分子」と認定。六五年死去。『民国人物大辞典』一四七六頁。

(44) 蔣光鼐（一八八八～一九六七）：広東東莞人。一九〇五年、東莞師範学堂に入学し、中国同盟会に加入。武昌で辛亥革命に参加。一三年の第二革命失敗後、日本に亡命し大森浩然廬学校で学ぶ。一四年、中華革命党に参加。帰国後、護法運動に参加し、二五年七月、陳銘枢の国民革命軍第四軍第一〇師で副師長。北伐では、陳銘枢に従って奮戦し、第一一軍副軍長兼第一〇師師長となる。三〇年八月、第一九路軍総指揮に就任し、共産党掃討、第一次上海事変で活躍。上海事変後、第一九路軍が共産党掃討のため福建省へ移ると、福建省政府主席兼民政庁庁長に就任。同年一一月、中華共和国人民革命政府委員、財政部部長に就任。失敗後は香港に亡命。日中戦争勃発後、国民政府に復帰し、第四戦区長官部参謀長、第七戦区副司令長官など歴任。四六年、李済深の中国国民党民主促進会に参加。人民共和国成立後、北京市政府委員、紡績工業部部長、全国政治協商会議常務委員、中国国民党革命委員会中央常務委員などを歴任。『民国人物大辞典』一二四〇頁。

(45) 蔡廷鍇（一八九二～一九六八）：広東羅定人。一九〇九年、広東新軍に参加。二〇年、護法政府李済深の粤軍第一師に参加。二五年七月、李済深の粤軍が国民革命軍第四軍に改組されると、陳銘枢率いる第一〇師に入る。以後、陳銘枢に従い、三〇年八月、第一九路軍軍長に就任し、共産党掃討、第一次上海事変で活躍。第一九路軍が福建へ派遣されると、同軍総指揮に就任。三三年一一月、中華共和国人民革命政府委員、人民革命軍第一方面軍総司令に就任（福建事変）。失敗後、欧州へ視察に赴く。日中戦争勃発後は、第一六集団軍総司令、第二六集団軍総司令として、桂南会戦などに参戦。四〇年九月、下野。四六年三月、李済深の中国国民党民主促進会に参加。四八年一月、中国国民党革命委員会に参加。人民共和国では、中央人民政府委員、全国政治協商会議常務委員・副主席、全国人民代表大会常務委員、国防委員会副主席、中国国民党革命委員会中央委員会常務委員・副主席など歴任。『民国人物大辞典』一二二一～一二二二頁。

(46)「勾結閩逆叛変（一）（二）」蔣中正総統文物、002-090300-00009-015、002-090300-00010-166、国史館。なお国史館所蔵檔案閲覧では蕭明禮氏（東京大学大学院在外研究員）の協力を得た。記して謝意を示す。

(47)「聯合　外信　第二号　福建に独立運動——要人の往来頻繁」（一九三三年一一月一四日）、支那内乱関係一件／福建独立運動関係／輿論並新聞論調／連合通信（A-6-1-5-1_17_3_1）外務省外交史料館。

(48)「十九路軍ト南洋華僑トノ関係ニ関スル件」（有吉公使→広田外務大臣、一九三三年一二月九日発）、「十五日張銘ノ情報」（有吉公使→広田外務大臣、一九三三年一二月一五日発）、「十五日帰滬セル陳中孚ノ談ナリトテ山田順（ママ）三郎及張銘ノ齎セル情報」（有吉公使→広田外務大臣、一九三三年一二月一九日発）、支那内乱関係一件／福建独立運動関係　第二巻（A-6-1-5-1_17_002）外務省外交史料館。和知も含め、日本と福建、胡漢民・西南派との関係を汎アジア主義の観点から分析したものに、松浦正孝『「大東亜戦争」はなぜ起きたのか——汎アジア主義の政治経済史』（名古屋大学出版会、二〇一〇年、二七三～三一一頁）がある。

(49) 江戸文化一課長宛本田一郎書翰（一九三五年一月九日発）、「前南京通信社長張鳴」満支人本邦視察旅行関係雑件／補助実施関係第一六巻（H-6-1-0-4_2_016）外務省外交史料館。

（50）「元中華民国通信社長張鳴氏ニ対シ便宜供与方ニ関スル件」（江口重国東京帝国大学庶務課長江口重国→外務省文化事業部長岡田兼一、一九三五年二月五日及び五月二一日発）、前掲「前南京通信社長張鳴」。

（51）神川彦松「序」同『国際聯盟政策論』政治教育協会、一九二七年。

（52）張鳴訳述「独裁論」『留東学報』第一巻第一期、一九三五年七月一日、同「独裁論（続）」『留東学報』第一巻第二・第三期合刊、一九三五年一〇月二五日。

（53）「東方論叢社補助申請」（一九三五年五月二〇日）、助成費補助申請関係雑件　第四巻（H-6-2-0-2_004）外務省外交史料館。

（54）「前南京通信社長張鳴に対し本邦及満洲国視察手当補給に関する高裁案」（一九三五年一一月三〇日決裁）、前掲「前南京通信社張鳴」満支人本邦視察旅行関係雑件。

（55）張鳴→原田通訳官電報（一九三五年九月一五日受）、前掲「前南京通信社長張鳴」満支人本邦視察旅行関係雑件。

（56）張居瀛玖撰「先夫張鳴君行状」居密前掲『居正与近代中国』三八頁。

（57）「日人玉山恒（ママ）平著『中国現代史与張鳴』、内載西山会議以後経過」「鳴婿招待寛老及余赴羅東観普度会」「臨江月　為張婿新宅失火」上海図書館前掲『上海図書館庋蔵　居正先生文献集録』第三冊、一八九頁、二〇三頁、二〇五頁。

（58）『東京朝日新聞』一九三六年七月二一日一一面。

（59）﨑村義郎・久保田文次前掲『萱野長知研究』三三九頁。

（60）綏遠事件については、森久男『日本陸軍と内蒙工作——関東軍はなぜ独走したか』（講談社メチエ、二〇〇九年）が詳しいが、張鳴への言及はない。

（61）王英（一八九五～一九五一）：直隷邢台人。北京匯文中学卒。一九二〇年から綏遠都統馬福祥の下で、都統署参議や騎兵営営長など歴任。二五年、馮玉祥の下で、五原・臨河騎兵団団長。同年秋、包寧護路司令兼綏遠省革命協会会長。二六年、奉天派に転じ、東北第三一軍軍長。さらに閻錫山麾下山西騎兵第四師師長となる。三〇年、中原大戦が勃発すると蔣介石麾下の騎兵第三師師長に就任。満洲事変勃発後、察北義勇軍司令。三三年夏、馮玉祥が察哈爾民衆抗日同盟軍を組織すると、その配下で遊撃第一路司令となる。同年冬、甘粛省政府参議。三五年、日本に投降し大漢義軍司令就任。翌年一一月、デムチュクドンロブ（徳王）・李守信と綏遠を攻撃するが、傅作義軍に敗退。三七年、綏西自治委員会委員長。三九年一一月、綏西自治聯軍総司令。戦後、傅作義に投降し、騎兵第一集団軍総司令、第一二戦区騎兵第一四縦隊縦隊長、国民政府軍事委員会委員長北平行営高級参謀、平蒲路剿共軍総司令など歴任。人民共和国成立後逮捕され、五〇年一一月処刑。『民国人物大辞典』四二～四三頁、『人民日報』一九五〇年一一月五日二版。

（62）松井忠雄「綏遠事件始末記」抜萃、島田俊彦・稲葉正夫編『現代史資料』（第八巻　日中戦争一）みすず書房、一九六四年、五七

三頁。この他、松井は張鳴を「あきらかにダブルスパイだ」ともしている（松井忠雄『内蒙三国志』原書房、一九六六年、一八五頁）。
(63) 拙稿「「蒙疆」と日本の内モンゴル統治」『近代中国研究彙報』第三〇号、二〇〇八年。
(64) 「大漢義軍総司令部訓令　参字第一号」（一九三六年一一月五日）、「日本擾乱之証明之件」外交部檔案、020-010102-0159、国史館。
(65) 「綏遠時局に関する蒙古、綏遠当局の宣伝戦」（中華民国在勤帝国大使館附武官輔佐官桑原重遠、一九三九年一一月二九日）島田俊彦・稲葉正夫前掲『現代史資料』（第八巻　日中戦争一）五八一頁。
(66) 「大漢義軍総政治部特務隊隊歌」「日本擾乱之証明之件」外交部檔案、020-010102-0159、国史館。
(67) 「津市内発現偽団体伝単」『申報』一九三六年一一月二二日三版。「四一　昭和一一　二四三五〇」（加藤書記官→有田外務大臣、一九三六年一二月七日発）島田俊彦・稲葉正夫前掲『現代史資料』（第八巻　日中戦争一）六五四頁。
(68) 傅作義（一八九五〜一九七四）：山西栄河人。一九一〇年、太原陸軍小学入学。太原で辛亥革命に参加。一八年、保定陸軍軍官学校第五期歩兵科卒。閻錫山麾下の晋軍に参加。二六年、第四旅旅長、二七年、第四師師長。二八年、国民革命軍第三集団軍第五軍団総指揮兼天津警備司令。三〇年五月、第四路軍指揮官として中原大戦に参加。閻錫山の敗北後、張学良配下の第三五軍軍長となり、綏遠省政府主席に就任。三三年一月、第七軍団総指揮として日本軍と交戦。三五年四月、蒙古軍政府軍と大漢義軍を迎撃・駆逐（綏遠事件）。日中戦争では、忻口戦役、太原防衛戦、五原戦役などで活躍。四七年一月、察哈爾省政府主席、華北剿匪総司令となるが、四九年一月、北平を無血開城。人民共和国では、中央人民政府委員、軍事委員会委員、水利部部長、全国人民代表大会代表、国防委員会副主席、中国人民政治協商会議全国常務委員、同副主席など歴任。『民国人物大辞典』二〇〇九〜二〇一〇頁。
(69) 宋哲元（一八八五〜一九四〇）：山東楽陵人。一九〇八年、武衛右軍随営武備学堂に入学。卒業後は馮玉祥麾下に入り、軍功をあげ第二五混成旅旅長となる。二四年一〇月の北京政変で、国民軍第一一師師長。翌年、熱河都統。二六年一月、馮玉祥が下野すると、西路総司令に就任。同年一一月、陝西省政府主席。三〇年の中原大戦後、張学良麾下で第二九軍軍長に就任。三二年七月、察哈爾省政府主席を兼任。三三年、喜峰口などで日本軍と交戦。三五年七月、梅津・何応欽協定により国民党主力軍は河北省から撤退すると、平津衛戍司令となり、同年末冀察政務委員会委員長を兼任。三七年七月、盧溝橋事件が勃発後、北平・天津を喪失し、翌年引退。四〇年、四川省綿陽で死去。『民国人物大辞典』七七二〜七七三頁。
(70) 蔣介石と共に日本に留学した張群も大和魂を高く評価しており、同時期の張鳴が特別なわけでは必ずしもない。張群著、古屋圭二訳『日華・風雲の七十年——張群外交秘録』サンケイ出版、一九八〇年、二七一〜二七三頁。
(71) 講演内容は後に「国民党連中の革命観」として『五族解放』（出版者不明、一九三八年、一一〜一七頁）に掲載された。国策研究会については、矢次一夫『昭和動乱私史』上、経済往来社、一九七一年、二四〇〜三一六頁。

(72)「風塵録」『読売新聞』一九三八年四月三日一面。
(73) ちなみに「大漢国」という名称は張鳴の創唱ではない。辛亥革命の際、新しい共和国の国号案には「大漢民国」「中華共和国」など複数あり、「大漢国」も候補の一つであった（「国号国璽考」『申報』一九四七年一〇月一〇日一八版）。
(74) 前掲『五族解放』一七～二一頁。
(75) 神川彦松「亜細亜聯合乎極東聯盟乎」『国家学会雑誌』第四七巻第七号、一九三三年七月。また満洲事変をきっかけに日本の国際法学者の中に普遍主義的理念から地域主義を重視した議論に変遷する者があったことは、三谷太一郎「国際環境の変動と日本の知識人」（細谷千博・斎藤真・今井清一編『日米関係史——開戦に至る一〇年（一九三一～四一年）』四　マスメディアと知識人、東京大学出版会、一九七二年）に詳しい。
(76)「廈門日方首要人物　水戸春造与澤重信（続）」『申報』一九三九年九月一三日七版。
(77)「金門廈門両島現状」『申報』一九三八年一〇月一八日七版。
(78)「廈門已成為死島」『申報』一九三八年一二月五日七版。
(79)「故郷廈門に馳参じ　翻す蔣打倒の旗」『東京朝日新聞』一九三八年六月二一日夕刊二面。
(80)「四千年の伝統を覆へし　支那仏教に革命」『台湾日日新報』一九三八年七月一二日七面。
(81) 子彦「何物張鳴」『海潮音』第一九巻第八期、一九三八年八月一五日。
(82)「社評　日軍閥的騙局及其結果」『申報』一九三九年二月六日二版。
(83)「廈門の復興は台湾の力に俟つ」『台湾日日新報』一九三八年六月二三日夕刊一面。
(84)「〝興亜建設〟に協力　暗躍誓ふ革命児」『東京朝日新聞』一九三九年一月八日夕刊二面。
(85)「興亜の建設に　若き革命児張鳴君が支那から来朝」『台湾日日新報』一九三九年一月九日七面。
(86) 大川周明顕彰会『大川周明日記』岩崎学術出版社、一九八六年、一九三頁（一九三九年一月七日の条）、一九五頁（一九三九年一月一五の条）。大川の提案した「武漢革命政府」という名称も辛亥革命を想起させる。
(87)「中国復興社政綱及今日国人応有之覚悟宣伝単」Q130-44-2、上海市檔案館。
(88)「日偽上海特別市政府警察局関於閘北及日寇総領事館警察署、江海関等設立中国復興党政治訓練所東亜反共同盟分会、査核所等社団的報告及本府的批復」R1-3-128、上海市檔案館。
(89) 木村英夫『敗戦前夜——アジア再建秘録』佐藤咲代、一九九四年、一一一～一一三頁。
(90) 木村英夫前掲『敗戦前夜』一一一～一一三頁。
(91)「天下一家、万法帰一」を唱導し、世界各地に樹立された大道政府が将来的に一つの政府となることを理想としていた（第四章）。
(92) 王子恵（一八九二～一九七〇頃）：福建廈門人。中華民国維新政府実業部部長。ちなみに大川周明によれば、張鳴と王子恵は不倶戴天の間柄だったという。大川周明顕彰会前掲『大川周明日記』一九三頁。

(93) 北聆吉述『中支戦線を巡視して』日本協会出版部、一九三八年、一一〜一二頁。

(94) 少なくとも任援道・何世楨・陳中孚については胡漢民との直接のやり取りが確認できる。陳紅民輯注『胡漢民未刊往来函電稿』広西師範大学出版社、二〇〇五年。

(95) China Weekly Review 摘訳「大道市政府」『文摘戦時旬刊』第二五期、一九三八年七月一〇日。

(96) 野依秀市『南北支那現地要人を敲く』秀文閣、一九四〇年、二四一〜二四二頁。

(97) 「張鳴呈請南邦会社及桜井組交由民営案」行政院農業委員会林務局檔案、A345040000G/0037/作J1/20/0001/001-002、国家檔案管理局。

(98) 上海図書館前掲『上海図書館庋蔵　居正先生文献集録』第九冊、三四頁。

(99) 居鍾明志著、居浩然註「我的回憶」居密前掲『居正与近代中国』三八六〜三八七頁、居浩然「張驚声先生毀家興学」『中国一週』第三三五期、一九五六年九月。

第二章

(1) 司馬遼太郎・陳舜臣「日本の侵略と大陸の荒廃」(一九七六年五月二二日) 同『対談　中国を考える』文春文庫、一九八三年、一六九頁 (原刊、文藝春秋社、一九七八年)。

(2) 劉傑「昭和十三〜十四年の新中央政権構想――「呉佩孚工作」を中心に」近代日本研究会編『年報・近代日本研究一七　政府と民間――対外政策の創出』山川出版社、一九九五年。

(3) 管見の限り、最も早く学術的な見地から『日支民族会議』について言及したのは高崎隆治である。高崎は「巻頭に呉佩孚の写真を飾り、「民族会議」の題字も彼の書を用いているところをみると、どうやら呉佩孚を担ぎ出すことによって親日権力をつくろうという意図があるようにみえる。第三号には呉佩孚の文章も掲げられているが、しかしその「尚徳不尚力」と題する倫理観は、かならずしも日本との協同協力を説いたものではなく、むしろその基調は反日的である」と指摘している。高崎隆治「戦争文学通信」№.26 (一九七四年八月一日)、同『戦争文学通信』風媒社、一九七五年、二〇一〜二〇二頁。また別の著書では同会議について「一般大衆はカイライ政権を認めていないことからの焦燥が原点となって始まった運動と思われる」と推測する。高崎隆治『「一億特攻」を煽った雑誌たち――文藝春秋・現代・婦人倶楽部・主婦之友』第三文明社、一九八四年、二一四〜二一五頁。

(4) 日支民族会議日本事務総局・中国事務総局「趣意書」『日支民族会議』第一巻第一号、一九三九年二月。

(5) 北平市地方維持会委員名録

職別	姓名	別号	住址	電話
主席	江朝宗	宇澄	南池子南湾子一三号	東局一〇一〇
常務委員	冷家驥	展其	朝陽胡同三号	西局八〇
常務委員	呂習恒		糖房胡同八号	南局一四六
常務委員	周肇祥	養庵	頭髪胡同二四号	西局一三八
常務委員	鄒泉蓀		魏染胡同九号	南局一一九三
常務委員	梁亜平		東四三条三三号	東局六八
常務委員	林文龍		北京飯店二〇四号	東局二二五〇
常務委員	王毓霖	沢民	宏通観四号	東局三六二
常務委員	潘毓桂	燕生	辟才胡同甲四一号	西局一八七六
委員	呉佩孚	子玉	什錦花園一一号	東局一九三一
委員	惲宝恵	公孚	西城学院胡同三三号	
委員	李亜仙		新聞検査局	
委員	王以之		宣外大街新北平報	
委員	高倫堂	理亭	鮮魚口天有信	
委員	楊毓琇	朗川	中国銀行	東局八六〇
委員	宋介		西城鴨子廟七号	西局一六三二
委員	何庭流		警察局	東局二四号
顧問	傅増湘			
顧問	陸宗輿	潤生		
顧問	曹汝霖	潤田		
顧問	陳覚生			
顧問	馬振武			
顧問	崔麟台			
顧問	兪熙傑			
顧問計六〇余人				

注：陳覚生は北寧鉄路局長。崔麟台は大興県県長・書画家。
出典：北京市檔案館所蔵檔案。郭貴儒・張同楽・封漢章『華北偽政権史稿――従〝臨時政府〟到〝華北政務委員会〟』社会科学文献出版社、二〇〇七年、一四二～一四三頁。

（6）劉紹琨「華北青年党の蹶起と東亜の再建」『北支那』第四巻第一二号、一九三七年一二月。

（7）天津市治安維持会主要職員名録

職別	姓名	別号	年齢	籍貫	住址
委員長	高凌霨	沢畬	六八	天津	河北宙緯路
委員兼高等法院院長	王竹林		八二	天津	英租界四四号路寧静里
委員兼蘆塩務管理局長	方若	薬雨	六九	浙江定海	日租界福島街仁寿里
委員	王鳳鳴	暁巌	六二	天津	法租界余大亨銀号
委員兼社会局局長	鈕伝善	元泊	六〇	江西九江	日租界須磨街適安里
委員兼総務局局長	孫潤宇	子涵	五七	江蘇呉県	日租界須磨街浪速街
委員	趙徳珍	聘卿	五七	天津	法租界北辰飯店後徳隣里
委員兼教育局局長	沈同午		五三	江蘇常熟	日租界須磨街
委員兼公安局局長	劉玉書		五二	四川遂寧	特別二区大安街九号
委員兼財政局局長	張志澂	次邁	四九	河北豊潤	
委員	邸玉堂		三七	河北棗強	法租界六号路亨通貿易公司
衛生局局長	侯毓汶	希民		江蘇無錫	意租界二馬路四八号
秘書長	劉紹琨		三二	旅順	日租界伏見街香園里

出典：「天津市治安維持会施政工作報告」（一九三七年一二月）河北省檔案館所蔵檔案。郭貴儒・張同楽・封漢章『華北偽政権史稿――従〝臨時政府〟到〝華北政務委員会〟』社会科学文献出版社、二〇〇七年、一四八頁。

（8）大里浩秋「宗方小太郎日記、明治四三～四四年」『人文学研究所報』第五二号、二〇一四年八月（明治四三年一〇月一七日の条）。
（9）川合貞吉『ある革命家の回想』新人物往来社、一九七三年、二七三頁。一九四五年の繆斌工作の際、岡田啓介大将から江藤を紹介された小磯国昭は、江藤を「元満鉄社員を勤めたことのある支那通で、日支和平促進論者の一人」とする（小磯国昭『葛山鴻爪』丸ノ内出版、一九六八年、八一四頁）。また江藤の同志呉崇周は、「江藤先生は夙に両民族を提携せしめんとする志を懐かれ、数年前より我国〔中国〕に来遊してこの趣旨を宣伝、屢々挫折に遭へどもその志や撓まず〔中略〕日支民族会議事務局を創設」したとする（呉崇周「「民族会議」の創刊に寄す」『日支民族会議』第一巻第一号、一九三九年二月）。
（10）江藤大吉「北支政権は〔全支政権〕は内心抗日に充満し外観偽飾親日に紛したる老狡なる南方人官僚の天下に化せんとす」（一九三七年一二月一二日）同『支那聯省自治の主体――華北自治運動の全貌』一九三七年一二月一五日。
（11）「本会対於日華実行親善之意見八条附陳台覧」江藤大吉前掲『支那聯省自治の主体』五五頁。
（12）江藤大吉「北支政権は日本国民の期待に反せり」（一九三七年一二月一六日）同『自治会の建国大綱草案』一九三七年一二月二二日。
（13）岡野増次郎編著『呉佩孚』大日本精神修養道場万聖閣、一九三九年、七七六～七七七頁。
（14）岡野増次郎前掲『呉佩孚』七八八～七九〇頁。
（15）岡野増次郎前掲『呉佩孚』七九八頁。
（16）岡野増次郎前掲『呉佩孚』八〇二～八〇九頁。
（17）岡野増次郎前掲『呉佩孚』八一六～八二二頁。
（18）陳中孚「呉佩孚」『改造』（支那事変増刊号・第一九巻第一一期）、一九三七年一〇月。
（19）江藤大吉『日支事変解決には日本国民自から立つことを緊吃とす――支那の現状は共産農村国家を移行しつゝあり』日支民族会議日本事務総局、一九三八年一二月一日、七～一〇頁。
（20）江藤大吉前掲『日支事変解決には日本国民自から立つことを緊吃とす』一一～一四頁。
（21）江藤大吉前掲『日支事変解決には日本国民自から立つことを緊吃とす』一六～一七頁。
（22）各自治団体は「華北」の文字を「中国」の二字に訂正し、防共会は中国人民防共自治総会と改名した。江藤大吉前掲『日支事変解決には日本国民自から立つことを緊吃とす』二〇頁。
（23）江藤大吉前掲『日支事変解決には日本国民自から立つことを緊吃とす』一六頁。
（24）「伝単種類」江藤大吉前掲『支那聯省自治の主体』七八～八三頁。
（25）「華北人民自治総会組織大綱」江藤大吉前掲『支那聯省自治の主体』七頁。
（26）江藤大吉前掲『支那聯省自治の主体』三三～三四頁。

（27）許蘭洲（一八七二年～一九五一）：直隷南宮人、字芝田。黒龍江督軍、東三省巡閲使署参謀長、安国軍大元帥府侍従武官長などを務める。張作霖の死後天津に隠棲。国術の普及に尽力する。徐友春主編『民国人物大辞典（増訂版）』河北人民出版社、二〇〇七年（以下『民国人物大辞典』）一六九三頁、河北省南宮市地方志編纂委員會編『南宮市志』河北人民出版社、一九九五年、七六七頁。

（28）陳宧（一八七〇～一九三九）：湖北安陸人、字養細。湖北武備学堂に学ぶ。参謀部参謀次長、四川巡按使などを務める。『民国人物大辞典』一三六五頁、馬宣偉「陳宧」中国社会科学院近代史研究所編『民国人物伝』第一一巻、中華書局、二〇〇二年、二〇八～二一二頁。

（29）蔣雁行（一八七五～一九四一）：直隷阜城人、字賓臣。北洋武備学堂卒業後、日本の陸軍士官学校に留学。陸軍訓練総監、綏遠都統、参謀本部次長、蒙疆善後委員会委員、署理陸軍部総長などを歴任。『民国人物大辞典』二二四八頁。

（30）「華北人民自治〔総〕会会員簡名履歴」（ママ）江藤大吉前掲『支那聯省自治の主体』二二～三〇頁。

（31）湯薌銘（一八八七～一九七五）：湖北蘄水人。福建船政学堂卒業後、仏・英に留学。清末に複数の艦船で艦長を務める。辛亥革命では黎元洪を支持し、海軍部次長・海軍総司令に就任。その後、署理湖南都督兼民政長、兼署理湖南巡按使となったが、袁世凱帝制の際に袁世凱を支持したことで、袁の死後湖南を追われた。一九三三年、中国国家社会党に参加しその常務理事となる。日中戦争勃発後、華北政務委員会に参加するが、後に重慶に赴いた。四六年四月、国民政府軍事参議院参議、同年八月、中国民主党（国家社会党と民主憲政党が合併）中央組織委員会常務委員兼組織部長に就任。四七年七月、民主社会党中央常務委員に当選。人民共和国成立後、大陸に残り晩年は仏学研究に従事。『民国人物大辞典』二〇六八～二〇六九頁。

（32）江藤大吉前掲『支那聯省自治の主体』三一～三四頁。

（33）頼晨「陳宧隠逸二三年之久的原因探析（一九一六～一九三九）」『経済与社会発展』第五巻第九期、二〇〇七年九月。

（34）潘紳燁「中日誤解之主因及解決時局商榷書附政府組織大綱草案」江藤大吉前掲『自治会の建国大綱草案』一～二四頁。

（35）「華北人民同志会会則」江藤大吉前掲『支那聯省自治の主体』三七頁。

（36）江藤大吉前掲『支那聯省自治の主体』四二～四三頁。

（37）李済深（一八八五～一九五九）：広西蒼梧人（原籍江蘇）。一九〇一年、梧州中西学堂に入学。〇四年、黄埔陸軍中学に入学し、卒業後は広東新軍に参加。辛亥革命に参加。中華民国成立後、陸軍大学教官を経て、二一年、護法政府に参加し粤軍第一師参謀長に就任。二四年、黄埔軍官学校教練部主任、後副校長。二六年二月、国民革命軍初代総参謀長となり、同年、広東省政府主席、国民党中央政治会議広州分会主任も兼任。二七年四月の上海クーデターでは、蔣介石を支持したが、次第に対立するようになり、二九年三月、国民党籍と各職位を全て剝奪された。三三年一一月の福建事変に際しては、中華共和国人民政府主席兼軍事委員会主席に就任。失敗後は香港に逃れた。日中戦争勃発後は党籍を回復し、国民政府軍事委員会常務委員、戦地党政委員会副主任、軍事委員会桂林辦公庁主任などを歴任。四七年、香港の新聞紙上で蔣介石の独裁を批判し、党籍剝奪。四八年、中国国民党革命委員会を

結成し、中央執行委員会主席に選出。四九年九月、中国人民政治協商会議第一回全体会議に参加し、政治協商会議全国委員会副主席に選出。人民共和国では中央人民政府副主席、常務委員会副委員長に選出。『民国人物大辞典』五六七～五六八頁。

(38) 江藤大吉「日支時局解決処理に対し進言す」二頁（一九三九年一月）、真崎甚三郎関係文書、国立国会図書館憲政資料室。

(39) 江藤大吉前掲『日支事変解決には日本国民自から立つことを緊吃とす』一六頁。

(40) 劉大同（一八六五～一九五二）：山東諸城人。辛亥革命勃発後、それに呼応して大同共和国を樹立するも、清軍に鎮圧される。その後、中国同盟会に参加し、一九一五年一月中華革命党東三省支部長となる。一九年三月、広州で中日の密約排除を目的とする中華民国国民公訴団を組織。二五年上海で雑誌『野語』を主宰。三六年天津フランス租界で『渤海日報』を主宰するが、反蔣抗日宣伝のため新聞社が閉鎖される（劉国銘主編『中国国民党百年人物全書』団結出版社、二〇〇五年、四五〇頁）。「劉建封伝略」、安龍禎子「劉大同伝」李澍田主編『劉大同集』吉林文史出版社、一九九三年、一～六頁。

(41) 「被難自述」『日支民族会議』第一巻第二号、一九三九年四月、巻頭写真。この「被難自述」には「己卯七十四」とあるが、『劉大同集』掲載の「被難自述」では「紀元廿七年十二月〔中略〕時年七十有三」となっており、文章も若干の違いが見られる。「被難自述」李澍田前掲『劉大同集』二五〇頁。

(42) 『日支民族会議』第一巻第二号、一九三九年四月、口絵。

(43) 「華北人民自治同志会政綱」江藤大吉前掲『自治会の建国大綱草案』二五頁。なお、『自治会の建国大綱草案』には「華北人民自治同志会政綱」の日本語文しか掲載されておらず、中国語文の部分には防共民生自治会の構想である「華北自治政府建設大綱草案」が掲載されている。おそらく編集上のミスと考えられる。

(44) 「防共民生自治会組織大綱」江藤大吉前掲『支那聯省自治の主体』四九頁。

(45) 「防共民生自治会総部職員銜名年歳籍貫簡明履歴冊」江藤大吉前掲『支那聯省自治の主体』六一～七四頁。

(46) 「防共民生自治会勧告各界民衆書」江藤大吉前掲『支那聯省自治の主体』五三頁。

(47) 「防共民生自治会総会佈告防字第壱号」（一九三七年一〇月二四日）江藤大吉前掲『支那聯省自治の主体』五七頁。

(48) 「華北自治政府建設大綱草案」江藤大吉前掲『自治会の建国大綱草案』五三頁。

(49) 「中国人民防共自治会宣言書」『日支民族会議』第一巻第一号、一九三九年二月。

(50) 江藤大吉前掲『日支事変解決には日本国民自から立つことを緊吃とす』一～六頁。

(51) 江藤大吉前掲『日支事変解決には日本国民自から立つことを緊吃とす』一二～一三頁。

(52) 例えば拓殖大学図書館所蔵の『自治会の建国大綱草案』は、東洋協会会長水野錬太郎が寄贈したものである。

(53) 『日支民族会議』第一巻第一号、一九三九年二月の巻頭写真に池田の肖像と字が掲載されているほか、丘仰飛の江藤大吉宛書簡の最後に「池田男爵ニ宜敷ク」とある。江藤大吉前掲「日支時局解決処理に対し進言す」二頁。

(54) 江藤大吉前掲『日支事変解決には日本国民自から立つことを緊吃とす』一八〜二〇頁。
(55) 江藤大吉前掲『日支事変解決には日本国民自から立つことを緊吃とす』二頁。
(56) 川合貞吉『ある革命家の回想』新人物往来社、一九七三年、二七二〜二七三頁。
(57) 堀内〔干城〕参事官→有田外務大臣（一九三七年一一月一七日北京発）、支那事変ニ際シ支那新政府樹立関係一件／支那中央政権樹立問題（臨時維新政府合流問題連合委員会関係、呉佩孚運動及反共、反蔣救国民衆運動）第一巻（A-6-1-1-8_3_001）外務省外交史料館。
(58) 西浦進『昭和陸軍秘録——軍務局軍事課長の幻の証言』日本経済新聞出版社、二〇一四年、五五頁（原刊『西浦進氏談話速記録』上・下、日本近代史料研究会、一九六八年）。
(59) 川合貞吉前掲『ある革命家の回想』二七三〜二七四頁。
(60) 江藤大吉は陳廷傑について次のように説明する。「陳廷傑氏は学者にて四川に於て提法使を務めたる事あり。呉将軍四川にあるや同憂の士として親交爾来十余年、水魚の交厚く呉氏の相談相手たり。元来陳・呉両氏も旧式にて、陳氏は保皇党の一人なりしも、余が現時勢を説き民意を強調し、聯省自治を説きたる処、翻然として共鳴し、呉将軍も自然に陳氏の所説に従ひ、今日は両氏とも新状勢に処する政治常識を体得せり」。江藤大吉「日支時局解決処理に対し進言す」三頁（一九三九年一月）、真崎甚三郎関係文書、国立国会図書館憲政資料室。
(61) 川合貞吉前掲『ある革命家の回想』二七四頁。
(62) 石井漠「舞踊慰問行（二）」『朝日新聞』一九三九年一月二六日七面。
(63) 江藤大吉前掲「日支時局解決処理に対し進言す」七〜九頁。
(64) 江藤大吉前掲「日支時局解決処理に対し進言す」一〇〜一四頁。
(65) 「日支民族提携運動へ　呉佩孚氏愈よ乗出す　老躯を提げて近く来朝」『読売新聞』一九三八年一二月一六日一面。
(66) 『日支民族会議』第一巻第一号、一九三九年二月、川合貞吉前掲『ある革命家の回想』二七八頁。
(67) 『日支民族会議』第一巻第一号、一九三九年二月。
(68) 「呉佩孚支那事変解決案」（一九三八年）一二月一九日受領）真崎甚三郎関係文書、国立国会図書館憲政資料室。
(69) 伊藤隆他編『真崎甚三郎日記』第三巻、山川出版社、一九八二年二月、四六〇頁（昭和一三年一二月一九日の条）。
(70) 伊藤隆他編『真崎甚三郎日記』第四巻、山川出版社、一九八三年一〇月、二九〜三〇頁（昭和一四年一月一三日の条）。
(71) 高崎隆治前掲「戦争文学通信」。
(72) 寺下宗孝『中国の姿』健文社、一九三九年、二頁。
(73) 蜷川新「日支両民族の結合と其の方策」『日支民族会議』第一巻第一号、一九三九年二月。

(74)大西斎「日支両民族の結合」(一九三八年一二月二六日)『日支民族会議』第一巻第一号、一九三九年二月。
(75)「日支民族会議に対する諸家の意見」『日支民族会議』第一巻第一号、一九三九年二月。
(76)『日支民族会議』第一巻第二号、一九三九年四月。なお参加者は陳廷傑(呉佩孚将軍秘書長)・程希賢(元天津公安局局長)・趙学方(元陸軍第四鎮参謀長)・潘鼎新(中日青年親善会会長)・呉崇周(中国人民防共自治会副会長)・李国昌(崇礼共済総会名誉会長)・馬驥材(元山西師部参謀長・旅長・師長)・王飛鵬(中国人民自治会会長)・寺下宗孝(本誌側)。
(77)程希賢「日支問題と対策に対する意見書」『日支民族会議』第一巻第二号、一九三九年四月。
(78)伊藤隆前掲『真崎甚三郎日記』第四巻、二九~三〇頁(昭和一四年一月一三日の条)。
(79)劉傑前掲「昭和十三~十四年の新中央政権構想」、「対支謀略ニ関スル第二部長口演要旨」(「中国側提出ノ「時局収拾ニ関スル具体的辦法」ニ対スル取扱」(一九三九年六月五日)附属)、支那事変ニ際シ支那新政府樹立関係一件/支那中央政権樹立問題(臨時維新政府合流問題連合委員会関係、呉佩孚運動及反共、反蔣救国民衆運動)第三巻(A-6-1-1-8_3_003)外務省外交史料館。
(80)川合貞吉前掲『ある革命家の回想』二七七~二七八頁。
(81)「呉佩孚出馬ヲ促進スル猛運動」(一九三九年八月三一日)、興亜院華北連絡部政務局調査所「興華北連政調特秘情報第八号」(一九三九年九月一日)、昭和一四年「陸支受大日記 第五九号」防衛省防衛研究所。
(82)江藤大吉前掲「日支時局解決処理に対し進言す」七~九頁。
(83)川合貞吉前掲『ある革命家の回想』二八〇~二八二頁。
(84)魏星英「呉佩孚与日本的関係」唐錫彤・呉徳運・蔡玉臻主編『呉佩孚研究——第三届呉佩孚生平与思想学術研討会論文集』北京図書館出版社、二〇〇七年。
(85)本章で取り上げた江藤大吉ほど過激ではないものの、日中戦争を契機として日本国内の改造を進めるべきとの発想は、行政学の蠟山政道(東京帝国大学教授)や社会学の新明正道(東北帝国大学教授)の議論にも見られる。井上寿一『日中戦争——前線と銃後』講談社現代文庫、二〇一八年、一一四~一五六頁。
(86)例えば華北人民自治総会の汪崇屛は、戦後国民大会代表になっている。『汪崇屛先生訪問紀録』中央研究院近代史研究所、一九九六年。
(87)小磯国昭前掲『葛山鴻爪』八一〇~八一四頁。
(88)「すでに三十三党派 在野の新人続々結党」『朝日新聞』一九四五年一一月一七日一面。

第四章

(1)「めざすは大宗教団体?「ネズミ講」の内村所長」『読売新聞』一九七一年六月七日一四面、鶴巻靖夫『天下一家物語——行動する〝救け合い運動〟の思想と真相』20世紀企画、一九七一年、一九四～二〇一頁。

（2）「「ネズミ講法」と天下一家の会――一八〇万会員に広がる不安」『朝日新聞』一九七八年一〇月一五日二二面。

（3）神山敏雄『新版　日本の経済犯罪――その実情と法的対応』日本評論社、二〇〇一年、一九八～一九九頁。

（4）前掲「めざすは大宗教団体？「ネズミ講」の内村所長」、鶴巻靖夫前掲『天下一家物語』三七頁、一八八～一九〇頁、一九四～一九六頁。

（5）張生他『日偽関係研究――以華東地区為中心』南京出版社、二〇〇三年、李峻『日偽統治上海実態研究　一九三七～一九四五』中央編訳出版社、二〇〇四年、余子道・曹振威・石源華・張雲『汪偽政権全史』上海人民出版社、二〇〇六年、一二四～一二七頁。当該部分は曹振威の執筆。

（6）Frederic Wakeman, Jr., *The Shanghai Badlands : Wartime Terrorism and Urban Crime, 1937–1941*, Cambridge and New York : Cambridge University Press, 1996.

（7）茂木喜久雄編『上海市大道政府視察報告』（無名報第七号附録）無名閣、一九三八年。ブルックはスタンフォード大学に所蔵されている同書の写しを参照しているが、筆者は未見である。西村一生『西村展蔵の生涯――天下一家思想』（北斗書房、一九七八年）によれば、茂木喜久雄は上海の西村展蔵宅に出入りしていた元共産党員で、後に西村班総務課に入った。西村の口述による『世界建設の大道』及び『宗教帰一論・支那事変と日本の使命』の発行も手がけている。

（8）Timothy Brook, “The Great Way Government of Shanghai”, in Christian Henriot, ed., *In the Shadow of the Rising Sun : Shanghai under Japanese Occupation*, Cambridge and New York : Cambridge University Press, 2004 及び Timothy Brook, *Collaboration : Japanese Agents and Local Elites in Wartime China*, Cambridge, Mass. : Harvard University Press, 2005.

（9）松谷曄介「日中戦争期における中国占領地域に対する日本の宗教政策――中支宗教大同連盟をめぐる諸問題」『社会システム研究』第二六号、二〇一三年三月。

（10）西村一生前掲『西村展蔵の生涯』二九六頁。

（11）大元茂一郎・西村展蔵『小学校教授用図解の研究』目黒書店、一九一二年。

（12）西村展蔵述、茂木喜久雄編『宗教帰一論・支那事情と日本の使命』無名閣、一九三七年、四二頁。

（13）白崇禧（一八九三～一九六六）：広西桂林人。一九〇七年、広西陸軍小学。広西学生軍に入り湖北で辛亥革命に参加、保定陸軍軍官学校第三期卒。一六年、広西陸軍第一師営長となる。二三年三月、大元帥孫中山に面会し、広西討賊軍第一軍参謀長となる。二六年、国民革命軍参謀長。二七年、東路軍前敵総指揮、同年四月、淞滬衛戍司令。二八年、国民革命軍を率いて北平・天津を占領。二九年、李宗仁とともに蔣介石率いる中央軍と戦闘（蔣桂戦争）。三〇年の中原大戦でも反蔣。その後、日中戦争勃発まで全省皆兵などを掲げ広西建設政策をとる。この間、広西綏靖主任副主任、第五路副総司令に就任。日中戦争勃発後、軍事委員会副参謀総長となり台児荘の戦い、長沙会戦などに参加。最高国防委員会常務委員、軍事訓練部部長を経て、戦後四六年、国防部部長。四七年、二二八事件後の台湾に赴き事後処理を行う。四八年五月、李宗仁が副総統に就任すると、華中剿匪総司令部総司令となる。共産党との講和を模索するが、四九年一二月、海南島を経て台湾に逃れ、総統府戦略顧問委員会副主任委員として党務工作に従事。徐友春主編『民国人物大辞典（増訂版）』河北人民出版社、二〇〇七年（以下『民国人物大辞典』）二九二～二九三頁。

（14）「喜和紗廠工潮解決」『申報』一九三〇年三月二三日一四版、「日華工潮昨和解成立」『申報』一九三〇年九月一八日一三版。

（15）吉崎晋（西村班計画課）「神機は神使のみの伝えるところ」西村一生前掲『西村展蔵の生涯』三一二頁。

（16）井上順孝他編『新宗教事典』弘文堂、一九九〇年、九〇四～九〇五頁。

（17）西住小太郎（西村班市府課）「先生は絶対の存在であった」西村一生前掲『西村展蔵の生涯』三四〇頁。

（18）西村展蔵前掲『宗教帰一論・支那事情と日本の使命』四二～四三頁。

（19）ラナ・ミッター著、吉澤誠一郎訳『五四運動の残響――二〇世紀中国と近代世界』岩波書店、二〇一二年、一六六～一六七頁。

（20）石射猪太郎『外交官の一生』読売新聞社、一九五〇年、二二一頁。

（21）「新生事件と西村展蔵に関する件」（一九三五年八月二五日）、密受大日記　第三号　七冊の内　昭和一〇年、防衛省防衛研究所。

（22）西住小太郎前掲『西村展蔵の生涯』三四一頁。

（23）秦郁彦『日中戦争史（増補改訂版）』河出書房新社、一九七二年、五八～五九頁。

（24）河北省香河県志編纂委員会『香河県志』中国対外翻訳出版公司、二〇〇一年、六三八～六三九頁。

（25）王葆安他修、馬文煥他纂『香河県志』原刊一九三六年、『中国方志叢書』成文出版社、一九六八年、華北地方第一三一号、三頁。

（26）鰲寧「冀東雑訊」『中流』第二巻三期、一九三七年四月。

（27）中共香河県党史資料徴集辦公室『中共香河県党史　一九三一～一九四九』同辦公室、一九八八年、一二頁。

（28）外務大臣広田弘毅→在仏大使佐藤尚武「香河事件及大連会議等情報」（一九三五年一〇月三一日発）、帝国ノ対支外交政策関係一件　第四巻（A-1-1-0-10_004）外務省外交史料館。

（29）梨本祐平『中国のなかの日本人』第一部、平凡社、一九五八年、一二〇～一二五頁。

（30）宇垣一成著、角田順校訂『宇垣一成日記』第二巻、みすず書房、一九七〇年、一〇三五頁（一九三五年一一月三〇日の条）。

（31）在天津総領事川越茂→外務大臣有田八郎「要注意人西村展蔵赴滬ノ件」（一九三六年四月八日発）、要視察人関係雑纂／本邦人ノ部　第一三巻（I-4-5-2-2_2_013）外務省外交史料館。

（32）「北支自治運動の推移」島田俊彦他解説『現代史資料』（第八巻　日中戦争一）みすず書房、一九六四年、一二九頁。

（33）倉見定吉（西村班秘書）「西村先生の教え」西村一生前掲『西村展蔵の生涯』三四九頁。

（34）前掲「要注意人西村展蔵赴滬ノ件」。

(35)葦津珍彦選集編集委員会編『葦津珍彦選集』第二巻、神社新報社、一九九六年、六八四頁。
(36)石射猪太郎前掲『外交官の一生』二二一頁。
(37)前芝確三『戦火を追うて』教育図書株式会社、一九四二年、四七六頁。
(38)秋田茂「上海市政府成立秘話」『実業之日本』第四二巻第一号、一九三九年一月。
(39)蘇鑫「浦東区分局成立経過及一年来警務進展状況」大道年刊籌備委員会編輯組『大道年刊』第一輯、同組、一九三九年、一四九〜一五〇頁。
(40)上海市大道政府の呼称は当時から「上海市大道政府」と「上海大道市政府」との混同が見られる。文書上では基本的に前者が用いられているが、印章には後者が刻まれていたことが混同の原因と考えられる。大道政府の理念を考えれば「上海市大道政府」とすべきだろう。
(41)西村展蔵述、茂木喜久雄編『世界建設の大道』無名閣、一九三七年、一三頁。
(42)原文では、家は㝉。督辦上海市政公署秘書処『市政概要（三版）』一九三八年八月一日、二頁。
(43)原文では、国は圀。督辦上海市政公署秘書処前掲『市政概要（三版）』二頁。
(44)「大道政府関於往来公文応用日暦訓令」（一九三八年二月七日）上海市檔案館『日偽上海市政府』檔案出版社、一九八六年、一五頁。
(45)上海市大道政府秘書処『市政概要（再版）』一九三八年四月一日、一四頁。
(46)西田勝則（西村班秘書）「大道旗由来」西村一生前掲『西村展蔵の生涯』三一九〜三二〇頁。
(47)「大道政府秘書処為投寄宣伝新聞稿致『山海関公報』函」（一九三八年三月八日）上海市檔案館前掲『日偽上海市政府』七九五頁。
(48)蘇錫文編『追悼中日陣亡将士死難民衆及祈禱平和大会紀念冊』発行所不明、一九三八年。
(49)上海市大道政府秘書処前掲『市政概要（再版）』四頁。
(50)大道年刊籌備委員会編輯組前掲『大道年刊』一五九〜一六〇頁、一六三頁。
(51)蘇錫文の訃報によれば、蘇錫文は光緒十八年旧暦八月三十日（一八九二年一〇月二〇日）寅時に生誕、逝去は一九四五年六月三〇日未時であった。「蘇宅訃告」『中華日報』一九四五年八月八日二頁。
(52)『上海旧政権建置志』編纂委員会編『上海旧政権建置志』（上海市専志系列叢刊）上海社会科学院出版社、二〇〇一年。
(53)張憲文・方慶秋・黄美真主編『中華民国史大辞典』江蘇古籍出版社、二〇〇一年、八七一頁。
(54)督辦上海市政公署秘書処前掲『市政概要（三版）』二〇頁。
(55)秋田茂前掲「上海市政府成立秘話」。
(56)陳紅民編輯『胡漢民未刊往来函電稿』広西師範大学出版社、二〇〇五年。

(57) China Weekly Review 摘訳「大道市政府」『文摘戦時旬刊』第二五期、一九三八年七月一〇日、陳存仁『抗戦時代生活史』長興書局、一九八七年、四八頁。
(58) 内田四郎「南京在留邦人の生活」『実業之世界臨時増刊　興亜産業経済大観』一九三九年一〇月号、中支那篇一七〇頁。
(59) 段正元（一八六四～一九四〇）：四川威遠人。一九一六年、北京に「闡揚孔子大道、実行人道貞義、提倡世界大同、希望天下太平」を宗旨とする道徳学社（社長王士珍）を設立し、軍政要人が多数入社した。任真「段正元与道徳学社」『国学論衡』第一輯、一九九八年。
(60) 蘇錫文「上海自由港論」『北支那』第五巻第六号、一九三八年。
(61) 前芝確三「ノートから⑤「上海自由市」の意味」『大阪毎日新聞』一九三二年五月七日九面。
(62) 岸田英治『山東問題の回顧と展望』満洲評論社、一九三八年、一三五～一四六頁。
(63) 宇垣一成文書研究会編『宇垣一成関係文書』芙蓉書房、一九九五年、二一五～二一六頁。
(64) 「「大道市府」另委水巡隊長」『申報』一九三七年一二月一一日六版。
(65) 「「大道市府」僅警察局成立」『申報』一九三七年一二月一三日五版、「浦東三県巡礼」『申報』一九三八年二月七日二版。
(66) 陳存仁前掲『抗戦時代生活史』四八頁。
(67) 『民国人物大辞典』二五九六頁。
(68) 「浦東発現大道市政府」『申報』一九三七年一二月六日五版。
(69) 「上海ロイテル支局発放送電報（六日）（内閣情報部一二・七）」各種情報資料・支那事変ニ関スル情報綴、国立公文書館。
(70) 「太極図紙旗没収」『申報』一九三七年一二月七日五版。
(71) 「「大道政府」発表布告与啓事　浦東情状仍甚杌隉」『申報』一九三七年一二月八日五版。
(72) 嚶嚶「滬濱追憶録」『申報』一九三八年一月一七日二版。
(73) 「浦東三県巡礼」『申報』一九三八年二月七日二版。
(74) 嚶嚶前掲「滬濱追憶録」。
(75) 素農「省視」朱作同・梅益主編『上海一日』上海華美出版社、一九三八年（『民国叢書』三編九三、上海書店）、三頁、二五〇頁。
(76) 穆毅「変」朱作同・梅益前掲『上海一日』三頁、二〇九頁。
(77) 不揚「太極図」朱作同・梅益前掲『上海一日』三頁、二二六頁。
(78) 陳存仁前掲『抗戦時代生活史』四八頁。
(79) 「内閣情報部一・二七　情報第四号（重慶（UP）新聞電報放送）」各種情報資料・内閣情報部情報、国立公文書館。
(80) 「大道政府関於厳防与査緝東昌路炸弾案訓令及布告」上海市檔案館前掲『日偽上海市政府』一四七頁。翌月犯人として女性三名が逮捕された。「東昌路炸弾案、続獲婦女三人」『新聞報』一九三八年五月一一日四張一三版。
（81）督辦上海市政公署秘書処前掲『市政概要（三版）』四七頁。
（82）前掲『葦津珍彦選集』第二巻、六八四頁。
（83）斎藤吉久「師弟関係にあった緒方竹虎と葦津珍彦」（朝日新聞と神道人　第一回）『正論』一九九八年二月号、二五八頁。該当の記事は「輝く〝巴〟の新市旗　上海浦東に誕生した大道市政府」（『東京朝日新聞』一九三七年一二月一四日夕刊四面）と考えられる。
（84）宮川宗徳（一八八六～一九六三）：東京市で監査課長・文書課長・下谷区長・保健局長などを歴任。戦後は神社本庁初代事務総長となる。猪野三郎編『大衆人事録（一〇版）』帝国秘密探偵社、一九三四年、宮川宗徳大人伝記刊行会編『宮川宗徳――その伝記と遺稿』同会、一九六四年。
（85）宮川宗徳『友邦支那を語る』巌松堂、一九三八年、九四～一〇六頁。同書には「満洲事変に際しては、北支山東の地に同志西村展蔵等と、農民自治の運動を起して失敗したこともある」との記述があり、ブルックも指摘している。しかし、筆者はその事実を確認できていない。時期と場所を誤解している可能性も考えられる。
（86）岩井英一『回想の上海』同書出版委員会、一九八三年、七四頁。
（87）督辦上海市政公署秘書処前掲『市政概要（三版）』四頁。
（88）草野秀吉（西村班東溝区指導員）「西村展蔵先生との出会い」西村一生前掲『西村展蔵の生涯』三二七頁。
（89）「中支新政権樹立方案（政務指導方案ニ準拠ス）」（一九三八年一月二七日）、四．重要国策関係（支那事変中）、支那事変関係一件第四巻（A-1-1-0-30_004）外務省外交史料館。
（90）「督辦公署成立及督辦就職有関文件」（一九三八年四月二八日）上海市檔案館前掲『日偽上海市政府』一八頁。
（91）「督辦公署関於更換旗幟訓令」（一九三八年五月三日）上海市檔案館前掲『日偽上海市政府』三一頁。
（92）上海市大道政府秘書処前掲『市政概要（再版）』四三頁。
（93）督辦上海市政公署秘書処前掲『市政概要（三版）』六二頁。
（94）「上海市政の現勢」東亜同文書院調査編纂部『支那』一九三八年一二月号、一一五頁。
（95）「督辦公署教育科関於報送市立小学校長任免暫行規則呈」上海市檔案館前掲『日偽上海市政府』八一四～八一六頁。
（96）傅宗耀（一八七二～一九四〇）：浙江鎮海人。字は筱庵。上海の英国資本の耶松船廠で働き工頭となる。一九一六年、虞洽卿らと祥大源五金号を設立して総経理となり、招商局の金属業務を扱う。二六年、上海総商会会長。北伐時に孫伝芳を支持し、国民政府より逮捕令が出たため大連に逃れる。満洲事変前に上海に戻り、三八年一〇月、上海特別市市長に就任。四〇年一〇月、二代にわたって傅家に仕えた家人朱升源により殺害される。『民国人物大辞典』二〇一六～二〇一七頁。

(97) 維新政府概史編纂委員会編『中華民国維新政府概史』行政院宣伝処、一九四〇年、四〇四頁。
(98)「新良妻賢母の養成へ」『大陸新報』一九四〇年四月二日七面。
(99)「偽「市府」更換班底」『申報』一九三八年一〇月三一日一〇版。
(100)「故都羣魔乱舞　漢奸浪人活躍」『申報』一九三八年一一月一九日二版。
(101)「上海特別市顧問服務要綱」島田俊彦他解説『現代史資料』(第一三巻　日中戦争五) みすず書房、一九六六年、一七六頁。
(102)「東昌路前晩日軍全体出動」『新聞報』一九三八年五月一一日三張一二版。
(103)「建議方案　工部局所提出係臨時性　停止摩擦確保治安　傅宗耀要求工部局廃止「大道」」『中華日報』一九三九年一一月四日一張四頁。
(104) 維新政府が事務所として使っていた新亜飯店に関する記事でも、本来「維新政府」とあるべき部分が「大道政府」として報道されている。「新亜酒楼有開放説」『申報』一九三九年一月一四日一五版。
(105) 陳公博（一八九二～一九四六）：広東南海人（原籍福建上杭）。一九一七年、広州法政専門学校卒、北京大学哲学系に進学、二〇年に卒業後、広州に戻り社会主義を受容し、雑誌『群報』を創刊。陳独秀・譚平山らと共産党広州支部を創設。二一年、上海の中国共産党第一次全国代表大会に広州代表として参加。二二年六月、陳炯明を支持したため党から処分され、アメリカに留学しコロンビア大学で経済学修士。二五年、広州に戻り国民党に入り、中山大学代理校長、党部書記、広東省工農庁庁長を歴任。汪精衛を支持し、二八年に上海で国民党改組派の出版事業に従事。三一年一二月、実業部部長となり『四年実業計劃』を発表。三五年一一月、汪精衛が狙撃されると辞職。日中戦争勃発後、汪精衛の和平運動に参加し、汪政権では立法院院長・上海市長を務め、汪が名古屋で療養を開始してからは、代理主席・行政院院長・軍事委員会委員長として政権を率いる。日本敗戦後、汪政権の解散を宣言し、それを改組した臨時政務委員会及び治安委員会の委員長に就任。四六年六月、処刑。『民国人物大辞典』一三九二頁。
(106) 上海市政府秘書処『市政府公報』第一期、一九四一年一月。
(107) 雨夜菊治（西村班秘書）「「天下一家」私見」西村一生前掲『西村展蔵の生涯』三一六頁。
(108)「滬西土商　垂頭喪気　受烟土案影響　已被勒令停閉」『新聞報』一九三八年一二月一五日四張一三版、「大舞弊案　続捕一日指導員　蘇錫文已釈回　霍良臣被扣押」同一六日五張一八版、「大舞弊案中　三日員押解回国」同二九日四張一五版、「日指導員三人舞弊押解回国」『申報』一九三八年一二月二九日一〇版。
(109) 西村展蔵「世界は何処へ　生命体に躍進すべし」『揚子江』第二巻第四号、一九三九年四月。
(110) 西村展蔵「新秩序の建設には宗教の帰一を要す」『揚子江』第二巻第六号、一九三九年六月。
(111) 西村展蔵「指導原理確立の根本問題」『揚子江』第二巻第八号、一九三九年八月。
(112)「国民義勇隊協議会員」『東京朝日新聞』一九四五年五月一一日一面。ちなみに同記事に掲載された三四名中、肩書の記載がないのは西村のみである。

(113) 西村展蔵「道義日本の建設――日本人の生き方を語る」『富士』第一一巻第六号、一九四五年九月。

(114) 西村展蔵「万世の大平和開かれんとす」『公論』第八巻第一〇号、一九四五年一〇月。

(115) 西村展蔵が紫垣隆に宛てた色紙が残されている（筆者所蔵）。紫垣隆については、坂田大『熊本百傑論』九州時報社、一九五二年、一四六～一四七頁。

(116)「顕彰碑文」の内容は次の通り。「西村展蔵先生、もと乙女村の長田氏、西村トヨと結婚甲佐西村家の嗣となる。昭和三十七年七月十四日この地において独特の哲理をもつて貫ぬいたその偉大なる七十三年の生涯を閉じた。先生人格高潔、剛毅果断、明智俊敏、円転滑脱、弁舌極めて爽やか、時に舌端火を噴いて感奮興起せしめ、時に静かに説いて沈思反省せしむ。郷里の教職を経て早く上京したが弱冠二十九歳にて甲佐小学校長に迎えられ、自啓自発の教育理念を創造し卓越した実績を挙げ教育界に革命的に新風を注いだ。大正十四年大陸に渡り亜細亜兄弟運動を展開し東奔西走席温まる暇なく、日支事変に際しては軍に協力あるいは軍に対抗して常に民衆の味方となりその敬仰を集む。殊に上海大道政府はその最も心血を注いだ所である。昭和十五年帰朝各界要路の啓発、全国遊説に寧日なく同十八年内閣中央委員に列す。説く所深奥なる天下一家の思想を中心とした〝拝む生活〟の哲理である。撰者も亦教えを受けた。先生は一切の私情を顧みず、ひたすら世界人類の平和と幸福を願われ、撓みなき活動を続けられたが志半ばにして急逝された。茲に先生の偉大なる遺風を偲び同志相図り顕彰碑を建立し敬仰の誠を捧ぐるものである。昭和四十五年九月門弟　参議員議員元郵政大臣　迫水久常謹撰」（「西村展蔵先生顕彰碑建立報告書」一九七〇年一〇月）。

(117)『民国人物大辞典』一二七六二頁。

(118) 蘇錫文「日本のヤリ方は生温い」『実業之世界』第三八巻第五号、一九四一年五月一日。

(119) 蘇錫文談「悪魔の憑いた事変処理面」木村英夫『敗戦前夜』佐藤咲代、一九九四年、一六三～一六五頁。

(120) 蘇錫文談「藻抜けの殻を攫んで何とする」木村英夫前掲『敗戦前夜』四五五～四五八頁。

(121) 前掲「蘇宅訃告」。

(122)「日接受波次坦三国宣言　世界全面和平実現」『中華日報』（和平号外）一九四五年八月一一日。

(123) 蟄寧前掲「冀東雑訊」。

(124) 中共香河県党史資料徴集辦公室前掲『中共香河県党史　一九三一～一九四九』九九頁、一四二頁。

(125) 西村展蔵前掲『宗教帰一論・支那事情と日本の使命』五七～五八頁。

(126) 西住小太郎前掲「先生は絶対の存在であった」三四〇頁。

(127) 西村展蔵前掲『宗教帰一論・支那事情と日本の使命』五八頁。

(128) 上海自由港論については、佐藤尚武から宇垣一成宛の書翰に、内容とともにそれが不可能である理由も詳細に述べられている。

宇垣一成文書研究会前掲『宇垣一成関係文書』二一五～二一六頁。

第五章

（1）「王子恵元蔣総統特使サギで検挙　被害七億円に上る」『読売新聞』一九五七年一〇月三一日夕刊五面。
（2）岩井英一『回想の上海』同書出版委員会、一九八三年、四〇四頁。
（3）堀井弘一郎「中華民国維新政府の成立過程（上・下）」『中国研究月報』第四九巻第四～五号（一九九五年四～五月）、「日本軍占領下、中華民国維新政府の治政」『中国研究月報』第五四巻第三号、二〇〇〇年三月、「汪精衛政権の成立と中華民国維新政府の解消問題」『現代中国』第八一号、二〇〇七年。
（4）Timothy Brook, "The Creation of the Reformed Government in Central China, 1938", in David P. Barrett and Larry N. Shyu, eds., *Chinese Collaboration with Japan, 1932–1945*, Stanford : Stanford University Press, 2001, p. 84.
（5）維新政府の史料を利用した劉霆「論偽維新政府統治環境的脆弱——基於〝維新政府殉難先烈題名録〟的考察」（『抗日戦争研究』二〇一〇年第四期）といった研究はある。
（6）マーシュは伍澄宇『維新政綱原論』の記述から、維新政府が「孫文主義の新解釈を宣伝することで、国民党の正統性とその長江流域の統治を傷つけようとした」とするが、伍澄宇の経歴や維新政府における立場を踏まえると、この説明は妥当性を欠く。むしろ伍澄宇は維新政府の中で、その考えるところの国民党の方針を堅持しようとしたのである（第九章）。Susan H. Marsh, "Chou Fo-hai : The Making of a Collaborator（「協力者（コラボレーター）」としての周仏海）", in Akira Iriye, ed., *The Chinese and the Japanese : Essays in Political and Cultural Interactions*, Princeton : Princeton University Press, 1980. 同書の日本語版は、入江昭編著、岡本幸治監訳『中国人と日本人——交流・友好・反発の近代史』ミネルヴァ書房、二〇一二年。
（7）西里龍夫『革命の上海で』日中出版、一九七七年、二一二頁。
（8）「新亜細亜ホテルで　当分の間執務する　中国維新政府の要人」『台湾日日新報』一九三八年四月五日七面。この他、「新亜飯店籌備復業」（『新聞報』一九三八年五月九日三張一〇版）は、「このホテルは儼然と衙門を為していた」とする。新亜飯店は一九三九年日本人に経営が移り、「新亜細亜ホテル」と改称された。「新亜飯店　下月開放」『新聞報』一九三九年二月二八日四張一三版。
（9）一九三八年一一月に南京を訪問した野依秀市によれば、秦墨哂は元陸軍中将で土肥原賢二の古い友人で、『南京新報』は「機械活字の設備等々から推察して日本の中位の田舎新聞と思はれた」という。野依秀市『南北支那現地要人を敲く』秀文閣書房、一九四〇年、二四六頁。
（10）維新政府概史編纂委員会「序」維新政府概史編纂委員会編『中華民国維新政府概史』行政院宣伝局、一九四〇年。
（11）梁鴻志（一八八二～一九四六）：福建長楽人、字衆異。挙人。一九〇五年京師大学堂入学。徐友春主編『民国人物大辞典（増訂版）』河北人民出版社、二〇〇七年（以下『民国人物大辞典』）一七三四～一七三五頁。

(12) 陳羣（一八九〇～一九四五）：福建福州人、字人鶴。明治・東洋両大学卒業、法・文学士。『民国人物大辞典』一三七二～一三七三頁。

(13) 温宗堯（一八七六～一九四七）：広東台山人、字欽甫。香港皇仁学院卒業。『民国人物大辞典』二〇七二～二〇七三頁。

(14) 丸山静雄『失われたる記録――対華・南方政略秘史』後楽書房、一九五〇年、森島守人『陰謀・暗殺・軍刀――一外交官の回想』岩波書店、一九五〇年、『林秀澄氏談話速記録』Ⅰ～Ⅳ、日本近代史料研究会、一九七四～八〇年。

(15) 岡田尚編『有民』同人、一九三六年。

(16) 岡田尚「人生七十二年　夢また夢」『江南春秋――東亜同文書院二十四・二十五期生記念誌』記念誌出版世話人、一九八〇年、一八四～一八五頁。

(17) 李思浩（一八八二～一九六八）：浙江慈渓人。挙人。中国銀行総裁、財政部総長等歴任。『民国人物大辞典』五〇二頁。

(18) 夏文運によれば、重慶国民政府は唐紹儀及びその擁立に関係した土肥原賢二暗殺の密命を下した。また臼田寛三は結局唐紹儀を担ぎ出せなかったために開封の特務機関に左遷となり、後任に原田熊吉少将が就任した。夏文運『黄塵万丈――ある中国人の証言する日中事変秘録』現代書房、一九六七年、一二〇～一二二頁。

(19) 李択一（一八八八～？）：福建福州人。兄の李律閣とともに日本語が堪能であった。東京帝国大学（あるいは慶應義塾大学）出身で、黄郛の秘書、福建省政府顧問、等務める。北京大方家胡同の李邸には後に興中公司が置かれた。『民国人物大辞典』五六一頁、「問題解決には理屈より気持　李択一氏に聴く（北支要人と語る　三）」『報知新聞』一九三三年七月四日二面、夏文運前掲『黄塵万丈』一一〇頁、在上海若杉要総領事→外務大臣有田八郎「来往要人調査表送付ノ件」（一九三六年七月一六日発）支那要人消息雑纂第三巻（A-6-1-0-1_003）、東方文化事業総委員会総務委員署理橋川時雄→外務省文化事業部長岡田兼一「留日出身者ニ関シ続報ノ件」（一九三六年一月五日）在本邦留学生調査関係雑件　第四巻（H-7-1-0-12_004）外務省外交史料館。

(20) 向山寛夫「梁鴻志大人の生涯」『中央経済』第一九巻第四号、一九七〇年四月、二～三頁。十大詩人については「梁さんの祖父（ママ）さんの鉅章氏は清朝の大臣でありまして福建十大詩人の一人でありました」との指摘もある。山本実彦『渦まく支那』改造社、一九三九年、二四二頁。

(21) 温宗堯「広肇公所沿革」『申報』一九四三年七月二九日三版。

(22) 「首都高等法院検察官訊問筆録」（一九四六年六月六日）南京市檔案館編『審訊汪偽漢奸筆録』鳳凰出版社、二〇〇四年、三三七頁。

(23) 維新政府成立にも関わった夏文運も温宗堯が維新政府に積極的に参加したと回想する。夏文運前掲『黄塵万丈』一二〇頁。すでに温宗堯は一九三七年一二月末の段階で、唐紹儀の代理として松井石根を訪問し、蔣介石下野の必要性、また広東・広西を独立させ、イギリスとの関係を遮断する必要性を提言し、松井は同意を与えている。田中正明編『松井石根大将の陣中日誌』芙蓉書房、一九八五年、一四二頁、一四六頁（一九三七年一二月三一日及び一九三八年一月六日の条）。
(24) 馬郡健次郎『大陸経営』巌松堂、一九三八年、九三～九四頁。
(25)『揚子江』一九三八年九月号（創刊号）、八三頁。『正義日報』の詳細は不明。
(26) 野依秀市「王子恵を語る」『実業之世界臨時増刊　興亜産業経済大観』一九三九年一〇月号（以下『興亜経済産業大観』）、中支那篇三〇五～三〇七頁。
(27) 長田実「孫文革命時代からの在留支那生活二十八年の思ひ出」前掲『興亜経済産業大観』中支那篇二六六頁。
(28) 小川桑兵衛『日本の興亡と岩崎清七翁』紅龍書房、一九四九年、一〇一頁。
(29) 北昤吉述『中支戦線を巡視して』日本協会出版部、一九三八年、一一～一二頁。
(30) 野依秀市「王子恵を語る」前掲『興亜経済産業大観』中支那篇三〇五～三〇七頁。
(31) 尾崎士郎「王子恵の印象」『揚子江』一九三九年五月号、七〇頁。
(32) 大川周明顕彰会『大川周明日記』岩崎学術出版社、一九八六年、一八二～一八六頁（一九三八年一一月一〇日、同一五日、同一八日、同二二日、同二三日、同二九日、同一二月二日の各条）、一八八頁（一九三八年一二月一五日の条）、一九三頁（一九三九年一月七日の条）、一九五～一九六頁（一九三九年一月一五日及び一六日の条）、二二〇頁（一九四一年三月二七日の条）。
(33) 辻政信『潜行三千里』毎日新聞社、一九五〇年、二八八頁。
(34) 森島守人前掲『陰謀・暗殺・軍刀』一四六頁。
(35) 岩井英一前掲『回想の上海』四〇一頁。
(36) 森島守人前掲『陰謀・暗殺・軍刀』一四六～一四七頁。
(37) 田尻愛義→上村課長宛書簡（一九三八年三月一日発）、支那事変ニ際シ支那新政府樹立関係一件／支那中央政権樹立問題（臨時維新政府合流問題連合委員会関係、呉佩孚運動及反共、反蔣救国民衆運動）第一巻（A-6-1-1-8_3_001）外務省外交史料館。
(38)「中支新政権組織大綱等ニ関シ陸海外三省係官協議結果ノ件」（一九三八年三月七日）同上。
(39) 報知新聞政治部編『大陸の顔』東海出版社、一九三八年、四五～四六頁。
(40) 梁鴻志「行政院梁院長紀念国慶頌辞」『中華新声』第一巻第五期、一九三八年一〇月、四頁。
(41) 梁鴻志「行政院梁院長発表武漢陥落談話」『中華新声』第一巻第六期、一九三八年一一月、五頁。
(42) 梁鴻志「八一三紀念談話」『新中国』第二巻第七・第八期、一九三九年九月、二八頁。
(43) 梁鴻志「維新政府行政院梁院長及立法院温院長対於第二次聯合委員会之感想」『中華民国維新政府成立後重要宣言集』維新政府行政院宣伝局、一九三九年、六頁。

（44）野依秀市前掲『南北支那現地要人を敲く』二八四～二八六頁。

（45）梁鴻志「維新政府成立初週紀念梁院長発表談話」『中華新声』第二巻第一四期、一九三九年三月、一二～一三頁。

（46）『維新政府之現況』（維新政府行政院宣伝局編、一九三九年）二頁掲載の「周年回顧」は「維新政府成立初週紀念梁院長発表談話」とほぼ同内容の日本語書き下しである。

（47）梁鴻志「東亜新秩序の先決問題」前掲『興亜産業経済大観』総説篇七二頁。

（48）梁鴻志「民国二十九年元旦感言」『新中国』第三巻第一期、一九四〇年一月、一～四頁。

（49）羅君強「偽廷幽影録——対汪偽政権的回憶紀実」黄美真編『偽廷幽影録——対汪偽政権的回憶紀実』中国文史出版社、一九八六年、三八頁。陳済民主編『民国官府』金陵書社、一九九三年、四一頁。

（50）夏文運前掲『黄塵万丈』一七七頁。

（51）そもそも『古今』に集った人々は、自らの活動を日本との戦争から中国文化を救う戦いとみなしていたとポシェック・フーは指摘する。梁鴻志の文化人としての矜持もこれと重なろう。Poshek Fu, *Passivity, Resistance, and Collaboration Intellectual Choices in Occupied Shanghai, 1937-1945*, Stanford：Stanford University Press, 1993, p. 145.

（52）上海日本総領事館情報部「内政部長陳群（ママ）ノ策動」（一九三八年四月一七日）、同「陳群（ママ）ノ態度ニ関スル続報」（同年五月一八日）、支那事変ニ際シ支那新政府樹立関係一件／支那中央政権樹立問題（臨時維新政府合流問題連合委員会関係、呉佩孚運動及反共、反蒋救国民衆運動）第一巻（A-6-1-1-8_3_001）外務省外交史料館。

（53）陳羣「訪日随談」『揚子江』一九三九年六月号、八二～八五頁。

（54）影佐機関「陳群（ママ）、汪第二次会見録」（一九三九年七月七日）、支那事変ニ際シ支那新政府樹立関係一件／支那中央政権樹立問題（臨時維新政府合流問題連合委員会関係、呉佩孚運動及反共、反蒋救国民衆運動）第四巻（A-6-1-1-8_3_004）外務省外交史料館。

（55）野依秀市前掲『南北支那現地要人を敲く』二三六～二三七頁。

（56）陳羣「内政部部長兼県政訓練所所長陳羣勗勉県訓所学員」『中華新声』第一巻第五期、一九三八年一〇月、五～六頁。

（57）陳羣「「反共」即「日支提携」」『興亜産業経済大観』総説篇七七頁。

（58）周仏海著、蔡徳金編『周仏海日記全編』中国文聯出版社、二〇〇三年、二六五頁（一九四〇年三月一九日の条）。

（59）「南京日華要人座談会」（一九三九年一月一一日）前掲『興亜産業経済大観』中支那篇一六〇頁。

（60）周仏海の陳羣に対する評価は高く、「彼〔陳羣〕の意図はきわめて善良で、外部で言われているような、彼は傍観を決め込んで、他人の不幸を喜んでいるという評価は全く正しくない」等と記している。周仏海、蔡徳金前掲『周仏海日記全編』二七六頁、二八二頁（一九四〇年四月六日、四月一七日の各条）。

（61）「温宗堯之言論」『中華新声』第二巻第一四期、一九三九年三月、二一～二二頁。

(62)温宗堯「敬告国人」『中華民国維新政府立法院院長温宗堯詳論此次中日事変各要点』（以下『中日事変各要点』）二三頁。
(63)温宗堯「抗日派与親日派之辨別」（一九三八年九月）『中華新声』第一巻第六期、一九三八年一一月、一頁。
(64)温宗堯「九一八感言――中日戦事的起因及以後節節失敗」『中華新声』第一巻第四期、一九三八年一〇月、一頁、「経済合作之討論」（一九三九年一月）前掲『中日事変各要点』三〇頁。
(65)温宗堯「誅蔣論」（一九三九年三月）『中華新声』第二巻第一五期、一九三九年四月、一～二頁。
(66)「立法院院長温宗堯播音演講治匪之道」『中華新声』第一巻第三期、一九三八年九月、八頁。
(67)温宗堯「読近衛首相之宣言――敬告広西四川雲南貴州湖南福建陝西甘粛新疆九省父老兄弟」（以下「読近衛首相之宣言」）（一九三九年一月）前掲『中日事変各要点』二六頁。
(68)温宗堯「中央政府組織之先決問題」『中華新声』第二巻第一三期、一九三九年三月、二頁。
(69)温宗堯「漢奸与売国愛民与救国之解釈」（一九三八年四月）前掲『中日事変各要点』九頁。
(70)温宗堯「漢奸傀儡順民説」『中華新声』第二巻第一六期、一九三九年五月、四頁。
(71)温宗堯「反共救国的広播詞」（一九三八年一一月）前掲『中日事変各要点』一七～一八頁。
(72)温宗堯「温院長之感想」前掲『中華民国維新政府成立後重要宣言集』八～九頁。
(73)温宗堯「誠与権」（一九三八年一一月）前掲『中日事変各要点』一九～二一頁。
(74)温宗堯「読近衛首相之宣言」前掲『中日事変各要点』二六～二八頁。
(75)温宗堯「駁収復失地之謬説」（一九三九年一月）前掲『中日事変各要点』二八～三〇頁。
(76)温宗堯は「私は党が国を治めることに不満なのであり、私の思いは、民国は必要だが、党国はいらない、ということだ」と述べている。南京市檔案館前掲『審訊汪偽漢奸筆録』三三四頁。
(77)興亜院華中連絡部「陳羣、任援道両氏ノ意見（第二回目）」（一九三九年五月二四日）、支那事変ニ際シ支那新政府樹立関係一件／汪精衛関係　第三巻〔矢野記録〕（A-6-1-1-8_5_003）外務省外交史料館。
(78)温宗堯「経済合作之討論」（一九三九年一月）前掲『中日事変各要点』三一頁。
(79)温宗堯「焦土政策之批評」（一九三八年四月）前掲『中日事変各要点』一一頁。
(80)「汪精衛ト温宗堯ノ会談要旨」（一九三九年六月二九日）、支那事変ニ際シ支那新政府樹立関係一件／汪精衛関係　第三巻〔矢野記録〕（A-6-1-1-8_5_003）外務省外交史料館。
(81)王子恵「亜細亜の理想」『祖国』一九三九年一月号、三五頁。ちなみにこうした王子恵の議論を、例えば『台湾日日新報』等も特に社評で紹介しており（一九三八年一一月一七日一面）、当時それなりに傾聴に値するものとされていたことは注目される。
(82)「大陸群像　日語は躍る　日支両棲の王子恵」『読売新聞』一九三九年二月二五日夕刊一面、報知新聞政治部前掲『大陸の顔』四七頁。
(83) 前掲田尻愛義→上村課長宛書簡（一九三八年三月一日）。
(84) 北永生（昤吉）「上海だより（続）」『祖国』一九三八年六月号、七五頁。
(85) 王子恵「維新政府の主張」『支那』一九三九年一月号。
(86) 「中支経済座談会」前掲『興亜産業経済大観』中支那篇八～九頁。座談会は一九三九年一月一二日夜、上海で開かれた。
(87) 山本実彦『大陸縦断』改造社、一九三八年、八三頁。
(88) 王子恵「建設中国必先革新思想」『中華新声』第一巻第四期、一九三八年一〇月、三頁。
(89) 王子恵「建設明日之中国必先革新思想」『実業月刊』実業月刊社、第三期、一九三九年一月、一六九頁。
(90) 野依秀市「王子恵を語る」前掲『興亜経済産業大観』中支那篇三〇五～三〇七頁。
(91) 小川平吉文書研究会編『小川平吉関係文書』一、みすず書房、一九七三年、三七五頁、四八九～四九〇頁（一九三八年四月一五日、一九三九年六月一三日の各条）。
(92) 伊集団参謀長「維新政府顧問に関する件」（一九三九年八月八日）昭和一四年「陸支受大日記　第五三号」防衛省防衛研究所。
(93) 「王子恵辞職照准後維新政府仕版更動」『南京新報』一九三九年八月一三日一張一版。
(94) 野依秀市「王子恵を語る」前掲『興亜経済産業大観』中支那篇三〇五～三〇七頁。
(95) 「故都羣魔乱舞　漢奸浪人活躍」『申報』一九三八年一一月一九日二版。
(96) 「恭祝年釐」『中華日報』一九四一年一月一日四張一六頁、「恭祝年釐」『南京新報』一九四一年一月一日二張四版。上の記事はいずれも正月の広告記事で、活字は異なるものの、両紙の内容・配置は同じである。また同日の『大陸新報』二面広告欄にも「王子恵」が確認される。
(97) 大川周明顕彰会前掲『大川周明日記』二二〇頁（一九四一年三月二七日の条）。
(98) 小川桑兵衛前掲『日本の興亡と岩崎清七翁』九七～一一二頁。
(99) 木村英夫『敗戦前夜――アジア再建秘録』佐藤咲代、一九九四年、二二六頁。
(100) 辻政信前掲『潜行三千里』二八八頁。
(101) 夏文運前掲『黄塵万丈』一二〇頁。
(102) 「国民党中央改造委員会第六組呈蔣中正毎日情報」（一九五一年五月一五日）蔣中正総統文物 80200-346-014-004、国史館。
(103) 「約七億円をふみ倒す　元駐日国民政府代表団員」『朝日新聞』一九五七年一一月一日一面。
(104) 岩井英一前掲『回想の上海』四〇三～四〇四頁。なお王子恵の生涯については筆者が別稿「日中戦争前後における日中間交渉の一形態――王子恵と彼を巡る人々」（『現代中国研究』第三五・第三六合併号、二〇一五年一一月）でも論じた。

第六章

（1）「戦後政治に暗躍　児玉誉士夫被告死去」『朝日新聞』一九八四年一月一八日二三面。
（2）前掲「戦後政治に暗躍　児玉誉士夫被告死去」。
（3）児玉誉士夫『獄中獄外――随筆集』アジア青年社出版局、一九四三年、一九六頁（日記一九四〇年五月二五日の条）。
（4）劉心皇『抗戦時期淪陥区文学史』成文出版社、一九八〇年、八四～八八頁。
（5）金雄白『汪政権的開場与収場』李敖出版社、一九八八年。
（6）劉傑「汪兆銘政権の樹立と日本の対中政策構想」『早稲田人文自然科学研究』第五〇号、一九九六年一〇月、一四六頁、一五四頁。
（7）房建昌「従日文檔案看〝岩井機関〟与〝興亜建国運動〟始末」『檔案史料与研究』二〇〇二年第三期、七二～七八頁。
（8）髙綱博文「日本占領下上海における日中要人インタビューの記録――木村英夫著『亜細亜再建秘録――敗戦前夜』の解説」『十五年戦争極秘資料集』補巻一九、不二出版、二〇〇二年。
（9）『興亜建国運動と其現状』（一九三九年一二月）、「一二　興亜建国運動」支那政党、結社関係雑件（A-6-1-0-7）外務省外交史料館。
（10）『袁殊文集』編輯組編『袁殊文集』南京出版社、一九九二年、四六六頁。
（11）邵華（一九〇一～七三）：安徽穎上人。大夏大学教育系卒業後、第二七軍政治部主任、国民党中央宣伝部幹事、国民党安徽省党部委員等歴任。徐友春主編『民国人物大辞典（増訂版）』河北人民出版社、二〇〇七年（以下『民国人物大辞典』）、七八三頁。
（12）劉真如（一九〇五～四七）：安徽渦陽人。大夏大学卒業後、広州で革命工作に参加、国民革命軍東路軍司令部第一科科長。一九二七年安徽省党部工作に従事。安徽省地方志編纂委員会編『安徽省志』（第六六　人物志）方志出版社、一九九九年、二三六～二三七頁。
（13）胡抱一（一八九一～一九四三）：江蘇淮陰人。別名胡愚。孫中山の衛士を務め、第二次革命失敗後も地下工作に従事。一九二六年の北伐軍に上海別動隊司令として参加。胡明「胡抱一事跡紀略」『鍾山風雨』二〇〇五年第三期、四〇頁。著者胡明は胡抱一の孫。
（14）高長虹（一八九八～一九五四）：山西盂県人。本名高仰愈、長虹はペンネーム　魯迅の影響を受けた作家。『民国人物大辞典』一二九三頁。
（15）陳彬龢（一八九七～一九七〇）：江蘇呉県人。一九二〇年代、中俄大学総務長、南開学校総務長などを務める。二六年三月、反帝国主義愛国運動に参加し、逮捕される。二八年、岩井英一と知り合い、雑誌『日本研究』を出版。三一年、申報館で社評主撰。四二年、日本占領下の『申報』社長に就任。四三年一月、上海市新聞聯合会理事長。日本の敗戦後、日本に亡命。『民国人物大辞典』一四五〇頁、岩井英一『回想の上海』同書出版委員会、一九八三年、八四～八七頁、蔡登山『叛国者与親日文人』独立作家、二〇一五年、一三三〜一四九頁。
(16) 袁学易「日本政党人物的検点」『日本研究』新紀元月刊社、第一巻第二号、一九三〇年二月、七七頁。
(17) 袁学易「日本国勢現状概観」『日本研究』第一巻第七号、一九三〇年七月、一一頁、及び第一巻第八号、一九三一年一月、一〇一頁。
(18) 何民魂（?〜一九五三）：江蘇松江人。字啼紅。一九二七年江蘇省政府委員、南京市長。二八年国民政府建設委員会委員、私立南京文化大学校長。『民国人物大辞典』六六五頁。張衡夫「何民魂其人其事」広東省政協学習和文史資料委員会編『広州文史資料存稿選編』五輯、広東人民出版社、二〇〇五年。
(19) 翁毅夫（一九〇七?〜四八?）：何民魂の南京市長時に南京電通公司の経理を務める。何民魂と天津滞在中に袁殊と知り合い、共に上海へ移り、翁従六と改名。また翁永清を名乗る。中国共産党に入党。戦後は袁殊と共に解放区へ移る。共産党軍の張家口入城後、華東から華北へ経済工作のために向かうが、途中自動車事故で死去。曾龍『我的父親袁殊』接力出版社、一九九四年、六六頁。
(20) 方覚慧（一八八六〜一九五八）：湖北蘄春人。字子樵。早稲田大学で学ぶ。国民党中央執行委員、南京市特別党部常務委員等歴任。『民国人物大辞典』二三三〜二三四頁。
(21)『文藝新聞』一九三二年五月一六日一版他。
(22)「『文藝新聞』最初之出発」『文藝新聞』一九三一年三月一六日一版。
(23)「請脱棄〝五四〟的衣衫」『文藝新聞』一九三二年一月一八日一版。
(24)「榴花的五月」『文藝新聞』一九三二年五月二日一版。
(25)『袁殊文集』編輯組前掲『袁殊文集』一二頁。
(26) 惲逸羣「記者道序」袁殊『記者道』群力書店、一九三六年、一頁。この他にも袁殊は『学校新聞講話』（湖風書局、一九三二年）、『新聞大王哈斯特』（良友図書印刷、一九三二年）といったジャーナリズムに関する書籍を執筆した。
(27) 潘漢年（一九〇六〜七七）：江蘇宜興人。一九二五年、中国共産党入党。日中戦争から国共内戦期に上海を中心に地下工作に従事。人民共和国成立後、上海市副市長等歴任。五五年四月、「内奸」とされ失脚。七七年死去。八二年名誉回復。『民国人物大辞典』二二五五頁。
(28) 欧陽新（?〜一九三七）：王子春は変名。ソ連の軍事学校で学んだ後上海へ戻り、潘漢年の下で情報収集。上海の共産党組織崩壊により一九三四年三月から翌年二月にかけてモスクワに逃れるが、三七年七〜八月頃処刑。穆欣「隠蔽戦綫的伝奇人物欧陽新」『党史文匯』二〇〇三年第七期、二七〜二九頁。曾龍前掲『我的父親袁殊』一五八頁。
(29) 呉醒亜（一八九二〜一九三六）：湖北黄梅人。中国同盟会に入り、孫中山の護法運動、北伐に参加。国民革命軍では総司令部秘書、総政治訓練部顧問等を歴任。その後、上海特別市党部常務委員兼社会局局長等歴任。『民国人物大辞典』六四四頁。

(30)潘公展（一八九四～一九七五）：浙江呉興人。セント・ジョーンズ大学外語系で学ぶ。一九二七年中国国民党に入り、『申報』総編輯、上海政治分会委員等歴任。CC系主要メンバー。『民国人物大辞典』一五四四頁。

(31)在華全権公使有吉明→外務大臣広田弘毅「「ファッショ」団体幹社綱領訳報ノ件」（一九三三年一〇月五日）、「一〇．幹社関係」支那政党、結社関係雑件　第三巻（A-6-1-0-7）外務省外交史料館。

(32)「海上発生之両事件　所謂中日提携声中——袁学易被捕与『閒話皇帝』日方藉題発揮肆意要挟」『南寧民国日報』一九三五年七月一三日三版。

(33)小泉清一・馬場毅・三好章「インタビュー東亜同文書院・岩井公館・潘漢年の思い出——小泉清一氏に聞く」『中国21』Vol. 15、二〇〇三年三月。

(34)戸部良一『外務省革新派——世界新秩序の幻影』中央公論新社、二〇一〇年、一八九頁。

(35)田中香苗「心に灯を点じた書院の人々」『江南春秋——東亜同文書院二十四・二十五期生記念誌』記念誌出版世話人、一九八〇年、三四六頁。敗戦を日本で迎えた岩井は、外務省に辞表を提出、戦後は財団法人在外同胞援護会理事として引揚者の援護に携わったほか、亡命中国人を支援する善隣友誼会の常任理事として活動を続け、一九九〇年に死去。岩井英一前掲『回想の上海』二〇頁。中村義他『近代日中関係史人名辞典』東京堂出版、二〇一〇年、八六～八七頁。

(36)曾龍前掲『我的父親袁殊』一三四頁。ただこの部分は共産党への配慮である蓋然性も高い。

(37)廖承志（一九〇八～八三）：広東恵陽人。東京で生まれ青年時代を日本で過ごす。中国共産党員として日中戦争時期は香港を中心に地下活動。『民国人物大辞典』一三二二頁。

(38)陳孚木（一八九二～？）：広東東莞人。字公謨。雲南講武学堂卒。広州『民国日報』主筆。広州国民政府監察委員、交通部政務次長、上海招商局総理等歴任。一九三三年、中華共和国に参加。戦後、大連で国華銀行董事。興建運動への参加は廖承志の命とも言われる。『民国人物大辞典』一四一八頁、金雄白前掲『汪政権的開場与収場』四四六頁。

(39)潘漢年と岩井の会見については、袁殊も潘漢年を宋子文の在野の友人「胡先生」として岩井に紹介したと回想している（曾龍前掲『我的父親袁殊』二四四～二四八頁）。

(40)影佐禎昭に関する部分は、その著「曾走路我記」による。臼井勝美編『現代史資料』（第一三巻　日中戦争五）みすず書房、一九六六年、三七三～三七五頁。

(41)この回想の内容は、『興亜建国運動と其現状』の記述と符合している。

(42)傅式説（一八九一～一九四七）：浙江楽清人。一九〇三年、中山学堂に入学。〇五年、日本に留学。東京帝国大学工学士。辛亥革命では革命派に参加。その後、東京帝国大学工学部研究生。丙辰学社・中華学藝社を創立。一八年、帰国し通易鉱務公司・漢冶萍煤鉱公司などで働く。二二年、厦門大学教授。二四年、大夏大学創設に従事。国民政府では交通部・財政部に入る。四〇年三月、

汪政権に鉄道部部長兼中央政治委員会指定委員として参加。中日文化協会常務理事兼総幹事、全国経済委員会委員、行政院政務委員、浙江省政府主席兼民政庁庁長、建設部部長など歴任。四七年六月、漢奸として処刑。『民国人物大辞典』二〇〇七〜二〇〇八頁。

(43) この座談会当時、傅式説は汪政権で鉄道部部長の任にあった。「南京座談会」今中次麿『東亜の政治的新段階』日本青年外交協会、一九四一年、一八一頁（初出『大陸』一九四〇年五月号）。

(44) 興亜建国運動本部『興建第一年』同部、一九四〇年九月、英文要旨。

(45) 厳軍光（袁殊）他『興亜建国論』興建月刊社、一九三九年、六〜七頁。

(46) 神戸大学図書館新聞文庫を利用して「興亜」という言葉を調べると、一九三〇年（一件）、三一年（五件）、三二年（〇件）、三三年（〇件）、三四年（一件）、三五年（一件）、三六年（四件）、三七年（〇件）、三八年（二四件）、三九年（一八〇件）、四〇年（二三八件）、四一年（九三件）、四二年（八五件）、四三年（一九件）、という結果を得た。三八年一二月の興亜院の成立を契機に、一般化した表現であったと考えられる。

(47) 興亜建国運動本部前掲『興建第一年』六一〜六六頁。

(48) 周仏海はこの件について「余としては、彼等〔袁殊・岩井ら〕を敵に追いやるよりは手を組んで友としたほうがよい」と記している。周仏海著、蔡徳金編『周仏海日記全編』中国文聯出版社、二〇〇三年、三〇四頁（一九四〇年六月三日の条）。

(49) 曹翰「興建運動的当前使命」『興建』第二巻第五号、一九四〇年八月、一三頁。

(50) 厳軍光（袁殊）「我們的三大目標」（一九三九年一二月三〇日執筆）興亜建国運動本部前掲『興建第一年』九六頁。

(51) 曹翰「興亜建国理論的根拠」『興建』第二巻第二号、一九四〇年五月、五六頁。また興建運動の軍隊不保持も声明された。『興建』第三巻第一号、一九四〇年一〇月、二三頁。

(52) 月額三万元の援助を受けていた。前掲『周仏海日記全編』三二三頁（一九四〇年七月一八日の条）。

(53) 汪政権に設けられた憲政実施委員会の委員には、興建運動から袁殊が名を連ねているが、これは憲政実施という挙国的な事情による例外と言えよう。

(54) 「陳孚木等組織「興亜建国会」」『大公報』一九四〇年二月一七日三版。

(55) 姚志平「英勇的人們」興亜建国運動本部結束委員会編『興建運動』街灯書報社、一九四一年、五三四頁。

(56) 関係者の経歴は『興亜建国運動と其現状』を基に、岩井英一前掲『回想の上海』、『憲政月刊』第一期（一九四〇年）、『民国人物大辞典（増訂版）』、満蒙資料協会編『中国紳士録（民国三十一年版）』（同会、一九四二年）、『大陸新報』（一九四〇年二月一九日二面）で補足した。

(57) 魯風。生没年不詳。『新中国報』総編輯。戦後上海市公安局長楊帆の主任秘書となったが、三反五反後消息不明。金雄白前掲『汪政権的開場与収場』四四五頁。

(58) 楊鴻烈（一九〇三～七七）：雲南晋寧人。国立師範大学外文系卒、清華大学国学研究院で歴史を研究。東京帝国大学留学。上海中国公学歴史系主任、雲南大学師範学院院長、河南大学歴史系主任、無錫国学専修館講師など歴任。汪政権では宣伝部編審司長に就任。一九四六年、香港『星島日報』英文翻訳員、香港大学講師。五六年、広東文史館館員。『民国人物大辞典』二一七四頁。

(59) 清地ゆき子「恋愛用語「三角関係」と〝三角恋愛〟の成立と定着――一九二〇年代の日中語彙交流の視点から」『日本語の研究』第六巻第二号、二〇一〇年四月。

(60) 汪正禾（一八九八～一九五九）：浙江餘杭人。別名汪馥泉。一九一九年日本に留学。上海で著述・翻訳に従事。復旦大学等で教鞭をとり、雑誌『現代』『文摘』等を編集。四〇年上海で『学術』雑誌主編。戦後、東北人民大学教授。楊法宝主編、杭州市餘杭区地方志編纂委員会編著『餘杭著名人文自然』方志出版社、二〇〇五年、四八九頁。

(61) 傅彦長（一八九二～一九六一）：江蘇武進人。上海南洋公学卒業後、日本へ留学。一九四〇年代には雑誌『文友』・『新東方』等で活躍。銭理群主編『中国淪陥区文学大系』（史料巻）広西教育出版社、二〇〇〇年、四三一頁。

(62) 張資平については森美千代「日中戦争下の張資平――「和平運動」への参加過程」（『野草』第五四号、一九九五年八月）が詳しい。

(63) 畑部隊特務部「支那事変時に於ける支那民心の動向と大民会に就いて（一）」（一九三八年一〇月）一〇頁、昭和一三年「陸支密大日記　六三号」防衛省防衛研究所。

(64) 「新文苑月刊徴稿」『申報』一九三九年一一月一二日二版。

(65) 原誌は確認できていないが、少なくとも第二期の目次からは政治的な文章はうかがえない。「新文苑月刊第二期出版」『申報』一九三九年一二月二〇日一三版。

(66) 「社評　概論工潮」『申報』一九三九年一二月一四日四版。

(67) 『労働者』第四・第五期、一九四〇年一月、及び第八期目次（『興建』第三巻三号、一九四〇年一二月、五七頁）。

(68) 一九三九年一二月の『申報』には、「北区各工廠　罷工風潮」（一三日二版）、「各工廠商号怠工租界当局重視」（一五日九版）、「永安三廠　昨已復工」「国貨公司労資糾紛昨已円満解決」（一六日一〇版）等の関連記事が確認できる。

(69) 「日方操縦偽工会脅迫工人入会」『申報』一九三九年一二月一四日七版。

(70) 黄美真「論淪陥時期的上海工運」『歴史研究』一九九四年第四期、饒景英「上海淪陥時期〝偽工会〟述評」『史林』一九九四年第四期、王春英「日本在華占領区内的排英運動――以一九三九年英資綸昌公司罷工案為中心」『近代史研究』二〇一〇年第六期。

(71) 朱斐声（?～?）：別名朱惕悟。海門県等で国民党執行委員を歴任、中華工人福益会組織委員、興建本部労働委員兼組織部長。『興亜建国運動と其現状』五九頁、『大陸新報』一九四〇年二月一九日二面。

（72）張修明（一九〇三〜？）：江蘇川沙人。上海羣治大学卒。興建運動以前の経歴は不明だが、後に鎮江地区清郷副主任・鎮江県県長・江蘇省政府政治工作団団長等歴任。中国第二歴史檔案館編『汪偽政府行政院会議録』第二三冊、檔案出版社、一九九二年、六一六頁。

（73）聯誼社という名称は、戦時期上海の俸給生活者の親睦・互助団体として当時盛んに組織されていた「聯誼会」の影響があったと思われる。岩間一弘『上海大衆の誕生と変貌――近代新中間層の消費・動員・イベント』東京大学出版会、二〇一二年、一九一〜二四四頁。

（74）楊銘修（一八七二〜一九五九）：貴州貴陽人。名徳懋。清末の挙人。民国にかけて浙江・貴州で県知事を務める。一九二四年、平綏鉄路局秘書兼鉄路医院医務主任。その後、漢方医を生業とする。四五年、北京国医学院教授を兼任。五一年一二月、中央文史研究館館員に招聘され、五四年九月、所蔵する古銭一千余枚を国に寄贈。中央文史研究館編『中央文史研究館館員伝略』中華書局、二〇〇一年、六三頁。

（75）「〝古銭〟の使ひ」『東京朝日新聞』一九四〇年九月一二日夕刊二面、須磨弥吉郎『外交秘録』商工財務研究会、一九五六年、一九八〜一九九頁。

（76）一九四〇年六月から七月にかけ「中文の民衆運動をして興建運動一色に塗り潰し得る」との判断から、岩井・袁殊が香港へ赴き、桂林から数名の参加が予定されていた。三浦総領事→有田外務大臣（一九四〇年六月一七日発）、「二二．興亜建国運動」、支那政党、結社関係雑件（A–6–1–0–7）外務省外交史料館。

（77）「興建月刊投稿簡章」『興建』第三巻第三号、一九四〇年一二月、奥付。

（78）また応募者の地域別割合は華北四一％、華中三五％、華南一五％、抗戦区域及び国外九％であった。興亜建国運動本部結束委員会前掲『興建運動』二三〜二四頁。

（79）興亜建国運動本部結束委員会前掲『興建運動』二〇頁。

（80）これは袁殊の希望だった。岩井によれば、そこには影佐禎昭の題字を「お守り代り」にして日本軍占領区域内で運動をスムーズに進めたいという袁殊の思惑もあったという。岩井英一前掲『回想の上海』一〇八頁。

（81）『興建』のうち筆者が直接原誌を確認できたものは、東京大学所蔵の第一巻第一号、東洋文庫所蔵の第二巻第二号・同第五号、第三巻第一〜三号、東京外国語大学所蔵の第二巻第一号、第三号、第四号、第六号である。

（82）文化委員会発行の『新文苑』第一期・第二期（上海文理図書公司、一九三九年）は文藝誌で、労働委員会傘下の『労働者』も第四・第五期（労働者半月刊社、一九四〇年）では労働問題・ストライキ記事で誌面が埋められた。ただ『労働者』第八期には興建運動の綱要が掲載されており、労働問題に関心を持つ読者に対しても、漸進的に興建の主張を普及させようとした意図はうかがえる。『興建』第三巻第三号、一九四〇年一二月、五七頁。

(83) 袁殊『興亜建国論』興建月刊社、一九三九年。
(84) 梁鴻志「東亜新秩序の先決問題」『実業之世界臨時増刊　興亜産業経済大観』一九三九年一〇月号、総説篇七二頁。
(85) 唐巽。生没年不詳。上海新聞社社長、上海各大学学生聯合会常務委員、青年文化促進社幹部調査部長兼設計部長、蘇州学生聯合会長等歴任。興亜建国運動青年委員会主任委員。唐菊生の弟。CC系であったという。前掲『興亜建国運動と其現状』五七頁。甘志遠著、蒲豊彦編『南海の軍閥甘志遠――日中戦争下の香港・マカオ』凱風社、二〇〇〇年、二一一頁。
(86) この時期、胡蘭成が『南華日報』総主筆として「流沙」の筆名を用いた点（劉心皇『抗戦時期淪陥区文学史』成文出版社、一九八〇年、六九頁）、『憲政月刊』選稿人として袁殊と関係があった点（『憲政月刊』第一巻第四期、一九四〇年一二月、奥付）、青年の役割を重視する議論を展開した点から判断して、興建運動の「流沙」は胡蘭成と考えられる。胡蘭成については第一一章参照。
(87) 莫青「新世界観」『興建』第二巻第二号、一九四〇年五月、一七頁。
(88) 李蒙政「興建運動与革新政治体制」『興建』第三巻第三号、四五頁。
(89) 陳孚木「論中日和平運動」同『中日合作論』興建月刊社、一九四〇年、一八頁。
(90) 唐巽「青年救国運動一般論」上海・日本総領事館特別調査班訳『興亜建国の理論と主張』同班、一九四二年、三五五頁。
(91) 王子恵『亜細亜の明日を語る』亜細亜書房、一九三九年、三六頁。
(92) 魯風「興亜建国与新民族主義」『興建』第二巻第五号、一九四〇年八月。
(93) 余愚「東亜革新論」『興建』第二巻第五号。
(94) 杉浦晴男『東亜聯盟建設綱領』立命館出版部、一九三九年、一三頁。
(95) 日本東亜聯盟協会「東亜聯盟建設綱領」『興建』第二巻第五号。
(96) 温宗尭「焦土政策の批評」同『中日事変各要点詳論』華中印刷局、一九三九年、三三頁。
(97) 魯風「歴史観的興亜建国論」曹翰等『興亜建国理論的根拠』興建月刊社、一九四〇年、二四頁。
(98) 曹翰「興亜建国之理論的根拠」『興建』第二巻第二号、四頁。
(99) 陸国幃「興亜建国与中国思想界之転変」興亜建国運動本部結束委員会前掲『興建運動』一四七頁。袁殊も抗戦以来の歴史を「正反合」の辯証法から説明した。「興華学院開学記」『興建』第二巻第五号、六六頁。
(100) 曹翰「興亜建国之理論的根拠」『興建』第二巻第二号、二頁。
(101) 陸国幃前掲「興亜建国与中国思想界之転変」一四九頁。
(102) 汪精衛は「敗北した支那に対して、日本が賠償と割譲とを要求するといふことは、当然」としていた。今中次麿『東亜の政治的新段階』日本青年外交協会、一九四一年、三八頁。
(103) 兪吉玉・呉海康・潘敦徽「日本印象記」興亜建国運動本部結束委員会前掲『興建運動』五八八～五八九頁、五九二頁、六〇五頁。

（104）流沙「興亜建国と日支の青年」上海・日本総領事館特別調査班前掲『興亜建国の理論と主張』三四七頁。
（105）陳孚木「中日合作論」同『中日合作論』八～九頁、一〇頁。
（106）呉越「根絶赤化思想」『新東亜』維新政府行政院宣伝局、第一巻第二期、一九三九年六月、七頁。
（107）王子恵前掲『亜細亜の明日を語る』八九頁、温宗堯前掲『中日事変各要点詳論』三五頁。
（108）陳孚木「反共問題」同『反共問題』興建月刊社、一九四〇年、六頁。ちなみに陳孚木は失敗した人物として陳済棠・韓復榘・蔣介石を挙げている。
（109）鴻磯「共産主義与中国国情」興亜建国運動本部結束委員会前掲『興建運動』三五九～三六〇頁。
（110）鴻磯「共産主義的根本錯誤」興亜建国運動本部結束委員会前掲『興建運動』三七七頁。
（111）陳孚木前掲『反共問題』二～四頁。
（112）鴻磯「共産主義与中国国情」興亜建国運動本部結束委員会前掲『興建運動』三六一頁、三六四頁。
（113）曹翰「興建運動的当前使命」『興建』第二巻第五号、一三～一四頁。
（114）魯風「国共分合的透視」陳孚木前掲『反共問題』四七頁。
（115）曹翰「従内政談到抗戦」興亜建国運動本部結束委員会前掲『興建運動』二六五頁。
（116）鴻磯「共産主義与中国国情」興亜建国運動本部結束委員会前掲『興建運動』三五九頁。
（117）宣伝部編『和平反共建国文献』同部、一九四一年。
（118）陳孚木前掲『反共問題』三～四頁、五頁。
（119）鴻磯「共産主義的根本錯誤」興亜建国運動本部結束委員会前掲『興建運動』三七七頁。
（120）陳孚木前掲『反共問題』五頁、一〇頁。
（121）朱斐声「新中央政府的社会政策与労働問題」興亜建国運動本部結束委員会前掲『興建運動』二七八頁。
（122）唐巽「新中央政府与青年問題」興亜建国運動本部結束委員会前掲『興建運動』二八一頁。
（123）曹翰「興建運動的当前使命」『興建』第二巻第五号、一六頁。
（124）流沙「興亜建国と日支の青年」『興亜建国の理論と主張』三四四頁。
（125）陸国幃「日本印象記」興亜建国運動本部結束委員会前掲『興建運動』六〇九頁。
（126）維新政府教育部顧問室『維新教育概要』同室、一九四〇年、五頁、七～九頁
（127）「和平の声巷に満つ　凋落の抗戦陣営」『大陸新報』一九四〇年一月一二日七面。
（128）「大学・専門校の教職員和平への協力」『大陸新報』一九四〇年一月二三日夕刊二面。
（129）「和平か抗日か　深刻な学生層の対立」『大陸新報』一九四〇年四月五日夕刊二面。

(130)「充溢市場的和平風説」『申報』一九四〇年一月一三日四版。
(131)「興建運動に重慶動揺」『大陸新報』一九四〇年二月二〇日二面。
(132)「和平結社続々現る」『大陸新報』一九四〇年二月四日七面。
(133)「和平反共の伝単　重慶の街頭に散布」『大陸新報』一九四〇年三月二九日夕刊二面。
(134)厳軍光「我等が三大目標」『大陸新報』一九四〇年一月一〇～一一日二面。陳孚木「日支合作と興亜建国」同上紙一九四〇年二月一三～一六日二面。
(135)「執筆者の椅子」『セルパン』一九四〇年四月号、一一八～一一九頁。
(136)半谷高雄「中国言論界の動向」『セルパン』一九四〇年四月号、二二～二五頁。
(137)澤村一夫「新中央政府と青年層」『新支那読本』一九四〇年、一九七～一九九頁。
(138)児玉誉士夫『悪政・銃声・乱世――風雲四十年の記録』弘文堂、一九六一年、一七〇～一七四頁。岩井英一前掲『回想の上海』三六三頁。
(139)児玉誉士夫「上海雑感」『興建』第二巻第三号、一九四〇年六月。
(140)児玉誉士夫前掲『悪政・銃声・乱世』一七三頁。
(141)児玉誉士夫前掲『獄中獄外』一九二～一九三頁、二五〇～二五一頁。
(142)岸要五郎については、衛藤瀋吉「ある無名の先駆者――岸要五郎小伝」(同『日本の進路』東京大学出版会、一九六九年、一七六～一九三頁)参照。
(143)興亜建国運動本部前掲『興建第一年』巻頭写真頁。
(144)「名刺交換名簿」『大亜細亜』大亜細亜建設社、一九四一年一月号。
(145)「興亜建国本部　声明解散」『南京新報』一九四〇年一二月一八日一張一版。
(146)柴田哲雄『協力・抵抗・沈黙――汪精衛南京政府のイデオロギーに対する比較史的アプローチ』成文堂、二〇〇九年、一九頁。
(147)「明年元旦召開国民大会」『南京新報』一九四〇年九月一〇日一張一版。
(148)「東亜聯盟中国総会創立盛典」『政治月刊』第一巻第二期、一九四一年二月、三四頁。
(149)袁殊「慰労与道謝」『政治月刊』第四巻第一期、一九四二年七月、三四頁。
(150)袁殊「放眼亭畔話往事――憶打入汪偽的四年」『蘇州史志資料選輯』第三輯、蘇州市地方志編纂委員会辦公室、一九八六年三月、三頁。
(151)『興建』連載の大川周明「日本二千六百年史」も『政治月刊』第一巻二期から四期(一九四一年)にかけて引き続き連載された。
(152)因明「幾個偏重政論的刊物」『中国公論』第七巻第一期、一九四二年一月、七七頁。

(153)『国際労工通訊』国際労工局中国分局、第七巻第二期、一九四〇年二月、一二五～一二九頁。
(154)孔憲鏗「本刊的使命」『新東亜』第一巻第一期、一九三九年六月、一頁。
(155)日本・中国派遣軍司令部「告派遣軍将士書」『興建』第二巻第二号、四三頁。
(156)温宗堯「参加反共救国大会祝詞」『中華新声』第一巻第九期、一九三八年一二月、二頁。
(157)前掲『周仏海日記全編』七一三頁（一九四三年三月二日の条）。
(158)天野弘之・井村哲郎編『満鉄調査部と中国農村調査――天野元之助中国研究回顧』不二出版、二〇〇八年、一一四頁。
(159)『国民政府公報』一九四八年三月一三日、六頁。

第七章

(1)火野葦平「兵隊について」改造社、一九四〇年、一九九～二二六頁。
(2)中村元哉『対立と共存の日中関係史――共和国としての中国』（叢書東アジアの近現代史　第二巻）、講談社、二〇一八年。
(3)富岡羊一「南京還都一年　憲政実施の推移」『時局情報』第五巻第四号、一九四一年四月。富岡は東京日日新聞東亜部記者。
(4)袁殊「憲政問題」『憲政月刊』第一期、一九四〇年九月、東洋協会調査部編『支那憲政問題』同部、一九四〇年、一一頁。
(5)柴田哲雄『協力・抵抗・沈黙――汪精衛南京政府のイデオロギーに対する比較史的アプローチ』成文堂、二〇〇九年、八七頁。
(6)堀井弘一郎『汪兆銘政権と新国民運動――動員される民衆』創土社、二〇一一年、八三～八五頁。
(7)土屋光芳『汪精衛と民主化の企て』人間の科学新社、二〇〇〇年、二六四頁。
(8)『憲政月刊』は一九四〇年九月から四期、上海の憲政月刊社から発行された。四一年一月に『政治月刊』と改題され、四五年五月まで発行された。占領地の代表的政論誌である。
(9)東洋協会調査部前掲『支那憲政問題』七～一四頁及び石川忠雄『中国憲法史』慶應書房、一九五九年、一〇五～一三八頁を主な材料に、それ以外の引用は適宜註釈を施した。
(10)国民参政会とそこでの憲政の議論については、西村成雄『中国ナショナリズムと民主主義――二〇世紀中国政治史の新たな視界』（研文出版、一九九一年）一一〇～一四四頁を参照。
(11)陳雷「国民参政会与戦時第一次民主憲政運動」『貴州社会科学』総二〇〇期第二期、二〇〇六年三月。
(12)徐公美については、拙稿「南京戦後の秩序回復と対日和平政権――南京市自治委員会を中心に」（『新しい歴史学のために』第二八四号、二〇一四年五月）参照。
(13)維新政府概史編纂委員会編『中華民国維新政府概史』行政院宣伝局、一九四〇年、二〇〇頁。
(14)陳羣は伍澄宇のことを「知友」と称している。「陳序」伍澄宇『維新政綱原論』陽明学会、一九三九年、一頁。なお土屋光芳「中華民国維新政府はなぜ平穏に汪精衛政権に吸収されたか？——陳羣と伍澄宇を中心に」（『政経論叢』第八三巻第三・第四号、二〇一五年二月）も維新政府がなぜ汪政権に平穏裡に吸収されたのかという点から両者に着目している。

(15) 伍澄宇前掲『維新政綱原論』三六頁。
(16) 伍澄宇前掲『維新政綱原論』三七頁。
(17) 伍澄宇前掲『維新政綱原論』三九頁。
(18)「中国国民党第六次全国代表大会宣言」『中華日報』一九三九年八月三一日一張二頁。
(19)「汪主席昨日　発表重要声明及談話」『中華日報』一九三九年九月二三日一張一頁。
(20) 憲政月刊社同人「発刊辞」『憲政月刊』第一期、一九四〇年九月。
(21) 西村成雄前掲『中国ナショナリズムと民主主義』一三二〜一三三頁。
(22) 西村成雄前掲『中国ナショナリズムと民主主義』一三二頁。
(23) 西村成雄前掲『中国ナショナリズムと民主主義』一二六頁。
(24) 周仏海「（専載）中国国民党過去的功罪与今後的地位」『中華日報』一九三九年八月二〇日一張二頁。
(25)「（社評）現階段的国民憲政観」『中華日報』一九三九年八月二五日一張一頁。
(26)「渝方憲政運動中　共党乗機拡大　西北独立政権」『中華日報』一九三九年一一月二日一張一頁。
(27)「（社評）蔣介石的窮途説謊」「留港某中委談　渝「六全会」真相」『中華日報』一一月一四日一張一面、君平「嗚呼蔣介石之六中全会」（『華風』第六八期）、『中華日報』一一月二二日二張六頁。
(28)「蔣正式発表宣言　将施行「訓政」与「憲政」」『中華日報』一九三九年一二月二八日一張一頁。
(29) 君平「蔣介石口中之憲政」（『華風』第八七期）『中華日報』一九三九年一二月二九日二張六頁。
(30) 桐如「以蔣介石為中心之憲政」（『華風』第九四期）『中華日報』一九四〇年一月一二日二張六頁。
(31)「（社評）憲政与独裁」『中華日報』一九四〇年一月一四日一張一頁。
(32)「（社評）中央政府之性質与機構」『中華日報』一九四〇年二月四日一張一頁。
(33)「建国大綱」には「三分の二以上」といった具体的な数字の明記はない。ただ孫中山の講演「自治制度為建設之礎石」（一九一六年七月一七日）では、「多数決は、三分の二あるいは四分の三までの表決とすべき」という発言がある。これは「我が国の約法では統治権は全体に属すと規定されており、必ずこうすることによって「主権在民」と言うことができる」という孫中山の考えを反映している（国父全集編輯委員会編『国父全集』第三冊、近代中国出版社、一九八九年、一六四頁）。おそらくこの社説の執筆者は、こうした孫中山の思想と併せて「建国大綱」を解釈している。
(34)「（社評）真正的憲政」『中華日報』一九四〇年三月九日一張一頁。

（35）「（社評）当前的憲政問題」『中華日報』一九四〇年三月一一日一張一頁。
（36）胡沢吾「（専載）憲政的意義和前提」『中華日報』一九四〇年三月一九日一張一頁。
（37）斉書「斥渝府的「憲政」」（「小採集」第一二一期）『中華日報』一九四〇年三月一四日、二張六頁。
（38）ほかにも秉秉「所謂民主政治」（「華風」第一二二期）『中華日報』一九四〇年三月一七日二張六頁、兼明「所謂「憲政問題」」（「華風」第一三六期）『中華日報』一九四〇年四月一七日二張六頁などにも同様の指摘あり。
（39）富岡半一前掲「南京還都一年　憲政実施の推移」。
（40）周仏海著、蔡徳金編『周仏海日記全編』中国文聯出版社、二〇〇三年、三〇九頁（一九四〇年六月一七日の条）。
（41）「憲政実施委員会之組織及二次会議経過」『中央導報』第一巻第一〇期、一九四〇年一〇月。
（42）西村成雄前掲『中国ナショナリズムと民主主義』一三三〜一三五頁。
（43）「憲政実施委員会組織大綱」・「憲政実施委員会委員及専門委員資格標準」（ともに一九四〇年五月二五日）前掲『憲政月刊』第一期。
（44）「憲政実施委員会委員及専門委員名録」『憲政月刊』第一期、一九四〇年九月。各委員の肩書は、〔　〕は『民国人物大辞典（増訂版）』（徐友春主編、河北人民出版社、二〇〇七年）により、（　）は「憲政実施委員会委員及専門委員名録」及び「憲政実施委員人選　網羅全国専家担任」（『中華日報』一九四〇年六月二九日、一張一頁）の説明による。
（45）前掲「憲政実施委員会委員及専門委員名録」。
（46）外務省調査部第二課［嘱託岡本清一］『最近ノ中華民国憲法問題対策案』同課、一九四〇年一〇月、一二頁。
（47）胡沢吾「憲法上之消極主義与積極主義」『中華日報』一九四〇年七月一〇日三張一〇頁。
（48）胡沢吾前掲「憲政的意義和前提」。
（49）汪精衛「（特載）民権主義前途之展望」『中華日報』一九四〇年八月二六日一張一頁。
（50）「（社評）政治中心与思想中心——写在憲政実施委員会会議之後」『中華日報』一九四〇年九月一二日一張一頁。
（51）汪精衛「和平与憲政——廿九年九月十六日対中央党訓団訓詞」『憲政月刊』第二期、一九四〇年一〇月。
（52）関竹川「実施憲政的先決問題」『中華日報』一九四〇年一〇月二一日一張二頁。
（53）孟祺「民主与独裁」『憲政月刊』第二期、一九四〇年一〇月。
（54）程正元「実施憲政中的政党問題」『憲政月刊』第三期、一九四〇年一一月。
（55）褚民誼「（専載）政治建設」『中華日報』一九三九年一二月一七日一張二頁。
（56）汪政権下における民主政治をめぐる議論が変化した背景には、ドイツ・イタリアのファシズムの世界的擡頭に加え、日本の大政翼賛会の動向などが影響していたと考えられる。

(57) 一九四〇年九月九日から開かれた憲政実施委員会全体会議及び審査委員会では「五五憲草」第一条の「三民主義共和国」から「三民主義」の削除を決定した。南京阿部大使→松岡外務大臣（一九四〇年九月一四日発）、支那中央政況関係雑纂（A–6–1–1–2）外務省外交史料館。
(58) 伍澄宇「（専論）遺教釈惑論——告民憲「為維持党〔憲〕論者進一解」者」『中華日報』一九四〇年一〇月七日、一張二頁。
(59) 黄清安「憲政与新聞事業」前掲『憲政月刊』第三期、一九四〇年一一月。
(60) 袁殊「中国革命現階段与憲政問題」『憲政月刊』第二期、一九四〇年一〇月。
(61) 李蒙政「興建運動与革新政治体制」『憲政月刊』第二期、一九四〇年一〇月。
(62) 陳孚木「我対於憲政的意見」『憲政月刊』第三期、一九四〇年一一月。
(63) 汪精衛「憲政実施委員会成立致訓」『憲政月刊』第一期、一九四〇年九月。
(64) 「憲政実施委会 修改国大法」『中華日報』一九四〇年九月二〇日一張一頁。
(65) 以下、審議内容については、真鍋藤治「憲政運動と支那内政問題」『大陸』第四巻第二号、一九四一年二月。真鍋は満鉄上海事務所法制班所属。
(66) 三民主義を救国主義とする主張は、憲政実施委員会委員呉凱声の議論にも見られる。呉凱声「（特稿）憲法草案之評述（一）」『中華日報』一九四〇年七月二九日一張二頁。
(67) 真鍋藤治前掲「憲政運動と支那内政問題」。
(68) 「我們対於国民大会的意見」『憲政月刊』第四期、一九四〇年一二月。
(69) 南京本多大使→松岡外務大臣（一九四一年一月四日発）、支那中央政況関係雑纂（A–6–1–1–2）外務省外交史料館。
(70) 外務省調査部第二課前掲『最近ノ中華民国憲法問題対策案』四八頁。
(71) 南京本多大使→松岡外務大臣（一九四一年一月一三日発）、支那中央政況関係雑纂（A–6–1–1–2）外務省外交史料館。
(72) 前掲「我們対於国民大会的意見」。
(73) 南京本多大使→松岡外務大臣（一九四一年一月二三日発）、支那中央政況関係雑纂（A–6–1–1–2）外務省外交史料館。
(74) 周仏海・蔡徳金前掲『周仏海日記全編』四〇七頁（一九四一年一月九日の条）。
(75) 南京本多大使→松岡外務大臣（一九四一年一月二三日発）、前掲。
(76) 南京本多大使→松岡外務大臣（一九四一年一月二三日発）、前掲。
(77) 山田辰雄は「南京政権〔＝汪政権〕が、自らは組織的基盤を欠き既成の組織の操縦・統合にその存立基盤を求めてきた国民党左派の行動様式の国際的展開であった」という展望を示している。山田辰雄『中国国民党左派の研究』慶應書房、一九八〇年、二八九頁。汪政権と一九三〇年代の国民党左派を同等の存在として扱えるのかという問題はあるが、汪精衛の行動を考える際に興味深い指摘である。

(78) 戈島「従憲政実施談到民主政治」汪剣琴編『憲政実施的認識』政論編訳社、一九四〇年、五九頁。
(79)「呉紹澍自港函勉各界」『申報』一九四〇年一月二九日九版。
(80)「呉開先氏　談憲政実施問題」『申報』一九四〇年三月二〇日一〇版。
(81)『大公報』一九四〇年一〇月五日の報道。真鍋藤治前掲「憲政運動と支那内政問題」。
(82) 益井康一『漢奸裁判史――一九四六～一九四八』みすず書房、一九七七年、一三三頁。
(83) 羅彩珠「憲政運動与反汪運動」『広東婦女』第一一期、一九四〇年六月一五日。
(84) 方直「汪逆還想用偽憲騙人」『全民抗戦』第一一六期、一九四〇年三月三〇日。
(85) 正誠「憲政運動与反汪運動」（一九四〇年六月三日）『新建設』第八期、一九四〇年六月一五日。
(86) 新華日報「実施憲政的先決条件」汪剣琴前掲『憲政実施的認識』四三頁。
(87) 前掲『周仏海日記全編』三五一頁（一九四〇年九月一七日の条）。
(88)「中常会決議　国民大会延期召集」『申報』一九四〇年九月二六日四版。
(89) 汪政権成立前にも経済政策や食糧問題への言及はあったが（「(社評) 経済建設」『中華日報』一九四〇年三月一日一張一頁、傅式説「(専載) 新中央政府成立後対於国内応先由何処着手?」『中華日報』一九四〇年三月二八日一張一頁等）、『中華日報』社説の傾向は、汪政権成立一年を迎える頃を転機として、政治から経済政策・食糧問題に移っていった。
(90) 南京本田大使→松岡外務大臣（一九四〇年一二月二七日発）、「汪政権側」支那中央政況関係雑纂／国民党関係／国民党全国代表会議関係（地方大会ヲ含ム）(A-6-1-1-2_2_1) 外務省外交史料館。「憲政会昨常会　決議要案多起」『中華日報』一九四〇年一二月二四日一張一頁、「中政委会昨日決議　国民大会延期挙行」『中華日報』一九四〇年一二月二七日一張一頁。
(91)「国民政府令行政院　飭各省市公告報到　由憲会延為名誉専門委員　俾共同促進憲政実施工作」『中華日報』一九四一年一月一八日一張一頁。
(92)「憲政実施委員会　第五次常務会議」『中華日報』一九四一年三月一五日一張二頁。
(93) 塚本誠『ある情報将校の記録』中公文庫、一九九八年、二九五頁（私家版一九七一年）。
(94)「戦争事実依然存在　人民希望過高失望亦大」『中華日報』一九四五年七月二九日一頁。
(95) 当時の中国における憲政に関する議論の傾向の大枠を掴むために、民国時期の論文検索データベース大成老で「憲政」をキーワードに持つ論考数を比べると、一九三七年（三四本）、三八年（〇本）、三九年（二一九本）、四〇年（二一一本）、四一年（二三本）、四二年（一本）、四三年（三四本）という結果が得られた。
(96) 前掲「戦争事実依然存在　人民希望過高失望亦大」『中華日報』。

第八章

（1）魯迅「人言畏るべしということ」松枝茂夫訳『魯迅選集』第一一巻、岩波書店、一九六四年、「論人言可畏」『且介亭雑文二集』岩波書店、一九六四年、一八一～一八五頁、魯迅「「噂はこわい」について」『魯迅全集』第八巻、学習研究社、一九八四年、三六九～三七四頁。

（2）中国社会科学院他編『孫中山全集』第三巻、中華書局、一九八四年、一〇六頁、一七〇頁、二二五頁、王耿雄等編『孫中山集外集』上海人民出版社、一九九〇年、三六四～三六六頁、三七〇～三七二頁、四六一頁、湖南省社会科学院編『黄興集』中華書局、一九八一年、七〇～七一頁、一六五～一六六頁、馮自由『華僑革命開国史』商務印書館、一九四六年、七〇頁、同『華僑革命組織史話』正中書局、一九五四年、六一～六六頁。

（3）劉師古「中国最早的飛機隊一段史実」『伝記文学』第三〇巻第四期、伝記文学出版社、一九七七年四月。李禎祥「K党元老伍澄宇改朝功臣変祭品」（『新台湾』第六二一期、二〇〇八年二月）は伍澄宇の経歴を紹介するが、その詳細にはほとんど踏み込んでいない。

（4）Susan H. Marsh, "Chou Fo-hai: The Making of a Collaborator", in Akira Iriye, ed., *The Chinese and the Japanese: Essays in Political and Cultural Interactions*, Princeton: Princeton University Press, 1980. 本書の日本語訳として、入江昭編著、岡本幸治監訳『中国人と日本人——交流・友好・反発の近代史』（ミネルヴァ書房、二〇一二年）がある。

（5）土屋光芳「中華民国維新政府はなぜ平穏に汪精衛政権に吸収されたか？——陳羣と伍澄宇を中心に」『政経論叢』第八三巻第三・第四号、二〇一五年二月。土屋論文は本章の元となった博士論文を参照して執筆されており、その問題関心は本章とも通じる。

（6）方李邦琴主編『孫中山与少年中国——従美国当年的報紙看辛亥革命』北京大学出版社、二〇一二年。

（7）伍平一著、譚公甫編『国体精理』南洋民治社、一九一五年。

（8）「〔伍澄宇〕国防部台湾軍人監獄攷核表」（一九五〇年五月二八日）、「呉坤煌等叛乱案」0039-1571-26434596、国家檔案管理局。

（9）「首都高等法院検察官訊問筆録」（一九四六年五月三日）南京市檔案館編『審訊汪偽漢奸筆録』鳳凰出版社、二〇〇四年、一〇九九頁。ただ「国防部台湾軍人監獄叛乱犯調査表」では「日本法政大学畢業」とあり、前掲「〔伍澄宇〕国防部台湾軍人監獄攷核表」では「日本東京日本大学畢業」とある。前掲「呉坤煌等叛乱案」。

（10）馮自由前掲『華僑革命開国史』六一頁。

（11）邵雍「同盟会時期孫中山与美国致公堂的関係」『広西師範大学学報——哲学社会科学版』第四二巻第三期、二〇〇六年七月。

（12）馮自由は二月二七日とするが（馮自由前掲『華僑革命組織史話』六四頁）、馮がその場にはいなかったことを考えると、伍澄宇の回想がより正確であると考えられる。

（13）伍平一前掲『国体精理』一二四頁。

（14）張磊『孫中山辞典』広東人民出版社、一九九四年、二九四頁。

（15）伍平一前掲『国体精理』八六～一〇〇頁。

（16）雷鉄厓（一八七三～一九二〇）：四川富順人。清末に秀才となり、一九〇五年一月に日本に渡り、同年八月中国同盟会に参加。雑誌『鵑声』、『四川』などを主宰。一〇年秋、胡漢民の要請でペナンに渡り、同年一二月に『光華日報』を創刊し文筆に従事。唐文権「雷鉄厓生平簡明年表」同編『雷鉄厓集』（辛亥人物文集叢書①）華中師範大学出版社、一九八六年。

（17）戴季陶（一八九一～一九四九）：四川成都人。一九〇二年、成都の東游予備学校に入り日本語を学ぶ。〇五年、日本に渡り師範学校・日本大学で学ぶ。一〇年、上海日報社及び『天鐸報』の記者となる。一一年ペナンへ亡命し『光華日報』に参加、中国同盟会に入る。武昌蜂起後上海で『民権報』を創刊。一二年に孫中山の秘書となる。国民党では、中央執行委員、政治委員、宣伝部部長、黄埔軍官学校政治部部長など歴任。孫中山の死後、『孫文主義之哲学的基礎』、『国民革命与中国国民党』を著し、反共イデオロギーの理論化を行う。国民政府では考試院院長を務める。徐友春主編『民国人物大辞典（増訂版）』河北人民出版社、二〇〇七年、二六七六頁。

（18）「伍平一致孫中山書」（一九一二年一月一五日）湖南省社会科学院前掲『黄興集』一六六頁。

（19）黄興は一九一二年四月二〇日の書簡で辞任理由を述べている。湖南省社会科学院前掲『黄興集』一六五～一六六頁。

（20）伍澄宇以外にも四民主義を唱えた例がある。一九二七年六月一四日、張作霖ら北方諸将は会議で「安国軍は三民主義の外に、民徳主義を加え、以て国の本を固めることを主張」した（「奉天重要会議　諸将領結拝誓同心」『晨報』一九二七年六月一六日二版）。同時期張作霖の「三民主義に対して従来積極的に賛成していないものの、消極的に反対もしていない。三民主義を国家建設の基礎とすることはもとより不可能ではないが、中国は礼儀の邦で、道徳を重視しているのだから、民徳を加え、四民とすれば妥協できる」との見解も伝えられた（「四民主義」『大公報』一九二七年六月一五日二版）。当時、張作霖率いる北京政府と蔣介石率いる国民政府の合流が問題となっており、その際、北京政府が三民主義及び易幟を認めるかが争点となっていた（「社評　改名易幟問題」『大公報』一九二七年六月一五日一版）。

（21）張磊前掲『孫中山辞典』二九四頁。伍平一「送孫娗（ママ）女子東帰」同『去国十年詩存』敬業出版社、一九五八年、九～一〇葉。後者によると孫中山より写真で孫娗を紹介されたのは辛亥革命前であった。

（22）「門人黄仲賢序」『伍平一先生革命言行録』陽明学会、一九四一年、「伍澄宇病逝」『中央日報』一九六二年一一月一三日三版、China Weekly Review ed., *Who's Who in China: Containing the Pictures and Biographies of China's Best Known Political, Financial, Business and Professional Men* (4th ed.), Shanghai: China Weekly Review, 1931, pp. 437–438.

（23）伍平一「辯言」同前掲『去国十年詩存』一葉。

（24）前掲「首都高等法院検察官訊問筆録」（一九四六年五月三日）『審訊汪偽漢奸筆録』一〇九九頁。

(25) 伍平一「華僑与民国」『新国民雑誌』第一巻第三期、一九一七年五月一五日。革命での汪精衛の活躍を説く「関於辛亥革命的一個重要報告」(『中央導報』第一巻第一二期、一九四〇年一〇月)にも同様の言及がある。
(26) 前掲「門人黄仲賢序」。
(27)「伍澄宇辯訴状」(一九四六年五月四日)前掲『審訊汪偽漢奸筆録』一一〇二頁。
(28)『民国日報』(上海)一九二八年二月一三日、一六日、三月二日、三〇年一月一五日、一九日、二二日、三月二三日、四月三日、五日、一四日、一六日、一八日、一九日、五月一九日、二三日、六月二五日、七月三日、八月一日、一六日、一七日、二二日各一版等参照。
(29)「伍澄宇律師受任阮玲玉女士聘為常年法律顧問並代表鄭重声明啓事」『申報』一九三三年二月二一日五版、「阮玲玉案明日開審」『申報』一九三五年三月八日一一版。
(30)「国民外交後援会開会紀」『申報』一九二七年六月一七年一五版、「工統会聘伍澄宇為法律顧問」『申報』一九二八年二月一五日一四版、「中華法学会昨開年会」『申報』一九二九年五月一六日一四版、「両団体歓迎華僑代表」『申報』一九二九年六月一一日一三版、「華僑公会発起人会」『申報』一九三二年一一月一日一四版。
(31)「伍澄宇関於参加中韓民族抗日大同盟事致法庭密呈」(一九四六年六月)前掲『審訊汪偽漢奸筆録』一一二六頁。この他にも伍澄宇と朝鮮人の交流が確認される。「金澈案余聞」『申報』一九三二年一二月八日九版。
(32)「首都高等法院審判筆録」(一九四六年六月一八日)前掲『審訊汪偽漢奸筆録』一一三〇頁。
(33) 前掲「首都高等法院検察官尋問筆録」(一九四六年五月三日)一一〇〇頁、前掲「伍澄宇辯訴状」(一九四六年五月四日)一一〇二頁、前掲「首都高等法院審判筆録」(一九四六年五月三〇日)一一一七頁。
(34) 伍澄宇「立法一年之総検討」『政治月刊』第一巻第六期、一九四一年六月、一一七頁。
(35)「伍事務所両人撃傷」『中央日報』一九三八年六月二六日三版。
(36) 畑部隊特務部「支那事変時に於ける支那民心の動向と大民会に就いて」(一九三八年一〇月)二七頁、昭和一三年「陸支密大日記六三号」防衛省防衛研究所。
(37) 伍澄宇「我的中日親善之基本理論」『中日文化月刊』第一巻第六期、一九四一年一一月。
(38) 前掲「首都高等法院検察官訊問筆録」(一九四六年五月三日)一一〇〇頁。
(39) 伍澄宇『維新政綱原論(一名維新政府政綱之理論与実施)』陽明学会、一九三九年、一頁。
(40) 前掲「首都高等法院審判筆録」(一九四六年五月三〇日)一一一九頁。
(41) 維新政府概史編纂委員会編『中華民国維新政府概史』行政院宣伝局、一九四〇年、一三一〜一三二頁。
(42) 伍澄宇前掲『維新政綱原論』三九頁、孫中山「建国大綱」(第一六条)。

（43）陳羣は維新政府樹立に際し、国旗を青天白日満地紅旗から五色旗に換えることに反対していた。影佐機関「梁鴻志、汪第二次会談要領」（一九三九年七月五日）、支那事変ニ際シ支那新政府樹立関係一件／支那中央政権樹立問題（臨時維新政府合流問題連合委員会関係、呉佩孚運動及反共、反蔣救国民衆運動）第四巻（A-6-1-1-8_3_004）外務省外交史料館。
（44）「陳序」伍澄宇前掲『維新政綱原論』。
（45）畑部隊特務部前掲「支那事変時ニ於ケル支那民心ノ動向ト大民会ニ就イテ」三二一〜三三三頁。
（46）「伍澄宇答辯理由声訴状」（一九四六年五月）前掲『審訊汪偽漢奸筆録』一一〇九頁。
（47）本社同人「発刊辞」『憲政月刊』第一巻第一期、一九四〇年九月、三頁。
（48）徐良「我対於国民大会的意見」『憲政月刊』第一巻第四期、一九四〇年一二月、一二頁。
（49）真鍋藤治「憲政運動と支那内政問題」『大陸』第四巻第二号、一九四一年二月。真鍋は満鉄上海事務所法制班所属。
（50）伍澄宇「我們対於国民大会的意見」『憲政月刊』第一巻第四期、一九四〇年四月、一九〜二〇頁。
（51）伍澄宇「予之制限選挙論——与江君選民政治之商榷」『民意』（月刊）第一巻第八期、一九四一年一月。
（52）伍澄宇「三民主義国家化的理論」『中央導報』第一巻第一八期、一九四〇年一二月、六頁。
（53）伍澄宇「憲政与県政」『政治月刊』第一巻第一期、一九四一年一月、三七〜三八頁。
（54）伍澄宇「自序」同『国民政府政綱之理論与実施』政治月刊社、一九四二年。
（55）伍澄宇前掲『国民政府政綱之理論与実施』八〇頁。
（56）山縣初男著、中国刊行会編『中国』三原朝雄発行、一九六七年、一七一〜一七二頁。
（57）木村英夫『敗戦前夜』佐藤咲代、一九九三年、六一二〜六一四頁。
（58）同様の議論に、人民に言論の自由を許すことで既存の政府に代わる「高明之士」の登場を期待するものがある（胡蘭成「瞭解的起点」同『中日問題与世界問題』大楚報社、一九四五年）。胡蘭成の議論については第一一章参照。
（59）伍澄宇『世界和平之路（一名世界国聯政府大憲章草案）』陽明学会、一九四四年。
（60）「地方自治協会　開発起人会議」『申報』一九四四年一〇月一五日二版。
（61）「伍澄宇致最高法院声請復判状」（一九四六年七月一〇日）前掲『審訊汪偽漢奸筆録』一一三四頁。
（62）「李子和等為伍澄宇曽〝営救〟被日寇捕獲之戦俘致首都高等法院呈」（一九四六年五月二七日）前掲『審訊汪偽漢奸筆録』一一一五頁。
（63）「首都高等法院審判筆録」（一九四六年五月三〇日）前掲『審訊汪偽漢奸筆録』一一一七頁。
（64）「伍澄宇関於参加中韓民族抗日大同盟事致法庭密呈」（一九四六年六月）前掲『審訊汪偽漢奸筆録』一一二六頁。
（65）「伍澄宇辯訴状」（一九四六年五月四日）前掲『審訊汪偽漢奸筆録』一一〇三〜一一〇五頁。

(66) 前掲「首都高等法院審判筆録」（一九四六年五月三〇日）一一一八〜一一一九頁。
(67) 「首都高等法院特種刑事判決」（一九四六年六月二四日）前掲『審訊汪偽漢奸筆録』一一三一頁。
(68) 犬養健『揚子江は今も流れている』中公文庫、一九八四年、三二〜三四頁（原刊、文藝春秋新社、一九六〇年）。
(69) 近藤達児『新支那旅行記——附孫文移霊の記』田口書店、一九二九年、四一頁。
(70) 前掲「伍澄宇答辯理由声訴状」（一九四六年五月）一一〇七〜一一〇八頁。
(71) 前掲「伍澄宇答辯理由声訴状」（一九四六年五月）一一〇七〜一一〇八頁。
(72) 林房雄「四つの文字」『昭和文学全集』第三二巻、小学館、一九八九年、三一〇頁。
(73) 「最高法院特種刑事判決」（一九四七年四月五日）前掲『審訊汪偽漢奸筆録』一一四四頁。
(74) 「伍労偉卿致最高法院声請復判状」（一九四六年七月一七日）・「伍伯英為伍澄宇案致最高法院辯護状」（一九四六年八月一九日）前掲『審訊汪偽漢奸筆録』一一三九〜一一四四頁。
(75) 「監察院糾正軍法案伍澄宇王群藝李華棟等叛乱等罪行覆判情形」国防部檔案 0039-3132055-55、国家檔案管理局。
(76) 前掲「伍澄宇病逝」『中央日報』。

第九章

(1) 安藤彦太郎『虹の墓標——私の日中関係史』勁草書房、一九九五年、一〇三〜一〇四頁。
(2) 先駆的な業績として尾崎秀樹「大東亜文学者大会について」『文学』第二九巻第五号、一九六一年（のち『旧植民地文学の研究』勁草書房、一九七一年所収）。近年の成果として横路啓子「太平洋戦争期の「日華交流」と上海発の文学——『上海時代』と黒木清次「棉花記」から」鈴木貞美・李征編『上海一〇〇年——日中文化交流の場所』勉誠出版、二〇一三年。
(3) 投降日本兵と接点を持ったような例外はある。鹿地亘編『反戦資料』同成社、一九六四年。
(4) Poshek Fu, *Passivity, Resistance, and Collaboration Intellectual Choices in Occupied Shanghai, 1937–1945*, Stanford : Stanford University Press, 1993.
(5) 小島毅『増補　靖国史観——日本思想を読みなおす』ちくま学芸文庫、二〇一四年、一二四〜一二八頁。
(6) 高山岩男『京都哲学の回想——旧師旧友の追憶とわが思索の軌跡』燈影舎、一九九五年、九二〜九五頁。
(7) 高山岩男『世界史の哲学』岩波書店、一九四二年、三六〇〜三六一頁。
(8) こうした議論は高山独自というよりも、当時の日本では一般的な理解であったと思われる。当時の支那通の認識として、岡野俊雄『支那の話』海軍研究社、一九二九年、三一〜三三頁。
(9) 高山岩男前掲『京都哲学の回想』九二〜九五頁。

(10) 高山岩男『文化類型学』弘文堂、一九三九年、一一七頁、一二〇頁。
(11) 竹内好『近代の超克』筑摩書房、一九八三年、廣松渉『〈近代の超克〉論——昭和思想史への一視角』講談社、一九八九年。
(12) 高坂正顕等述、中央公論社編『世界史的立場と日本』中央公論社、一九四三年、八六〜八七頁。
(13) 内藤湖南「支那の革新と日本」同『新支那論』博文堂、一九二四年、七〇〜七一頁。
(14) 稲葉岩吉『新東亜建設と史観』千倉書房、一九三九年、二〇七頁、二一一〜二一二頁。
(15) 宮崎市定『自跋集——東洋史学七十年』岩波書店、一九九六年、二〜三頁。
(16) 呉玥論文後記『中央公論』一九四三年六月号、三九頁。
(17) 東亜聯盟中国総会広州分会出版社主編『東亜聯盟』第二巻第五期、一九四二年五月、表紙裏広告。東亜聯盟中国総会湖北分会秘書室編『東亜聯盟』（漢口）第一巻第六期、同室、一九四二年九月。中国与東亜月刊社編『中国与東亜』第一巻第一期、東亜聯盟中国総会上海分会、一九四三年一月。
(18) 黄菩生の反論は、改造社発行の『時局雑誌』（第二巻第四号、一九四三年四月）にも掲載された（増田渉訳）。
(19) 黄菩生（一九〇〇〜？）：広東連県人。広東嶺南大学文学院卒業。京都帝国大学経済学部で経済史及び社会経済学を学ぶ。一九二八年帰国後、曁南大学教授、中山大学教授（三二年）、嶺南大学教授（三四年）を歴任。広西省政府経済委員会主任委員（三五年）として広西の錫鉱開発等に参画。事変初期は香港で戦時華南の対外貿易を研究するかたわら、香港大学商学院特約講師として「香港工業状況」問題を主に講義。オランダ総領事経済顧問。和平運動参加後、国民政府行政院宣伝部参事、宣伝部指導司長兼「大亜洲主義与東亜聯盟」月刊社社長。黄菩生『興亜論文集』大亜洲主義与東亜聯盟月刊社、一九四三年、八二頁、中国第二歴史檔案館編『汪偽政府行政院会議録』第一九冊、檔案出版社、一九九二年、四九八頁。
(20) 張資平（一八九三〜一九五九）：広東梅県人。一九二二年、東京帝国大学理学部地質科卒業。創造社創立者の一人。帰国後、武昌師範大学、唐山交通大学、広西大学で地理学・地質学を講じる。二八年、上海曁南大学に文学教授として招かれ、また大夏大学で小説学を講じた。三〇年、中国国民党臨時行動委員会で機関誌『絜茜』の主編となり、抗日反蔣を宣伝した。三九年興亜建国運動に参加し、日本との和平を目指す動きに合流した。四七年五月、国民政府より漢奸として逮捕されるが、まもなく保釈された。中華人民共和国成立後、翻訳活動等に従事し、五二年、上海市副市長潘漢年の紹介で上海市振民補習学校の地理教員となる。五五年六月、潘漢年の「反革命事件」に連座して逮捕。五八年九月、有期徒刑二〇年の判決を受ける。五九年七月、労改農場で死去。徐友春主編『民国人物大辞典（増訂版）』河北人民出版社、二〇〇七年、一八六六頁。
(21) 永井柳太郎は文天祥の事績を「真の東洋精神を発揮して遺憾なきものであります」と讃え、「此の東洋独特の精神主義に立脚して、道義に基く新秩序を確立し、色の黒白を問はず、財産の有無を論ぜず、全人類を兄弟姉妹として、これを抱擁し、その共存共栄を実現せんとする新世界の建設」を唱えた。永井柳太郎「中華民国々民諸君に愬(うった)ふ」『永井柳太郎氏興亜雄辯集』大日本皇道奉賛会、一九四四年、一三五頁。

(22) 胡瀛洲(一九〇六頃~?):広東饒平人。東京帝国大学法学部卒業。軍事委員会第五六師少将参議、行政院宣伝部顧問・諮詢委員・湖北省宣伝処処長、上海華聯通訊社総編輯、北京大学法学院主任教授。『汪偽政府行政院会議録』第一八冊、二二六頁、同第二三冊、三六頁。

(23) 呉玥(一九一四/一九一八~一九九六):江蘇松江人。大夏大学卒業後、一九三九年八月、維新政府教育部選定外務省文化事業部公費留日学生。四二年、京都帝国大学経済学部卒業、四五年、東京帝国大学法学部大学院修了。日本政府補給学生との記録がある。日本敗戦前、上海に戻り、戦後国民政府治下で地下運動に従事。人民共和国では呉杰として、復旦大学教授など歴任。維新政府教育部顧問室『維新教育概要』同室、一九四〇年、四五頁、及び日華学会『第十八回 中華民国留日学生名簿』同会、一九四四年四月現在、一頁。安藤彦太郎前掲『虹の墓標』一〇三~一〇四頁。張翔「呉杰先生中日関係史与日本史研究述評」『近代中国』第九輯、一九九九年六月。

(24) 呉玥「留学の目的」『日華学報』第七二号、一九四〇年三月。

(25) 黄菩生「「道義生命力」再検討――再答京都帝国大学教授高山岩男氏」『中華日報』一九四三年七月一一日一頁。

(26) 花澤秀文『高山岩男――京都学派哲学の基礎的研究』人文書院、一九九九年、一五三頁。

(27) 関智英「『政治月刊』解題」「東洋文庫現代中国研究室　資料ニュース　解題編」二〇〇九年三月。

(28) 花澤秀文「解説」高山岩男前掲『京都哲学の回想』一八九頁。

(29) 呉玥「星期論文　養戦経済与養民経済」『中華日報』一九四四年四月二日一頁。

(30) 安藤彦太郎前掲『虹の基標』九九頁。『大東亜公論』は日本電報通信社が一九三八年から発行した中国語の月刊誌で、編集部には戸叶武もいた。筆者は四四年に発行された第七巻第五・第六合併号しか確認できておらず、呉玥の書いた文章の詳細は不明である。

(31) 「発文簿」(一九四四年七月二九日の項)中華民国国民政府(汪政権)駐日大使館檔案、大使館文件収発記録二二、東洋文庫。

(32) 「第九十四回国会参議院外交委員会会議録第五号」九頁、『官報』一九八一年四月二三日。

(33) 「通緝陳彬龢呉玥　高検処起訴書詳陳両逆罪状」『申報』一九四六年一一月七日二版。

(34) 張翔前掲「呉杰先生中日関係史与日本史研究述評」。なお、この文章は呉玥としての戦時中の活動には全く触れていない。

(35) 戸叶武『政治は足跡をもって描く芸術である』戸叶武遺稿集刊行会、一九八八年、二三頁。

(36) 「参議院外務委員会(第九十四回国会閉会後)会議録第一号」五頁、『官報』一九八一年九月八日。

第一〇章

(1) 「編集手帳」『読売新聞』一九五五年七月一一日一面。

（2）吉田東祐『民衆の生活から見た中共』東洋書館、一九五六年、一〇五頁。
（3）吉田東祐前掲『民衆の生活から見た中共』五頁。
（4）中村義他編『近代日中関係史人名辞典』（東京堂出版、二〇一〇年）は、本名を吉田東祐とするが、正しくはペンネームである（鹿島宗二郎『中国のことばとこころ』至誠堂、一九六六年、九七頁）。
（5）「飛行機を利用して空の赤化を策す　恐るべき陰謀暴露し第一飛行学校長等五名検挙」『東京朝日新聞』一九三二年九月二二日七面、「軍需工場の赤化を計る共産党軍事委員会　鹿島は同委員会の重要人物　上田校長は釈放さる」同上紙一九三二年九月二三日夕刊二面。
（6）吉田東祐『二つの国にかける橋』東京ライフ社、一九五八年、一五～一八頁。「再々建の暗躍　非常時の波を潜りまたも共産党米国を通じて指令を受け従来の連絡を一変」『東京朝日新聞』一九三五年七月一七日一一面、「新人クラブ一味〝人民戦線〟に狂奔治維法で近く送局」同上紙一九三六年八月二日一一面、「右翼の手を通じ赤の資金獲得　左翼検挙一段落」同上紙一九三六年九月二一日一一面。
（7）吉田東祐『上海無辺』中央公論社、一九四九年、二一五頁。
（8）吉田東祐『日本の反省と中国の革新』申報社、一九四四年、五五～五六頁。
（9）木戸日記研究会・日本近代史料研究会『林秀澄氏談話速記録』Ⅲ、「同第一三回」一九七六年、一〇一～一〇二頁。
（10）木戸日記研究会・日本近代史料研究会『林秀澄氏談話速記録』Ⅱ、「同第一〇回」一九七六年、二四六頁。
（11）楊天石「抗戦期間日華秘密談判中的〝姜豪工作〟」『近代史研究』二〇〇七年第一期。
（12）岡部伸『消えたヤルタ密約緊急電――情報士官・小野寺信の孤独な戦い』新潮選書、二〇一二年、一二〇～一三八頁。
（13）吉田東祐前掲『上海無辺』二七三頁。
（14）姜豪『〝和談密使〟回想録』上海書店出版社、一九九八年、一八〇頁、維新政府概史編纂委員会編『中華民国維新政府概史』行政院宣伝局、一九四〇年、二〇〇頁。
（15）木戸日記研究会・日本近代史料研究会前掲『林秀澄氏談話速記録』Ⅲ、「同第一三回」一一四頁。
（16）姜豪（一九〇八～二〇〇八）：江蘇宝山人。一九二〇年代初南洋大学附属中学に入り、大学を卒業。五三〇事件ののち、国民革命軍に参加。二七年国民党交大学区分部に参加。陳公博が上海で『革命評論』を創刊すると、姜豪もこれに加わり、国民党改組派のメンバーとして、反蒋活動に携わった。三三年国民党上海市党部監察委員。三七年八月上海市各界抗敵後援会に参加し戦時服務団団長に就任。
（17）姜豪前掲『〝和談密使〟回想録』一～二頁。
（18）姜豪前掲『〝和談密使〟回想録』一八一頁。

(19) 姜豪前掲『〝和談密使〟回想録』二〇一頁。
(20) 吉田東祐レポート「吉田姜豪交渉経過報告」（一九三九年頃）今井武夫関係文書、国立国会図書館寄託資料。
(21) 吉田東祐レポート「直接交渉ノ主張ト其ノ経過」（一九四〇年四月一五日以前）今井武夫関係文書、国立国会図書館寄託資料。
(22) 「姜豪ノ反共和平活動」山田部隊本部『中支派遣軍対共思想工作実施報告（昭和一四年七月一〇日現在）』昭和一四年「陸支受大日記　第四八号」防衛省防衛研究所。
(23) 吉田東祐前掲「直接交渉ノ主張ト其ノ経過」。
(24) 「（中国建設青年隊）綱領」吉田東祐『第二輯　日華問題の全面的解決の為めに』中国建設青年隊、一九四四年、一五一頁。
(25) 「中国建設青年隊則」第二条、吉田東祐前掲『日華問題の全面的解決の為めに』一五六頁。
(26) 『中国青年』『新生命』の主張については別稿で検討したい。
(27) 吉田東祐「著者序言（第一輯）」同前掲『日華問題の全面的解決の為めに』七頁。
(28) 「隊務報告抜萃」吉田東祐前掲『日華問題の全面的解決の為めに』一六〇～一七一頁。
(29) 陳友仁（一八七八～一九四四）。陳の詳しい経歴は第二章注(28)参照。
(30) 吉田東祐「わが師陳友仁先生の思い出」同前掲『民衆の生活から見た中共』。
(31) 吉田東祐前掲『日華問題の全面的解決の為めに』二三頁。
(32) 張一鵬（一八七三～一九四四）：江蘇呉県人。南洋公学で学ぶ。兄の張一麐創設の蘇学社に加入。一八九三年癸巳科挙人。日本に留学し、法政大学速成科卒。帰国後、法部主事、京師地方検察庁長、呉江地方検察庁庁長、雲南高等検察庁検察長を歴任。中華民国成立後、江蘇司法籌備処処長、平政院評事兼第三庭庭長、江西省財政庁庁長、署理司法部次長、司法総長代理を歴任し、東呉大学教授となる。二七年三月、国民革命軍が蘇州に設置した呉県臨時行政委員会の主席兼民政局長。その後上海で辯護士業。四三年一二月、汪政権で司法行政部部長。徐友春主編『民国人物大辞典（増訂版）』河北人民出版社、二〇〇七年、一七五八～一七五九頁。
(33) 吉田東祐『日本の反省と中国の革新』中報社、一九四四年、一〇～一一頁。
(34) 張一鵬「序言」吉田東祐前掲『日華問題の全面的解決の為めに』一四頁。
(35) 陳彬龢は反蔣介石で知られた新聞人で、少なくとも一九三八年一一月の段階で、占領地の中央政権樹立における宣伝工作の首班と目され、上海総領事館の岩井英一によって引き出し工作が行われていた。（中村豊一香港総領事→有田外務大臣」〔一九三八年一一月四日発〕、支那事変ニ際シ支那新政府樹立関係一件／支那中央政権樹立問題〔臨時維新政府合流問題連合委員会関係、呉佩孚運動及反共、反蔣救国民衆運動〕第一巻〔A-6-1-1-8_3_001〕外務省外交史料館）。その他、陳彬龢の不思議な経歴については、蔡登山『叛国者与親日文人』（独立作家、二〇一五年）に詳しい。

(36) 吉田東祐「著者序言」同前掲『日華問題の全面的解決の為めに』二二頁。
(37) 吉田東祐前掲『日華問題の全面的解決の為めに』五頁。
(38) 吉田東祐前掲『中国のことばとこころ』九七頁。
(39) 吉田東祐前掲『日華問題の全面的解決の為めに』二二頁。
(40) 吉田東祐前掲『日華問題の全面的解決の為めに』二四頁。
(41) 吉田東祐前掲『日本の反省と中国の革新』三二頁。
(42) 吉田東祐前掲『日華問題の全面的解決の為めに』二一〜二三頁。
(43) 吉田東祐前掲『日華問題の全面的解決の為めに』一三三〜一三四頁、一四四〜一四五頁。
(44) 吉田東祐前掲『日華問題の全面的解決の為めに』一四九〜一五〇頁。
(45) 吉田東祐前掲『日本の反省と中国の革新』九四頁。
(46) 吉田東祐前掲『日華問題の全面的解決の為めに』二五〜二六頁。
(47) 吉田東祐前掲『日本の反省と中国の革新』二二頁。
(48) 吉田東祐前掲『日華問題の全面的解決の為めに』二七〜二九頁。
(49) 吉田東祐前掲『日本の反省と中国の革新』一六頁。
(50) 吉田東祐前掲『日華問題の全面的解決の為めに』六八頁。
(51) 例えば、上野浩一「拡大するアングロ・サクソン禍」同『枢軸必勝の布陣』欧亜通信社、一九四三年四月、亘理章三郎「アングロ・サクソンの排他的・侵略的民族性と世界」同『肇国の精神と其の世界観』直霊出版社、一九四三年五月、蘇峰徳富猪一郎「アングロ・サクソンの正体」「アングロ・サクソンの宣伝術及び思想戦」同『皇国必勝論』明治書院、一九四四年二月、吉田三郎「東亜に於けるアングロ・サクソン勢力の瀰漫」同『興亜論』旺文社、一九四四年四月等多数。
(52) 吉田東祐前掲『日華問題の全面的解決の為めに』七〇頁、七四〜七六頁。
(53) 吉田東祐前掲『日華問題の全面的解決の為めに』八四〜八五頁。
(54) 吉田東祐前掲『日本の反省と中国の革新』二〜三頁。
(55) 吉田東祐前掲『日本の反省と中国の革新』六八頁。
(56) 吉田東祐前掲『日華問題の全面的解決の為めに』一四六〜一四七頁。
(57) 吉田東祐前掲『日華問題の全面的解決の為めに』二三頁。
(58) 陳彬龢「序文」（一九四四年五月二〇日）吉田東祐前掲『日本の反省と中国の革新』。
(59)「本書の中国青年層に対する反響」吉田東祐前掲『日華問題の全面的解決の為めに』巻末。

（60）阿四「斥吉田東祐」『東南日報』（麗水版）一九四四年七月二八日四版、吉田東祐『重慶政権の分析』中国建設青年隊、一九四五年、七頁。
（61）「意国投降　徳寇在蘇惨敗後　上海敵偽悲観恐慌　淪陥区同胞必勝信念愈趨堅強」『解放日報』一九四三年一二月七日一版。
（62）「敵偽哀鳴「対華新政策」完全破産　将以残酷掠奪代替欺騙懐柔」『解放日報』一九四四年四月六日第一版。
（63）吉田東祐前掲『日本の反省と中国の革新』一一二〜一一三頁。
（64）吉田東祐「序にかえて」『周仏海日記――中日戦争の裏面史』建民社、一九五三年、三〜四頁、九〜一一頁。
（65）周仏海『周仏海日記全編』中国文聯出版社、二〇〇三年、八四九頁（一九四四年二月六日の条）、九〇六頁（一九四四年八月一日の条）、九三三頁（一九四四年一〇月二日の条）、九九一頁（一九四五年三月三日の条）。
（66）周仏海前掲『周仏海日記全編』九三五頁（一九四四年一〇月六日の条）。
（67）吉田東祐前掲『日華問題の全面的解決の為めに』二三頁。
（68）吉田東祐前掲『中国のことばとこころ』一〇五頁。
（69）姜豪前掲『〝和談密使〟回想録』二〇一頁。
（70）井上正也「吉田茂の中国「逆浸透」構想――対中国インテリジェンスをめぐって、一九五二〜一九五四年」『国際政治』第一五一号、二〇〇八年三月。
（71）吉田東祐前掲『民衆の生活から見た中共』四頁。
（72）渡辺一衛「鹿島宗二郎さんのこと」『思想の科学』第六次、第一二二号、一九八〇年九月。

第一一章

（1）胡蘭成著、池田篤紀訳『中国のこころ』（明徳出版社、一九五六年）の折り込み附録。
（2）高見順「渡支日記」同『高見順日記』第二巻ノ下、勁草書房、一九六六年、八五六頁（一九四四年一一月一四日の条）。
（3）「政論家」胡蘭成的過去和現在」『漢奸醜史』第三・第四期、一九四五年一一月一五日。
（4）張桂華『胡蘭成伝』自由文化出版社、二〇〇七年、薛仁明『胡蘭成――天地之始』爾雅出版社、二〇一五年（初版、如果出版社、二〇〇九年）。
（5）王徳威「裏切りのリリシズム――戦中から戦後における胡蘭成」王徳威・廖炳恵・松浦恒雄・安倍悟・黄英哲編『帝国主義と文学』研文出版、二〇一〇年。
（6）黄錦樹「論胡蘭成的神学」『海港都市研究』第八号、二〇一三年。
（7）陳昶「胡蘭成研究綜述」『文学界――理論版』第一一期、二〇一一年。

（8）金文京「胡蘭成対台湾文学之影響及其与日本近代文藝思想之関係」何寄澎主編『文化、認同、社会変遷――戦後五十年台湾文学国際学術研討会論文集』行政院文化建設委員会、二〇〇〇年。
（9）金文京・濱田麻矢「日本亡命後の胡蘭成――保田與重郎との関係を中心に」『未名』第一九号、二〇〇一年。
（10）特記なき限り、薛仁明前掲『胡蘭成』附録胡蘭成年表に基づく。
（11）鄒平凡（一九〇五～七八）：四川宣威人。黄埔軍官学校第六期歩兵科卒。日本の陸軍士官学校第二〇期に入学。日中戦争勃発後、中国人民反共自衛軍、黄衛軍に参加し、黄衛軍参謀長。一九四三年六月汪政権軍事委員会参賛武官公署中将参賛武官。四五年、第一四軍軍長。日本の敗戦後、武漢治安聯軍総司令。五一年に日本に亡命。六五年に日本に帰化し時に東重光を名乗った。七八年一二月三〇日に都内で死去。徐友春主編『民国人物大辞典（増訂版）』河北人民出版社、二〇〇七年、二〇二九頁、「鄒平凡氏（訃報）」『朝日新聞』一九七九年一月一日二三面。
（12）蘭「時評　政府与人民亟応商権経済建設計劃」『中華日報』一九三七年五月一一日二張二頁。
（13）蘭「時評　日内閣之更迭」『中華日報』一九三七年六月二日二張二頁。
（14）拙稿「『中華日報』社評目録(1)～(3)」『明大アジア史論集』第二〇～二二号、二〇一六～一八年。
（15）拙稿「上海を統治する――汪兆銘政権の人々」堀井弘一郎・木田隆文編『戦時上海グレーゾーン――溶融する「抵抗」と「協力」』勉誠出版、二〇一七年。
（16）胡蘭成『日本及び日本人に寄せる』日月書店、一九七九年、六七～六八頁。
（17）譚覚真『潜行三十年』文言社、一九七七年、九八～一〇二頁。
（18）胡蘭成「中国のこころ――戦時中の日華和平運動について」『文藝春秋』一九五二年八月号。
（19）拙稿前掲「『中華日報』社評目録」。
（20）原勝・胡蘭成・郭秀峰「中華日報の論説委員と語る」（一九三九年一一月二三日）『東亜解放』一九四〇年一月。
（21）倪弘毅「胡蘭成二三事」『鍾山風雨』二〇〇一年第四期。
（22）胡蘭成前掲「中国のこころ――戦時中の日華和平運動について」。
（23）流沙「興亜建国と日支の青年」上海日本総領事館特別調査班訳『興亜建国運動の理論と主張』同班、一九四二年五月。
（24）胡蘭成「専論　到全面和平之路」『民国日報』（南京）、一九四三年一〇月三日、一頁。
（25）池田篤紀「忘れ得ぬこと」『風報』第五巻第二号、一九五八年二月。池田篤紀は一九〇九年三月、静岡県清水市に生まれ、榛原中学、静岡中学、東京外国語学校を経て北京の清華大学に学んだ。三四年張家口の領事館に赴任し、汪政権時期には南京に赴任した。この時期、池田克己名義で梁漱溟の『郷村建設理論――一名中国民族之前途』（大亜細亜建設社、一九四〇年一〇月）を翻訳上梓している。四五年暮れには江蘇省北部の新四軍司令部で陳毅と会談。四六年に清水に引揚。その後、清水経営者協会専務理事、郷土

をよくする会事務局長、清水日報社長、清水市教育委員会委員長、清水市史編纂委員会委員長などを歴任。池田篤紀『憂来共語集』池田篤紀還暦記念刊行会、一九七〇年三月、三九三頁、四五一～四五三頁、四五六頁。
(26) 池田篤紀「前書」(一九四五年二月一四日、南京陰陽営六三号) 胡蘭成『中国の統一と解放のために』大陸新報南京支社、一九四五年。なお池田は、戦争末期に胡蘭成に対し「姓名判断から災難があるといいだし、何度も改名を迫」り、それを拒み切れなかった胡は「敦仁」と改名したという。胡蘭成「汪精衛遺嘱」に想う 誠実な反省が必要 誤まられがちな汪先生の真意」(一九六四年五月一五日)『ジャーナル』第六二二号、一九六四年五月二一日七面。
(27) 胡蘭成の提言を一読した細川は「革新日本の萌芽」を認めながらも、「余はその未だ来ること遠きを思はざるを得ない」と記している。細川護貞『細川日記』上、中公文庫、一一四頁(一九四四年一月二八日の条)。
(28) 石上玄一郎「中国の思ひ出」『風報』第四五号、一九五八年三月。
(29) 北一輝著、蔣遇圭訳「中国革命外史」『苦竹』第一期、一九四四年一〇月。
(30) 胡蘭成前掲「「汪精衛遺嘱」に想う」。
(31) 胡蘭成「国民会議召集の意義に就て」同前掲『中国の統一と解放のために』一七～一八頁。
(32) 胡蘭成「中国の道」『毎日新聞』一九四四年一一月七日二面。
(33) 波多野乾一「自主建国論の擡頭――逞しき建国運動の萌芽」(一九四四年一二月二日)『月刊毎日』第二巻第四号、一九四五年二月。なお胡蘭成の戦争末期の論考については、秦剛(北京外国語大学教授)ならびに金文京(鶴見大学教授)両先生のご教授を得た。記して謝意を表す。なお波多野論文も含む『月刊毎日』の主要論文は、石川巧編著『幻の戦時下文学『月刊毎日』傑作選』青土社、二〇一八年に収められている。
(34) 竹之内安巳「南京回想記」(一九六九年六月) 中山優『中山優選集』同選集刊行委員会、一九七二年、四一七頁。
(35) 池田篤紀前掲「前書」。
(36) 胡蘭成前掲「中国のこころ――戦時中の日華和平運動について」。
(37) 胡蘭成『日本の解放と世界の解放――一中国人の手記』一九四五年九月下旬、謄写版。後年胡蘭成は次のように回想している。「日本の敗戦直後、私は漢口から上海を経て温州に亡命した。その途中「日本人に寄す」という一文を草した。そして今後約五年にして日本は敗戦の束縛から脱し、また約十年にして国勢は恢復できよう〔中略〕と記した」(胡蘭成「八方壁だらけの世界経済」『ジャーナル』第五九三号、一九六三年八月一日五面)。内容から判断して、ここに登場する「日本人に寄す」が『日本の解放と世界の解放』を指すと思われる。
(38) 「息子は中共の役人 反共に燃やす〝あすへの希望〟 胡蘭成元汪政権法制局長官 亡命者⑤」『読売新聞』一九五九年一〇月二九日一一面。

(39)「胡蘭成呈蔣中正中国新生運動計画草案」（一九四九年）蔣中正総統文物、002-080101-028-006-002、国史館。

(40)曾叔元「従日韓蔣同盟到亜洲聯盟」『群衆』（香港版）第二巻第四〇期、一九四八年。

(41)「陶希聖呈蔣中正転胡蘭成対美国日本中共等方面報告与建議」（一九五一年四月六日）蔣中正総統文物、002-080200-345-030-004、国史館。

(42)清水董三跋文、胡蘭成前掲『中国のこころ』一八九頁。

(43)前掲「息子は中共の役人　反共に燃やす〝あすへの希望〟」。

(44)清水董三前掲跋文。「橘善守氏（訃報）」『毎日新聞』一九九七年二月一五日三一面。

(45)胡蘭成（特別寄稿）「中共・朝鮮動乱に介入」『毎日新聞』一九五〇年一一月四日一面、「東西陣営アジヤで対峙――胡蘭成氏特別寄稿」同上紙一九五一年一月一日四面、胡蘭成「中共のねらうもの」同上紙一九五三年一月一日五面。

(46)胡蘭成「日本への提言――スイスとなるより第二のトルコとなれ」『毎日情報』第六巻第一号、一九五一年六月、「マッカーサー元帥に呈す――特にアジヤに対する認識について」同上誌第六巻第七号、一九五一年七月。

(47)胡蘭成「日本の大道(4)、(6)」『東三新聞』一九五三年二月一三日、一五日、各一面。

(48)胡蘭成前掲「中共のねらうもの」。

(49)原勝・胡蘭成・郭秀峰前掲「中華日報の論説委員と語る」。

(50)前掲「東西陣営アジヤで対峙――胡蘭成氏特別寄稿」。その後も胡蘭成は「今日の日本の民主と新産業は、日本民族の精神と気力を骨幹としたものでは全然ない。日本はいま、一大行動を必要とし、これによって大東ア戦争のつぐないとし、米国の占領政策の大行動に取って替わり、日本人の志気がはじめて発揚できる」など、日本社会と米国占領の関係に言及した。胡蘭成「気概を失った日本の民族」『経済往来』第一二巻第九号、一九六〇年九月。

(51)筆者所蔵の胡蘭成『山河歳月』（西貝印刷所、一九五四年）の見返し書き込み（昭和三十一年四月廿五日）。本書の出版に尽力した池田篤紀のものと考えられる。

(52)一九五三年二月一〇日から二〇回にわたり『東三新聞』で「日本の大道」を連載するが、これは五一年に執筆されたものである。

(53)胡蘭成「中国人として」『師と友』第七巻第八号、一九五五年八月。

(54)一九五五年頃、胡蘭成は「哲学者、詩人でなければ政治を行ふべからず」という主旨の「天下英雄会」というパンフレットを書いたという。「政治と革命と文学　座談会」『太和　壬子輯』（教学叢書　第三巻）筑波山梅田開拓筵、一九七二年七月一五日、一〇八頁。

(55)胡蘭成・尾﨑士郎・清水董三「対談　さまざまな英雄――今日の現実と新人間像」『亜細亜』第四巻第三号、一九五六年七月。

(56)胡蘭成「自序」（一九五六年一〇月二八日）同前掲『中国のこころ』四頁。

(57) 胡蘭成「世界の危機に曝される世界――米国、反転して強気に」『ジャーナル』第五三〇号、一九六一年一一月一日五面。
(58) 胡蘭成「天下篇(3)」『ジャーナル』第五三六号、一九六二年一月一日一面。
(59) 俵常利「胡蘭成氏の「最近の中国」をきく」『信人』第三一巻第三号、一九六二年三月。
(60) 胡蘭成「歴史の新しき出発――今や何ら新意なし 思想的疲労を癒すものは何か」『ジャーナル』第五七二号、一九六四年一月一日五面。
(61) 俵常利「右の聴講所感」同前掲「胡蘭成氏の「最近の中国」をきく」。
(62) 胡蘭成の回想録『今生今世』は、ジャーナル社から刊行されている。執筆陣の顔触れから同誌は、日華両政府の非公式な接触の場でもあった日華協力委員会との繋がりがあったと考えられる。日華協力委員会については、池井優「日華協力委員会――戦後日台関係の一考察」(『法学研究――法律・政治・社会』第五三巻第二号、一九八〇年二月)参照。
(63) 胡蘭成・尾崎士郎・清水董三前掲「対談 さまざまな英雄――今日の現実と新人間像」。この他、尾崎士郎「山河歳月」も「亡命の志士胡蘭成に捧げ」られている。尾崎士郎『雲と残月』光風社、一九六三年。保田與重郎「亡命」同『方聞記』新潮社、一九七五年、一二〇頁。なお尾崎の胡蘭成に対する印象は、戦時中に維新政府実業部部長を務め、やはり戦後は日本で活動した王子恵に対するものとも類似しており、尾崎の人となりを考える上でも興味深い。拙稿「日中戦争前後における日中間交渉の一形態――王子恵と彼を巡る人々」『現代中国研究』第三五・第三六合併号、二〇一五年。
(64) 胡蘭成「天下の大老」柴垣隆翁喜寿祝賀会『喜寿 紫垣隆翁』小壺天出版、一九六一年、四二～四六頁。
(65) 前掲「政治と革命と文学 座談会」。
(66) 胡蘭成「天下篇(4)」『ジャーナル』第五三七号、一九六二年一月一一日四面。
(67) 梅田美保・保田與重郎・胡蘭成「私学校創設趣意書草案」『講義録 丙午輯』(教学叢書 第一巻)筑波山梅田開拓筵、一九六七年二月一一日、一三一～一三六頁。
(68) 胡蘭成『建国新書』東京新聞出版局、一九六八年、二四四頁。
(69) 胡蘭成前掲『建国新書』二五七～二六三頁。
(70) 拙稿「大使館の人々――汪政権駐日使領館官員履歴」相原佳之・尾形洋一・平野健一郎編『東洋文庫蔵汪精衛政権駐日大使館文書目録』東洋文庫、二〇一六年。
(71) 薛仁明前掲『胡蘭成――天地之始』一七五頁、一七七～一七八頁。

第一二章

(1)「亡命天国ニッポン――祖国なき人々の群れ」『週刊東京』一九五六年一〇月一三日。

（2）同様の問題関心のもとに書かれたものとして、池田篤紀「旅券無き在日中国人の問題」（『新生亜細亜』世界民主出版社、一九五四年三月号）がある。第一一章でも触れたように、池田は胡蘭成の庇護者でもあった。

（3）益井康一『漢奸裁判史——一九四六～一九四八』みすず書房、一九七七年（新版二〇〇九年）、劉傑『漢奸裁判——対日協力者を襲った運命』中公新書、二〇〇〇年。

（4）南京市檔案館編『審訊汪偽漢奸筆録』鳳凰出版社、二〇〇四年。

（5）岩井英一『回想の上海』同書出版委員会、一九八三年、金雄白『汪政権的開場与収場』李敖出版社、一九八八年（原刊、春秋雑誌社、一九五九年）。

（6）後述する善隣協会の史料の情報を整理し、その他筆者の調査の結果を合わせた数字。

（7）岩井英一前掲『回想の上海』二八〇頁。

（8）「国民党中央改造委員会第六組呈蔣中正毎日情報」（一九五一年五月一五日）蔣中正総統檔案、80200-346-014-004、国史館。

（9）劉傑「終戦と日本の責任認識問題——蔣介石政府と汪兆銘政府をめぐって」劉傑・川島真編『一九四五年の歴史認識——〈終戦〉をめぐる日中対話の試み』東京大学出版会、二〇〇九年。

（10）川島真「過去の浄化と将来の選択——中国人・台湾人留学生」劉傑・川島真前掲『一九四五年の歴史認識』。

（11）濱口裕子『満洲国留日学生の日中関係史』勁草書房、二〇一五年。

（12）田中剛「「蒙疆政権」留学生の戦後」大里浩秋・孫安石編著『近現代中国人日本留学生の諸相——「管理」と「交流」を中心に』御茶の水書房、二〇一五年。

（13）『本邦における協会及び文化団体関係　善隣友誼会関係』I'1811-47、外務省外交史料館所蔵（以下、同ファイルの文書は番号のみを示す）。

（14）拙稿「大使館の人々——汪政権駐日使領館官員履歴」相原佳之・尾形洋一・平野健一郎編『東洋文庫蔵汪精衛政権駐日大使館文書目録』東洋文庫、二〇一六年。

（15）曹汝霖『一生之回憶』春秋雑誌社、一九六六年、四一八～四二〇頁。

（16）胡蘭成『今生今世』下、天地図書、二〇一三年、一七七～一七九頁。

（17）竺縵卿（一八九四年～?）：浙江寧波人。一九二〇年、東京文理科大学卒、二四年、京都帝国大学経済学部卒。浙江第四中学主任兼舎監、国民政府外交部江寧交渉員公署秘書兼金陵関監督公署秘書、中日実業公司滬行経理、交通部中華電気製作廠董事、維新政府実業部工商司司長、同商標局長、同食糧銷管理局局長、国民政府還都委員会専員、農礦部食糧管理局局長、中華民国駐満大使館参事官など歴任。満蒙資料協会編『中国紳士録（民国三十一年版）』同会、一九四二年、四四二頁。

（18）「(2)調査関係——矢崎理事作成名簿関係一般、11　竺縵卿」000. 2190～2196。

(19) 夏文運（一九〇五～一九七〇）：遼寧金州人。別名、何益之。満鉄経営の金州学堂に学び、広島高等師範学校に入学。卒業後、帰郷し教職に就くが、京都帝国大学に留学。満洲国建国に参加するが、後に胡漢民の信頼を得て、興中公司で十河信二を助ける。戦後日本に亡命し、五達食品社長、新宿京王デパート八階に「新渝園」を経営。「アジアの問題は、アジア自身で解決する」ことを謳って組織された新アジア研究会の参与には「新日本通報社長」として、顧問の十河信二とともに名を連ねている。一九七〇年一一月三日逝去、戒名は中道院博文運心居士。北条秀一編『十河信二と大陸』非売品、一七八～一七九頁、薗部龍一「新アジア研究会の発足」『地学雑誌』第七五巻第二号、一九六六年四月、⑵調査関係――矢崎理事作成名簿関係一般、3 夏文運」000. 2144。

(20) 夏文運『黄塵万丈――ある中国人の証言する日中事変秘録』現代書房、一九六七年、二三八頁、奥付。

(21) 岩井英一前掲『回想の上海』二五二～二五三頁。

(22) 拙稿前掲「大使館の人々」。

(23) 拙稿「日中戦争前後における日中間交渉の一形態――王子恵と彼を巡る人々」『現代中国研究』第三五・第三六合併号、二〇一五年。

(24) 韓雲階（一八九三～一九八二）：遼寧金県人。一九一七年、名古屋高等工業学校卒。山城裕華電気公司経理、東亜実業公司経理、亜細亜製粉公司総辦、東華倉庫金融会社社長、ハルビン交易所理事などを歴任。満洲国建国後は、黒龍江省長、新京特別市市長、財政部（のち経済部）大臣を歴任。また満洲帝国修好経済使節団団長として欧州訪問。戦後南京で国民政府首脳と接触し、蔣介石の命令を受け、東北行営司令衛立煌のスタッフとして奉天に赴く。その後台湾を経て、五〇年頃、日本に渡る。六一年一二月に発覚した自衛隊叛乱未遂事件（国史会事件／三無事件）では関係者として警察の家宅捜索を受ける。アメリカで逝去。徐友春主編『民国人物大辞典（増訂版）』河北人民出版社、二〇〇七年（以下『民国人物大辞典』）、二六五九頁、王鴻賓他主編『東北人物大辞典』第二巻、遼寧古籍出版社、一九九六年、一五八五頁、韓雲階「亜細亜大同論」紫垣隆『世界は一つ』日本新聞社、一九五五年、三〇四頁、「けさ、また家宅捜索　元満州国政府要人宅」『朝日新聞』一九六一年一二月一三日夕刊七面、韓雲階「幻の帝国　満洲国――その崩壊まで」『小説サンデー毎日』一九七〇年八月一日号。

(25) 「日華合弁の新銀行　資本金二億円　南方向け軽工業に融資」『読売新聞』一九五一年八月一〇日一面、「亜東銀行発足」『読売新聞』一九五一年一一月九日一面。

(26) 「日華合作に新機関」『読売新聞』一九五二年八月八日一面、「日華経済促進委発足す」『読売新聞』同年八月二一日一面。

(27) 譚覚真については島田大輔「危機の時代における早稲田留学――中国人留学生譚覚真の軌跡」李成市・劉傑編著『留学生の早稲田――近代日本の知の接触領域』早稲田大学出版部、二〇一五年、拙稿前掲「大使館の人々」参照。

(28) 「日華合辦計画進む　大嶼島（香港）の鉱区開発」『読売新聞』一九五二年九月一七日二面。

(29) 趙毓松（一八九九～一九七一）：貴州黎平人。中国青年党中央政治行動委員会委員長、新中国日報総主席、討賊聯軍総司令部参

事、川康甘青辺境政治委員など歴任。一九四〇年、汪政権では、農礦部部長、司法行政部部長、考試院銓叙部部長を歴任。戦後日本に亡命し、ニクソン訪中表明に衝撃を受け、服毒自殺を図り、死去。満蒙資料協会前掲『中国紳士録』五九五頁、『民国人物大辞典』二二九五頁、松本益雄・古沢敏雄『迎春花――趙毓松の中国革命回顧録』明徳出版社、一九七八年。
(30) 陳中孚（一八八二～一九五八）：江蘇呉県人。詳細な経歴は第二章注(29)参照。
(31) 紫垣隆前掲『世界は一つ』、紫垣隆翁喜寿祝賀会『喜寿　紫垣隆翁』小壺天出版、一九六一年。
(32) 諸青来（一八八二年～?）：上海人。字は翔。『銀行週報』主筆、大夏・持志・光華各大学教授、神州大学教務長歴任。一九四〇年、国家社会党代表として中央政治委員会に参加。汪政権で交通部部長、水利委員会委員、経済委員会委員などを歴任。満蒙資料協会前掲『中国紳士録』五一四頁。
(33) 岩井英一前掲『回想の上海』二五三頁、二八一～二八二頁。
(34) 参議院本会議「ポツダム宣言の受諾に伴い発する命令に関する件に基く外務省関係諸法令の措置に関する法律案外二件」の審議における兼岩伝一（日本共産党）の発言。『官報』号外一九五二年四月二八日、二八～二九頁。
(35) 一九四八年三月三〇日衆議院本会議において外資導入に対して、徳田球一の発言。『官報』号外一九四八年三月三一日、九頁。
(36) 一九五二年六月一六日参議院本会議「外資に関する法律の一部を改正する法律案」審議における須藤五郎（日本共産党）の発言。『官報』号外、一九五二年六月一六日、二四頁。
(37) 大宅壮一「吉田は汪兆銘となるか――八千万の白紙委任状をにぎつた「日奸」」同『一億囚人――終戦から講和まで』要書房、一九五二年、一一六～一二九頁。
(38) 大宅壮一「第二講和会議は実現するか――「日満議定書」と「日米行政協定」」同前掲『一億囚人』一五一～一五二頁。
(39) 兼岩の「中華人民共和国の反動分子数十名」といった発言や、当時の日本共産党と中国共産党の関係を考えると、兼岩発言の背景には中国共産党の意向があったとも考えうるが、筆者は確たる根拠を得ていない。
(40) 「第十五回国会衆議院予算委員会議録第七号」一九五二年一二月四日、一四頁。
(41) 曹汝霖前掲『一生之回憶』四二一頁、「(7)参考資料」000. 2309～2310。
(42) 横田喜三郎「道義的責任で――当局と識者の意見」前掲「亡命天国ニッポン」。
(43) 井上正也「吉田茂の中国「逆浸透」構想――対中国インテリジェンスをめぐって、一九五二～一九五四年」『国際政治』第一五一号、二〇〇八年三月。
(44) 拙稿前掲「大使館の人々」。
(45) 「在日の中国親日知識階級の生活補助に関する請願」「(7)参考資料」000. 2306。
(46) 劉傑前掲「終戦と日本の責任認識問題」。

(47) 黄南鵬（一九〇二～?）：福建詔安人。国立東南大学卒、一九二五年、日本陸軍士官学校卒。参謀大隊長、団長、旅長、指揮官、局長歴任。臨時政府では、治安部建制局局長兼華僑協会理事、陸軍少将華北綏靖軍第二集団軍司令に就任。満蒙資料協会前掲『中国紳士録』三〇五頁。
(48)「亡命中国人救済機関の設立準備状況について」（一九五九年三月）「(2)調査関係――警察庁関係」000. 2086。
(49) 曹若山（一九〇五～?）：山東歴城人。明治大学政治経済科卒。持志大学教授、胡漢民の秘書として辣腕をふるい、西南政治経済学院を創設し教育長として政治幹部の養成に尽力。反蔣運動に従事するが、一九三六年一〇月、日本に亡命。翌年六月、反蔣同志の団結のため青島に戻る。山東省参事室簡任参事兼山東省行政人員訓練処教育長など歴任。満蒙資料協会前掲『中国紳士録』五二頁。東亜問題調査会編『最新支那要人伝』朝日新聞社、一九四二年、一〇四～一〇五頁。
(50)「華北に模範実験村　建設、教育策着々進む」『朝日新聞』一九四四年一月一八日二面。
(51)「在本邦親日中国人の生活状況に関する件」（一九五三年八月一七日）「(7)参考資料」000. 2307。
(52)「(7)参考資料」000. 2311～2313。ちなみに張燕卿を一九五一年没とする記述が多いが、少なくとも六一年頃までは生存していることが確認されている。細川呉港『紫の花伝書――花だいこんを伝えた人々』集広舎、二〇一二年、九七～一〇四頁。同書については中古苑生氏よりご教授を賜った。
(53) アジア局中国課「亡命中国人救済嘆願について」（一九五九年一月九日）「(7)参考資料」000. 2338。
(54) 王維藩（一九〇〇／一九〇二～六二）：遼寧瀋陽人（一説に山東済南人）。東北陸軍講武堂第七期炮科卒。陸軍士官学校・陸軍大学卒。満洲国中央陸軍訓練処附陸軍歩兵上校、満洲国第四軍管区司令部附通化地区警備軍医長を歴任。一九四一年より武漢綏靖主任公署で日本軍部隊と共同作戦に従事。四二年三月、中国大使館附武官に就任。四三年一二月に日本政府より勲二等瑞宝章を授与。戦後も日本に滞在し、妻（大井俊子）と子供一人があり、日本に帰化し大井邦聡と名乗った。六二年の善隣協会の書類では、関東短期大学で週二回中国語を教え、一万二千円の俸給を貰っていたが、往復の交通費その他で手許には四千円程度しか残らなかったといい、外務省に中国語講師あるいは翻訳など適当な仕事の斡旋を求めている。重光葵外相時代には二年間ほど月二万円を善隣友誼会から給付していた。外務省に就職斡旋を依頼した年の末、六〇歳で逝去。拙稿前掲「大使館の人々」。『民国人物大辞典』一七一頁。
(55)「(2)調査関係――矢崎理事作成名簿関係一般、6 王維藩」000. 2153～2156、拙稿前掲「大使館の人々」。
(56) 千葉三郎「亡命中国人救済嘆願書」（一九五八年一二月二二日）「(7)参考資料」000. 2341。
(57) 犬養は後に汪精衛工作の回想である『揚子江は今も流れている』（文藝春秋新社、一九六〇年）を上梓した。
(58)「第十九回国会参議院予算委員会第一分科会会議録第一号」一九五四年三月二四日、二六頁。
(59)「寂しいその日暮しで――哀れな元現地政権の落し子ら」前掲「亡命天国ニッポン」。

(60) 松浦正孝『「大東亜戦争」はなぜ起きたのか――汎アジア主義の政治経済史』名古屋大学出版会、二〇一〇年、一六七頁。
(61) 千葉三郎前掲「亡命中国人救済嘆願書」。
(62) 閑院純仁『私の自叙伝』人物往来社、一九六六年、六一六頁。
(63) 前掲「寂しいその日暮しで」。同記事によれば亜東工商協会の住所は神田神保町一-一六であった。
(64) 千葉三郎前掲「亡命中国人救済嘆願書」。
(65) アジア局中国課「亡命中国人救済嘆願について」（一九五九年一月九日）「(7)参考資料」000. 2337～2340。
(66) アジア局中国課「旧協力政権関係在日中国人の生活状況等調査の件」（一九五九年三月一一日）「(7)参考資料」000. 2330～2331。
(67) アジア局中国課前掲「旧協力政権関係在日中国人の生活状況等調査の件」。
(68) アジア局中国課前掲「旧協力政権関係在日中国人の生活状況等調査の件」000. 2332～2336。
(69) 清水董三→外務次官書翰控（〔一九五四年〕四月一三日）「(7)参考資料」000. 2328。
(70) 中国課政務班「在日中国人救済団体設立に関する打合せの件」（一九五九年四月二四日）「(7)参考資料」000. 2325～2327。
(71) 岡本隆三「亡命華僑の流れ」同『華僑王国――東南アジアの実力者の内幕』講談社、一九六六年、一九三頁。
(72) 岩井英一前掲『回想の上海』二八一～二八二頁。
(73) 「善隣友誼会規約」「(1)設立趣意書、規約」000. 2066。
(74) 「日華交友会（仮称）内規（案）」（一九五九年五月）「(1)設立趣意書、規約」000. 2073。
(75) 矢崎勘十作成「在日中国人救済会設立趣意書案」「(1)設立趣意書、規約」000. 2070。
(76) 「〔寄付の〕お願い」（一九六〇年一二月）「(5)寄付関係」000. 2254～2255、議事録（一九五九年一二月一四日）000. 2272。
(77) 前掲「〔寄付の〕お願い」。
(78) 「社団法人全隣会（仮称）設立計画書」「(4)社団法人全隣会設立計画書関係」000. 2233。
(79) 「寄付依頼先名簿」（一九六〇年一二月二〇日発送）「(5)寄付関係」000. 2245～2250。
(80) 「中国亡命者救済に対する助成金下付稟議の件」（一九六二年一一月一二日）「(6)会務一般　議事録」000. 2293。
(81) 「亡命者に関する統計及説明」「(2)調査関係」000. 2124～2135。
(82) 「夏期手当送付者リスト」（一九六二年六月五日）「(3)年末・夏期見舞金送付関係」000. 2227、「〔一九六一年〕六月二六日理事会議」「(6)会務一般　議事録」000. 2285。このうち趙毓松・殷民恵・王茂林の三名は生活状況が特に苦しいと見られていた。
(83) 謝文達（一九〇一年～?）：福建漳州人。日本伊藤飛行学校卒。河南航空隊長、軍政部飛機師、軍政部航空隊分隊長、中央軍官学校上校教官を歴任。一九三八年、維新政府諮議、四〇年、国民政府軍事委員会少将高級参謀。中華航空理事兼上海支社副社長。満蒙資料協会前掲『中国紳士録』三四八頁。

（84）黄民星（一九一六頃～一九八三）：江蘇南京人、別名黄天龍。汪政権軍事委員会外事処処長。汪政権で参謀本部部長・湖北省長などを務めた楊揆一の義子。一九五八年に来日。外交評論活動のかたわら、六二年から日本の桜の苗木を中国へ送る運動を始め、八三年、日本孫文紀念会の名義で十万本送付を達成。同年三月二一日名古屋市の自宅で死去。「黄民星氏（訃報）」『読売新聞』一九八三年三月二三日夕刊一五面、「(2)調査関係――矢崎理事作成名簿関係一般、8 黄民星」000. 2170。

（85）「和平への推進力　国府の軍容整ふ」『朝日新聞』一九四一年一一月二四日一面。

（86）「若き卅五名　士官学校への外国留学生」『東京朝日新聞』一九三四年二月一八日一一面。

（87）王茂林（一九〇六～？）：広東汕頭人。北京中国大学卒、明治大学卒。一九三〇年、中国国民党日本総支部常務委員（汪派）。三一年、国民党非常会議日本総支部整理委員、国民党第四次全国代表大会日本出席代表。三二年、国民政府交通部秘書。三三年、欧州視察。三五年、広州大学教授。三六年、香港『大衆日報』総経理。三九年、興亜建国運動本部財務部長。四〇年、汪政権農礦部顧問、南洋商業銀行常務董事兼総経理、上海特務機関直轄奉賢塩業合作社理事長。四一年、興亜建国運動本部駐日代表。五〇年、裕鏗貿易公司駐日代表。五五年、財団法人留日香港華僑倶楽部理事。「(2)調査関係――矢崎理事作成名簿関係一般、4 王茂林」000. 2146。

（88）「(2)調査関係――矢崎理事作成名簿関係一般、7 黄福生（謝文達）」000. 2158～2167。

（89）「(2)調査関係――矢崎理事作成名簿関係一般、2 黄天龍」000. 2138～2139、「(2)調査関係―矢崎理事作成名簿関係一般、8 黄民星」000. 2170～2175。

（90）「(2)調査関係――矢崎理事作成名簿関係一般、6 王維藩」000. 2153。

（91）「(2)調査関係――矢崎理事作成名簿関係一般、10 趙毓松」000. 2182。

（92）「(2)調査関係――矢崎理事作成名簿関係一般、11 笁縵卿」000. 2190～2199。

（93）「善隣友誼会理事会議事録」（一九六五年四月九日）「(6)会務一般　議事録」000. 2295～2296。

（94）警察庁警備局第二課長「在日旧協力政権関係中国人の生活情況等調査について」（一九五九年三月九日）000. 2098、岩川隆『日本の地下人脈――政財界を動かす「陰の力」』光文社、一八八頁。

（95）拙稿前掲「大使館の人々」。

（96）岩井英一前掲『回想の上海』二八二～二八三頁。

結　語

（1）岡本隆司『中国の論理――歴史から解き明かす』中公新書、二〇一六年、三六～四九頁。

（2）E・H・カー著・清水幾太郎訳『歴史とは何か』岩波新書、一九六二年、四〇頁。

（3）支那派遣軍総司令部「派遣軍将兵に告ぐ」東亜聯盟協会編『事変解決の根本策』東亜聯盟協会、一九四〇年。

（4）大川周明顕彰会『大川周明日記』岩崎学術出版社、一九八六年、一九三頁（一九三九年一月七日の条）。

（5）都築久義「尾崎士郎と中国」『愛知淑徳大学論集――文学部・文学研究科篇』第二八号、二〇〇三年三月。

（6）尾崎士郎「呉佩孚の手」同『関ヶ原――随筆集』高山書院、一九四〇年。

（7）尾崎士郎「老将の面影――呉佩孚会見の印象」『公論』一九三九年一二月号。

（8）日本経済新聞社編『私の履歴書』第一九集、日本経済新聞社、一九六三年、二〇一～二〇四頁。

（9）尾崎士郎『小説四十六年』講談社、一九六四年、一六八～一七一頁。

（10）松本益雄・古沢敏雄『迎春花――趙毓松の中国革命回顧録』明徳出版社、一九七八年。

（11）劉紹琨「華北青年党の蹶起と東亜の再建」『北支那』第四巻第一二号、一九三七年一二月。

（12）「某方調査資料　在日第三勢力分析及其他」（一九五三年四月頃）、港九政治性組織等、外交部檔案、11-32-27-01-056；「蔡孟堅呈蔣中正張羣特使所囑転呈之親筆函関於日本政情、庫頁等島蘇軍兵力配備研判、中日防共各与在日之第三勢力及其各方関係表等」（一九五二年六月七日）、対日本外交（二）、蔣中正総統文物、002-080106-00065-009、国史館。

（13）松浦正孝『「大東亜戦争」はなぜ起きたのか――汎アジア主義の政治経済史』名古屋大学出版会、二〇一〇年、二七三～三一一頁。

（14）拙稿「対日協力者の戦後――日本亡命者盛毓度と留園」高綱博文・本田隆文・堀井弘一郎編『上海の戦後――人びとの模索・越境・記憶』勉誠出版、二〇一九年。

あとがき

「戦争中に日本人が付き合ってきた中国の人々は、その後どうなってしまったのか」。本書をまとめ終えた今、改めて振り返ってみるとその問題関心の根底には、子供の頃に祖父と話す中で漠然と感じた疑問があったのだと思う。祖父は関東軍第九独立守備隊の将校として昭和一三年七月から一八年一二月まで、満洲国熱河省の赤峰や承徳、万里の長城を越えた河北省密雲県石匣鎮（せっこう）などに駐留した。その間昭和一五年五月から半年ほどは満洲国の気象台職員という名目で、単身内モンゴルの西ウジムチンやラマクレスームの特務機関を拠点に偵察も行った。ノモンハン事件後、再び起こるかもしれない対ソ戦に備えてのものだったと聞いている。

少し前の日本人の多くがそうだったように物持ちが良かった祖父は、こうした軍隊時代の日々の報告、地図や写真、任官状や勲章・勲記の類を几帳面に整理し、戦後も持ち続けていた。私にとってそうした品々を見せてもらいながら、祖父の大陸での話を聞くことは何よりの楽しみだった。夏冬の長期休暇に祖父の家に帰省すると、私は久しぶりに会う祖母や親戚、いとこ達との挨拶もそこそこに居間を抜け出し、祖母の「智ちゃんのことは、ええ、ええ。ほっとき。おじいちゃんと一緒に話させときゃ、ええんよ」という笑いに諦めの混じった声を背に、一目散に祖父の部屋に飛んで行くのだった。周りからは変わった子供と思われていたに違いない。

陸地測量部作成の地形図が実態とかけ離れていて使い物にならなかったということや、列車警備の際に、座席が空いていれば優等車輛にでも乗ることができたなど、祖父の軍隊時代の話のほとんどは、私以外、家族の誰も聞いたことのないものだった。その中には内モンゴル偵察中に逃げ出した祖父の乗馬を、モンゴル人が馬上からロープを巧みに操って捕まえて来てくれたという話や、地元の県長の招宴で出された水あめのようなものを絡めた料理、また時に行動を共にした興安軍（満洲国軍のモンゴル人部隊）兵士との相撲など、現地の人々との交流を振り返った話も少なくなかった。私にとって大陸は、直接見たことこそなかったものの、祖父の口から語られる「マンシュウ」「シナ」や「モーコ（蒙古）」といった音を通じて身近なものだった。

そうした祖父の現地での交流を偲ばせるものに一冊の名刺帖があった。貼り込まれた名刺の多くは現地の日本軍人のものだったが、中には「薊県公署警務局直轄黄崖関分駐所巡官」「吐黙特右旗警尉」といった肩書の現地漢人と思しきもの、また「錫盟烏珠穆沁右旗副協理台吉」「興安騎兵第三団二連連長」といった役職名の入ったモンゴル人の名刺も含まれていた。それを見ながら何とはなしに私の発した、「おじいちゃん、この人たち今どうしとんやろか？」との問いに、「さーっ、どーしたやろーなー。〔現政権が〕共産党になっとるからなー」と、祖父の答えは歯切れが悪かった。「もう一度中国に行ってみたい？」という問いにも、「行ってみたくないわけじゃないが、わしらが相手にしとったのは八路軍じゃから、我々が行っても、むこうは喜ばんじゃろう」という反応だった。結局祖父は二度と中国の地を踏むことはなかった。

交流した現地の人々のことをどう思っていたのか、祖父の亡くなった今となっては、その詳しいところは知る由もない。ただ戦後の日本社会の全体の傾向について言えば、お世辞にも戦時中の現地協力者の問題に向き合ってきたとは言えない。高橋和巳の言葉を借りれば、まさに「視野脱落」の状態であったのである。

もちろん本書第一二章で明らかにしたように支那派遣軍司令官だった岡村寧次や外交官の清水董三のように、戦後個人的に協力者を支援する動きは存在し、それは善隣友誼会の設立に繋がった。また少しさかのぼると終戦の詔勅で昭和天皇も「朕ハ帝国ト共ニ終始東亜ノ解放ニ協力セル諸盟邦ニ対シ遺憾ノ意ヲ表セサルヲ得ス」という形で協力者についても心を致していた。これについては「嫌味な二重否定」（堀田善衛）という批判もあるが、昭和天皇が協力者についても言及していたことは、もう少し注目されてもよい。しかしそれが広く国民の共通認識として継承されることはなかったのである。

戦後日本の交渉相手となった「中国」が、かつて占領地政権と対抗関係にあった重慶国民政府の流れを汲む中華民国政府であり（一九五二年の日華平和条約）、中国共産党の率いる中華人民共和国（一九七二年の日中共同声明）であったことを考えれば、たとえ対日協力者との過去が想起されたとしても、それに触れることに躊躇ないしは遠慮が働いたことは想像に難くない。

ただ百歩譲って政治の問題はやむを得ないとしても、信義の問題はこれとは別ではないだろうか。占領地の中国人の活動には、官民問わず日本人が密接に関わっていた。事情はどうあれ結果的に日本と行動を共にする選択をした人々を、「自業自得である」や「すでに過去のこと」として済ますことに、割り切れない思いを持つのである。この問題を直視せずに、将来にわたる信頼関係構築などあり得ない。自身をナショナリストとは思わないが、日本人としてこの問題にどう向き合うのか。本書はそれに対する私なりの応答でもある。

ただ、この応答が形になるまでには予想以上に長い時間がかかってしまった。大学院進学以来、漠然と占領地をテーマに研究を進めようと思っていたものの、緒論にも示したように一九九〇年代以降、占領地に関する優れた研究が次から次へと登場していた。指導教員の吉澤誠一郎先生（中国近代史）からも折に触れて、「すでに偽政権についてはかなり研究が出揃った印象も持ちます。関君なりの論を見せて欲しいよね」とはっぱをかけられた。しかし自分なりの論点を如何に出すのか。全く名案が浮かばなかった。

修士論文では汪精衛政権の正統性の模索という観点からまとめてみたものの、お世辞にも佳作とは言えないものだった。審査者の一人で学部時代の指導教員であった岸本美緒先生（明清史）が特徴のある字で書き込んでくださった講評には、「細かいことまでよく調べてあります。神は細部に宿ると言いますが、では神様はどこ？」とあった。

研究テーマの決定は、当初の「修士課程が終わるまでには」が「留学に行くまでには」となり、さらに「留学中には」と延びに延びた。途中何度か吉澤先生に構想を披露したものの、相応の水準を求める吉澤先生の眼鏡にかなうものではなく、「うーん、よくわかりません」「おもしろくないね」と駄目出しが続いた。まさに親獅子に崖から突き落とされた子獅子。暗中模索を地で行くような状態であった。

ようやく博士論文の構想がまとまったのは、南京大学での二年間の留学から帰国して三年を迎えようとする二〇一〇年の夏のことであった。日中戦争勃発前夜から汪精衛政権末期に至る占領地を、協力者の将来構想を軸に検討するというアイディアが閃いたのである。「だいたい良いかと思います」との吉澤先生の言葉に、心底からの安堵を感じたのを覚えている。後から考えれば何ということもないテーマなのだが、まさに「コロンブスの卵」とはこのことだろう。

こうして書き上げ、東京大学大学院人文社会系研究科に提出した博士論文「日中戦争時期、対日和平陣営における将来構想」が本書の根幹をなしている。審査には吉澤先生のほか、野島（加藤）陽子先生（日本近代史）・佐川英治先生（中国古代史）・村田雄二郎先生（中国近代思想）・土屋光芳先生（中国政治学）が当たって下さり、二〇一四年六月に博士号を授与された。ただ博士論文の上梓までは今少し精進が必要であった。吉澤先生より紹介された名古屋大学出版会の橘宗吾氏は拙論を一読し、日中戦争中だけでなく戦後の対日協力者の動向も含めて一冊にまとめるべきと言われた。その提言を受けて執筆したのが第三・第一〇～一二の各章である。

各章の初出は次の通りである。査読を引き受けていただいた（匿名も含めた）諸先生方からの鋭い指摘には蒙を啓かれることが多かった。本書執筆に際してはできうる限りの修正・加筆を行ったが、いまだ至らない点も多いと思う。ご批判・ご叱正賜れば幸甚である。

緒　論　書き下ろし（ただし第四節第五項は「上海を統治する――汪兆銘政権の人々」堀井弘一郎・木田隆文編『戦時上海グレーゾーン――溶融する「抵抗」と「協力」』勉誠出版、二〇一七年二月）。

第一章　「「冀東」の構想――殷汝耕と池宗墨」『東洋史研究』第七八巻第一号、二〇一九年六月。

第二章　「日中開戦前後の中国将来構想——張鳴の「五族解放」「大漢国」論」愛知大学国際問題研究所編『対日協力政権とその周辺——自主・協力・抵抗』あるむ、二〇一七年三月。
第三章　「呉佩孚擁立工作と日支民族会議」『中国研究月報』第七三巻第八号、二〇一九年八月。
第四章　「上海市大道政府と西村展蔵」『近きに在りて』第五二号、二〇〇七年一一月。
第五章　「日中戦争時期中国占領地における将来構想——中華民国維新政府指導層の時局観」『史学雑誌』第一二二編第一一号、二〇一三年一一月。
第六章　「袁殊と興亜建国運動——汪精衛政権成立前後の対日和平陣営の動き」『東洋学報』第九四巻第一号、二〇一二年六月及び「興亜建国運動とその主張——日中戦争期中国における和平論」『中国研究月報』第六六巻第七号、二〇一二年七月。
第七章　「汪精衛政権の憲政実施構想——日中戦争と憲政」『歴史学研究』第九八二号、二〇一九年四月。
第八章　「忘れられた革命家伍澄宇と日中戦争——日本占領地の将来構想」『中国研究月報』第六九巻第七号、二〇一五年七月。
第九章　「日中道義問答——日米開戦後、「道義的生命力」を巡る占領地中国知識人の議論」伊東貴之編『「心身／身心」と環境の哲学——東アジアの伝統思想を媒介に考える』汲古書院、二〇一六年三月。
第一〇章　「〝中国人の代弁者〟吉田東祐の活動と議論——日中戦争末期、占領地における意識」『現代中国研究』第三九号、二〇一七年七月。
第一一章　「戦前戦後を超える思想——政論家としての胡蘭成」『中国——社会と文化』第三二号、二〇一七年七月。
第一二章　「中国人対日協力者の戦後と日本——善隣友誼会設立への道」『中国——社会と文化』第三一号、二〇一六年七月。

結　語　書き下ろし。

言うまでもないことだが、家族も含め周囲の様々な助けなくして本書の上梓はなかった。お世話になったお一人おひとりの顔を思い浮かべ、感謝の気持ちが溢れてくるのを感じる。ただそれを書き出せばそれだけで巻物になってしまうことは必定である。御礼は別の形を取らせていただきたい。

ただ大学院進学以来、中国現代史研究会などで的確な批評を頂戴し、日本学術振興会特別研究員（ＰＤ）採用の際に受入教員になっていただいた久保亨先生（中国近現代史）、大学院を離れ所属のなかった時期に国際日本文化研究センターの共同研究会に加えていただいた伊東貴之先生（中国近世思想史）、同じ時期、笹川平和財団の日中若手歴史研究者セミナーに数年にわたりお誘いいただいた劉傑（近代日本政治外交史）・川島真（アジア政治外交史）の両先生には、思うように研究が進まない時期に元気づけていただいた。ここに感謝とともに記しておきたい。

本書の元となった研究には、日本学術振興会科学研究費「戦時期中国人対日協力者（和平陣営）の戦後の活動と思想」15J05347、また出版に際しては同科研費より二〇一九年度研究成果公開促進費（学術図書）を受けた。

擱筆にあたり本書を日中の懸け橋たらんと尽力した全ての人に捧げたい。

二〇一九年八月一六日　汪精衛政権の解散から七四周年の日に

関　智　英

《著者紹介》

関　智英（せき　ともひで）

1977年　福岡県に生まれ，千葉県で育つ
2001年　東京大学文学部卒業
2011年　東京大学大学院人文社会系研究科博士課程満期退学
　　　　日本学術振興会特別研究員（PD）・公益財団法人東洋文庫奨励研究員を経て
現　在　津田塾大学学芸学部准教授，博士（文学）

対日協力者の政治構想
—日中戦争とその前後—

2019年10月10日　初版第1刷発行
2025年4月30日　初版第2刷発行

定価はカバーに
表示しています

著　者　関　智英
発行者　西澤泰彦

発行所　一般財団法人　名古屋大学出版会
〒464-0814　名古屋市千種区不老町1名古屋大学構内
電話(052)781-5027 / FAX(052)781-0697

Printed in Japan
印刷・製本　亜細亜印刷㈱
ISBN978-4-8158-0963-8
乱丁・落丁はお取替えいたします。

索　　引

人名，研究者名，事項，刊行物の４つに分けた。配列は日本語読み五十音順を基準とした。ただし人名索引では，冒頭に同音の漢字が混ざる場合（例えば，蔣・章・邵など）に限り，見やすさを考慮して同じ漢字ごとにまとめた。またハングル読みはふりがなを付し，その音に従った。

人　　名

あ　行

か　行

さ　行

た　行

な　行

は　行

ま　行

や　行

ら　行

わ　行

研究者名

事　項

あ　行

か　行

さ　行

た 行

な　行

は　行

刊 行 物

図表一覧